五書五經讀本

懸吐完譯

春秋左氏傳 下

責任飜譯 許鎬九
共同飜譯 鄭東和 金廣泰 權津鈺 郭成龍

전통문화연구회

目 次

刊行辭

經은 본래 책을 가리키는 말이다. 후대에 특별히 經을 높여 聖賢의 말씀을 담고 있는 책이라는 의미로 사용하였다. 儒學이 중국문화는 물론 동아시아 사상의 주류를 이루면서 經은 일반적으로 유학의 기본 典籍을 가리키는 용어가 되었다. 따라서 經을 읽지 않으면 유학을 이해할 수 없고, 유학을 이해하지 못하면 중국문화나 동아시아의 문화를 이해할 수 없다.

1960년대 民族文化振興과 民族中興이라는 기치를 내건 정부는 學·藝術界 指導者 50여 분을 모시고 가장 시급한 문화 사업으로 漢文古典飜譯事業에 착수하였다. 光復 후 20여 년이 지났지만 韓國學의 기본 資料이자 교과서인 四書五經의 우리말 註釋書 하나 없던 시절이었다. 그러나 한문고전번역사업에서 東洋古典(中國古典篇)은 우리 古典이 아니라 하여 번역대상에서 제외되었고, 2000년대에 들어와서야 정부에서 얼마간의 보조금을 주기 시작하였다.

본회에서는 1990년대에 이미 四書三經을 비롯한 유학의 기본 古典을 선별하여 번역하였다. 당시 逐字譯의 실력이 없이는 현대어로의 완전한 번역이 불가능하다는 생각을 바탕으로, 동양학 전공 여부를 막론하고 유학을 넘어 동양학의 기본서를 머리맡에 사전처럼 두고 볼 수 있는 번역서를 목표로 東洋古典國譯叢書를 기획·간행하였다. 우리나라 漢文讀法의 전통을 계승하고자 懸吐 방식으로 원문을 정리하고 주석까지 完譯하여, 학계에 기여함은 물론 교육과 일반교양의 필독서로도 널리 인정을 받았다.

당시 오역 없는 번역에 力點을 두었음에도 불구하고 시간이 지남에 따라 쌓인 국내외 연구 성과로 인하여 번역서의 수정도 불가피하게 되었다. 그리하여 2005년 改訂增補版 四書를 발간하기에 이르렀다. 그러나 개정증보판 사서를 발간하면서 과거 先賢들의 註釋書와 국내외의 연구 성과, 시대에 따라 변화하는 언어를 오롯이 담아내지 못한 점을 아쉬워하였다. 이후 사서 이외의 개정증보판 발간을 미루고 고민한 결과, 동양고전국역총서가 20세기 버전으로 그 생명력을 다하였으니 21세기 번역의 표준을 제시할 수 있는 고전번역서를 새롭게 만들어보자는 쪽으로 의견이 모아졌다.

본 '五書五經讀本'은 바로 그 고민을 해결하기 위해 기획하였으며, 傳統과 現代를 아우르면서 역대 국내외 연구 성과를 망라하고 연구자는 물론 동양학 열풍으로 수준이 높아진 일반 독자의 눈높이에 맞춰, 독자의 기호에 따라 연구의 기본자료 또는 교재, 입문서 등으로 다양하게 활용할 수 있는 21세기 標準飜譯書 제공을 목적으로 하였다. 따라서 국내외의 역대 註釋書를 비롯하여 동양고전국역총서 발간 이후 축적된 연구 성과를 종합하였다. 이를 위해 몇 분 안 되는 元老漢學者 또는 전공교수와 일정 수준의 소양을 갖춘 신진학자의 協同硏究飜譯을 지향하였다.

본회에서 처음 추진한 협동연구번역은 후속연구자 양성이라는 측면에서도 큰 의미를 갖는다. 번역을 통해 徒弟式 교육을 받은 신진학자는 앞으로 학계를 이끌어나갈 주역으로서 단단히 자리매김하여 우리나라 학계의 큰 자산이 될 것이다.

또 번역뿐만 아니라 古典籍 정리사업에 따라 각종 校勘·潤文·校訂 등에도 번역수준의 전공자로 구성하는 등 기획부터 출간 단계까지 심혈을 기울였다. 이는 誤謬를 최소화한 표준번역서를 목표로 어느 곳에 내놔도 그 가치를 인정받을 수 있는 名品을 만들기 위한 하나의 노력이었다.

또한 과거에는 상상할 수 없던 모바일 器機의 등장과 대중화는 출판환경과 독서형태를 변화시켰다. 이러한 변화에 발 빠르게 對應하고 시대를 先導하기 위해 '오서오경독본'을 스마트 정보화하였다. 연구자, 교수자, 초학자, 原典을 통해 고전을 읽기 원하는 독자 등 누구나 쉽고 부담 없이 접근하여 동양고전의 참맛을 느낄 수 있을 것이다.

'오서오경독본'은 오류를 최소화하고 스마트화로 접근성을 높인 최상의 표준번역서로서 동양고전 교육의 훌륭한 밑거름이 되어 학계의 수준을 一新하리라 굳게 확신한다. 또한 지식의 국경을 허물고 있는 인터넷 환경은 그 어느 때보다도 동양고전 情報化의 필요성을 切感(例 : 八佾舞)하게 한다. 따라서 시대의 흐름에 맞춰 '오서오경독본'을 정보화하여 그 활용 가치를 극대화할 계획이다. 이는 본회를 넘어 대한민국이 동북아시아뿐만 아니라 전 세계 동양고전 情報와 教育의 허브로서 중추적 역할을 담당할 것이다.

飜譯은 단순히 다른 言語를 옮기는 행위가 아닌, 한 언어를 사용하는 민족의 사상과 문화 전체를 옮기는 행위인 만큼 고전번역은 과거 聖賢의 사상은 물론 그 당시의 문화와 疏通하는 행위이며, 이는 현재 자신의 문화를 이해하는 尺度라 할 수 있다. '오서오경독본'은 21세기 번역의 표준으로서 우리 한국 고전번역의 수준을 가늠할 수 있는 척도가 되리라 스스로 자부해본다.

'오서오경독본' 시리즈의 첫 출간 시점이 우연히도 전통문화연구회 창립 30주년이 되는 해이다. 30년 동안 동양고전 번역에 무던히 매진하면서 고전의 중요성을 늘 강조하였다. 이제 다시금 내놓는 오서오경독본을 보면서 고전의 맛이 늘 새롭고 無窮함을 새삼 깨달았다. 고전과 씨름하며 지낸 30년 세월을 넘어 '오서오경독본'이 앞으로 30년, 50년을 이어갈 고전번역의 새로운 이정표가 되기를 기대하며, 정부에서도 21세기 東北亞 시대를 인식하여 東洋古典飜譯은 물론 東洋古典情報化에도 特段의 관심을 갖기를 고대한다.

나아가 2000여 년간 한자문화를 기반으로 찬란한 문화를 꽃피운 대한민국이 21세기 東北亞 漢字文化圈에서 다시 눈부신 문화의 융성을 목표로 본회와 관련단체에서 추진하는 先進文化韓國 VISION 2030-2050을 '五書五經讀本'과 '漢文讀解捷徑' 및 '東洋古典情報化'가 앞장서 이끌어 동북아 韓·中·日 三國鼎立과 世界平和에 기여하길 바란다.

2018年 10月 日

社團法人 傳統文化研究會 理事長 李啓晃

凡 例

1. 본서는 五書五經讀本의 한 책이다.
2. 본서의 底本은 正祖 21년(1797)에 定本化한 《春秋左氏傳》(奎中424, 純祖年間 刊, 규장각 소장본)으로 하였다.
3. 본서는 東洋古典譯註叢書 《譯註 春秋左氏傳》(鄭太鉉 譯註, 傳統文化研究會, 전8책)을 참조하여, 일반 대중이 보다 쉽게 《春秋左氏傳》을 읽을 수 있도록 번역하였다.
4. 原文에는 우리나라 전통 방식으로 懸吐하였다. 저본의 經文과 傳文에 기재된 御覽用 朱色 懸吐를 참고하고, 필요에 따라 조정하였다.
5. 經文과 傳文을 구분하여 수록한 기존 《春秋左氏傳》 번역서와 달리, 經文과 傳文을 일목요연하게 이해할 수 있도록 편집한 저본의 체제에 따라 원문과 번역문을 수록하였다.
6. '經'과 '傳'을 구분하기 위해 각각 원문 앞에 【經】과 【傳】을 표시하였다. 傳은 단락이 길 경우 의미 단락별로 分節하였다.
7. 異音, 僻字는 한글로 音을 달아주었으며, 難解字는 해당 단락의 하단에 字義를 실었다.
8. 飜譯은 原義에 충실하게 하되, 이해가 어려운 부분은 意譯 또는 補充譯을 하였다.
9. 飜譯文은 한글과 漢字를 混用하였으며, 맞춤법과 띄어쓰기는 한글 맞춤법과 표준어 규정을 따르는 것을 원칙으로 하였다.
10. 譯註는 校勘, 인용문 出典, 故事, 역사사건, 전문용어, 難解字, 難解語, 難解文 등에 관한 사항을 밝혔다.

11. 譯註에서 인용이 빈번한 《春秋左氏傳》 대표 註釋書인 杜預(晉)의 《春秋經傳集解》와 楊伯峻(中)의 《春秋左傳注》는 다음과 같이 略稱하였다.

    杜預, 《春秋經傳集解》 → 杜注

    楊伯峻, 《春秋左傳注》 → 楊注

12. 국내외 학자들의 견해 가운데 참고할 만한 異見이 있는 경우, 譯註에 간략하게 제시함으로써 독자의 이해를 도왔다.
13. 人物, 器物, 事件 등 내용의 이해를 돕기 위한 圖版을 수록하였다.
14. 校勘은 원문의 誤字, 脫字, 衍字, 倒文 등을 대상으로 하였다.
15. 본서에 사용한 주요 符號는 다음과 같다.

    “ ” : 對話, 각종 引用

    ‘ ’ : “ ” 안에서 再引用, 强調

    「 」 : ‘ ’ 안에서 再引用, 强調

    ( ) : 원문에서는 讀音이 특수한 글자나 僻字의 音
번역문에서는 간단한 譯註
저본의 衍字 삭제

    〔 〕 : 번역문과 뜻은 같으나 音이 다른 漢字나 句節
譯註에서 인용한 原文
저본의 脫字 보충

    ( )〔 〕 : (저본의 誤字)〔교감한 正字〕

    《 》 : 書名

    〈 〉 : 篇章名, 作品名, 補充譯

    【 】 : 經과 傳의 표시

    字義 : 字義 표시

春秋左氏傳

下

昭公[1]

〈원년, 庚申(B.C. 541)〉

【經】元年이라 春王正月에 公卽位하다

元年이다. 봄 周王 正月에 昭公이 즉위하였다.

【經】叔孫豹會晉趙武楚公子圍齊國弱宋向(상)戌衛齊惡陳公子招蔡公孫歸生鄭罕虎許人曹人于虢하다

叔孫豹가 晉나라 趙武 · 楚나라 公子 圍 · 齊나라 國弱 · 宋나라 向戌(상술) · 衛나라 齊惡 · 陳나라 公子 招 · 蔡나라 公孫 歸生 · 鄭나라 罕虎 · 許人 · 曹人과 虢(鄭나라 땅)에서 회합하였다.

【傳】元年이라 春에 楚公子圍聘于鄭하고 且娶於公孫段氏할새 伍擧爲介러니 將入館에 鄭人惡(오)之하야 使行人子羽與之言하야 乃館於外하다 旣聘에 將以衆逆이어늘 子産患之하야 使子羽辭曰 以敝邑褊小로 不足以容從者일새 請墠聽命하노라 令尹命大宰伯州犂하야 對曰 君辱貺寡大夫圍하야 謂圍將使豐氏撫有而室이어늘 圍布几筵하고 告於莊共之廟而來어늘 若野賜之면 是委君貺於草莽也니 是寡大夫不得列於諸卿也라 不寧唯是라 又使圍蒙其先君하야 將不得爲寡君老니 其蔑以復矣라 唯大夫는 圖之하라 子羽曰 小國無罪라 恃實其罪니 將恃大國之安靖己어늘 而無乃包藏禍心以圖之아 小國失恃하면 而懲諸侯하야

---

1 昭公 : 昭公의 이름은 裯이다. 襄公의 아들로 어머니는 齊歸이다. 25년 동안 재위하였고, 齊나라로 도망가서 國外에 8년 동안 있었으니, 모두 33년이다. 乾侯에서 薨하였다. 諡法에 威儀가 공손하고 明潔한 것을 '昭'라고 한다고 하였다.

使莫不憾者하리니 距違君命하야 而有所壅塞不行是懼하노라 不然이면 敝邑은 館人之屬也라 其敢愛豐氏之祧아 伍擧知其有備也하고 請垂橐而入이어늘 許之하다

元年이다. 봄에 楚나라 公子 圍가 鄭나라를 聘問하고, 또 公孫 段氏의 딸을 아내로 맞이할 적에 伍擧가 介使(副使)였는데, 이들이 정나라 客館으로 들어가려 할 때 鄭人이 이를 꺼려서 行人 子羽를 圍에게 보내 잘 말하여 마침내 城外에 머물게 하였다. 빙문의 禮를 마친 뒤에 圍가 많은 군대를 거느리고 城內로 들어가서 新婦를 맞이하려고 하였는데, 子産은 〈楚人이 이 기회를 이용해 정나라를 습격할까〉 걱정하여, 자우를 보내 거절하게 하였다.

"敝邑이 협소한 이유로 당신의 從者들을 수용할 수 없기에, 野外에 墠을 만들고 명을 따르기를(婚禮를 거행함) 청합니다."

令尹이 太宰 伯州犁에게 명하여 대답하게 하였다.

"鄭君께서 우리 大夫 圍에게 은혜를 내리시어 위에게 '豐氏의 딸을 너의 아내로 삼게〔撫有〕하려 한다.'라고 하였는데, 위가 几筵을 설치하고 莊王과 共王의 廟에 이 일을 고하고 정나라로 왔습니다. 그런데 만약 야외에서 신부를 하사하신다면 바로 임금님의 恩賜를 풀밭에 버리는 것이니, 이는 우리 대부를 卿의 반열에 낄 수 없게 하는 것입니다. 이뿐만이 아니라 또 위로 하여금 그 先君을 속여 장차 우리 임금님의 卿〔老〕이 될 수 없게 하는 것이니, 돌아가 復命(장왕과 공왕의 廟에 복명함)할 수가 없습니다. 그러니 대부는 잘 헤아리기 바랍니다."

자우가 말하였다.

"小國(정나라)은 죄가 없습니다. 大國(楚나라)을 믿고 방비를 설치하지 않은 것이 실로 죄이니, 〈이번의 혼인으로 인해〉 장차 대국이 우리를 안정시켜줄 것으로 믿었는데, 군대를 거느리고 入城하려는 것은 남을 해치려는 마음을 품고 우리나라를 도모하려는 것이 아닙니까? 소국이 믿을 곳을 잃는다면 제후는 이를 징계로 삼아 楚나라에 원한을 품지 않는 자가 없게 될 것이니, 그리된다면 모든 제후가 楚君의 명을 거부하고 위배함으로써 대국의 명이 막혀 행해지지 않을까 두렵습니다. 그런 것이 아니라면 우리나라의 모든 가옥은 초나라의 館人에게 소속된 객사와 같으니, 어찌 감히 풍씨의 祖廟를 아끼겠습니까?"

오거는 정나라에 방비가 있음을 알고 활이 들어 있지 않은 빈 활집만 메고 들어가기를 청하니, 자산이 허락하였다.

[字義] 墠 : 제터 선　橐 : 활집 고

正月乙未에 入逆而出하야 遂會於虢하니 尋宋之盟也라 祁午謂趙文子曰 宋之盟에 楚人得志於晉한대 今令尹之不信은 諸侯之所聞也라 子弗戒면 懼又如宋하노라 子木之

信은 稱於諸侯로되 猶詐晉而駕焉이어든 況不信之尤者乎아 楚重得志於晉이면 晉之恥也라 子相晉國하야 以爲盟主 於今七年矣라 再合諸侯[2]하며 三合大夫[3]하고 服齊狄하며 寧東夏[4]하고 平秦亂[5]하며 城淳于[6]호되 師徒不頓하며 國家不罷(피)하고 民無謗讟(독)하며 諸侯無怨하고 天無大災하니 子之力也라 有令名矣어늘 而終之以恥를 午也是懼하노니 吾子其不可以不戒니라 文子曰 武受賜矣라 然宋之盟에 子木有禍人之心하고 武有仁人之心하니 是楚所以駕於晉也라 今武猶是心也하니 楚又行僭이라도 非所害也라 武將信以爲本하야 循而行之니 譬如農夫컨대 是穮(표)是蔉(곤)이면 雖有飢饉이라도 必有豐年이라 且吾聞之호니 能信이면 不爲人下라한대 吾未能也로라 詩曰 不僭不賊이면 鮮不爲則(칙)[7]이라하니 信也라 能爲人則者는 不爲人下矣니 吾不能을 是難이요 楚는 不爲患이라 楚令尹圍請用牲하고 讀舊書하야 加于牲上而已[8]어늘 晉人許之하다

正月 乙未日에 〈公子 圍가 鄭나라 도성으로〉 들어가서 新婦를 맞이해 나와서 드디어 虢에서 會盟하였으니, 이는 宋나라에서 맺은 盟約을 거듭 천명하기 위함이었다. 祁午가 趙文子에게 말하였다.

"송나라에서 회맹할 때 楚人이 우리 晉나라에 대해 소망을 이루었는데(楚나라가 먼저 歃血한 것을 이름), 지금 令尹은 信義가 없기로 제후 사이에 소문난 자입니다. 당신께서 경계하지 않으면 또 송나라의 회맹 때처럼 될까 두렵습니다. 子木은 신의가 있기로 제후 사이에 칭송된 자인데도 오히려 晉나라를 속여 먼저 삽혈하였는데, 하물며 신의를 지키지 않는 것이 더욱 심한 자이겠습니까? 초인이 재차 晉나라보다 먼저 삽혈한다면 이는 晉나라의 치욕입니다. 당신께서는 晉나라의 승상으로 제후의 회맹을 주관한 지가 지금 7년이 되었습니다. 그동안 두 차례 제후를 회합하고 세 차례 大夫를 회합하였으며, 齊나라와 狄人을 복종시키고 東夏를 안정시켰으며, 秦나라의 난리를 평정하고 淳于에 城을 쌓았으나 군대가 지치지 않고 국가가 피폐하지 않았으며,

---

2 再合諸侯 : 襄公 25년에 있었던 夷儀의 회합과 26년에 있었던 澶淵의 회합을 이른다.(杜注)

3 三合大夫 : 襄公 27년에 있었던 宋의 회합과, 30년에 있었던 澶淵의 회합 및 이번 虢의 회합을 이른다.(杜注)

4 服齊狄 寧東夏 : 襄公 28년에 齊侯와 白狄이 晉나라에 와서 朝見한 것을 이른다.(杜注) 東夏는 夏(中華)의 東方國이란 말로 齊나라를 가리킨 것이다.(楊注)

5 平秦亂 : 襄公 26년에 秦나라가 晉나라와 화친한 일을 이른다.(杜注)

6 城淳于 : 襄公 29년에 杞나라의 淳于에 城을 쌓아 杞나라의 國都를 옮겨준 일을 이른다.(杜注)

7 不僭不賊 鮮不爲則(칙) : 《詩經》〈大雅 抑〉의 시구이다.(杜注)

8 加于牲上而已 : 舊書는 宋나라에서 結盟할 때 사용한 盟書(盟約文)이다. 楚人은 晉人이 먼저 歃血할 것을 두려워하였기 때문에 구서에 따라 희생 위에 올려놓기만 하고 삽혈하지 않고자 한 것이다.(杜注)

백성은 비방하는 말이 없고 제후는 원망하는 말이 없었으며, 하늘의 큰 재해가 없었으니, 이는 모두 당신의 힘입니다. 아름다운 명성이 있으신데 그 명성을 치욕으로 마감하게 될까 나〔午〕는 두렵습니다. 그러니 당신께서는 경계하지 않아서는 안 됩니다."

文子가 말하였다.

"나〔武〕는 자네의 말을 고맙게 받아들이겠네. 그러나 송나라에서의 회맹 때 子木은 남을 해치려는 마음을 품었고 나는 남을 仁愛하는 마음을 가졌으니, 이는 楚나라가 우리 晉나라에 앞서 먼저 삽혈하게 된 까닭이네. 지금도 나는 이런 마음을 지니고 있으니, 초나라가 또 신의 없는 짓을 한다 하더라도 우리를 해칠 수 없을 것이네. 나는 신의를 근본으로 삼아 신의에 따라 행하려 하니, 비유하자면 농부가 잡초를 제거하고 苗根에 북을 주면 비록 기근이 든다 해도 반드시 풍년의 수확을 얻는 것과 같네. 또 내 들으니, '능히 신의를 지키면 남의 下位가 되지 않는다.'라고 하였는데, 나는 신의를 지키는 일에 능하지 못하네. 《詩經》에 '신의를 버리지 않고 남을 해치지 않으면 사람들의 模範이 되지 않는 경우가 드물다.'라고 하였으니, 이는 신의의 效果를 말한 것이네. 남의 모범이 될 수 있는 사람은 남의 하위가 되지 않는 것이니, 나는 이렇게 하지 못하는 것을 어렵게 여길 뿐 초나라를 걱정하지는 않네."

초나라 令尹 圍가 犧牲을 사용하고 舊書를 읽고나서 그것을 희생 위에 올려놓기만을 청하니, 晉人이 허락하였다.

字義 駕 : 앞설, 능가할 가　尤 : 심할 우　頓 : 피로할 돈　罷 : 궁핍할 피　讟 : 비방할 독
穮 : 김맬 표　蔉 : 북돋을 곤

三月甲辰에 盟할새 楚公子圍設服離衛어늘 叔孫穆子曰 楚公子美矣니 君哉로다 鄭子皮曰 二執戈者前矣[9]로다 蔡子家曰 蒲宮有前하니 不亦可乎아 楚伯州犁曰 此行也에 辭而假之寡君이라 鄭行人揮曰 假不反矣리라 伯州犁曰 子姑憂子晳之欲背誕也하라 子羽曰 當璧猶在어늘 假而不反이면 子其無憂乎[10]아 齊國子曰 吾代二子愍矣라하니 陳公子招曰 不憂면 何成이리오 二子樂矣[11]리라 衛齊子曰 苟或知之면 雖憂나 何害리오 宋合左師曰 大國은 令하고 小國은 共이니 吾知共而已라하고 晉樂王鮒曰 小旻之卒章善矣니

---

9 二執戈者前矣 : 禮에 "國君의 出行에는 창을 든 두 衛士가 앞에 있다."라고 하였다.(杜注)

10 子其無憂乎 : 當璧(임금이 될 運命을 타고난 사람)은 棄疾(楚 平王)을 가리킨다. 당벽의 일은 昭公 13년에 보인다. 기질에게 당벽의 운명이 있으니, 圍가 비록 나라를 취한다 하더라도 장차 환난이 있을 것이므로 근심이 없을 수 없다는 말이다.(杜注)

11 不憂何成 二子樂矣 : 근심한 뒤에야 일을 이루는 것인데 지금 두 사람은 근심하지 않고 즐거워하고 있으니, 그 일을 이루지 못할 것이라는 말이다.(楊注)

吾從之[12]호리라

3월 甲辰日에 結盟할 적에, 楚나라 公子 圍가 君王의 복식을 진열하고 창을 든 두 衛士가 앞에서 호위하고 있었는데, 이를 보고 叔孫穆子는 말하였다.

"초나라 공자의 복식이 아름다우니, 군왕 같구나."

鄭나라 子皮가 말하였다.

"창을 든 두 위사가 앞에서 호위하고 있군요."

蔡나라 子家가 말하였다.

"蒲宮(楚나라 별궁)에 있을 때 〈이미 창을 든 위사가〉 앞에 있었으니, 〈외출해서도 위사를 앞에 두는 것이〉 당연하지 않습니까?"

초나라 伯州犁가 말하였다.

"이 복식은 이번에 나올 때 우리 임금님께 말씀드려 빌려온 것입니다."

정나라 行人 揮(子羽)가 말하였다.

"공자 위가 빌린 것을 돌려주지 않을 것입니다."

백주리가 말하였다.

"그대는 우선 그대 나라의 子晳이 君命을 어기고 방자히 행동하는 것이나 걱정하시오."

子羽가 말하였다.

"當璧이 건재한데 공자 위가 빌린 것을 돌려주지 않는다면 그대는 어찌 근심이 없겠소?"

齊나라 國子가 말하였다.

"나는 두 분을 대신해 근심합니다."

陳나라 公子 招가 말하였다.

"근심하지 않는다면 어찌 일을 이룰 수 있겠습니까? 그런데 두 분은 즐거워하고 있습니다."

衛나라 齊子(齊惡)가 말하였다.

"만약 사전에 알고 대비한다면 비록 우환이 있다 하더라도 어찌 해가 되겠습니까?"

宋나라 合左師가 말하였다.

"大國은 명령을 내리고 小國은 그 명령을 공손히 따르는 것이니, 나는 대국의 명을 공손히 따르는 것만 알 뿐입니다."

晉나라 樂王鮒가 말하였다.

---

12 小旻之卒章善矣 吾從之 : 〈小旻〉은 《詩經》 〈小雅〉의 편명이다. 그 卒章의 맨손으로 범을 잡고 맨몸으로 黃河를 건너는 것만이 두려운 것이 아니라 공경하지 않는 小人 또한 국가를 위태롭게 한다는 뜻을 취한 것이다. 王鮒는 이 뜻을 따랐기 때문에 감히 公子 圍를 비난하지 않은 것이다.(杜注)

"〈小旻篇〉 卒章의 말이 좋으니, 나는 그 말을 따를 것입니다."

字義 離 : 벌여 세울 리(=陳) 共 : 공손할 공(=恭)

退會하야 子羽謂子皮曰 叔孫은 絞而婉하고 宋左師는 簡而禮하고 樂王鮒는 字而敬하고 子與子家는 持之하니 皆保世之主也어니와 齊衛陳大夫는 其不免乎인저 國子는 代人憂하고 子招는 樂憂하고 齊子는 雖憂弗害라 夫弗及而憂와 與可憂而樂과 與憂而弗害는 皆取憂之道也니 憂必及之하리라 大(태)誓에 曰 民之所欲을 天必從之[13]라하니 三大夫兆憂하니 憂能無至乎아 言以知物이 其是之謂矣로다

회합에서 물러 나와 子羽는 子皮에게 말하였다.

"叔孫은 비평하되 말이 완곡하였고 宋나라 左師는 말이 간략하되 禮가 있었으며, 樂王鮒는 사람을 사랑하되 공경하였고 당신과 子家(蔡나라 公孫 歸生)는 中立을 견지하였으니, 모두 대대로 爵祿을 보전할 大夫〔主〕입니다만, 齊나라 · 衛나라 · 陳나라의 대부는 아마도 禍難을 면하지 못할 듯합니다. 國子는 남을 대신해 근심하겠다고 하였고, 子招는 근심을 즐긴다고 하였으며, 齊子는 비록 우환이 있어도 해가 되지 않는다고 하였습니다. 대체로 자기에게 미치지 않은 일을 근심하는 것과 근심해야 할 일을 즐거워하는 것과 우환이 닥쳐도 해가 되지 않는다고 여기는 것은 모두 우환을 자초하는 길이니 우환이 반드시 미칠 것입니다. 〈太誓〉에 '백성이 원하는 것을 하늘은 반드시 들어준다.' 하였습니다. 저 세 대부는 우환의 조짐이 있으니, 우환이 이르지 않을 수 있겠습니까? 그 사람의 말로써 그 사람의 禍福의 종류〔物〕를 알 수 있다.'는 것이 아마도 이런 경우를 이른 듯합니다."

字義 絞 : 비평할 교 字 : 사랑할 자

【經】 三月에 取鄆하다

3월에 鄆邑을 취하였다.

【傳】 季武子伐莒(거)取鄆이어늘 莒人告於會한대 楚告於晉曰 尋盟未退에 而魯伐莒하니 瀆齊盟이라 請戮其使하노라

季武子가 莒나라를 쳐 鄆邑을 취하였는데, 莒人이 盟會에 가서 이 사실을 고하자, 楚人이

13 民之所欲 天必從之 : 《書經》 〈周書 泰誓 上〉에 보인다.

晉人에게 말하였다.

"전에 宋에서 맺은 맹약을 거듭 천명하는 회합에서 물러나기도 전에 魯나라가 거나라를 쳤으니, 이는 齊盟(同盟)을 모독한 것입니다. 노나라의 使者(叔孫豹)를 죽이기를 청합니다."

樂桓子相趙文子러니 欲求貨於叔孫하야 而爲之請하고 使請帶焉[14]한대 弗與어늘 梁其踁曰 貨以藩身이니 子何愛焉고 叔孫曰 諸侯之會는 衛社稷也어늘 我以貨免이면 魯必受師리니 是는 禍之也라 何衛之爲리오 人之有牆은 以蔽惡(오)也어늘 牆之隙壞는 誰之咎也오 衛而惡之면 吾又甚焉이라 雖怨季孫이나 魯國何罪오 叔出季處는 有自來矣니 吾又誰怨이리오 然鮒也賄하니 弗與면 不已라하고 召使者하야 裂裳帛而與之曰 帶其褊矣[15]라하다 趙孟聞之하고 曰 臨患不忘國은 忠也요 思難不越官은 信也요 圖國忘死는 貞也요 謀主三者는 義也라 有是四者하니 又可戮乎아 乃請諸楚曰 魯雖有罪나 其執事不辟(피)難하고 畏威而敬命矣니 子若免之하야 以勸左右하면 可也리라 若子之群吏處不辟汚하며 出不逃難하면 其何患之有리오 患之所生은 汚而不治하며 難而不守 所由來也니 能是二者면 又何患焉이리오 不靖其能하면 其誰從之리오 魯叔孫豹는 可謂能矣라 請免之하야 以靖能者하라 子會而赦有罪하고 又賞其賢이면 諸侯其誰不欣焉望楚而歸之하야 視遠如邇리오 疆埸(역)之邑은 一彼一此니 何常之有리오 王伯(패)之令也[16]에 引其封疆하야 而樹之官하고 擧之表旗하야 而著之制令하야 過則有刑이라도 猶不可壹이라 於是乎虞有三苗[17]하고 夏有觀扈[18]하며 商有姺邳[19]하고 周有徐奄[20]이러니 自

---

14 使請帶焉 : 財物을 要求한다고 분명히 짚어 말하기 困難하기 때문에 '띠'를 달라는 말로 핑계 댄 것이다.(杜注)

15 帶其褊矣 : 띠가 다 없어졌기 때문에 치마폭을 찢어 보낸다고 말하여 거역하지 않는 뜻을 보인 것이다.(杜注)

16 王伯(패)之令也 : 王(三王)은 夏나라 禹王, 商나라 湯王, 周나라 文王·武王이고, 伯(五伯)는 곧 五霸로 夏나라 昆吾, 商나라 大彭·豕韋, 周나라 齊 桓公·晉 文公이다. 令은 政令이라고 한 楊注를 취해 번역하였다.

17 虞有三苗 : 三苗는 饕餮(도철)로, 三危로 추방된 자이다.(杜注)

18 夏有觀扈 : 觀나라는 지금의 頓丘 衛縣이고, 扈나라는 始平 鄠縣에 있었다. 〈書序〉에 "啓가 有扈와 甘의 郊野에서 전쟁하였다."라고 하였다.(杜注)

19 商有姺邳 : 두 나라(姺·邳)는 商나라의 제후이다.(杜注)

20 周有徐奄 : 두 나라(徐·奄)는 모두 嬴姓이다. 〈書序〉에 "成王이 淮夷를 정벌하고 드디어 奄나라를 멸망시켰다."라고 하였다. 徐는 곧 淮夷이다.(杜注)

無令王으로 諸侯逐進하야 狎主齊盟하니 其又可壹乎아 恤大舍小면 足以爲盟主니 又焉用之오 封疆之削이 何國蔑有리오 主齊盟者 誰能辯焉가 吳濮有釁이면 楚之執事豈其顧盟이리오 莒之疆事를 楚勿與知니 諸侯無煩이 不亦可乎아 莒魯爭鄆이 爲日久矣니 苟無大害於其社稷이면 可無亢也라 去煩宥善이면 莫不競勸하리니 子其圖之하라하고 固請諸楚하니 楚人許之어늘 乃免叔孫하다

이때 樂桓子가 趙文子의 보좌였는데, 叔孫豹에게 재물을 요구하고자 그를 위해 조문자에게 사면을 청하고는 사람을 보내 숙손표에게 帶(띠)를 달라고 요청하자, 숙손표는 주지 않았다. 이에 梁其踁(숙손표의 家臣)이 말하였다.

“재물을 써서 몸을 보호할 수 있는데, 그대는 어찌하여 아낍니까?”

숙손표가 말하였다.

“제후의 회맹은 社稷을 보위하기 위함인데, 내가 재물로써 화를 면한다면 魯나라가 반드시 공격을 당할 것이니, 이는 나라에 화를 끼치는 짓이다. 어찌 나라를 보위하는 일이겠는가? 사람이 담을 설치하는 것은 불미스러운 일들을 엄폐하기 위함인데, 담이 갈라지고 무너지는 것은 누구의 죄이겠는가? 내가 국가를 보위하겠다고 와서 도리어 국가의 불미스러운 일들을 드러낸다면 나의 〈죄는 담이 무너져서 담 구실을 하지 못하는 죄보다〉 더욱 심하다. 비록 季孫이 원망스럽기는 하지만 우리 노나라야 무슨 죄가 있느냐? 叔孫은 出使의 일을 맡고 계손은 處守(국내에 남아서 나라를 지킴)의 일을 맡은 것은 그 유래가 오래되었으니, 내가 또 누구를 원망하겠는가? 그러나 樂王鮒는 재물을 좋아하니 주지 않으면 요구를 그치지 않을 것이다.”

그러고는 악왕부가 보낸 使者를 불러 치마를 찢어 주며 말하였다.

“띠가 다 없어졌으므로 〈치마폭을 찢어 보냅니다.〉”

趙孟이 이 말을 듣고 말하였다.

“환난에 임해서도 나라를 잊지 않은 것은 忠誠이고, 危難이 미칠 것을 생각하면서도 使臣의 직무를 포기하지 않은 것은 信義이고, 국가의 이익을 꾀해 죽음을 돌아보지 않는 것은 貞節이고, 이 세 가지를 主義로 삼기를 계획한 것은 義理이다. 숙손표는 이 네 가지를 가진 사람이니, 그를 죽여서야 되겠는가?”

마침내 楚人에게 요청해 말하였다.

“魯나라에 비록 죄가 있으나, 그 執事(叔孫豹)가 禍難을 피하지 않고 楚나라의 위엄을 두려워하여 명을 공경히 받드니, 그대가 만약 그를 사면하여 그대의 左右를 권면한다면 좋을 것입니다. 그대의 群吏가 국내에서는 궂은일을 피하지 않고 국외에 나가서는 화난을 피하지 않는다면 초나라에 무슨 걱정이 있겠습니까? 걱정거리가 생기는 것은 관리들이 궂은일을 피하고 하지 않

으며, 화난을 피하고 직무를 지키지 않는 데서 유래하니, 이 두 가지 일을 능히 해낸다면 또 무슨 걱정이 생기겠습니까? 그런데 이 두 가지 일을 능히 해낸 사람을 안정시키지 않는다면 그 누가 그대를 따르겠습니까? 노나라 숙손표는 이 두 일을 능히 해냈다고 할 수 있습니다. 그를 사면하여 그 일을 능히 해낸 자를 안정시키기를 청합니다. 그대가 회맹에 와서 죄 있는 나라를 용서하고 또 그 나라의 賢者를 포상한다면 제후 중에 그 누가 기쁜 마음으로 초나라를 바라보며 귀의하여 멀리 있는 초나라를 가까운 이웃 나라처럼 여기지 않겠습니까?

疆埸(국경)의 邑은 한때는 저쪽 나라에 속하기도 하고 한때는 이쪽 나라에 붙기도 하니, 어찌 일정한 주인이 있겠습니까? 옛날 三王과 五伯(오패)의 政令에 나라의 封疆(국경)을 획정하여 官府를 세우고, 봉강을 표시하는 旌旗를 세워 제도와 법령을 드러내고, 봉강을 넘으면 형벌을 내렸는데도 오히려 봉강이 한결같지 않았습니다. 그러므로 虞舜 때에는 三苗의 亂이 있었고, 夏나라 때에는 觀나라와 扈나라의 난이 있었고, 商나라 때에는 姺나라와 邳나라의 난이 있었고, 周나라 때에는 徐나라와 奄나라의 난이 있었습니다. 세상에 聖王(令王)이 없어진 뒤로 제후가 패권을 다투어 번갈아가며 회맹을 주관하였으니, 어찌 또 각국의 봉강이 한결같을 수 있었겠습니까?

큰 일을 걱정하고 작은 일을 용서한다면 盟主가 될 수 있으니, 작은 일을 다스릴 게 뭐 있겠습니까? 변경이 침탈당하는 일이 어느 나라인들 없겠습니까? 그러니 동맹을 주관하는 자가 어찌 다 다스릴 수 있겠습니까? 가령 吳나라와 百濮(濮水 가에 사는 部族)에 초나라가 쳐들어갈 수 있는 기회가 생긴다면 초나라의 執事가 어찌 맹약을 생각하겠습니까? 莒나라 봉강의 일은 초나라가 간여해 알 일이 아니니, 제후를 번거롭게 하지 않는 것이 좋지 않겠습니까? 거나라와 노나라가 鄆邑을 다툰 지는 오래이니, 만약 거나라의 社稷에 큰 위해가 없다면 거나라를 보호하지 않는 것이 좋습니다. 제후의 번거로움을 없애주고 善한 사람을 사면한다면 사람들이 앞다퉈 서로 善을 권면하지 않는 자가 없을 것입니다. 그러니 그대는 깊이 생각하기 바랍니다."

그러고는 楚人에게 굳이 청하니 초인이 허락하였는데, 마침내 숙손표를 放免하였다.

字義 姺 : 나라 이름 선 邳 : 나라 이름 비 押 : 번갈아 압 辯 : 다스릴 변 亢 : 막을 항

令尹享趙孟할새 賦大明之首章[21]이어늘 趙孟賦小宛之二章[22]하다 事畢에 趙孟謂叔向曰

21 賦大明之首章 : 〈大明〉은 《詩經》 〈大雅〉의 편명이다. 그 首章에 "文王의 밝은 덕이 下土에 빛났기 때문에 하늘의 명이 上天에 성대하게 드러났다."라고 말하였다. 令尹의 뜻이 수장에 있었기 때문에 특별히 수장을 칭송하여 스스로 자기의 덕이 光明正大하다고 자랑한 것이다.(杜注)

22 趙孟賦小宛之二章 : 〈小宛〉은 《詩經》 〈小雅〉의 편명이다. 2章의 "각기 너의 威儀를 공경하라. 天命은 다시 오지 않는다."는 뜻을 취한 것이다. 천명은 한번 떠나면 다시 돌아오지 않는다는 것을 말하여 令尹을 경계한 것이다.(杜注)

令尹自以爲王矣니 何如오 對曰 王弱하고 令尹彊하니 其可哉인저 雖可나 不終하리라 趙孟曰 何故오 對曰 彊以克弱而安之하니 彊不義也라 不義而彊이면 其斃必速이라 詩曰 赫赫宗周를 褒姒滅之라하니 彊不義也[23]일새라 令尹爲王하면 必求諸侯어늘 晉少懦矣니 諸侯將往이리라 若獲諸侯하면 其虐滋甚하야 民不堪也라 將何以終이리오 夫以彊取하면 不義而克이라 必以爲道하니 道以淫虐하면 弗可久已矣리라

令尹이 연회를 열어 趙孟을 접대할 때 영윤이 〈大明篇〉의 首章을 읊자, 조맹이 〈小宛篇〉의 제2장을 읊었다. 연회를 마친 뒤에 조맹이 叔向에게 물었다.

"영윤은 스스로 자신의 德이 王이 될 만하다고 여기니, 앞으로 어찌 되겠는가?"

숙향이 대답하였다.

"楚王은 약하고 영윤은 강하니 아마도 영윤이 초왕이 될 것입니다. 비록 왕이 된다 하더라도 그 결과가 좋지 못할 것입니다."

조맹이 물었다.

"무엇 때문인가?"

숙향이 대답하였다.

褒姒

"强者로서 弱者를 이기고 편안히 여기니, 이는 강하기만 하고 의롭지 못한 것입니다. 의롭지 못하면서 강하면 그 멸망이 반드시 빠릅니다. 《詩經》에 '현저하게 강성한 周나라를 褒姒가 망쳤도다.'라고 하였으니, 이는 강하기만 하고 의롭지 못하였기 때문입니다. 영윤이 왕이 된다면 반드시 제후의 복종을 요구할 것이고, 우리 晉나라는 조금 쇠하였으니, 제후들은 楚나라에 귀의할 것입니다. 초나라가 만약 제후를 얻는다면 그 포학함이 더욱 심하여 백성들이 감내하지 못할 것입니다. 어찌 좋은 결과가 있을 수 있겠습니까? 강한 힘으로 君位를 탈취하면 의롭지 못한 방법으로 임금을 이기는 것입니다. 저 사람은 반드시 그것을 정당한 도리로 여길 것이니, 음란과 포학을 도리로 여긴다면 오래가지 못할 것입니다."

---

23 赫赫宗周……彊不義也 : 詩는 《詩經》 〈小雅 正月〉의 시구이다. 褒姒는 周 幽王의 后妃이다. 유왕이 포사에 홀려 不義를 행하여 드디어 멸망에 이르렀다. 비록 현저하게 강성한 나라라 하더라도 불의를 행하면 그 나라를 멸망시킬 수 있다는 것을 말한 것이다.(杜注)

【經】夏라

여름이다.

【傳】四月에 趙孟叔孫豹曹大夫入于鄭[24]이어늘 鄭伯兼享之할새 子皮戒趙孟하라 禮終에 趙孟賦瓠葉[25]이어늘 子皮遂戒穆叔하야 且告之하니 穆叔曰 趙孟欲一獻[26]하니 子其從之하라 子皮曰 敢乎아 穆叔曰 夫人之所欲也어늘 又何不敢이리오 及享에 具五獻之籩豆於幕下[27]어늘 趙孟辭하고 私於子産曰 武請於冢宰矣라한대 乃用一獻하고 趙孟爲客이라 禮終乃宴할새 穆叔賦鵲巢[28]하니 趙孟曰 武不堪也로다 又賦采蘩[29]하고 曰 小國爲蘩이나 大國省穡而用之하면 其何實非命이리오 子皮賦野有死麕(균)之卒章[30]하고 趙孟賦常棣[31]하고 且曰 吾兄弟比以安이면 尨也可使無吠라하니 穆叔子皮及曹大夫興하야 拜하고 擧兕爵曰 小國賴子하야 知免於戾矣라하고 飮酒樂이러니 趙孟出曰 吾不復此矣라하더라

4월에 趙孟 · 叔孫豹 · 曹나라 大夫가 鄭나라로 들어갔는데, 鄭伯이 연회를 열어 이들을 함께 접대하기로 할 적에 子皮가 조맹에게 가서 연회일을 고지하였다. 고지하는 의식이 끝나자 조맹이 〈瓠葉〉詩를 읊었는데, 자피가 드디어 穆叔에게 가서 연회일을 고지하면서 또 조맹이 〈호엽〉시를 읊은 것을 말하니, 목숙이 말하였다.

"조맹은 一獻의 禮를 원하니 그대는 그 뜻을 따르시오."

---

24 趙孟叔孫豹曹大夫入于鄭 : 會盟을 마치고 鄭나라에 들른 것이다.(杜注)

25 趙孟賦瓠葉 : 〈瓠葉〉은 《詩經》 〈小雅〉의 편명이다. 古人은 食品이 변변치 못하다 하여 禮를 폐하지 않은 뜻을 취한 것이다.(杜注)

26 趙孟欲一獻 : 〈瓠葉〉詩를 읊은 것은 변변찮은 食物이라도 獻酬할 수 있다는 뜻을 취한 것이므로 一獻을 원한다는 것을 안 것이다.(杜注)

27 具五獻之籩豆於幕下 : 朝聘의 제도에 있어 大國의 卿에게는 五獻의 禮로 접대한다.(杜注)

28 穆叔賦鵲巢 : 〈鵲巢〉는 《詩經》 〈召南〉의 편명이다. 까치가 지은 둥지에 비둘기가 와서 산다는 것을 말하여, 晉君이 소유한 나라를 趙孟이 다스린다는 것을 비유한 것이다.(杜注)

29 又賦采蘩 : 〈采蘩〉도 《詩經》 〈召南〉의 편명이다. 蘩菜(쑥)가 변변찮은 食物이지만 公侯에게 올릴 수 있다는 뜻을 취하여, 그 사람의 誠信만 享受(受用)하고 豐厚한 食品을 구하지 않는다는 것을 말한 것이다.(杜注)

30 子皮賦野有死麕(균)之卒章 : 〈野有死麕〉은 《詩經》 〈召南〉의 篇名이다. 그 卒章에 "천천히 걸어와서 내 수건 흔들리게 하지 말고 삽살개 짖게 하지 말라."라고 하였다. 君子는 천천히 걸어 禮로써 와서 나로 하여금 절개를 잃지 말게 하고 우리 개로 하여금 짖게 하지 말라고 한 뜻을 취하여 趙孟이 道義로써 제후를 안무하고 非禮로써 능멸하지 않은 것을 비유한 것이다.(杜注)

31 趙孟賦常棣 : 〈常棣〉는 《詩經》 〈小雅〉의 篇名이다.(杜注)

자피가 말하였다.

"감히 어찌 그렇게 하겠습니까?"

목숙이 말하였다.

"그분이 원하는 바인데 또 어찌 감히 할 수 없다고 하십니까?"

연회일에 미쳐 정나라는 五獻의 籩豆를 幕下에 준비하였는데, 조맹이 오헌의 예를 사양하고 子産에게 개인적으로 말하였다.

"나(武)는 이미 冢宰(子皮)에게 〈일헌의 예를 거행하기를〉 청하였습니다."

이에 일헌의 예를 사용하여 조맹을 主賓으로 삼았다. 享禮(예물을 올리는 예)를 마치고 宴禮(연회)를 거행할 적에, 목숙이 〈鵲巢〉詩를 읊으니, 조맹이 말하였다.

"나(武)는 감당할 수 없습니다."

목숙이 또 〈采蘩〉詩를 읊고 말하였다.

"小國은 蘩菜와 같지만 大國이 아껴 쓰신다면 어찌 참으로 대국의 명을 따르지 않겠습니까?"

자피가 〈野有死麕〉의 卒章을 읊고, 조맹이 〈常棣〉詩를 읊고 또 말하였다.

"우리 兄弟 나라들이 친밀하게 지내며 안정을 추구한다면 삽살개도 짖지 않게 할 수 있을 것입니다."

목숙 · 자피 및 曹나라 大夫가 일어나 절하고, 외뿔소의 뿔로 만든 술잔을 들고 말하였다.

"우리 소국들은 당신의 도움을 힘입어 禍難(楚나라의 責罰)에서 면한 줄을 압니다."

그러고는 술을 마시며 즐겼다. 조맹이 나와서 말하였다.

"나는 이런 즐거움을 다시 볼 수 없을 것이다."

字義 穡 : 아낄 색 尨 : 삽살개 방

天王使劉定公勞趙孟於潁하시고 館於雒汭(예)러시니 劉子曰 美哉라 禹功이여 明德遠矣라 微禹면 吾其魚乎인저 吾與子弁冕端委하야 以治民하며 臨諸侯는 禹之力也라 子盍亦遠績禹功하야 而大庇民乎아 對曰 老夫罪戾是懼라 焉能恤遠이리오 吾儕偸食하야 朝不謀夕이니 何其長也리오 劉子歸하야 以語王曰 諺所謂老將知而耄及之者는 其趙孟之謂乎인저 爲晉正卿하야 以主諸侯호되 而儕於隸人하야 朝不謀夕하니 棄神人矣라 神怒民叛이면 何以能久리오 趙孟不復年矣로다 神怒면 不歆其祀하고 民叛이면 不卽其事하나니 祀事不從이라 又何以年이리오

天王(周 景王)이 劉定公(劉夏)을 潁邑으로 보내어 趙孟을 위로하게 하고 雒汭에 머물도록 하였는데, 劉子가 말하였다.

禹

"아름답도다. 禹王의 공적이여! 그 밝은 덕이 먼 후세에까지 입혀졌구려. 만약 그때 우왕이 없었다면 우리는 아마도 魚類가 되었을 것이오. 나와 그대가 冕冠을 쓰고 端委(禮服)를 입고서 백성을 다스리고 제후를 통치하는 것은 모두 우왕의 공덕입니다. 그대는 어찌하여 먼 옛날 우왕의 공덕을 계승하여 크게 백성을 보호하지 않습니까?"

조맹이 대답하였다.

"이 늙은이는 죄를 범할까만 두려워할 뿐입니다. 어찌 먼 앞날을 걱정할 수 있겠습니까? 우리 같은 사람은 안일만 탐하며 祿이나 축내는 무리로 아침에 저녁의 일도 생각할 수 없으니, 어찌 먼 앞날을 생각하겠습니까?"

유자가 돌아가서 周王에게 말하였다.

"俗談에 이른바 '늙으면 지혜로워지지만 昏耄(정신이 흐려 혼란함)가 뒤따른다.'는 말은 아마도 조맹의 경우를 이른 듯합니다. 조맹은 晉나라의 正卿으로 제후의 일을 주재하면서 僕隷와 똑같이 아침에 저녁의 일을 생각하지 않으니, 神과 백성을 버린 것입니다. 신이 노하고 백성이 배반한다면, 어찌 오래갈 수 있겠습니까? 조맹이 다시 明年을 맞지 못할 것입니다. 신이 노하면 그 제사를 歆饗하지 않고, 백성이 배반하면 그 일을 하지 않습니다. 제사와 일이 뜻대로 되지 않으니 또 어찌 명년을 맞이할 수 있겠습니까?"

叔孫歸할새 曾夭御季孫以勞之러니 旦及日中호되 不出[32]이어늘 曾夭謂曾阜曰 旦及日中하니 吾知罪矣라 魯以相忍爲國也어늘 忍其外하고 不忍其內하니 焉用之[33]리오 阜曰 數月於外하니 一旦於是 庸何傷이리오 賈(고)而欲贏而惡(오)囂乎아 阜謂叔孫曰 可以出矣라하니 叔孫指楹曰 雖惡(오)是나 其可去乎아 乃出見之[34]하다

叔孫이 돌아올 적에 曾夭가 季孫이 탄 수레를 몰고 숙손을 위로하기 위해 갔는데, 아침나절이 지나 정오가 되어도 숙손은 나오지 않았다. 증요가 曾阜(숙손의 家臣)에게 말하였다.

---

32 旦及日中 不出 : 季孫이 莒나라를 쳐서 하마터면 자기가 誅戮될 뻔한 일을 원망하였기 때문이다.(杜注)

33 旦及日中……焉用之 : 楚나라의 誅戮을 받고자 한 것은 國外에서 忍耐한 것이고, 正午가 되도록 나오지 않은 것은 國內에서 인내하지 못한 것이다.(杜注)

34 叔孫指楹曰……乃出見之 : 魯나라에 季孫이 있는 것이 가옥에 기둥이 있는 것과 같다는 것을 비유한 것이다.(杜注)

“아침에 와서 정오가 되도록 기다렸으니 이는 우리가 죄를 알기 때문이오. 魯나라는 서로 인내함으로써 나라를 다스려왔는데, 國外에서는 인내하고 國內에서는 인내하지 못하니, 무슨 소용이 있겠소?”

증부가 말하였다.

“저분은 여러 달 동안 국외에서 고생하였으니, 이곳에서 하루아침 동안 기다리는 것이 해로울 게 뭐 있겠소? 商人이 이익을 남기고자 하면서 시장의 시끄러운 소리를 싫어해서야 되겠소?”

증부가 숙손에게 말하였다.

“나와서 만나시는 것이 좋겠습니다.”

숙손이 기둥을 가리키며 말하였다.

“내 비록 이것을 미워하지만 어찌 없앨 수 있겠는가?”

그러고는 나와서 계손을 만나보았다.

鄭徐吾犯之妹美라 公孫楚聘之矣어늘 公孫黑又使强委禽[35]焉하니 犯懼하야 告子產한대 子產曰 是는 國無政이니 非子之患也라 唯所欲與하라 犯請於二子호되 請使女擇焉하노라하니 皆許之하다 子皙은 盛飾入하야 布幣而出하고 子南은 戎服入하야 左右射하고 超乘而出이어늘 女自房觀之하고 曰 子皙信美矣어니와 抑子南夫也인저 夫夫婦婦 所謂順也라하고 適子南氏하다 子皙怒하야 旣而櫜甲하고 以見子南하야 欲殺之而取其妻러니 子南知之하고 執戈逐之할새 及衝하야 擊之以戈하니 子皙傷而歸하야 告大夫曰 我好見之러니 不知其有異志也라 故傷호라

鄭나라 大夫 徐吾犯의 누이동생이 美女였다. 公孫 楚(鄭 穆公의 孫子)가 이미 聘問(定婚)하였는데, 公孫 黑이 또 사람을 보내 강제로 〈기러기를 예물로 보내어〉 納采하니, 서오범이 겁이 나서 子產에게 이 사실을 고하였다. 이에 자산이 말하였다.

“이는 국가에 政令이 없기 때문이니 그대가 걱정할 일이 아니다. 그대가 주고 싶은 자에게 주라.”

서오범은 두 사람을 초청하되 누이로 하여금 스스로 선택하게 하기를 요청한다고 하니, 두 사람 모두 허락하였다. 子皙(公孫 黑)은 화려하게 차려 입고 서오범의 집으로 들어가서 幣帛을 堂上에 펼쳐놓고 나가고, 子南(公孫 楚)은 軍服을 입고 들어가서 左右를 향해 화살 두 대를 쏘고는 뛰어올라 수레를 타고 나갔는데, 여인이 방안에서 이들의 모습을 보고 말하였다.

---

35 禽 : 禽은 기러기인데 納采할 때 기러기를 사용한다.

“자석도 진실로 아름다우나, 자남이 장부답다. 장부는 장부답고 부녀는 부녀다운 것이 이른바 ‘순리’이다.”

그러고는 子南氏에게 시집갔다. 자석이 노하여 얼마 뒤에 속에 갑옷을 입고 가서 자남을 만나 그를 죽이고 그 아내를 탈취하고자 하였는데, 자남이 이를 알고 창을 들고 자석을 뒤쫓을 적에 네거리에 이르러 그를 창으로 쳤다. 자석이 상처를 입고 돌아가서 대부들에게 고하였다.

“나는 좋은 뜻으로 그를 만났는데 그에게 다른 뜻이 있는 줄을 몰랐습니다. 그러므로 상처를 입은 것입니다.”

字義 衝 : 교차로 충

大夫皆謀之러니 子產曰 直鈞하니 幼賤有罪라 罪在楚也로다하고 乃執子南而數之曰 國之大節有五어늘 女皆奸之하니라 畏君之威하며 聽其政하며 尊其貴하며 事其長하며 養其親이니 五者所以爲國也라 今君在國이어시늘 女用兵焉하니 不畏威也요 奸國之紀하니 不聽政也요 子晳은 上大夫요 女는 嬖大夫어늘 而弗下之하니 不尊貴也요 幼而不忌하니 不事長也요 兵其從兄하니 不養親也라 君曰 余不女忍殺이라 宥女以遠하라하시니 勉速行乎인저 無重而罪하라

大夫들이 모두 모여 이 일의 처리를 상의하였는데, 子產이 말하였다.

“잘잘못이 같은 경우이니 나이가 적고 지위가 낮은 자에게 죄가 돌아간다. 이 일은 죄가 公孫 楚에게 있다.”

그러고는 子南을 잡아다가 그 죄상을 열거해 말하였다.

“국가에는 다섯 가지 大節(大原則)이 있는데, 너는 이 다섯 가지 대절을 모두 범하였다. 임금의 위엄을 두려워하며, 임금의 政令을 들어 따르며, 귀한 이를 존경하며, 연장자를 섬기며, 親屬을 봉양하는 것이니, 이 다섯 가지는 국가를 다스리는 것이다. 그런데 지금 임금이 나라 안에 계시는데도 너는 무기를 사용하였으니 임금의 위엄을 두려워하지 않은 것이고, 국가의 기강을 범하였으니 정령을 따르지 않은 것이고, 子晳은 上大夫이며 너는 下大夫인데도 그에게 몸을 낮추지 않았으니 귀한 이를 존경하지 않은 것이고, 어린 사람으로서 忌憚하는 바가 없었으니 연장자를 섬기지 않은 것이고, 從兄에게 무기를 사용하였으니 친속을 봉양하지 않은 것이다. 그러나 임금님께서 ‘나는 차마 그를 죽일 수 없으니 그의 罪를 감면하고 멀리 유배하라.’ 하셨으니, 너는 힘을 다해 속히 떠나야 할 것이다. 시일을 끌어 너의 죄를 가중시키지 말라.”

字義 女 : 너 여(=汝)

五月庚辰에 鄭放游楚於吳하다 將行子南할새 子產咨於大叔한대 大叔曰 吉不能亢身이어든 焉能亢宗이리오 彼는 國政也요 非私難也니 子圖鄭國에 利則行之니 又何疑焉이리오 周公殺管叔而蔡(살)蔡叔하시니 夫豈不愛리오마는 王室故也라 吉若獲戾면 子將行之니 何有於諸游리오

5월 庚辰日에 鄭나라는 游楚(子南)를 吳나라로 방축하였다. 子南을 추방하려 할 때 子產이 太叔(유초의 兄의 아들)에게 의견을 묻자, 태숙이 대답하였다.

"나〔吉〕는 내 몸도 보호하지 못하는데 어찌 宗族을 보호할 수 있겠습니까? 저 자남의 일은 국가의 政令을 범하였기 때문이지 사사로이 難을 일으켰기 때문이 아닙니다. 그대는 정나라를 위해 일을 계획하니 국가에 이롭다면 즉시 그를 방축할 것이지, 또 무엇을 의심하십니까? 周公이 管叔을 죽이고 蔡叔을 방축하셨으니, 어찌 주공이 그들을 사랑하지 않았겠습니까마는, 王室을 공고히 하기 위해서였습니다. 내가 만약 죄를 범한다면 그대는 나를 방축함이 마땅하니, 여러 游氏를 고려할 게 뭐 있습니까?"

字義 亢 : 가릴, 보호할 항 蔡 : 추방할 살

【經】秦伯之弟鍼(겸)出奔晉하다

秦伯의 아우 鍼이 晉나라로 出奔하였다.

【傳】秦后子有寵於桓하야 如二君於景[36]이러니 其母曰 弗去면 懼選이라 癸卯에 鍼適晉할새 其車千乘이라 書曰 秦伯之弟鍼出奔晉이라하니 罪秦伯也라

秦나라 后子가 桓公에게 총애를 받아 景公 때에 마치 두 임금이 있는 것과 같았는데, 그 어머니가 말하였다.

"네가 秦나라를 떠나지 않으면 너의 죄상을 열거〔選〕하여 주륙할까 두렵다."

癸卯日에 鍼(后子)이 晉나라로 갈 적에 그 수레가 千乘이었다. 經에 "秦伯의 아우 鍼이 晉나라로 出奔하였다."라고 기록하였으니, 이는 죄가 〈아우 교육을 잘못한〉 진백에게 있음을 말한 것이다.

字義 選 : 열거할 선

---

36 秦后子有寵於桓 如二君於景 : 后子는 秦 桓公의 아들로, 秦 景公의 同母弟 鍼이다. 그 권세와 총애가 두 임금이 있는 것과 같다는 말이다.(杜注)

后子享晉侯할새 造舟于河하고 十里舍車[37]하야 自雍及絳하고 歸取酬幣[38]하니 終事八反[39]이라 司馬侯問焉曰 子之車를 盡於此而已乎아 對曰 此之謂多矣라 若能少此면 吾何以得見이리오 女叔齊以告公하고 且曰 秦公子必歸러이다 臣聞君子能知其過하면 必有令圖리히니 令圖는 天所贊也라하더라

后子가 연회를 열어 晉侯를 접대할 때, 배를 나란히 붙여 黃河에 浮橋를 놓고, 秦나라의 國都 雍城에서 晉나라의 國都 絳城까지 10里마다 수레 8乘씩 배치하고 옹성으로 돌아가 酬幣를 싣고 오게 하니, 연회를 마칠 때까지 그 수레들이 여덟 차례씩 반복하였다. 司馬 侯가 후자에게 물었다.

"그대의 수레를 이곳에 다 배치하였습니까?"

후자가 대답하였다.

"나는 이것을 많다고 생각합니다. 만약 이보다 적었다면 내가 어찌 晉나라로 와서 晉君을 알현할 수 있겠습니까?"

女叔齊(司馬 侯)가 이 말을 晉 平公에게 고하고, 또 말하였다.

"秦나라 公子(鍼)는 반드시 돌아갈 것입니다. 신이 듣건대, 君子가 자기의 과실을 알면 반드시 좋은 계책을 세운다고 하니, 좋은 계책이 있는 사람은 하늘이 돕는 바입니다."

后子見趙孟한대 趙孟曰 吾子其曷歸오 對曰 鍼懼選於寡君이라 是以在此호니 將待嗣君호리라 趙孟曰 秦君何如오 對曰 無道니라 趙孟曰 亡乎아 對曰 何爲리오 一世無道라도 國未艾(애)也니 國於天地에 有與立焉이라 不數世淫이면 弗能斃也하나니라 趙孟曰 (天)〔夭〕[40]乎아 對曰 有焉이라 趙孟曰 其幾何오 對曰 鍼聞之호니 國無道而年穀和熟은 天贊之也니 鮮不五稔이리라 趙孟視蔭曰 朝夕不相及이니 誰能待五리오 后子出而告人曰 趙孟將死矣로다 主民호되 翫歲而愒(개)日하니 其與幾何리오

后子가 趙孟을 만나자, 조맹이 물었다.

---

37 十里舍車 : 한 곳에 8乘씩 배치한 것은 여덟 차례의 왕복을 대비한 것이다.(杜注)

38 歸取酬幣 : 九獻의 儀式을 갖춘 것이다. 처음 一獻의 禮를 거행할 때에 올릴 禮幣는 스스로 가지고 갔다. 그러므로 여덟 차례 술을 권할 때마다 올릴 예폐를 계속 운송해오게 한 것이다.(杜注)

39 終事八反 : 10里마다 배치한 8乘의 수레가 각각 차례로 幣物을 싣고 와서 다음 수레에 引繼하고 돌아간 것이고, 한 수레가 곧장 끝까지 온 것이 아니다. 그러므로 '八反'이라 한 것이다.(杜注)

40 (天)〔夭〕: 저본에는 '天'으로 되어 있으나, 《春秋左傳正義》 孔穎達의 疏에 '君或早夭'로 되어 있는 것에 의거하여 '夭'로 바로잡았다.

“그대는 장차〔其〕 언제 돌아갈 것입니까?”

후자가 대답하였다.

“나는 우리 임금께서 나의 죄를 열거하여 誅戮할 것이 두려웠습니다. 그러므로 이곳으로 도망해 온 것이니, 장차 새 임금이 王位를 계승할 때까지 기다리겠습니다.”

조맹이 물었다.

“秦나라 임금은 어떤 사람입니까?”

후자가 대답하였다.

“無道합니다.”

조맹이 물었다.

“그렇다면 나라가 망하겠습니까?”

후자가 대답하였다.

“어찌 망하기야 하겠습니까? 한 代의 임금이 무도하여도 나라가 망하지는 않으니, 天地 사이에 수립된 나라에는 그 존립을 돕는 신하가 있게 마련입니다. 몇 대의 임금이 계속해 음란하지 않으면 나라가 망하지 않습니다.”

조맹이 물었다.

“그렇다면 夭死하겠습니까?”

후자가 대답하였다.

“그럴 수 있을 것입니다.”

조맹이 물었다.

“그가 언제쯤 죽겠습니까?”

후자가 대답하였다.

“내 들으니, 國君이 무도한데도 곡식이 풍년 드는 것은 하늘이 그를 돕기 때문이라고 하는데, 적어도 5년 안에는 죽지 않을 것입니다.”

조맹이 해 그늘을 보며 말하였다.

“아침 그늘이 저녁까지 갈 수 없는데, 어찌 5년을 기다릴 수 있겠습니까?”

후자가 나와서 사람에게 고하였다.

“조맹은 머지않아 죽을 것이다. 백성의 주인이 되었으면서도 〈국가는 생각지 않고〉 세월을 허송하며 안일만 탐하니, 그가 얼마나 살 수 있겠는가?”

字義 艾 : 끊어질 애 稔 : 해 임 愒 : 탐할 개

【經】六月丁巳에 邾子華卒하다

6월 丁巳日에 邾子 華(邾 悼公)가 卒하였다.

【傳】鄭爲游楚亂故하야 六月丁巳에 鄭伯及其大夫盟于公孫段氏하고 罕虎公孫僑公孫段印段游吉駟帶私盟于閨門之外하니 實薰隧[41]라 公孫黑強與於盟하고 使大史書其名하고 且曰七子[42]라호되 子產弗討하다

鄭나라는 游楚(子南)가 亂을 일으킨 일로 인해 6월 丁巳日에 鄭伯이 그 大夫들과 公孫 段의 집에서 結盟하고, 罕虎 · 公孫 僑(子產) · 公孫 段 · 印段 · 游吉 · 駟帶가 사사로이 閨門 밖에서 결맹하였으니, 사실은 〈그 장소가〉 薰隧였다. 公孫 黑이 강제로 맹약에 참여하고 太史에게 자기의 이름도 함께 기록하게 하며 또 '七子'로 칭하게 하였는데도, 子產이 그를 토벌하지 않았다.

【經】晉荀吳帥師敗狄于大鹵하다

晉나라 荀吳가 군대를 거느리고 가서 狄을 大鹵에서 패배시켰다.

【傳】晉中行(항)穆子敗無終及群狄于大(태)原하니 崇卒也일새라 將戰에 魏舒曰 彼徒我車요 所遇又阨하니 以什共車하면 必克이요 困諸阨하면 又克하리니 請皆卒하라 自我始라하고 乃毀車以爲行하야 五乘爲三伍[43]하다 荀吳之嬖人不肯卽卒이어늘 斬以徇하고 爲五陳以相離[44]호되 兩於前하며 伍於後하며 專爲右角하며 參爲左角하며 偏爲前拒[45]하야 以誘之하니 翟人笑之하다 未陳而薄之하야 大敗之하다

晉나라 中行穆子가 太原에서 無終과 群狄을 패배시켰으니, 이는 步卒을 숭상하였기 때문

---

41 閨門之外 實薰隧 : 閨門은 鄭나라 城門이다. 薰隧는 城門 밖의 道路名이다.(杜注)

42 且曰七子 : 자신이 六卿과 同列이 되고자 하였기 때문에 일곱 사람이 결맹한 것으로 기록하게 한 것이다.(杜注)

43 五乘爲三伍 : 수레에 타는 자는 兵車마다 3인씩이니, 5乘이면 15인이다. 지금 군제를 개편하여 車兵을 없애고 다시 5인씩 묶어 伍로 편성하고, 또 나누어 세 개의 伍로 만든 것이다.(杜注)

44 爲五陳以相離 : 離는 麗와 通하니 附麗(서로 붙어 있음)이다. 前後左右의 陣營이 서로 붙도록 만들어 協力하게 하고, 또 앞에 한 진영을 설치하여 敵을 誘引하게 한 것이다.(《左氏會箋》)

45 偏爲前拒 : 兩陣, 專陣, 參陣, 偏陣 등은 모두 임시로 설치한 진영의 명칭이다.(杜注)

이다. 전쟁하려 할 때 魏舒가 말하였다.

"저들은 徒兵(보병)이고 우리는 車兵이며, 兩軍이 서로 만나는 곳의 地勢마저 또 험하니, 10人이 兵車 1乘을 共用하게 하면 반드시 승리할 것이고, 〈地形을 이용해 伏兵을 설치해 적군을〉 곤궁에 빠뜨리면 또 승리할 수 있을 것이니, 군대를 모두 보병으로 편성하소서. 나의 부대부터 먼저 시작하겠습니다."

그러고는 거병을 해체하고 보병의 대오로 편성하여, 5乘의 인원으로 3개의 伍를 편성하였다. 荀吳의 嬖人(寵臣)이 步卒의 대오로 들어가려 하지 않았는데, 위서가 그의 목을 베어 軍中에 돌려 보이고는, 다섯 진영을 서로 붙도록 만들되 兩陣은 앞에 두고 伍陣은 뒤에 두며, 專陣을 右翼으로, 參陣을 左翼으로, 偏陣을 前拒(先鋒)로 삼아 적을 유인하니, 翟人(狄人)이 이를 보고 비웃었다. 적인이 진을 치기 전에 공격하여〔薄〕 크게 패배시켰다.

字義 阨 : 좁을, 험할 애

【經】秋에 莒去疾自齊入于莒하니 莒展輿出奔吳하다

가을에 莒나라의 去疾이 齊나라에서 거나라로 들어가니, 거나라 展輿가 吳나라로 出奔하였다.

【傳】莒展輿立하야 而奪群公子秩하니 公子召去疾于齊하다 秋에 齊公子鉏納去疾하니 展輿奔吳하다

莒나라의 展輿가 즉위하여 公子들의 祿秩(녹봉과 관직)을 삭탈하니, 공자들이 齊나라에 도망가 있는 公子 去疾을 돌아오도록 불렀다. 가을에 齊나라 公子 鉏가 거질을 거나라로 들여보내니, 전여가 吳나라로 出奔하였다.

於是에 莒務婁瞀(무)胡及公子滅明以大厖與常儀靡奔齊하다

이때 莒나라의 務婁, 瞀胡 및 公子 滅明이 大厖과 常儀靡(거나라의 두 邑)를 가지고 齊나라로 出奔하였다.

君子曰 莒展之不立은 棄人也夫인저 人可棄乎아 詩曰 無競維人[46]이라하니 善矣로다

君子는 이에 대해 論評하였다.

---

46 無競維人 : 《詩經》〈周頌 烈文〉의 시구이다.(杜注)

"莒나라의 展輿가 임금의 자리를 지키지 못한 것은 인재를 버렸기 때문이다. 인재를 버려서야 되겠는가?《詩經》에 '國家를 강성하게 하려면 인재를 얻는 것만 한 게 없다.'라고 하였으니, 훌륭한 말이다."

【經】叔弓帥師疆鄆田하다

叔弓이 군대를 거느리고 가서 鄆地의 경계를 정하였다.

【傳】叔弓帥師疆鄆田하니 因莒亂也라

魯나라 叔弓이 군대를 거느리고 가서 鄆地의 경계를 획정하였으니, 이는 莒나라에 내란이 난 기회를 이용한 것이다.

晉侯有疾하니 鄭伯使公孫僑如晉聘하고 且問疾한대 叔向問焉曰 寡君之疾이 病하니 卜人曰 實沈臺駘爲祟(수)라호되 史莫之知하니 敢問此何神也오 子產曰 昔에 高辛氏有二子하니 伯曰閼伯이요 季曰實沈이라 居于曠林하야 不相能也라 日尋干戈하야 以相征討어늘 后帝不臧하야 遷閼伯于商丘하야 主辰(신)하니 商人是因이라 故辰爲商星[47]이요 遷實沈于大夏하야 主參하니 唐人是因하야 以服事夏商이러니 其季世曰唐叔虞라 當武王邑姜方震大叔[48]하야 夢에 帝謂己호되 余命而子曰虞라하고 將與之唐하야 屬諸參하야 而蕃育其子孫호리라 及生에 有文在其手曰虞어늘 遂以命之하니라 及成王滅唐하야 而封大叔焉하니 故參爲晉星이라 由是觀之컨대 則實沈은 參神也라 昔에 金天氏有裔子曰昧니 爲玄冥師[49]하야 生允格臺駘라 臺駘能業其官하야 宣汾洮하며 障大澤하야 以處大(태)原하니 帝用嘉之하야 封諸汾川이라 沈姒蓐黃實守其祀러니 今晉主汾而滅之矣라 由是觀之컨대 則臺駘는 汾神也어니와 抑此二者는 不及君身이라 山川之神은 則水旱癘疫之災니 於是乎禜(영)之하며 日月星辰之神은 則雪霜風雨之不時니 於是乎禜之하나니

---

47 辰爲商星 : 商人은 湯王의 先祖 相土이다. 商丘를 封地로 받아 閼伯의 옛 나라를 이어 辰星의 祭祀를 주관한 것이다.(杜注)

48 當武王邑姜方震大叔 : '邑姜'은 武王의 王后로 齊나라 太公의 딸이다. 孕胎를 '震'이라 한다. '太叔'은 成王의 아우 叔虞이다.(杜注)

49 金天氏有裔子曰昧 爲玄冥師 : '金天氏'는 帝 少皞이다. '裔'는 遠이다. '玄冥'은 水官이니, 昧가 수관의 長이 된 것이다.(杜注)

若君身은 則亦出入飮食哀樂之事也니 山川星辰之神이 又何爲焉이리오 僑聞之호니 君子有四時하니 朝以聽政하며 晝以訪問하며 夕以修令하며 夜以安身이라하니 於是乎節宣其氣하야 勿使有所壅閉湫底하야 以露其體[50]하고 玆心不爽하야 而昏亂百度하나니 今無乃壹之則生疾矣[51]아 僑又聞之호니 內官은 不及同姓이라하니 其生不殖이요 美先盡矣면 則相生疾[52]일새라 君子是以惡(오)之하나니 故志에 曰 買妾에 不知其姓하면 則卜之라하니 違此二者는 古之所愼也라 男女辨姓은 禮之大司也어늘 今君內實有四姬焉하니 其無乃是也乎아 若由是二者면 弗可爲也已리니 四姬有省(생)이면 猶可어니와 無則必生疾矣리라 叔向曰 善哉라 肸未之聞也로다 此皆然矣라하더라

晉侯가 病을 앓으니, 鄭伯이 公孫 僑(子産)를 晉나라에 보내 聘問하고 또 문병하게 하였다. 叔向이 子産에게 물었다.

"우리 임금님의 병환이 위독합니다. 卜人은 '實沈과 臺駘가 빌미가 되었다.' 하였지만, 太史는 그것이 무엇인지 모르니, 감히 묻습니다. 이것이 무슨 神입니까?"

자산이 대답하였다.

"옛날 高辛氏에게 두 아들이 있었으니 큰 아들은 閼伯이고 작은 아들은 實沈이었습니다. 그들은 曠林(지명)에 살면서 서로 사이가 좋지 못하므로 날마다 병기를 사용해 서로 공격하였는데, 后帝(堯)가 그들을 좋지 않게 여겨 알백을 商丘(宋나라 지명)로 옮겨 辰星(大火星)의 제사를 주관하게 하니, 商人이 이 일을 인습하였습니다. 그러므로 신성이 商나라의 별이 된 것입니다.

그리고 실침을 大夏(晉나라 지명)로 옮겨 參星의 제사를 주관하게 하니, 唐人(陶唐의 후예)이 이 일을 인습하여 夏王朝와 商王朝에 복종해 섬겼는데, 唐나라 末世의 임금이 唐叔虞였습니다. 武王의 后妃 邑姜이 太叔을 임신할 때를 당하여, 꿈에 天帝가 읍강에게 '내가 너의 아들을 虞로 명명하고, 장차 이 아이에게 당나라를 주어 삼성 分野의 땅을 귀속시켜 자손을 번창하게 하려 한다.'라고 하였습니다. 출생함에 미쳐 손바닥에 '虞'자 모양의 무늬가 있었는데, 드디어 '虞'로 이름을 지었습니다. 成王에 미쳐 唐나라를 멸하고 태숙을 그곳에 봉하였으므로 삼성이 晉나라의 별이 된 것입니다. 이로써 보면 실침은 삼성의 神입니다.

옛날에 金天氏의 후예에 昧라는 자가 있었더니, 玄冥師가 되어 允格과 臺駘 두 아들을 낳

---

50 勿使有所壅閉湫底 以露其體 : '湫'는 集이고, '底'는 滯이다. '露'는 羸이다. 한 가지 일만 오로지 마음을 쓰면 몸이 파리해진다는 말이다.(杜注)

51 今無乃壹之則生疾矣 : '則'은 而로 보아야 하고, '矣'는 乎와 같다.(《左氏會箋》)

52 內官……則相生疾 : 同姓 사이는 交分이 〈夫婦가 되기〉 전부터 좋았는데, 〈부부가 된 뒤에〉 좋은 感情이 지극하면 愛情이 다 그에게 쏠리고, 그에게 다 쏠리면 病이 생긴다는 말이다.(杜注)

았습니다. 대태는 능히 그 世業을 계승하여 汾水와 洮水를 疏通시키고 大澤에 제방을 쌓아 광대한 평원에 人民들을 편히 살게 하니, 帝(顓頊)가 이를 가상히 여겨 그를 汾川에 봉하였으므로 〈그 후손인〉 沈나라 · 姒나라 · 蓐나라 · 黃나라가 실로 그 제사를 대대로 지내왔는데, 지금 晉나라가 분수 일대를 주재(통치)하면서 이 네 나라들을 멸하였습니다. 이로써 보면 대태는 분수의 신입니다. 그렇지만 이 두 신은 晉君의 신병과는 무관합니다.

장마와 가뭄과 전염병 등의 재해를 내리니 이때 山川의 신에게 禜祭를 지내고, 눈과 서리, 바람과 비 등이 철을 잃는 경우가 있으니 이때 日月星辰의 신에게 영제를 지냅니다. 진군의 신병으로 말하면, 또한 出入 · 飮食 · 哀樂의 일로 인해 생긴 것이니, 산천이나 성신의 신이 또 어찌 병을 줄 수 있겠습니까?

내 들으니, 君子는 四時(朝時, 晝時, 夕時, 夜時)의 일이 있어, 아침에는 국정을 처리하고 낮에는 諮問을 구하고, 저녁에는 政令을 修正하고, 밤에는 몸을 편히 쉰다고 합니다. 이에 체내의 기운을 절제하기도 하고 발산하기도 하여, 기운이 막히거나 적체되어 몸을 파리하게 하지도, 마음이 밝지 않아 모든 일에 昏亂이 있게 하지도 말아야 하는데, 지금 임금님은 마음을 오로지 한 곳에만 써서 병이 생긴 것이 아닌지요?

또 내 들으니, 內官(妃嬪)은 同姓을 취하지 않는다고 하는데, 〈그 이유는〉 그 사이에서 태어난 자식은 生産이 蕃盛하지 못하고, 愛情〔美〕이 먼저 〈한 사람에게〉 다 쏠리면 서로에게 병이 생기기 때문입니다. 君子는 이런 이유로 同姓婚을 혐오하는 것입니다. 그러므로 옛 기록에 '妾을 살 때에 그 姓을 모르면 점을 친다.'라고 하였으니, 이 두 가지 일을 위반하는 것을 옛사람들은 삼갔습니다. 남녀의 姓을 변별하는 것은 예절의 큰 근본〔司〕인데, 지금 진군의 내관에 姬氏가 넷이 있으니, 진군의 병이 이로 인해 생긴 것이 아니겠는지요? 만약 이 두 가지에서 연유한 것이라면 치료할 수 없을 것이니, 네 희씨가 모시는 시간을 줄인다면 오히려 치료가 가능하겠지만 그렇지 않다면 반드시 병이 생길 것입니다."

숙향이 말하였다.

"좋은 말씀입니다. 나는 아직 이런 말을 들어보지 못했습니다. 지적하신 내용이 모두 사실입니다."

字義 祟 : 빌미 수 尋 : 쓸 심(=用) 臧 : 선할 장 禜 : 재앙 막는 제사 영

叔向出커늘 行人揮送之하다 叔向問鄭故焉하고 且問子晳하니 對曰 其與幾何리오 無禮而好陵人하며 怙富而卑其上하니 弗能久矣리라하더라

叔向이 나가자, 鄭나라 行人 揮(子羽)가 그를 餞送하였다. 숙향이 휘에게 정나라의 事情를 묻고, 또 子晳(公孫 黑)에 대해 물으니, 휘가 대답하였다.

"그가 얼마나 가겠습니까? 예의를 무시하고 남을 능멸하기 좋아하며, 부유함을 믿고 윗사람을 경시하니, 오래갈 수 없을 것입니다."

字義 怙 : 믿을 호

晉侯聞子産之言하고 曰 博物君子也로다하고 重賄之하다

晉侯가 子産의 말을 듣고 이르기를 "지식이 해박한 君子이다." 하고, 자산에게 예물을 후하게 주었다.

晉侯求醫於秦한대 秦伯使醫和視之하니 曰 疾不可爲也라 是謂近女室하야 疾如蠱하니 非鬼非食이요 惑以喪志라 良臣將死요 天命不祐로다 公曰 女不可近乎아 對曰 節之니이다 先王之樂은 所以節百事也라 故有五節하니 遲速本末以相及[53]하야 中聲以降하야 五降之後에 不容彈矣하나니 於是에 有煩手淫聲하야 慆堙心耳하면 乃忘平和라 君子弗聽也하나니 物亦如之라 至於煩엔 乃舍也已하야 無以生疾하나니라 君子之近琴瑟은 以儀節也니 非以慆心也라 天有六氣하야 降生五味[54]하며 發爲五色[55]하며 徵爲五聲[56]이니 淫生六疾이라 六氣는 曰陰陽風雨晦明也니 分爲四時하며 序爲五節이니 過則爲菑라 陰淫은 寒疾이요 陽淫은 熱疾이요 風淫은 末疾이요 雨淫은 腹疾이요 晦淫은 惑疾이요 明淫은 心疾이라 女는 陽物而晦時라 淫則生內熱惑蠱之疾하나니 今君不節不時하니 能無及此乎아

晉侯(晉 平公)가 秦나라에게 의원을 요구하자, 秦伯이 의원 和를 보내 병을 진찰하게 하였다. 의원 화가 〈병을 진찰하고〉 말하였다.

"이 병은 치료할 수 없습니다. 이는 女色을 가까이하여 생긴 병으로 증상이 蠱惑과 같다고 할 수 있으니, 귀신이나 음식으로 인해 생긴 것이 아니고 여색에 미혹된 결과 意志를 상실해서 생긴 병입니다. 良臣이 장차 죽을 것이고 하늘이 보우하지 않을 것입니다."

---

53 遲速本末以相及 : 그 소리가 느리게 시작하여 빨라지고 本에서 末에 이르러 中和의 소리를 이루는 것이다.(林堯叟)

54 降生五味 : '五味'는 金은 맛이 맵고〔辛〕, 木은 맛이 시고〔酸〕, 水는 맛이 짜고〔鹹〕, 火는 맛이 쓰고〔苦〕, 土는 맛이 단 것〔甘〕을 이르는데, 이는 모두 陰陽과 風雨에서 생겨난 것이다.(杜注)

55 發爲五色 : 辛은 色이 희고〔白〕, 酸은 색이 푸르고〔靑〕, 鹹은 색이 검고〔黑〕, 苦는 색이 붉고〔赤〕, 甘은 색이 누르다〔黃〕. 發은 드러남이다.(杜注)

56 徵爲五聲 : 白의 소리가 商이고, 靑의 소리가 角이고, 黑의 소리가 羽이고, 赤의 소리가 徵이고, 黃의 소리가 宮이다. 徵은 驗이다.(杜注)

晉 平公이 물었다.

“女子를 가까이해서는 안 된다는 말이냐?”

화가 대답하였다.

“절제해야 합니다. 先王의 음악도 모든 일을 절제하기 위해 만든 것입니다. 그러므로 五聲의 節奏가 있으니 遲速 本末이 서로 어우러지다가 中聲(서로 다른 소리들이 합하여 조화를 이룬 소리)이 되면 音調를 낮추어 오성의 음조가 낮아진 뒤에는 더 이상 연주하지 않습니다. 이때 다시 손을 번거로이 놀려 음란한 소리를 내어 사람들의 마음을 즐겁게 하고 귀를 빠져들게 하면 和平한 聲音을 잊게 합니다. 그러므로 君子는 이런 음악을 듣지 않으니, 모든 일도 이와 같습니다. 과도〔煩〕한 데 이르면 중지하여 병이 생기지 않게 해야 합니다.

君子가 琴瑟을 가까이하는 것은 예의의 절도를 드러내기 위함이지 마음을 즐겁게 하기 위함이 아닙니다. 하늘에는 六氣가 있는데, 이것이 내려와서 五味가 생겨나고, 색깔로 드러나 五色이 되고, 소리로 드러나 五聲이 되었으니, 과도하면 六疾이 생깁니다. 六氣는 陰 · 陽 · 風 · 雨 · 晦 · 明인데, 이것이 나뉘어 四時(春 · 夏 · 秋 · 冬)가 되고 차례로 운행하여 五節이 되니, 지나치면 재앙이 됩니다. 陰이 지나치면 寒疾이 생기고 陽이 지나치면 熱疾이 생기며, 風이 지나치면 末疾이 생기고 雨가 지나치면 腹疾이 생기며, 晦가 지나치면 惑疾이 생기고 明이 지나치면 心疾이 생깁니다. 여자는 남자〔陽〕의 물건으로 〈同寢이〉 어두운 때에 이루어지는데, 지나치면 內熱 · 蠱惑의 병이 생깁니다. 지금 임금님께서는 여색을 절제하지 않고 때를 가리지 않으셨으니, 병이 이 지경에 이르지 않을 수 있었겠습니까?”

字義　慆 : 기쁘게 할 도　堙 : 빠질 인　物 : 일 물　淫 : 지나칠 음

出告趙孟한대 趙孟曰 誰當良臣고 對曰 主是謂矣라 主相晉國이 於今八年이라 晉國無亂하며 諸侯無闕하니 可謂良矣라 和聞之호니 國之大臣은 榮其寵祿하며 任其大節하야 有菑禍興而無改焉이면 必受其咎라하니라 今君至於淫以生疾하야 將不能圖恤社稷하니 禍孰大焉이리오마는 主不能禦하니 吾是以云也호라 趙孟曰 何謂蠱오 對曰 淫溺惑亂之所生也라 於文에 皿蟲爲蠱[57]요 穀之飛亦爲蠱라 在周易에 女惑男하며 風落山을 謂之蠱䷑[58]라하니 皆同物也라한대 趙孟曰 良醫也로다하고 厚其禮而歸之하다

57 於文 皿蟲爲蠱 : 文은 글자이다. 皿은 그릇이니, 그릇이 벌레의 害를 받는 것을 ‘蠱’라 한다는 말이다.(杜注)

58 女惑男……謂之蠱䷑ : 下卦가 巽이고 上卦가 艮인 것이 蠱卦이다. 巽은 長女와 風을 상징하고, 艮은 少男과 山을 상징한다. 소남으로서 장녀를 좋아하는 것은 정당한 짝이 아니기 때문에 ‘惑’

醫員 和가 나와서 趙孟에게 고하자, 조맹이 물었다.

“누가 良臣에 해당하는가?”

화가 대답하였다.

“大夫(主)를 이른 것입니다. 대부께서 晉나라를 보좌한 지 지금 8년이 되었습니다. 진나라에는 난리가 없었고 제후에게는 闕失이 없었으니, 대부는 양신이라 할 수 있습니다. 내 들으니, 국가의 대신은 임금의 총애와 녹봉을 받는 영광을 누리면서 국가의 큰일을 책임지므로 국가에 災禍가 발생하는데도 잘못을 고쳐 재화를 막지 않으면 반드시 그 재화를 받는다고 하였습니다. 그런데 지금 晉君이 여색을 과도하게 탐하여 병이 생기는 데 이르러서 거의 국가를 위해 도모하거나 걱정할 수 없게 되었으니, 이보다 큰 禍가 어디 있겠습니까? 그러나 대부께서는 임금을 제지하지 못하였습니다. 이 때문에 내가 그리 말한 것입니다.”

조맹이 물었다.

“무엇을 ‘蠱’라 하는가?”

화가 대답하였다.

“어떤 일에 지나치게 빠지고 홀려서 정신이 어지러워 생기는 병입니다. 글자에 있어 皿(그릇)에 蟲(벌레)이 있는 것이고, 穀物에 생기는 날벌레 또한 ‘蠱’라 합니다. 《周易》에 여자가 남자를 홀리고, 바람이 山木의 잎을 떨어뜨리는 것을 ‘蠱䷑’라 한다고 하였으니, 모두 같은 類입니다.”

趙孟이 “훌륭한 의원이다.” 하고, 그에게 예물을 후하게 주어 돌려보냈다.

【經】葬邾悼公하다

邾 悼公을 장사 지냈다.

【經】冬十有一月己酉에 楚子麇[59]卒하니 楚公子比出奔晉하다

겨울 11월 己酉日에 楚子 麇이 卒하였다. 楚나라 公子 比가 晉나라로 出奔하였다.

【傳】楚公子圍使公子黑肱伯州犁城犨櫟郟(주력겹)[60]한대 鄭人懼러니 子産曰 不害라 令

이라 한 것이다.(杜注)

59 楚子麇 : 楚 郟敖로. 諡號가 없다.

60 楚公子圍使公子黑肱伯州犁城犨櫟郟(주력겹) : 黑肱은 王子 圍의 아우 子晳이다. 犨縣, 郟縣, 櫟縣 세 邑은 본래 鄭나라 땅이었다.(杜注)

尹將行大事할새 而先除二子也니 禍不及鄭하리니 何患焉이리오

楚나라 公子 圍가 公子 黑肱과 伯州犁를 보내 犨·櫟·郟에 城을 쌓게 하자, 鄭人이 이를 두려워하였는데, 子産이 말하였다.

"우리에게 해가 없을 것이다. 令尹이 장차 大事(弑逆)를 행하기 위해 먼저 두 사람을 제거하려는 것이니, 禍가 우리 鄭나라에 미치지 않을 것이다. 무엇을 걱정할 게 있겠는가?"

冬에 楚公子圍將聘于鄭할새 伍擧爲介러니 未出竟에 聞王有疾而還하니 伍擧遂聘하다 十一月己酉에 公子圍至하야 入問王疾하고 縊而弑之하고 遂殺其二子幕及平夏하니 右尹子干은 出奔晉하고 宮廐尹子晳은 出奔鄭하다 殺大宰伯州犁于郟하고 葬王于郟하야 謂之郟敖라하다 使赴于鄭이러니 伍擧問應爲後之辭焉한대 對曰 寡大夫圍라하야늘 伍擧更之曰 共王之子圍爲長[61]이라하다

겨울에 楚나라 公子 圍가 鄭나라를 聘問하기 위해 갈 때 伍擧가 副使〔介〕가 되었는데, 국경을 나가기 전에 楚王에게 병이 생겼다는 말을 듣고 공자 위가 되돌아가니, 오거만 그대로 가서 빙문하였다.

11월 己酉日에 공자 위가 國都로 돌아와 王宮으로 들어가서 왕의 병을 묻고 왕의 목을 졸라 시해하고는 드디어 왕의 두 아들 幕과 平夏를 살해하니, 右尹 子干(王子 比)은 晉나라로 出奔하고 宮廐尹 子晳은 정나라로 출분하였다. 위는 郟으로 사람을 보내 太宰 伯州犁를 살해하였고, 왕을 겹에 장사 지내고 그 왕을 '郟敖'라고 칭하였다. 정나라에 부고하기 위해 使者를 보냈는데, 오거가 그 사자에게 정나라가 후계자에 관해 물으면 무슨 말로 응대하겠느냐고 묻자, 사자가 말하였다.

"〈후계자는〉 우리의 大夫 圍라고 대답하겠다."

오거가 그 말을 다음과 같이 바꾸게 하였다.

"共王의 아들 중에 위가 연장자이다."

子干奔晉에 從車五乘이러니 叔向使與秦公子同食하니 皆百人之餼라 趙文子曰 秦公子富라하니 叔向曰 底(지)祿以德이니 德鈞以年이요 年同以尊이라 公子以國이요 不聞以富케라 且夫以千乘去其國하니 彊禦已甚이라 詩曰 不侮鰥寡하며 不畏彊禦[62]라하니 秦楚匹也니라

---

61 共王之子圍爲長 : 伍擧가 赴告하는 말을 고쳐 禮를 따르게 한 것이다.(杜注)

62 不侮鰥寡 不畏彊禦 : 《詩經》〈大雅 烝民〉의 시구이다.(杜注)

使后子與子干齒하니 辭曰 鍼은 懼選하고 楚公子는 不獲이라 是以皆來니 亦唯命이어니와 且臣與羈齒는 無乃不可乎[63]아 史佚有言曰 非羈면 何忌리오

子干이 晉나라로 도망갈 때 그를 따르는 수레가 5乘뿐이었는데, 叔向이 그에게 秦公子(后子)와 같은 祿을 주니, 모두 백 명이 먹을 수 있는 양식이었다. 趙文子가 숙향에게 말하였다.

"진공자는 富强하다."

숙향이 말하였다.

"祿을 받는 것은 德의 高下로써 수량을 결정하니, 德이 같으면 나이의 長幼로써 결정하고, 나이가 같으면 신분의 尊卑로써 결정합니다. 망명해 온 公子의 祿은 그 나라의 大小로써 수량을 결정한다는 말은 들었고, 공자의 부강으로써 祿을 결정한다는 말은 듣지 못하였습니다. 그리고 진공자는 千乘의 수레를 거느리고 그 나라를 떠나왔으니, 强暴함이 너무 심하였습니다. 《詩經》에 '鰥寡를 업신여기지 않고 강포한 자를 두려워하지 않는다.'라고 하였습니다. 秦나라와 楚나라는 대등한 나라입니다."

그러고는 后子를 子干과 같은 서열이 되게 하니, 후자가 사양하며 말하였다.

"나는 주륙될 것을 두려워하고, 楚公子는 신변이 불안하기 때문에 모두 晉나라로 도망해 온 것이니, 명하시는 대로 따르는 것이 마땅하겠습니다만, 신이 羈客과 서열을 같이하는 것은 불가하지 않겠습니까? 史佚의 말에 '나그네가 아니라면 무엇 때문에 그를 공경하리.'라고 하였습니다."

字義 食 : 食祿 식 　底 : 손에 넣을 지 　齒 : 동렬에 설 치

楚靈王卽位하야 薳罷(위피)爲令尹하고 薳啓彊爲大宰하다 鄭游吉如楚하야 葬郟敖하고 且聘立君이러니 歸謂子産曰 具行器矣하라 楚王汰侈하고 而自說(열)其事하야 必合諸侯하리니 吾往無日矣리라 子産曰 不數年에 未能也리라

楚 靈王(公子 圍)이 즉위하여 薳罷를 令尹으로 삼고, 薳啓彊을 太宰로 삼았다. 鄭나라 游吉이 楚나라에 가서 郟敖의 장사에 會葬하고, 또 聘問하여 新君의 즉위를 축하하였는데, 돌아와서 子産에게 말하였다.

"行裝을 준비하십시오. 楚王은 교만하고 사치하며 스스로 일을 벌이기 좋아하므로 반드시 제후를 규합하여 盟會를 주재하려 할 것이니, 우리가 그 맹회에 갈 날이 머지않았습니다."

---

63 且臣與羈齒 無乃不可乎 : 后子는 子干보다 먼저 도망해 와서 晉나라에 벼슬하였으므로 스스로 진나라의 신하와 같다고 여겨 主人이 되고자 하였다. 그러므로 뒤에 도망해 온 자간을 羈旅客(타국에 우거하는 나그네)이라 한 것이다.(杜注)

자산이 말하였다.

"수년이 지나기 전에는 불가능할 것이오."

十二月에 晉既烝하고 趙孟適南陽하야 將會孟子餘[64]러니 甲辰朔에 烝于溫하고 庚戌에 卒하다 鄭伯如晉弔할새 及雍乃復[65]히디

12월에 晉나라의 烝祭(冬祭)를 지낸 뒤에 趙孟이 南陽으로 가서 孟子餘의 제사에 참여하려 하였더니, 초하루 甲辰日에 溫에서 증제를 지내고 庚戌日에 卒하였다. 鄭伯이 弔喪하기 위해 晉나라에 갈 적에 雍縣까지 갔다가 돌아왔다.

〈2년, 辛酉(B.C. 540)〉

【經】二年이라 春에 晉侯使韓起來聘하다

2년이다. 봄에 晉侯가 韓起를 보내 와서 聘問하였다.

【傳】二年이라 春에 晉侯使韓宣子來聘[66]하고 且告爲政而來見하니 禮也라 觀書於大(태)史氏할새 見易象與魯春秋하고 曰 周禮盡在魯矣[67]로다 吾乃今知周公之德與周之所以王也와라 公享之할새 季武子賦緜之卒章[68]하니 韓子賦角弓[69]한대 季武子拜曰 敢拜子之彌縫敝邑하노니 寡君有望矣라하고 武子賦節之卒章[70]하다 既享에 宴于季氏할새 有嘉

---

64 將會孟子餘 : 孟子餘는 趙衰(조최)로 趙武(趙孟)의 曾祖이다. 그 祠堂이 晉나라의 南陽 溫縣에 있다.(杜注)

65 及雍乃復 : 趙氏를 弔喪하려 하였으나, 조씨가 사절하였기 때문에 돌아온 것인 듯하다.(杜注)

66 晉侯使韓宣子來聘 : 昭公이 卽位하였기 때문이다.(杜注)

67 見易象與魯春秋 曰周禮盡在魯矣 : 易象은 文王이 지은 上下經의 象辭이다. 《魯春秋》는 역사를 기록한 簡策이다. 《春秋》는 周公의 법에 따라 일을 서술하였기 때문에 '周禮가 모두 魯나라에 있다.'라고 한 것이다.(杜注)

68 季武子賦緜之卒章 : 〈緜〉은 《詩經》 〈大雅〉의 편명이다. 卒章의 文王이 네 신하가 있었기 때문에 綿綿히 이어온 나라를 흥성하게 만든 뜻을 취하여 晉侯를 문왕에 비유하고, 韓宣子를 四輔에 비유한 것이다.(杜注)

69 韓子賦角弓 : 〈角弓〉은 《詩經》 〈小雅〉의 편명이다. '兄弟와 姻戚은 서로 멀리하지 말라.'는 시구를 취하여 兄弟國은 서로 친애해야 한다는 것을 말한 것이다.(杜注)

70 武子賦節之卒章 : 節은 〈節南山〉으로 《詩經》 〈小雅〉의 편명이다. 卒章의 '네 마음을 고쳐 萬邦

樹焉하니 宣子譽之한대 武子曰 宿敢不封殖此樹하야 以無忘角弓가하고 遂賦甘棠[71]하니 宣子曰 起不堪也라 無以及召公이라하다

2년이다. 봄에 晉侯가 韓宣子를 보내 魯나라에 와서 聘問하고, 또 執政이 된 것을 고하기 위해 와서 魯君에게 朝見한 것이니, 禮에 맞았다. 한선자가 太史氏의 집에 가서 圖書를 구경할 때 《易象》과 《魯春秋》를 보고 말하였다.

"周禮가 모두 노나라에 있구나. 나는 오늘에야 周公의 德과 周나라가 王이 된 까닭을 알았다."

昭公이 연회를 열어 그를 접대할 때 季武子가 〈緜〉의 卒章을 읊으니, 한선자가 〈角弓〉을 읊자. 계무자가 일어나 절하며 말하였다.

"감히 그대가 우리나라를 兄弟의 의리로 대해준 것〔彌縫〕에 대해 拜謝하니, 우리 임금님께서 기대하고 계십니다."

그러고는 武子가 〈節南山〉의 졸장을 읊었다. 연회를 마친 뒤에 季氏의 집에서 주연을 베풀었는데, 계씨의 집에 아름다운 나무 한 그루가 있었다. 한선자가 그 나무를 칭찬하자, 무자가 말하였다.

"내 어찌 감히 이 나무를 잘 가꾸어 〈角弓〉 詩의 뜻을 기억하지 않겠습니까?"

그러고는 드디어 〈甘棠〉을 읊으니, 한선자가 말하였다.

"나로서는 감당할 수 없습니다. 나는 召公의 경지에 미칠 수 없습니다."

宣子遂如齊納幣[72]하고 見子雅하니 子雅召子旗하야 使見(현)宣子어늘 宣子曰 非保家之主也니 不臣이로다 見子尾하니 子尾見(현)(疆)〔彊〕[73]이어늘 宣子謂之如子旗하니 大夫多笑之로되 唯晏子信之하고 曰 夫子는 君子也라 君子有信하니 其有以知之矣로다

宣子가 드디어 齊나라로 가서 納幣하고 子雅를 만나보니, 자아가 그 아들 子旗를 불러 宣子를 뵙게 하였다. 선자가 평하였다.

"이 사람은 집안을 보호할 만한 大夫가 아니니, 신하 노릇도 하지 못할 것이다."

을 기르라.'는 시구를 취하여 晉나라의 德이 만방을 기를 수 있다는 것을 말한 것이다.(杜注)

71 遂賦甘棠 : 〈甘棠〉은 《詩經》 〈召南〉의 편명이다. 召伯이 甘棠樹 아래에서 쉰 적이 있었으므로 詩人은 소백을 사모해 그 나무까지 사랑하였다. 武子는 아름다운 나무를 甘棠처럼 기르고자 한다고 말하여, 宣子를 召公에 비유한 것이다.(杜注)

72 宣子遂如齊納幣 : 晉 平公을 위해 少姜에게 혼인을 약속하는 禮幣를 올린 것이다.(杜注)

73 (疆)〔彊〕 : 저본에는 '疆'으로 되어 있으나, 十三經注疏本에 의거하여 '彊'으로 바로잡았다.

선자가 子尾를 만나보니, 자미도 그 아들 子彊을 불러 선자를 뵙게 하였다. 선자가 자기와 같이 평하니, 大夫들은 대부분 그의 말을 비웃었으나, 오직 晏子만은 그의 말을 믿고 말하였다.

"夫子는 君子이다. 군자는 誠心이 있으니, 그분의 말은 그리될 줄을 안 바가 있어서일 것이다."

自齊聘於衛하다 衛侯享之할새 北宮文子賦淇澳[74]하니 宣子賦木瓜[75]하다

韓宣子가 齊나라에서 衛나라로 가서 聘問하였다. 衛侯가 연회를 열어 宣子를 접대할 때 北宮文子가 〈淇澳〉 詩를 읊으니, 선자가 〈木瓜〉 詩를 읊었다.

【經】夏라

여름이다.

【傳】〔夏〕[76]四月에 韓須如齊逆女할새 齊陳無宇送女하야 致少姜하다 少姜有寵於晉侯하니 晉侯謂之少齊라하다 謂陳無宇非卿[77]이라하야 執諸中都한대 少姜爲之請曰 送從逆班이어늘 畏大國也하야 猶有所易이라 是以亂作[78]이로다

여름 4월에 韓須(韓起의 아들)가 齊나라로 가서 齊女를 맞이할 적에, 제나라 陳無宇가 제녀를 호송해 晉나라까지 가서 少姜을 넘겨주었다. 소강이 晉侯에게 총애를 받으니, 진후는 그녀를 少齊라고 호칭하였다. 진나라가, 진무우가 卿이 아니라 하여 그를 中都(晉나라 邑)에 잡아두자, 소강이 그를 위해 요청하였다.

"호송하는 사람의 반열이 맞이하는 사람의 반열과 같아야 하는 것이 禮制인데, 제나라가 大國을 두려워하여 오히려 예제를 바꾼 것입니다. 이로 인해 亂이 생겼습니다."

---

74 北宮文子賦淇澳 : 〈淇澳〉은 《詩經》 〈衛風〉의 편명인데, 衛 武公을 찬미한 시이다. 宣子가 武公과 같은 德을 가졌다는 것을 말한 것이다.(杜注)

75 宣子賦木瓜 : 〈木瓜〉는 《詩經》 〈衛風〉의 편명이다. 후하게 보답하여 우호하고자 한다는 뜻을 취한 것이다.(杜注)

76 〔夏〕 : 저본에는 '夏'가 없으나, 十三經注疏本에 의거하여 보충하였다.

77 謂陳無宇非卿 : 齊나라에게 適夫人의 禮로 少姜을 호송하게 하고자 한 것이다.(杜注)

78 是以亂作 : 韓須는 公族大夫이고 陳無宇는 上大夫이다. 齊나라는 晉나라를 두려워하여, 禮制를 바꾸어 상대부를 시켜 호송하게 하였다가 드디어 이렇게 잡히는 치욕을 불렀다는 말이니, 少姜이 겸손한 말로 비난의 뜻을 보인 것이다.(杜注)

【經】叔弓如晉하다

叔弓이 晉나라에 갔다.

【傳】叔弓聘于晉하니 報宣子也라 晉侯使郊勞어늘 辭曰 寡君使弓來繼舊好하실새 固曰 女無敢爲賓하라하시니 徹命於執事로도 敝邑弘矣라 敢辱郊使아 請辭하노라하니 致館한대 辭曰 寡君命下臣하야 來繼舊好하시니 好合使成이 臣之祿也라 敢辱大館가 叔向曰 子叔子는 知禮哉인저 吾聞之호니 曰 忠信은 禮之器也요 卑讓은 禮之宗也라하니 辭不忘國은 忠信也요 先國後己는 卑讓也라 詩曰 敬愼威儀라야 以近有德[79]이라하니 夫子近德矣로다

叔弓이 晉나라에 가서 聘問하였으니, 이는 韓宣子의 來聘에 대한 보답이었다. 晉侯가 근교로 사람을 보내 위로하려 하였는데, 숙궁이 사양하며 말하였다.

"우리 임금께서 나에게, 진나라에 가서 지난날의 우호를 계속 유지토록 하라고 하실 적에, 힘주어 말씀하기를 '진나라에 가서 너는 감히 손님 노릇을 하지 말라.'고 하셨습니다. 우리 임금님의 명을 執事께 전달하는 것만으로도 우리나라가 큰 은혜를 입는 것입니다. 어찌 감히 郊使(임금의 명으로 근교에서 빈객을 위로하는 사자)를 번거롭게 하겠습니까? 사양하기를 청합니다."

객관에 머물게 하자, 숙궁이 사양하며 말하였다.

"우리 임금께서 下臣에게 진나라에 가서 지난날의 우호를 계속 유지토록 하라고 명하셨으니, 우호를 맺어 使命을 완수한 것이 신의 福입니다. 어찌 감히 大館에 머물겠습니까?"

이 말을 듣고 叔向이 말하였다.

"子叔子(叔弓)는 禮를 아는구나. 내 들으니, 忠信은 예의 그릇이고, 卑讓(자신을 낮추고 겸양함)은 예의 근본이라고 하였다. 저 사람이 말하는 중에 나라를 잊지 않은 것은 충신이고, 나라를 먼저 생각하고 자기를 뒤에 생각한 것은 비양이다.《詩經》에 '너의 몸가짐을 공경하고 삼가서 德이 있는 이를 가까이하라.' 하였는데, 저 사람은 덕에 근접한 사람이다."

字義 徹 : 전달할 철(=達)

【經】秋에 鄭殺其大夫公孫黑하다

가을에 鄭나라가 그 大夫 公孫 黑을 죽였다.

---

79 敬愼威儀 以近有德 :《詩經》〈大雅 民勞〉의 시구이다.(杜注)

【傳】秋에 鄭公孫黑將作亂하야 欲去游氏하고 而代其位러니 傷疾作而不果[80]하다 駟氏與諸大夫欲殺之러니 子産在鄙라가 聞之하고 懼弗及하야 乘遽而至하야 使吏數之曰 伯有之亂에 以大國之事로 而未爾討也로라 爾有亂心無厭하니 國不女堪이라 專伐伯有하니 而罪一也요 昆弟爭室하니 而罪二也[81]요 薰隧之盟에 女矯君位하니 而罪三也[82]라 有死罪三하니 何以堪之리오 不速死면 大刑將至하리라한대 再拜稽首하고 辭曰 死在朝夕하니 無助天爲虐하라 子産曰 人誰不死리오마는 凶人不終은 命也라 作凶事하야 爲凶人이니 不助天하고 其助凶人乎아 請以印爲褚師어늘 子産曰 印也若才인댄 君將任之어니와 不才인댄 將朝夕從女하리니 女罪之不恤하고 而又何請焉고 不速死면 司寇將至리라 七月壬寅에 縊이어늘 尸諸周氏之衢하고 加木焉하다

가을에 鄭나라 公孫 黑이 반란을 일으켜 游氏(游吉)를 제거하고 그 자리를 대신 차지하고자 하였더니, 상처가 덧나 결행하지 못하였다. 駟氏(公孫 黑의 宗族)가 여러 大夫들과 함께 공손 흑을 죽이려 하였는데, 子産이 변방에 있다가 이 소식을 듣고는 사전에 미처 도착하지 못할까 두려워 傳車(역참의 수레)를 타고 國都로 와서, 공손 흑에게 관리를 보내 그 죄상을 열거해 말하였다.

"伯有의 난리 때 大國의 일로 인해 그대를 토벌하지 못하였다. 그대는 반란을 일으키려는 마음이 끝이 없으니 국가는 그대를 더 이상 용인할 수 없다. 멋대로 백유를 공격하였으니 그대의 죄가 하나이고, 형제 사이에 한 여인을 〈서로 차지하려고〉 다투었으니 그대의 죄가 둘이고, 薰隧의 맹약 때 君位(君命)를 가탁하였으니 그대의 죄가 셋이다. 죽을죄가 셋이 있으니 어찌 용인할 수 있겠는가? 그대가 속히 죽지 않는다면 장차 大刑(사형)이 이를 것이다."

공손 흑이 두 번 절하고 머리를 조아리며 고별(辭)하였다.

"〈나는 상처가 덧나〉 머지않아 죽을 것이니, 하늘을 도와 나를 학대하지 말라."

자산이 말하였다.

"사람이 누군들 죽지 않으랴만, 흉악한 사람이 제명에 죽지 못하는 것은 天命(天意)이다. 그대는 흉악한 짓을 하여 흉악한 사람이 되었으니, 내가 하늘을 돕지 않고 어찌 흉악한 사람을 돕겠는가?"

80 傷疾作而不果 : 前年에 游楚의 공격을 받아 입은 상처이다.(杜注)

81 昆弟爭室 而罪二也 : 徐吾犯의 누이동생을 서로 차지하려고 다툰 일을 이른다.(杜注)

82 薰隧之盟……而罪三也 : 太史에 '七子'로 기록하게 한 일을 이른다.(杜注) 참고로 이 일은 昭公 元年에 있었다.

공손 흑이 아들 印을 褚師(市場을 관리하는 벼슬아치)로 삼아주기를 청하였는데, 자산이 말하였다.

"인에게 만약 재능이 있다면 임금께서 장차 임용하실 것이지만, 재능이 없다면 머지않아 그대를 따라갈 것이다. 그대는 그대의 죄를 생각지 않고, 또 무슨 〈낯으로 자식의 임용을〉 청하는가? 속히 죽지 않으면 장차 司寇가 이를 것이다."

7월 壬寅日에 공손 흑이 목매 죽었는데, 그 시신을 周氏의 거리에 펼쳐놓고 나무에 죄상을 기록하여 시신 위에 올려놓았다.

字義 而 : 너 이 衢 : 큰길 구

【經】冬에 公如晉이라가 至河乃復하니 季孫宿如晉하다

겨울에 昭公이 晉나라에 가다가 黃河에 이르러 되돌아오니, 季孫宿이 晉나라에 갔다.

【傳】晉少姜卒하다 公如晉이라가 及河러니 晉侯使士文伯來辭曰 非伉儷也라 請君無辱하라 公還하니 季孫宿遂致服焉하다

晉나라 少姜이 죽었다. 昭公이 晉나라에 가다가 黃河 가에 당도하였는데, 晉侯가 士文伯을 보내 와서 사양하였다.

"소강은 正室이 아닙니다. 魯君께서 왕림하지 마시기를 청합니다."

이에 소공이 되돌아오니, 季孫宿만 계속해 가서 襚服을 전하였다.

叔向言陳無宇於晉侯曰 彼何罪오 君使公族逆之어시늘 齊使上大夫送之호되 猶曰不共이라하시니 君求以貪이로다 國則不共하고 而執其使하니 君刑已頗라 何以爲盟主리오 且少姜有辭하니이다 冬十月에 陳無宇歸하다

叔向이 晉侯에게 陳無宇에 대해 말하였다.

"저 사람이 무슨 죄를 지었습니까? 임금님께서는 公族大夫를 보내 少姜을 맞이하게 하셨는데, 齊나라는 〈우리 晉나라를 대우하여 그보다 높은〉 上大夫를 보내 호송하게 하였는데도 〈임금님께서는〉 오히려 '不恭하다.' 하셨으니, 임금님의 요구가 너무 탐욕스럽습니다. 우리나라가 불공하였으면서 제나라의 使者를 잡았으니, 임금님의 형벌이 너무 편벽되셨습니다. 이러고서야 어찌 盟主가 될 수 있겠습니까. 또 소강도 〈생전에 그의 석방을〉 말한 적이 있었습니다."

겨울 10월에 진무우가 돌아갔다.

十一月에 鄭印段如晉弔하다

11월에 鄭나라 印段이 晉나라에 가서 弔喪하였다.

〈3년, 壬戌(B.C. 539)〉

【經】 三年이라 春王正月이라

3년이다. 봄 周王 正月이다.

【傳】 三年이라 春王正月에 鄭游吉如晉하야 送少姜之葬이어늘 梁丙與張趯(적)見之할새 梁丙曰 甚矣哉라 子之爲此來也여 子大叔曰 將得已乎아 昔文襄之霸也에 其務不煩諸侯라 令諸侯三歲而聘하며 五歲而朝하고 有事而會하며 不協而盟하고 君薨엔 大夫弔하고 卿共葬事하며 夫人엔 士弔하고 大夫送葬하니 足以昭禮命事謀闕而已요 無加命矣니라 今嬖寵之喪에 不敢擇位하고 而數於守適호되 唯懼獲戾어든 豈敢憚煩이리오 少姜有寵而死하니 齊必繼室하리라 今玆吾又將來賀니 不唯此行也리라 張趯曰 善哉라 吾得聞此數也로다 然自今子其無事矣리라 譬如火焉하니 火中이면 寒暑乃退[83]하나니 此其極也라 能無退乎아 晉將失諸侯하리니 諸侯求煩이라도 不獲하리라 二大夫退어늘 子大叔告人曰 張趯有知하니 其猶在君子之後乎인저

3년이다. 봄 周王 正月에 鄭나라 游吉이 晉나라에 가서 少姜을 送葬하였는데, 梁丙과 張趯이 유길을 만나볼 적에, 양병이 말하였다.

“그대가 송장을 위해 온 것은 매우 禮에 지나쳤습니다.”

子太叔(游吉)이 말하였다.

“어찌 오지 않을 수 있겠습니까? 옛날 晉나라 文公과 襄公이 제후의 霸者가 되었을 때는 힘쓴 일이 제후들을 번거롭게 하지 않는 것이었습니다. 그러므로 제후들에게 3년마다 聘問하고, 5년마다 朝見하며, 일이 있으면 會見하고, 화목하지 못하면 結盟하며, 國君의 喪에는 大夫를 보내 弔喪하고 卿을 보내 會葬하며, 夫人의 상엔 士를 보내 조상하고 대부를 보내 송

---

83 寒暑乃退 : 心星이 季夏의 초저녁에 中天에 뜨면 더위가 물러가고, 季冬의 새벽에 중천에 뜨면 추위가 물러간다.(杜注)

장하였으니, 禮를 밝히고 일을 명하고 闕失의 보완을 상의하기에 충분하게 하였을 뿐이고, 이밖에 더 명한 것이 없었습니다.

그런데 지금은 〈제후가〉 이 嬖妾의 상에 〈그에 걸맞은〉 직위에 있는 사람을 가려 보내지 않고 〈卿을 보내,〉 禮數(상대의 신분에 따라 각기 적용하는 禮의 등급)를 適夫人의 상과 같이 하여도 罪를 얻을까 두려운데, 어찌 번거로움을 꺼려 오지 않을 수 있겠습니까? 소강이 총애를 받다가 죽었으니, 齊나라는 반드시 齊女를 繼室로 보낼 것입니다. 그때가 되면 나는 또 와서 賀禮할 것이니, 〈禮에 지나친 걸음이〉 이번 걸음만이 아닐 것입니다."

장적이 말하였다.

"좋은 말씀입니다. 나는 조상에 관한 禮數를 들었습니다. 그러나 앞으로는 그대가 다시 오는 일이 없을 것입니다. 비유하자면 大火星과 같으니, 대화성이 中天에 뜨면 추위와 더위가 물러가는 법이니, 이것은 極에 이르렀기 때문입니다. 어찌 물러가지 않을 수 있겠습니까? 진나라는 장차 제후를 잃을 것이니, 제후가 번거로운 일을 하기를 구하여도 될 수 없을 것입니다."

두 대부가 물러가자, 자태숙이 어떤 이에게 말하였다.

"장적은 지혜가 있으니, 그도 오히려 君子의 列에 끼게 될 것이다."

字義 火 : 心星 화

齊侯使晏嬰請繼室於晉하니 曰 寡君使嬰曰 寡人願事君하야 朝夕不倦하고 將奉質幣하야 以無失時로되 則國家多難이라 是以不獲일새 不腆先君之適을 以備內官하야 焜燿寡人之望이러니 則又無祿하야 早世隕命하니 寡人失望이라 君若不忘先君之好하야 惠顧齊國하야 辱收寡人하며 徼福於大公丁公[84]하야 照臨敝邑하야 鎭撫其社稷인댄 則猶有先君之適及遺姑姊妹若而人하니 君若不棄敝邑하야 而辱使董振擇之하야 以備嬪嬙인댄 寡人之望也라하니 韓宣子使叔向對曰 寡君之願也라 寡君不能獨任其社稷之事요 未有伉儷로되 在縗絰之中[85]이라 是以未敢請이러니 君有辱命하니 惠莫大焉이라 若惠顧敝邑하야 撫有晉國하야 賜之內主인댄 豈唯寡君이리오 擧群臣實受其貺이요 其自唐叔以下도 實寵嘉之리라

齊侯가 晏嬰을 使者로 보내 晉나라에 齊女를 繼室로 들이기를 청하게 하니, 안영이 진나라에 가서 말하였다.

---

84 辱收寡人 徼福於大公丁公 : 太公과 丁公은 齊나라의 先君이다. 寡人을 거두어 구제하면 제나라의 선군이 晉君에게 福을 준다는 말이다.(杜注)

85 在縗絰之中 : 이때 晉 平公이 少姜을 위해 夫人의 服制를 행한 것이다.(朱申注)

"우리 임금께서 나를 보내시며 말씀하기를 '寡人은 晉君을 섬기기를 원하여 잠시〔朝夕〕도 태만한 마음을 갖지 않고, 때를 어기지 않고 禮幣를 奉獻하고자 하였으나, 국가에 災難이 많음으로 인해 직접 가지 못하였다. 그러므로 先君의 변변치 못한 適女(少姜)를 진나라의 內官에 충당시킴으로써 과인의 희망을 밝혔던 것인데, 또 福이 없어서 일찍 죽었으니 과인은 희망을 잃었다. 진군께서 만약 선군의 우호를 잊지 않고 우리 齊나라를 돌보시고 과인을 거두어주시며 太公과 丁公에게 복을 구하기 위해 우리나라를 굽어살피고 우리 국가를 안무하겠다면 우리나라에는 아직 선군의 적녀와 그 밖에 姑姊妹(선군의 女兄弟) 약간 명이 있으니, 진군께서 우리나라를 버리지 않고 使者를 보내 잘 살펴 합당한 여인을 골라 嬪嬙(妃嬪)에 충당해준다면 과인의 바람에 부응할 것이다.'라고 하셨습니다."

韓宣子가 叔向을 보내 대답하였다.

"바로 우리 임금님께서 원하는 바입니다. 우리 임금께서는 혼자 社稷의 일을 담당할 수 없으시고 正室夫人이 없으신대도 喪中에 계시므로 감히 청하지 못하였던 것인데, 齊君께서 이렇게 명하시니 은혜가 더없이 큽니다. 만약 우리나라를 돌보시고 진나라를 안무하기 위해 內主를 주신다면 어찌 우리 임금님만의 다행이겠습니까? 모든 신하가 실로 은혜를 다 입는 것이고, 唐叔 이후의 역대 선군들도 실로 이를 광영으로 여겨 좋아하실 것입니다."

字義 腆 : 후할 전 焜 : 밝을 혼 燿 : 드러낼 요 嬙 : 궁녀 장

既成昏하고 晏子受禮할새 叔向從之宴하야 相與語러니 叔向曰 齊其何如오 晏子曰 此는 季世也라 吾弗知어니와 齊其爲陳氏矣인저 公棄其民하니 而歸於陳氏라 齊舊四量이니 豆區釜鍾이라 四升爲豆니 各自其四하야 以登於釜[86]하야 釜十則鍾이러니 陳氏는 三量皆登一焉하니 鍾乃大矣라 以家量貸하고 而以公量收之하며 山木如市라도 弗加於山하며 魚鹽蜃蛤을 弗加於海라 民參其力하야 二入於公하고 而衣食其一하며 公聚朽蠹로되 而三老凍餒[87]하며 國之諸市에 屨賤踊貴[88]라 民人痛疾이면 而或燠休[89]之하니 其愛之如父母하며 而歸之如流水라 欲無獲民인들 將焉辟(피)之리오 箕伯直柄虞遂伯戲[90] 其相胡公大姬하야 已在

86 各自其四 以登於釜 : 각각 4배를 더하여 釜에 이른다는 말로, 4升이 豆가 되고 4豆가 區가 되고 4區가 釜가 된다는 말이다.

87 三老凍餒 : 三老는 上壽(百歲 이상), 中壽(90歲 이상), 下壽(80歲 이상)를 이른다.(杜注)

88 屨賤踊貴 : 踊은 발이 잘린 자의 신발이니, 刖刑을 받은 자가 많다는 말이다.(杜注)

89 燠休 : '燠'은 厚의 뜻이고, '休'는 賜의 뜻이라고 한 楊注의 설에 따라 번역하였다.

90 箕伯直柄虞遂伯戲 : 네 사람은 모두 虞舜의 後孫으로 陳氏의 先祖이다.(杜注)

齊矣[91]라 叔向曰 然하다 雖吾公室이나 今亦季世也라 戎馬不駕하며 卿無軍行하며 公乘無人하며 卒列無長하며 庶民罷(피)敝어늘 而宮室滋侈하고 道殣相望이어늘 而女富溢尤하니 民聞公命이면 如逃寇讐라 欒郤胥原狐續慶伯이 降在皁隸[92]하고 政在家門하야 民無所依어늘 君日不悛하야 以樂慆憂하니 公室之卑 其何日之有리오 讒鼎之銘[93]에 曰 昧旦丕顯이라도 後世猶怠라하니 況日不悛하니 其能久乎아 晏子曰 子將若何오 叔向曰 晉之公族盡矣라 肸聞之호니 公室將卑에 其宗族枝葉先落하고 則公從之라하니 肸之宗十一族에 唯羊舌氏在而已요 肸又無子하고 公室無度하니 幸而得死라도 豈其獲祀리오

定婚하고 나서 晏子가 享禮를 받을 때 叔向이 그를 따라 연회에 가서 함께 술을 마시며 서로 대화하였는데, 숙향이 물었다.

"齊나라가 앞으로 어찌 되겠습니까?"

안자가 말하였다.

"제나라는 이미 末世가 되었습니다. 나는 잘 모르겠지만 제나라는 아마도 陳氏의 나라가 될 것입니다. 齊君이 그 백성을 버리니 백성들이 진씨에게 돌아갔습니다. 제나라에는 예로부터 네 種類의 量具가 있었는데, 豆 · 區 · 釜 · 鍾입니다. 4升이 1豆인데, 각각 네 배씩 더하여 1釜에 이르러 1釜를 열 배 더하면 1鍾이 되었습니다. 그런데 진씨 집에서 사사로이 사용하는 세 양구는 모두 1배씩 추가하였으니, 鍾이 公用의 鍾보다 큽니다. 〈백성들에게 곡식을〉 대여할 때는 사사로이 사용하는 양구로 되어 주고, 받아들일 때는 공용의 양구로 받아들이며, 山의 나무를 市場으로 운반해 와서도 값을 山中보다 높게 받지 않으며, 생선 · 소금 · 조개 등을 시장으로 운반해 와서도 값을 해변보다 높게 받지 않습니다.

그런데 齊君은 백성들이 勞力의 대가로 얻은 재물을 3등분하여 그 2分을 公家에 납입하게 하고, 나머지 1分으로 衣食을 해결하게 하며, 제군의 蓄積은 부패해 벌레가 생기는데도 三老는 추위와 굶주림에 시달리며, 나라의 모든 시장에 신발값은 싸고 목발 값은 비쌉니다. 백성들이 고통스러워하면 或者(陳氏를 이름)는 그들을 넉넉하게 도와주니, 백성들은 부모처럼 진씨를 사랑하며 흐르는 물처럼 그에게로 돌아갑니다. 백성의 마음을 얻지 않고자 한들 장차 어찌 피할 수

---

91 箕伯直柄虞遂伯戲……已在齊矣 : 胡公은 네 사람의 後孫으로 周나라가 처음 封한 陳나라의 始祖이다. 太姬는 호공의 妃이다. 陳氏가 지금은 남의 신하가 되었지만, 장차 국가를 소유할 것이므로 그 선조의 귀신이 이미 호공과 함께 齊나라에 와서 있다는 말이다.(杜注)

92 欒郤胥原狐續慶伯 降在皁隸 : 八姓은 晉나라 舊臣의 宗族이다. 皁隸는 천한 관직이다.(杜注)

93 讒鼎之銘 : 讒은 鼎의 이름이다.(杜注) 讒鼎은 참소하는 사람을 미워해 주조한 鼎의 이름이다.(林堯叟)

있겠습니까? 箕伯 · 直柄 · 虞遂 · 伯戱가 胡公과 太姬를 돕기 위해 이미 齊나라에 와 있습니다.”

숙향이 말하였다.

“그렇습니다. 비록 우리나라 公室이라 할지라도 지금 말세가 되었습니다. 戎馬(戰馬)를 兵車에 메우지 않고, 卿에게 軍職이 없으며, 공실의 수레에 御者가 없고, 步卒의 行列에 長官이 없습니다. 서민들은 피폐한데도 궁실은 더욱 사치스럽고, 길에는 餓死者가 즐비한데도 寵姬의 집에는 부유함이 더욱 심하니, 백성들이 임금의 명을 들으면 寇讐를 피하듯이 합니다. 欒 · 郤 · 胥 · 原 · 狐 · 續 · 慶 · 伯의 八姓이 降等되어 皂隸가 되고, 정권이 私門에 있어 백성들이 의지할 곳이 없는데도 임금은 하루도 고칠 생각은 하지 않고 환락에 빠져 우환을 대수롭지 않게 넘기고 있으니, 공실이 쇠약할 날이 얼마나 남았겠습니까? 讒鼎의 銘에 ‘이른 새벽에 일어나 위대한 업적 드러내기를 생각하더라도 후대의 자손은 오히려 게을러질까 두렵다.’라고 하였는데, 더구나 하루도 고칠 생각을 하지 않으니 어찌 오래갈 수 있겠습니까?”

안자가 물었다.

“그대는 장차 어찌할 생각입니까?”

숙향이 말하였다.

“진나라의 公族은 이미 다 멸망하였습니다. 내[肸] 들으니, ‘공실이 쇠미해지려면 그 宗族이 〈나무의〉 지엽이 먼저 쇠락하듯이 〈먼저 멸망하고, 종족이 멸망하면〉 공실도 뒤따라 멸망한다.’라고 하였습니다. 나의 1宗 11族 중에 오직 羊舌氏만 남았을 뿐이고, 나에게는 또 아들이 없고 공실에는 법도가 없으니, 내가 다행히 수명대로 살다 죽는다 하더라도 어찌 내가 제사를 받을 수 있겠습니까?”

字義 昏 : 혼인할 혼(=婚) 踊 : 목발 용 罷 : 피로할 피 殣 : 굶어죽을 근 慆 : 감출 도

初에 景公欲更晏子之宅하야 曰 子之宅近市하야 湫隘囂塵하야 不可以居니 請更諸爽塏者하노라 辭曰 君之先臣容焉이라 臣不足以嗣之하니 於臣侈矣요 且小人近市에 朝夕得所求하니 小人之利也라 敢煩里旅[94]아 公笑曰 子近市하니 識貴賤乎아 對曰 旣利之어니 敢不識乎아 公曰 何貴何賤고 於是에 景公繁於刑하니 有鬻(육)踊者라 故對曰 踊貴屨賤이라하다 旣已告於君이라 故與叔向語而稱之라 景公爲是하야 省(생)於刑하니라

當初에 齊 景公이 晏子의 住宅을 바꾸어주고자 하여 말하였다.

“그대의 집이 시장과 가까워 卑濕하고 좁으며 시끄럽고 먼지가 많아, 살기에 적합하지 않

94 里旅 : 司里로, 卿大夫의 집을 짓는 일을 담당하는 관원이다.(楊注)

으니, 밝고 건조한 곳으로 옮기기를 청하노라.”

안자가 사양하며 말하였다.

“임금님의 先臣도 이 집에 살았습니다. 신은 先人의 뒤를 잇기에 不足하니 신에게는 이 집도 사치스럽습니다. 그리고 또 小人은 시장 가까이 살면서 아침저녁으로 구하는 물건을 얻을 수 있으니, 이것이 소인의 이익입니다. 감히 里旅를 번거롭게 하겠습니까?”

경공이 웃으며 말하였다.

“그대가 시장 가까이 살고 있으니, 物價의 貴賤을 아는가?”

안자가 대답하였다.

“이미 시장 가까이 사는 것을 이익으로 여기고 있으니, 어찌 감히 모른다고 하겠습니까?”

경공이 물었다.

“어떤 물건이 비싸고 어떤 물건이 싸던가?”

이때 경공이 刖刑을 많이 시행하니 목발〔踊〕을 파는 자가 있기까지 하였다. 그러므로 안자가 대답하였다.

“목발은 비싸고 신발은 쌉니다.”

이미 임금께 고한 말이기 때문에 叔向과 대화할 때 이 말을 한 것이다. 경공은 안자의 이 말로 인해 형벌을 줄였다.

字義 湫 : 지대 낮을 초 爽 : 밝을 상 塏 : 건조할 개 鬻 : 팔 육 省 : 줄일 생

君子曰 仁人之言은 其利博哉로다 晏子一言에 而齊侯省刑이라 詩曰 君子如祉면 亂庶遄已[95]라하니 其是之謂乎인저

君子는 이에 대해 論評하였다.

“仁人의 말은 그 말이 끼치는 이익이 광대하도다. 晏子의 한마디 말에 齊侯가 형벌을 줄였다. 《詩經》에 ‘군자가 기뻐하면 禍亂이 속히 그칠 것이다.’라고 하였으니, 아마 이런 경우를 이른 것이리라.”

及晏子如晉에 公更其宅이러니 反則成矣라 旣拜하고 乃毁之하야 而爲里室을 皆如其舊하야 則使宅人反之하고 (且)〔曰〕[96] 諺에 曰 非宅是卜이라 唯隣是卜이라하니 二三子先卜隣矣니

---

95 君子如祉 亂庶遄已 : 《詩經》〈小雅 巧言〉의 시구이다.(杜注)

96 (且)〔曰〕 : 沈彤의 〈小疏〉에는 “且字는 曰字의 誤字인 듯하다.”라고 하였고, 金澤文庫本에는 且字가 바로 曰字로 되어 있으며, 《太平御覽》〈州郡部〉와 《初學記》〈居處部〉에도 모두 《春秋左氏

違卜不祥이라 君子는 不犯非禮[97]요 小人은 不犯不祥이 古之制也라 吾敢違諸乎아하고 卒復其舊宅하니 公弗許어늘 因陳桓子以請한대 乃許之하다

晏子가 晉나라에 간 사이에 미쳐 齊 景公이 안자의 집을 새로 지었는데, 안자가 돌아와 보니 그 집이 이미 완성되었다. 안자는 경공에게 감사를 표한 뒤에 즉시 그 집을 헐고 民家(里室)를 짓되 모두 그 옛날 모습으로 복원하고는 원래 거주하던 자들에게 되돌아와 살게 하면서 말하였다.

"俗談에 '집터를 점치지 않고 오직 이웃을 점친다.'라고 하였다. 여러분들이 먼저 이웃을 점쳐 이곳에 살아왔으니, 그 점을 어기는 것은 상서롭지 못하다. 君子는 非禮를 범하지 않고 小人은 不祥을 범하지 않는 것이 옛날의 제도이다. 내 어찌 감히 그 제도를 어기겠는가?"

끝내 옛집을 복원하려 하니 경공이 허락하지 않았는데, 陳桓子를 통해 요청하자 경공이 그제야 허락하였다.

【經】丁未에 滕子原卒하다

丁未日에 滕子 原(滕 成公)이 卒하였다.

【傳】丁未에 滕子原卒하니 同盟이라 故書名하다

丁未日에 滕子 原이 卒하였는데, 同盟하였으므로 이름을 기록한 것이다.

【經】夏라

여름이다.

【傳】〔夏〕[98]四月에 鄭伯如晉할새 公孫段相이러니 甚敬而卑하야 禮無違者하니 晉侯嘉焉하야 授之以策曰 子豐有勞於晉國을 余聞而弗忘호라 賜女州田하야 以胙乃舊勳하노라 伯石再拜稽首하고 受策以出하다 君子曰 禮는 其人之急也乎인저 伯石之汰也로 一爲禮於晉하고 猶荷其祿이어든 況以禮終始乎아 詩曰 人而無禮면 胡不遄死[99]오하니 其是之謂乎인저

傳》의 이 句를 '且諺曰'로 인용하지 않고 '曰諺曰'로 인용하였으니, 지금 이 說 등에 의거해 曰字로 바로잡았다고 한 楊注의 說에 따라 저본의 '且'를 '曰'로 바로잡았다.

97 君子 不犯非禮 : 검소를 버리고 사치로 나아가는 것이 非禮가 된다.(杜注)

98 〔夏〕: 저본에는 '夏'가 없으나, 十三經注疏本에 의거하여 보충하였다.

99 人而無禮 胡不遄死 :《詩經》〈鄘風 相鼠〉의 시구이다.

여름 4월에 鄭伯이 晉나라에 갔을 때 公孫 段이 相이 되었는데, 매우 공경하고 자신을 낮추어 예의에 어긋남이 없으니 晉侯가 가상하게 여겨 그에게 策書를 주며 말하였다.

"子豐(公孫 段의 아버지)이 진나라에 공로가 있었던 일을 나는 들은 뒤로 잊은 적이 없다. 너에게 州縣의 토지〔州田〕를 주어 네 아버지의 옛 공훈에 보답하노라."

伯石(公孫 段)이 두 번 절하고 머리를 조아리고 策書를 받아가지고 나왔다. 君子는 이에 대해 論評하였다.

"예의는 사람에 있어 더없이 긴급한 것이다. 교만한 백석으로도 진나라에서 한 번 예의를 행하고 오히려 福祿을 받았는데, 하물며 시종 예의를 행하는 사람이겠는가? 《詩經》에 '사람으로서 예의가 없으면 어찌 빨리 죽지 않는가?'라고 하였으니, 이 詩는 아마도 이런 경우를 이른 듯하다."

字義 胙 : 보답할 조　乃 : 너 내　汰 : 교만할 태　遄 : 빠를 천

初에 州縣은 欒豹之邑也라 及欒氏亡에 范宣子趙文子韓宣子皆欲之하다 文子曰 溫은 吾縣也[100]라하니 二宣子曰 自郤稱以別하야 三傳矣[101]라 晉之別縣이 不唯州니 誰獲治之리오 文子病之하야 乃舍之하니 二子曰 吾不可以正議而自與也라하고 皆舍之하다 及文子爲政에 趙獲曰 可以取州矣라하야늘 文子曰 退하라 二子之言은 義也니 違義면 禍也라 余不能治余縣이어든 又焉用州리오 其以徼禍也오 君子曰 弗知實難이라하니 知而弗從이면 禍莫大焉이라 有言州면 必死호리라

當初에 州縣은 欒豹(欒盈의 一族)의 邑이었다. 欒氏가 멸망함에 미쳐 范宣子·趙文子·韓宣子가 모두 그 읍을 얻고자 하였다. 조문자가 말하였다.

"溫縣은 우리의 縣이오."

두 宣子가 말하였다.

"郤稱이 주현을 온현에서 분할한 뒤로 三家에게 전하였소. 우리 晉나라에는 한 縣을 둘로 분할한 곳이 주현만이 아니니, 누가 분할하기 이전으로 거슬러 올라가서 원래의 주인이 누구인지 따질 수 있겠소?"

조문자가 부끄럽게 여겨 주현을 포기하니, 두 사람이 말하였다.

---

100 溫 吾縣也 : 州縣은 본래 溫縣에 속했었다. 온현은 趙氏의 封邑이다.(杜注)

101 自郤稱以別 三傳矣 : 郤稱은 晉나라 大夫로 처음 州縣을 封邑으로 받았는데, 이때부터 州縣과 溫縣이 분리되어, 지금까지 三家에 전해졌다는 말이다.(杜注)

"우리가 공정하게 논의하고 스스로 취할 수는 없소."

그러고는 모두 주현을 포기하였다. 조문자가 執政이 됨에 미쳐 趙獲(조문자의 아들)이 말하였다.

"주현을 취할 수 있습니다."

조문자가 말하였다.

"물러가라. 두 사람의 말은 道義에 맞았으니, 도의를 어기면 禍가 이른다. 나는 나의 縣도 잘 다스리지 못하는데, 또 주현이 무슨 소용이 있겠느냐? 무엇 때문에 화를 자초하겠느냐? 君子의 말에 '禍難을 알지 못하는 것이 실로 화난이다.'라고 하였으니, 알면서도 도의를 따르지 않으면 이보다 큰 화난이 없다. 다시 주현에 관해 말하는 자가 있으면 반드시 死刑에 처할 것이다."

豐氏故主韓氏라 伯石之獲州也에 韓宣子爲之請之하니 爲其復(부)取之之故라

豐氏가 옛날에 韓氏를 주인으로 삼았다. 伯石이 州縣을 〈賞으로〉 받을 때 韓宣子가 그를 위해 〈晉侯에게 주현을 주도록〉 청하였으니, 이는 자기가 다시 그 縣을 취할 수 있다고 여겼기 때문이었다.

【經】 叔弓如滕하야 五月에 葬滕成公하다

叔弓이 滕나라에 가서 5월에 滕 成公을 장사 지냈다.

【傳】 五月에 叔弓如滕하야 葬滕成公할새 子服椒爲介러니 及郊하야 遇懿伯之忌하니 敬子不入이어늘 惠伯曰 公事는 有公利요 無私忌니 椒請先入하노라하고 乃先受館하니 敬子從之하다

5월에 叔弓이 滕 成公의 장사에 참여하기 위해 滕나라에 갈 때 子服椒가 副使였다. 郊外에 당도하여 懿伯(자복초의 숙부)의 忌日을 만나니 敬子(숙궁)가 등나라로 들어가려 하지 않자, 惠伯(자복초)이 말하였다.

"국가의 일에는 국가의 이익만 있고 私家의 기일은 없으니, 내가 먼저 들어가기를 청합니다."

그러고는 먼저 들어가서 賓館을 배정받으니, 경자가 그를 따라 들어갔다.

晉韓起如齊逆女러니 公孫蠆爲少姜之有寵也하야 以其子更公女하고 而嫁公子하다 人謂宣子호되 子尾欺晉이어늘 晉胡受之오 宣子曰 我欲得齊而遠其寵이면 寵將來乎아

晉나라 韓起가 齊나라에 가서 齊女를 맞이하였는데, 公孫 蠆는 少姜이 晉侯의 총애를 받았다 하여, 자기 딸을 齊 景公의 딸과 바꾸어 진나라에 시집보내고, 경공의 딸은 다른 사람에게 시집보냈다. 어떤 사람이 宣子(韓起)에게 말하였다.

"子尾(公孫 蠆)가 우리 진나라를 속였는데, 진나라는 무엇 때문에 그 여인을 받아들였습니까?"

선자가 말하였다.

"우리가 제나라의 마음을 얻고자 하면서 제나라의 寵臣을 멀리한다면 총신이 어찌 우리에게 오겠는가?"

【經】 秋라

가을이다.

【傳】〔秋〕[102]七月에 鄭罕虎如晉하야 賀夫人하고 且告曰 楚人日徵敝邑以不朝立王之故라 敝邑之往이면 則畏執事其謂寡君而固有外心이요 其不往이면 則宋之盟云하니 進退罪也일새 寡君使虎布之라한대 宣子使叔向對曰 君若辱有寡君이면 在楚何害리오 修宋盟也니라 君苟思盟이면 寡君乃知免於戾矣어니와 君若不有寡君이면 雖朝夕辱於敝邑이라도 寡君猜焉이리라 君實有心이면 何辱命焉이리오 君其往也하라 苟有寡君이면 在楚라도 猶在晉也니라

가을 7월에 鄭나라 罕虎가 晉나라에 가서 夫人을 얻은 것을 축하하고, 또 고하였다.

"楚人이 날마다 우리나라가 새로 즉위한 楚王(楚 靈王)에게 朝見하지 않는 까닭을 묻습니다. 우리나라가 楚나라에 가서 조현하자니 執事(晉君을 이름)가 우리 임금을 일러 '본래부터 外心(異心)을 가졌다.'라고 할까 두렵고, 가지 않자니 宋나라에서 맺은 盟約에 〈'번갈아 서로 朝見하라.'라고〉 하였으니, 進退가 모두 죄입니다. 그러므로 우리 임금께서 나를 보내 그런 사정을 진달하게 하셨습니다."

宣子(韓起)가 叔向을 보내 대답하였다.

"鄭君께서 만약 우리 임금님께 마음을 두신다면 초나라에 가 있다 하더라도 무슨 해가 있겠습니까? 이는 송나라에서 맺은 맹약을 준행하는 것입니다. 정군께서 진실로 맹약을 생각한다면 우리 임금께서 죄에서 벗어난 것으로 알겠지만, 정군께서 만약 우리 임금께 마음을

102 〔秋〕: 저본에는 '秋'가 없으나, 十三經注疏本에 의거하여 보충하였다.

두지 않는다면 비록 아침저녁으로 우리나라에 왕림하신다 하더라도 우리 임금께서는 의심하실 것입니다. 정군께서 실로 우리 임금님께 마음을 두셨다면 와서 사정을 말할 필요가 뭐 있습니까? 정군께서는 가십시오. 만약 우리 임금님께 마음을 두셨다면 초나라에 가 있어도 우리 진나라에 와 있는 것과 같습니다."

字義 布 : 진술할 포 猜 : 의심할 시 命 : 알릴 명

張趯使謂大叔曰 自子之歸也로 小人糞除先人之敝廬하고 曰 子其將來라하더니 今子皮實來하니 小人失望이로다 大(태)叔曰 吉賤하야 不獲來하니 畏大國이며 尊夫人也라 且孟[103]曰 而將無事라하니 吉庶幾焉이로다

張趯이 사람을 보내 太叔(游吉)에게 말하였다.

"당신이 돌아간 뒤로 小人은 先人의 낡은 집을 청소하고 '당신께서 아마도 장차 다시 올 것이다.'라고 하였는데, 〈지금 당신이 오지 않고〉 子皮(罕虎)가 왔으니, 소인은 실망하였습니다."

태숙이 말하였다.

"나(吉)는 지위가 낮아 가지 못하고, 〈上卿인 자피가 갔으니,〉 이는 大國을 두려워하며 夫人을 존경하기 때문입니다. 그리고 또 그대(張趯)가 〈전에 나에게〉 '앞으로 〈다시 晉나라에 오는〉 일이 없을 것이다.'라고 하였으니, 나는 그렇게 되기를 바랍니다."

字義 糞 : 청소할 분

【經】小邾子來朝하다

小邾子가 와서 朝見하였다.

【傳】小邾穆公來朝할새 季武子欲卑之어늘 穆叔曰 不可하다 曹滕二邾는 實不忘我好하나니 敬以逆之라도 猶懼其貳어든 又卑一睦이면 焉逆群好也[104]리오 其如舊而加敬焉하라 志에 曰 能敬이면 無災라하고 又曰 敬逆來者는 天所福也라하니 季孫從之하다

小邾 穆公이 朝見하기 위해 魯나라에 왔을 때 季武子가 낮은 禮로 그를 대우하려 하였는

---

103 孟 : 張趯을 가리킨다.(杜注)

104 又卑一睦 焉逆群好也 : 楊注에 "杜氏는 '焉'을 위에 붙여 읽었으나, 지금 고쳐 아래에 붙였다." 라고 하였다. '睦'에 句를 떼고 '焉'을 아래로 붙이면 '小邾의 임금을 낮게 대우하면 〈友好國들이 오지 않을 것이니〉 어찌 우호국을 영접할 수 있겠느냐'는 말이 된다. 이 설을 취해 번역하였다.

데, 穆叔이 말하였다.

"옳지 않습니다. 曹나라 · 滕나라와 두 邾나라는 실로 우리와 우호를 잊지 않고 있으니, 공경해 맞이하더라도 오히려 두마음을 품을까 두려운데, 또 한 화목한 나라의 임금을 낮게 대우한다면 어찌 友好國들을 맞이할 수 있겠습니까? 옛날처럼 더욱 공경하십시오. 옛 기록에 '능히 공경하면 재앙이 없다.'라고 하였고, 또 '來賓을 공경해 맞이하는 자에게는 하늘이 복을 내린다.'라고 하였습니다."

季孫이 그 말을 따랐다.

【經】八月에 大雩하다

8월에 祈雨祭를 지냈다.

【傳】八月에 大雩하니 旱也라

8월에 기우제를 지냈으니, 가물었기 때문이다.

齊侯田於莒러니 盧蒲嫳(별)[105]見(현)하고 泣且請曰 余髮如此種種하니 余奚能爲리오 公曰 諾다 吾告二子호리라하고 歸而告之하다 子尾欲復之어늘 子雅不可曰 彼其髮短이나 而心甚長하니 其或寢處我矣라 九月에 子雅放盧蒲嫳于北燕하다

齊侯가 莒(齊나라 東邊)에서 사냥하였는데, 盧蒲嫳이 제후를 알현하고 눈물을 흘리면서 청원하였다.

"저의 두발이 이처럼 짧아졌으니, 제가 무엇을 할 수 있겠습니까?"

齊 景公이 말하였다.

"알겠다. 내 두 사람에게 말하겠다."

그러고는 돌아와서 두 사람에게 말하였다. 子尾가 그를 원래의 官位로 회복시키려 하였는데, 子雅가 반대하며 말하였다.

"저자의 두발은 짧지만 心計는 매우 深長하니, 아마도 우리의 가죽을 깔고 잘 생각을 할 것입니다."

9월에 자아가 노포별을 北燕으로 추방하였다.

字義 種 : 두발 짧은 모양 종

---

105 盧蒲嫳(별) : 慶封의 黨으로 襄公 28년에 北邊으로 추방되었다.(杜注)

【經】 冬에 大雨雹하다

겨울에 우박이 크게 내렸다.

【經】 北燕伯款出奔齊하다

北燕伯 款(燕 簡公)이 齊나라로 出奔하였다.

【傳】 燕簡公多嬖寵하야 欲去諸大夫하고 而立其寵人이러니 冬에 燕大夫比하야 以殺公之外嬖하니 公懼하야 奔齊하다 書曰 北燕伯款出奔齊라하니 罪之也라

燕 簡公이 총애하는 사람이 많아, 大夫들을 제거하고 자기가 총애하는 사람들을 대부로 세우고자 하였는데, 겨울에 燕나라 대부들이 朋黨을 지어 간공의 外嬖(寵臣)를 죽이니, 간공이 겁이 나서 齊나라로 出奔하였다. 經에 '北燕伯 款이 제나라로 출분하였다.'라고 기록하였으니, 이는 죄가 간공에게 있음을 말한 것이다.

字義 比 : 친밀할 비

十月에 鄭伯如楚에 子産相이러니 楚子享之할새 賦吉日[106]하다 旣享에 子産乃具田備하니 王以田江南之夢하다

10월에 鄭伯이 楚나라에 갈 때 子産이 相으로 隨行하였는데, 楚子가 연회를 열어 정백을 접대할 적에 〈吉日〉篇을 읊었다. 연회를 마친 뒤에 자산이 사냥에 필요한 도구를 준비하니, 楚王은 정백과 함께 江南의 雲夢에서 사냥하였다.

齊公孫竈卒하다 司馬竈見晏子曰 又喪子雅矣로다 晏子曰 惜也라 子旗不免하리니 殆哉인저 姜族弱矣니 而嬀(규)將始昌이라 二惠競爽猶可러니 又弱一个焉하니 姜其危哉인저

齊나라 公孫 竈가 卒하였다. 司馬 竈(齊나라 大夫)가 晏子를 보고 말하였다.

"또 子雅(公孫 竈)를 잃었습니다."

안자가 말하였다.

"애석합니다. 子旗(子雅의 아들)는 화를 면하지 못할 것이니 위태롭습니다. 姜姓의 氏族이 쇠약하니 嬀姓(陳氏)이 장차 창성하기 시작할 것입니다. 惠公의 두 孫子(子雅와 子尾)가 강건

---

106 賦吉日 : 〈吉日〉은 《詩經》 〈小雅〉의 편명인데, 周 宣王이 사냥에 대해 읊은 詩이다.(杜注)

하고 총명할 때가 오히려 좋았는데, 또 한 손자가 약해졌으니 姜氏(齊나라)가 아마 위태로울 것입니다."

〈4년, 癸亥(B.C. 538)〉

【經】四年이라 春王正月에 大雨雹하다

4년이다. 봄 周王 正月에 우박이 크게 내렸다.

【傳】大雨雹이어늘 季武子問於申豐曰 雹可禦乎아 對曰 聖人在上이면 無雹이요 雖有라도 不爲災니라 古者에 日在北陸이어든 而藏冰[107]이라가 西陸朝覿(적)이어든 而出之[108]하나니 其藏冰也에 深山窮谷에 固陰沍寒이면 於是乎取之하며 其出之也에 朝之祿位 賓食喪祭에 於是乎用之라 其藏之也에 黑牡秬黍로 以享司寒하고 其出之也에 桃弧棘矢로 以除其災하니 其出入也時라 食肉之祿 冰皆與焉하고 大夫命婦 喪浴用冰이라 祭寒而藏之하고 獻羔而啓之하야 公始用之하고 火出而畢賦하니 自命夫命婦로 至於老疾히 無不受冰이라 山人取之하며 縣人傳之하며 輿人納之하며 隸人藏之[109]라 夫冰은 以風壯하고 而以風出이라 其藏之也周하며 其用之也徧이면 則冬無愆陽하며 夏無伏陰하며 春無凄風하며 秋無苦雨하며 雷出不震하며 無菑霜雹하며 癘疾不降하야 民不夭札하나니 今藏川池之冰하야 棄而不用하야 風不越而殺하고 雷不發而震하니 雹之爲菑를 誰能禦之리오 七月[110]之卒章은 藏冰之道也니라

雨雹이 크게 내렸는데, 季武子가 申豐(魯나라 大夫)에게 물었다.

"우박을 방지할 수 있는가?"

---

107 日在北陸 而藏冰 : '陸'은 道(太陽이 運行하는 길)이니, 夏曆 12월에는 태양이 虛宿(허수)와 危宿(위수)의 위치에 있어, 얼음이 굳게 얼기 때문에 채취해 저장한다는 말이다.(杜注)

108 西陸朝覿(적) 而出之 : 夏曆 3월에는 태양이 昴宿(묘수)와 畢宿(필수)의 위치에 있어 冬眠하던 벌레가 나오므로 얼음을 사용한다는 말이다. 春分 중에는 奎星이 새벽에 東方에 출현한다.(杜注)

109 山人取之……隸人藏之 : '山人'은 虞官(山澤을 맡은 관리)이고 '縣人'은 遂屬(5縣이 遂이니, 縣人은 遂에 속한 縣正)이다. '輿人'과 '隸人'은 모두 賤官이다.(杜注)

110 七月 : 《詩經》〈豳風〉의 편명이다.(杜注)

신풍이 대답하였다.

"聖人이 윗자리에 있으면 우박이 없었고, 비록 있다 해도 재해가 되지 않았습니다. 옛날에는 태양이 北陸의 위치에 있으면 얼음을 떠서 저장하였다가, 태양이 西陸의 위치에 있고 새벽에 東方에 奎星이 출현하면 얼음을 꺼내었습니다. 얼음을 저장할 때에는 깊은 산 후미진 골짜기에 차가운 기운이 엉켜 얼음이 되면 이곳에서 얼음을 채취하여 저장하고, 얼음을 꺼낼 때에는 조정에 祿位가 있는 사람이 빈객을 맞거나 음식을 장만하거나 喪事나 제사의 일이 있으면 이곳(冰室)에서 꺼내어 사용하게 하였습니다. 얼음을 저장할 때는 검은 犧牲과 검은 기장으로 司寒(冬神)에게 제사를 지내고, 얼음을 꺼낼 때는 복숭아나무 활과 가시나무 화살을 〈冰室 문에 걸어〉 재앙을 제거하였는데, 그 얼음을 저장하고 꺼내는 데 모두 일정한 시기가 있었습니다.

고기를 먹기에 넉넉한 祿을 받는 자들은 모두 얼음을 頒賜하는 반열에 참여하였으며, 大夫와 命婦(대부의 妻)는 그 喪에 시신을 목욕시키는 데도 얼음을 사용하였습니다. 司寒에 제사 지내고 얼음을 저장하며, 羊을 바치고 冰室을 열어 國君이 먼저 사용하고, 火星이 출현하면 얼음을 나누어주는 일을 마쳤으니, 命夫와 命婦로부터 老疾者에 이르기까지 얼음을 받지 않은 자가 없었습니다. 얼음은 山人이 채취하고 縣人이 운반하고 輿人이 납부하고 隸人이 저장하였습니다.

무릇 얼음은 차가운 바람으로 인해 견고해지고, 봄바람이 불면 꺼내어 씁니다. 얼음을 저장하기를 치밀하게 하고 사용하기를 널리 하면 겨울에 溫暖한 날이 없고, 여름에 陰寒한 날이 없으며, 봄에 싸늘한 바람이 없고, 가을에 장맛비가 없으며, 천둥은 쳐도 벼락이 떨어지지 않고, 서리와 우박이 재해가 되지 않으며, 전염병이 생기지 않아 백성이 요절하지 않습니다. 그런데 지금은 河川과 연못의 얼음을 채취해 저장하고도 버리고 사용하지 않으므로 바람이 흩어지지 않아 草木이 말라 죽고, 천둥이 울리지 않고 벼락을 치니, 우박의 재해를 누가 막을 수 있겠습니까? 〈七月〉의 卒章은 얼음을 저장하는 방법을 말한 것입니다."

字義 覿 : 볼 적　秬 : 찰기장 거　札 : 일찍 죽을 찰　越 : 흩어질 월

【經】 夏에 楚子蔡侯陳侯鄭伯許男徐子滕子頓子胡子沈子小邾子宋世子佐淮夷會于申하다 楚人執徐子하다

여름에 楚子 · 蔡侯 · 陳侯 · 鄭伯 · 許男 · 徐子 · 滕子 · 頓子 · 胡子 · 沈子 · 小邾子 · 宋世子 佐 · 淮夷가 申(楚나라 縣)에서 회합하였다. 楚人이 徐子를 잡았다.

【傳】春王正月에 許男如楚어늘 楚子止之하고 遂止鄭伯하야 復(부)田江南하니 許男與焉하다

봄 周王 正月에 許男이 楚나라에 갔는데, 楚子가 그를 머물게 하고 드디어 鄭伯도 머물게 하여 다시 江南에서 사냥을 하니, 허남도 그 사냥에 참여하였다.

使椒擧如晉하야 求諸侯하고 二君待之하다 椒擧致命曰 寡君使擧曰 日君有惠하야 賜盟于宋하고 曰 晉楚之從이 交相見也라하니 以歲之不易(이)로 寡人願結驩於二三君하야 使擧請間하노니 君若苟無四方之虞어든 則願假寵하야 以請於諸侯라한대 晉侯欲勿許러니 司馬侯曰 不可하다 楚王方侈하니 天或者欲逞其心하야 以厚其毒하야 而降之罰을 未可知也요 其使能終을 亦未可知也라 晉楚唯天所相이라 不可與爭이니 君其許之하고 而修德以待其歸하소서 若歸於德이면 吾猶將事之니 況諸侯乎아 若適淫虐이면 楚將棄之니 吾又誰與爭이리오 公曰 晉有三不殆하니 其何敵之有리오 國險而多馬하고 齊楚多難이라 有是三者하니 何鄉而不濟리오 對曰 恃險與馬하고 而虞隣國之難은 是三殆也라 四嶽三塗陽城大室荊山中南[111]은 九州之險也로되 是不一姓이요 冀之北土는 馬之所生이로되 無興國焉하니 恃險與馬하야 不可以爲固也는 從古以然이라 是以先王務修德音하야 以享神人이요 不聞其務險與馬也케라 隣國之難은 不可虞也니 或多難이라도 以固其國하고 啓其疆土하며 或無難이라도 以喪其國하고 失其守宇하나니 若何虞難이리오 齊有仲孫之難[112]이로되 而獲桓公하야 至今賴之하고 晉有里丕之難[113]이로되 而獲文公하야 是以爲盟主하고 衛邢無難이로되 敵亦喪之라 故人之難은 不可虞也라 恃此三者하고 而不修政德하면 亡於不暇어든 又何能濟리오 君其許之하소서 紂作淫虐하고 文王惠和일새 殷是以隕하고 周是以興하니 夫豈爭諸侯리오한대 乃許楚使하고 使叔向對曰 寡君有社稷之事라 是以不獲春秋時見(현)하니 諸侯를 君實有之니 何辱命焉이리오 椒擧遂請昏이어늘 晉侯許之하다

楚王이 椒擧를 晉나라에 보내, 楚나라가 단독으로 제후의 會盟을 주재하는 것에 동의를 구하게 하고, 鄭伯과 許男을 楚나라에서 기다리게 하였다. 초거가 晉나라에 가서 초왕의 命을 傳達하였다.

---

111 四嶽三塗陽城大室荊山中南 : 四嶽은 東嶽 岱山(泰山), 西嶽 華山, 南嶽 衡山, 北嶽 恒山을 이른다.(杜注) 三塗는 太行(태항)·轘轅·崤黽 세 산을 이르며, 陽城은 山名으로 淯水가 發源하는 곳이며, 太室은 中嶽 嵩山이며, 荊山은 荊州와 豫州의 경계에 있다. 中南은 終南山이다.(朱申)

112 齊有仲孫之難 : 仲孫은 公孫 無知로, 이 일은 莊公 9년 傳에 보인다.(杜注)

113 晉有里丕之難 : 里丕는 里克과 丕鄭으로, 이 일은 僖公 9년 傳에 보인다.(杜注)

“우리 임금께서 나를 보내시며 말씀하기를 ‘전날 晉君께서 우리나라에 은혜를 베푸시어 宋의 結盟에 참여하게 하고, 말씀하기를 「晉나라와 楚나라를 추종하는 제후가 번갈아 서로 朝見하라.」라고 하셨습니다. 근래 각국 사이에 분쟁이 끊이지 않음으로 인해 寡人은 몇몇 나라의 임금과 교분을 맺기를 원하여, 초거를 보내 한가한 틈을 내어 〈과인의 말을 들어주시기를〉 청하니, 임금께 만약 사방(四境)에 우려가 없으시다면 임금의 위세와 명망을 빌려 제후들을 회합에 초청하기를 원합니다.’라고 하셨습니다.”

晉侯가 허락하려 하지 않았는데, 司馬 侯가 말하였다.

“안 됩니다. 초왕은 바야흐로 잘난 체하여 남을 업신여기니, 하늘이 혹 그에게 하고 싶은 대로 하게 놔두어 죄악을 많이 쌓도록 하여 벌을 내리려는 것인지 알 수 없고, 또 그를 수명대로 살다가 죽게 하려는 것인지도 알 수 없습니다. 晉나라와 楚나라의 霸業은 오직 하늘이 돕는 바에 달려 있으므로 저들과 다투어서는 안 되니, 임금님께서는 저들의 요청을 허락하시고, 덕을 닦으면서 초왕의 政令이 어느 쪽으로 귀결되는지 기다리소서. 만약 초왕의 정령이 德行으로 귀결된다면 우리도 오히려 그를 받들어 섬겨야 할 것이니, 더구나 제후들이겠습니까? 만약 초왕이 荒淫과 暴虐으로 나아간다면 楚人이 그를 버리려 할 것이니, 우리가 또 누구와 패업을 다투겠습니까?”

晉 平公이 말하였다.

“우리 晉나라에는 위태로워지지 않을 세 가지 〈유리한 조건이〉 있으니, 그 누가 우리와 대적할 수 있겠는가? 우리나라는 지세가 험고하고 말(馬)이 많으며 齊나라와 楚나라에는 禍難이 많다. 이러한 세 가지 유리한 조건이 있으니, 어디에 간들 성공하지 못하겠는가?”

司馬 侯가 대답하였다.

“험고한 지세와 많은 말을 믿고 이웃 나라의 禍難을 즐기는 것은 위태로워질 세 가지 〈불리한 조건입니다.〉 四嶽, 三塗, 陽城, 太室, 荊山, 中南은 九州에서 가장 험고한 곳인데도 이곳이 한 姓氏의 왕조로 존속되지 못하였고, 冀州의 北土는 말이 생산되는 곳인데도 흥성한 나라가 없었으니, 험한 지세와 말을 믿고 국가가 공고하다고 여기지 않은 것은 예로부터 그러하였습니다. 그러므로 先王은 덕을 닦아 〈덕이〉 神과 사람에 통하기를 힘썼고, 험한 지세와 말에 힘썼다는 말은 듣지 못하였습니다.

이웃 나라의 화난은 즐길 것이 못 됩니다. 어떤 나라는 화난이 많았더라도 나라를 공고히 하기도 하고 강토를 확장하기도 하였으며, 어떤 나라는 화난이 없었더라도 나라를 잃기도 하고 변방을 잃기도 하였으니, 어찌 이웃 나라의 화난을 즐길 수 있겠습니까? 齊나라에 仲孫의 화난이 있었으나 桓公을 얻어 지금까지 그 혜택을 입고 있으며, 晉나라에 里克 · 丕鄭의 화난이 있었으나 文公을 얻었으므로 盟主의 나라가 되었으며, 衛나라와 邢나라는 화난이 없었으나 敵人(狄人)이 그 나라를 멸망시켰습니다. 그러므로 남의 화난은 즐길 만한 것이 못 됩니다.

이 세 가지를 믿고 德政을 修行하지 않는다면 危亡을 구제할 겨를도 없을 것인데 또 어찌 성공할 수 있겠습니까? 그러니 임금님께서는 楚나라의 요구를 허락하소서. 紂王은 황음하고 포학한 짓을 하고 文王은 은혜롭고 온화하였기 때문에 殷나라는 이로 인해 멸망하고 周나라는 이로 인해 흥성하였으니, 이것이 어찌 제후와 패권을 다투었기 때문이겠습니까?"

진후가 마침내 楚나라 使者에게 요구를 허락하기로 하고, 叔向을 보내 대답하게 하였다.

"우리 임금께서는 社稷(國家)에 일이 있기 때문에 봄가을로 정해진 시기에 가서 朝見하지 못하였습니다. 제후들을 실로 楚君께서 장악하고 계시니, 와서 명하실 게(동의를 구할 게) 뭐 있습니까?"

초거가 드디어 초왕을 위해 혼인을 청하였는데, 진후가 허락하였다.

字義 虞 : 염려할, 즐길 우 鄉 : 향할 향(=向) 亨 : 통할 형 宇 : 사방의 변경 우

楚子問於子産曰 晉其許我諸侯乎아 對曰 許君하리이다 晉君少安하야 不在諸侯하고 其大夫多求하야 莫匡其君이라 在宋之盟에 又曰如一이라하니 若不許君하면 將焉用之리오 王曰 諸侯其來乎아 對曰 必來하리이다 從宋之盟이요 承君之歡이라 不畏大國하리니 何故不來리오 不來者는 其魯衛曹邾乎인저 曹는 畏宋하고 邾는 畏魯하고 魯衛는 逼於齊而親於晉하니 唯是不來요 其餘는 君之所及也니 誰敢不至리오 王曰 然則吾所求者 無不可乎아 對曰 求逞於人이면 不可요 與人同欲이면 盡濟리이다

楚子가 子産에게 물었다.

"晉나라가 우리에게 제후의 會盟을 허락하겠는가?"

자산이 대답하였다.

"임금님의 요구를 허락할 것입니다. 晉君은 작은 것에 안주하여 제후를 복종시키는 일에 뜻이 없고, 그 大夫들은 탐욕이 많아 임금을 바로잡지 못합니다. 宋나라에서 맺은 맹약에도 '〈晉나라와 楚나라는 지위가〉 동일하니, 〈晉나라와 楚나라를 따르는 제후들은 각각 서로 晉나라와 楚나라에 朝見하라.〉'라고 하였으니, 만약 晉나라가 임금님의 요구를 허락하지 않는다면 宋에서 맺은 맹약이 장차 무슨 소용이 있겠습니까?"

楚王이 물었다.

"제후들이 오겠는가?"

자산이 대답하였다.

"반드시 올 것입니다. 宋에서 맺은 맹약을 따르고, 임금님의 환심을 사는 일이어서 大國(晉)을 두려워하지 않을 것이니, 무엇 때문에 오지 않겠습니까? 오지 않는 나라는 아마도 魯나라 · 衛나라 · 曹나라 · 邾나라일 것입니다. 曹나라는 宋나라를 두려워하고 邾나라는 魯나라를 두려워하며, 魯나라와 衛나라는 齊나라의 핍박을 받아 晉나라를 가까이하니, 오직 이 나라들만 오지 않을 것이고, 그 나머지 나라들은 임금님의 위력이 미치는 바이니, 누가 감히 오지 않겠습니까?"

초왕이 물었다.

"그렇다면 내가 바라는 바가 이루어지지 않음이 없겠는가?"

자산이 대답하였다.

"남에게 나를 만족하게 해주기를 요구하면 뜻이 이루어지지 않을 것이고, 남과 욕망을 함께하면 뜻한 일이 다 이루어질 것입니다."

字義 匡 : 바로잡을 광

夏에 諸侯如楚할새 魯衛曹邾不會하니 曹邾는 辭以難하고 公은 辭以時祭하고 衛侯는 辭以疾이라 鄭伯先待于申하다 六月丙午에 楚子合諸侯于申하다 椒擧言於楚子曰 臣聞諸侯無歸요 禮以爲歸라하니 今君始得諸侯하니 其愼禮矣어다 霸之濟否는 在此會也니이다 夏啓는 有鈞臺之享[114]하고 商湯은 有景亳之命[115]하며 周武는 有孟津之誓[116]하고 成은 有岐陽之蒐[117]하며 康은 有酆宮之朝[118]하고 穆은 有塗山之會[119]하며 齊桓은 有召陵之師[120]하고 晉文은 有踐土之盟[121]하니 君其何用고 宋向(상)戌鄭公孫僑在하니 諸侯之良也라 君其選焉하소서 王曰 吾用齊桓호리라

---

114 夏啓 有鈞臺之享 : 啓는 夏禹의 아들이다. 河南 陽翟縣 남쪽에 鈞臺陂가 있는데, 啓가 이곳에서 연회를 열어 제후를 접대한 듯하다.(杜注)

115 商湯 有景亳之命 : 河南 鞏縣 서남쪽에 湯亭이 있다. 혹자는 "亳은 바로 偃師이다."라고 하였다.(杜注)

116 周武 有孟津之誓 : 周 武王이 商紂를 정벌하려 할 때이다.(杜注)

117 成 有岐陽之蒐 : 周 成王이 奄에서 돌아와 岐山 남쪽에서 대대적으로 閱兵하였다. 岐山은 扶風 美陽縣 서북쪽에 있다.(杜注)

118 康 有酆宮之朝 : 酆은 始平 鄠縣 동쪽에 靈臺가 있다. 康王이 이곳에서 제후의 朝見을 받은 것이다.(杜注)

119 穆 有塗山之會 : 周 穆王이 塗山에서 제후를 회합하였다. 도산은 壽春 동북쪽에 있다.(杜注)

120 齊桓 有召陵之師 : 僖公 4년에 있었다.(杜注)

121 晉文 有踐土之盟 : 僖公 28년에 있었다.(杜注)

여름에 제후들이 楚나라의 회합에 갈 적에 魯나라 · 衛나라 · 曹나라 · 邾나라는 그 회합에 가지 않았으니, 曹나라와 邾나라는 나라에 禍難이 있기 때문이라고 핑계 대고, 昭公은 時祭 때문이라고 핑계 대고, 衛侯는 병 때문이라고 핑계 대었다. 鄭伯(簡公)은 먼저 申으로 가서 기다렸다. 6월 丙午日에 楚子(楚 靈王)가 申에서 제후를 회합하였다. 椒擧가 초자에게 말하였다.

"臣이 듣건대, 제후는 귀의하는 대상이 일정하지 않고, 오직 禮가 있는 이에게 귀의한다고 합니다. 이제 임금님께서 비로소 제후를 얻었으니 예를 삼가야 할 것입니다. 霸業의 성패가 이번 회합에 달렸습니다. 夏啓는 鈞臺의 宴享이 있었고, 商湯은 景亳의 명이 있었으며, 周 武王은 孟津의 誓師가 있었고, 成王은 岐陽의 사냥이 있었고, 康王은 酆宮의 朝見이 있었고, 穆王은 塗山의 회합이 있었으며, 齊 桓公은 召陵의 出師가 있었고, 晉 文公은 踐土의 회맹이 있었으니, 임금님께서는 이 중에 어떤 예를 골라 쓰겠습니까? 宋나라 向戌(左師)과 鄭나라 公孫僑(子産)가 이곳에 와 있는데, 이들은 제후의 大夫들 중에 뛰어난 자들입니다. 임금님께서는 저들에게 이번에 쓸 예를 선택하게 하소서."

楚王이 말하였다.

"나는 齊 桓公의 예를 쓰겠다."

王使問禮於左師與子産한대 左師曰 小國은 習之하고 大國은 用之니 敢不薦聞가하고 獻公合諸侯之禮六[122]하니라 子産曰 小國은 共職이니 敢不薦守아하고 獻伯子男會公之禮六[123]하니라 君子謂合左師는 善守先代하고 子産은 善相小國이라하다

楚王이 사람을 보내 左師(向戌)와 子産에게 禮를 묻자, 좌사가 말하기를 "小國은 禮를 강습하고 大國은 이 예를 가려 사용하니, 감히 들은 바를 말씀드리지 않겠습니까?" 하고, 公이 제후를 회합하는 예 여섯 가지를 진언하였다. 子産이 말하기를 "소국은 직무를 봉행해야 하니, 감히 지키는 직분을 말씀드리지 않겠습니까?" 하고, 伯 · 子 · 男이 公과 회합하는 예 여섯 가지를 진언하였다. 君子는 이에 대해 논평하였다.

"合左師(合은 向戌의 采邑)는 先代의 예를 잘 지켰다고 할 수 있고, 자산은 소국을 잘 보좌하였다고 할 수 있다."

王使椒擧侍於後하야 以規過러니 卒事不規어늘 王問其故하니 對曰 禮吾所未見者有六

---

122 獻公合諸侯之禮六 : 禮六은 그 예의 여섯 가지 의절이다. 宋나라는 작위가 公이기 때문에 공의 예를 진언한 것이다.(杜注)

123 獻伯子男會公之禮六 : 鄭나라는 伯爵이다. 그러므로 伯·子·男이 公과 회합하는 예를 진언한 것이다.(杜注)

大會孟津圖

焉[124]하니 又何以規리오

楚王이 椒擧에게 뒤에 侍立하여 자기의 과오를 바로잡게 하였는데, 초거가 회합의 일이 끝날 때까지 바로잡는 일이 없었다. 초왕이 그 까닭을 물으니, 초거가 대답하였다.

"禮 중에 제가 아직까지 보지 못한 것이 여섯 가지가 있으니, 또 어떻게 바로잡을 수 있겠습니까?"

宋大(태)子佐後至어늘 王田於武城하야 久而弗見이러니 椒擧請辭焉한대 王使往曰 屬有宗祧之事於武城하니 寡君將墮(휴)幣焉이라 敢謝後見하노라

宋나라 太子 佐가 뒤늦게 도착하였는데, 이때 楚王은 武城에서 사냥하는 중이어서 오래도록 태자를 접견하지 못하였다. 椒擧가 태자에게 사과하기를 초왕에게 청하자, 초왕이 초거를 태자에게 보내 다음과 같이 말하게 하였다.

"우리 임금님은 마침 宗廟의 제사를 위해 무성에서 사냥하고 계시니, 우리 임금께서는 장차 禮幣를 바치고 서로 만나보려 하십니다. 감히 적시에 접견하지 못하는 것을 사과합니다."

字義 屬 : 마침 촉 祧 : 사당 조 墮 : 바칠 휴

徐子는 吳出也니 以爲貳焉이라 故執諸申하다

徐子는 吳女의 소생이니 楚王은 그가 二心을 품었다고 여겼다. 그러므로 申에서 그를 잡은 것이다.

楚子示諸侯侈어늘 椒擧曰 夫六王二公之事[125]는 皆所以示諸侯禮也일새 諸侯所由用命也라 夏桀爲仍之會에 有緡叛之하고 商紂爲黎之蒐에 東夷叛之하고 周幽爲大室之盟에 戎狄叛之하니 皆所以示諸侯汰也일새 諸侯所由棄命也라 今君以汰하니 無乃不濟乎아 王弗聽하다 子産見左師曰 吾不患楚矣라 汰而愎諫하니 不過十年이리라 左師曰 然하다 不十年侈하면 其惡不遠이니 遠惡而後棄니라 善亦如之하야 德遠而後興하나니라

楚子가 諸侯에게 오만〔侈〕함을 보이자, 椒擧가 말하였다.

---

124 禮吾所未見者有六焉 : 左師와 子産이 진언한 여섯 가지 禮는 모두 楚나라가 일찍이 행한 적이 없는 것이라는 말이다.(杜注)

125 六王二公之事 : 六王은 夏啓·商湯·周 武王·成王·康王·穆王이고, 二公은 齊 桓公과 晉 文公이다.(杜注)

“저 여섯 王과 두 公의 일이 〈이루어진 것은〉 모두 제후들에게 禮를 보였으므로 제후가 명을 따랐기 때문입니다. 夏桀이 仍나라에서 제후를 회합할 때 緡나라가 배반하고, 商紂가 黎(東夷의 國名)에서 閱兵할 때 東夷가 배반하고, 周 幽王이 太室에서 結盟할 때 戎狄이 배반하였으니, 이는 모두 제후에게 오만함을 보였으므로 제후가 명을 어겼기 때문입니다. 그런데 지금 임금님께서도 너무 오만하시니 失敗하지 않겠습니까?”

그러나 楚王은 그 말을 듣지 않았다. 子産이 左師를 보고 말하였다.

“나는 楚나라를 두려워하지 않습니다. 임금이 오만하여 간언을 받아들이지 않으니, 10년을 넘기지 못할 것입니다.”

좌사가 말하였다.

“그렇습니다. 그 오만함이 10년 동안 계속되지 않고는 그 악행이 멀리 전파되지 않으니, 멀리 전파된 뒤에야 사람들이 그를 버릴 것입니다. 善行도 이와 같아서 德이 멀리까지 전파된 뒤에야 흥성합니다.”

字義 侈 : 오만할 치 汰 : 오만할 태 以 : 너무 이(=已)

【經】 秋七月에 楚子蔡侯陳侯許男頓子胡子沈子淮夷伐吳하야 執齊慶封하야 殺之하고 遂滅賴하다

가을 7월에 楚子 · 蔡侯 · 陳侯 · 許男 · 頓子 · 胡子 · 沈子 · 淮夷가 吳나라를 토벌하여 齊나라 慶封을 잡아 죽이고, 드디어 賴나라를 격멸하였다.

【傳】 秋七月에 楚子以諸侯伐吳할새 宋大子鄭伯先歸하니 宋華費遂鄭大夫從하다 使屈申圍朱方[126]하야 八月甲申에 克之하고 執齊慶封而盡滅其族하다 將戮慶封할새 椒擧曰 臣聞無瑕者可以戮人이라하니 慶封唯逆命이라 是以在此니 其肯從於戮乎아 播於諸侯를 焉用之리오 王弗聽하고 負之斧鉞하야 以徇於諸侯하고 使言曰 無或如齊慶封弑其君하고 弱其孤하야 以盟其大夫하라 慶封曰 無或如楚共王之庶子圍弑其君兄之子麇而代之하야 以盟諸侯하라한대 王使速殺之하다

가을 7월에 楚子가 제후의 군대를 거느리고 가서 吳나라를 토벌할 때 宋나라 太子와 鄭伯

126 使屈申圍朱方 : 朱方은 吳나라 邑으로 齊나라 慶封에게 봉해준 곳이다. 屈申은 屈蕩의 아들이다.(杜注)

이 먼저 환국하니, 宋나라 華費遂와 鄭나라 大夫가 從軍하였다. 초자가 屈申을 보내 朱方을 포위하게 하여, 8월 甲申日에 주방을 함락하고 齊나라 慶封을 잡고, 그 一族을 다 죽였다. 경봉을 죽이려 할 때 椒擧가 말하였다.

"臣은 듣건대, 허물이 없는 자만 남을 죽일 수 있다고 하였습니다. 경봉은 단지 임금의 명을 어겼으므로 이로 인해 도망해 와 이곳에 있는 것이니, 어찌 楚나라의 刑戮을 받으려 하겠습니까? 〈우리의 허물을〉 제후들에게 전파하는 일을 무엇 때문에 하려 하십니까?"

楚王은 듣지 않고 경봉에게 斧鉞을 지워 제후의 軍中을 돌아다니며 큰 소리로 말하게 하였다.

"누구라도 제나라 경봉처럼 그 임금을 시해하고 어린 임금의 권한을 약화시켜서 大夫들과 結盟하지 말라."

그런데 경봉은 돌아다니면서 다음과 같이 말하였다.

"누구라도 楚 共王의 庶子 圍(楚 靈王)처럼 그 임금과 兄의 아들 麇을 시해하고 대신 임금이 되어 제후들과 결맹하지 말라."

그러자 초왕이 사람을 보내 속히 죽이게 하였다.

遂以諸侯滅賴하니 賴子面縛銜璧하고 士袒輿櫬從之하야 造於中軍한대 王問諸椒擧하니 對曰 成王克許[127]에 許僖公如是어늘 王親釋其縛하고 受其璧하고 焚其櫬하니이다 王從之하고 遷賴於鄢하다

楚王이 드디어 諸侯軍을 거느리고 가서 賴나라를 격멸하니, 賴子는 두 손을 뒤로 결박하고 玉璧을 입에 물며, 士는 윗옷을 벗어 어깨를 드러내고 棺을 싣고 뒤따라 中軍으로 왔다. 이에 楚王이 椒擧에게 그 처리방법을 물으니, 초거가 말하였다.

"옛날에 成王이 許나라를 함락하였을 때 許 僖公이 이와 같이 하였는데, 성왕은 손수 그 결박을 풀어주고 그 옥벽을 받아 〈災厄을 떨어내고,〉 그 관을 불태웠습니다."

초왕이 그 말을 따르고, 賴나라를 鄢(楚나라 邑)으로 옮겼다.

字義 櫬 : 내관 츤　造 : 갈 조

楚子欲遷許於賴하야 使鬪韋龜與公子棄疾城之而還하다

楚子가 許나라를 옛 賴나라의 땅으로 옮기고자, 鬪韋龜(子文의 玄孫)와 公子 棄疾을 보내 그곳에 城을 쌓고 돌아오게 하였다.

---

127 成王克許 : 僖公 6년에 보인다.(杜注)

申無宇曰 楚禍之首 將在此矣로다 召諸侯而來하고 伐國而克하고 城竟莫校하야 王心不違하니 民其居乎아 民之不處면 其誰堪之리오 不堪王命이 乃禍亂也라

申無宇가 말하였다.

"楚나라에 禍難의 발단이 아마도 이번 일에 있을 것이다. 제후를 불러 오게 하고, 남의 나라를 토벌하여 승리하고, 변경에 城을 쌓는데도 누구도 따지는 자가 없어, 王의 기대하는 마음에 어긋나지 않았으니, 백성들이 어찌 편안히 살 수 있겠는가? 백성이 편안히 살 수 없다면 그 누가 王命을 감당하겠는가? 왕명을 감당할 수 없는 것이 바로 禍亂이다."

字義 校 : 따질 교

【經】九月에 取鄫하다

9월에 鄫邑(莒나라의 邑)을 취하였다.

【傳】九月에 取鄫하니 言易(이)也라 莒亂이어늘 著丘公立而不撫鄫하니 鄫叛而來라 故曰取라 凡克邑에 不用師徒曰取라하나니라

經에 "9월에 鄫邑을 취하였다.〔取〕"라고 하였으니, 이는 일이 쉬웠음을 말한 것이다. 莒나라가 혼란하였는데 著丘公(去疾)이 즉위한 뒤로 증읍을 위무하지 않으니, 증읍이 거나라를 배반하고 魯나라에 귀순하였다. 그러므로 '取'라 한 것이다. 凡例에 의하면 邑을 점령〔克〕하는데 군대를 사용하지 않는 것을 '取'라 한다.

鄭子產作丘賦[128]하니 國人謗之曰 其父死於路[129]하고 己爲蠆尾하야 以令於國하니 國將若之何오 子寬以告한대 子產曰 何害리오 苟利社稷인댄 死生以之니라 且吾聞爲善者는 不改其度라 故能有濟也라하니 民不可逞이요 度不可改라 詩曰 禮義不愆이면 何恤於人言[130]이리오하니 吾不遷矣로리라 渾罕曰 國氏[131]其先亡乎인저 君子作法於涼이라도 其敝猶

128 鄭子產作丘賦 : 丘는 16井이다. 16정에서 말 한 필, 소 세 마리를 내는 것인데, 지금 子產은 魯나라의 田賦처럼 별도로 그 田地에 租稅를 부과한 것이다. 노나라가 전부를 실시한 일은 哀公 11년 傳에 보인다.(杜注)

129 其父死於路 : 子國(子產의 아버지)이 尉氏에게 殺害당한 것을 이른다.(杜注) 참고로 이 일은 襄公 10년 傳에 보인다.

130 禮義不愆 何恤於人言 : 子產은 자기가 政權을 담당해 國家를 다스리는 일에 禮義에 어긋난 것

貪이어든 作法於貪하니 敝將若之何오 姬在列者에 蔡及曹滕이 其先亡乎인저 偪而無禮로다 鄭先衛亡하리니 偪而無法이로다 政不率(솔)法하고 而制於心이라 民各有心하니 何上之有리오

鄭나라 子産이 丘賦法을 제정하니, 國人이 다음과 같이 비방하였다.

"그 아비는 道路에서 죽었고 자식은 전갈의 꼬리(독침)가 되어 국내에 명령을 내리니, 나라가 장차 어찌 되겠는가?"

子寬(정나라 大夫)이 이 말을 자산에게 고하자, 자산이 말하였다.

"무슨 해가 되겠는가? 진실로 국가에 이롭다면 死生을 돌보지 않고 그 제도를 시행해야 한다. 또 내 들으니, 善政을 하는 사람은 자기가 만든 법제를 고치지 않기 때문에 성공할 수 있다고 한다. 백성은 만족하게 해서는 안 되고, 법제는 고쳐서는 안 된다. 《詩經》(逸詩)에 '나의 예의에 잘못이 없다면 남의 말을 돌아볼 게 뭐 있는가?'라고 하였으니, 나는 바꾸지 않겠다."

渾罕(子寬)이 말하였다.

"國氏가 아마도 먼저 망할 것이다. 君子가 賦稅를 가볍게 징수하는 법을 만들어도 그 폐단이 오히려 탐욕스러워지는 것인데, 탐욕스런 법을 만들었으니 장차 그 폐단을 어찌할 것인가. 姬姓의 列國(제후) 중에 아마도 蔡나라 · 曹나라 · 滕나라가 먼저 망할 것이다. 그 나라들은 大國에 핍박을 받으면서도 예가 없기 때문이다. 鄭나라도 衛나라보다 먼저 망할 것이니, 그 이유는 대국의 핍박을 받으면서도 법이 없기 때문이다. 그런데 자산은 정책을 결정하면서 옛 법을 따르지 않고 자기 마음대로 제정하였다. 백성들은 각각 마음이 다르니 어찌 윗사람을 존경해 따르겠는가?"

字義 蠆 : 전갈 채　逞 : 만족할 령　涼 : 적을 량

【經】冬이라

겨울이다.

【傳】〔冬〕[132]에 吳伐楚하야 入棘櫟麻하니 以報朱方之役이라 楚沈(심)尹射奔命於夏汭하고 箴尹宜咎城鍾離하고 薳(위)啓彊城巢하고 然丹城州來하다 東國水하야 不可以城하니 彭生罷賴之師하다

이 없다고 여긴 것이다.(杜注)

131 國氏 : 國氏는 子産이 자기 아버지의 字로써 氏를 삼은 것이다.(林堯叟)

132 〔冬〕: 저본에는 '冬'이 없으나, 十三經注疏本에 의거하여 보충하였다.

겨울에 吳나라가 楚나라를 토벌하여 棘·櫟·麻에 진입하니, 朱方의 전쟁을 보복하기 위해서였다. 초나라 沈尹 射는 王命을 받고 달려가 夏汭를 방어하고, 箴尹 宜咎는 鍾離에 城을 쌓고, 薳啓彊은 巢에 성을 쌓고, 然丹은 州來에 성을 쌓았다. 초나라 동부지방〔東國〕에 水災가 나서 성을 쌓을 수 없으니, 彭生이 賴에 築城하는 군사들의 城役을 정지시켰다.

【經】十有二月乙卯에 叔孫豹卒하다

12월 乙卯日에 叔孫豹가 卒하였다.

【傳】初에 穆子去叔孫氏할새 及庚宗[133]하야 遇婦人하야 使私爲食而宿焉이러니 問其行이어늘 告之故하니 哭而送之하다 適齊하야 娶於國氏[134]하야 生孟丙仲壬하다 夢에 天壓己어늘 弗勝하야 顧而見人이러니 黑而上僂하고 深目而豭喙어늘 號之曰 牛아 助余하라 乃勝之하다 旦而皆召其徒하니 無之라 且曰 志之하라 及宣伯奔齊하야 饋之어늘 宣伯曰 魯以先子之故로 將存吾宗하야 必召女하리니 召女인댄 何如오 對曰 願之久矣라

당초에 穆子(叔孫豹)가 叔孫氏와 결별하고 〈魯나라를 떠나 齊나라로 갈 때〉 庚宗에 미쳐 한 女人을 만나, 그 여인에게 은밀히 밥을 짓게 하여 먹고 그 여인과 동침하였다. 그 여인이 목자에게 떠날 것이냐고 묻자, 목자가 떠나야 할 연유를 말해주니, 그 여인은 울면서 목자를 보내주었다. 목자가 제나라로 가서 國氏의 딸에게 장가들어 孟丙과 仲壬을 낳았다.

하루는 목자의 꿈에 하늘이 자기를 내리누르는데 버틸 수가 없어 고개를 돌려 보니 어떤 사람이 있었는데, 그의 얼굴은 검고 두 어깨는 앞으로 굽었으며, 눈은 깊고 입은 돼지주둥이 같았다. 큰소리로 그에게 "牛야! 나를 도와달라."라고 하였는데, 그의 도움으로 끝내 버틸 수가 있었다. 다음 날 아침에 목자가 從者들을 다 불러 세워놓고 살펴보니, 꿈에서 본 자와 같이 생긴 자가 없었다. 〈목자는 종자들에게 꿈 이야기를 해주면서〉 또 "잘 기억해두라."고 하였다. 宣伯(叔孫僑如)이 齊나라로 도망갈 때에 미쳐 목자가 그에게 음식을 접대하였는데, 선백이 물었다.

"노나라는 우리 先子(先人)의 일로 인해 우리 宗族을 보존시키기 위해 반드시 너를 불러들일 것이니, 너를 부른다면 어찌하겠느냐?"

---

133 及庚宗 : 成公 16년에 叔孫僑如의 難을 피해 齊나라로 出奔하였다. 庚宗은 魯나라 땅이다.(杜注)

134 娶於國氏 : 國氏는 齊나라 正卿으로 姜姓이다.(杜注)

목자가 대답하였다.

"그렇게 되기를 바란 지 오래입니다."

字義 僂 : 곱사등이 루 豭 : 수퇘지 가 志 : 기억할 지

魯人召之한대 不告而歸하다 旣立에 所宿庚宗之婦人이 獻以雉어늘 問其姓[135]하니 對曰 余子長矣라 能奉雉而從我矣라하야늘 召而見之하니 則所夢也라 未問其名하고 號之曰牛라한대 曰 唯어늘 皆召其徒하야 使視之하고 遂使爲豎하야 有寵이러니 長使爲政하니라 公孫明知叔孫於齊러니 歸하야 未逆國姜하니 子明取之라 故怒하야 其子長而後에 使逆之하다

魯人이 부르자, 穆子는 宣伯에게 고하지 않고 歸國하였다. 목자가 卿이 된 뒤에 庚宗에서 동침했던 女人이 꿩을 바쳤는데, 목자가 아들이 있느냐고 물으니, 그 여인이 대답하였다.

"내 아들이 이미 자라서 꿩을 奉獻할 수 있을 나이가 되었으므로 나를 따라왔습니다."

목자가 그 아이를 불러 보니, 바로 꿈에서 보았던 아이였다. 목자는 그 이름도 묻지 않고 '牛'라고 부르자, 아이가 '예'라고 대답하였다. 종자들을 다 불러 그 아이를 보게 하고 드디어 豎(小臣)로 삼아 그를 총애하였는데, 아이가 장성한 뒤에는 집안일을 주관하게 하였다. 公孫明(齊나라 大夫)은 叔孫豹가 齊나라에 있을 때에 서로 알고 지낸 친구였는데, 목자가 귀국한 뒤에 國姜을 맞이해 가지 않으니, 子明(公孫 明)이 국강을 취하였다. 그러므로 목자가 노하여 그 아들 孟丙과 仲壬이 장성한 뒤에야 사람을 보내 맞이해 왔다.

字義 豎 : 소신 수

田於丘蕕(유)라가 遂遇疾焉하니 豎牛欲亂其室而有之하야 强與孟盟이어늘 不可러니 叔孫爲孟鍾하고 曰 爾未際하니 饗大夫以落之[136]하라 旣具에 使豎牛請日한대 入弗謁하고 出命之日하다 及賓至에 聞鍾聲하니 牛曰 孟有北婦人之客[137]이라한대 怒하야 將往이어늘 牛止之하니 賓出에 使拘而殺諸外하다 牛又强與仲盟이어늘 不可러니 仲與公御萊書觀於公하니 公與之環하다 使牛入示之하니 入不示하고 出命佩之하다 牛謂叔孫호되 見(현)仲而何오 叔孫曰 何爲오 曰 不見이라도 旣自見矣니 公與之環而佩之矣라한대 遂逐之하니 奔齊하다 疾急에 命召

---

135 問其姓 : 여자가 아이를 낳는 것을 '姓'이라 하니, 姓은 아들을 이른다.(林堯叟)

136 饗大夫以落之 : 수퇘지의 피를 鍾에 바르는 것을 '落'이라 한다.(杜注) 孟丙으로 하여금 大夫들을 接待하는 자리에서 新鍾에 피를 바르게 하려 한 것이다.(林堯叟)

137 孟有北婦人之客 : 北婦人은 國姜이고, 客은 公孫 明을 이른다.(杜注)

仲하니 牛許而不召하다 杜洩見이어늘 告之飢渴하고 授之戈한대 對曰 求之而至니 又何去焉이리오 豎牛曰 夫子疾病하야 不欲見人이라하고 使寘饋于个而退하다 牛弗進하고 則置虛命徹하다 十二月癸丑에 叔孫不食하야 乙卯에 卒커늘 牛立昭子而相之하다

穆子가 丘蕕(地名)에서 사냥하다가 드디어 병을 얻으니, 豎牛가 叔孫氏의 집안을 어지럽혀 제가 차지하려고 孟丙과 結盟하기를 강요하였는데 맹병이 동의하지 않았다. 叔孫(穆子)이 맹병을 위해 鍾을 주조하게 하며 말하였다.

"너는 아직 大夫들과 교제가 없으니, 잔치를 열어 대부들을 접대하는 자리에서 鍾의 落成式을 거행하라. 〈너를 후계자로 선포하겠다.〉"

饗宴의 준비가 끝나자, 맹병은 수우를 목자에게 보내 잔칫날을 정하기를 청하게 하자, 수우는 목자에게 들어가서 날짜를 청하는 일은 아뢰지도 않고 나와서 아무 날로 명하셨다고 거짓말을 하였다. 빈객이 도착할 때에 미쳐 목자가 鍾소리를 듣고 〈괴이하게 여기니,〉 수우가 "맹병에게 北婦人의 손님(公孫 明)이 와 있습니다."라고 거짓말을 하자, 목자가 노하여 그곳으로 가려 하였는데, 수우가 가지 못하게 말리니, 빈객이 나간 뒤에 목자는 사람을 보내 맹병을 잡아 밖으로 끌고 나가서 죽이게 하였다.

수우는 또 仲壬과 결맹하기를 강요하였는데, 중임이 동의하지 않았다. 중임이 昭公의 御子 萊書와 公宮을 유람하니, 소공이 그에게 玉環을 하사하였다. 중임은 이 옥환을 수우에게 주어 가지고 들어가서 목자에게 보여드리게 하니, 수우는 들어가서 보여주지도 않고 나와서는 차라고 명하셨다고 거짓말을 하였다. 수우가 叔孫에게 말하였다.

玉環

"중임을 소공께 알현시키는 것이 어떻겠습니까?"

숙손이 말하였다.

"무엇 때문에 그런 말을 하느냐?"

수우가 말하였다.

"알현시키지 않았어도 이미 스스로 가서 알현하니, 임금님께서 그에게 옥환을 주시어 그것을 차고 있습니다."

목자가 드디어 중임을 축출하니 중임이 齊나라로 도망갔다. 목자가 병이 위급해지자 중임을 불러들이라고 명하니, 수우는 그러겠다고 대답만 하고 부르지 않았다. 杜洩(叔孫氏 家臣의 長)이 목자를 알현하였는데, 목자가 그에게 배가 고프고 목이 마르다고 말하고, 그에게 창을

내어 주며 〈수우를 죽이라고 하였다.〉 그러자 두설이 대답하였다.

"음식을 요구하면 음식이 이를 것이니, 또 그를 제거할 게 뭐 있습니까?"

수우가 말하였다.

"夫子는 병이 위중하여 사람들을 만나려 하지 않으신다."

그러고는 음식을 올리는 자에게 밥상을 곁방에 놓고 물러가게 하였다. 수우는 그 음식을 올리지 않고 마치 목자가 다 먹은 것처럼 그릇을 깨끗이 비운 뒤에 상을 물리라고 명하였다. 12월 癸丑日부터 숙손이 먹지 못하여 乙卯日에 卒하였는데, 수우는 昭子(叔孫豹의 庶子 叔孫婼)를 후계자로 세우고 그를 보좌하였다.

字義 謁 : 아뢸 알

公使杜洩葬叔孫한대 豎牛賂叔仲昭子與南遺[138]하야 使惡杜洩於季孫而去之하다 杜洩將以路葬[139]하고 且盡卿禮어늘 南遺謂季孫曰 叔孫未乘路하니 葬焉用之리오 且冢卿無路하니 介卿以葬은 不亦左乎아 季孫曰 然하다 使杜洩舍路한대 不可曰 夫子受命於朝하야 而聘於王[140]이어늘 王思舊勳하사 而賜之路하시니 復命而致之君이어늘 君不敢逆王命하야 而復賜之하고 使三官書之하니라 吾子爲司徒하야 實書名하고 夫子爲司馬하야 與工正書服하고 孟孫爲司空하야 以書勳하니 今死而弗以면 是棄君命也요 書在公府而弗以면 是廢三官也라 若命服을 生弗敢服하고 死又不以면 將焉用之리오 乃使以葬하다

昭公이 杜洩에게 叔孫의 장례를 치르게 하자, 豎牛가 叔仲昭子와 南遺에게 뇌물을 주어, 그들로 하여금 季孫에게 두설을 중상모략하여 제거하게 하였다. 두설이 路車를 사용해 숙손을 장사 지내고, 또 卿의 禮를 다 쓰려 하였는데, 남유가 계손에게 말하였다.

"숙손이 생전에 노거를 탄 적이 없으니, 葬事에 어찌 노거를 쓴단 말입니까? 그리고 또 冢卿(季孫)도 노거가 없으니 介卿(叔孫)을 노거로 葬送하는 것은 부당하지 않습니까?"

계손이 "그렇다." 하고, 두설에게 노거를 버리고 쓰지 말도록 하자, 두설이 반대하며 말하였다.

"夫子(叔孫)가 조정의 명을 받고 王朝에 聘問하였는데, 왕께서 舊勳을 생각하여 노거를 하

---

138 豎牛賂叔仲昭子與南遺 : 昭子는 叔仲帶이고, 南遺는 季氏의 家臣이다.(杜注)

139 杜洩將以路葬 : 路는 周王이 叔孫에게 하사한 수레이다.(杜注)

140 聘於王 : 叔孫이 王朝에 聘問한 일은 襄公 24년에 있었다.(杜注)

사하셨습니다. 숙손은 돌아와 復命하고 그 노거를 임금님께 바쳤는데, 임금님께서는 감히 王命을 거역할 수 없다 하여 도로 숙손에게 주시고 三官에게 이 일을 기록하게 하셨습니다. 그때 당신은 司徒로서 실로 名號를 기록하였고, 부자는 司馬로서 工正을 시켜 車服을 기록하였고, 孟孫은 司空으로서 공훈을 기록하였습니다. 지금 부자가 죽었는데 그 노거를 쓰지 않으면 이는 君命을 버리는 것이고, 그 문서가 公府에 보관되어 있는데 노거를 쓰지 않으면 이는 삼관을 폐기하는 것입니다. 만약 命服을 생전에는 감히 사용하지 못하고 사후에 또 장사에도 쓰지 못한다면 장차 그것을 어디에 쓴단 말입니까?"

계손이 두설에게 노거를 사용해 장사 지내게 하였다.

字義 路 : 수레 로(=輅) 左 : 부당할 좌 舍 : 버릴 사

〈5년, 甲子(B.C. 537)〉

【經】 五年이라 春王正月에 舍中軍하다

5년이다. 봄 周王 正月에 中軍을 철폐하였다.

【傳】 季孫謀去中軍한대 竪牛曰 夫子固欲去之라하다

季孫이 中軍을 없애려고 계획하자, 竪牛가 말하였다.
"夫子(叔孫)께서도 본래 중군을 없애려고 하셨습니다."

五年이라 春王正月에 舍中軍하니 卑公室也[141]라 毁中軍于施氏하야 成諸臧氏하다 初作中軍할새 三分公室하야 而各有其一에 季氏는 盡征之하고 叔孫氏는 臣其子弟하고 孟氏는 取其半焉이러니 及其舍之也에 四分公室하야 季氏擇二하고 二子各一하야 皆盡征之하야 而貢于公하니라

5년이다. 봄 周王 正月에 中軍을 철폐하였으니, 이는 公室을 약화시키기 위함이었다. 施氏를 시켜 중군의 훼철을 발의하게 하고 臧氏를 시켜 그 논의를 완성하게 하였다. 당초 중군을 편성할 적에 공실의 〈군대를〉 3등분하여 三家가 각각 1분씩 차지하면서, 季氏는 〈자기 몫으

141 舍中軍 卑公室也 : 中軍을 폐지하여 季孫은 〈그 군대를〉 左師로 칭하고, 孟氏는 右師로 칭하고, 叔孫氏는 스스로 叔孫으로 軍名을 삼았다.(杜注)

로 돌아온 백성〉 모두에게 징병과 징세의 의무를 지우고, 叔孫氏는 子弟(壯丁)만 家臣(家奴)으로 삼고, 孟氏는 절반만 가신으로 삼았었는데, 중군을 철폐함에 미쳐서는 공실의 군대를 4등분하여 계씨가 그중의 2分을 골라 취하고, 二子는 각각 1分씩 차지하고는 모두에게 징세하여 그 일부를 공실에 貢納하였다.

以書使杜洩告於殯曰 子固欲毁中軍이러니 旣毁之矣라 故告하노라 杜洩曰 夫子唯不欲毁也라 故盟諸僖閎하며 詛諸五父之衢[142]라하고 受其書而投之하고 帥(솔)士而哭之하다

季孫이 "그대도 본래 中軍을 훼철하고자 하였는데, 이미 중군을 훼철하였기 때문에 고합니다."라는 내용의 글을 써서 杜洩에게 주어 叔孫의 빈소에 고하게 하였는데, 두설이 말하였다.

"夫子께서는 훼철하고자 하지 않았습니다. 그러므로 僖公 宗廟의 門에서 맹서하며, 五父의 거리에서 저주한 것입니다."

그러고는 그 글을 받아 땅바닥에 내동댕이치고 家臣〔士〕들을 거느리고 곡하였다.

字義 閎 : 문 굉

叔仲子謂季孫曰 帶受命於子叔孫하니 曰 葬鮮者는 自西門[143]이라한대 季孫命杜洩이어늘 杜洩曰 卿喪自朝는 魯禮也라 吾子爲國政하야 未改禮而又遷之하니 群臣懼死하야 不敢自也라하고 旣葬而行하다

叔仲子(叔仲帶)가 季孫에게 말하였다.

"제가 子叔孫에게 命을 받았는데, 그 명에 '제명에 죽지 못한 사람을 送葬할 때는 喪輿가 西門으로 나간다.'라고 하였습니다."

계손이 杜洩에게 그렇게 하라고 명하였는데, 두설이 말하였다.

"卿의 喪事에 상여가 朝門(國都의 正門인 南門)으로 나가는 것이 魯나라의 禮입니다. 당신이 노나라의 執政이 되어 예를 개정한 적이 없는데 또 예를 바꾸니, 群臣은 죽을까 두려워 감히 따르지 못하는 것입니다."

그러고는 장사를 마치고 다른 나라로 도망갔다.

字義 遷 : 바꿀 천　自 : 따를 자

---

142 盟諸僖閎 詛諸五父之衢 : 모두 襄公 11년 傳에 보인다.(杜注)

143 葬鮮者 自西門 : 제 수명으로 죽지 못한 것을 '鮮'이라 한다. 西門은 魯나라 朝廷의 正門이 아니다.(杜注)

仲至自齊어늘 季孫欲立之러니 南遺曰 叔孫氏厚하면 則季氏薄이라 彼實家亂하니 子勿與知 不亦可乎아 南遺使國人助豎牛하야 以攻諸大庫之庭한대 司宮射之하니 中目而死하다 豎牛取東鄙三十邑하야 以與南遺하다

仲壬이 齊나라에서 돌아왔는데, 季孫이 그를 叔孫氏의 후계자로 세우려 하였다. 南遺가 말하였다.

"숙손씨가 강해지면 季氏가 약해질 것입니다. 豎牛가 실로 집안을 어지럽히고 있으니, 당신께서는 모른 체하는 것이 좋지 않겠습니까?"

남유가 國人들에게 수우를 도와 大庫의 庭院으로 가서 중임을 공격하게 하였는데, 司宮이 활을 쏘니 중임이 그 화살에 눈을 맞고 죽었다. 수우가 동쪽 변방의 城邑 30개를 취하여 남유에게 주었다.

昭子卽位하야 朝其家衆曰 豎牛禍叔孫氏하야 使亂大從하야 殺適立庶하고 又披其邑하야 將以赦罪하니 罪莫大焉이라 必速殺之하라 豎牛懼하야 奔齊러니 孟仲之子殺諸塞(저새)關之外하야 投其首於寧風之棘上하다 仲尼曰 叔孫昭子之不勞는 不可能也로다 周任有言曰 爲政者는 不賞私勞하며 不罰私怨이라하고 詩云 有覺德行이면 四國順之[144]라하니라

昭子가 후계자의 자리에 올라 그 家衆의 朝見을 받으며 말하였다.

"豎牛가 叔孫氏에게 禍亂을 끼쳐 중대한 順理(大從)를 어지럽혀 適子를 죽이고 庶子를 세웠으며, 또 우리의 封邑을 쪼개어 南遺에게 주어 죄를 용서받고자 하였으니, 이보다 큰 죄가 없다. 반드시 속히 그를 죽이라."

수우가 겁이 나서 齊나라로 도망갔는데, 孟丙과 仲壬의 아들들이 塞關(변경의 관문) 밖에서 그를 죽여 그 머리를 寧風(齊나라 땅)의 가시나무 위에 버렸다. 仲尼는 이에 대해 論評하였다.

"叔孫昭子가 자기를 세워준 수우의 공로를 생각지 않고 〈그를 죽인 것은〉 아무나 할 수 있는 일이 아니다. 周任의 말에 '위정자는 사사로운 공로를 보상하지 않고 사사로운 원한을 징벌하지 않는다.'라고 하였고, 《詩經》에 '정직한 德行이 있으면 사방의 나라가 順從한다.'라고 하였다."

字義 披 : 쪼갤 피 覺 : 바를 각

初에 穆子之生也에 莊叔以周易筮之하야 遇明夷䷣之謙䷎[145]하야 以示卜楚丘하니 曰 是

---

144 有覺德行 四國順之 : 《詩經》〈大雅 抑篇〉의 시구이다.(杜注)

145 遇明夷䷣之謙䷎ : 下卦가 離이고 上卦가 坤인 것이 明夷이며, 下卦가 艮이고 上卦가 坤인 것이 謙이니, 명이의 初九가 변하여 謙卦가 된 것이다.(杜注)

將行이라가 而歸爲子祀하리라 以讒人入이니 其名曰牛라 卒以餒死하리라 明夷는 日也니 日之數十이라 故有十時하며 亦當十位라 自王已下로 其二爲公이요 其三爲卿이며 日上其中이요 食日爲二요 旦日爲三이라 明夷之謙은 明而未融하니 其當旦乎인저 故曰 爲子祀라 日之謙은 當鳥라 故曰 明夷于飛라하고 明而未融이라 故曰 垂其翼이라하고 象日之動이라 故曰 君子于行이라하고 當三在旦이라 故曰 三日不食이라하니라 離는 火也요 艮은 山也라 離爲火니 火焚山하야 山敗라 於人爲言이니 敗言爲讒이라 故曰 有攸往에 主人有言이라하니 言必讒也라 純離爲牛니 世亂讒勝하고 勝將適離라 故曰 其名曰牛라하니라 謙不足일새 飛不翔하고 垂不峻일새 翼不廣이라 故曰 其爲子後乎인저하니라 吾子는 亞卿也니 抑少不終이로다

당초 穆子가 출생하였을 적에 莊叔(목자의 아버지 得臣)이 周易으로 점을 쳐서 明夷卦䷣가 謙卦䷎로 변하는 卦를 만나 이 점괘를 卜人 楚丘에게 보이니, 초구는 다음과 같이 풀이하였다.

"이 아이는 장차 出奔하였다가 돌아와서 당신을 위해 제사를 받들 것입니다. 돌아올 때 讒人을 데리고 들어올 것이니, 그자의 이름은 牛입니다. 이 아이는 끝내 이 자로 인해 굶어 죽게 될 것입니다. 明夷는 해이니, 해의 수는 十입니다. 그러므로 하루에 十時가 있으며 또한 사람의 열 등급의 位次에 해당합니다. 王 이하로 두 번째가 公이고 세 번째가 卿이며, 태양의 최상위는 中天에 이른 때로 〈王에 해당하고,〉 朝飯을 먹을 때의 태양이 二位로 公에 해당하고, 새벽의 태양이 三位로 卿에 해당합니다. 명이괘가 변하여 겸괘가 된 것은 날이 밝았으나 아직 완전히 밝지 않은 것이니, 아마 새벽(卿位)에 해당할 것입니다. 그러므로 '당신을 위해 제사를 받들 것이다.'라고 한 것입니다.

해〔離〕가 변하여 謙이 된 것은 새〔鳥〕에 해당하기 때문에 爻辭에 '明夷가 난다.'라고 하였고, 날이 밝았으나 아직 완전히 밝지 않았기 때문에 '날개를 늘어뜨렸다.'라고 하였고, 〈명이의 初九는〉 해의 움직임을 상징하였기 때문에 '君子가 떠나간다.'라고 하였고, 第3位인 새벽에 해당하기 때문에 '3일 동안 먹지 못한다.'라고 한 것입니다.

離는 火이고 艮은 山입니다. 離가 火가 되었으니 火가 山을 태워 山이 破壞됩니다. 艮이 사람에 있어서는 言語가 되는데, 남을 파괴하는 말이 讒言입니다. 그러므로 爻辭에 '가는 곳을 둠에 主人이 말을 한다.'라고 하였으니, 이 말은 반드시 참언입니다. 純離(上下卦가 모두 離卦인 것䷝)가 牛인데, 세상이 어지러우면 참언이 승리하고 승리하면 〈艮이 도로 離로〉 돌아가기 때문에 '그 이름이 牛이다.'라고 한 것입니다. 謙은 不足이므로 날되 높이 날지 못하고, 날개를 높이 들지 못하고 늘어뜨렸으므로 멀리 날지 못하는 것입니다. 그러므로 '아마도 당신의 후계자가 될 것이다.'라고 한 것입니다. 당신은 亞卿이니 〈이 아이도 아경이 되겠지만〉 이 아이〔少〕는 제명에 죽지 못할 것입니다."

字義 夷 : 상할 이 融 : 밝을 융 峻 : 높을 준

【經】 楚殺其大夫屈申하다

楚나라가 그 大夫 屈申을 죽였다.

【傳】 楚子以屈申爲貳於吳라하야 乃殺之하고 以屈生爲莫敖하야 使與令尹子蕩如晉逆女러니 過鄭할새 鄭伯勞子蕩于(氾)〔氾〕[146]하고 勞屈生于菟(도)氏히다 晉侯送女于邢丘이늘 子産相鄭伯하야 會晉侯于邢丘하다

楚子는 屈申이 두마음을 품고 吳나라와 내통한다 하여, 그를 죽이고 屈生(屈建의 아들)을 莫敖로 삼아 令尹 子蕩과 함께 晉나라로 가서 晉女를 맞이해 오게 하였다. 이들이 鄭나라를 지날 적에 鄭伯이 氾에서 자탕을 위로하고, 菟氏에서 굴생을 위로하였다. 晉侯가 邢丘까지 가서 딸을 전송하였는데, 子産이 정백을 보좌해 형구로 가서 진후와 회합하였다.

晉韓宣子如楚送女할새 叔向爲介러니 鄭子皮子大叔勞諸索氏하다 大叔謂叔向曰 楚王汰侈已甚하니 子其戒之하라 叔向曰 汰侈已甚은 身之災也니 焉能及人이리오 若奉吾幣帛하고 愼吾威儀하야 守之以信하고 行之以禮하야 敬始而思終하면 終無不復이요 從而不失儀하고 敬而不失威하며 道之以訓辭하고 奉之以舊法하며 考之以先王하고 度(탁)之以二國하면 雖汰侈나 若我何리오

晉나라 韓宣子(韓起)가 晉女를 호송해 楚나라로 갈 때 叔向이 介使였는데, 鄭나라 子皮(罕虎)와 子太叔(游吉)이 索氏(鄭나라 땅)에서 이들을 위로하였다. 태숙이 숙향에게 말하였다.

"楚王은 교만함과 방자함이 너무 심하니 그대는 그를 경계하십시오."

숙향이 말하였다.

"교만함과 방자함이 너무 심한 것은 그 자신의 재난이니 어찌 남에게 미칠 수 있겠습니까? 만약 우리의 幣帛을 잘 바치고 우리의 威儀를 삼가서 信義를 지키고 禮儀를 행하여 시작을 신중히 하여 좋은 결말이 있기를 생각하면 앞으로 다시 행하지 못함이 없을 것이고, 순종하되 예의를 잃지 않고 공경하되 위의를 잃지 않으며, 先王의 訓辭로 인도하고 舊法으로 받들어 섬기며, 선왕의 법도를 상고하고 두 나라의 형세를 헤아려 처신한다면, 저가 비록 교만하고 방자하다 하더라도 우리를 어찌하겠습니까?"

字義 從 : 순종할 종 道 : 인도할 도(=導)

---

146 (氾)〔氾〕: 저본에는 '氾'로 되어 있으나, 十三經注疏本에 의거하여 '氾'으로 바로잡았다.

及楚한대 楚子朝其大夫曰 晉은 吾仇敵也니 苟得志焉이면 無恤其他라 今其來者 上卿上大夫也니 若吾以韓起爲閽하고 而以羊舌肸爲司宮하면 足以辱晉이요 吾亦得志矣니 可乎아 大夫莫對어늘 薳(위)啓彊曰 可하다 苟有其備면 何故不可리오 恥匹夫라도 不可以無備어든 況恥國乎아 是以聖王은 務行禮하고 不求恥人하나니 朝聘有珪하고 享覜有璋하며 小有述職하고 大有巡功하며 設机而不倚하고 爵盈而不飮하며 宴有好貨하고 飧(손)有陪鼎하며 入有郊勞하고 出有贈賄[147]하니 禮之至也라 國家之敗는 失之道也하야 則禍亂興하니라 城濮之役[148]에 晉無楚備하야 以敗於邲[149]하고 邲之役에 楚無晉備하야 以敗於鄢[150]하니 自鄢以來로 晉不失備하고 而加之以禮하며 重之以睦이라 是以楚弗能報하고 而求親焉이라 既獲姻親하고 又欲恥之하야 以召寇讐하니 備之若何오 誰其重此리오 若有其人인댄 恥之可也어니와 若其未有인댄 君亦圖之하소서 晉之事君을 臣曰可矣하노니 求諸侯而麇至하고 求昏而薦女하야 君親送之하고 上卿及上大夫致之어늘 猶欲恥之하니 君其亦有備矣로다 不然이면 奈何오 韓起之下에 趙成中行(항)吳魏舒范鞅知盈과 羊舌肸之下에 祁午張趯籍談女齊梁丙張骼輔躒苗賁皇은 皆諸侯之選也며 韓襄爲公族大夫하고 韓須受命而使矣며 箕襄邢帶叔禽叔椒子羽는 皆大家也며 韓賦七邑은 皆成縣也며 羊舌四族은 皆彊家也라 晉人若喪韓起楊肸이면 五卿八大夫 輔韓須楊石하야 因其十家九縣의 長轂九百과 其餘四十縣의 遺守四千하야 奮其武怒하야 以報其大恥하리라 伯華謀之하고 中行(항)伯魏舒帥(솔)之하면 其蔑不濟矣라 君將以親易怨하니 實無禮以速寇라 而未有其備하고 使群臣往遺之禽하야 以逞君心인댄 何不可之有리오 王曰 不穀之過也니 大夫는 無辱[151]하라하고 厚爲韓子禮하다 王欲敖叔向以其所不知호되 而不能하니 亦厚其禮하다

楚나라에 당도하자, 楚子가 그 大夫들을 조정으로 불러 말하였다.

"晉나라는 나의 원수이니, 만약 내가 뜻한 바를 이룰 수만 있다면 다른 것은 돌아보지 않겠다. 지금 晉나라에서 온 자가 上卿(韓起)과 上大夫(叔向)이니, 내가 韓起를 閽人(刖足하여 문지

147 出有贈賄 : 賓이 돌아가면 그에게 財貨를 준다.(杜注)

148 城濮之役 : 城濮의 전쟁은 僖公 28년에 있었다.(杜注)

149 敗於邲 : 邲의 패전은 宣公 12년에 있었다.(杜注)

150 敗於鄢 : 鄢陵의 패전은 成公 16년에 있었다.(杜注)

151 大夫無辱 : 辱은 勞이니, 薳啓彊이 諫할 때 반드시 절하고 꿇어앉아 엎드린 뒤에 말하였을 것이다. 그러므로 楚王이 "나의 잘못이니, 大夫는 수고하지 말고 도로 편안히 앉으라."라고 한 것이다.(《左氏會箋》)

기를 시키는 것)으로 삼고 羊舌肸(叔向)을 司宮(宮刑을 가하는 것)으로 삼는다면 晉나라에 치욕을 안겨주기에 충분하고 나 또한 뜻한 바를 이룰 수 있으니, 그래도 되겠는가?"

대답하는 대부가 없었는데, 薳啓彊이 말하였다.

"그리하셔도 됩니다. 진실로 그에 대한 대비가 있다면 안 될 게 뭐 있겠습니까? 匹夫에게 치욕을 안겨주는 데도 대비가 없을 수 없는데, 더구나 한 나라에 치욕을 안겨주는 데이겠습니까? 그러므로 聖王은 禮를 행하는 데 힘썼고 남에게 치욕을 안겨주기를 추구하지 않았습니다.

朝聘에는 珪(圭)가 있고, 享覜(조현이나 빙문을 마치고 향례에서 주국의 군주를 뵙는 일)에는 璋이 있었으며, 小國은 述職(제후가 천자에게 가는 것)이 있고, 大國은 巡功(천자가 巡狩하는 것)이 있었으며, 机(几)를 설치하였으되 기대지 않고, 잔에 술이 가득하되 마시지 않았으며, 연향에는 好貨가 있고, 익힌 음식을 먹을 때는 鼎을 추가하였으며, 들어올 때는 郊勞가 있고, 나갈 때는 贈賄가 있었으니, 예의가 지극하였습니다. 국가의 패망은 이런 도리를 상실하여 禍難이 일어나기 때문입니다.

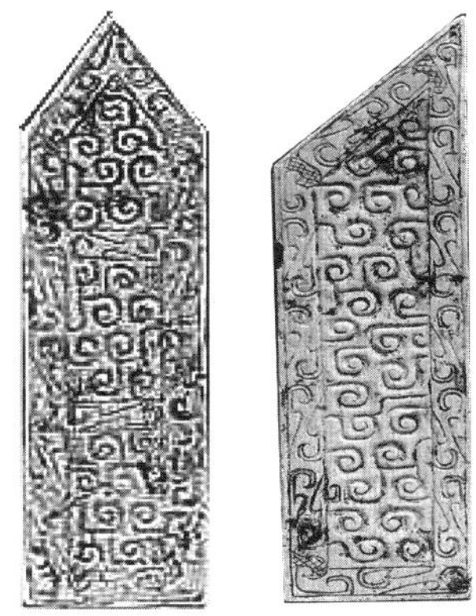

圭 璋

城濮의 전쟁에 晉나라가 〈승리하였으나〉 楚나라를 대비하지 않아서 邲에서 패배하였고, 邲의 전쟁에 楚나라가 〈승리하였으나〉 晉나라를 대비하지 않아 鄢陵에서 패배하였습니다. 언릉의 전쟁 이후로 晉나라는 대비를 소홀히 하지 않으면서 常規 이상의 禮로 楚나라를 대우하고 거듭 楚나라에 화목하게 지내기를 구하였습니다. 그러므로 楚나라는 언릉의 패배를 보복하지 않고 혼인을 맺어 친척이 되기를 요구했던 것입니다. 이미 혼인하여 친척이 되고, 또 그들에게 치욕을 안겨 원수가 되기를 자초하시니, 저들을 어떻게 방비하실 생각이십니까? 누가 있어 이 일을 담당[重]하겠습니까? 만약 그러한 사람이 있다면 치욕을 안겨주어도 좋겠습니다만, 만약 그러한 사람이 없다면 임금님 또한 깊이 생각하소서.

신은 晉나라가 임금님(楚王)을 잘 섬기고 있다고 생각합니다. 제후의 회합을 요구하자 일제히 몰려왔고, 혼인을 요구하자 딸을 바치면서 晉君이 직접 전송하고 上卿과 上大夫가 호송해 와서 인계하였습니다. 그런데도 오히려 저들에게 치욕을 안겨주려 하시니, 임금님께서는 아마도 저들에 대한 대비책이 있으신 모양입니다. 만약 대비책이 없으시다면 晉나라의 보복을 어찌 막을 수 있겠습니까?

韓起의 밑에 있는 趙成 · 中行吳 · 魏舒 · 范鞅 · 知盈과 羊舌肸 밑에 있는 祁午 · 張趯 · 籍談 · 女齊 · 梁丙 · 張骼 · 輔躒 · 苗賁皇은 모두 제후의 신하 가운데 뛰어난 자들이며, 公族大

夫로 있는 韓襄과 명을 받고 出使한 韓須(한기의 아들)와 箕襄 · 邢帶 · 叔禽 · 叔椒 · 子羽는 모두 大家이며, 韓氏가 賦稅를 징수하는 일곱 城邑은 모두 成縣(大縣)이고, 羊舌氏의 네 宗族은 모두 강성한 가문입니다. 晉人이 만약 韓起와 楊肸(叔向)을 잃는다면 五卿과 八大夫가 韓須와 楊石(숙향의 아들)을 도와, 그 十家가 〈통치하는〉 9縣의 長轂(兵車) 9백 乘과 그 밖의 40縣에 남아서 지키는 兵車 4천 乘을 이용하여 그 武勇과 분노를 떨쳐 큰 치욕을 보복하려 할 것입니다. 伯華가 계책을 내고 中行伯과 魏舒가 군대를 거느린다면 아마도 성공하지 못함이 없을 것입니다. 그런데도 임금님께서는 친척을 원수로 변하게 하려 하시니, 이는 실로 無禮한 행위로 원수를 불러들이는 일입니다. 대비책도 없이 群臣을 전쟁에 내보내 저들의 포로가 되게 하여 임금님의 마음이 만족하시다면 불가할 게 뭐 있겠습니까?"

楚王이 말하였다.

"이는 나의 잘못이니, 대부는 수고하지 말라."

그러고는 한기를 위해 禮物을 후하게 주었다. 초왕은 숙향이 모르는 일을 물어 그를 조롱하려 하였으나 조롱할 수가 없으니, 그에게도 예물을 후하게 주었다.

字義 覜 : 만나볼 조　飧 : 익힌 음식 손　邲 : 땅 이름 필　重 : 담당할 중　麇 : 무리 균
陪 : 추가할 배

韓起反에 鄭伯勞諸圉어늘 辭不敢見(현)하니 禮也라

韓起가 돌아갈 때 鄭伯이 圉(鄭나라 지명)에서 그를 위로하려 하였는데, 한기가 사양하고 정백을 알현하지 않았으니, 禮에 맞았다.

【經】 公如晉하다

昭公이 晉나라에 갔다.

【傳】 公如晉하야 自郊勞至于贈賄히 無失禮어늘 晉侯謂女叔齊曰 魯侯不亦善於禮乎아 對曰 魯侯焉知禮리오 公曰 何爲오 自郊勞至乎贈賄히 禮無違者하니 何故不知리오 對曰 是儀也니 不可謂禮라 禮는 所以守其國하고 行其政令하야 無失其民者也니 今政令在家어늘 不能取也하고 有子家羈호되 弗能用也하고 奸大國之盟하야 陵虐小國하며 利人之難하야 不知其私라 公室四分하야 民食於他하야 思莫在公호되 不圖其終하고 爲國君하야 難將及身호되 不恤其所라 禮之本末이 將於此乎在어늘 而屑屑焉習儀以亟하니 言善於禮不亦遠乎아 君子謂叔侯於是乎知禮라하니라

昭公이 晉나라에 가서 郊勞에서 贈賄 때까지 禮를 잃음이 없었는데, 晉侯가 女叔齊에게 물었다.

"魯侯가 禮에 뛰어나지 않은가?"

여숙제가 대답하였다.

"노후가 어찌 예를 알겠습니까?"

晉 平公이 물었다.

"어째서 그리 말하는가? 교로에서 증회 때까지 예에 어긋난 것이 없었으니, 어째서 예를 모른다고 하는가?"

여숙제가 대답하였다.

"이는 儀式이니 예라고 할 수 없습니다. 예는 나라를 지키고 政令(政權을 뜻함)을 행하여 백성을 잃지 않는 것입니다. 지금 魯나라는 정령이 三家의 수중에 있는데도 회수하지 못하고, 子家羈(莊公의 玄孫 懿伯) 같은 賢者가 있는데도 등용하지 못하고, 大國과 맺은 맹약을 어기고 小國을 능멸해 학대하고, 남의 禍難을 자기의 이익으로만 여기고 자기에게 禍亂이 닥칠 줄은 모릅니다. 公室의 군대가 넷으로 쪼개져서 백성들은 저들(三家)에 의지하여 먹고 살아서 임금을 생각하는 자가 없으나 노후는 앞으로 닥칠 결과를 생각하지 않고, 나라의 임금이 되어 화난이 몸에 미치려 하는데도 자기의 지위를 걱정하지 않습니다. 예의 本末이 여기(守國 · 行政 · 無失民)에 있는 것인데, 자질구레하게 儀式만을 익히기에 급급하니, 예에 뛰어나다는 말씀은 실제와 거리가 멀지 않겠습니까?"

君子는 이에 대해 논평하였다.

"여숙제가 여기에서 예를 알았다."

鄭罕虎如齊하야 娶於子尾氏러니 晏子驟見之한대 陳桓子問其故하니 對曰 能用善人하니 民之主也[152]라하다

鄭나라 罕虎(子皮)가 齊나라에 가서 子尾氏의 딸을 아내로 맞이하였는데, 晏子가 그를 자주 찾아보자 陳桓子가 그 까닭을 물으니, 안자가 대답하였다.

"善人을 잘 등용하니 백성의 주인이기 때문입니다."

【經】 夏에 莒牟夷以牟婁及防茲來奔하다

여름에 莒나라의 牟夷가 牟婁 및 防邑과 茲邑를 가지고 魯나라로 도망해 왔다.

---

152 民之主也 : 子皮가 子產에게 政權을 넘겨준 것을 이른다.

【傳】夏에 莒牟夷以牟婁及防茲來奔하니 牟夷非卿而書는 尊地也라 莒人愬于晉하니 晉侯欲止公한대 范獻子曰 不可하다 人朝而執之는 誘也요 討不以師하고 而誘以成之는 惰也라 爲盟主而犯此二者면 無乃不可乎아 請歸之하고 閒而以師討焉하소서 乃歸公하다

여름에 莒나라의 牟夷가 牟婁 및 防邑과 茲邑을 가지고 魯나라로 도망해 왔는데, 모이가 卿이 아닌데도 經에 그 이름을 기록한 것은 땅을 중시한 것이다. 莒人이 이 일을 晉나라에 고소하니, 晉侯가 魯 昭公을 억류하려 하자, 范獻子가 말하였다.

"옳지 않습니다. 남이 朝見하기 위해 왔는데 그를 잡는 것은 誘引이고, 토벌하는 데 군대를 사용하지 않고 유인하여 목적을 달성하는 것은 怠慢입니다. 盟主가 되어 이 두 가지를 범한다면 불가하지 않습니까? 그를 돌려보내고 여가가 있을 때 군대를 거느리고 가서 토벌하소서."

진후가 이에 소공을 돌려보냈다.

【經】秋七月에 公至自晉하다 戊辰에 叔弓帥(솔)師하야 敗莒師于蚡泉하다

가을 7월에 昭公이 晉나라에서 돌아왔다. 戊辰日에 叔弓이 군대를 거느리고 가서 蚡泉(魯나라 땅)에서 莒나라 군대를 패배시켰다.

【傳】秋七月에 公至自晉하다 莒人來討호되 不設備러니 戊辰에 叔弓敗諸蚡泉하니 莒未陳也라

가을 7월에 昭公이 晉나라에서 돌아왔다. 莒人이 와서 魯나라를 토벌하되 방비를 설치하지 않았는데, 戊辰日에 叔弓이 거인을 蚡泉에서 패배시켰으니, 이는 거인이 陣을 치지 않았기 때문이다.

字義 蚡 : 두더지 분

【經】秦伯卒하다

秦伯(秦 景公)이 卒하였다.

【傳】秦后子復歸於秦하니 景公卒故也라

秦나라 后子가 秦나라로 복귀하였으니, 이는 秦 景公이 卒하였기 때문이다.

【經】冬에 楚子蔡侯陳侯許男頓子沈子徐人越人伐吳하다

겨울에 楚子·蔡侯·陳侯·許男·頓子·沈子·徐人·越人이 吳나라를 토벌하였다.

【傳】冬十月에 楚子以諸侯及東夷伐吳하야 以報棘櫟麻之役[153]할새 薳射(위석)以繁揚之師로 會于夏汭하고 越大夫常壽過帥(솔)師하야 會楚子于瑣하다 聞吳師出하고 薳啓彊帥(솔)師從之호되 遽不設備러니 吳人敗諸鵲岸하니 楚子以馹至于羅汭하다

겨울 10월에 楚子가 諸侯 및 東夷의 군대를 거느리고 가서 吳人이 棘·櫟·麻에 쳐들어왔던 전쟁을 보복하려 할 적에, 薳射(楚나라 大夫)은 繁揚의 군대를 거느리고 가서 夏汭에서 초자와 회합하고, 越나라 大夫 常壽過는 군대를 거느리고 가서 瑣(楚나라 땅)에서 초자와 회합하였다. 吳軍이 출동했다는 말을 듣고 薳啓彊이 군대를 거느리고 추격하되, 급한 나머지 미처 방비를 설치하지 않았는데, 오인이 위계강의 군대를 鵲岸(楚나라 땅)에서 패배시키니, 초자가 馹車를 타고 羅汭에 당도하였다.

吳子使其弟蹶由犒師어늘 楚人執之하야 將以釁鼓[154]러니 王使問焉曰 女卜來하니 吉乎아 對曰 吉이라 寡君聞君將治兵於敝邑하고 卜之以守龜[155]하야 曰 余亟使人犒師하고 請行하야 以觀王怒之疾徐하야 而爲之備하노니 尙克知之라하니 龜兆告吉曰 克可知也라하니라 君若驩焉好逆使臣하야 滋敝邑休怠하야 而忘其死면 亡無日矣리라 今君奮焉震電馮怒하야 虐執使臣하야 將以釁鼓하니 則吳知所備矣라 敝邑雖羸나 若早修完이면 其可以息師니 難易(이)有備면 可謂吉矣라 且吳社稷是卜이니 豈爲一人이리오 使臣獲釁軍鼓하야 而敝邑知備하야 以禦不虞면 其爲吉孰大焉이리오 國之守龜는 其何事不卜이리오 一臧一否(비)니 其誰能常之리오 城濮之兆는 其報在邲하니 今此行也로 其庸有報志리오 乃弗殺하다

吳子가 그 아우 蹶由를 보내 楚軍을 犒饋하였는데, 楚人이 그를 잡아 釁鼓하려 하였다. 楚王이 궐유에게 사람을 보내 물었다.

"네가 이곳에 오는 것을 점치니 길하였느냐?"

궐유가 대답하였다.

---

153 棘櫟麻之役 : 이 전쟁은 昭公 4년에 있었다.(杜注)

154 將以釁鼓 : 楚人이 蹶由를 죽여 피를 받아 軍鼓에 바르려 한 것이다.(林堯叟)

155 守龜 : 天子나 諸侯가 점칠 때 사용하는 龜甲인데, 龜人이 맡아 지키기 때문에 '守龜'라 한다.

"길하였습니다. 우리 임금님은 楚王께서 우리나라에 무력을 행사하려 한다는 말을 듣고 守龜로 점을 치면서 수귀에게 命하기를 '내가 급히 사람을 보내 초군을 호궤하고 師期(出兵時期)를 물어서 초왕의 분노가 큰지 작은지를 살피고 돌아오게 하여, 그에 상응한 대비책을 세우려 하니 길흉을 알려주기 바란다.'라고 하니, 龜甲이 길조를 알려 '승리할 것을 알 수 있다.'라고 하였습니다.

초왕께서 만약 즐거운 마음으로 使臣을 반갑게 맞으시어, 우리나라 사람들을 해이하게 만들어 死亡의 위험을 망각하게 한다면 우리 吳나라는 오래지 않아 멸망할 것입니다. 그런데 지금 王께서는 크게 노하시어 모질게 사신을 잡아 흔고하려 하시니, 吳나라는 대비할 바를 알 것입니다. 우리나라가 비록 약하지만 조기에 城郭을 정비하고 武器를 완비한다면 楚軍을 막을 수 있으니, 환난이 있을 때나 태평할 때를 막론하고 모두 대비하게 된다면 〈신이 이곳에 온 것이〉 길하다고 할 수 있습니다.

그리고 또 吳나라가 점을 친 것은 국가의 길흉을 점친 것이니, 어찌 한 개인의 길흉을 점친 것이겠습니까? 가령 신의 피가 軍鼓에 칠해져서 우리나라가 대비할 바를 알아 의외의 사태를 막을 수 있다면 이보다 큰 길조가 어디 있겠습니까? 국가의 수귀는 무슨 일인들 그 길흉을 점치지 못하겠습니까? 그러나 한 번 吉하면 한 번 凶한 것이니, 누가 그 길조가 항상 한 가지 일에만 있다고 할 수 있겠습니까? 城濮의 전쟁 때 楚나라 점의 길조는 그 응험〔報〕이 邲의 전쟁에 드러났으니, 이번에 신이 올 때 얻은 吉占도 그 응험이 우리나라가 뜻을 얻는 것으로 드러나지 않겠습니까?"

초왕이 마침내 그를 죽이지 않았다.

字義 憑 : 성대할 빙 庸 : 어찌 용 否 : 나쁠 비

楚師濟於羅汭러니 沈尹赤會楚子하야 次於萊山하다 薳射帥繁揚之師하야 先入南懷한대 楚師從之하야 及汝清이나 吳不可入이라 楚子遂觀兵於坻箕之山하다

楚軍이 羅汭에서 渡河하였는데, 沈尹 赤이 楚子와 회합하여 萊山에 주둔하였다. 薳射이 繁揚의 군대를 거느리고 먼저 南懷로 진입하자, 초군이 그 뒤를 따라 汝清까지 갔으나, 吳軍의 방비가 있어 더 진입할 수 없었다. 초자가 드디어 坻箕山에서 군대를 사열하여 병력을 과시하였다.

字義 坻 : 모래섬 지

是行也에 吳早設備하니 楚無功而還하야 以蹶由歸하다 楚子懼吳하야 使沈尹射待命于

巢하고 薳啓彊待命于雩婁하니 禮也[156]라

이번 出征에 吳나라가 일찍 방비를 설치하니 楚軍은 功을 세우지 못하고 還軍하면서 蹶由를 데리고 돌아왔다. 楚子는 吳軍이 보복할 것을 우려하여 沈尹 射에게 巢에서 명을 기다리게 하고, 薳啓彊에게 雩婁에서 명을 기다리게 하였으니, 禮에 맞았다.

〈6년, 乙丑(B.C. 536)〉

【經】六年이라 春王正月에 杞伯益姑卒하다

6년이다. 봄 周王 正月에 杞伯 益姑(杞 文公)가 卒하였다.

【傳】六年이라 春王正月에 杞文公卒커늘 弔如同盟하니 禮也라

6년이다. 봄 周王 正月에 杞 文公이 卒하였는데, 弔喪하기를 同盟國의 〈喪에 弔喪하는 것과〉 동일하게 하였으니, 禮에 맞는 일이다.

【經】葬秦景公하다

秦 景公을 장사 지냈다.

【傳】大夫如秦하야 葬景公하니 禮也라

大夫가 秦나라에 가서 秦 景公을 장사 지냈으니 禮에 맞는 일이다.

三月에 鄭人鑄刑書[157]어늘 叔向使詒子産書曰 始吾有虞於子러니 今則已矣로다 昔에 先王議事以制하고 不爲刑辟은 懼民之有爭心也라 猶不可禁禦라 是故閑之以義하며 糾之以政하며 行之以禮하며 守之以信하며 奉之以仁하며 制爲祿位하야 以勸其從하며 嚴斷刑罰하야 以威其淫호되 懼其未也라 故誨之以忠하며 聳之以行하며 敎之以務하며 使

---

156 楚子懼吳……禮也 : 미리 방비한 것을 훌륭하게 여겨 禮에 맞았다고 한 것이다.(杜注)

157 鄭人鑄刑書 : 刑書를 鼎에 새겨 주조하여 국가의 常法으로 삼은 것이다.(杜注)

之以和하며 臨之以敬하며 涖之以彊하며 斷之以剛이라 猶求聖哲之上과 明察之官과 忠信之長과 慈惠之師하니 民於是乎可任使也하야 而不生禍亂이라 民知有辟하면 則不忌於上하야 竝有爭心하야 以徵於書하야 而儌(요)幸以成之하리니 弗可爲矣라 夏有亂政에 而作禹刑하고 商有亂政에 而作湯刑하고 周有亂政에 而作九刑하니 三辟之興은 皆叔世也라 今吾子는 相鄭國하야 作封洫하며 立謗政하며 制參辟하며 鑄刑書하야 將以靖民하니 不亦難乎아 詩曰 儀式刑文王之德하야 日靖四方[158]이라하고 又曰 儀刑文王하면 萬邦作孚[159]라하니 如是면 何辟之有리오 民知爭端矣인댄 將棄禮而徵於書하야 錐刀之末을 將盡爭之하야 亂獄滋豐하고 賄賂竝行하야 終子之世면 鄭其敗乎인저 肸聞之호니 國將亡에 必多制라하니 其此之謂乎인저

3월에 鄭人이 刑書(刑法의 條文)를 〈鼎에〉 鑄造하였는데, 叔向이 子產에게 사람을 보내 다음과 같은 편지를 주었다.

"처음에는 내가 그대에게 희망이 있었는데, 이제는 다 끝났습니다. 옛날에 先王이 사정의 輕重을 헤아려 죄를 판단하고 미리 형법을 제정하지 않았던 것은 백성들이 爭訟하려는 마음을 갖게 될 것을 두려워했기 때문입니다. 이처럼 하고도 오히려 범죄를 막을 수 없기 때문에 道義를 가르쳐 범죄를 방지하고, 정령을 세워 범죄를 단속하고, 이(道義와 政令)를 禮에 맞게 시행하고 이를 성실하게 지키고, 인자한 마음으로 백성을 길렀으며, 俸祿과 爵位의 제도를 제정하여 순종하는 자를 권면하고, 형벌로써 엄단하여 방종하는 자를 위협하였으되, 백성들이 따르지 않을까 두려워하였습니다. 그러므로 忠誠을 가르치고, 善行을 권장하고, 각자의 업무를 가르치고, 和悅한 마음으로 부리고, 공경으로 백성을 대하고, 힘을 다해 일을 처리하고, 과감하게 판결하였습니다.

이처럼 하고도 오히려 聖哲(才德이 뛰어난 사람)한 卿[上]과 明察한 관원과 忠信한 鄕長과 慈惠로운 스승을 구하였으니, 백성들이 이에 믿고 부릴 만하게 되어 禍亂이 생기지 않았습니다. 백성들이 형법이 있는 줄을 알면 윗사람을 두려워하지 않아 모두 쟁송하려는 마음이 생겨 형서에서 증거를 찾아 요행히 성공하기를 바랄 것이니, 이렇게 된다면 나라를 다스릴 수 없습니다.

夏나라 때 정령을 어지럽히는 자가 있자 禹刑을 지었고, 商나라 때 정령을 어지럽히는 자가 있자 湯刑을 지었고, 周나라 때 정령을 어지럽히는 자가 있자 九刑(周代의 刑書)을 지었으

---

158 儀式刑文王之德 日靖四方 : 《詩經》〈周頌 我將〉의 시구이다.(杜注)

159 儀刑文王 萬邦作孚 : 《詩經》〈大雅 文王〉의 시구이다.(杜注)

니, 세 형법이 생긴 것은 모두 말세였습니다. 그런데 지금 그대는 鄭나라 국정을 보좌하면서 경계를 표시하는 두둑을 쌓고 灌漑하는 수로를 내게 하며, 비방을 받을 정치를 하고, 세 법을 제정하고 형서를 주조하여 백성을 안정시키려 하니, 또한 어렵지 않겠습니까?

《詩經》에 '文王의 德을 본보기로 삼아 날마다 사방을 안정시켰다.'라고 하였고, 또 '문왕을 본받으면 萬邦이 믿고 복종한다.'라고 하였으니, 이와 같다면 법을 제정할 필요가 뭐 있겠습니까? 백성이 爭端(刑書)을 알게 되면 장차 禮를 버리고 형서에서 증거를 끌어다가, 작은 이익도 버리지 않고 다 쟁송하려고 하여 어지러운 옥사가 많아지고 뇌물이 널리 유행하여, 그대가 죽을 때쯤이면 정나라는 아마도 패망하게 될 것입니다. 내(肹)가 듣건대 '나라가 장차 망하려 할 때에 반드시 법제가 많아진다.'라고 하니, 이 말은 아마도 지금 우리 정나라의 경우를 이른 듯합니다."

字義 詒 : 보낼 이　虞 : 바랄 우　制 : 판단할 제　辟 : 법 벽　閑 : 막을 한　爲 : 다스릴 위
刑 : 형벌, 본받을 형　孚 : 믿을 부

復書曰 若吾子之言이어니와 僑不才하야 不能及子孫하니 吾以救世也라 旣不承命이어니와 敢忘大惠아

子產의 答信은 다음과 같다.

"그대의 말씀과 같습니다만, 나(僑)는 재능이 없어서 자손까지 생각할 수 없으니, 나는 이 法으로 당세를 구제하려는 것입니다. 명을 받들 수는 없습니다만, 큰 은혜야 어찌 감히 잊겠습니까?"

士文伯曰 火見(현)이면 鄭其火乎인저 火未出에 而作火以鑄刑器하야 藏爭辟焉하니 火如象之인댄 不火何爲리오

士文伯이 말하였다.

"火星이 나타나면 鄭나라에 아마도 화재가 발생할 것이다. 화성이 나오기도 전에 불을 사용해 刑器를 주조하여 죄를 논쟁하는 법을 저장하였으니, 화성이 만약 불을 상징하는 것이라면 화재가 발생하지 않고 어쩌겠는가?"

【經】 夏에 季孫宿如晉하다

여름에 季孫宿이 晉나라에 갔다.

【傳】夏에 季孫宿如晉하니 拜莒田也라 晉侯享之할새 有加籩[160]이어늘 武子退하야 使行人告曰 小國之事大國也에 苟免於討면 不敢求貺이요 得貺이라도 不過三獻[161]이어늘 今豆有加하니 下臣弗堪이라 無乃戾也아 韓宣子曰 寡君以爲驩也시니라 對曰 寡君猶未敢이어든 況下臣은 君之隷也니 敢聞加貺가하고 固請徹加하고 而後卒事하니 晉人以爲知禮라하야 重其好貨하니라

여름에 季孫宿이 晉나라에 갔으니, 이는 魯나라가 莒나라의 땅을 〈접수한 것을 晉나라가 토벌하지 않은 데 대해〉 拜謝하기 위함이었다. 晉侯가 연회를 열어 계손숙을 접대할 때 籩豆를 추가하였는데, 武子(季孫宿)가 연석에서 물러 나와 行人을 보내 진후에게 고하게 하였다.

"小國이 大國을 섬김에 있어 토벌을 면하면 〈다행이니〉 감히 하사(貺)를 구할 수 없고, 하사를 받는다 하더라도 三獻의 禮를 초과할 수 없는데, 지금 변두를 추가하였으니 下臣은 감당할 수 없습니다. 〈만약 이 예를 받아들인다면〉 죄가 되지 않겠습니까?"

韓宣子(韓起)가 말하였다.

"우리 임금님께서는 이로써 환심을 전하시는 것이오."

무자가 대답하였다.

"우리 임금님께서도 오히려 감히 받아들일 수 없는 예인데, 더구나 하신은 우리 임금님의 노예이니, 어찌 감히 추가로 하사하시는 이 예를 받아들일 수 있겠습니까?"

그러고는 굳이 청하여 추가한 변두를 철거하게 한 뒤에 들어가서 享宴을 마쳤다. 晉人은 무자가 예를 안다고 여겨, 그에게 好貨를 후하게 주었다.

字義 戾 : 죄 려

【經】葬杞文公하다

杞 文公을 장사 지냈다.

【經】宋華合比出奔衛하다

宋나라 華合比가 衛나라로 出奔하였다.

---

160 有加籩 : 籩豆의 數가 常禮(규정된 예)보다 많은 것이다.(杜注)

161 得貺 不過三獻 : 《周禮》에 大夫는 三獻이라고 하였다.(杜注)

【傳】宋寺(시)人柳有寵이어늘 大(태)子佐惡(오)之하니 華合比曰 我殺之호리라 柳聞之하고 乃坎用牲埋書하고 而告公曰 合比將納亡人之族[162]하야 旣盟于北郭矣라한대 公使視之하니 有焉이라 遂逐華合比하니 合比奔衛하다 於是에 華亥欲代右師하야 乃與寺人柳比하야 從爲之徵曰 聞之久矣라한대 公使代之하다 見(현)於左師한대 左師曰 女는 夫也니 必亡하리라 女喪而宗室하니 於人何有며 人亦於女何有리오 詩曰 宗子維城이니 毋俾城壞하야 毋獨斯畏[163]하라하니 女其畏哉인저

宋나라 寺人 柳가 임금의 총애를 받았는데, 太子 佐가 그를 미워하니, 華合比가 태자에게 말하였다.

"내가 그를 죽이겠습니다."

柳는 이 말을 듣고 곧 〈교외로 나가〉 구덩이를 파고 희생을 죽이고 盟約書를 묻어 〈結盟한 흔적을 위조해놓고 돌아와서〉 宋 平公에게 고하였다.

"合比가 亡人의 족속을 불러들이고자 하여 이미 北郭에서 결맹하였습니다."

송 평공이 사람을 보내 살피게 하니 과연 그 흔적이 있었다. 드디어 화합비를 축출하니, 합비는 衛나라로 出奔하였다. 이때 華亥(合比의 아우)가 형 대신 右師가 되고자 하여, 시인 유와 결탁하여 그를 따라 〈평공 앞에 가서〉 그를 위해 증언하였다.

"〈망인을 불러들이고자 한다는 말을〉 들은 지 오래입니다."

이에 송 평공이 그에게 대신 우사가 되게 하였다. 화해가 左師(向戌)를 찾아가 뵙자, 좌사가 말하였다.

"너는 비루한 사내이니, 반드시 망할 것이다. 너는 너의 宗室(宗子)을 망쳤으니 남에게 무슨 애정이 있겠으며, 남 또한 너에게 무슨 애정이 있겠는가? 《詩經》에 '宗子는 城郭이니 성곽이 허물어지게 하지 말아 외톨이가 되어 두려움이 닥치게 하지 말라.' 하였으니, 너는 아마도 두려운 일이 닥칠 것이다."

字義 女 : 너 여(=汝) 而 : 너 이

六月丙戌에 鄭災하다

6월 丙戌日에 鄭나라에 火災가 발생하였다.

---

162 合比將納亡人之族 : 亡人은 華臣이다. 襄公 17년에 陳나라로 出奔하였다.(杜注)

163 宗子維城……毋獨斯畏 : 《詩經》〈大雅 板〉의 시구이다. 宗子의 견고함이 城과 같다는 말이다.(杜注)

楚公子棄疾如晉하니 報韓子也라 過鄭할새 鄭罕虎公孫僑游吉從鄭伯하야 以勞諸柤(저사)어늘 辭不敢見(현)하다 固請하니 見之한대 見如見王하야 以其乘馬八匹私面하고 見子皮에 如上卿하야 以馬六匹하고 見子産에 以馬四匹하고 見子大叔에 以馬二匹하다 禁芻牧采樵하야 不入田하며 不樵樹하며 不采蓺하며 不抽屋하며 不强匄하고 誓曰 有犯命者면 君子는 廢하고 小人은 降이라하고 舍不爲暴하니 主不慁賓이라 往來如是하니 鄭三卿皆知其將爲王也하다

楚나라 公子 棄疾이 晉나라에 갔으니, 이는 韓子(韓起)가 〈晉女를 호송해 초나라에 갔던 것에 대해〉 보답하기 위함이었다. 기질이 鄭나라를 지날 때 정나라 罕虎(子皮)·公孫 僑(子産)·游吉(子太叔)이 鄭伯을 따라가서 柤(정나라 땅)에서 기질을 위로하려 하였는데, 기질이 감히 만나뵐 수 없다고 사양하였다.

정백이 굳이 청하니 그제야 기질은 정백을 만나보았는데, 정백을 뵐 때는 楚王을 뵐 때처럼 공경하여 자기의 乘馬 여덟 필을 私面(개인자격으로 알현함)의 예물로 올리고, 자피를 만나볼 때는 초나라의 上卿을 만날 때처럼 공경하여 말 여섯 필을 예물로 주고, 자산을 만나볼 때는 말 네 필을 예물로 주고, 자태숙을 만나볼 때는 말 두 필을 예물로 주었다.

그리고 자신의 수행원들에게 꼴을 베거나 방목하거나 땔나무를 채취하는 것을 금지하여, 田地에 들어가지 못하게 하고, 나무를 베지 못하게 하고, 채소나 과일을 취하지 못하게 하고, 가옥의 나무를 뽑지 못하게 하고, 사람들에게 물건을 강요하지 못하게 하고 盟誓하였다.

"명을 범하는 자가 있으면 君子(관직이 있는 자)는 파직하고, 小人(잡역에 종사하는 下賤)은 강등시킬 것이다."

〈楚人이 鄭나라에〉 머무는 동안 亂暴한 행동을 하지 않으니 주인도 빈객을 걱정하지 않았다. 갈 때나 돌아올 때 모두 이와 같이 하니, 鄭나라의 세 卿은 모두 기질이 장차 초왕이 될 것을 알았다.

字義 蓺 : 심을, 채소 예 慁 : 근심할 혼

韓宣子之適楚也에 楚人弗逆이러니 公子棄疾及晉竟에 晉侯將亦弗逆이어늘 叔向曰 楚辟我衷하니 若何效辟이리오 詩曰 爾之敎矣면 民胥效矣[164]라하니 從我而已니 焉用效人之辟이리오 書曰 聖作則(칙)이라하니 無寧以善人爲則이언정 而則人之辟乎아 匹夫爲善이라도 民猶則之어든 況國君乎아 晉侯說(열)하야 乃逆之하다

---

164 爾之敎矣 民胥效矣 : 《詩經》〈小雅 角弓〉의 시구이다.(杜注)

韓宣子(韓起)가 楚나라에 갔을 때 楚人이 영접하지 않았는데, 公子 棄疾이 晉나라 국경에 당도했을 때 晉侯 또한 그를 영접하려 하지 않자, 叔向이 말하였다.

"초나라는 정직하지 않은 나라이고 우리는 정직한 나라이니, 무엇 때문에 정직하지 못한 나라의 행위를 본받으려 하십니까? 《詩經》에 '네가 가르치면 백성들이 서로 본받는다.'라고 하였는데, 우리의 법에 따라 행할 뿐이니, 남의 바르지 못한 행위를 본받을 게 뭐 있습니까? 《書經》(逸書)에 '聖人을 법(본보기)으로 삼는다.'라고 하였으니, 차라리 善人을 본보기로 삼을지언정 남의 不正을 본보기로 삼아서야 되겠습니까? 일개 필부가 善을 행하여도 백성들이 오히려 본받는데, 하물며 國君이겠습니까?"

晉侯가 기뻐하여 마침내 棄疾을 영접하였다.

字義 辟 : 사특할 벽　衷 : 바를 충

【經】秋九月에 大雩하다

가을 9월에 祈雨祭를 지냈다.

【傳】秋九月에 大雩하니 旱也라

가을 9월에 기우제를 지냈으니, 가물었기 때문이다.

【經】楚薳罷帥(위피솔)師伐吳하다

楚나라 薳罷가 군대를 거느리고 가서 吳나라를 토벌하였다.

【傳】徐儀楚聘于楚어늘 楚子執之하니 逃歸하다 懼其叛也하야 使薳(위)洩伐徐하니 吳人救之하다 令尹子蕩帥師伐吳하야 師于豫章하야 而次于乾谿러니 吳人敗其師於房鍾하고 獲宮廐尹棄疾하니 子蕩歸罪於薳洩而殺之하다

徐나라 儀楚가 楚나라에 聘問使로 갔는데, 楚子가 그를 잡으려 하니 도망해 돌아갔다. 초자가 서나라가 배반할 것을 우려하여 薳洩(楚나라 大夫)을 보내 서나라를 토벌하게 하니, 吳人이 서나라를 구원하였다. 令尹 子蕩이 군대를 거느리고 吳나라를 토벌하기 위해 豫章에서 出師하여 乾谿(楚나라의 동쪽 國境)에 주둔하였는데, 오인이 자탕의 군대를 房鍾(吳나라 땅)에서 패배시키고 宮廐尹 棄疾(鬪韋龜의 아버지)을 사로잡으니, 자탕이 패전의 罪를 위설에게 돌려 위설을 죽였다.

【經】冬에 叔弓如楚하다

겨울에 叔弓이 楚나라에 갔다.

【傳】冬에 叔弓如楚聘하고 且弔敗也하다

겨울에 叔弓이 楚나라에 가서 聘問하고, 또 吳나라에 패배한 것을 위문하였다.

【經】齊侯伐北燕하다

齊侯가 北燕을 토벌하였다.

【傳】十一月에 齊侯如晉하니 請伐北燕也라 士匄相士鞅하야 逆諸河하니 禮也라 晉侯許之하니 十二月에 齊侯遂伐北燕하야 將納簡公[165]이러니 晏子曰 不入하리라 燕有君矣니 民不貳요 吾君賄어늘 左右諂諛로다 作大事호되 不以信은 未嘗可也니라

11월에 齊侯가 晉나라에 갔으니, 이는 北燕을 토벌하는 일에 허락을 청하기 위함이었다. 士匄(士文伯)가 士鞅을 보좌해 가서 제후를 河水 가에서 맞이하였으니 예에 맞는 일이다. 진후가 그 청을 허락하니, 12월에 제후가 드디어 북연을 토벌하여 簡公을 북연으로 들여보내려 하였다. 晏子가 말하였다.

"들여보내지 못할 것이다. 북연에는 임금이 있으니 백성들이 그 임금을 배반하지 않을 것이고, 우리 임금은 재물을 탐하는데도 좌우는 그저 아첨만 할 뿐이다. 큰일을 하는데 신의를 지키지 않는 자는 일찍이 성공한 적이 없었다."

〈7년, 丙寅(B.C. 535)〉

【經】七年이라 春王正月에 暨齊平하다

7년이다. 봄 周王 正月에 〈北燕이〉 齊나라와 和平하였다.

【傳】七年이라 春王正月에 暨齊平하니 齊求之也라

---

165 將納簡公 : 簡公은 北燕伯으로, 昭公 3년에 齊나라로 出奔하였다.(杜注)

7년이다. 봄 周王 正月에 〈北燕이〉 齊나라와 화평하였으니, 이는 齊나라가 화평을 요구한 것이다.

字義 曁 : 및 기

癸巳에 齊侯次于虢한대 燕人行成曰 敝邑知罪어니 敢不聽命가 先君之敝器로 請以謝罪하노라 公孫晳曰 受服而退라가 俟釁而動 可也라 二月戊午에 盟于濡上하다 燕人歸燕姬하고 賂以瑤罋玉櫝斝耳하니 不克而還하다

癸巳日에 齊侯가 虢(燕나라 경내에 있는 땅)에 주둔하자, 燕人이 和親을 요청하며 말하였다.

"우리나라는 죄를 알고 있으니 감히 명을 따르지 않겠습니까? 先君의 敝器로써 사죄하기를 청합니다."

公孫 晳(齊나라 大夫)이 〈제후에게〉 말하였다.

"저들의 항복을 받아들여 퇴군하였다가 기회를 기다려 다시 출동하는 것이 좋겠습니다."

2월 戊午日에 濡水 가에서 結盟하였다. 연인이 燕姬를 〈제후에게〉 시집보내고, 瑤罋·玉櫝·斝耳(玉爵)를 뇌물로 바쳤다. 〈그러므로 簡公을 들여보내려던 계획을〉 이루지 못하고 돌아왔다.

字義 成 : 화친할 성 罋 : 독 옹 斝 : 술잔 가

楚子之爲令尹也에 爲王旌以田이어늘 芋尹無宇斷之曰 一國兩君이면 其誰堪之리오 及卽位하야 爲章華之宮하야 納亡人以實之러니 無宇之閽入焉이어늘 無宇執之하니 有司弗與曰 執人於王宮하니 其罪大矣라하고 執而謁諸(저)王한대 王將飮酒라 無宇辭曰 天子는 經略하고 諸侯는 正封이 古之制也니 封略之內 何非君土며 食土之毛[166] 誰非君民이리오 故詩曰 普天之下 莫非王土며 率土之濱이 莫非王臣[167]이라하니라 天有十日하고 人有十等하니 下所以事上이요 上所以共神也라 故王臣公하고 公臣大夫하고 大夫臣士하고 士臣皂하고 皂臣輿하고 輿臣隸하고 隸臣僚하고 僚臣僕하고 僕臣臺하며 馬有圉하고 牛有牧하야 以待百事하나니이다 今有司曰 女胡執人於王宮고하니 將焉執之리오 周文王之法에 曰 有亡이어든 荒閱이라하니 所以得天下也요 吾先君文王이 作僕區之法[168]하야 曰 盜所隱器는

---

166 毛 : 풀〔草〕의 뜻이다.(杜注) 곡식과 야채를 가리킨다.

167 普天之下……莫非王臣 : 《詩經》〈小雅 北山〉의 시구이다.(杜注)

168 作僕區之法 : 僕은 隱이고 區는 匿이니, 도망자를 은닉한 자에 대해 처벌하는 법을 만든 것이다.(林堯叟)

與盜同罪라하니 所以封汝也라 若從有司면 是無所執逃臣也요 逃而舍之면 是無陪臺也니 王事無乃闕乎잇가 昔에 武王數紂之罪하야 以告諸侯曰 紂爲天下逋逃主하야 萃淵藪라하니 故夫致死焉하니이다 君王始求諸侯어늘 而則(칙)紂하니 無乃不可乎잇가 若以二文之法取之인댄 盜有所在矣리이다 王曰 取而臣以往하라 盜有寵하니 未可得也라하고 遂赦之하다

楚子가 令尹으로 있을 때 王의 旌旗를 만들어 사냥에 사용하였는데, 芋尹 無宇가 그 旌의 깃발을 잘라내며 말하였다.

"한 나라에 두 임금이 있다면 그 누가 감당할 수 있겠는가?"

초자가 즉위하여 章華宮을 지어서 죄를 짓고 도망한 자들을 받아들여 살게 하였는데, 무우의 閽人이 도망하여 그곳으로 들어가자 무우가 가서 그 혼인을 잡아 오려 하니, 有司(장화궁을 관리하는 관원)가 내어주지 않으며 말하였다.

"王宮에서 사람을 잡으려 하니, 그 죄가 크다."

그러고는 무우를 잡아가지고 가서 楚王을 알현하자, 초왕이 이때 〈기분이 좋아〉 술을 마시려던 참이었다. 무우가 말하였다.

"天子는 天下를 다스리고, 諸侯는 封地를 다스리는 것이 예로부터 내려오는 제도이니, 봉지 안이 어느 곳인들 임금님의 땅이 아니며, 토지에서 생산되는 곡물을 먹고 사는 자들이 누군들 임금님의 신하가 아니겠습니까? 그러므로 《詩經》에 '온 하늘 아래가 王의 토지가 아님이 없고, 온 海內에 살고 있는 백성들이 왕의 신하가 아님이 없도다.'라고 하였습니다.

하늘에는 열흘의 날짜(甲日에서 癸日까지)가 있고, 사람에는 열 등급의 위계가 있으니, 낮은 사람은 높은 이를 섬기고 높은 사람은 神을 섬깁니다. 그러므로 王은 公을, 公은 大夫를, 大夫는 士를, 士는 皂를, 皂는 輿를, 輿는 隸를, 隸는 僚를, 僚는 僕을, 僕은 臺를 신하로 삼으며, 말에는 圉人이 있고 소에는 牧人이 있어, 百事를 처리합니다. 그런데 지금 유사는 '너는 어찌하여 왕궁에서 사람을 잡으려 하는가?'라고 하니, 〈죄인이 왕궁으로 도망갔는데, 왕궁에서 잡지 않고〉 장차 어디에서 잡으란 말입니까?

周 文王의 법에 '도망간 자가 있으면 대대적으로 검열하라.' 하였으니, 이것이 문왕이 천하를 얻게 된 까닭이고, 우리 先君 문왕(楚 文王)께서도 僕區法을 만들어 '도적질한 器物을 숨긴 자는 도적과 같은 죄로 처벌한다.'라고 하였으니, 이것이 汝水까지 封疆을 넓히게 된 까닭입니다. 만약 유사의 말을 따른다면 도망간 臣僕을 잡을 수 없고, 도망갔는데도 그대로 버려둔다면 陪臺(가장 천한 奴隸)가 없어질 것이니, 王事(國事)에 闕失이 생기지 않겠습니까?

옛날에 武王이 商紂의 죄목을 列擧해 諸侯에게 고하기를 '상주는 천하에 도망자들의 窩主(장물아비)가 되어 물고기가 深淵에 모여들고 짐승이 草地에 모여들 듯이 그에게로 모여들었

다.'라고 하였습니다. 그러므로 사람들이 상주를 토벌하는 데 죽을힘을 바쳤습니다. 그런데 임금님께서는 처음으로 제후의 추대를 구하면서 상주를 본받으시니 不可하지 않겠습니까? 만약 두 문왕의 법에 따라 도적을 체포해야 한다면 도적이란 죄명이 있는 곳이 있습니다.(楚王에게 있다는 말)"

이에 초왕이 말하였다.

"네 臣僕이나 잡아가지고 가라. 이 도적(초왕 자신을 이름)은 하늘의 총애를 받고 있으니 체포할 수 없을 것이다."

드디어 무우를 사면하였다.

字義 正 : 다스릴 정 荒 : 클 황 閱 : 수색할 열 則 : 본받을 칙

【經】三月에 公如楚하다

3월에 昭公이 楚나라에 갔다.

【傳】楚子成章華之臺하야 願與諸侯落之하니 大宰薳啓彊曰 臣能得魯侯호리라 薳啓彊來召公하야 辭曰 昔에 先君成公命我先大夫嬰齊曰 吾不忘先君之好하야 將使衡父照臨楚國하야 鎭撫其社稷하야 以輯寧爾民호리라하야늘 嬰齊受命于蜀[169]하야 奉承以來하야 弗敢失隕하고 而致諸宗祧라 日我先君共王引領北望하야 日月以冀러니 傳序相授하야 於今四王矣[170]로되 嘉惠未至하고 唯襄公之辱臨我喪[171]이라 孤與其二三臣悼心失圖하야 社稷之不皇이어든 況能懷思君德가 今君若步玉趾하야 辱見寡君하야 寵靈楚國하야 以信蜀之役하야 致君之嘉惠하시면 是寡君旣受貺矣라 何蜀之敢望이리오 其先君鬼神이 實嘉賴之하리니 豈唯寡君이리오 君若不來하시면 使臣請問行期하니 寡君將承質幣하야 而見于蜀하야 以請先君之貺하리라

楚子가 章華臺를 완성하고 제후들을 초청해 落成式을 거행하기를 원하니, 太宰 薳啓彊이 말하였다.

---

169 嬰齊受命于蜀 : 蜀의 結盟은 成公 2년에 있었다.(杜注)

170 於今四王矣 : 四王은 共王·康王·郟敖·靈王이다.(杜注)

171 唯襄公之辱臨我喪 : 襄公 28년에 양공이 楚나라에 가서 楚 康王의 喪에 친림하였다.(杜注)

"신이 魯侯를 오게 할 수 있습니다."

위계강이 魯나라에 와서 昭公을 초청하며 말하였다.

"옛날에 노나라의 先君 成公께서 우리나라 先大夫 嬰齊에게 명하기를 '나는 선군의 友好를 잊을 수 없어 衡父(公衡)를 보내어 楚나라에 가서 초나라 社稷(國家)을 按撫하여 그대 백성을 편안하게 하려 한다.'라고 하셨는데, 영제가 蜀에서 명을 받고, 이 명을 받들고 돌아와서 감히 한마디도 빼지 않고 宗廟에 고하였습니다. 과거에 우리 선군 共王께서는 목을 빼고 북쪽을 바라보며 날이면 날마다 달이면 달마다 노나라의 使者가 오기를 바랐는데, 왕위를 전수하여 지금 이미 네 분의 왕이 바뀌었는데도 노나라의 은혜(朝覲을 뜻함)가 이르지 않고, 단지 襄公께서 우리나라의 喪事에 왕림하셨을 뿐입니다. 그러나 그때 우리 嗣王(孤)과 신하들은 마음이 슬퍼 어찌할 바를 몰라 국가의 일도 돌아볼 겨를이 없었는데, 하물며 魯君의 은덕을 생각할 수 있었겠습니까?

지금 노군께서 만약 玉趾를 옮겨 우리 임금님을 찾아보아 楚나라에 은총과 복록을 내려, 蜀의 結盟(役)을 실천(信)하여 임금님의 은혜를 표하신다면 우리 임금님은 이미 恩賜를 받은 것이니, 어찌 감히 촉의 〈결맹 때처럼 人質을〉 바라겠습니까? 우리 선군의 귀신도 실로 노군을 칭찬하며 의뢰할 것이니 어찌 우리 임금님만 의뢰할 뿐이겠습니까? 임금님(노군)께서 만약 오실 수 없다면 신으로 하여금 임금님(노군)께 출병할 시기를 묻게 하셨으니, 우리 임금께서는 장차 禮幣를 가지고 촉으로 가서 임금님을 만나 노나라 선군의 은사에 대해 물을 것입니다."

字義 日 : 지난날 일　皇 : 겨를 황(=遑)　趾 : 발 지

公將往에 夢襄公祖[172]어늘 梓愼曰 君은 不果行하소서 襄公之適楚也에 夢周公祖而行이어니와 今襄公實祖하니 君其不行하소서 子服惠伯曰 行하소서 先君未嘗適楚라 故周公祖以道之하고 襄公適楚矣라 而祖以道君하니 不行이면 何之리오

昭公이 楚나라에 가려 할 때 襄公이 祖道祭를 지내는 꿈을 꾸었는데, 梓愼이 말하였다.

"임금님께서는 결코 가지 마십시오. 양공께서 초나라에 가실 적에 周公이 조도제를 지내는 꿈을 꾸고서 가셨지만, 지금 양공께서 실로 조도제를 지내는 꿈을 꾸셨으니, 임금님께서는 가지 마소서."

子服惠伯이 말하였다.

"가소서. 先君께께서는 초나라에 가신 적이 없었기 때문에 주공께서 조도제를 지내 길을

172 夢襄公祖 : 祖는 道路의 神에 제사하는 것이다.(杜注)

인도하셨고, 양공께서는 초나라에 가신 적이 있기 때문에 조도제를 지내 임금님을 인도하신 것이니, 초나라에 가시지 않는다면 어디로 가시겠습니까?"

三月에 公如楚할새 鄭伯勞于師之梁이러니 孟僖子爲介하야 不能相儀하고 及楚에 不能答郊勞하다

3월에 昭公이 楚나라에 갈 때 鄭伯이 師之梁(鄭나라 국도의 성문)에서 소공을 위로하였는데, 이때 孟僖子(仲孫貜)가 使介가 되어 儀典을 잘 보좌하지 못하였고, 초나라에 이른 뒤에 초나라의 郊勞에 答禮도 제대로 하지 못하였다.

楚子享公于新臺할새 使長鬣者相하고 好以大屈이러니 旣而悔之하다 薳啓彊聞之하고 見(현)公하니 公語之어늘 拜賀한대 公曰 何賀오 對曰 齊與晉越欲此久矣로되 寡君無適與也러니 而傳諸(저)君하니이다 君其備禦三隣하야 愼守寶矣리니 敢不賀乎잇가 公懼하야 乃反之하다

楚子가 新臺에서 연회를 열어 昭公을 접대할 때 수염이 긴 자에게 禮를 돕게 하고, 宴席에서 우호를 표하기 위해 소공에게 大屈弓을 주었는데 오래지 않아 이를 후회하였다. 薳啓彊이 초자가 후회한다는 말을 듣고는 소공을 찾아가 뵈니, 소공이 대굴궁을 받았다고 말하였는데, 위계강이 절하고 축하하자, 소공이 물었다.

"무엇 때문에 축하하는가?"

위계강이 대답하였다.

"齊나라와 晉나라 · 越나라가 이 물건을 갖고 싶어 한 지 오래되었으나, 우리 임금님께서는 그중 한 사람에게만 줄 수 없으므로 주지 않았던 것인데, 지금 임금님(昭公)께 전하셨습니다. 임금님께서는 아마도 세 이웃 나라를 대비하고 방어하여 이 寶弓을 신중히 지키실 것이니, 어찌 감히 축하하지 않을 수 있습니까?"

소공은 겁이 나서 곧 그 보궁을 되돌려주었다.

【經】叔孫婼(착)如齊涖盟하다

叔孫婼이 齊나라에 가서 會盟에 참가하였다.

【經】夏四月甲辰朔에 日有食之하다

여름 4월 초하루 甲辰日에 日食하였다.

【傳】夏四月甲辰朔에 日有食之하니 晉侯問於士文伯曰 誰將當日食고 對曰 魯衛惡之호되 衛大魯小하리이다 公曰 何故오 對曰 去衛地하고 如魯地하니 於是有災면 魯實受之어니와 其大咎는 其衛君乎인저 魯將上卿이리이다 公曰 詩所謂彼日而食하니 于何不臧[173]者는 何也오 對曰 不善政之謂也니 國無政하야 不用善하면 則自取謫于日月之災라 故政不可不愼也니이다 務三而已니 一曰擇人이요 二曰因民이요 三曰從時니이다

여름 4월 초하루 甲辰日에 日食하니, 晉侯가 士文伯(士匄)에게 물었다.

"누가 장차 이 日食의 禍를 받을 것인가?"

사문백이가 대답하였다.

"魯나라와 衛나라가 禍(惡)를 당할 것입니다만, 위나라의 화가 크고 노나라의 화는 작을 것입니다."

晉 平公이 물었다.

"무엇 때문인가?"

사문백이 대답하였다.

"일식이 일어날 때 태양이 위나라 分野를 떠나 노나라 분야로 옮겨갔으니, 이로 인해 災禍가 발생한다면 노나라가 실로 재화를 받을 것입니다만, 그 큰 재화는 아마도 衛君이 받게 될 것입니다. 노나라는 上卿이 받게 될 것입니다."

진 평공이 물었다.

"《詩經》의 '저 해가 먹혔으니 무슨 좋지 못한 일이 있어서인가?'라는 것은 무슨 뜻인가?"

사문백이 대답하였다.

"善政을 행하지 않는 것을 이른 것입니다. 나라에 선정이 없어 善人을 등용하지 않으면 견책하는 日月의 재화를 자초하는 것입니다. 그러므로 정사는 삼가지 않아서는 안 됩니다. 세 가지를 힘쓸 뿐이니, 첫째는 인재를 선택하는 것이고, 둘째는 백성의 생각을 따르는 것이고, 셋째는 때를 따르는 것입니다."

[字義] 謫 : 꾸짖을 적

晉人來治杞田한대 季孫將以成與之[174]하다 謝息爲孟孫守러니 不可曰 人有言曰 雖有挈缾之知라도 守不假器 禮也라하니 夫子從君이어늘 而守臣喪邑하면 雖吾子라도 亦有猜

---

173 彼日而食 于何不臧 : 《詩經》〈小雅 十月之交〉의 시구이다. 《시경》에는 '彼日'이 '此日'로 되어 있다.

174 季孫將以成與之 : 成邑은 孟氏의 邑인데, 본래는 杞나라의 땅이었다.(杜注)

焉하리라 季孫曰 君之在楚는 於晉罪也어든 又不聽晉하면 魯罪重矣라 晉師必至하리니 吾無以待之라 不如與之라가 間晉而取諸杞니라 吾與子桃호리니 成反이면 誰敢有之오 是는 得二成也라 魯無憂하고 而孟孫益邑하니 子何病焉고 辭以無山이어늘 與之萊柞(작)하니 乃遷于桃하다 晉人爲杞取成하다

晉人이 魯나라에 와서 杞田을 杞나라에 반환하게 하자, 季孫이 成邑을 기나라에 주려 하였다. 이때 謝息이 孟孫을 위해 성읍을 지키고 있었는데, 반대하며 말하였다.

"사람들의 말에 '비록 물을 긷는 자〔挈缾〕의 작은 지혜만 있어도 자기의 器物을 지키고 남에게 빌려주지 않는 것이 禮이다.'라고 하였습니다. 夫子(孟僖子)께서 魯君을 따라 출국하고 없는데, 守臣이 성읍을 잃는다면 비록 당신이라 하더라도 나를 의심할 것입니다."

계손이 말하였다.

"우리 임금님이 楚나라에 가 계신 것은 晉나라에 죄를 지었기 때문인데, 또 진나라의 말을 듣지 않는다면 노나라의 죄가 더욱 무거워질 것이다. 晉軍이 반드시 쳐들어올 것이니, 우리는 그들을 방어할 수 없다. 그러니 우선 그들에게 주었다가 진나라의 틈을 엿보아 다시 기나라를 토벌하여 성읍을 다시 찾아오는 것만 못하다. 내가 성읍 대신 그대에게 桃邑을 주겠으니, 성읍이 다시 우리에게 돌아온다면 맹손이 아닌 누가 감히 그 읍을 소유하겠는가? 이는 두 개의 성읍을 얻는 것이다. 노나라는 〈진나라의 침공을 받는〉 우환이 없어지고 맹손은 封邑을 보태는 일인데, 자네는 무엇 때문에 괴로워하는가?"

사식이 도읍에는 山이 없다는 이유로 사절하자 계손이 그에게 萊山과 柞山을 주니, 사식이 그제야 도읍으로 옮겨갔다. 진인이 기나라를 위해 성읍을 취하였다.

字義 挈 : 들어올릴 설 缾 : 두레박 병

鄭子産聘于晉한대 晉侯有疾이러니 韓宣子逆客하야 私焉曰 寡君寢疾이 於今三月矣라 竝走群望호되 有加而無瘳러니 今夢黃熊入于寢門하니 其何厲鬼也오 對曰 以君之明으로 子爲大政하니 其何厲之有리오 昔에 堯殛鯀于羽山한대 其神化爲黃熊하야 以入于羽淵하니 實爲夏郊라 三代祀之하더니 晉爲盟主하야 其或者未之祀也乎인저 韓子祀夏郊한대 晉侯有間하야 賜子産莒之二方鼎하다

鄭나라 子産이 晉나라에 聘問하였는데, 이때 晉侯가 병을 앓고 있었다. 韓宣子가 客(子産)을 맞이하면서 은밀히 말하였다.

"우리 임금께서 병으로 자리에 누우신 지 지금 석 달이 되었습니다. 응당 제사 지낼 모든 山川에 달려가서 기도하였으나 병이 더하기만 하고 낫지 않았습니다. 오늘 임금님의 꿈에 黃

熊이 침실의 문으로 들어왔으니, 그것이 무슨 厲鬼(惡鬼)입니까?"

자산이 대답하였다.

"晉君의 英明함으로 그대를 大政(正卿)으로 삼았으니, 어찌 여귀가 있겠습니까? 옛날에 帝堯가 鯀을 羽山에서 죽이자 그 귀신이 황웅으로 변하여 羽淵으로 들어갔는데, 이 신이 실로 夏郊(鯀의 神)가 되었으므로 三代가 모두 그 신에게 제사를 지냈습니다. 晉나라가 盟主가 되어, 혹시 그 신에게 제사를 지내지 않아서 그런 것인지 모르겠습니다."

韓子가 하교에 제사를 지내자, 진후의 병에 차도가 있게 되어 자산에게 莒나라에서 바친 方鼎(다리 네 개 달린 鼎) 두 개를 하사하였다.

方鼎

字義 瘳 : 병 나을 추 間 : 병 나을 간

子産爲豐施하야 歸州田於韓宣子曰 日君以夫公孫段爲能任其事라하야 而賜之州田이러니 今無祿早世하야 不獲久享君德이라 其子弗敢有로되 不敢以聞於君하야 私致諸(저)子하노라 宣子辭어늘 子産曰 古人有言曰 其父析薪이라도 其子弗克負荷[175]라하니 施將懼不能任其先人之祿이어든 其況能任大國之賜아 縱吾子爲政而可나 後之人若屬(촉)有疆埸(역)之言이면 敝邑獲戾하고 而豐氏受其大討하리니 吾子取州는 是免敝邑於戾요 而建置豐氏也라 敢以爲請하노라 宣子受之하야 以告晉侯하니 晉侯以與宣子한대 宣子爲初言하야 病有之하야 以易原縣於樂大心[176]하다

子産이 豐施(公孫 段의 아들)를 위하여 〈그를 대신해〉 州田(州縣의 토지)을 韓宣子에게 돌려주며 말하였다.

"전날에 晉君께서 公孫 段이 그 일을 능히 감당했다 하여 그에게 주전을 하사하셨는데, 지금 불행하게 일찍 죽어 임금님의 은덕을 오래 누리지 못하였습니다. 그 아들은 감히 주전을 소유할 수 없으나 감히 이 일을 진군께 아뢸 수 없어서, 사사로이 그대에게 바칩니다."

宣子가 사양하자, 자산이 말하였다.

175 其父析薪 其子弗克負荷 : 아비가 일으킨 家業을 그 자식이 계승하지 못함을 비유한 말이다.

176 以易原縣於樂大心 : 樂大心은 宋나라 大夫이다. 原은 악대심에게 준 晉나라 邑이다.(杜注)

“옛사람의 말에 ‘그 아비가 나무를 베어 팬 장작이라도 그 아들이 집으로 져 나르지 못한다.’라고 하였으니, 풍시는 장차 先人의 祿位를 〈계승하는 일도〉 감당할 수 없을까 두려운데, 하물며 大國이 하사한 땅을 감당할 수 있겠습니까? 비록 그대가 執政으로 있는 동안은 죄를 면할 수 있겠지만 그대의 뒤를 이어 집정이 된 사람이 만약 그때 疆域에 대해 말한다면(영토로 문제를 제기한다면) 우리나라는 죄를 받고 豐氏는 엄한 징벌을 받을 것입니다. 그대가 주전을 취하는 것은 바로 우리나라를 죄에서 벗어나게 하고 풍씨를 도와 존립시키는 것이므로 감히 청하는 것입니다.”

선자가 이를 접수하고 晉侯에게 고하니, 진후는 그 땅을 선자에게 주었는데, 선자가 전에 한 말 때문에 주전을 점유하는 것을 치욕으로 여겨 주전을 樂大心의 原縣과 바꾸어 가졌다.

鄭人相驚以伯有하야 曰 伯有至矣라하면 則皆走하야 不知所往[177]이라 鑄刑書之歲二月에 或夢伯有介而行曰 壬子에 余將殺帶也[178]하고 明年壬寅에 余又將殺段也[179]호리라 及壬子에 駟帶卒하니 國人益懼하고 齊燕平之月壬寅에 公孫段卒하니 國人愈懼하다 其明月에 子產立公孫洩及良止하야 以撫之하니 乃止하다 子大(태)叔問其故한대 子產曰 鬼有所歸면 乃不爲厲하나니 吾爲之歸也로라 大叔曰 公孫洩은 何爲오 子產曰 說也라 爲身無義而圖說이니라 從政에 有所反之라도 以取媚也니라 不媚면 不信이요 不信이면 民不從也니라

鄭나라 사람들이 伯有의 鬼神으로 서로 놀라게 하여 “백유의 귀신이 나타났다.”라고 하면 사람들이 모두 도망가면서 어디로 갈지 몰라 허둥대었다. 刑書를 鑄造한 해 2월에 어떤 사람의 꿈에 백유가 갑옷을 입고 가면서 말하였다.

“壬子日에 내가 駟帶를 죽일 것이고, 明年 壬寅日에 내가 또 公孫 段을 죽일 것이다.”

임자일에 미쳐 과연 사대가 죽으니, 國人들은 더욱 두려워하였고, 齊나라가 燕나라와 和平을 맺던 달 임인일에 공손 단이 죽으니 국인은 더더욱 두려워하였다. 그다음 달에 子產이 公孫 洩(子孔의 아들)과 良止(伯有의 아들)를 大夫로 세워 백유의 亡靈을 위무하니, 이에 귀신의 장난이 그쳤다. 子太叔이 그 까닭을 묻자, 자산이 말하였다.

“귀신은 귀의할 곳이 있으면 厲鬼가 되지 않는 법이니, 나는 백유의 귀신을 위해 귀의할 곳을 마련해준 것입니다.”

太叔이 물었다.

“공손 설을 대부로 세운 것은 무엇 때문입니까?”

---

177 鄭人相驚以伯有……不知所往 : 襄公 30년에 鄭人이 伯有를 죽였다.(杜注)

178 余將殺帶也 : 駟帶가 子晳을 도와 伯有를 죽였다. 壬子는 昭公 6년 3월 3일이다.(杜注)

179 余又將殺段也 : 公孫 段은 豐氏의 黨이다. 壬寅은 今年(昭公 7년) 正月 28일이다.(杜注)

자산이 말하였다.

“설명하기 위함이었습니다. 伯有와 子孔은 몸소 不義를 행한 사람들이니, 〈후사를 세우는 것이 부당합니다. 그런데 만약 양지만 세울 경우, 사람들은 백유의 여귀가 두려워서 그 후사를 세웠다고 의심할 것이므로 공손 설까지 함께 세워 여귀가 두려워서가 아니고 大義에 의거해 주살된 자의 후사를 존속시키기 위함이었다는 것을 백성들에게〉 설명하기 위해서였습니다. 정치를 펴면서 正道를 위반하더라도 백성의 비위를 맞춰야 하는 경우도 있습니다. 비위를 맞추지 않으면 신임을 받지 못하고, 신임을 받지 못하면 백성들은 執政의 명을 따르지 않을 것입니다.”

及子產適晉에 趙景子問焉曰 伯有猶能爲鬼乎아 子產曰 能이라 人生始化曰魄이요 既生魄에 陽曰魂이라 用物精多하면 則魂魄彊이라 是以有精爽이 至於神明하나니 匹夫匹婦彊死라도 其魂魄猶能馮依於人하야 以爲淫厲어든 況良霄는 我先君穆公之胄요 子良之孫이요 子耳之子요 敝邑之卿이니 從政三世矣라 鄭雖無腆이나 抑諺曰 蕞爾國이라하야늘 而三世執其政柄하니 其用物也弘矣요 其取精也多矣요 其族又大하니 所馮厚矣어늘 而彊死하니 能爲鬼 不亦宜乎아

子產이 晉나라에 감에 미쳐 趙景子(晉나라 中軍佐 趙成)가 물었다.

“伯有도 오히려 厲鬼가 될 수 있습니까?”

자산이 대답하였다.

“될 수 있습니다. 사람이 태어나서 처음 변화한 것을 魄이라 하고, 魄이 생긴 뒤에 陽을 魂이라 합니다. 사용한 물건이 精美하고 많으면 魂魄이 강해집니다. 그러므로 精爽(精神)이 神明의 경지에 이르는 사람도 있습니다. 보통 남녀가 非命에 죽어도 그 혼백이 오히려 사람에게 붙어 요괴한 짓을 하는데, 더구나 良霄(伯有)는 우리 先君 穆公의 후손이며 子良의 손자이며 子耳의 아들이며 우리나라의 卿으로, 3代 동안 국정을 담당한 사람이었습니다. 鄭나라가 비록 작지만 속담에 ‘작지만 하나의 나라이다.’라고 하는데, 3대 동안 나라의 정권을 잡았으니, 사용한 물건이 많고 정미한 것을 취한 것이 많으며, 그 宗族 또한 성대하니 의지할 세력이 많았습니다. 그런데 비명에 죽었으니 여귀가 될 수 있는 것이 당연하지 않겠습니까?”

字義 腆 : 두터울 전　蕞 : 작은 모양 최

子皮之族飮酒無度라 故馬師氏與子皮氏有惡[180]이러니 齊師還自燕之月에 罕朔殺罕

180 馬師氏與子皮氏有惡 : 馬師氏는 公孫 鉏의 아들 罕朔이다. 襄公 30년에 馬師 頡이 出奔한 뒤에 공손 서가 그 뒤를 이어 마사가 되었는데, 子皮와 同族이다.(杜注)

魋하고 罕朔奔晉하다 韓宣子問其位於子産한대 子産曰 君之羈臣이 苟得容以逃死인댄 何位之敢擇이리오 卿違면 從大夫之位하고 罪人以其罪降이 古之制也라 朔於敝邑에 亞大夫也요 其官馬師也라 獲戾而逃하니 唯執政所寘之라 得免其死도 爲惠大矣어든 又敢求位아 宣子爲子産之敏也하야 使從嬖大夫하다

子皮의 宗族이 술을 마시는 데 절도가 없었다. 그러므로 馬師氏가 子皮氏와 서로 사이가 좋지 못하였는데, 齊軍이 北燕에서 돌아오던 달에 罕朔이 罕魋(子皮의 아우)를 죽이고는 한삭이 晉나라로 出奔하였다. 韓宣子가 한삭에게 무슨 官位를 주어야 할지 子産에게 묻자, 자산이 말하였다.

"〈한삭은〉 晉君의 羈旅臣이 되었으니, 진실로 몸을 보존해 죽음을 면할 수 있다면 〈그것만으로도 다행인데〉 어찌 감히 관위를 고르겠습니까? 외국의 卿이 도망해 오면 大夫의 관위로 대우하고, 죄인인 경우에는 그 죄에 따라 등급을 낮추는 것이 예로부터 내려오는 제도입니다. 한삭은 우리나라에서 亞大夫로 그 관직이 馬師였는데 죄를 짓고 도망하였으니, 執政께서 처치하는 대로 따를 것입니다. 죽음을 면하게 된 것만으로도 은혜가 큰데, 또 감히 관위를 요구하겠습니까?"

선자는 자산의 말을 합당하게 여겨, 한삭을 嬖大夫(下大夫)의 반열을 따르게 하였다.

【經】 秋八月戊辰에 衛侯惡卒하다

가을 8월 戊辰日에 衛侯 惡(衛 襄公)이 卒하였다.

【傳】 秋八月에 衛襄公卒하다 晉大夫言於范獻子曰 衛事晉爲睦호되 晉不禮焉하고 庇其賊人而取其地라 故諸侯貳니라 詩曰 鵬(척)鴒在原하니 兄弟急難[181]이라하고 又曰 死喪之威에 兄弟孔懷[182]라하니 兄弟之不睦[183]하야 於是乎不弔어든 況遠人이 誰敢歸之리오 今又不禮於衛之嗣하면 衛必叛我하리니 是絶諸侯也라 獻子以告韓宣子한대 宣子說(열)하야 使獻子如衛弔하고 且反戚田하다

가을 8월에 衛 襄公이 卒하였다. 晉나라 大夫가 范獻子(范鞅)에게 말하였다.

"衛나라는 진나라를 섬겨 화목하게 대하였으나, 진나라는 위나라를 예우하지 않고 위나라

---

181 鵬(척)鴒在原 兄弟急難 : 《詩經》〈小雅 常棣〉의 시구이다.(杜注) '鵬鴒'이 《시경》에는 '脊令'으로 되어 있고, '鵬'은 '鶺'과 같다.

182 死喪之威 兄弟孔懷 : 《詩經》〈小雅 常棣〉의 시구이다.(杜注)

183 不睦 : 不淑으로 바로 不善이다.(楊注)

의 반역자(孫林父)를 비호하며 위나라의 땅(戚田)을 취하였습니다. 그러므로 제후들이 진나라에 두마음을 품은 것입니다. 《詩經》에 '할미새가 언덕에 있으니 형제가 위급한 재난을 구원하네.' 하고, 또 '死喪의 두려움 있으면 형제만이 매우 그립게 생각하네.' 하였으니, 형제 사이인데도 화목하지 못하게 되면 이처럼 親善하지 못하니, 하물며 소원한 사람이야 누가 감히 진나라에 귀의하려 하겠습니까? 그런데 지금 또 위나라의 嗣君에게 예를 행하지 않는다면 위나라는 반드시 우리를 배반할 것이니, 이는 제후와 관계를 단절하는 것입니다."

獻子가 이 말을 韓宣子(韓起)에게 고하자, 宣子는 기뻐하여 헌자에게 위나라에 가서 弔慰하게 하고, 또 戚田을 돌려주게 하였다.

字義 鶺 : 할미새 척 鴒 : 할미새 령 威 : 두려워할 위

衛齊惡告喪于周하고 且請命하니 王使成簡公如衛弔하고 且追命襄公하야 曰 叔父陟恪(격)하야 在我先王之左右하야 以佐事上帝리니 余敢忘高圉亞圉[184]아

衛나라 齊惡이 周나라에 가서 喪을 고하고, 또 追命을 내려주기를 청하니, 周王이 成簡公(周王의 卿士)을 위나라로 보내 弔喪하고, 또 衛 襄公에게 〈아래와 같이〉 추명을 내렸다.

"叔父가 하늘로 올라가서 우리 先王의 좌우에 있으면서 上帝를 보좌해 섬길 것이니, 내 어찌 감히 高圉와 亞圉를 잊겠는가?"

字義 恪 : 오를 격(=格)

【經】九月에 公至自楚하다

9월에 昭公이 楚나라에서 돌아왔다.

【傳】九月에 公至自楚하다 孟僖子病不能相禮하야 乃講學之하야 苟能禮者면 從之러니 及其將死也에 召其大夫曰 禮는 人之幹也니 無禮면 無以立이라 吾聞將有達者하니 曰孔丘[185]라 聖人之後也로 而滅於宋[186]이라 其祖弗父何以有宋而授厲公[187]이러니 及正考

184 余敢忘高圉亞圉 : 高圉와 亞圉는 周나라의 先祖로 殷나라의 諸侯가 되어, 殷王의 追命을 받은 자이다.(杜注)

185 吾聞將有達者 曰孔丘 : 孟僖子가 卒할 때 孔子의 나이 35세였다.(杜注)

186 滅於宋 : 孔子의 6代祖 孔父嘉가 宋督에게 피살되었으므로 그 아들이 魯나라로 망명한 것이다.(杜注)

187 其祖弗父何以有宋而授厲公 : 弗父何는 孔父嘉의 高祖로 宋 閔公의 아들이고 宋 厲公의 형이다.

父(보)[188]하야 佐戴武宣하야 三命玆益共이라 故其鼎銘云호되 一命而僂하고 再命而傴하고 三命而俯하야 循牆而走하니 亦莫余敢侮로다 饘於是하고 鬻於是하야 以糊余口라하니 其共也如是로다 臧孫紇有言曰 聖人有明德者 若不當世하면 其後에 必有達人이라하니 今其將在孔丘乎인저 我若獲沒이면 必屬說(촉열)與何忌於夫子하야 使事之하야 而學禮焉하야 以定其位하라 故孟懿子與南宮敬叔師事仲尼하니라 仲尼曰 能補過者는 君子也라 詩曰 君子是則(칙)是效[189]라하니 孟僖子는 可則(칙)效已矣로다

9월에 昭公이 楚나라에서 돌아왔다. 孟僖子는 禮를 잘 보좌하지 못한 것을 수치로 여겨 마침내 예를 학습하여, 예에 능통한 사람이 있다고 하면 그를 찾아가서 배웠는데, 그가 죽을 때에 미쳐 수하 大夫를 불러놓고 말하였다.

"예는 사람이 되는 근간이니, 예가 없으면 立身(處世)할 수가 없다. 내 들으니, 장차 현달할 자로 孔丘라는 사람이 있는데, 그는 聖人의 후예로 그 가문이 宋나라에서 멸망하였다고 한다. 그 祖上 弗父何는 송나라를 소유할 수 있었으나 나라를 그 아우 厲公에게 주었는데, 正考父에 미쳐 송나라의 戴公 · 武公 · 宣公을 보좌하여, 三命을 받아 上卿이 되었으나 더욱더 공손하였다. 그러므로 그 鼎銘에 '一命을 받아 大夫가 되어서는 고개를 숙이고, 再命을 받아 卿이 되어서는 허리를 굽히고, 三命을 받아 上卿이 되어서는 몸을 굽히고, 길을 갈 때도 담을 따라 빠른 걸음으로 지나가니, 감히 나를 업신여기는 사람이 없었다. 이 鼎에서 된죽을 끓이고 묽은 죽을 끓여 내 입에 풀칠을 하리라.' 하였으니, 그 공손함이 이와 같았다.

臧孫紇(臧武仲)의 말에 '성인의 후예로서 밝은 덕을 가진 사람이 當世(國君이 되어 국정을 담당함)하지 못하면 그 후손에 반드시 達人이 나온다.'라고 하였으니, 지금 그 달인이 아마도 공구인 듯하다. 내가 만약 수명을 다하고 죽는다면 반드시 說(南宮敬叔)과 何忌(孟懿子)를 夫子(孔子)에게 맡겨, 부자를 師事하여 예를 배워 그 지위를 안정되게 하라."

그러므로 孟懿子와 南宮敬叔이 仲尼를 사사하였다. 중니가 말하였다.

"능히 자기의 과오를 보완하는 자는 君子이다. 《詩經》에 '군자가 이것을 본받는다.'라고 하였으니, 맹희자는 잘 본받았다고 하겠다."

字義 共 : 공손할 공(=恭) 饘 : 된죽 전

불보하는 閔公의 適嗣로서 당연히 임금이 될 것인데도 임금 자리를 厲公에게 사양하였다.(杜注)

188 正考父(보) : 弗父何의 曾孫이다.(杜注)

189 君子是則(칙)是效 : 《詩經》〈小雅 鹿鳴〉의 시구이다.(杜注)

【經】冬이라

겨울이다.

【傳】單(선)獻公棄親用羈[190]러니 冬十月辛酉에 襄頃之族殺獻公而立成公[191]하다

單獻公이 친족을 버리고 외국에서 온 나그네를 등용하였는데, 겨울 10월 辛酉日에 單襄公과 單頃公의 족속들이 선헌공을 죽이고 單成公을 세웠다.

【經】十有一月癸未에 季孫宿卒하다

11월 癸未日에 季孫宿이 卒하였다.

【傳】十一月에 季武子卒커늘 晉侯謂伯瑕曰 吾所問日食 從矣니 可常乎아 對曰 不可니이다 六物不同하고 民心不壹하며 事序不類하고 官職不則(칙)[192]하며 同始異終하니 胡可常也리오 詩曰 或燕燕居息이어늘 或憔悴事國[193]이라하니 其異終也如是니이다 公曰 何謂六物고 對曰 歲時日月星辰을 是謂也니이다 公曰 多語寡人辰而莫同하니 何謂辰고 對曰 日月之會를 是謂辰이라 故以配日이니이다

11월에 季武子가 卒하였는데, 晉侯가 伯瑕(士文伯)에게 말하였다.

"전에 내가 물었던 日食의 禍가 그대의 말대로 되었으니, 〈일식이 있을 때마다〉 항상 그 禍를 미리 알 수 있는가?"

백하가 대답하였다.

"알 수 없습니다. 六物이 같지 않고, 民心이 동일하지 않으며, 事序(事理)가 같지 않고, 관직이 같지 않으며, 시초는 같으나 종말이 다르니, 어찌 항상 미리 알 수 있겠습니까? 《詩經》에 '누구는 편안히 집에서 쉬고 있는데, 누구는 國事에 힘을 다하네.'라고 하였으니, 그 종말이 다른 것이 이와 같습니다."

晉 平公이 물었다.

---

190 單(선)獻公棄親用羈 : 單獻公은 周나라 卿士로 單靖公의 아들이고 單頃公의 손자이다. 羈는 寄客(타국에서 와서 居留하는 나그네)이다.(杜注)

191 殺獻公而立成公 : 單襄公은 單頃公의 아버지이고, 單成公은 單獻公의 아우이다.(杜注)

192 則(칙) : '類'와 같다.(《左氏會箋》)

193 或燕燕居息 或憔悴事國 : 《詩經》 〈小雅 北山〉의 시구이며, 《시경》에는 '憔'가 '盡'으로 되어 있다.

"무엇을 六物이라 하는가?"

백하가 대답하였다.

"歲(歲星), 時(四時), 日(甲日에서 癸日까지), 月(正月에서 12월까지), 星(28宿), 辰(日月이 만나는 12會)을 이릅니다."

진 평공이 물었다.

"寡人에게 '辰'에 대해 말한 사람이 많은데 그 말이 모두 같지 않으니, 무엇을 '辰'이라 하는가?"

백하가 대답하였다.

"해와 달이 만나는 곳을 '辰'이라 합니다. 그러므로 地支를 天干〔日〕에 배합하여 날짜를 기록합니다."

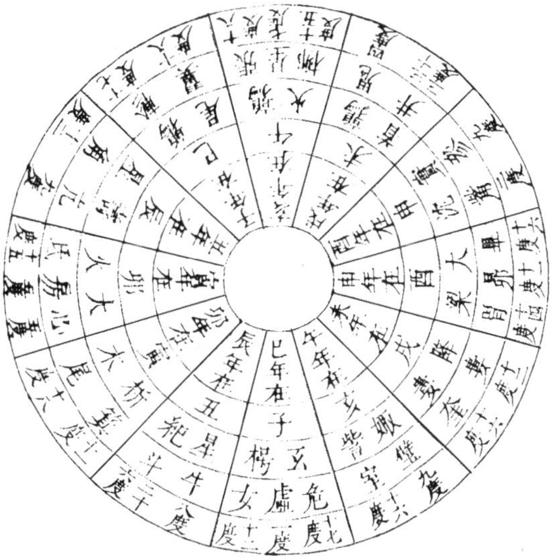

歲星之道

【經】 十有二月癸亥에 葬衛襄公하다

12월 癸亥日에 衛 襄公을 장사 지냈다.

【傳】 衛襄公夫人姜氏無子하고 嬖人婤姶(주압)生孟縶(칩)하다 孔成子夢康叔謂己호되 立元[194]하라 余使羈之孫圉與史苟相之호리라 史朝亦夢康叔謂己호되 余將命而子苟與孔烝鉏之曾孫圉相元호리라 史朝見成子하고 告之夢하니 夢協이라 晉韓宣子爲政하야 聘于諸侯之歲[195]에 婤姶生子하야 名之曰元이라하다 孟縶之足不良(弱)〔能〕[196]行[197]이어늘 孔成子以周易筮之하니 曰 元尙亨衛國하야 主其社稷하노라 遇屯䷂하다 又曰 余尙立縶하노니 尙克嘉之하노라 遇屯䷂之比䷇하다 以示史朝한대 史朝曰 元亨이어니 又何疑焉이리오 成子曰

194 孔成子夢康叔謂己 立元 : 成子는 衛나라 卿으로 孔達의 손자 烝鉏이다. 元은 孟縶의 아우이다. 꿈을 꿀 때는 元이 태어나기 전이다.(杜注)

195 聘于諸侯之歲 : 昭公 2년에 있었다.(杜注)

196 (弱)〔能〕 : 저본에는 '弱'으로 되어 있으나, 十三經注疏本에 의거하여 '能'으로 바로잡았다.

197 孟縶之足不良(弱)〔能〕行 : 楊注에 "杜氏는 不良에 句를 떼고, 能行을 별개의 句로 보았으나, 정확하지 않은 것 같다. '孟縶之足不良能行'을 한 句로 보는 것이 옳다. 良은 善이니 不善能行(잘 걸을 수 없음)이라는 말이다."라고 하였다. 이 說을 취해 번역하였다.

非長之謂乎아 對曰 康叔名之하시니 可謂長矣라 孟은 非人也라 將不列於宗이니 不可謂長이라 且其繇曰 利建侯라하니 嗣吉이면 何建이리오 建非嗣也라 二卦皆云[198]하니 子其建之하라 康叔命之하고 二卦告之하니 筮襲於夢은 武王所用也니 弗從何爲[199]리오 弱足者는 居니라 侯는 主社稷하고 臨祭祀하고 奉民人하고 事鬼神하고 從會朝하나니 又焉得居리오 各以所利 不亦可乎아 故孔成子立靈公하다 十二月癸亥에 葬衛襄公하다

衛 襄公의 夫人 姜氏(宣姜)는 아들을 낳지 못하였고, 嬖人 婤姶이 孟縶을 낳았다. 孔成子의 꿈에 康叔(衛나라의 始祖)이 공성자에게 말하였다.

"元을 임금으로 세우라. 내 羈의 孫子 圉와 史苟(史朝의 아들)로 하여금 元을 돕게 하겠다."

史朝 역시 꿈에 강숙이 사조에게 말하였다.

"내 장차 너의 아들 苟와 孔烝鉏의 曾孫 圉에게 명하여 元을 돕게 하겠다."

사조가 成子를 만나보고 꿈 이야기를 하니, 두 사람의 꿈이 같았다. 晉나라 韓宣子가 執政이 되어 제후를 聘問하던 해에 주압이 또 아들을 낳아 그 이름을 元이라 하였다. 맹칩은 발이 온전하지 못하여 걸음을 잘 걷지 못하였는데, 孔成子가 《周易》으로 점을 치며 〈泰筮(蓍草로 만든 산가지)에 명하기를〉 "元이 衛나라를 享有하여 그 社稷을 주관하기를 바란다." 하고, 〈揲蓍하니(시초점을 칠 때 산가지를 세어 괘를 만듦)〉 屯卦☳☵가 나왔다. 또 〈태서에 명하기를〉 "나는 맹칩을 임금으로 세우기를 희망하니 좋은 괘가 나오기를 바란다." 하고, 〈설시하니〉 屯卦☳☵가 比卦☷☵로 변하는 괘가 나왔다. 그 괘를 사조에게 보여주니, 사조가 말하였다.

"〈卦辭에〉 '元亨'이라 하였으니, 또 의심할 게 뭐 있습니까?"

성자가 말하였다.

"元亨의 元은 長子를 이름이 아니겠습니까?"

사조가 대답하였다.

"강숙이 元으로 명명하셨으니 장자라 이를 수 있습니다. 맹칩은 합당한 사람이 아니라서 장차 宗社를 주관할 수 없을 것이니 장자라 할 수 없습니다. 또 그 괘사에 '侯로 세우는 것이 이롭다.'라고 하였으니, 嗣子를 세우는 것이 길하다면 〈당연히 사자가 임금이 될 것인데,〉 무엇 때문에 '侯로 세운다.'라고 하였겠습니까? 사자가 아닌 자를 세우는 것을 말한 것입니다. 두 괘에 모두 그렇게 말하였으니, 당신께서는 元을 세우십시오. 강숙이 명하셨고 두 괘가 그

---

198 二卦皆云 : 재차 점을 쳐서 나온 屯卦에도 모두 '建侯'라는 글이 있음을 이른 것이다.(杜注)

199 弗從何爲 : 外傳(《國語》)에 이르기를 "〈泰誓〉에 '朕의 꿈이 朕의 龜卜과 일치하여 아름다운 상서가 거듭하였으니, 商나라를 정벌하면 반드시 승리할 것이다.'라고 하였는데, 이것은 武王의 말이다." 하였다.(杜注)

리 고하였는데, 시초점이 꿈과 부합한 것은 武王께서도 따르신 바니 무엇 때문에 따르지 않겠습니까? 절뚝발이는 집안에 한가로이 있어야 합니다. 侯(君主)는 사직을 주관하고 제사에 친림하고 人民을 奉養하고 귀신을 섬기고 會盟과 朝會에 참가해야 하니 또 어찌 집안에 한가로이 있을 수 있겠습니까? 각각 이로운 바를 따르는 것이 좋지 않겠습니까?"

그러므로 공성자가 靈公(元)을 세웠다. 12월 癸亥日에 衛 襄公을 장사 지냈다.

字義 婤 : 얼굴 얌전할 주 　 姶 : 예쁠 압 　 協 : 합할 협(=合) 　 繇 : 점사 주

〈8년, 丁卯(B.C. 534)〉

【經】八年이라 春이라

8년이다. 봄이다.

【傳】八年이라 春에 石言于晉魏楡한대 晉侯問於師曠曰 石何故言고 對曰 石不能言하니 或馮焉이라 不然이면 民聽濫也니이다 抑臣又聞之호니 曰 作事不時하야 怨讟(독)動于民이면 則有非言之物而言이라하니 今宮室崇侈하야 民力彫盡일새 怨讟竝作하야 莫保其性하니 石言不亦宜乎잇가 於是에 晉侯方築虒祁之宮하다 叔向曰 子野之言은 君子哉인저 君子之言은 信而有徵이라 故怨遠於其身하고 小人之言은 僭而無徵이라 故怨咎及之하나니 詩曰 哀哉不能言이여 匪舌是出은 唯躬是瘁로다 哿矣能言이여 巧言如流하야 俾躬處休[200]라하니 其是之謂乎인저 是宮也成하면 諸侯必叛이요 君必有咎하리니 夫子知之矣로다

8년이다. 봄에 晉나라 魏楡(晉나라 땅)에서 돌이 말을 하는 변괴가 일어나자, 晉侯가 師曠에게 물었다.

"돌이 무엇 때문에 말을 하는가?"

사광이 대답하였다.

"돌은 말을 할 수 없으니, 귀신이 혹 돌에 붙어서 말을 한 듯합니다. 그런 것이 아니라면 백성들이 잘못 들었을 것입니다. 그러나 신이 또 들으니, '土木의 役事를 일으키는 것이 철에 맞지 않아, 원망과 비방이 백성들 사이에 진동하면 말 못하는 물건이 말을 하는 경우가 있

200 哀哉不能言……俾躬處休 : 《詩經》〈小雅 雨無正〉의 시구이다.(杜注)

다.'고 합니다. 지금 궁실을 높고 사치스럽게 지어 백성들의 재력과 노동력이 고갈되었으므로 백성들이 생명(性)을 보존할 수 없어 원망과 비방이 함께 일어나고 있으니, 돌이 말을 하는 것이 당연하지 않겠습니까?"

진후가 이때 虒祁宮(虒祁는 地名)을 짓는 중이었다. 叔向이 사광의 말을 듣고 말하였다.

"子野(師曠)의 말은 君子답다. 군자의 말은 진실하여 근거가 있기 때문에 원망이 그 몸에 미치지 않고, 小人의 말은 虛僞여서 근거가 없기 때문에 원망이 미치는 것이다. 《詩經》에 '가엾도다. 말을 잘하지 못하는 사람이여! 말을 내지 않는 것은 자신만 해칠 뿐이기 때문이다. 아름답도다. 말을 잘하는 사람이여! 교묘한 말을 물 흐르듯이 하여 그 몸을 안락에 처하게 한다.'라고 하였으니, 이 詩는 아마도 사광의 경우를 이른 듯하다. 이 宮이 완성되면 제후가 반드시 배반하고 임금님께 災禍가 닥칠 것이니, 夫子(師曠)가 이미 이것을 안 것이다."

字義 濫 : 잘못 람 讟 : 비방할 독 虒 : 뿔범 사 嗧 : 아름다울 가(=嘉)

【經】陳侯之弟招殺陳世子偃師하다 夏四月辛丑에 陳侯溺卒하다

陳侯의 아우 招가 陳나라 世子 偃師를 살해하였다. 여름 4월 辛丑日에 陳侯 溺(陳 哀公)이 卒하였다.

【傳】陳哀公의 元妃鄭姬는 生悼大(태)子偃師하고 二妃는 生公子留하고 下妃는 生公子勝이러니 二妃嬖하니 留有寵하야 屬諸(촉저)司徒招與公子過[201]하다 哀公有廢疾이어늘 三月甲申에 公子招公子過殺悼大子偃師하고 而立公子留하니 夏四月辛亥에 哀公縊하다

陳 哀公의 元妃 鄭姬는 悼太子 偃師를 낳고, 二妃는 公子 留를 낳고, 下妃는 公子 勝을 낳았는데, 이비가 哀公의 사랑을 받으니 애공은 공자 유를 총애하여 그를 司徒 招와 公子 過에게 부탁하였다. 애공이 난치병에 걸렸는데, 3월 甲申日에 公子 招와 公子 過가 도태자 언사를 죽이고 공자 유를 태자로 세우니, 여름 4월 辛亥日에 진 애공이 목매 죽었다.

【經】叔弓如晉하다

叔弓이 晉나라에 갔다.

---

201 屬諸(촉저)司徒招與公子過 : 招와 過는 모두 陳 哀公의 아우이다.(杜注)

【傳】叔弓如晉하니 賀虒祁也요 游吉相鄭伯하야 以如晉하니 亦賀虒祁也라 史趙見子大(태)叔曰 甚哉라 其相蒙也여 可弔也어늘 而又賀之로다 子大叔曰 若何弔也리오 其非唯我賀라 將天下實賀하리라

叔弓이 晉나라에 갔으니 虒祁宮의 落成을 축하하기 위함이었고, 游吉이 鄭伯을 도와 진나라로 갔으니 역시 사기궁의 낙성을 축하하기 위함이었다. 史趙가 子太叔(游吉)을 보고 말하였다.

"심하구려! 그대들이 서로 속임이여! 애도해야 할 일인데 도리어〔又〕 축하하니 말이오."

자태숙이 말하였다.

"어찌 애도할 수 있겠소. 우리만 축하할 뿐 아니라 장차 천하의 제후가 모두 와서 축하할 것이오."

【經】楚人執陳行人干徵師하야 殺之하니 陳公子留出奔鄭하다

楚人이 陳나라 行人 干徵師를 잡아 죽이니, 진나라 公子 留가 鄭나라로 出奔하였다.

【傳】干徵師赴于楚하고 且告有立君이러니 公子勝愬之于楚한대 楚人執而殺之하니 公子留奔鄭하다 書曰 陳侯之弟招殺陳世子偃師라하니 罪在招也요 楚人執陳行人干徵師하야 殺之라하니 罪不在行人也라

干徵師(陳나라 大夫)가 楚나라에 가서 喪을 알리고 또 새 임금이 즉위한 것을 고하였는데, 公子 勝이 〈招가 太子 偃師를 죽인 일을〉 초나라에 고소하자 楚人이 간징사를 잡아 죽이니, 〈이 소식을 듣고〉 公子 留는 鄭나라로 出奔하였다. 經에 "陳侯의 아우 招가 陳나라 世子 偃師를 살해하였다."라고 기록하였으니 이는 罪가 招에게 있음을 밝힌 것이고, "초인이 陳나라 行人 간징사를 잡아 죽였다."라고 기록하였으니 이는 죄가 행인에게 있지 않음을 밝힌 것이다.

【經】秋라

가을이다.

【傳】七月甲戌에 齊子尾卒하다 子旗欲治其室하야 丁丑에 殺梁嬰하고 八月庚戌에 逐子成子工子車하니 皆來奔이어늘 而立子良氏之宰한대 其臣曰 孺子長矣어늘 而相吾室하니 欲兼我也라하고 授甲하야 將攻之하니 陳桓子善於子尾라 亦授甲하야 將助之하다 或告子

旗호되 子旗不信이라가 則數人告하니 將往하다 又數人告於道하니 遂如陳氏하다 桓子將出矣라가 聞之而還하야 游服而逆之어늘 請命하니 對曰 聞彊氏授甲하고 將攻子라하니 子聞諸아 曰 弗聞이로라 子盍亦授甲고 無宇請從호리라 子旗曰 子胡然고 彼는 孺子也니 吾誨之라도 猶懼其不濟어니와 吾又寵秩之하니 其若先人何오 子盍謂之오 周書曰 惠不惠하고 茂不茂[202]라하니 康叔所以服弘大也니라 桓子稽顙曰 頃靈福子[203]하리니 吾猶有望이라하고 遂和之如初하다

7월 甲戌日에 齊나라 子尾가 卒하였다. 子旗(欒施)가 자미의 집안을 다스리고자 하여 丁丑日에 梁嬰(자미의 家宰)을 죽이고, 8월 庚戌日에 子成 · 子工 · 子車를 축출하니 이들이 모두 魯나라로 도망해 왔는데, 子旗가 새로 子良(자미의 아들 高彊)의 家宰(家臣의 長)를 세우자, 자량의 家臣이 말하였다.

"孺子(子良)가 장성하여 〈집안일을 처리할 수 있는데〉 우리 집안일을 도우려고 하니, 이는 우리 집안을 兼倂하려는 것이다."

그러고는 家兵들을 무장시켜 자기를 공격하려 하였다. 陳桓子도 자미와 친한 사이였으므로 역시 그 가병을 무장시켜 자량을 돕고자 하였다. 어떤 자가 이런 상황을 자기에게 고하였지만 자기가 믿지 않다가 몇 사람이 계속해 와서 보고하니, 자기는 직접 자량의 집으로 가서 확인하려 하였다. 또 몇 사람이 道中에서 보고하니, 자기는 드디어 陳氏의 집으로 갔다. 진환자가 출병하려다가 자기가 온다는 말을 듣고 돌아와서 游服(平常服)으로 갈아입고 나아가 자기를 맞이하였는데, 자기가 桓子에게 나에게 명할 바가 무엇이냐고 묻자, 환자가 대답하였다.

"듣건대 彊氏(子良)가 가병을 무장시키고 그대를 공격하려 한다고 하는데, 그대는 들었습니까?"

자기가 말하였다.

"듣지 못했습니다."

환자가 말하였다.

"그대는 어찌하여 가병을 무장시키지 않습니까? 나(無宇)도 그대를 따르겠습니다."

자기가 말하였다.

"그대는 무엇 때문에 이와 같이 하십니까? 저 자량은 어린아이이니, 내가 그를 가르치고 일깨워주어도 오히려 成家(집안을 유지함)하지 못할까 두렵습니다만, 내 또 그를 총애하여 관직을 주었습니다. 〈그런데 만약 그대의 말처럼 가병을 일으켜 그를 공격한다면 죽어서〉 무슨 낯으로 先祖를 대하겠습니까? 그대는 어찌 그에게 나를 공격하지 말라고 이르지 않았습니

202 惠不惠 茂不茂 : 《書經》〈周書 康誥〉에 보인다.(杜注)

203 頃靈福子 : 頃公과 靈公은 欒氏가 섬겼던 임금이다.(杜注)

까? 〈周書〉에 '順從〔惠〕하지 않는 자를 순종하게 하고, 힘쓰지 않는 자를 힘쓰게 하라.' 하였으니, 이것이 바로 康叔이 관대한 정치를 행하게 된 까닭입니다."

환자가 머리를 조아리며 말하였다.

"頃公과 靈公의 神이 그대에게 福을 내릴 것이니, 나도 오히려 그대의 복이 나에게 미치기를 바랍니다."

그러고는 두 집안이 전처럼 사이좋게 지내도록 화해시켰다.

字義 惠 : 순종할 혜 茂 : 힘쓸 무

【經】 蒐于紅하다

紅(魯나라 땅)에서 군사훈련을 실시하였다.

【傳】 秋에 大蒐于紅하야 自根牟至于商衛하니 革車千乘이러라

가을에 紅에서 대대적으로 군사훈련을 실시하여 根牟(魯나라 동쪽 경계)로부터 商(宋)나라와 衛나라의 접경에까지 이르렀는데, 이 훈련에 참여한 革車(兵車)가 千乘이었다.

【經】 陳人殺其大夫公子過하다

陳人이 그 大夫 公子 過를 죽였다.

【傳】 陳公子招歸罪於公子過而殺之하다

陳나라 公子 招가 公子 過에게 죄(世子 偃師를 죽인 죄)를 돌려 그를 죽였다.

【經】 大雩하다

祈雨祭를 지냈다.

【經】 冬十月壬午에 楚師滅陳하고 執陳公子招하야 放之于越하고 殺陳孔奐하고 葬陳哀公하다

겨울 10월 壬午日에 楚軍이 陳나라를 격멸하고, 진나라 公子 招를 잡아 越나라로 추방하고, 진나라 孔奐을 죽이고, 陳 哀公을 장사 지냈다.

【傳】九月에 楚公子棄疾帥(솔)師하야 奉孫吳圍陳하니 宋戴惡會之하야 冬十月壬午에 滅陳하다 輿嬖袁克殺馬毁玉以葬[204]이어늘 楚人將殺之하니 請寘之하고 旣又請私하야 私於幄이라가 加絰於顙而逃하다

9월에 楚나라 公子 棄疾이 군대를 거느리고 孫吳(偃師의 아들)를 모시고 가서 陳나라를 포위하니, 宋나라 戴惡(송나라 大夫)도 군대를 거느리고 와서 楚軍과 회합하여, 겨울 10월 壬午日에 陳나라를 격멸하였다. 輿嬖 袁克이 말을 죽이고 玉을 부수어 陳 哀公을 장사 지내려 하였는데, 楚人이 그를 죽이려 하니 원극이 말과 옥을 버리고 쓰지 않겠다고 청하고, 이윽고 또 〈君臣의 恩義를 다하고자 하는〉 私情을 청하여 장막 안으로 가서 사정을 펴다가 머리에 首絰을 쓰고 도망하였다.

首絰

使穿封戌爲陳公하야 曰 城麇之役에 不諂[205]이라하다 侍飮酒於王에 王曰 城麇之役에 女知寡人之及此인댄 女其辟寡人乎인저 對曰 若知君之及此인댄 臣必致死禮하야 以息楚國이러이다

楚 靈王이 穿封戌를 陳公으로 삼으며 말하였다.

"城麇의 전쟁 때 그대가 나에게 아첨하지 않았기 때문이다."

천봉술이 영왕을 모시고 술을 마실 때 영왕이 말하였다.

"성균의 전쟁 때 그대가 寡人이 이에 이를 줄(임금이 될 줄) 알았다면 그대는 아마 과인에게 양보하였을 것이다."

천봉술이 대답하였다.

"만약 그때 임금님께서 이에 이를 줄 알았다면 신은 반드시 〈前王 郟敖를 위해 신하의〉 禮를 지켜 죽을힘을 다해 임금님을 죽여 楚나라를 안정시켰을 것입니다."

字義 息 : 안정할 식

---

204 輿嬖袁克殺馬毁玉以葬 : 輿嬖는 嬖大夫이다. 輿者는 임금의 車乘을 맡은 자로 晉나라의 七輿大夫 같은 類이다.(楊注) 말은 陳侯가 타던 말이고 玉은 진후가 차던 玉이다. 下文에 '請寘之'라 한 것으로 보면 말을 아직 죽이지 않고 玉을 아직 부수지 않은 것이니, 아직 陳 哀公을 장사 지내지 않은 것이다.(《左氏會箋》)

205 城麇之役 不諂 : 城麇의 전쟁은 襄公 26년에 있었는데, 그때 穿封戌이 靈王과 鄭나라 포로 皇頡을 잡은 전공을 서로 다투었다.(杜注)

晉侯問於史趙曰 陳其遂亡乎아 對曰 未也라 公曰 何故오 對曰 陳은 顓頊之族也[206]라 歲在鶉火에 是以卒滅하니 陳將如之[207]라 今在析木之津[208]하니 猶將復由[209]하리라 且陳氏得政于齊而後에 陳卒亡하리라 自幕으로 至于瞽瞍히 無違命[210]하고 舜重之以明德일새 寘德於遂라 遂世守之러니 及胡公不淫이라 故周賜之姓하야 使祀虞帝[211]하니라 臣聞盛德은 必百世祀라하니 虞之世數未也리 繼守將在齊하리니 其兆旣存矣니이다

晉侯(平公)가 史趙에게 물었다.

"陳나라가 드디어 멸망할 것인가?"

사조가 대답하였다.

"망하지 않을 것입니다."

平公이 물었다.

"무슨 까닭이냐?"

사조가 대답하였다.

"진나라는 顓頊의 후예입니다. 歲星이 鶉火에 있을 때에 顓頊氏가 마침내 멸망하였으니, 진나라도 장차 그와 같이 될 것입니다. 지금 세성이 析木의 나루에 있으니 오히려 장차 다시 움〔由〕이 돋을 것입니다. 그리고 또 陳氏가 齊나라에서 정권을 잡은 뒤에야 진나라가 마침내 멸망할 것입니다. 幕으로부터 瞽瞍에 이르기까지 天命을 어긴 이가 없었고, 舜이 거듭 밝은 덕을 가졌으므로 그 덕이 遂에게 이르러서 〈殷나라에 의해 제후로 봉해졌습니다.〉 수의 후손이 대대로 그 덕을 지켰는데, 胡公不淫에 미쳐 〈周나라에 의해 진나라에 봉해졌습니다.〉 그러므로 주나라가 胡公에게 姓을 하사하여 虞帝(舜)의 제사를 받들게 하였습니다. 신은 들으니, 성대한 덕을 가진 분은 百世 동안 제사를 받는다고 하는데, 虞舜의 代數가 아직 백세가 되지 않았습니다. 그 제사를 계승해 지키는 일이 아마도 齊나라에 있을 것이니, 그 조짐이 이미 있습니다."

字義 由 : 움 돋을 유

---

206 顓頊之族也 : 陳나라는 舜을 祖上으로 삼고, 舜은 顓頊에서 나왔다.(杜注)

207 歲在鶉火……陳將如之 : 鶉火는 南方의 柳宿와 星宿로 午의 位次이다. 陳나라는 顓頊의 후손이니, 장차 전욱과 같은 代數를 누릴 것이라는 말이다.(林堯叟)

208 今在析木之津 : 箕宿와 斗宿 사이에 天漢이 있기 때문에 그곳을 일러 析木의 나루라고 한다.(杜注)

209 由 : '甹(유)'의 省文으로 베어낸 나무 등걸에 새로 돋는 움이다.(《左氏會箋》)

210 自幕……無違命 : 幕은 舜의 先祖이고, 瞽瞍는 舜의 아버지이다. 막으로부터 고수에 이르기까지 그 사이에 天命을 어겨 廢絶(쇠락하여 代가 끊김)한 자가 없었다는 말이다.(杜注)

211 及胡公不淫……使祀虞帝 : 胡公 滿은 遂의 後孫이다. 周 武王을 섬겨 '嬀'라는 姓을 하사받고 陳나라에 봉해져 舜의 뒤를 이었다.(杜注)

〈9년, 戊辰(B.C. 533)〉

【經】九年이라 春에 叔弓會楚子于陳하다

9년이다. 봄에 叔弓이 陳나라에서 楚子와 회합하였다.

【傳】九年이라 春에 叔弓宋華亥鄭游吉衛趙黶(암)會楚子于陳하다

9년이다. 봄에 魯나라 叔弓, 宋나라 華亥, 鄭나라 游吉, 衛나라 趙黶이 陳나라에서 楚子와 회합하였다.

【經】許遷于夷하다

許나라를 夷로 옮겼다.

【傳】二月庚申에 楚公子棄疾遷許于夷하니 實城父라 取州來淮北之田하야 以益之한대 伍擧授許男田하다 然丹遷城父人於陳하야 以夷濮西田益之하다 遷方城外人於許하다

2월 庚申日에 楚나라 公子 棄疾이 許나라를 夷로 옮겨주었으니, 바로 城父이다. 州來의 淮水 이북의 토지를 취하여 허나라에 보태주었는데, 伍擧가 許男에게 토지를 주었다. 然丹이 성보의 백성들을 陳나라 땅으로 옮기고 夷의 濮水 以西의 토지를 보태주었다. 方城山 밖의 사람들을 허나라로 옮겼다.

周甘人與晉閻嘉爭閻田[212]이러니 晉梁丙張趯率(솔)陰戎伐潁[213]한대 王使詹桓伯辭於晉曰 我自夏以后稷으로 魏駘芮岐畢은 吾西土也요 及武王克商하얀 蒲姑商奄은 吾東土也요 巴濮楚鄧은 吾南土也요 肅愼燕亳은 吾北土也니 吾何邇封之有리오 文武成康之建母弟하야 以藩屛周는 亦其廢隊(추)是爲어늘 豈如弁髦[214]하야 而因以敝之리오 先王

212 周甘人與晉閻嘉爭閻田 : 甘人은 甘大夫 襄이고, 閻嘉는 晉나라 閻縣의 大夫이다.(杜注)

213 晉梁丙張趯率(솔)陰戎伐潁 : 陰戎은 陸渾의 戎이다. 潁은 周나라 邑이다.(杜注)

214 豈如弁髦 : '弁'은 冠禮할 때 동자가 모발을 늘어뜨린 채 처음 쓰는 冠이고, '髦'는 동자가 두 발을 눈썹까지 늘어뜨리는 髮式이다. 관례에는 반드시 세 차례 관을 바꾸어 쓰는데, 관례를 마친 뒤에는 처음에 썼던 변을 버린다.

居檮杌于四裔하야 以禦螭魅라 故允姓之姦居于瓜州[215]러니 伯父惠公歸自秦하야 而誘以來[216]하야 使偪我諸姬하고 入我郊甸일새 則戎焉取之하니 戎有中國이 誰之咎也오 后稷封殖天下를 今戎制之하니 不亦難乎아 伯父圖之하라 我在伯父는 猶衣服之有冠冕하고 木水之有本原하고 民人之有謀主也니 伯父若裂冠毁冕하고 拔本塞原하고 專棄謀主하면 雖戎狄이라도 其何有余一人이리오 叔向謂宣子曰 文之伯(패)也에 豈能改物이리오 翼戴天子하야 而加之以共하더니 自文以來로 世有衰德하야 而暴蔑宗周하야 以宣示其侈하니 諸侯之貳 不亦宜乎아 且王辭直하니 子其圖之하라 宣子說(열)하다 王有姻喪이어늘 使趙成如周弔하고 且致閻田與襚하고 反潁俘한대 王亦使賓滑執甘大夫襄하야 以說於晉하니 晉人禮而歸之하다

周나라 甘人이 晉나라 閻嘉와 閻邑의 토지를 다투었는데, 晉나라 梁丙·張趯이 陰戎을 거느리고 가서 潁(周나라 땅)을 치자, 周王이 詹桓伯을 使臣으로 보내 晉나라를 꾸짖어 말하였다.

后稷

"우리 周나라는 夏나라 때부터 后稷의 공로로 〈封地를 받아〉 魏國·駘國·芮國·岐國·畢國은 우리의 西方 영토가 되었고, 武王이 商나라를 이긴 뒤에 미쳐서는 蒲姑·商奄은 우리의 東方 영토가 되고, 巴·濮·楚·鄧은 우리의 南方 영토가 되고, 肅愼·燕·亳은 우리의 北方 영토가 되었으니, 우리 주나라의 封疆이 어찌 가까운 거리이겠는가? 文王·武王·成王·康王께서 母弟를 제후로 세워 주나라의 울타리가 되게 한 것은 또한 王室을 보좌하여 쇠퇴를 방지하게 하기 위함이었는데, 어찌 〈왕실을〉 弁髦처럼 쓸모없는 물건으로 여겨 이로 인하여 버려서야 되겠는가?

先王이 檮杌 등 네 사람을 四裔(사방의 먼 변방)로 내쳐 螭魅(妖怪)를 막게 하셨기 때문에 允姓의 간악한 족속이 瓜州에 거주하게 되었다. 伯父 惠公이 秦나라에서 돌아온 뒤에 戎族을

215 允姓之姦居于瓜州：允姓은 陰戎의 祖上으로 三苗와 함께 三危로 追放된 자이다. 瓜州는 지금의 敦煌이다.(杜注)

216 伯父惠公歸自秦 而誘以來：僖公 15년에 晉 惠公이 秦나라에서 돌아왔고, 22년에 秦나라와 晉나라가 陸渾의 戎을 伊川으로 옮겼다.(杜注)

유인해 와서 그들로 하여금 우리 여러 姬姓國을 핍박하고 우리 주나라의 근교까지 들어오게 하였으므로 戎人이 이에 이곳을 점유하였으니, 융인이 中國을 점유한 것이 누구의 잘못인가? 후직이 封殖(五穀을 가꿈)하던 천하를 지금 융인이 牧地로 만들고 있으니, 天子 노릇 하기가 어렵지 않겠는가? 백부는 깊이 생각하기 바란다.

내가 백부에게 있어 衣服에 冠冕이 있고 나무에 뿌리가 있고 물에 근원이 있고 民人에 謀主가 있는 것과 같으니, 백부가 만약 관을 찢고 면류관을 망가뜨리고 나무의 뿌리를 뽑고 물의 근원을 막고 모주를 멋대로 버린다면 비록 戎狄이라 하더라도 어찌 余一人(天子의 자칭)을 무시하지 안중에 두겠는가?"

叔向이 宣子(韓起)에게 말하였다.

"〈우리 先君〉 文公께서 패자가 되셨을 때 언제 옛 文物(禮樂制度)을 고친 적이 있었습니까? 天子를 보좌하고 추대하며 더욱 공경하셨습니다. 그런데 문공 이후로는 대대로 덕이 쇠하여 宗周(周王室)를 해치고 멸시하여 교만함을 드러내 보였으니, 제후가 두마음을 품는 것이 또한 당연하지 않습니까? 그리고 또 周王의 말이 바르니 당신께서는 깊이 생각하소서."

이에 선자가 기뻐하였다. 이때 주왕의 姻戚에 喪事가 났는데, 선자가 趙成을 보내 주나라로 가서 弔喪하고, 또 閻邑의 토지와 襚衣를 바치고, 潁邑을 공격할 때 잡은 포로를 돌려주었다. 그러자 주왕도 賓滑을 시켜 甘大夫 襄을 잡아 보내 晉나라를 기쁘게 하니, 晉人은 감대부를 예우하여 돌려보냈다.

字義 辭 : 꾸짖을 사　侈 : 교만할 치

【經】夏四月陳災하다

여름 4월에 陳나라에 火災가 發生하였다.

【傳】夏四月에 陳災하니 鄭裨竈曰 五年에 陳將復(부)封이요 封五十二年而遂亡하리라 子產問其故한대 對曰 陳은 水屬也[217]요 火는 水妃也로 而楚所相也[218]라 今火出而火陳하니

217 陳 水屬也 : 顓頊이 水德으로 천하를 다스렸기 때문에 그 후손인 陳나라가 水에 속한다고 한 것이다.(《春秋左傳正義》)

218 火……而楚所相也 : 相은 治이다. 楚나라 선조 祝融이 高辛氏의 火正(불을 맡은 장관)이 되어 불에 관한 일을 주관해 다스렸다.(杜注)

逐楚而建陳也[219]라 妃以五成이라 故曰 五年[220]이라 歲五及鶉火하면 而後陳卒亡하야 楚克有之하리니 天之道也라 故曰 五十二年[221]이라하노라

여름 4월에 陳나라에 화재가 발생하였는데, 鄭나라 裨竈가 말하였다.

"5년 뒤에 진나라가 다시 封해질 것이고, 봉해진 지 52년 뒤에 드디어 망할 것이다."

子産이 그 까닭을 묻자, 비조가 대답하였다.

"진나라는 水에 속하였고 火는 水의 配偶로 楚나라가 다스리는 바입니다. 지금 火星이 출현하자 진나라에 화재가 발생하였으니, 이는 楚人을 몰아내고 진나라를 재건할 조짐입니다. 配合〔妃〕은 五로써 이루어지기 때문에 '5년'이라 한 것입니다. 歲星이 다섯 차례 鶉火에 미치면 이후에 진나라가 끝내 망하여 초나라가 그 땅을 소유할 것이니, 이는 天道입니다. 그러므로 '52년'이라고 한 것입니다."

字義 相 : 다스릴 상

【經】秋라

가을이다.

【傳】晉荀盈如齊逆女하고 還이라가 六月에 卒于戲陽하다 殯于絳하고 未葬에 晉侯飮酒樂하니 膳宰屠蒯趨入하야 請佐公使尊이어늘 許之한대 而遂酌以飮工曰 女爲君耳하니 將司聰也라 辰在子卯를 謂之疾日[222]이니 君徹宴樂하고 學人舍業하나니 爲疾故也라 君之卿佐를 是謂股肱이니 股肱或虧면 何痛如之리오 女弗聞而樂하니 是不聽也라하고 又

---

219 今火出而火陳 逐楚而建陳也 : 水가 妃(火)를 얻으면 흥성하니, 陳(水)나라가 흥성하면 楚(火)나라가 쇠퇴한다. 그러므로 楚人을 축출하고 陳나라를 세운다고 한 것이다.(杜注)

220 妃以五成 故曰五年 : 妃는 合이다. 五行이 각각 서로 배합하는 데는 五를 얻어 이루어지기 때문에 5년 뒤에 陳나라가 다시 봉해진다고 한 것이다. 13년에 陳侯 吳가 陳나라로 돌아간 傳의 배경이다.(杜注)

221 歲五及鶉火……五十二年 : 今年에 歲星이 星紀에 있으니 5년 뒤에 大梁에 이르면 陳나라가 다시 봉해진다. 세성이 대량에서 4년 뒤이면 鶉火에 미치고, 뒤이어 4周하면 48년이 되니 세성이 다섯 차례 순화에 미치기까지 모두 52년이다.(杜注)

222 辰在子卯 謂之疾日 : 疾은 미워함이다. 商紂가 甲子日에 죽고, 夏桀이 乙卯日에 죽었기 때문에 國君은 이날을 忌日로 여긴다.(杜注)

飮外嬖嬖叔[223]曰 女爲君目하니 將司明也라 服以旌禮하고 禮以行事니 事有其物하고 物有其容이라 今君之容이 非其物也어늘 而女不見하니 是不明也라 亦自飮也하야 曰 味以行氣하고 氣以實志하며 志以定言하고 言以出令하나니 臣實司味로니 二御失官이어늘 而君弗命하시니 臣之罪也라한대 公說(열)하야 徹酒하다

晉나라 荀盈이 齊나라에 가서 齊女를 아내로 맞이하고 돌아오다가 6월에 戲陽(晉나라 땅)에서 卒하였다. 絳에 殯하고 아직 장사 지내기 전에 晉侯(平公)가 술을 마시며 음악을 연주하니, 膳宰(廚房長) 屠蒯가 달려 들어가서 平公을 도와 술을 따르기를 청하였는데 평공이 허락하자, 그가 드디어 술을 따라 樂工(師曠)에게 마시게 하며 말하였다.

"그대는 임금의 귀가 되었으니 밝게 듣는 일을 맡았다. 地支〔辰〕가 子나 卯에 있는 날을 疾日(忌日)이라 하는데, 이날에는 임금도 음악을 철거하고 음악을 배우는 자도 학업을 정지하니, 이는 질일이기 때문이다. 임금의 卿佐를 股肱이라 하는데, 고굉이 이지러지면 이만한 아픔이 어디 있겠는가? 그런데 그대는 〈卿佐의 죽음을〉 못 들은 체하고 음악을 연주하였으니 이는 밝게 듣지 않은 것이다."

또 술을 따라 外嬖 嬖叔에게 마시게 하며 말하였다.

"그대는 임금의 눈이 되었으니 밝게 보는 일을 맡았다. 服裝으로 吉凶의 禮를 표현하고 禮로써 길흉의 일을 행하니, 일에는 〈吉事 · 凶事 등의〉 類〔物〕가 있고 類에는 그 일에 합당한 용모가 있다. 그런데 지금 임금님의 용모가 그 類에 맞지 않은데도 그대는 못 본체하였으니 이는 밝게 보지 않은 것이다."

또 술을 따라 스스로 마시며 말하였다.

"口味로써 血氣를 流通시키고 혈기로써 意志를 充實하게 하며, 의지로써 언어를 결정하고 언어로써 명령을 내는 법입니다. 신은 바로 구미 돋우는 일을 맡은 관리로, 두 侍御가 맡은 일을 잃었는데도 임금님께서 명을 내려 처벌하지 않으시니, 이는 신의 죄입니다."

이에 平公이 기뻐하여 주연을 철거하였다.

字義 旌 : 드러낼 정

初에 公欲廢知氏而立其外嬖러니 爲是悛而止[224]하다 秋八月에 使荀躒佐下軍以說焉하다

---

223 外嬖嬖叔 : 外都의 大夫 중에 사랑하는 자이다.(杜注)

224 初……爲是悛而止 : 이에 앞서 晉 平公은 荀盈이 죽은 기회를 이용해 知氏를 폐기하고 卿으로 세우지 않고자 하였다. 知氏는 바로 荀氏이다.(林堯叟)

當初에 晉 平公이 知氏를 폐기하고 자기의 外嬖를 대신 그 자리에 세우고자 하였는데, 이번에 〈屠蒯의 말을 듣고는〉 마음을 고쳐먹고 그 일을 그만두었다. 가을 8월에 荀躒(荀盈의 아들 知文子)을 下軍의 副元帥로 삼아 스스로 해명하였다.

【經】 仲孫貜(확)如齊하다

가을에 仲孫貜이 齊나라에 갔다.

【傳】 孟僖子如齊殷聘하니 禮也라

孟僖子가 齊나라에 가서 殷聘(많은 예물을 가지고 가서 聘問함)하였으니 禮에 맞았다.

【經】 冬에 築郞囿하다

겨울에 郞에 苑囿를 축조하였다.

【傳】 冬에 築郞囿하니 書는 時也라 季平子欲其速成也어늘 叔孫昭子曰 詩曰 經始勿亟하시나 庶民子來[225]로다하니 焉用速成하야 其以勦民也리오 無囿는 猶可어니와 無民이면 其可乎아

겨울에 郞에 苑囿를 축조하였는데, 經에 이를 기록한 것은 시기에 맞았기 때문이다. 季平子가 이 원유를 속히 완성하려 하였는데, 叔孫昭子가 말하였다.

"《詩經》에 '처음 계획을 세워 〈靈臺를 축조할 때〉 서둘지 말라고 하셨으나, 庶民들이 아비의 일에 자식이 달려오듯이 하였도다.'라고 하였으니, 완성을 서둘러 백성들을 수고롭게 할 필요가 뭐 있습니까? 원유가 없는 것은 오히려 괜찮지만, 백성이 없으면 어찌 나라가 될 수 있겠습니까?"

字義 勦 : 수고로울 초

---

225 經始勿亟 庶民子來 : 《詩經》 〈大雅 靈臺〉의 시구이다. 文王이 처음 靈臺의 營建을 계획할 때 빨리 완성하려 하지 않았으나, 백성들이 자식의 義理로 달려와서 서로 권면하며 즐겁게 일을 하였다는 것을 말한 것이다.(杜注)

〈10년, 己巳(B.C. 532)〉

【經】 十年이라 春王正月이라

10년이다. 봄 周王 正月이다.

【傳】 十年이라 春王正月에 有星出于婺(무)女어늘 鄭裨竈言於子産曰 七月戊子에 晉君將死하리라 今玆歲在顓頊之虛하니 姜氏任氏實守其地라 居其維首어늘 而有妖星焉하니 告邑姜也[226]라 邑姜은 晉之妣也라 天以七紀[227]하나니 戊子에 逢(방)公以登이어늘 星斯於是乎出[228]하니 吾是以識之하노라

10년이다. 봄 周王 正月에 客星이 婺女(女宿)에 출현하였는데, 鄭나라 裨竈가 子産에게 말하였다.

"7월 戊子日에 晉君이 죽을 것입니다. 금년에 歲星이 玄枵〔顓頊之虛〕에 있는데, 姜氏(齊)와 任氏(薛)가 실로 그 分野의 땅을 지키고 있습니다. 女宿(여수)가 그 星次〔維〕의 首位에 있는데 그곳에 妖星이 출현하였으니, 이는 邑姜에게 災禍를 예고한 것입니다. 읍강은 晉나라의 先妣입니다. 하늘은 七(宿)로 星次(星位)를 나눕니다(다스립니다). 戊子日에 逢公이 죽었는데 그때에도 客星이 이곳에 출현하였으니, 나는 이로써 晉君이 죽을 것을 압니다."

字義 逢 : 성 방(=逄) 登 : 죽을 등

【經】 夏에 齊欒施來奔하다

여름에 齊나라 欒施(子旗)가 魯나라로 도망 왔다.

【傳】 齊惠欒高氏皆耆酒하고 信內多怨하며 彊於陳鮑氏而惡(오)之러니 夏에 有告陳

---

226 有星出于婺(무)女……告邑姜也 : 客星이 玄枵의 首位(女宿)에 머물러 있는 것이다. 邑姜은 齊나라 太公의 딸이고 晉나라 唐叔의 母親이다. 星占에 婺女는 이미 출가한 딸로 여기고, 織女는 처녀로 여긴다. 읍강은 제나라에서 이미 출가한 딸이다. 妖星이 무녀에 출현하였으나 제나라는 歲星이 머물러 있는 곳이어서 도움을 받기 때문에 禍가 읍강의 후손에게 돌아갈 것을 안 것이다.(杜注)

227 天以七紀 : 하늘은 七로써 數를 기록한다는 말이다. 二十八宿를 7宿씩 사방에 分屬한 것을 이른다.

228 戊子……星斯於是乎出 : 逢公은 殷王朝 때의 제후로 齊나라 땅에 주거한 자이다. 방공이 죽으려 할 때 婺女에 妖星이 출현하였다. 이때에는 歲星이 제나라 分野에 있지 않았기 때문에 제나라가 직접 禍를 당하여 戊子日에 방공이 죽은 것이다.(杜注)

桓子曰 子旗子良將攻陳鮑라하고 亦告鮑氏하다 桓子授甲하고 而如鮑氏라가 遭子良醉而騁이나 遂見文子하니 則亦授甲矣러라 使視二子하니 則皆將飮酒어늘 桓子曰 彼雖不信이나 聞我授甲하면 則必逐我하리니 及其飮酒也하야 先伐諸라하니 陳鮑方睦하야 遂伐欒高氏하다 子良曰 先得公하면 陳鮑焉往이리오하고 遂伐虎門[229]하다

齊나라 惠公의 後孫인 欒氏(子旗)와 高氏(子良)는 모두 술을 즐기고 부녀자의 말을 믿으므로 원망하는 사람이 많았으며, 세력이 陳氏 · 鮑氏보다 강성하면서도 진씨와 포씨를 미워하였는데, 여름에 어떤 자가 陳桓子에게 고하기를 "子旗와 子良이 진씨와 포씨를 공격하려 합니다." 하고, 또 포씨에게도 이렇게 고하였다. 진환자가 家兵에게 무장하게 하고, 〈본인은 일을 협의하기 위해〉 포씨의 집으로 가다가 도중에서 술에 취해 말을 달리는 자량을 보았으나, 마침내 가서 鮑文子를 만나보니 그 역시 가병을 무장시키고 있었다. 이들이 사람을 보내 자기와 자량의 동정을 살피게 하였더니, 두 사람은 모두 〈연회를 열어〉 술을 마실 준비를 하고 있었는데, 진환자가 말하였다.

"저자(자기와 자량이 진씨와 포씨를 공격하려 한다는 말을 전한 자)의 말이 사실이 아니라 하더라도 우리가 가병을 무장시켰다는 말을 들으면 저들은 반드시 우리를 추격할 것이니, 저들이 술을 마실 때에 미쳐 우리가 먼저 저들을 칩시다."

이때 진씨와 포씨가 화목하였으므로 드디어 함께 난씨와 고씨를 공격하였다. 그러자 자량이 말하였다.

"우리가 먼저 임금의 도움을 얻는다면 진씨와 포씨가 어디로 가겠는가?"

그러고는 드디어 虎門을 공격하였다.

晏平仲端委하야 立于虎門之外러니 四族召之호되 無所往하니 其徒曰 助陳鮑乎아 曰 何善焉이리오 助欒高乎아 曰 庸愈乎리오 然則歸乎아 曰 君伐하니 焉歸리오 公召之하니 而後入하다 公卜使王黑以靈姑銔率(솔)하니 吉이어늘 請斷三尺焉而用之[230]하다 五月庚辰에 戰于稷[231]하야 欒高敗어늘 又敗諸(저)莊[232]하니 國人追之하야 又敗諸鹿門하다 欒施高彊

229 遂伐虎門 : 公宮으로 들어가고자 하였으나 公이 허락하지 않았기 때문에 公門을 공격한 것이다.(杜注) 寢門에 호랑이를 그렸기 때문에 그 문을 '虎門'이라 한다.(林堯叟)

230 公卜使王黑以靈姑銔率(솔)吉 請斷三尺焉而用之 : 王黑은 齊나라 대부이다. 靈姑銔는 齊 景公의 旗이다. 석 자를 자른 것은 감히 임금과 같은 길이의 기를 사용할 수 없어서이다.(杜注)

231 戰于稷 : 稷은 后稷을 祭祀하는 稷檀이 있는 곳이다.(杜注)

232 又敗諸(저)莊 : 莊은 수레 여섯 채가 나란히 달릴 수 있는 넓은 街道의 이름이다.(杜注)

來奔하니 陳鮑分其室하다

晏平仲이 朝服〔端委〕을 입고 虎門 밖에 서 있었는데, 네 家族이 서로 불렀으나 아무에게도 가지 않으니, 그 侍從이 물었다.

"陳氏와 鮑氏를 도우시렵니까?"

안평중이 대답하였다.

"무슨 善行이 있기에 그들을 돕겠느냐?"

시종이 다시 물었다.

"그렇다면 欒氏와 高氏를 도우시렵니까?"

안평중이 대답하였다.

"그들인들 진씨와 포씨보다 나은 게 뭐 있느냐?"

시종이 다시 물었다.

"그렇다면 집으로 돌아가시겠습니까?"

안평중이 대답하였다.

"임금님께서 공격을 당하고 계신데 어찌 돌아갈 수 있느냐?"

안평중은 景公이 부른 뒤에 寢門 안으로 들어갔다. 경공이 王黑으로 하여금 靈姑銔를 가지고 군대를 지휘하게 하는 것이 어떻겠는지에 대해 점을 치니 吉하였는데, 왕흑이 영고비의 길이를 석 자 잘라내고 사용할 수 있기를 청하였다. 5월 庚辰日에 稷에서 전투하여 난씨와 고씨를 패배시켰는데, 또 莊에서 패배시키니, 國人이 그들을 추격하여 또 鹿門(齊나라 城門)에서 패배시켰다. 欒施와 高彊이 魯나라로 도망해 오니, 진씨와 포씨가 그들의 家産을 나누어 가졌다.

晏子謂桓子호되 必致諸公하라 讓은 德之主也니 讓之謂懿德이라 凡有血氣는 皆有爭心하나니 故利不可强이라 思義爲愈니 義는 利之本也라 蘊利면 生孼이니 姑使無蘊乎인저 可以滋長이리라 桓子盡致諸公하고 而請老于莒하다

晏子(晏平仲)가 陳桓子에게 말하였다.

"그 家産을 반드시 임금님께 바치십시오. 謙讓은 덕행의 근본이니, 사람들이 겸양을 미덕이라 합니다. 血氣를 가진 모든 사람은 다 이익을 쟁취하려는 마음이 있습니다. 그러므로 이익은 强取해서는 안 됩니다. 道義가 남보다 낫기를 생각해야 하니 도의는 이익의 근본입니다. 財利를 축적하면 재앙이 생기게 마련이니 우선은 재리가 쌓이지 않게 하십시오. 그러면 앞으로 이익이 더욱 늘어날 것입니다."

진환자가 〈나누어 가진 欒·高의 가산을〉 다 齊 景公에게 바치고, 벼슬에서 물러나 莒邑(齊나라 邑)에서 노년을 보내기를 청하였다.

桓子召子山하야 私具幄幕器用과 從者之衣屨하야 而反棘焉하며 子商도 亦如之하야 而反其邑하며 子周도 亦如之[233]하야 而與之夫于하고 反子城子公公孫捷하야 而皆益其祿하며 凡公子公孫之無祿者를 私分之邑하며 國之貧約孤寡者를 私與之粟하고 曰 詩云 陳錫載周[234]라하니 能施也라 桓公是以霸하니라 公與桓子莒之旁邑한대 辭어늘 穆孟姬爲之請高唐하니 陳氏始大하다

陳桓子가 子山을 불러 사적으로 帳幕과 器用 및 종자들의 의복과 신발을 준비하게 하고 棘邑을 그에게 돌려주었으며, 子商에게도 그렇게 하게 하고 그의 봉읍을 돌려주었으며, 子周에게도 그렇게 하게 하고 그에게 夫于(地名)를 주었고, 子城 · 子公 · 公孫 捷을 귀국시켜 모두 녹봉을 올려주었으며, 公子나 公孫으로 녹봉이 없는 자들에게는 자기의 봉읍을 나누어주었으며, 國內의 貧弱한 홀아비와 홀어미에게는 자기의 곡식을 나누어주었다. 그리고 말하였다.

"《詩經》에 '이익을 分配해 사람들에게 주었기 때문에 周나라를 創造하였다.'라고 하였으니, 이는 시혜를 잘하였기 때문이다. 桓公도 이렇게 함으로써 패자가 된 것이다."

齊 景公이 진환자에게 莒邑 주변의 읍을 주자, 진환자가 사양하였는데, 穆孟姬(제 경공의 母親)가 진환자를 위해 高唐을 주기를 청하니 陳氏가 비로소 강대해졌다.

【經】 秋七月에 季孫意如叔弓仲孫貜帥(솔)師伐莒하다

가을 7월에 季孫意如(平子) · 叔弓 · 仲孫貜이 군대를 거느리고 가서 莒나라를 쳤다.

【傳】 秋七月에 平子伐莒하야 取郠(경)하고 獻俘할새 始用人於亳社하다 臧武仲在齊하야 聞之하고 曰 周公其不饗魯祭乎인저 周公饗義어늘 魯無義로다 詩曰 德音孔昭하야 視民不佻[235]라하니 佻之謂甚矣어늘 而壹用之하니 將誰福哉리오

가을 7월에 季平子가 莒나라를 쳐서 郠邑을 취하고, 〈승전하고 돌아와 太廟에〉 포로를 바칠 때 비로소 亳社(殷社)에 사람을 희생으로 썼다. 臧武仲이 齊나라에서 이 소식을 듣고 말하였다.

"周公은 아마도 魯나라의 제사를 흠향하지 않을 것이다. 주공은 道義에 맞는 제사를 흠향

---

233 桓子召子山……亦如之 : 子山, 子商, 子周는 襄公 31년에 子尾가 축출한 公子들이다.(杜注)

234 陳錫載周 : 《詩經》 〈大雅 文王〉의 시구이다. 文王이 능히 大利를 布陳(布施)하여 천하 사람들에게 주는 일을 두루 행하였다는 말이다.(杜注) 《시경》에는 '載'가 '哉'로 되어 있다.

235 德音孔昭 視民不佻 : 《詩經》 〈小雅 鹿鳴〉의 시구이다.(杜注) '佻'가 《시경》에는 '恌'로 되어 있다.

할 터인데, 노나라가 도의를 무시했으니 말이다. 《詩經》에 '德音(道德에 맞는 말)이 매우 밝아서, 백성에게 보여주어 각박하지 않게 하네.'라고 하였다. 각박한 것도 심하다고 할 수 있는데 사람과 牛羊을 동일하게 여겨 희생으로 썼으니, 장차 어찌 福을 받을 수 있겠는가?"

字義 恌 : 각박할 조

【經】戊子에 晉侯彪卒하니 九月에 叔孫婼(착)如晉하여 葬晉平公하다

戊子日에 晉侯 彪(晉 平公)가 卒하였는데, 9월에 叔孫婼이 晉나라에 가서 진 평공의 장사에 會葬하였다.

【傳】戊子에 晉平公卒하니 鄭伯如晉하야 及河에 晉人辭之한대 游吉遂如晉하다 九月에 叔孫婼齊國弱宋華定衛北宮喜鄭罕虎許人曹人莒人邾人滕人薛人杞人小邾人如晉하니 葬平公也라

戊子日에 晉 平公이 卒하니, 鄭伯이 〈弔喪하러〉 晉나라에 가기 위해 길을 떠나 黃河에 당도하였을 때 晉人이 사절하자, 〈정백은 되돌아오고〉 游吉만 드디어 진나라로 갔다. 9월에 叔孫婼·齊나라 國弱·宋나라 華定·衛나라 北宮喜·鄭나라 罕虎·許人·曹人·莒人·邾人·滕人·薛人·杞人·小邾人이 진나라에 갔으니, 이는 진 평공의 장례에 會葬하기 위함이었다.

鄭子皮將以幣行이어늘 子産曰 喪焉用幣리오 用幣인댄 必百兩이요 百兩이면 必千人이니 千人至라도 將不行이니 不行이면 必盡用之하리니 幾千人而國不亡가 子皮固請以行하다

鄭나라 子皮(罕虎)가 〈晉나라에 조문 가면서 新君을 알현할 때 바칠〉 禮幣를 가지고 가려 하였는데, 子産이 말하였다.

"喪事에 예폐가 무슨 소용이 있습니까? 예폐를 가지고 가려면 반드시 수레 백 兩이 필요하고 백 량이면 사람 천 명이 필요합니다. 천 명이나 되는 사람이 예폐를 가지고 가더라도 아마 〈신군을 알현하는 예를〉 거행할 수 없을 것이니, 거행하지 못한다면 반드시 그 예폐를 다 비용으로 쓰고 말 것입니다. 천 명이 예폐를 가지고 가는 일을 몇 차례 반복한다면 나라가 망하지 않겠습니까?"

그러나 자피는 굳이 청하여 예폐를 가지고 갔다.

字義 兩 : 수레 세는 단위 량(=輛) 幾 : 여러 차례 기

既葬에 諸侯之大夫欲因見(현)新君이러니 叔孫昭子曰 非禮也라하야늘 弗聽한대 叔向辭之曰 大夫之事畢矣어늘 而又命孤로다 孤斬焉在衰(최)絰之中이로니 其以嘉服見인댄 則喪禮未畢이요 其以喪服見인댄 是重受弔也라 大夫將若之何오 皆無辭以見하다

장사를 마친 뒤에 제후의 大夫들은 이 기회를 이용해 晉나라 新君을 알현하려고 하였는데, 叔孫昭子가 "禮가 아니다."라고 하였으나 그들이 듣지 않자, 叔向이 사절하는 晉 昭公의 말을 전하였다.

"대부들의 일이 끝났는데도 또 나에게 서로 만나자고 명하십니다 그려. 내가 비통한 喪中에 있으니 만약 吉服을 입고 여러분을 만나본다면 喪禮가 아직 끝나지도 않았는데 〈길복을 입는 非禮를 범하는 것이고〉 만약 喪服을 입고 여러분을 만나본다면 이는 거듭 弔問을 받는 것입니다. 대부들은 장차 어찌하겠습니까?"

대부들이 모두 알현을 요구하는 말을 하지 못하였다.

子皮盡用其幣하고 歸하야 謂子羽曰 非知之實難이라 將在行之로다 夫子知之矣어늘 我則不足하니라 書曰 欲敗度하고 縱敗禮[236]라하니 我之謂矣로다 夫子知度與禮矣어늘 我實縱欲하야 而不能自克也와라

子皮가 그 禮幣를 다 쓰고 돌아와서 子羽(公孫 揮)에게 말하였다.

"아는 것이 실로 어려운 것이 아니라 어려움은 아마도 행하는 데 있는 듯하다. 夫子(子産)는 그것을 알고 〈나에게 일러주었으나〉 내가 부족하여 그 말을 따르지 못하였다. 《書經》에 '욕심이 법도를 파괴[敗]하고 방종이 禮를 파괴한다.'라고 하였는데, 이는 바로 나를 이른 것이다. 부자는 법도와 예를 알아 〈나에게 일러주었는데도〉 내가 실로 사욕에 방종하여 스스로 억제하지 못하였다."

昭子至自晉하니 大夫皆見(현)하다 高彊見而退하니 昭子語諸大夫曰 爲人子不可不愼也哉인저 昔에 慶封亡에 子尾多受邑이라가 而稍致諸君하니 君以爲忠이라하야 而甚寵之러니 將死에 疾于公宮이어늘 輦而歸하며 君親推之로되 其子不能任이라 是以在此니라 忠爲令德이어늘 其子弗能任하야 罪猶及之하니 難[237]不愼也리오 喪夫人之力하야 棄德曠宗하야 以及其身하니 不亦害乎아 詩曰 不自我先이며 不自我後[238]라하니 其是之謂乎인저

---

236 欲敗度 縱敗禮 : 《書經》〈商書 太甲 中〉에 보인다.

237 難 : '奈何'의 合音이다.(楊注)

238 不自我先 不自我後 : 《詩經》〈小雅 正月〉의 시구이다. 禍亂은 다른 데 있는 것이 아니라 바로 자기 자신에게 있다는 것을 말하여 高彊 자신이 이런 禍를 자초하였다는 것을 비유한 것이다.(杜注)

昭子(叔孫婼)가 晉나라에서 돌아오니, 大夫들이 모두 가서 알현하였다. 高彊(子良)이 알현하고는 즉시 물러가니, 소자가 대부들에게 말하였다.

"자식 된 사람은 謹愼하지 않아서는 안 됩니다. 예전에 慶封이 도망간 뒤에 子尾가 많은 邑을 받았다가 이내〔稍〕 그 읍을 齊君에게 바치니, 제군은 그를 충성스럽다고 여겨 매우 총애하였습니다. 그가 죽을 때 公宮에서 병을 얻었는데 제군은 그를 수레에 태워 돌려보내며 친히 그 수레를 밀기까지 하였습니다. 그런데 그 자식 고강은 〈아비의 爵祿을 계승해 지키는 일을〉 감당하지 못하였습니다. 그러므로 우리 魯나라로 도망해 와 있는 것입니다.

忠誠은 美德이건만 그 자식은 〈그 미덕을 계승해 지키는 일을〉 감당하지 못하여 오히려 죄가 미쳤으니 어찌〔難〕 삼가지 않아서야 되겠습니까? 그 아비의 공로를 상실하여 아비의 공덕을 버리고 宗廟의 제사를 폐하여 죄가 그 몸에 미쳤으니 이것이 害가 아니겠습니까? 《詩經》에 '禍는 나의 행위에 앞서 이르지도 않고 나의 행위에 뒤처져 생기지도 않는다.'라고 하였으니, 아마도 고강의 경우를 이른 듯합니다."

【經】 十有二月甲子에 宋公成卒하다

12월 甲子日에 宋公 成(宋 平公)이 卒하였다.

【傳】 冬十二月에 宋平公卒하다 初에 元公惡寺(오시)人柳하야 欲殺之러니 及喪에 柳熾炭于位라가 將至則去之하다 比葬에 又有寵하다

겨울 12월에 宋 平公이 卒하였다. 당초에 宋 元公(平公의 太子 佐)이 寺人 柳를 미워하여 죽이고자 하였는데, 喪을 당함에 미쳐 柳가 원공이 앉을 喪次의 자리에 미리 숯불을 피워 따뜻하게 하였다가 원공이 이를 때쯤이면 그 숯불을 치웠다. 장사를 지낸 뒤에 柳는 또 원공의 총애를 받았다.

〈11년, 庚午(B.C. 531)〉

【經】 十有一年이라 春王二月에 叔弓如宋하야 葬宋平公하다

11년이다. 봄 周王 2월에 叔弓이 宋나라에 가서 宋 平公의 葬事에 會葬하였다.

【傳】十一年이라 春王二月에 叔弓如宋하니 葬平公也라

11년이다. 봄 周王 2월에 叔弓이 宋나라에 갔으니, 이는 宋 平公의 장사에 會葬하기 위함이었다.

【經】夏四月丁巳에 楚子虔[239]誘蔡侯般하야 殺之于申하다 楚公子棄疾帥(솔)師圍蔡하다

여름 4월 丁巳日에 楚子 虔(楚 靈王)이 蔡侯 般을 유인해 그를 申에서 죽였다. 楚나라 公子 棄疾이 군대를 거느리고 가서 蔡나라를 포위하였다.

【傳】景王問於萇弘曰 今玆諸侯何實吉이며 何實凶고 對曰 蔡凶하리니 此는 蔡侯般弑其君之歲也라 歲在豕韋[240]하니 弗過此矣리라 楚將有之어니와 然壅也라 歲及大梁[241]하면 蔡復楚凶하리니 天之道也라

周 景王이 萇弘(周나라 大夫)에게 물었다.

"금년에 제후 중에 어느 나라가 吉하며, 어느 나라가 凶하겠느냐?"

장홍이 대답하였다.

"蔡나라가 흉할 것이니, 금년은 바로 蔡侯 般(蔡 靈侯)이 그 임금을 시해했던 해와 같습니다. 歲星이 豕韋(室宿)에 있으니 채나라는 금년을 넘기지 못할 것입니다. 楚나라가 장차 채나라를 소유하겠지만 초나라는 악행이 쌓였으므로, 세성이 大梁에 미치면 채나라는 부흥하고 초나라는 흉한 일을 당할 것이니, 이것이 天道(하늘의 뜻)입니다."

字義 壅 : 쌓일 옹

楚子在申하야 召蔡靈侯하니 靈侯將往이어늘 蔡大夫曰 王貪而無信하니 唯蔡於感[242]이라 今幣重而言甘하니 誘我也라 不如無往이니라 蔡侯不可하다 三月丙申에 楚子伏甲而饗蔡侯於申이라가 醉而執之하야 夏四月丁巳에 殺之하고 刑其士七十人하다 公子棄疾帥(솔)

239 楚子虔 : 楚 靈王이다. 본래의 이름은 圍였는데, 즉위한 뒤에 虔으로 고쳤다.

240 歲在豕韋 : 襄公 30년에 蔡나라 世子 般이 그 임금을 시해하였다. 그때 歲星이 豕韋(室宿)에 있었는데, 13년이 지난 지금 세성이 다시 시위에 와 있다는 말이다.(杜注)

241 大梁 : 星次 이름이다. 十二支에서 酉이고, 二十八宿에서 胃·昴·畢의 자리이다.

242 唯蔡於感 : 楚나라는 蔡나라가 자기들에게 복종하지 않는 것을 항상 한으로 여겼다.(杜注)

師圍蔡하다

楚子가 申에 있으면서 蔡 靈侯를 부르니 영후가 가려 하였는데, 蔡나라 大夫들이 말하였다.

"楚王은 탐욕스러워 信義가 없는데, 유독 우리 채나라에 한을 품고 있습니다. 지금 보내온 禮物이 많고 초청하는 말이 달콤하니 이는 우리를 유인하는 것입니다. 가지 않는 것이 좋겠습니다."

채후는 따르지 않았다. 3월 丙申日에 초자가 군대를 매복시켜 놓고 申에서 채후를 접대하다가 채후가 술에 취하자 체포하여, 여름 4월 丁巳日에 채후를 죽이고, 그 수행원 70인까지 함께 죽였다. 公子 棄疾이 군대를 거느리고 가서 채나라를 포위하였다.

韓宣子問於叔向曰 楚其克乎아 對曰 克哉인저 蔡侯獲罪於其君하고 而不能其民하니 天將假手於楚以斃之라 何故不克이리오 然肸聞之호니 不信以幸은 不可再也라하니 楚王奉孫吳以討於陳할새 曰 將定而國이라한대 陳人聽命이어늘 而遂縣之하니라 今又誘蔡하야 而殺其君하고 以圍其國하니 雖幸而克이라도 必受其咎하리니 弗能久矣리라 桀克有緡하야 以喪其國하고 紂克東夷하야 而隕其身이라 楚小位下어늘 而亟(기)暴於二王하니 能無咎乎아 天之假助不善은 非祚之也라 厚其凶惡하야 而降之罰也라 且譬之如天其有五材는 而將用之나 力盡而敝之라 是以無拯이니 不可沒振[243]이니라

韓宣子가 叔向에게 물었다.

"楚나라가 勝利하겠는가?"

숙향이 대답하였다.

"승리할 것입니다. 蔡侯가 그 임금에게 죄를 짓고 백성에게 덕을 펴지 않으니, 하늘이 초나라의 손을 빌려 채후를 죽이려는 것입니다. 어찌 승리하지 못하겠습니까? 그러나 내(肸) 들으니, 信義가 없으면서 요행으로 성공하는 일은 두 번 다시 오지 않는다고 하였습니다. 전에 楚王이 孫吳를 대동하고 가서 陳나라를 토벌할 적에 '너희 나라를 안정시키려는 것이다.'라고 하자, 陳人이 그 명령을 따랐는데, 드디어 진나라를 초나라의 한 縣으로 만들었습니다. 그런데 지금 또 蔡나라를 속여 그 임금을 죽이고 그 나라를 포위하였습니다. 비록 요행히 승리한다 하더라도 반드시 그에 상응한 災禍를 받을 것이니, 채나라를 오래 소유하지 못할 것입니다.

---

243 且譬之如天其有五材……不可沒振 : 金·木·水·火·土 등 다섯 가지 材料는 오래 쓰면 반드시 망가져서 용도가 다하게 되고 용도가 다하면 버린다. 그러므로 구조하는 이가 없다고 한 것이다.(杜注) '沒'은 終의 뜻이고, '振'은 興의 뜻이다.(楊注)

옛날에 夏桀은 有緡을 戰勝하고 그 나라를 잃었으며, 殷紂는 東夷를 전승하고 그 목숨을 잃었습니다. 楚나라는 하걸이나 은주에 비해 영토도 작고 지위도 낮으면서 두 王보다 포학한 짓을 자주 하니 재화가 없을 수 있겠습니까? 하늘이 不善한 자를 돕는 것은 福을 주려는 것이 아니라 그 흉악한 짓을 더욱 많이 하도록 만들어서 벌을 내리려는 것입니다. 그리고 또 비유하자면 하늘이 五材를 낸 것은 〈사람들에게 그것을〉 사용하게 하기 위해서이지만 그 힘(效用力)이 다하면 사람들은 그것을 버리는 것과 같습니다. 그러므로 구제하지 않을 것이니 〈楚나라는〉 끝내[沒] 떨쳐 일어나지 못할 것입니다."

字義 亟 : 자주 기

【經】五月甲申에 夫人歸氏薨하다

5월 甲申日에 夫人 歸氏(昭公의 母親)가 薨하였다.

【傳】五月에 齊歸薨하다

5월에 齊歸(齊는 諡號)가 薨하였다.

【經】大蒐于比蒲하다

比蒲(魯나라 땅)에서 군사훈련을 대대적으로 거행하였다.

【傳】大蒐于比蒲하니 非禮也라

比蒲에서 군사훈련을 대대적으로 거행하였으니, 禮가 아니다.

【經】仲孫貜會邾子하야 盟于祲祥하다

仲孫貜이 邾子와 만나 祲祥(지명)에서 結盟하였다.

【傳】孟僖子會邾莊公하야 盟于祲祥하야 修好하니 禮也라

孟僖子가 邾 莊公과 만나 祲祥에서 結盟하여 友好를 다시 회복하였으니 禮에 맞았다.

泉丘人有女하니 夢以其帷幕孟氏之廟하고 遂奔僖子하니 其僚從之하다 盟于淸丘之社

曰 有子면 無相棄也하라 僖子使助薳(위)氏之簉[244]러니 反自祲祥하야 宿於薳氏하야 生懿子及南宮敬叔於泉丘人하다 其僚無子어늘 使字敬叔하다

泉丘(魯나라 邑)에 어떤 여인이 있었는데, 자기의 장막으로 孟氏의 家廟를 덮는 꿈을 꾸고는 드디어 孟僖子에게로 달려가니, 그 벗도 그를 따라갔다. 두 여인은 희자와 淸丘의 社神 앞에서 盟約하였다.

"아들을 낳으면 〈우리를〉 버리지 말라."

맹희자는 그 여인을 薳氏를 보조하는 妾이 되게 하였다. 맹희자는 祲祥에서 돌아와서 위씨의 처소에 묵으면서 泉丘人의 몸에서 懿子와 南宮敬叔을 낳았다. 그 벗에게 아들이 없자 敬叔을 양육하게 하였다.

字義 祲 : 요기 침 簉 : 副室 추 字 : 기를 자

【經】秋에 季孫意如會晉韓起齊國弱宋華亥衛北宮佗鄭罕虎曹人杞人于厥憖(은)하다

가을에 季孫意如가 晉나라 韓起 · 齊나라 國弱 · 宋나라 華亥 · 衛나라 北宮佗 · 鄭나라 罕虎 · 曹人 · 杞人과 厥憖에서 회합하였다.

【傳】楚師在蔡러니 晉荀吳謂韓宣子曰 不能救陳하고 又不能救蔡하면 物以無親이라 晉之不能을 亦可知也已라 爲盟主而不恤亡國이면 將焉用之리오

楚軍이 여전히 蔡나라에 주재하였는데, 晉나라 荀吳가 韓宣子에게 말하였다.

"우리가 陳나라도 구원하지 못하고, 또 채나라마저 구원하지 못한다면 사람들(物)이 우리를 가까이하지 않을 것이므로 우리 진나라의 무능함을 또한 알 것입니다. 盟主가 되어 망하는 나라를 구원하지 않는다면 그런 맹주를 장차 어디에 쓰겠습니까?"

秋에 會于厥憖하니 謀救蔡也라

가을에 厥憖에서 회합하였으니, 蔡나라 구원에 관해 상의하기 위해서였다.

鄭子皮將行에 子産曰 行不遠하리니 不能救蔡也리라 蔡小而不順하고 楚大而不德하니

---

244 僖子使助薳(위)氏之簉 : 薳氏의 딸이 孟僖子의 두 번째 첩이 되어 밖에 별거하고 있었으므로 맹희자가 泉丘의 여인을 받아들여 위씨를 보조하게 한 것이다.(杜注)

天將棄蔡以壅楚하야 盈而罰之니 蔡必亡矣라 且喪君而能守者鮮矣라 三年에 王其有咎乎인저 美惡周면 必復이니 王惡周矣[245]로다

鄭나라 子皮가 떠나려 할 때 子産이 말하였다.

"가더라도 멀리 가지 못할 것이니 蔡나라를 구원할 수 없을 것입니다. 채나라는 小國으로서 순종하지 않고 楚나라는 大國으로서 덕을 베풀지 않으니, 하늘은 채나라를 버려 초나라의 악행이 쌓이게 하여 죄악이 극한에 차기를 기다려 벌을 내리려는 것입니다. 채나라는 반드시 멸망할 것입니다. 그리고 또 임금을 잃고 능히 나라를 지킨 경우는 드뭅니다. 3년 뒤면 楚王에게 災禍가 있을 것입니다. 善行이나 惡行을 막론하고 歲星이 1周하는 12년이면 반드시 보응〔復〕이 있기 때문이니, 초왕의 죄악이 쌓인 지 이미 12년이 되었습니다."

晉人使狐父請蔡于楚한대 弗許하다

晉人이 狐父를 使臣으로 보내 楚나라에 蔡나라의 사면을 요청하였는데, 초나라가 허락하지 않았다.

【經】 九月己亥에 葬我小君齊歸하다

9월 己亥日에 우리 小君 齊歸를 葬事 지냈다.

【傳】 九月에 葬齊歸할새 公不慼이어늘 晉士之送葬者 歸以語史趙한대 史趙曰 必爲魯郊하리라 侍者曰 何故오 曰 歸姓也로되 不思親하니 祖不歸也리라

9월에 齊歸를 장사 지낼 때 昭公이 슬퍼하지 않았는데, 晉나라 사람으로 魯나라에 와서 送葬한 자가 돌아가서 이 일을 史趙에게 말하자, 사조가 말하였다.

"魯君은 반드시 郊野로 나가 있게 될 것이다."

그 侍從이 물었다.

"무엇 때문입니까?"

사조가 대답하였다.

"歸氏의 소생〔姓〕이면서도 모친을 생각하지 않았으니 그 조상이 귀의하지 않을 것이다."

字義 姓 : 태어날 성

---

245 王惡周矣 : 昭公 元年에 楚子가 임금을 시해하고 스스로 임금이 되었는데, 그때 歲星이 大梁에 있었다. 앞으로 3년이 지나 소공 13년이 되면 세성이 1周하여 다시 대량으로 돌아온다.(杜注)

叔向曰 魯公室其卑乎인저 君有大喪호되 國不廢蒐하고 有三年之喪호되 而無一日之慼하니 國不恤喪은 不忌君也요 君無慼容은 不顧親也라 國不忌君하고 君不顧親하니 能無卑乎아 殆其失國하리라

叔向이 말하였다.

"魯나라 公室이 장차 쇠미해질 것이다. 임금에게 大喪이 있는데도 국가에서 군사훈련을 폐지하지 않았고, 모친의 상에는 三年服을 입는 禮가 있는데도 하루 동안도 슬퍼하지 않았다. 국가가 임금의 喪事를 슬퍼하지 않는 것은 임금을 두려워하지 않아서이고, 임금에게 슬퍼하는 용모가 없었던 것은 모친을 생각하지 않아서이다. 국가는 임금을 두려워하지 않고 임금은 모친을 생각〔顧〕하지 않았으니 쇠미해지지 않을 수 있겠는가? 아마도 나라를 잃게 될 것이다."

字義 忌 : 두려워할 기

【經】 冬十有一月丁酉에 楚師滅蔡하고 執蔡世子有以歸하야 用之하다

겨울 11월 丁酉日에 楚軍이 蔡나라를 멸하고, 채나라 世子 有를 잡아 가지고 돌아가서 그를 犧牲으로 썼다.

【傳】 冬十一月에 楚子滅蔡하야 用隱大子于岡山하다 申無宇曰 不祥이라 五牲을 不相爲用[246]이어든 況用諸侯乎아 王必悔之하리라

겨울 11월에 楚子가 蔡나라를 멸하고 隱太子(蔡 靈侯의 아들)를 죽여 岡山(楚나라 지명)에 〈지내는 제사에 犧牲으로〉 썼다. 申無宇가 말하였다.

"상서롭지 못하다. 五牲도 서로 쓰지 않는 법인데, 하물며 제후를 쓴단 말인가? 楚王은 반드시 후회하게 될 것이다."

楚子城陳蔡不羹하고 使棄疾爲蔡公하다 王問於申無宇曰 棄疾在蔡하니 何如오 對曰 擇子는 莫如父요 擇臣은 莫如君이니 鄭莊公城櫟而寘子元焉하야 使昭公不立[247]하고 齊

---

246 五牲 不相爲用 : 五牲은 牛·羊·豕·犬·雞이다.(杜注) 不相爲用은 이를테면 馬先(말의 祖上)의 祭祀에 말을 犧牲으로 쓰지 않는 類이다.(林堯叟)

247 鄭莊公城櫟而寘子元焉 使昭公不立 : 子元은 鄭나라 公子이다. 鄭 莊公이 자원을 櫟에 두었는

桓公城穀而寘管仲焉하야 至于今賴之하니이다 臣聞五大不在邊하고 五細不在庭[248]하며 親不在外하고 羈不在內라하야늘 今棄疾在外하고 鄭丹在內[249]하니 君其少戒하소서 王曰 國有大城하니 何如오 對曰 鄭京櫟實殺曼伯하고 宋蕭亳實殺子游[250]하고 齊渠丘實殺無知[251]하고 衛蒲戚實出獻公[252]하니 若由是觀之면 則害於國이라 末大必折이요 尾大不掉니 君所知也니라

楚子가 陳나라 · 蔡나라 · 不羹에 城을 쌓고 棄疾을 蔡公(蔡를 통치하는 총독)으로 삼았다. 楚 靈王이 申無宇에게 물었다.

"기질이 채나라에 나가 있는데, 이것이 어떠한가?"

신무우가 대답하였다.

"자식 중에 유능한 자를 고르는 데는 아비만 한 이가 없고 신하 중에 유능한 자를 고르는 데는 임금만 한 이가 없습니다. 鄭 莊公은 櫟에 城을 쌓고 子元을 그곳에 두어 鄭 昭公으로 하여금 임금이 되지 못하게 하였고, 齊 桓公은 穀에 城을 쌓고 管仲을 그곳에 두어 지금까지 그 은덕을 입고 있습니다. 臣은 듣건대, 五大는 변방에 두지 않고 五細는 조정에 두지 않으며, 친척은 外方에 두지 않고 외국인은 조정 안에 두지 않는다고 하였습니다. 그런데 지금 기질을 외방에 두고 鄭丹을 조정 안에 두셨으니 임금님께서는 조금 경계하소서."

초 영왕이 물었다.

"국가에 高大한 城이 있으니, 이것이 어떠한가?"

신무우가 대답하였다.

"鄭나라의 京城과 櫟城이 실로 曼伯을 죽게 만들었고, 宋나라의 蕭城과 亳城이 실로 子游(宋 閔公)를 죽게 만들었으며, 齊나라의 渠丘城이 실로 魏無知를 죽게 만들었고 衛나라의 蒲

데, 桓公 15년에 鄭 厲公이 자원의 도움을 받아 櫟의 大夫 檀伯을 죽이고 드디어 櫟에 거주하여, 끝내 鄭 昭公으로 하여금 君位가 안정되지 않아 시해당하게 하였다.(杜注)

248 五大不在邊 五細不在庭 : 五官의 長으로서 專斷하는 행위와 흥성한 세력이 한도를 넘은 사람은 外邊에 있게 해서는 안 되고, 잗달고 유약하여 직임을 감당하지 못하는 사람은 조정 안에 있게 해서는 안 된다는 말이다.(杜注)

249 鄭丹在內 : 襄公 19년에 然丹(子革)이 鄭나라에서 楚나라로 出奔하였다.(杜注)

250 宋蕭亳實殺子游 : 莊公 12년에 있었다.(杜注)

251 齊渠丘實殺無知 : 莊公 9년에 있었다. 渠丘는 지금의 齊나라 西安縣으로 齊나라 大夫 雍廩의 封邑이었다.(杜注)

252 衛蒲戚實出獻公 : 蒲는 甯殖의 封邑이고 戚은 孫林父의 封邑이다. 衛 獻公의 出奔은 襄公 14년에 있었다.(杜注)

城과 戚城이 실로 衛 獻公을 出奔하게 만들었으니, 이로써 보면 고대한 성은 국가에 해가 됩니다. 나무의 가지가 크면 반드시 밑동이 부러지고, 짐승의 꼬리가 크면 흔들 수 없는 법이니, 임금님께서도 아시는 바일 것입니다."

單(선)子會韓宣子于戚에 視下言徐하니 叔向曰 單子其將死乎인저 朝有著定하고 會有表하며 衣有襘하고 帶有結이라 會朝之言은 必聞于表著之位하나니 所以昭事序也요 視不過結襘之中하나니 所以道容貌也라 言以命之하고 容貌以明之하나니 失則有闕이라 今單子爲王官伯하야 而命事於會호되 視不登帶하고 言不過步하며 貌不道容하고 而言不昭矣라 不道면 不共이요 不昭면 不從이니 無守氣矣로다

單子(單成公)가 戚에서 韓宣子를 만났을 때 시선을 아래에 두고 말을 느리게 하였는데, 叔向이 말하였다.

"선자는 아마도 머지않아 죽을 것이다. 조정에는 정해진 위치가 있고 會合에는 表識(표지)가 있으며 옷에는 깃이 있고 띠에는 帶鉤(結)가 있다. 朝見(조현)과 會見에서의 말은 반드시 조정의 列位까지 들려야 하니 이는 일의 조리를 밝히기 위함이고, 시선은 옷깃과 대구를 벗어나지 않아야 하니 이는 용모를 단정히 하기 위함이다. 말로써 명령을 발표하고 용모로써 태도를 표명하니, 이에 실수가 있으면 일이 잘못된다.

그런데 지금 單子는 王朝의 百官의 長이 되어 회합에 와서 일을 명하되, 시선은 상대의 대구 위로 오르지 않고 말소리는 한 걸음만 지나도 들리지 않으며, 모양은 容儀(禮儀에 맞는 모습)를 단정히 하지 못하였고 말은 분명하지 않았다. 용모가 단정하지 않으면 공손하지 못하고 말이 분명하지 않으면 사람들이 순종하지 않으니, 이는 저 선자에게 몸을 지킬 元氣가 없기 때문이다."

帶鉤

字義 襘 : 옷깃 괴 道 : 바르게 할 도 共 : 공손할 공(=恭)

十二月에 單成公卒하다

12월에 單成公이 卒하였다.

〈12년, 辛未(B.C. 530)〉

【經】 十有二年이라 春에 齊高偃帥(솔)師하야 納北燕伯于陽하다

12년이다. 봄에 齊나라 高偃이 군대를 거느리고 가서 北燕伯을 陽邑으로 들여보냈다.

【傳】 十二年이라 春에 齊高偃納北燕伯款于唐하니 因其衆也라

12년이다. 봄에 齊나라 高偃이 北燕伯 款을 唐으로 들여보냈으니, 이는 唐邑 사람들의 요구에 따른 것이다.

【經】 三月壬申에 鄭伯嘉卒하다

3월 壬申日에 鄭伯 嘉(鄭 簡公)가 卒하였다.

【傳】 三月에 鄭簡公卒하다 將爲葬除할새 及游氏之廟하야 將毁焉이어늘 子大叔使其除徒執用以立하야 而無庸毁曰 子産過女하야 而問何故不毁오어든 乃曰 不忍廟也라 諾하니 將毁矣라하라 旣如是하니 子産乃使辟(피)之하다 司墓之室有當道者러니 毁之則朝而堋하고 弗毁則日中而堋이어늘 子大(태)叔請毁之曰 無若諸侯之賓何오 子産曰 諸侯之賓能來會吾喪하니 豈憚日中이리오 無損於賓하고 而民不害하리니 何故不爲리오하고 遂弗毁하야 日中而葬하다 君子謂子産於是乎知禮로다 禮는 無毁人以自成也니라

3월에 鄭 簡公이 卒하였다. 장차 장사를 지내기 위해 길을 낼 때 〈길을 막고 있는〉 游氏의 家廟에 미쳐 그 가묘를 헐고자 하였는데, 子太叔(游吉)이 길을 내는 人夫들에게 器具를 들고서 있기만 한 채 가묘를 헐지 말게 하며 말하였다.

"子産이 너희들 앞을 지나면서 무엇 때문에 헐지 않느냐고 묻거든 너희들은 '차마 祠堂을 헐 수 없어서입니다. 그러나 이미 헐기로 승낙하였으니 장차 헐겠습니다.'라고 대답하라."

이윽고 〈자산이 와서 묻자 인부들이 자태숙이〉 시킨 대로 말하니, 자산은 곧 가묘를 피해 다른 곳으로 길을 내게 하였다. 司墓의 部下의 집이 길을 막고 있었는데, 그 집을 헐고 길을 내면 오전에 下棺할 수 있고, 헐지 않으면 정오가 되어야 하관할 수 있었다. 자태숙이 그 집을 헐자고 청하며 말하였다.

"헐지 않으면 제후국에서 온 빈객들이 〈오래 기다려야 하니〉 이를 어쩌겠습니까?"

자산이 말하였다.

"제후국의 빈객들은 우리의 喪을 위해 왔으니 어찌 정오까지 못 기다리겠습니까? 빈객에게도 손해가 없고 백성에게도 손해가 없을 것이니, 무엇 때문에 이렇게 하지 않겠습니까?"

끝내 집을 헐지 않고 정오에 하관하였다. 君子는 이에 대해 論評하였다.

"자산이 이번에 일을 처리함에 있어 禮를 알았다. 예는 남을 훼손하여 자기의 뜻을 이루지 않는 것이다."

字義 除 : 길 닦을 제 塴 : 하관할 붕

【經】夏에 宋公使華定來聘하다

여름에 宋公이 華定을 보내 와서 聘問하였다.

【傳】夏에 宋華定來聘하니 通嗣君也라 享之에 爲賦蓼(륙)蕭[253]한대 弗知하고 又不答賦어늘 昭子曰 必亡이로다 宴語之不懷하고 寵光之不宣하며 令德之不知하고 同福之不受하니 將何以在리오

여름에 宋나라 華定이 와서 聘問하였으니, 이는 嗣君의 즉위를 통보하기 위함이었다. 연회를 열어 화정을 접대할 때 그를 위해 〈蓼蕭〉 詩를 읊었는데, 그는 그 시의 뜻을 이해하지 못하였고 또 시를 읊어 和答하지도 않았다. 昭子(叔孫婼)가 말하였다.

"화정은 반드시 도망가게 될 것이다. 시에서 말한 燕語(연회에서 술을 마시며 즐겁게 담소하는 것)를 생각하지 않고, 은총과 광영을 선양하지도 않고, 아름다운 덕을 알지도 못하고, 함께 福을 누리자는 뜻을 받아들이지도 않았으니 장차 어찌 그 자리에 오래 있을 수 있겠는가?"

【經】公如晉이라가 至河하야 乃復하다

昭公이 晉나라에 가다가 黃河 가에 이르러 〈晉人이 사절하니〉 이에 되돌아왔다.

【傳】齊侯衛侯鄭伯如晉하니 朝嗣君也라 公如晉이라가 至河하야 乃復하다 取郠之役[254]에 莒人愬于晉호되 晉有平公之喪하야 未之治也라 故辭公하니 公子憖遂如晉하다

---

253 蓼(륙)蕭 : 《詩經》〈小雅〉의 편명이다.(杜注)

254 取郠之役 : 昭公 10년에 있었다.(杜注)

齊侯 · 衛侯 · 鄭伯이 晉나라에 갔으니, 이는 嗣君에게 朝見하기 위함이었다. 昭公도 진나라에 가다가 黃河 가에 이르러 〈晉人이 사절하니〉 이에 되돌아왔다. 莒나라의 郠邑을 취한 전쟁이 있었을 때 莒人이 진나라에 제소하였으나, 진나라는 平公의 喪이 나서 그 일을 미처 처리하지 못하였다. 그러므로 소공의 來朝를 사절하였으니, 公子 憖(魯나라 大夫)만 드디어 진나라로 갔다.

晉侯享諸侯할새 子産相鄭伯이러니 辭於享하고 請免喪而後聽命[255]한대 晉人許之하니 禮也라

晉侯가 연회를 열어 제후를 접대할 때 子産이 鄭伯을 보좌하였는데, 연향에 참석하기를 사양하고 喪을 벗은 뒤에 晉君의 명령을 따르겠다고 請하자, 晉人이 허락하였으니 禮에 맞았다.

晉侯以齊侯宴할새 中行(항)穆子相이러니 投壺에 晉侯先이어늘 穆子曰 有酒如淮하고 有肉如坻(지)로다 寡君中此면 爲諸侯師하리라 中之하다 齊侯擧矢曰 有酒如澠하고 有肉如陵이로다 寡人中此면 與君代興호리라 亦中之하다 伯瑕謂穆子曰 子失辭로다 吾固師諸侯矣니 壺何爲焉이완대 其以中儁也아 齊君弱吾君하니 歸弗來矣리라 穆子曰 吾軍帥彊禦하고 卒乘競勸하야 今猶古也라 齊將何事리오 公孫傁趨進曰 日旰君勤하시니 可以出矣라하고 以齊侯出하다

投壺

晉侯가 齊侯와 함께 연회에서 술을 마실 때 中行穆子(荀吳)가 宴禮의 진행을 도왔는데, 投壺할 때 진후가 먼저 던지자, 穆子가 말하였다.

"술이 淮水처럼 많고 고기가 坻山처럼 많도다. 우리 임금님께서 화살을 던져 壺에 맞히시면 諸侯의 長이 되시리라."

진후의 화살이 호에 적중하였다. 그러자 제후도 화살을 들고 말하였다.

"술이 澠水처럼 많고 고기가 丘陵처럼 많도다. 내 화살이 호에 적중하면 晉君과 번갈아 가며 흥성할 것이다."

역시 호에 적중하였다. 伯瑕(士文伯)가 목자에게 말하였다.

"당신은 말을 잘못하였습니다. 우리 晉나라는 본래부터 제후의 長이었으니, 투호가 무엇이기에 적중하는 것을 특이한 일로 여기십니

255 請免喪而後聽命 : 이때 아직 鄭 簡公을 장사 지내지 않았다.(杜注)

까? 齊君이 우리 임금님을 약하게 보았으니 돌아간 뒤에 다시 오지 않을 것입니다."

목자가 말하였다.

"우리 군대의 장수들은 강하여 외적을 막을 수 있고, 사병들은 경쟁적으로 서로 권면하여 지금도 옛날과 같으니 齊나라가 장차 무슨 일을 할 수 있겠소."

그러자 公孫 傁가 빠른 걸음으로 나아가 말하였다.

"날이 이미 저물어 임금께서 피로하실 것이니 가시는 것이 좋겠습니다."

그러고는 제후를 모시고 나갔다.

字義 師 : 우두머리 사 傁 : 늙은이 수 旰 : 저물 간

【經】五月에 葬鄭簡公하다

5月에 鄭 簡公을 장사 지냈다.

【傳】六月에 葬鄭簡公[256]하다

6월에 鄭 簡公을 장사 지냈다.

【經】楚殺其大夫成熊하다

楚나라가 그 大夫 成熊을 죽였다.

【傳】楚子謂成虎若敖之餘也라하야 遂殺之[257]하다 或譖成虎於楚子어늘 成虎知之나 而不能行하다 書曰 楚殺其大夫成虎라하니 懷寵也라

楚子는 成虎가 若敖의 餘黨이라 하여 드디어 그를 죽였다. 당초에 어떤 자가 초자에게 성호를 참소하였는데, 성호는 이를 알았으나 능히 떠나지 못하였기 때문에 〈죽임을 당한 것이다.〉 經에 "楚나라가 그 大夫 성호를 죽였다."라고 기록하였으니, 이는 그가 은총을 생각해 〈떠나지 않았다가 禍를 당한 것을 말한 것이다.〉

256 六月 葬鄭簡公 : 經에 5월로 기록한 것은 誤謬이다.(杜注)

257 楚子謂成虎若敖之餘也 遂殺之 : 成虎는 令尹 子玉의 손자이다. 鬪氏도 같은 若敖의 자손이다. 宣公 4년에 鬪椒(若敖)가 叛亂을 일으킨 일이 있었는데. 지금 楚子는 참소를 믿고 약오의 餘黨을 토벌한다는 핑계로 성호를 죽인 것이다.(杜注)

【經】 秋七月이라

가을 7월이다.

【傳】 晉荀吳僞會齊師者하야 假道於鮮虞하야 遂入昔陽[258]하다 秋八月壬午에 滅肥하고 以肥子緜皐歸[259]하다

晉나라 荀吳가 齊軍과 만나기 위해 가는 것처럼 위장하여 鮮虞에게 길을 빌려 드디어 昔陽으로 쳐들어갔다. 가을 8월 壬午日에 肥나라를 격멸하고, 肥子 緜皐를 잡아서 돌아왔다.

【經】 冬十月이라

겨울 10월이다.

【傳】 周原伯絞虐하니 其輿臣使曹逃하다 冬十月壬申朔에 原輿人逐絞하고 而立公子跪尋하니 絞奔郊하다

周나라 原伯 絞(周나라 大夫 原公)가 포학하니 그의 群臣이 무리들을 도망가게 하였다. 겨울 10월 초하루 壬申日에 原의 輿人이 絞를 축출하고 公子 跪尋(絞의 아우)을 임금으로 세우니, 絞가 郊邑으로 달아났다.

字義 輿 : 무리 여 曹 : 무리 조

甘簡公無子하야 立其弟過하다 過將去成景之族이어늘 成景之族賂劉獻公하야 丙申에 殺甘悼公하고 而立成公之孫鰌하다 丁酉에 殺獻大(태)子之傅庾皮之子過하고 殺瑕辛于市하고 及宮嬖綽王孫沒劉州鳩陰忌老陽子하다

甘簡公(周나라 卿士)이 아들이 없어 그 아우 過(甘悼公)를 세웠다. 過가 成公과 景公(모두 過의 先君)의 종족을 제거하려 하였는데, 성공과 경공의 종족들이 劉獻公(주나라 卿士)에게 뇌물을 주고 〈過를 죽여주기를 요청하니, 유헌공이〉 丙申日에 甘悼公을 죽이고 성공의 손자 鰌를 세웠다. 丁酉日에 獻太子의 스승 庾皮의 아들 過를 죽이고, 저자에서 瑕辛 및 宮嬖綽 · 王孫沒 · 劉州鳩 · 陰忌 · 老陽子를 죽였다.

---

258 遂入昔陽 : 鮮虞는 白狄의 別種이다. 昔陽은 肥나라의 國都이다.(杜注)

259 以肥子緜皐歸 : 肥는 白狄이다. 緜皐는 그 나라 임금의 이름이다.(杜注)

【經】公子憖出奔齊하다

公子 憖이 齊나라로 出奔하였다.

【傳】季平子立하야 而不禮於南蒯[260]한대 南蒯謂子仲호되 吾出季氏하고 而歸其室於公호리니 子更其位하라 我以費爲公臣호리라 子仲許之하니 南蒯語叔仲穆子하고 且告之故하다

季平子가 季氏家의 계승자가 된 뒤에 南蒯를 예우하지 않았는데, 남괴가 子仲(公子 憖)에게 말하였다.

"내가 季氏를 축출하고 그 家産을 公室로 귀속시킬 것이니, 그대는 계씨를 대신해 卿의 자리에 오르십시오. 나는 費邑을 가지고 공실의 신하가 되겠습니다."

이에 자중이 허락하니, 남괴는 叔仲穆子(叔仲小)에게 이 일을 말하고, 또 그 까닭을 고하였다.

字義 室 : 가산 실

季悼子之卒也에 叔孫昭子以再命爲卿하고 及平子伐莒克之하얀 更(갱)受三命이어늘 叔仲子欲構二家하야 謂平子曰 三命踰父兄하니 非禮也라 平子曰 然하다 故使昭子한대 昭子曰 叔孫氏有家禍하야 殺適立庶라 故婼(착)也及此하니 若因禍以斃之면 則聞命矣어니와 若不廢君命인댄 則固有著矣니라 昭子朝하야 而命吏曰 婼將與季氏訟호리니 書辭를 無頗하라 季孫懼하야 而歸罪於叔仲子라 故叔仲小南蒯公子憖謀季氏하다 憖告公하고 而遂從公如晉하다 南蒯懼不克하야 以費叛하야 如齊하다 子仲還에 及衛하야 聞亂하고 逃介而先이라가 及郊하야 聞費叛하고 遂奔齊하다

季悼子가 죽었을 때 叔孫昭子(叔孫婼)가 再命(大夫의 품계)을 받아 卿이 되었고, 季平子가 莒나라를 토벌해 승리함에 미쳐서는 다시 三命(卿의 품계)을 받았는데, 叔仲子(叔仲穆子)가 두 집안(平子와 昭子)을 이간시키기 위해 계평자에게 말하였다.

"숙손소자의 삼명은 부형의 命數보다 지나치니 禮에 맞지 않습니다."

계평자가 "그렇다."라고 하였다. 그러므로 平子가 昭子에게 〈스스로 삼명을 사양하게〉 하자, 소자가 말하였다.

"우리 叔孫氏의 집안에 禍亂이 발생하여 적자를 죽이고 서자를 후계자로 세웠기 때문에 내가

---

260 南蒯 : 南遺의 아들로 季氏의 私邑인 費邑의 邑宰이다.(杜注)

이 지위에 이른 것이니, 그대가 만약 우리 집안의 화란을 이유로 나를 토벌한다면 나는 명을 따르겠습니다만, 만약 임금님의 명을 폐기하지 않는다면 삼명의 位次는 본래 나의 직위입니다."

소자가 조정으로 가서 관리에게 명하였다.

"내가 장차 季氏와 訟事를 하려 하니 訴狀을 〈공정하게 작성하고〉 한쪽에만 유리하게 작성하지 말라."

이에 季孫이 두려워하여 죄를 숙중자에게 돌렸다. 그러므로 叔仲小 · 南蒯 · 公子 憖이 함께 계씨를 제거하기로 모의하였다. 공자 은은 이 계획을 昭公께 고하고 드디어 소공을 따라 晉나라로 갔다. 남괴는 성공하지 못할 것을 우려하여 費邑의 무리를 거느리고 계씨를 배반하고 齊나라에 붙었다. 子仲이 돌아올 때 衛나라에 도착하여 변란이 발생하였다는 말을 듣고는 副使를 버려두고 도망해 먼저 돌아오다가 교외에 미쳐 費人이 배반하였다는 말을 듣고는 드디어 齊나라로 出奔하였다.

字義 構 : 이간질할 구　著 : 位次 저

南蒯之將叛也에 其鄕人或知之하야 過之而歎하고 且言曰 恤恤乎湫乎攸乎[261]인저 深思而淺謀하고 邇身而遠志하고 家臣而君圖하니 有人矣哉인저 南蒯枚筮之[262]하야 遇坤䷁之比䷇[263]하니 曰 黃裳元吉[264]이라 以爲大吉也라하야 示子服惠伯曰 卽欲有事하노니 何如오 惠伯曰 吾嘗學此矣로니 忠信之事則可어니와 不然이면 必敗하리라 外彊內溫은 忠也요 和以率(솔)貞은 信也라 故曰 黃裳元吉이라하니라 黃은 中之色也요 裳은 下之飾也요 元은 善之長也라 中不忠이면 不得其色이요 下不共이면 不得其飾이요 事不善이면 不得其極[265]이라 外內倡和爲忠이요 率事以信爲共이요 供養三德爲善이니 非此三者면 弗當이니라 且夫易은 不可以占險이니 將何事也오 且可飾乎[266]아 中美能黃이요 上美爲元이요 下美則裳이니 參成可筮어니와 猶有闕也면 筮雖吉이라도 未也라하니라

---

261 恤恤乎湫乎攸乎 : '恤恤'은 憂患이고, '湫'는 愁隘이고, '攸'는 높은 곳에 위험하게 매달려 있는 모양이다.(杜注)

262 枚筮之 : 점치고 싶은 일을 지적해 말하지 않고 덮어놓고 吉凶을 점친 것이다.(杜注)

263 遇坤䷁之比䷇ : 下卦도 坤이고 上卦도 坤인 것이 坤卦이고, 下卦가 坤이고 上卦가 坎인 것이 比卦이니, 坤卦의 六五爻가 변한 것이다.(杜注)

264 黃裳元吉 : 坤卦 六五의 爻辭이다.(杜注)

265 極 : 지금의 標準 또는 準則이란 말과 같다.(楊注)

266 且夫易……且可飾乎 : 夫易은 此易과 같으니 黃裳元吉의 卦를 이른다. 그에게 무슨 일을 하려 하느냐고 물어 그로 하여금 하체의 복식(在下者의 恭敬)을 따르게 하고자 한 것이다.(杜注)

南蒯가 배반하려 할 때 그 마을 사람 중에 어떤 자가 남괴의 음모를 알고 그 앞을 지날 때 탄식하고 또 말하였다.

"위험하여 근심스럽고 우려된다. 생각은 깊으나 智謀는 얕고, 몸은 卑近하면서 뜻은 遠大하고, 家臣이면서 임금의 일을 도모하니, 이러한 사람이 있구나."

남괴는 묻고 싶은 일을 지적해 말하지 않고 점을 쳐서 坤卦☷가 比卦☵☷로 변하는 卦를 얻었는데, 그 爻辭에 "黃裳(노란 치마)이니 크게 吉하다."라고 하였다. 남괴는 이 점괘가 크게 길한 것으로 여겨 이 점괘를 子服惠伯에게 보이며 물었다.

"나는 즉시 일을 벌이고 싶은데 어떻겠는가?"

자복혜백이 말하였다.

"내가 일찍이 《易》을 배운 적이 있는데, 忠信한 일이라면 해도 성공할 수 있지만 그런 일이 아니라면 반드시 실패할 것입니다. 外表가 강하고 內面이 온순한 것이 '忠'이고, 和順한 마음으로 점친 일〔貞〕을 행〔率〕하는 것이 '信'입니다. 그러므로 '황상이니 크게 길하다'고 한 것입니다. 黃은 中央의 색깔이고 裳은 下體의 복식이고 元은 善의 으뜸이니, 中心이 충성스럽지 않으면 黃色이 될 수 없고, 下位에 있으면서 공경하지 않으면 飾〔裳〕이 될 수 없고, 하는 일이 善하지 않으면 준칙〔極〕이 될 수 없습니다. 안(임금)에서 선창하면 밖(臣下)에서 화답하는 것이 忠이고, 誠信으로 일을 행하는 것이 共(恭)이고, 세 가지 德(黃 · 裳 · 極)을 양성하는 것이 善이니, 이 세 가지가 갖추어지지 않으면 이 괘에 해당하지 않습니다.

그리고 또 《易》은 험악한 일을 점치지 않는 것이니, 그대는 장차 무슨 일을 하려는 것입니까? 하위에 있으면서 공경하려는 것입니까? 마음이 아름다운 것이 黃이고 上體가 아름다운 것(在上者의 미덕을 뜻함)이 元이고 下體가 아름다운 것(在下者의 미덕을 뜻함)이 裳이니, 이 세 가지가 갖추어지면 爻辭처럼 길할 수 있지만, 만약〔猶〕 이 중에 하나라도 부족하다면 점괘가 아무리 길하여도 성공하지 못합니다."

字義 率 : 행할 솔

將適費할새 飮鄕人酒러니 鄕人或歌之曰 我有圃어늘 生之杞乎[267]인저 從我者는 子乎며 去我者는 鄙乎며 倍其隣者는 恥乎인저 已乎已乎라 非吾黨之士乎인저

南蒯가 費邑으로 가려 할 때 마을 사람들에게 술을 대접하였는데, 마을 사람 중에 어떤 자

---

267 我有圃 生之杞乎 : 南蒯가 費邑에 있으면서 亂을 일으키고자 하는 것이 마치 구기자나무가 채소밭에 난 것처럼 마땅하지 않다는 말이다.(杜注)

가 다음과 같이 노래하였다.

"나에게 채소밭이 있는데, 枸杞子나무가 나서 자라네. 나를 따르는 자는 사내 대접을 받고, 나를 따르지 않는 자는 비천한 대접을 받고, 親人(季氏를 가리킴)을 배반하는 자는 치욕을 당하리라. 하지만 그만두자, 그만두자구나. 우리 마을 사람이 아니니니."

字義 子 : 남자의 미칭 자

平子欲使昭子逐叔仲小하니 小聞之하고 不敢朝하다 昭子命吏하야 謂小호되 待政於朝曰 吾不爲怨府호리라

季平子가 昭子(叔孫婼)에게 叔仲小(叔仲穆子)를 추방시키게 하려 하였는데, 숙중소가 이 소식을 듣고 감히 조정에 나아가지 못하였다. 소자가 관리에게 명하여 숙중소에게 가서 조정에 나와 執政의 명을 기다리도록 이르게 하며 말하였다.

"나는 사람들의 원한이 내 몸에 쌓이는 짓은 하지 않겠다."

【經】楚子伐徐하다

楚子가 徐나라를 쳤다.

【傳】楚子狩于州來하야 次于潁尾하야 使蕩侯潘子司馬督囂尹午陵尹喜帥(솔)師圍徐하야 以懼吳하고 楚子次于乾谿하야 以爲之援하다 雨雪에 王皮冠하고 秦復陶하고 翠被하고 豹舃하고 執鞭以出하니 僕析父(보)從하다 右尹子革夕하니 王見之할새 去冠被하고 舍鞭하고 與之語曰 昔에 我先王熊繹與呂級王孫牟燮父禽父竝事康王에 四國皆有分이나 我獨無有하니라 今吾使人於周하야 求鼎以爲分호리니 王其與我乎아 對曰 與君王哉인저 昔에 我先王熊繹辟在荊山하야 篳(필)路藍縷로 以處草莽하고 跋涉山林하야 以事天子호되 唯是桃弧棘矢로 以共禦王事라 齊는 王舅也요 晉及魯衛는 王母弟也라 楚是以無分하고 而彼皆有라 今周與四國服事君王하야 將唯命是從이니 豈其愛鼎이리오 王曰 昔에 我皇祖伯父昆吾 舊許是宅[268]이러니 今鄭人貪賴其田하야 而不我與하니 我若

---

268 我皇祖伯父昆吾 舊許是宅 : 陸終氏가 아들 여섯을 낳았는데 맏이가 昆吾이고 막내가 季連이었다. 계련이 楚나라의 始祖가 되었기 때문에 곤오를 伯父라 한 것이다. 곤오가 일찍이 許나라 땅에 살았기 때문에 '舊許是宅'이라 한 것이다.(杜注)

求之면 其與我乎아 對曰 與君王哉인저 周不愛鼎이어든 鄭敢愛田가 王曰 昔에 諸侯遠我而畏晉이러니 今我大城陳蔡不羹하야 賦皆千乘하니 子與有勞焉이라 諸侯其畏我乎아 對曰 畏君王哉인저 是四國者 專足畏也어늘 又加之以楚하니 敢不畏君王哉아 工尹路請曰 君王命剝圭하야 以爲鏚柲하시니 敢請命하노이다 王入視之하다 析父謂子革호되 吾子는 楚國之望也라 今與王言如響하니 國其若之何오 子革曰 摩厲以須라가 王出이면 吾刃將斬矣호리라 王出하야 復語에 左史倚相趨過어늘 王曰 是良史也니 子는 善視之하라 是能讀三墳五典八索九丘[269]하니라 對曰 臣嘗問焉호니 昔에 穆王欲肆其心하야 周行天下하야 將皆必有車轍馬跡焉하니 祭(채)公謀父作祈招之詩하야 以止王心[270]하니라 王是以獲沒於祇宮이라하고 臣問其詩한대 而不知也하니 若問遠焉인댄 其焉能知之리오 王曰 子能乎아 對曰 能호이다 其詩曰 祈招之愔愔이여 式昭德音이로다 思我王度하니 式如玉하고 式如金이로다 形民之力하고 而無醉飽之心이로다하니이다 王揖而入하야 饋不食하고 寢不寐를 數日이로되 不能自克하야 以及於難하니라

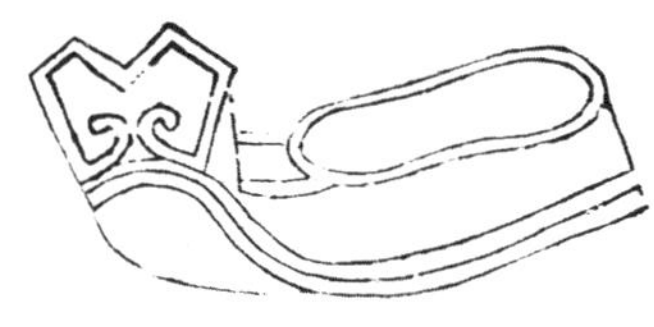

舃

楚子가 州來로 사냥을 나가 潁水의 끝〔潁尾〕에 주둔하여 蕩侯 · 潘子 · 司馬 督 · 囂尹 午 · 陵尹 喜에게 군대를 거느리고 가서 徐나라를 포위하여 吳나라를 위협하게 하고, 초자는 乾谿에 주둔하여 저들을 후원하였다. 이때 눈이 내려 楚王이 皮冠을 쓰고 秦나라가 보내준 復陶(羽衣)를 입고 翡翠의 깃으로 만든 덮개를 쓰고 표범 가죽으로 만든 신발을 신고 채찍을 들고 나가니, 僕夫 析父가 시종하였다. 右尹 子革(鄭丹)이 저녁에 알현을 청하니, 초왕이 그를 접견할 때 피관과 덮개를 벗고 채찍을 놓고 그와 말하였다.

"옛날에 우리 先王 熊繹(楚나라에 처음으로 봉해진 임금)께서 呂級(齊 太公의 아들 丁公) · 王孫牟(衛 康叔의 아들 康伯) · 燮父(晉 唐叔의 아들) · 禽父(周公의 아들 伯禽)와 함께 康王(周 成王의 아들)을 섬길 때 네 나라에는 모두 頒賜品이 있었으나 유독 우리나라에만 없었다. 지금 나는 周나라에 사람을 보내 鼎을 요구하여 반사품으로 삼으려고 하니, 周王이 우리에게 鼎을

---

269 是能讀三墳五典八索九丘 : 孔安國의 〈尙書序〉에 "伏羲 · 神農 · 黃帝의 글을 '三墳'이라 하고, 少昊 · 顓頊 · 高辛 · 唐 · 虞의 글을 '五典'이라 하고, 八卦의 說을 '八索'이라 하고, 九州의 기록을 '九丘'라 한다."라고 하였다.(朱申)

270 祭(채)公謀父作祈招之詩 以止王心 : 謀父는 周나라 卿士이다. 祈父(官命)는 周나라 司馬이다. 〈祭公은〉 대대로 甲兵의 職을 맡았다. 招는 그의 이름이다. 채공이 바야흐로 穆王의 遊行을 간하려 하였기 때문에 사마의 관직을 가리켜 말한 것이다. 이 시는 逸詩이다.(杜注)

주겠느냐?"

자혁이 대답하였다.

"君王(楚王)께 줄 것입니다. 옛날 우리 선왕 웅역께서 궁벽한 荊山에 지내면서 허름한 수레와 남루한 옷으로 초목이 우거진 땅을 개척해 사람이 살 수 있는 땅으로 만드시고, 산을 넘고 숲을 지나 天子를 섬기셨으나 단지 桃弓과 棘矢만 王事(周나라 王室을 뜻함)에 進貢하였을 뿐입니다. 齊나라는 國舅의 나라이고 晉나라와 魯나라 · 衛나라는 母弟의 나라였습니다. 그러므로 유독 우리 楚나라에만 반사품이 없고 저들 나라에는 모두 있었던 것입니다. 지금은 周나라와 네 나라가 君王(楚王을 가리킴)을 받들어 섬기면서 명령하는 대로 따르려 하고 있으니 어찌 鼎을 아끼겠습니까?"

초왕이 또 말하였다.

"옛날에 우리 皇祖의 伯父 昆吾께서 옛 許나라의 땅에 거주하셨는데, 지금 鄭나라가 그 땅을 탐해 이용하고 있으면서 우리에게 돌려주지 않으니, 내가 만약 요구한다면 저들이 돌려주겠느냐?"

자혁이 대답하였다.

"군왕께 돌려줄 것입니다. 주나라도 鼎을 아끼지 못하는데 정나라가 감히 땅을 아끼겠습니까?"

초왕이 또 물었다.

"옛날에는 제후가 우리나라를 멀리하고 晉나라를 두려워하였는데, 지금은 우리가 陳 · 蔡 · 不羹에 高大한 城을 쌓아 그곳에 모두 병력(賦) 千乘씩을 주둔시켰으니, 이 일에는 그대도 참여한 공로가 있다. 제후가 우리나라를 두려워하겠느냐?"

자혁이 대답하였다.

"군왕을 두려워할 것입니다. 이 네 곳에 〈주둔시킨 군대만으로도〉 제후를 두렵게 하기에 충분한데 또 초나라에 있는 군대를 보탤 수 있으니, 제후가 감히 군왕을 두려워하지 않을 수 있겠습니까?"

이때 工尹 路가 청하였다.

"군왕께서 玉圭를 깨뜨려 鏚(도끼)의 자루를 장식하라고 명하셨으니, 〈감히 어떤 형태로 만들어야 할지 그 제도에 대해〉 하명하시기를 청합니다."

초왕이 자루 만드는 일을 살피기 위해 안으로 들어갔다. 析父가 자혁에게 말하였다.

"그대는 초나라의 명망 있는 사람인데, 지금 왕과 대화하는 것이 마치 메아리처럼 附和하니 국가가 장차 어찌 되겠소."

자혁이 말하였다.

“칼을 갈아 기다리다가 왕이 나오면 내 칼로 왕의 〈사악한 마음을〉 잘라내겠소.”

들어갔던 초왕이 나와서 다시 대화할 때 左史 倚相이 빠른 걸음으로 지나가자, 초왕이 말하였다.

“저 사람은 훌륭한 史官이니 그대는 잘 보아주라. 이 사람은 三墳 · 五典 · 八索 · 九丘를 읽었다.”

자혁이 대답하였다.

“신이 일찍이 그에게 묻기를 ‘옛날에 周 穆王은 그 私心을 절제하지 않고 멋대로 행동하여, 천하를 두루 돌아다니며 모든 곳에 반드시 자기의 수레바퀴 자국과 말발굽 자국이 남게 하려 하니, 祭公 謀父가 〈祈招〉 詩를 지어 목왕의 사심을 막았다. 그러므로 목왕이 祇宮(離宮의 이름)에서 제명대로 살다 죽을 수 있었다.’ 하고, 신이 그에게 〈기초〉 시에 대해 묻자 그는 그 시를 알지 못하였습니다. 만약 그에게 이보다 더 먼 옛날의 일을 묻는다면 그가 어찌 알 수 있겠습니까?”

초왕이 물었다.

“그대는 그 시를 아느냐?”

자혁이 대답하였다.

“압니다. 그 시에 ‘기초의 聲音이 편안하고 온화함이여! 왕의 德音을 드러내었네. 내 왕의 風度를 생각하니 玉과 같고 金과 같네. 백성의 힘을 헤아려 부리고 방종하는 마음 없으셨네.’라고 하였습니다.”

초왕이 자혁에게 揖하고 들어가서 며칠 동안 음식을 올려도 먹지 않고 잠자리에 들어도 잠을 이루지 못하였으나, 끝내 사심을 억제하지 못하였기 때문에 화란에 미친 것이다.

字義 狩 : 겨울 사냥 수 舃 : 신 석 賦 : 군대 부 鏚 : 도끼 척 柲 : 자루 비
厲 : 숫돌 려(=礪) 式 : 어조사 식 愔 : 화평할 음

仲尼曰 古也有志하니 克己復禮는 仁也라하니 信善哉라 楚靈王若能如是면 豈其辱於乾谿리오

仲尼가 말하였다.

“옛 기록에 ‘私慾을 이기고 禮로 돌아가는 것이 仁이다.’라고 하였으니, 진실로 좋은 말이다. 楚 靈王이 이렇게 하였다면 어찌 乾谿에서 치욕을 당하였겠는가?”

字義 志 : 기록 지

【經】 晉伐鮮虞하다

晉나라가 鮮虞를 토벌하였다.

【傳】 晉伐鮮虞하니 因肥之役也라

晉나라가 鮮虞를 토벌하였으니, 이는 肥나라를 치고 돌아오는 기회를 이용한 것이다.

〈13년, 壬申(B.C. 529)〉

【經】 十有三年이라 春에 叔弓帥(솔)師圍費하다

13년이다. 봄에 叔弓이 군대를 거느리고 가서 費邑을 포위하였다.

【傳】 十三年이라 春에 叔弓圍費나 不克하고 敗焉하다 平子怒하야 令見費人執之하야 以爲囚俘하니 冶區夫曰 非也라 若見費人이어든 寒者를 衣之하고 飢者를 食之하야 爲之令主하야 而共其乏困하면 費來如歸하야 南氏亡矣리라 民將叛之면 誰與居邑이리오 若憚之以威하고 懼之以怒면 民疾而叛하리니 爲之聚也라 若諸侯皆然하면 費人無歸니 不親南氏나 將焉入矣리오 平子從之하니 費人叛南氏하다

13년이다. 봄에 叔弓이 費邑을 포위하였으나 승리하지 못하고 도리어 패전하였다. 平子가 노하여 "費人을 만나거든 잡아서 포로로 삼으라." 하고 令을 내리니, 冶區夫(魯나라 大夫)가 말하였다.

"옳지 않습니다. 만약 비인을 만나거든 추위에 떠는 자에게는 옷을 주고 굶주린 자에게는 밥을 주어, 그들의 착한 주인이 되어 그들의 궁핍한 물자를 공급한다면 비인들은 귀순해 오기를 마치 제집으로 돌아오듯이 하여 南氏(南蒯)가 망할 것입니다. 백성들이 장차 그를 배반한다면 누가 남씨와 함께 〈포위 속에 있는〉 비읍에 거주하려 하겠습니까? 만약 위력으로써 그들을 살상(憚)하고 분노로써 그들을 두렵게 한다면 백성들은 季氏를 미워하여 배반할 것이니, 이는 남씨를 위해 백성들을 모아주는 것입니다. 만약 제후들도 모두 이와 같이 한다면 비인은 귀의할 곳이 없으니 남씨를 친히 여기지 않더라도 장차 어디로 가겠습니까?"

평자가 그의 말을 따르니, 비인이 남씨를 배반하였다.

【經】夏四月에 楚公子比自晉歸于楚하야 弑其君虔于乾谿하다

여름 4월에 楚나라 公子 比가 晉나라에서 초나라로 돌아와서 그 임금 虔(楚 靈王)을 乾谿에서 시해하였다.

【傳】楚子之爲令尹也에 殺大司馬薳(위)掩하고 而取其室[271]이러니 及卽位하야 奪薳居田하고 遷許而質許圍[272]하다 蔡洧有寵於王이러니 王之滅蔡也에 其父死焉이어늘 王使與於守而行하다 申之會[273]에 越大夫戮焉하고 王奪鬪韋龜中犫(주)하고 又奪成然邑하고 而使爲郊尹하다 蔓成然은 故事蔡公이라 故薳氏之族及薳居許圍蔡洧蔓成然은 皆王所不禮也라 因群喪職之族하고 啓越大夫常壽過作亂하야 圍固城하고 克息舟하야 城而居之하다

楚子(靈王)가 令尹으로 있을 때 大司馬 薳掩을 죽이고 그 家産을 취하였는데, 임금으로 즉위함에 미쳐 또 薳居(薳掩의 宗族)의 田地를 빼앗고, 또 許나라의 人民을 이주시키고 허나라의 大夫 圍를 인질로 삼았다.

蔡洧는 楚王에게 총애를 받았는데, 초왕이 蔡나라를 격멸할 때 그 아비가 〈전란 중에〉 죽었는데도 초왕은 그에게 國都를 위수하는 일에 참여하게 하고 〈乾谿로〉 갔다. 申에서 會盟할 때 〈王이〉 越나라의 대부를 모욕(戮)하였고, 왕이 鬪韋龜의 封邑 中犫를 빼앗고, 또 成然(韋龜의 아들)의 邑을 빼앗고 그를 郊尹으로 삼았다. 蔓成然은 예전에 蔡公(棄疾)을 섬겼다.

그러므로 薳氏의 宗族과 薳居 · 許圍 · 蔡洧 · 蔓成然은 모두 초왕이 예우하지 않은 사람들이었다. 이로 인하여 직위를 잃은 모든 종족과 무리를 짓고 越나라 대부 常壽過를 유도하여 반란을 일으켜 固城을 포위하고 息舟(楚나라 邑名)를 함락하여 성을 쌓고 그곳에 거주하였다.

觀起之死也에 其子從在蔡하야 事朝吳[274]러니 曰 今不封蔡면 蔡不封矣리니 我請試之호리라하고 以蔡公之命으로 召子干子晳[275]하야 及郊에 而告之情하야 强與之盟하고 入襲蔡하니 蔡公將食이라가 見之而逃하다 觀從使子干食하고 坎用牲하야 加書而速行하고

---

271 殺大司馬薳掩 而取其室 : 襄公 30년에 있었다.(杜注)

272 遷許而質許圍 : 許나라를 옮긴 일은 昭公 9년에 있었다.(杜注)

273 申之會 : 申에서의 會盟은 昭公 4년에 있었다.(杜注)

274 觀起之死也……事朝吳 : 觀起의 죽음은 襄公 22년에 있었다. 朝吳는 故人이 된 蔡나라 大夫 聲子의 아들이다.(杜注)

275 以蔡公之命 召子干子晳 : 子干과 子晳 두 사람은 모두 楚 靈王의 아우이다. 昭公 元年에 자간은 晉나라로 出奔하고, 자석은 鄭나라로 출분하였다.(杜注)

己徇於蔡曰 蔡公召二子하야 將納之하야 與之盟而遣之矣니 將師而從之하리라 蔡人聚하여 將執之어늘 辭曰 失賊成軍이어든 而殺余何益이리오한대 乃釋之하다 朝吳曰 二三子若能死亡인댄 則如違之하야 以待所濟어니와 若求安定인댄 則如與之하야 以濟所欲이라 且違上이면 何適而可리오 衆曰 與之라하니 乃奉蔡公하야 召二子而盟于鄧하야 依陳蔡人以國하다 楚公子比公子黑肱公子棄疾蔓成然蔡朝吳帥(솔)陳蔡不羹許葉(섭)之師하고 因四族之徒하야 以入楚러니 及郊에 陳蔡欲爲名이라 故請爲武軍[276]이어늘 蔡公知之하고 曰 欲速이요 且役病矣니 請藩而已하노라 乃藩爲軍하다 蔡公使須務牟與史猈(패)先入하야 因正僕人하야 殺大(태)子祿及公子罷(피)敵[277]하다 公子比爲王하고 公子黑肱爲令尹하야 次于魚陂하다 公子棄疾爲司馬하야 先除王宮하고 使觀從從師于乾谿하야 而遂告之하고 且曰 先歸復所어니와 後者劓하리라하니 師及訾梁而潰하다

觀起가 〈楚에서〉 죽임을 당할 때 그 아들 觀從은 蔡나라에서 朝吳를 섬기고 있었다. 관종이 조오에게 말하였다.

"지금 채나라가 封함을 받지 못한다면 채나라는 영원히 봉함을 받지 못할 것이니, 내가 한 번 〈蔡公의 뜻을〉 떠보겠습니다."

채공의 명으로 子干과 子晳을 〈돌아오라고〉 불러 그들이 교외에 당도하자, 관종이 事情을 알려주고 강요해 그들과 結盟하고 들어가서 蔡都를 습격하니, 채공은 이때 밥을 먹으려다가 쳐들어오는 무리를 보고 도망갔다. 관종은 자간에게 〈채공의 자리에 앉아서〉 그 밥을 먹게 하고는, 구덩이를 파고 犧牲을 죽여 盟書를 그 위에 올려놓고 자간과 자석에게 속히 도망가게 하고, 자기는 돌아다니며 蔡人들에게 말하였다.

"채공이 자간과 자석을 불러들여 楚나라로 들여보내려고 그들과 결맹하고 〈먼저 초나라로 가도록〉 보냈으니, 채공도 장차 군대를 거느리고 뒤따라갈 것이다."

채인이 모여들어 관종을 잡으려 하자, 관종이 말하였다.

"賊(자간과 자석)은 이미 놓쳤고 채공은 이미 군대를 편성하였는데, 나를 죽인들 무슨 이익이 되겠는가?"

사람들이 곧 그를 놓아주었다. 조오가 채인들에게 말하였다.

---

276 武軍 : 전쟁에 승리한 사람이 무공을 과시하기 위해 적군의 시체를 모아 흙을 쌓아 보루를 만드는 것이다.

277 蔡公使須務牟與史猈(패)先入……殺大(태)子祿及公子罷(피)敵 : 須務牟와 史猈는 楚나라 大夫로 蔡公의 黨이다. 正僕은 太子를 가까이서 모시는 관리이다.(杜注)

"그대들이 만약 〈楚王을 위해〉 죽거나 망명할 수 있다면 채공의 명을 어기고 그 성패를 기다리는 것이 좋겠지만, 만약 안정을 구한다면 채공을 도와 원하는 바(復國)를 이루는 것이 좋을 것이다. 그리고 또 上官의 명을 어기면 누구의 명을 따르겠는가?"

사람들이 모두 "채공을 돕겠다."라고 하였다. 이에 채공을 모시고 자간과 자석을 돌아오도록 불러 鄧에서 결맹하고 채공은 陳人과 蔡人의 힘을 이용하기 위해 두 나라의 회복을 허락하였다. 楚나라 公子 比 · 公子 黑肱 · 公子 棄疾 · 蔓成然 · 蔡나라 朝吳가 陳 · 蔡 · 不羹 · 許 · 葉의 군대를 거느리고 四族의 무리에 의지해 초나라로 쳐들어갔다. 초나라의 교외에 당도하였을 때 진인과 채인이 〈無道한 임금을 토벌하고 나라를 회복했다는〉 명성을 드러내고자 하였다. 그러므로 武軍을 築造하기를 청하니, 채공이 이를 알고 말하였다.

"빨리 쳐들어가야 하고 또 군사(役)들이 지쳤으니, 울타리만 쳐서 〈군영을 만들기를〉 청하노라."

이에 울타리를 쳐서 군영을 만들었다. 채공이 須務牟와 史猈를 먼저 성내로 들여보내 正僕人의 도움을 받아 太子 祿과 公子 罷敵을 죽이게 하였다. 공자 비가 王이 되고 공자 흑굉이 令尹이 되어 魚陂(楚나라 지명)에 주둔하였다. 공자 기질은 司馬가 되어 먼저 왕궁을 청소하고, 관종을 보내 乾谿에 있는 靈王의 군대로 가서 드디어 〈반란을 일으킨 사실을〉 알리고 또 말하였다.

"먼저 돌아가는 자는 祿位를 회복할 수 있지만 뒤에 돌아가는 자는 劓刑을 받을 것이다."

그러자 영왕의 군대가 訾梁에 이르러 흩어져 도망갔다.

字義 劓 : 코 벨 의

王聞群公子之死也하고 自投于車下曰 人之愛其子也도 亦如余乎아 侍者曰 甚焉이라 小人老而無子하니 知擠于溝壑矣로이다 王曰 余殺人子多矣니 能無及此乎아 右尹子革曰 請待于郊하야 以聽國人하소서 王曰 衆怒는 不可犯也니라 曰 若入於大都인댄 而乞師於諸侯하리이다 王曰 皆叛矣니라 曰 若亡於諸侯인댄 以聽大國之圖君也하리이다 王曰 大福은 不再니 祇取辱焉이니라 然丹乃歸于楚하다 王沿夏하야 將欲入鄢이러니 芋尹無宇之子申亥曰 吾父再奸王命[278]호되 王不誅하니 惠孰大焉이리오 君不可忍이요 惠不可棄니 吾其從王호리라하고 乃求王이라가 遇諸棘闈以歸하다 夏五月癸亥에 王縊于芋尹申亥氏어늘

---

278 吾父再奸王命 : 昭公 7년에 楚 靈王이 令尹으로 있을 때 사냥에서 王의 旗를 사용하려 하자 無宇가 그 깃발을 자르고, 영왕이 즉위한 뒤에 章華宮을 세워 逃亡者들을 받아들이니, 무우의 문지기가 그곳으로 도망해 들어가자 무우가 장화궁으로 가서 그 문지기를 잡아온 일을 이른다.(杜注)

申亥以其二女로 殉而葬之하다

楚 靈王이, 公子들이 죽었다는 말을 듣고 스스로 수레 아래로 몸을 던지며 말하였다.

"다른 사람도 그 자식을 사랑하는 것이 나와 같으냐?"

侍從이 대답하였다.

"大王보다 심합니다. 소인은 늙어서 자식이 없으니 〈죽은 뒤에 그 시신이〉 溝壑에 던져질 것으로 압니다."

영왕이 말하였다.

"내 남의 자식을 많이 죽였으니, 이 지경에 이르지 않을 수 있겠는가?"

右尹 子革이 말하였다.

"교외에서 기다리며 國人의 처분을 기다리소서."

영왕이 말하였다.

"대중의 분노는 거스를 수 없다."

자혁이 말하였다.

"大都로 들어간다면 제후에게 원군을 청할 수 있습니다."

영왕이 말하였다.

"대도가 모두 배반하였다."

자혁이 말하였다.

"제후국으로 망명한다면 大國이 임금님을 위해 도모하는 것을 기다릴 수 있습니다."

영왕이 말하였다.

"大福은 재차 오지 않는 것이니, 단지 치욕만 부를 뿐이다."

이에 然丹이 〈영왕을 버리고〉 楚나라로 돌아갔다. 영왕은 夏水(漢水)를 따라 내려가 鄢으로 들어가려 하였는데, 芋尹 無宇의 아들 申亥가 말하였다.

"우리 아버지가 두 번이나 王命을 범하였는데도 왕께서 誅戮하지 않으셨으니, 이보다 큰 은혜가 어디 있는가? 〈危難을 당한〉 임금님을 차마 보고만 있을 수 없고 은혜를 저버릴 수 없으니, 나는 장차 임금님을 따르겠다."

그러고는 영왕을 찾아 헤매다가 棘里의 里門에서 만나 모시고 돌아왔다. 여름 5월 癸亥日에 영왕이 芋尹 申亥氏의 집에서 목을 매고 죽었는데, 신해가 자기의 두 딸을 殉葬品으로 삼아 영왕을 장사 지냈다.

字義 擠 : 떨어질 제　祇 : 다만 지　闈 : 문 위

【經】楚公子棄疾殺公子比하다

楚나라 公子 棄疾이 公子 比를 죽였다.

【傳】觀從謂子干曰 不殺棄疾하면 雖得國이라도 猶受禍也니라 子干曰 余不忍也로라 子玉曰 人將忍子하리니 吾不忍俟也라하고 乃行하다 國每夜에 駭曰 王入矣라하더니 乙卯夜에 棄疾使周走而呼曰 王至矣라하니 國人大驚이러라 使蔓成然走告子干子晳曰 王至矣라 國人殺君司馬하니 將來矣라 君若早自圖也면 可以無辱이리라 衆怒如水火焉하니 不可爲謀라하고 又有呼而走至者曰 衆至矣라하니 二子皆自殺하다 丙辰에 棄疾卽位하고 名曰熊居라하다 葬子干于訾하니 實訾敖라 殺囚하야 衣之王服하야 而流諸漢이라가 乃取而葬之하야 以靖國人하다 使子旗爲令尹하다

觀從이 子干에게 일러 말하였다.

"棄疾을 죽이지 않으면 비록 나라를 얻더라도 도리어 禍를 받을 것입니다."

자간이 말하였다.

"나는 차마 그를 죽일 수 없다."

子玉(觀從)이 말하였다.

"그 사람은 장차 임금님에게 잔인한 짓을 할 것이니, 나는 차마 그때를 기다릴 수 없습니다."

이에 자간을 버리고 떠났다. 이때 도성〔國〕 안에 매일 밤 "王(靈王)이 들어왔다."는 말로 사람들을 놀라게 하는 자가 있었는데, 乙卯日 밤에 기질이 〈이를 이용하여〉 사람을 시켜 사방으로 뛰어다니며 "왕이 왔다."라고 고함치게 하니, 國人이 크게 놀랐다. 기질이 蔓成然을 시켜 달려가서 子干과 子晳에게 고하게 하였다.

"왕이 왔습니다. 국인이 나의 主君인 司馬(棄疾)를 죽였으니, 곧 이곳으로 몰려올 것입니다. 그러니 임금님께서 만약 일찍이 스스로 계획을 세운다면 치욕을 당하지 않을 수 있습니다. 大衆의 분노는 水火와 같으니 막을 계책을 낼 수 없습니다."

이때 또 고함을 치며 달려와 "대중이 몰려옵니다."라고 하는 자가 있으니, 두 사람이 모두 자살하였다. 丙辰日에 기질이 즉위하고 이름을 熊居로 고쳤다. 자간을 訾에 장사 지냈으니 바로 訾敖이다. 죄수를 죽여 靈王의 옷을 입히고 그 시신을 漢水에 흘려보냈다가 이내 건져 안장하여 국인을 안정시켰다. 子旗(蔓成然)를 임명하여 令尹으로 삼았다.

楚師還自徐어늘 吳人敗諸(저)豫章하야 獲其五帥하다

楚軍이 徐나라에서 돌아왔는데, 吳人이 초군을 豫章에서 패배시키고 그 다섯 將帥(蕩侯 ·

潘子 · 司馬 督 · 囂尹 午 · 陵尹 喜)를 사로잡았다.

平王封陳蔡하고 復遷邑하고 致群賂하고 施舍寬民하고 宥罪擧職하다 召觀從하야 王曰 唯爾所欲호리라 對曰 臣之先佐開卜하니이다 乃使爲卜尹[279]하다 使枝如子躬聘于鄭하고 且致犨櫟之田이러니 事畢에 弗致어늘 鄭人請曰 聞諸道路호니 將命寡君以犨櫟이라하니 敢請命하노라 對曰 臣未聞命이로라 旣復에 王問犨櫟하니 降服而對[280]曰 臣過失命하야 未之致也호이다 王執其手曰 子는 毋勤하고 姑歸하라 不穀有事면 其告子也호리라

楚 平王(棄疾)이 陳나라와 蔡나라를 封해주고, 옮겼던 邑人을 〈원래의 주거지로〉 회복시키고, 〈처음 擧事할 때 주기로 약속했던〉 모든 사람에게 재물을 주고, 은혜를 베풀고, 백성을 너그럽게 대하고, 죄가 있는 자를 사면하고, 폐기한 관직을 복구하였다. 觀從을 불러 보고 王이 말하였다.

"네가 원하는 바를 내 들어주겠다."

관종이 대답하였다.

"臣의 祖先은 卜尹의 副官이었습니다."

이에 평왕은 그를 임명해 복윤으로 삼았다. 枝如子躬을 鄭나라에 사신으로 보내 聘問하게 하고, 또 犨와 櫟의 田地를 정나라에 돌려주게 하였는데, 자궁이 빙문의 일을 마친 뒤에 두 곳의 전지를 돌려주지 않자, 鄭人이 要請하였다.

"道路의 소문을 듣건대, '楚王께서 장차 犨와 櫟을 우리 임금님께 돌려주실 것이다.'라고 하니, 감히 돌려주기를 청합니다."

자궁이 대답하였다.

"신은 그런 명을 듣지 못했습니다."

자궁이 돌아와서 復命한 뒤에 왕이 犨와 櫟에 대해 묻자, 그가 上服을 벗고 대답하였다.

"신은 고의로[過] 王命을 어기고 돌려주지 않았습니다."

왕이 그의 손을 잡으며 말하였다.

"그대는 〈이처럼〉 勤勞하지 말고 우선 돌아가라. 나에게 일이 있으면 장차 그대에게 고하리라."

他年에 芋尹申亥以王柩告어늘 乃改葬之하다

몇 해 뒤에 芋尹 申亥가 靈王의 靈柩가 묻힌 곳을 고하였는데, 이에 平王이 영왕을 改葬하였다.

---

279 卜尹 : 卜人을 도와 櫝를 열고 龜卜의 占書를 열람하는 관직이다.(杜注)

280 降服而對 : 降服은 오늘날 갓을 벗는 것과 같은 것이니, 명령을 어긴 것을 사죄한 것이다.(杜注)

初에 靈王卜曰 余尙得天下하노라 不吉이어늘 投龜하고 詬天而呼曰 是區區者를 而不余畀하니 余必自取之호리라 民患王之無厭也라 故從亂如歸하니라

當初에 靈王이 거북점을 치며 축원하기를 "나는 천하를 얻기를 희망[尙]한다."라고 하였는데, 점이 불길하자 영왕은 龜甲을 내던지고 큰 소리로 하늘을 꾸짖었다.

"이 하찮은 천하를 나에게 주지 않으니, 내 반드시 自力으로 취하겠다."

백성들은 영왕의 욕망이 끝이 없음을 근심하였다. 그러므로 반란군 따르기를 마치 나그네가 집으로 돌아가듯이 한 것이다.

字義 尙 : 바랄 상

初에 共王無冢適하고 有寵子五人호되 無適立焉이라 乃大有事于群望而祈曰 請神擇於五人者하야 使主社稷하라하고 乃徧以璧見於群望하고 曰 當璧而拜者는 神所立也니 誰敢違之리오 旣에 乃與巴姬密埋璧於大室之庭하고 使五人齊(재)하야 而長入拜하다 康王은 跨之하고 靈王은 肘加焉하고 子干子晳은 皆遠之하다 平王弱하야 抱而入하야 再拜皆厭(압)紐하다 鬪韋龜屬成然焉하고 且曰 棄禮違命하니 楚其危哉인저

당초에 楚 共王에게 適子가 없고, 총애하는 庶子가 다섯이 있었으나, 공왕은 누구를 太子로 세우는 것이 적합한지 몰랐다. 이에 群望(星辰山川)에 성대하게 제사를 지내면서 기원하였다.

"神은 이 다섯 사람 중에서 하나를 선택하여 社稷을 주관하게 하소서."

그러고는 곧 玉璧을 군망에 두루 보이고 말하였다.

"절할 때 몸이 이 옥벽에 닿는 자가 바로 神이 태자로 세우는 자이니, 누가 감히 神의 뜻을 어기겠습니까?"

제사를 마친 뒤에 곧 巴姬(共王의 妾)와 함께 太室(宗廟)의 廟庭에 옥벽을 묻고, 다섯 사람에게 재계하고 長幼의 순서에 따라 차례로 들어와 절을 하게 하였다. 康王은 그 이마가 옥벽을 지나갔고, 靈王은 팔꿈치가 옥벽에 닿았고, 子干과 子晳은 모두 옥벽과 거리가 멀었다. 平王은 어려서 안고 들어와서 再拜하였는데 두 번 모두 그 이마가 璧紐(옥벽의 상단에 끈을 매는 곳)에 닿았다. 鬪韋龜가 그 아들 成然을 평왕에게 부탁하며 말하였다.

"禮를 버리고 天命을 어겼으니 楚나라는 아마도 위태로워질 것입니다."

字義 冢 : 맏이 총 齊 : 재계할 재(=齋) 肘 : 팔꿈치 주 厭 : 닿을 압(=壓) 紐 : 끈 뉴

子干歸에 韓宣子問於叔向曰 子干其濟乎아 對曰 難이라 宣子曰 同惡(오)相求 如市賈焉하니 何難이리오 對曰 無與同好하니 誰與同惡리오 取國有五難하니 有寵而無人이 一

也요 有人而無主 二也요 有主而無謀 三也요 有謀而無民이 四也요 有民而無德이 五也라 子干在晉이 十三年矣로되 晉楚之從에 不聞達者하니 可謂無人이요 族盡親叛하니 可謂無主요 無釁而動하니 可謂無謀요 爲羈終世하니 可謂無民이요 亡無愛徵하니 可謂無德이라 王虐而不忌하니 楚君子干하면 涉五難하야 以弑舊君하니 誰能濟之리오 有楚國者는 其棄疾乎인저 君陳蔡하니 城外屬焉하고 苛慝不作하니 盜賊伏隱하고 私欲不違하니 民無怨心이라 先神命之하고 國民信之라 芈姓有亂에 必季實立하니 楚之常也라 獲神이 一也요 有民이 二也요 令德이 三也요 寵貴 四也요 居常이 五也니 有五利以去五難이면 誰能害之리오 子干之官則右尹也요 數其貴寵則庶子也요 以神所命則又遠之하니 其貴亡矣요 其寵棄矣라 民無懷焉하고 國無與焉하니 將何以立이리오 宣子曰 齊桓晉文不亦是乎아 對曰 齊桓은 衛姬之子也로되 有寵於僖하고 有鮑叔牙賓須無隰朋以爲輔佐하며 有莒衛以爲外主하고 有國高以爲內主하며 從善如流하고 下善齊肅[281]하며 不藏賄하고 不從欲하며 施舍不倦하고 求善不厭이라 是以有國하니 不亦宜乎아 我先君文公은 狐季姬之子也로되 有寵於獻하고 好學而不貳하야 生十七年에 有士五人[282]이라 有先大夫子餘子犯以爲腹心하고 有魏犨賈(가)佗以爲股肱하며 有齊宋秦楚以爲外主하고 有欒郤狐先以爲內主하며 亡十九年에 守志彌篤이라 惠懷棄民하니 民從而與之라 獻無異親하니 民無異望이라 天方相晉하니 將何以代文이리오 此二君者는 異於子干이라 共有寵子하고 國有奧主로되 無施於民하고 無援於外하야 去晉而不送하고 歸楚而不逆하니 何以冀國이리오

子干이 돌아갈 때 韓宣子가 叔向에게 물었다.

"자간이 성공하겠는가?"

숙향이 대답하였다.

"성공하기 어려울 것입니다."

선자가 물었다.

"靈王을 함께 증오하는 자들이 뜻을 같이하는 자를 구하는 것이 마치 장사치가 이익을 구하듯이 하니, 어찌 성공하기 어렵겠는가?"

---

281 下善齊肅 : '下善'은 행동이고, '齊肅'은 신속이다.(楊注)

282 有士五人 : 五人은 狐偃·趙衰(조최)·顚頡·魏武子·司空季子이다. 이 다섯 사람은 晉 文公이 出亡했을 때 侍從하였다.(杜注)

숙향이 대답하였다.

“자간에게는 뜻을 같이하는 자가 없으니 누가 그와 증오를 함께하겠습니까? 나라를 취함에는 다섯 가지 어려움이 있으니, 첫째는 귀한 신분은 가졌으되 보좌할 人材가 없는 것이고, 둘째는 인재는 있으되 의지할 세력〔主〕이 없는 것이고, 셋째는 의지할 세력이 있으되 智謀가 없는 것이고, 넷째는 지모는 있으되 백성의 지지가 없는 것이고, 다섯째는 백성의 지지는 있으되 德이 없는 것입니다.

자간이 晉나라에 있은 지 13년이 되었는데, 晉나라와 楚나라 사람으로 그와 종유하는 자 중에 현달한 자가 있다는 말을 듣지 못하였으니 인재가 없다고 이를 수 있고, 家族이 다 피살되고 친척이 배반하였으니 의지할 세력이 없다고 이를 수 있고, 楚나라에 이용할 만한 틈이 없는데도 함부로 움직였으니 지모가 없다고 이를 수 있고, 일생을 나그네로 외국에서 지냈으니 백성이 없다고 이를 수 있고, 망명하였는데도 楚나라에 그를 애석해하는 징후가 없으니 德이 없다고 이를 수 있습니다. 楚王이 비록 포학하지만 각박하지 않으니, 楚나라가 자간을 임금으로 세우려면 다섯 난관을 건너 舊君을 시해해야 하니, 누가 그의 성공을 돕겠습니까?

楚나라를 소유할 자는 아마도 棄疾일 것입니다. 그는 陳과 蔡를 다스렸으니〔君〕 方城 밖의 지역이 모두 그에게 귀속하였고, 그 지역에 가혹하거나 사특한 정치가 없으니 도적이 잠복해 숨었으며, 私慾으로 인해 백성의 農時를 빼앗지 않으니 백성들이 원망하는 마음이 없습니다. 先祖의 神이 그를 임명하였고 백성들이 그를 신임합니다. 芈姓(楚나라의 姓)에 변란이 생길 때마다 반드시 막내를 임금으로 세웠으니, 이것이 楚나라의 常規였습니다. 神의 도움을 받은 것이 그 이점의 하나이고, 지지하는 백성이 있는 것이 둘이고, 아름다운 덕을 가진 것이 셋이고, 총애를 받아 존귀한 자리에 오른 것이 넷이고, 상규에 맞는 것이 다섯이니, 다섯 가지 이점을 가지고 다섯 가지 난점을 제거한다면 누가 그를 방해할 수 있겠습니까?

자간의 官位로 말하면 右尹에 불과하고, 그 존귀와 은총을 따져보면 庶子에 불과하고, 神이 명한 바로 말하면 또 玉璧에서 멀었으니, 그는 존귀를 잃은 것이고 총애를 버린 것입니다. 백성 중에 그를 생각하는 이가 없고, 나라 안에 그를 돕는 이가 없으니 장차 어떻게 임금이 될 수 있겠습니까?”

선자가 물었다.

“齊 桓公과 晉 文公도 자간처럼 庶子로서 망명하지 않았던가?”

숙향이 대답하였다.

“제 환공은 衛姬(齊 僖公의 妾)의 아들이었지만, 僖公의 총애를 받았으며, 鮑叔牙 · 賓須無 · 隰朋을 보좌로 삼고, 莒나라와 衛나라를 外主(外援)로 삼고, 國氏와 高氏를 內主(內應)로 삼았으며, 善言 따르기를 물 흐르듯이 하고 행동을 신속히 하였으며, 재화를 收藏하지 않고

私慾에 방종하지 않았으며, 은혜 베풀기를 게을리하지 않고 善 구하기를 싫어하지 않았습니다. 이로 인해 齊나라를 소유하였으니, 이 또한 당연하지 않습니까?

우리 先君 文公은 狐季姬의 아들이었지만, 獻公의 총애를 받았고, 배우기를 좋아하여 딴마음을 품지 않았으며, 17세 때 이미 賢士 5인을 얻었습니다. 先大夫 子餘(趙衰)와 子犯(狐偃)을 腹心으로 삼고, 魏犨(魏武子)와 賈佗를 股肱으로 삼았으며, 齊나라 · 宋나라 · 秦나라 · 楚나라를 外主로 삼고 欒氏(欒枝) · 郤氏(郤縠) · 狐氏(狐突) · 先氏(先軫)를 內主로 삼았으며, 망명해 外國에 있는 19년 동안 初志를 더욱 독실하게 지켰습니다. 惠公과 懷公이 백성을 버리고 돌보지 않으니, 백성들은 문공을 따르고 도왔습니다. 헌공의 아들 중에 문공 말고 다른 아들이 없으니 백성은 문공 이외에 달리 기대할 곳이 없었습니다. 그때 하늘이 바야흐로 晉나라를 보우하였으니 누가 문공을 대신할 수 있었겠습니까?

이 두 임금님은 자간의 경우와 달랐습니다. 楚 共王에게는 총애하는 아들이 있고, 楚나라에는 奧主(잠재적 君主)가 있는데도, 자간은 백성들에게 은혜를 베풀지 않고 외국에 응원세력이 없어서, 晉나라를 떠날 때도 호송하는 이가 없었고, 楚나라로 돌아갈 때도 맞이하는 이가 없었으니, 그러한 그가 어찌 楚나라 얻기를 바랄 수 있겠습니까?"

字義 羋 : 성 미 奧 : 깊을 오

【經】秋에 公會劉子晉侯齊侯宋公衛侯鄭伯曹伯莒子邾子滕子薛伯杞伯小邾子于平丘하다 八月甲戌에 同盟于平丘할새 公不與盟하니 晉人執季孫意如以歸하다

가을에 昭公이 劉子 · 晉侯 · 齊侯 · 宋公 · 衛侯 · 鄭伯 · 曹伯 · 莒子 · 邾子 · 滕子 · 薛伯 · 杞伯 · 小邾子와 平丘(衛나라 땅)에서 會盟하였다. 8월 甲戌日에 평구에서 同盟할 때 소공이 동맹에 참가하지 않으니, 晉人이 季孫意如(魯나라 大夫)를 체포해 데리고 돌아갔다.

【傳】晉成虒祁에 諸侯朝而歸者皆有貳心하다 爲取郠故하야 晉將以諸侯來討어늘 叔向曰 諸侯를 不可以不示威라하니 乃竝徵會하고 告于吳하다 秋에 晉侯會吳子于良이러니 水道不可라 吳子辭한대 乃還하다

晉나라가 虒祁宮을 落成할 때 가서 朝見하고 돌아온 제후들이 모두 진나라에 두마음을 품었다. 魯나라가 莒나라의 郠邑을 점령한 일로 진나라가 제후를 거느리고 와서 토벌하려 하였는데, 叔向이 말하였다.

"제후에게 위력을 보이지 않아서는 안 됩니다."

晉侯가 이에 모든 제후에게 회맹에 참가하도록 소집하고 吳나라에도 통보하였다. 가을에 진후가 吳子와 良(地名)에서 회합하려 하였는데, 물길이 막혔으므로 오자가 사절하고 오지 않자, 진후도 곧 돌아갔다.

七月丙寅에 治兵于邾南할새 甲車四千乘이라 羊舌鮒攝司馬하야 遂合諸侯于平丘하다 子産子大(태)叔相鄭伯以會에 子産은 以幄幕九張行하고 子大叔은 以四十이러니 旣而悔之하야 每舍에 損焉하니 及會에 亦如之하다

7월 丙寅日에 邾나라 남쪽에서 군사훈련(治兵)을 하였는데, 참가한 甲車가 4천 乘이었다. 羊舌鮒(叔向의 아우)가 司馬를 대리하여 드디어 平丘에서 제후를 회합하였다. 子産과 子太叔이 鄭伯을 보좌해 회합에 참가하기 위해 길을 떠날 때 자산은 장막 아홉 벌을 준비해 가지고 출발하였고, 자태숙은 40벌을 준비해 가지고 출발하였다. 이윽고 자태숙은 이를 후회하고 하룻밤 유숙하는 곳마다 한 벌씩 줄이니, 회합하는 평구에 미쳐서는 그 장막의 수도 자산의 장막 수와 같아졌다.

次于衛地하야 叔鮒求貨於衛하고 淫芻蕘者어늘 衛人使屠伯饋叔向羹與一篋錦曰 諸侯事晉에 未敢攜貳어든 況衛在君之宇下하니 而敢有異志아 芻蕘者異於他日하니 敢請之하노라 叔向受羹反錦曰 晉有羊舌鮒者하야 瀆貨[283]無厭하니 亦將及矣리라 爲此役也하야 子若以君命賜之면 其已하리라 客從之한대 未退而禁之하다

晉軍이 衛나라 땅에 주둔하여 叔鮒(羊舌鮒)가 위나라에 재물을 요구하고, 芻蕘者를 풀어놓아 초목을 남벌하게 하였는데, 衛人이 屠伯을 진군으로 보내 叔向에게 국 한 그릇과 비단 한 상자를 주며 말하였다.

"제후들이 晉나라를 섬김에 있어 감히 두마음을 품지 못하는데, 하물며 위나라는 晉君의 그늘 아래 있으니 감히 다른 뜻을 품겠습니까? 다만 추요자들의 행위가 전날과 다르니, 〈금지하기를〉 감히 청합니다."

숙향이 국은 받고 비단은 돌려주며 말하였다.

"진나라에 羊舌鮒란 자가 있는데, 재물을 탐하여 만족을 모르니 장차 禍難에 미칠 것입니다. 이 일을 위하여 그대가 君命으로 이 비단을 그에게 주면 그는 추요자의 남벌을 중지시킬 것입니다."

---

283 瀆貨 : 재물을 탐하여 그 몸을 더럽히는 것이다.(楊注)

客(屠伯)이 그 말에 따라 〈비단을 숙부에게 주자,〉 숙부는 객이 물러나기도 전에 남벌을 금지하는 명을 내렸다.

字義 篋 : 상자 협 役 : 일 역

晉人將尋盟이러니 齊人不可한대 晉侯使叔向告劉獻公曰 抑齊人不盟하니 若之何오 對曰 盟以底(지)信이니 君苟有信인댄 諸侯不貳리니 何患焉이리오 告之以文辭하고 董之以武師면 雖齊不許라도 君庸多矣리라 天子之老는 請帥(솔)王賦하야 元戎十乘으로 以先啓行호되 遲速唯君호리라 叔向告于齊曰 諸侯求盟하야 已在此矣어늘 今君弗利하니 寡君以爲請하노라 對曰 諸侯討貳하면 則有尋盟이어니와 若皆用命인댄 何盟之尋이리오 叔向曰 國家之敗는 有事而無業하면 事則不經하며 有業而無禮하면 經則不序하며 有禮而無威하면 序則不共하며 有威而不昭하면 共則不明하나니 不明棄共이라 百事不終이니 所由傾覆也라 是故明王之制는 使諸侯歲聘以志業하고 間朝以講禮하고 再朝而會以示威하고 再會而盟以顯昭明하니 志業於好하고 講禮於等하고 示威於衆하고 昭明於神은 自古以來로 未之或失也니 存亡之道는 恒由是興하니라 晉禮主盟호되 懼有不治하야 奉承齊犧하야 而布諸君하야 求終事也어늘 君曰 余必廢之라하니 何齊之有리오 唯君圖之하라 寡君聞命矣리라 齊人懼하야 對曰 小國言之어든 大國制之하나니 敢不聽從가 旣聞命矣니 敬共以往호되 遲速唯君하리라 叔向曰 諸侯有間矣니 不可以不示衆이로다 八月辛未에 治兵하야 建而不旆라가 壬申復(부)旆之하니 諸侯畏之[284]러라

晉人이 옛 盟約을 거듭 천명하려 하였는데, 齊人이 이를 반대하자, 晉侯가 叔向을 보내 劉獻公(周王의 卿士)에게 고하였다.

"제인이 맹약을 다시 회복하려 하지 않으니, 어찌하면 좋습니까?"

유헌공이 대답하였다.

"맹약을 맺는 것은 〈그 맹약을 지키겠다는〉 信義를 드러내기 위함입니다. 임금님(晉侯)에게 진실로 신의가 있다면 제후가 두마음을 품지 않을 것이니 근심할 게 뭐 있습니까? 저 제인에게 文辭(납득시킬 만한 외교문서)로써 고하고 武師로써 독려한다면 비록 제인이 허락하지 않는다 하더라도 임금님의 공로는 클 것입니다. 天子의 卿士〔老〕인 내가 王師를 거느리고 元戎(큰 戰車) 10乘으로 선봉이 되어 길을 열겠습니다. 하지만 출병의 遲速은 임금님의 명을 따르겠습니다."

---

284 壬申復(부)旆之 諸侯畏之 : 군대가 전투하려면 旗에 술을 단다. 그러므로 술을 달아 겁을 준 것이다.(杜注)

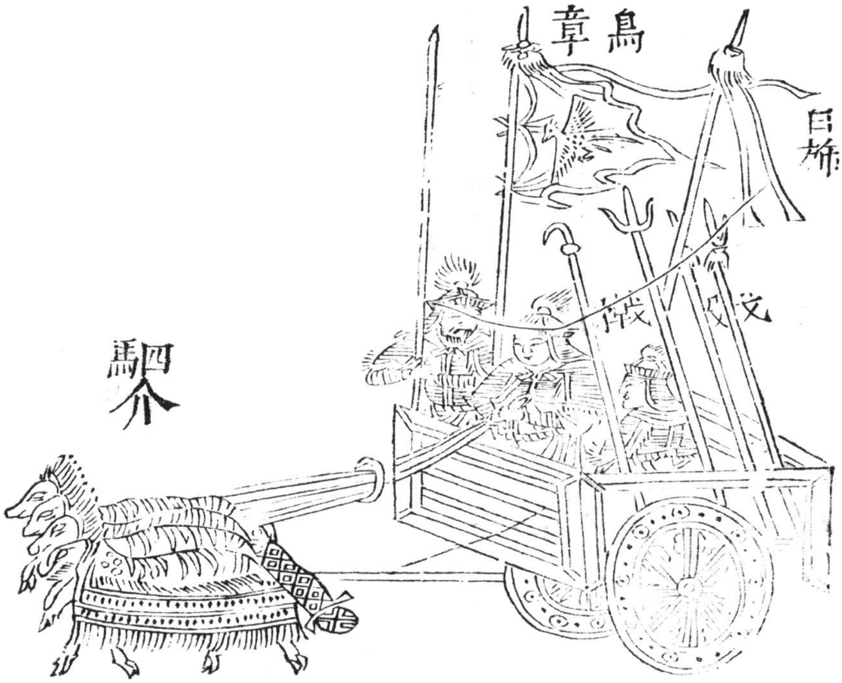

元戎

숙향이 제인에게 고하였다.

"諸侯들이 옛 맹약을 다시 회복하기를 요구하여 이미 이곳에 와 있는데, 지금 임금님(齊侯)께서는 불리하다 하여 〈이를 반대하시니,〉 우리 임금님께서 〈그 이유를〉 묻습니다."

제인이 대답하였다.

"제후가 두마음 품은 나라를 토벌하기 위해 모인 것이라면 옛 맹약을 거듭 천명해야겠지만, 모두 명을 따른다면 맹약을 거듭 천명할 필요가 뭐 있습니까?"

숙향이 말하였다.

"국가의 패망은 〈항상 다음과 같은 데서 기인하였습니다.〉 朝聘 등의 일은 있으나 바치는 貢賦〔業〕가 없으면 그 일이 있다 하더라도 常道에 어긋나고〔不經〕, 공부는 있으나 禮가 없으면 일이 상도에 맞는다 하더라도 질서가 없고, 예가 있으나 위엄이 없으면 질서가 있다 하더라도 공경하지 않고, 위엄이 있으나 神에게 밝게 고할 수 없으면 공경한다 하더라도 신의가 밝게 드러나지 않습니다. 신의가 밝지 않으면 공경을 버리는 것이어서 모든 일에 좋은 결과가 없으니, 이것이 국가가 전복되는 원인입니다.

그러므로 밝으신 先王의 제도는 제후에게 해마다 聘問하여 공부의 일에 專心하게 하고, 3년마다 朝見하여 예절를 익히게 하고, 6년마다 회합하여 〈天子가〉 위엄을 보이고, 12년마다 맹약하여 〈신의를〉 밝혔습니다. 聘問(好)하여 공부에 전심하게 하고, 조현(等)하여 예절의 등차를 익히게 하고, 회합하여 위엄을 보이고, 〈신의를〉 神에게 밝게 고하는 일을 예로부터 내려오면서 누구도 어기지 않았으니, 存亡의 道가 항상 여기에서 出發하였습니다.

晉나라는 先王의 예에 따라 회맹을 주관하면서도 일을 잘 처리하지 못함이 있을까 두려워서 同盟에 쓸 犧牲을 받들어 임금님(齊侯)께 고하고 일이 잘 마무리되기를 구하였는데, 임금님께서는 '나는 기어이 이 일을 폐지시킬 것이다.'라고 하시니, 제맹할 게 뭐 있겠습니까? 임금님께서 생각해 처리하기 바랍니다. 寡君께서는 임금님의 명을 따를 것입니다."

제인이 두려워하여 대답하였다.

"小國이 말을 하면 大國이 재단(制)하는 것이니, 감히 따르지 않을 수 있겠습니까? 이미 명을 들었으니 〈명을〉 공경히 받들고 가서 〈회맹에 참가하겠습니다만〉 출발의 遲速은 晉君의 명에 따르겠습니다."

숙향이 말하였다.

"諸侯와 우리 晉나라 사이에 틈이 생겼으니, 대중에게 위력을 보이지 않을 수 없습니다."

8월 辛未日에 군사훈련을 하면서 깃발만 세우고 술은 달지 않았다가 壬申日에 다시 깃발에 술을 다니 제후가 두려워하였다.

字義 底 : 불러올, 드러낼 지　庸 : 功 용　旆 : 깃발에 술 달 패

邾人莒人愬于晉曰 魯朝夕伐我하야 幾亡矣라 我之不共은 魯故之以라한대 晉侯不見公하고 使叔向來辭曰 諸侯將以甲戌盟이나 寡君知不得事君矣니 請君無勤하라 子服惠伯對曰 君信蠻夷之訴하야 以絶兄弟之國하고 棄周公之後라도 亦唯君이니 寡君聞命矣리라 叔向曰 寡君有甲車四千乘在하니 雖以無道行之라도 必可畏也어든 況其率道면 其何敵之리오 牛雖瘠이나 僨於豚上이면 其畏不死아 南蒯子仲之憂[285]를 其庸可棄乎아 若奉晉之衆하야 用諸侯之師하고 因邾莒杞鄫之怒하야 以討魯罪하야 間其二憂하면 何求而弗克이리오 魯人懼하야 聽命하다

邾人과 莒人이 晉나라에 제소하였다.

"魯나라가 朝夕으로 우리나라를 공벌하여 나라가 거의 망하게 되었습니다. 우리나라가 貢物을 바치지 못하는 것은 노나라의 침벌 때문입니다."

晉侯가 魯 昭公을 접견하지 않고 叔向을 보내 사절하였다.

---

285 南蒯子仲之憂 : 南蒯와 子仲이 叛亂한 일은 前年에 있었다.(林堯叟)

"제후가 甲戌日에 結盟하기로 하였습니다. 그러나 寡君께서는 임금님(魯君)을 섬기지 못할 것으로 알고 계시니, 임금님께서는 수고하지 마소서."

子服惠伯이 대답하였다.

"晉君께서 蠻夷의 제소를 믿고 兄弟國을 단절하고 周公의 후예를 버리시더라도 진군의 명을 따라야 하니 과군께서는 명을 들으실 것입니다."

숙향이 말하였다.

"과군께는 甲車 4천 乘이 있으니, 비록 道義를 무시하고 출병한다 하더라도 반드시 사람들을 두렵게 할 수 있을 것인데, 하물며 도의에 따라 출병한다면 그 누가 대적할 수 있겠습니까? 소가 아무리 파리해도 작은 돼지 위에 엎어지면 어찌 돼지가 죽지 않을 염려가 있겠습니까? 南蒯와 子仲에 대한 우려를 어찌 잊을 수 있습니까? 만약 晉나라가 大軍을 일으켜 제후의 군대를 사용하고 邾나라 · 莒나라 · 杞나라 · 鄫나라의 분노를 이용하여 노나라의 죄를 토벌하면서, 두 사람(南蒯와 子仲)에 대해 우려하고 있는 틈을 기회로 이용한다면 무엇을 구한들 성공하지 못하겠습니까?"

魯人이 두려워서 晉나라의 명을 따랐다.

字義 共 : 바칠 공(=供) 僨 : 엎어질 분 棄 : 잊을 기

甲戌에 同盟于平丘하니 齊服也일새라 令諸侯日中造于除[286]하다 癸酉에 退朝하야 子產命外僕하야 速張於除어늘 子大(태)叔止之하야 使待明日하다 及夕하야 子產聞其未張也하고 使速往이러니 乃無所張矣러라

甲戌日에 平丘에서 同盟하였으니, 齊나라가 복종하였기 때문이다. 晉人이 제후에게 令을 내려 정오까지 會盟場(除)에 도착하게 하였다. 癸酉日에 晉侯를 朝見하고 물러 나와서 子產이 外僕에게 命하여 속히 회맹장에 장막을 설치하게 하였는데, 子太叔이 저지하여 내일을 기다리게 하였다. 저녁에 자산이 아직 장막을 설치하지 않았다는 말을 듣고 외복에게 속히 가서 장막을 치게 하였더니, 〈이미 다른 나라의 장막이 가득 들어차 鄭나라의〉 장막을 칠 장소가 없었다.

字義 造 : 갈 조

及盟하야 子產爭承하야 曰 昔에 天子班貢에 輕重以列하니 列尊貢重은 周之制也라 卑而貢重者는 甸服[287]也라 鄭伯은 男也어늘 而使從公侯之貢하니 懼弗給也하야 敢以爲

286 除 : 잡초를 깎아내고 땅을 깨끗이 정돈하여 壇을 쌓은 會盟場이다.

287 甸服 : 天子의 畿內에 采地를 가진 公卿으로 職貢을 바치는 자를 이른다.(杜注)

請하노라 諸侯靖兵하고 好以爲事로되 行理[288]之命이 無月不至로되 貢之無藝하야 小國有闕하니 所以得罪也라 諸侯修盟은 存小國也어늘 貢獻無極하야 亡可待也니 存亡之制 將在今矣니라 自日中以爭하야 至于昏하니 晉人許之하다 旣盟에 子大(태)叔咎之曰 諸侯若討인댄 其可瀆乎아 子産曰 晉政多門하니 貳偸之不暇어든 何暇討리오 國不競이면 亦陵이니 何國之爲리오

結盟할 때에 미쳐 子産이 貢賦의 등차(承)를 쟁론하며 말하였다.

"옛날에 天子가 공부의 등차를 정할 때 공부의 輕重을 爵位의 고하에 따랐으니, 작위가 높으면 공부가 많은 것이 周나라의 제도입니다. 작위가 낮으면서도 공부가 많은 곳은 甸服뿐입니다. 鄭伯은 男服인데도 公侯의 공부를 따르게 하니, 공급하지 못할까 두려워 감히 경감하기를 청합니다. 제후들이 전쟁을 정지하고 우호를 일삼는데도, 晉나라는 使者를 보내 공부를 독촉하는 명이 이르지 않는 달이 없으나, 공부에 한도(藝)가 없어 小國이 貢納할 수 없으니, 이것이 소국이 죄를 얻게 되는 까닭입니다. 제후가 옛 맹약을 다시 회복하는 것은 소국을 보존하기 위함인데, 貢獻物에 한도가 없어 소국의 멸망을 손꼽아 기다릴 수 있으니, 소국의 존망을 결정하는 제도를 정하는 일이 이번에 있어야 합니다."

정오부터 시작하여 저녁 늦게까지 쟁논하니, 晉人이 허락하였다. 결맹이 끝난 뒤에 子太叔이 책망하였다.

"제후가 만약 우리나라를 토벌한다면 그것은 그대가 晉나라를 가벼이 여겨 무시했기 때문이 아니라고 할 수 있겠는가?"

자산이 말하였다.

"晉나라는 정사가 여러 사람에게서 나오니, 저들의 마음이 일치하지 않아 눈앞의 안일을 탐하기에도 겨를이 없을 것인데, 어느 겨를에 우리나라를 토벌하겠습니까? 국가가 타국과 경쟁하지 못하면 타국의 능멸을 당할 것이니, 어찌 나라가 될 수 있겠습니까?"

字義 承 : 貢賦의 등차 승 靖 : 휴식할 정 藝 : 법제 예

公不與盟하니 晉人執季孫意如하야 以幕蒙之하고 使狄人守之하다 司鐸射(역)懷錦하고 奉壺飮冰하야 以蒲伏焉하니 守者御之어늘 乃與之錦而入하다 晉人以平子歸하니 子服湫從하다

昭公이 회맹에 참가하지 않으니, 晉人이 季孫意如를 잡아 장막을 쳐서 그 안에 가두고, 狄人을 시켜 지키게 하였다. 司鐸 射(魯나라 大夫)이 비단을 품고 마실 물이 담긴 壺(병 모양의

---

288 行理 : 빙문하는 使臣이다.(杜注)

작은 항아리)와 冰(箭筒의 뚜껑)을 들고 기어들어 가니, 지키는 자가 막으면서 들어가지 못하게 하자, 이에 지키는 자에게 비단을 주고 들어갔다. 얼마 뒤에 晉人이 平子(季孫意如)를 데리고 돌아가니, 子服湫(子服惠伯)가 그를 따라갔다.

子產歸할새 未至에 聞子皮卒하고 哭且曰 吾已로다 無爲[289]爲善矣라 唯夫子知我러니라

子產이 歸國할 때 國都에 이르기 전에 子皮(罕虎)가 卒하였다는 소식을 듣고는 哭하면서 또 말하였다.

"나도 이제 끝났구나. 善을 하도록 도와주던 이가 없어졌으니 말이다. 오직 夫子만 나를 알아주셨다."

仲尼謂子產하사되 於是行也에 足以爲國基矣로다 詩曰 樂旨君子여 邦家之基[290]라하니 子產은 君子之求樂者也라하고 且曰 合諸侯하야 藝貢事는 禮也라

仲尼께서 子產을 일러 말씀하셨다.

"자산이 이번 걸음에 〈行한 일은〉 나라의 기본이 되기에 충분하였다. 《詩經》에 '君子의 안락이 국가의 기본이로다.'라고 하였는데, 자산은 군자로서 안락을 구한 자이다."

또 말씀하셨다.

"제후를 회합하여 貢賦의 일에 기준을 정하는 것은 禮에 맞는 일이다."

【經】公至自會

昭公이 회합에서 돌아왔다.

【傳】鮮虞人聞晉師之悉起也하고 而不警邊하며 且不修備러니 晉荀吳自著雍으로 以上軍侵鮮虞하야 及中人하야 驅衝競하야 大獲而歸하다

鮮虞人이 晉軍이 전부 출동하였다는 말을 듣고는 변경을 경계하지 않고 또 武備도 보수하지 않았는데, 晉나라 荀吳가 著雍에서 上軍을 거느리고 가서 鮮虞에 침입하여 中人(지명)에 이르러 衝車를 달려 狄人을 공격해 대승하고 많은 사람과 재물을 사로잡고 노획해 돌아갔다.

---

289 無爲 : 無助이다.(楊注)

290 樂旨君子 邦家之基 : 《詩經》〈小雅 南山有臺〉의 시구이다. 君子와 함께 정치하는 것을 즐기는 것이 국가의 기본이라는 말이다.(杜注) 《시경》에는 '旨'가 '只'로 되어 있다.

【經】 蔡侯廬歸于蔡하고 陳侯吳歸于陳하다

蔡侯 廬(蔡 平侯)가 蔡나라로 돌아가고, 陳侯 吳(陳 惠公)가 陳나라로 돌아갔다.

【傳】 楚之滅蔡也에 靈王遷許胡沈道房申於荊焉이러니 平王卽位하야 旣封陳蔡하고 而皆復之하니 禮也요 隱大(태)子之子廬歸于蔡하니 禮也요 悼大(태)子之子吳歸于陳하니 禮也라

楚나라가 蔡나라를 멸망시켰을 때 楚 靈王이 許나라 · 胡나라 · 沈나라 · 道나라 · 房나라 · 申나라의 人民들을 荊山으로 옮겼었는데, 平王이 즉위하여 陳나라와 蔡나라를 다시 봉해주고 옮겼던 인민들도 모두 전에 살던 곳으로 돌려보냈으니 禮에 맞았고, 隱太子의 아들 廬를 蔡나라로 돌려보냈으니 예에 맞았고, 悼太子의 아들 吳를 陳나라로 돌려보냈으니 예에 맞았다.

【經】 冬十月에 葬蔡靈公하다

겨울 10월에 蔡 靈公을 장사 지냈다.

【傳】 冬十月에 葬蔡靈公하니 禮也[291]라

겨울 10월에 蔡 靈公을 장사 지냈으니 예에 맞았다.

【經】 公如晉이라가 至河하야 乃復하다

昭公이 晉나라에 가다가 黃河에 이르러 되돌아왔다.

【傳】 公如晉이러니 荀吳謂韓宣子曰 諸侯相朝는 講舊好也어늘 執其卿而朝其君은 有不好焉이니 不如辭之니라 乃使士景伯辭公于河하다

昭公이 晉나라로 갔는데, 荀吳가 韓宣子에게 말하였다.

"제후가 서로 朝見하는 것은 옛 우호를 다시 회복하기 위함인데, 그 卿을 잡고 그 임금의 조현을 받는 것은 우호적이지 못하니 〈魯君의 來朝를〉 사절하는 것만 못합니다."

이에 士景伯(士文伯의 아들 彌牟)을 보내 소공을 黃河 가에서 사절하게 하였다.

---

291 葬蔡靈公 禮也 : 나라를 회복하고 예를 갖추어 장사 지낸 것이다.(杜注)

【經】吳滅州來하다

吳나라가 州來를 격멸하였다.

【傳】吳滅州來하니 令尹子旗請伐吳한대 王弗許曰 吾未撫民人하고 未事鬼神하고 未修守備하고 未定國家어늘 而用民力이라가 敗면 不可悔라 州來在吳는 猶在楚也니 子姑待之하라

吳나라가 州來를 격멸하니, 令尹 子旗가 오나라 정벌을 청하자, 楚 平王이 허락하지 않으며 말하였다.

"나는 아직 백성을 안무하지도, 귀신을 섬기지도, 수비를 설치〔修〕하지도, 국가를 안정시키지도 못하였는데, 백성의 힘을 사용하여 토벌하였다가 실패한다면 후회막급일 것이다. 주래가 오나라 수중에 있는 것은 우리 楚나라 수중에 있는 것과 마찬가지이니, 그대는 우선 기다리라."

〈14년, 癸酉(B.C. 528)〉

【經】十有四年이라 春에 意如至自晉하다

14년이다. 봄에 意如(季平子)가 晉나라에서 돌아왔다.

【傳】季孫猶在晉이러니 子服惠伯私於中行(항)穆子曰 魯事晉이 何以不如夷之小國이리오 魯는 兄弟也며 土地猶大하니 所命을 能具라 若爲夷棄之하야 使事齊楚면 其何瘳於晉이리오 親親與大하고 賞共罰否 所以爲盟主也니 子其圖之하라 諺曰 臣一主二라하니 吾豈無大國이리오 穆子告韓宣子하고 且曰 楚滅陳蔡에 不能救하고 而爲夷執親하니 將焉用之리오 乃歸季孫하다 惠伯曰 寡君未知其罪어늘 合諸侯而執其老로다 若猶有罪인댄 死命可也어니와 若曰無罪而惠免之인댄 諸侯不聞하고 是逃命也라 何免之爲리오하리니 請從君惠於會하노라 宣子患之하야 謂叔向曰 子能歸季孫乎아 對曰 不能이어니와 鮒也能하리라 乃使叔魚하니 叔魚見季孫曰 昔에 鮒也得罪於晉君하야 自歸於魯君[292]에 微武子之

292 鮒也得罪於晉君 自歸於魯君 : 襄公 21년에 叔虎와 欒氏의 黨이란 罪에 걸려 함께 죄를 얻은 것을 이른 듯하다.(杜注)

賜면 不至於今이라 雖獲歸骨於晉이나 猶子則肉之니 敢不盡情가 歸子호되 而不歸하니 鮒也聞諸吏컨대 將爲子除館於西河라하니 其若之何오하고 且泣한대 平子懼하여 先歸하고 惠伯待禮하다

季孫(季平子)이 여전히 晉나라에 잡혀 있었는데, 子服惠伯이 中行穆子에게 사사로이 말하였다.

"우리 魯나라가 晉나라를 섬김에 있어 무엇이 蠻夷의 小國만 못하였습니까? 노나라는 晉나라와 兄弟國이고 영토도 오히려 크니, 晉나라가 命하는 貢賦를 갖추어 바칠 수 있습니다. 그런데도 만약 蠻夷國을 위해 우리나라를 버려 齊나라나 楚나라를 섬기게 한다면 晉나라에 좋을 게 무엇이 있습니까? 형제국을 친애하고 국토가 큰 나라를 도와주며, 공부를 바치는 나라에 상을 내리고 바치지 않는 나라에 벌을 내리는 것이 盟主가 되는 이유이니, 그대는 깊이 생각하기 바랍니다. 俗談에 '신하는 하나이고 임금은 둘이다.'라고 하였으니, 우리 노나라에 어찌 섬길 수 있는 다른 大國이 없겠습니까?"

穆子가 이 말을 韓宣子에게 보고하고, 또 말하였다.

"楚나라가 陳나라와 蔡나라를 멸망시킬 때 우리는 능히 구제하지도 못하였고, 또 만이를 위하여 형제국의 卿을 잡았으니, 장차 이를 어디에 쓰겠습니까?"

이에 계손을 방면해 돌려보내기로 하였다. 惠伯이 말하였다.

"우리 임금께서 무슨 죄를 범하셨는지 모르겠습니다. 그런데 晉나라는 제후를 會合하여 우리 임금님의 卿(老)을 잡았습니다. 만약 죄가 있다면 晉나라의 명에 따라 죽어도 좋습니다만, 만약 죄가 없는데도 恩赦의 형식을 빌려 방면한다면 제후들은 실제의 정황을 듣지 못하여, '이것은 晉나라의 명령을 도피한 것이다. 어찌 죄가 없어서 방면한 것이겠는가?'라고 할 것입니다. 그러니 晉君을 따라 〈會盟하는 자리로 가서 제후들이 보는 앞에서 방면의〉 은혜를 받기를 청합니다."

宣子는 이를 곤란하게 여겨 叔向에게 물었다.

"그대는 〈이런 절차 없이〉 계손을 돌아가게 할 수 있겠는가?"

숙향이 말하였다.

"나는 할 수 없으나, 鮒는 할 수 있을 것입니다."

이에 叔魚(鮒)에게 그 일을 시켰다. 숙어가 가서 계손을 보고 말하였다.

"예전에 내가 晉君께 죄를 짓고 스스로 魯君께 귀의했을 적에 武子(季平子의 祖父)의 은혜가 아니었다면 내가 오늘에 이르지 못했을 것입니다. 비록 해골(몸)이 晉나라로 돌아오게 되었으나 그대의 祖父가 나의 마른 뼈에 살을 되살린 것과 같으니, 감히 그대에게 마음을 다하

지 않겠습니까? 그대를 돌아가도록 허락하였으나 돌아가지 않으니, 내가 관리에게 듣건대, 장차 西河에 館舍를 수리하여 그대를 그곳에 가두어두려 한다고 합니다. 그대는 어찌할 생각입니까?"

그러면서 눈물을 흘리자, 平子가 겁이 나서 먼저 돌아오고, 혜백은 남아서 禮를 기다렸다.

十四年이라 春에 意如至自晉이라하니 尊晉罪己也라 尊晉罪己는 禮也라

14년이다. 봄에 意如가 晉나라에서 돌아왔다고 기록하였으니, 이는 晉나라를 높이고 죄를 魯나라에 돌린 것이다. 진나라를 높이고 죄를 노나라에 돌리는 것은 禮에 맞는 일이다.

南蒯之將叛也에 盟費人하다 司徒老祁慮癸僞廢疾하야 使請於南蒯曰 臣願受盟而疾興하니 若以君靈不死면 請待間而盟하노라 許之하다 二子因民之欲叛也하야 請朝衆而盟하야 遂劫南蒯曰 群臣不忘其君이로되 畏子以及今히 三年聽命矣라 子若弗圖면 費人不忍其君하야 將不能畏子矣리니 子何所不逞欲이리오 請送子하노라 請期五日이라가 遂奔齊하다 侍飮酒於景公에 公曰 叛夫로다 對曰 臣欲張公室也라 子韓晳曰 家臣而欲張公室하니 罪莫大焉이로다 司徒老祁慮癸來歸費어늘 齊侯使鮑文子致之하다

南蒯가 반란을 일으키려 할 때 費人들과 盟約하였다. 司徒 老祁와 慮癸(두 사람은 남괴의 家臣)가 거짓으로 병이 났다고 핑계 대고 남괴에게 사람을 보내 요청하였다.

"신도 맹약을 접수하고 싶습니다만 병이 나서 갈 수 없으니, 만약 당신의 福에 힘입어 죽지 않는다면 병이 낫기를 기다려 結盟하기를 청합니다."

이에 남괴가 허락하였다. 두 사람은 남괴를 배반하고자 하는 백성들의 마음을 이용하여 대중을 모아놓고 맹약을 청하고, 그 자리에서 드디어 남괴를 협박하며 말하였다.

"신 등은 우리 임금님(季氏)을 잊지 못하였지만, 그대가 두려워서 오늘까지 3년 동안 그대의 명을 따랐습니다. 그대가 만약 마음을 고쳐먹지 않는다면 비인들은 우리 임금님을 차마 배반할 수 없어 장차 그대를 두려워하지 않을 것입니다. 그대야 어디를 간들 욕망을 만족스럽게 이루지 못하겠습니까? 우리는 그대를 전송하기를 청합니다."

남괴는 닷새간의 기한을 청하였다가 닷새가 되자 드디어 齊나라로 出奔하였다. 齊 景公을 모시고 술을 마실 때 경공이 남괴에게 말하였다.

"그대는 叛徒이다."

남괴가 대답하였다.

"신은 公室을 강하게 만들고자 했을 뿐입니다."

子韓晳(齊나라 대부)이 말하였다.

"家臣으로서 주제넘게 공실을 강하게 만들고자 하였으니, 더없이 큰 죄이다."

사도 노기와 여계가 와서 費邑을 魯나라에 돌려주었는데, 齊侯도 鮑文子를 보내 와서 비읍을 노나라에 돌려주었다.

字義 間 : 병 나을 간 朝 : 모을 조 張 : 강할 장

【經】三月에 曹伯滕卒하다

3월에 曹伯 滕(曹 武公)이 卒하였다.

【經】夏四月이라

여름 4월이다.

【傳】夏에 楚子使然丹簡上國[293]之兵於宗丘하고 且撫其民하야 分貧振窮하며 長孤幼하고 養老疾하며 收介特하고 救災患하며 宥孤寡하고 赦罪戾하며 詰姦慝하고 擧淹滯하며 禮新敍舊하고 祿勳合親하며 任良物官하다 使屈罷(피)簡東國之兵於召陵호되 亦如之하다 好於邊疆하야 息民五年하고 而後用師하니 禮也라

여름에 楚子가 然丹을 보내 宗丘에서 上國의 군대를 선발하고 또 그곳 백성들을 위무하여, 가난한 자에게 물자를 나누어주고 곤궁한 자를 구휼하며, 어린 고아를 양육〔長〕하고 병든 늙은이를 봉양하며, 의지할 곳 없는 獨身들을 수용하고 災患 당한 자들을 구호하며, 孤兒와 寡婦에게는 賦稅를 감면하고 죄인들을 사면하며, 간특한 자를 문책하고 淹滯된 인재를 기용하며, 新人(외국에서 온 나그네)을 예우하고 舊人(옛 관원)을 서용하며, 공훈이 있는 자에게 祿을 주고 친족과 화합하며, 賢良을 임용하고 관직을 맡을 만한 사람을 물색하게 하였다.

屈罷를 보내 召陵에서 東國의 군대를 선발하되 또 연단과 같이 하게 하였다. 사방 변경의 이웃 나라와 우호를 맺어 백성들을 5년 동안 安息시킨 뒤에 군대를 사용하였으니, 예에 맞는 일이다.

字義 簡 : 선발할 간 介 : 홀로 개 物 : 물색할 물

---

293 上國 : 國都의 서쪽이다. 서쪽이 上流에 있기 때문에 그곳을 '上國'이라 한 것이다.(杜注)

【經】秋에 葬曹武公하다

가을에 曹 武公을 장사 지냈다.

【經】八月에 莒子去疾卒하다

8월에 莒子 去疾(莒 著丘公)이 卒하였다.

【傳】秋八月에 莒著丘公卒커늘 郊公不慼하니 國人弗順하야 欲立著丘公之弟庚輿하다 蒲餘侯는 惡(오)公子意恢而善於庚輿하고 郊公은 惡公子鐸而善於意恢하다 公子鐸因蒲餘侯而與之謀曰 爾殺意恢하라 我出君而納庚輿호리라 許之하다

가을 8월에 莒 著丘公이 卒하였는데도 그 아들 郊公이 슬퍼하지 않으니, 國人이 그에게 순종하지 않고 저구공의 아우 庚輿(莒 共公)를 임금으로 세우고자 하였다. 蒲餘侯(莒大夫 茲夫)는 公子 意恢를 미워하였으나 경여와는 사이가 좋았고, 교공은 公子 鐸을 미워하였으나 의회와는 사이가 좋았다. 공자 탁이 포여후를 통해 그와 謀議하며 말하였다.

"그대는 의회를 죽이시오. 나는 임금을 내쫓고 경여를 받아들여 임금으로 삼겠소."

포여후가 허락하였다.

楚令尹子旗有德於王이나 不知度하야 與養氏比하야 而求無厭하니 王患之하다 九月甲午에 楚子殺鬪成然而滅養氏之族하고 使鬪辛居鄖하야 以無忘舊勳하다

楚나라 令尹 子旗는 楚 平王에게 功德이 있었으나, 법도를 알지 못하여 養氏와 朋黨을 지어 誅求(강제 수탈)가 끝이 없으니 평왕이 이를 근심하였다. 9월 甲午日에 楚子가 鬪成然(子旗)을 죽이고 양씨의 친족을 멸하고는 鬪辛(子旗의 아들)을 鄖邑에 거주하게 하여 鬪氏의 舊勳을 잊지 않았다.

【經】冬에 莒殺其公子意恢하다

겨울에 莒나라가 그 公子 意恢를 죽였다.

【傳】冬十二月에 蒲餘侯茲夫殺莒公子意恢하니 郊公奔齊하다 公子鐸逆庚輿於齊에 齊隰黨公子鉏送之하니 有賂田하다

겨울 12월에 蒲餘侯 玆夫가 莒나라 公子 意恢를 죽이니, 郊公이 齊나라로 出奔하였다. 公子 鐸이 제나라로 가서 庚輿를 맞이해 올 때 제나라 隰黨과 公子 鉏가 그를 호송하니, 〈莒人은 감사의 표시로〉 제나라에 땅을 주었다.

晉邢侯與雍子爭鄐(축)田이러니 久而無成하다 士景伯如楚하니 叔魚攝理하다 韓宣子命斷舊獄하니 罪在雍子하다 雍子納其女於叔魚한대 叔魚蔽罪邢侯하니 邢侯怒하야 殺叔魚與雍子於朝하다 宣子問其罪於叔向한대 叔向曰 三人同罪하니 施生戮死可也로다 雍子는 自知其罪而賂以買直하고 鮒也는 鬻(육)獄하고 邢侯는 專殺하니 其罪一也라 己惡而掠美는 爲昏이요 貪以敗官은 爲墨이요 殺人不忌는 爲賊이라 夏書曰 昏墨賊殺이라하니 皐陶(요)之刑也라 請從之하노라 乃施邢侯하고 而尸雍子與叔魚於市하다

晉나라 邢侯와 雍子가 鄐邑의 토지를 다투었는데, 오래도록 시비가 가려지지 않았다. 이때 법관 士景伯이 楚나라에 가고 없으니 叔魚가 그 직무를 대리하였다. 韓宣子가 숙어에게 命하여 이전에 審理한 文案〔舊獄〕으로 판결하게 하니 옹자에게 죄가 있었다. 옹자가 자기 딸을 숙어에게 바치자, 숙어가 형후에게 죄가 있는 것으로 판결하니, 형후가 노하여 숙어와 옹자를 조정에서 죽였다. 宣子가 叔向에게 이들의 죄에 대해 묻자, 숙향이 말하였다.

"세 사람의 죄가 같으니 산 자는 사형에 처하여 陳尸하고 죽은 자들은 戮尸하는 것이 옳습니다. 옹자는 자기에게 죄가 있는 줄 알면서도 딸을 뇌물로 주어 勝訴〔買直〕하였고, 鮒(叔魚)는 뇌물을 받고 부당하게 판결〔鬻獄〕하였고, 형후는 멋대로 사람을 죽였으니 그 죄가 같습니다. 자신은 사악하면서 남의 美行을 가로채는 것은 '昏'이고, 재물을 탐하여 직무를 폐기하는 것은 '墨'이고, 기탄없이 사람을 죽이는 것은 '賊'입니다. 〈夏書〉(逸書)에 '昏·墨·賊은 주살한다.'라고 하였으니, 이는 皐陶의 法입니다. 이 법을 따르소서."

이에 형후를 죽여 陳尸하고, 옹자와 숙어를 저잣거리에 진시하였다.

字義 鄐 : 고을 이름 축 蔽 : 결단할 폐 施 : 형벌 시행할 시 墨 : 청렴하지 못할 묵

仲尼曰 叔向은 古之遺直也라 治國制刑에 不隱於親이로다 三數叔魚之惡호되 不爲末減하니 曰義也夫인저 可謂直矣로다 平丘之會에 數其賄也하야 以寬衛國하니 晉不爲暴하며 歸魯季孫에 稱其詐也하야 以寬魯國하니 晉不爲虐하며 邢侯之獄에 言其貪也하야 以正刑書하니 晉不爲頗라 三言而除三惡하고 加三利로다 殺親益榮하니 猶義也夫인저

仲尼께서 이에 대해 말씀하셨다.

"叔向은 古人의 유풍이 있는 直臣이다. 나라를 다스리고 형벌을 제정함에 있어 친족을 〈비

호하기 위해 그 죄를〉 은폐하지 않았도다. 세 차례 叔魚의 죄악을 열거하면서도〔數〕 형을 경감하지 않았으니, 그 처리가 義에 맞았다. 참으로 正直하다고 이를 만하다. 平丘의 회맹 때 숙어가 재물을 탐한 것을 열거하여 衛나라를 너그럽게 대우하니 晉나라가 포악한 나라가 되는 데 이르지 않았으며, 季孫을 魯나라로 돌려보낼 때 그가 거짓말 잘하는 것을 칭찬하여 魯나라를 너그럽게 대우하니 晉나라가 모진 나라가 되는 데 이르지 않았으며, 邢侯의 옥사에 숙어의 탐욕을 말하여 法〔刑書〕을 바르게 집행하니 晉나라가 편파적인 나라가 되는 데 이르지 않았다. 세 차례 말하여 세 가지 사악을 제거하고 세 가지 이익을 보탰도다. 친족을 죽였으나 영예가 더욱 드러났으니, 이는 그 處事가 오히려 義에 맞았기 때문이다."

〈15년, 壬寅(B.C. 527)〉

【經】 十有五年이라 春王正月에 吳子夷末卒하다

15년이다. 봄 周王 正月에 吳子 夷末이 卒하였다.

【經】 二月癸酉에 有事于武宮이러니 籥入에 叔弓卒커늘 去樂하고 卒事하다

2월 癸酉日에 武宮에 祭祀를 지냈다. 籥舞가 進入할 때 叔弓이 갑자기 卒하자 樂을 철거하고 제사를 마쳤다.

【傳】 十五年이라 春에 將禘于武公할새 戒百官이러니 梓愼曰 禘之日에 其有咎乎인저 吾見赤黑之祲하니 非祭祥也라 喪氛也[294]니 其在涖事乎인저 二月癸酉에 禘할새 叔弓涖事러니 籥入而卒커늘 去樂하고 卒事하니 禮也라

15년이다. 봄에 武公의 廟에 禘祭를 지내려고 百官에게 미리 날짜를 알려 齋戒하게 하였다. 梓愼(魯나라 大夫)이 말하였다.

"禘祭日에 아마도 災禍가 있을 성싶다. 내가 보기에 하늘에 붉고 검은 妖氣가 있으니 이는 祭祀의 祥瑞가 아니라 喪事의 요기이니, 아마도 제사를 主宰하는 사람의 몸에 禍가 있을 것이다."

---

294 吾見赤黑之祲……喪氛也 : 祲은 妖氛(妖氣)이니, 이 요분이 宗廟에 나타난 것이다.(杜注)

2월 癸酉日에 체제를 지낼 때 叔弓이 제사를 주재하였는데, 籥舞가 진입할 때 卒하자 樂을 철거하고 제사를 마쳤으니 禮에 맞는 일이다.

字義 祲 : 妖氣 침 涖 : 다스릴 리

【經】 夏에 蔡朝吳出奔鄭하다

여름에 蔡나라 朝吳가 鄭나라로 出奔하였다.

【傳】 楚費無極害朝吳之在蔡也하야 欲去之하야 乃謂之曰 王唯信子라 故處子於蔡하니 子亦長矣어늘 而在下位는 辱이라 必求之[295]하라 吾助子請호리라 又謂其上之人[296]曰 王唯信吳라 故處諸蔡어늘 二三子莫之如也로되 而在其上하니 不亦難乎아 弗圖년 必及於難하리라 夏에 蔡人逐朝吳한대 朝吳出奔鄭이어늘 王怒曰 余唯信吳라 故寘諸蔡요 且微吳면 吾不及此니 女何故去之오 無極對曰 臣豈不欲吳이리오 然而前知其爲人之異也하니 吳在蔡하면 蔡必速飛니 去吳는 所以翦其翼也[297]라하다

楚나라 費無極이 朝吳가 蔡나라에 있는 것을 嫉妬하여 그를 제거하고자 하여, 이에 조오에게 말하였다.

"君王께서는 오직 그대만 믿으신다. 그러므로 그대를 채나라에 있게 하신 것이다. 그대 또한 이제 長成하였는데 낮은 地位에 있는 것은 恥辱이니 반드시 높은 지위를 구하라. 내 그대를 도와 군왕께 요청하겠다."

또 조오의 윗자리에 있는 사람들에게 말하였다.

"군왕께서는 오직 조오만 믿으신다. 그러므로 그를 채나라에 둔 것인데, 그대들은 모두 그만 못하면서 그의 윗자리에 있으니 곤란하지 않겠는가. 만약 그대들이 방법을 강구하지 않는다면 반드시 禍難에 미칠 것이다."

여름에 蔡人이 조오를 축출하자 조오가 鄭나라로 出奔하였는데, 平王은 이 소식을 듣고 노하여 無極에게 말하였다.

---

295 而在下位辱 必求之 : 그 地位가 다른 사람의 밑에 있는 것은 恥辱이니 어찌 上位에 있기를 구하지 않느냐는 말이다.(朱申)

296 又謂其上之人 : 蔡人으로 朝吳의 上位에 있는 자들이다.(杜注)

297 所以翦其翼也 : 새로써 비유한 것이다. 朝吳가 蔡나라에 있으면 반드시 蔡人으로 하여금 속히 强盛해져서 楚나라를 背叛하게 할 것이라는 말이다.(杜注)

“나는 오직 조오만 믿는다. 그러므로 그를 채나라에 두었고, 또 조오가 아니었다면 내가 오늘에 이르지 못했을 것이니, 너는 무슨 이유로 그를 제거하였는가?”

무극이 대답하였다.

“신인들 어찌 조오와 잘 지내고 싶지 않겠습니까만 전부터 그 사람됨이 특이하다는 것을 알았기 때문이니, 조오가 채나라에 있으면 채나라는 반드시 빨리 飛翔할 것이니, 조오를 제거한 것은 그 날개를 꺾기 위함이었습니다.”

字義 害 : 질투할 해

【經】六月丁巳朔에 日有食之하다

6월 초하루 丁巳日에 日食하였다.

【傳】六月乙丑에 王大(태)子壽卒하다

6월 乙丑日에 王太子 壽(周 景王의 아들)가 卒하였다.

【經】秋라

가을이다.

【傳】秋八月戊寅에 王穆后崩하다

가을 8월 戊寅日에 王穆后가 崩하였다.

【經】晉荀吳帥(솔)師伐鮮虞하다

晉나라 荀吳가 군대를 거느리고 가서 鮮虞를 討伐하였다.

【傳】晉荀吳帥師伐鮮虞할새 圍鼓러니 鼓人或請以城叛이어늘 穆子弗許하니 左右曰 師徒不勤하고 而可以獲城이어늘 何故不爲오 穆子曰 吾聞諸叔向호니 曰 好惡(오)不愆하면 民知所適하야 事無不濟라하니 或以吾城叛이면 吾所甚惡也라 人以城來를 吾獨何好焉이리오 賞所甚惡면 若所好何오 若其弗賞이면 是失信也라 何以庇民이리오 力能則進하고 否則

退하야 量力而行이니 吾不可以欲城而邇姦이라 所喪滋多라하고 使鼓人殺叛人而繕守備러니 圍鼓三月에 鼓人或請降(항)이어늘 使其民見曰 猶有食色하니 姑修而城하라 軍吏曰 獲城而弗取하고 勤民而頓兵하니 何以事君이리오 穆子曰 吾以事君也하노라 獲一邑而教民怠하면 將焉用邑이리오 邑以賈怠인댄 不如完舊라 賈怠無卒이요 棄舊不祥이라 鼓人能事其君하고 我亦能事吾君하니 率義不爽하고 好惡不愆이면 城可獲而民知義所하야 有死命而無二心하리니 不亦可乎아 鼓人告食竭力盡而後取之하야 克鼓而反호되 不戮一人하고 以鼓子戴(연)鞮歸하다

晉나라 荀吳가 군대를 거느리고 가서 鮮虞를 討伐하여 鼓나라(白狄의 別種)를 포위하니, 鼓人 중에 어떤 자가 晉軍에 와서 城中의 人民을 거느리고 鼓나라를 배반하고 투항하겠다고 청하였는데 穆子(荀吳)가 허락하지 않으니, 左右가 말하였다.

"군대가 수고하지 않고도 城을 얻을 수 있는데 무엇 때문에 하지 않습니까?"

목자가 대답하였다.

"내가 叔向에게 들으니 '善을 좋아하고 不善을 미워함에 지나침이 없으면 백성들이 돌아갈 곳을 알아서 일이 이루어지지 않음이 없다.'고 하였다. 가령 우리 성중의 백성을 거느리고 배반하는 자가 있다면 내가 매우 미워할 일이다. 남이 城邑을 가지고 오는 것을 나만 무엇 때문에 좋아하겠는가. 매우 미워하는 자에게 賞을 준다면 좋아하는 사람에게는 어찌하겠는가. 만약 좋아하는 사람에게 상을 주지 않는다면 이는 信義를 잃는 것이니 〈신의를 잃는다면〉 무엇으로 백성을 庇護할 수 있겠는가? 우리의 武力이 鼓城을 함락할 만하면 진격하고 그렇지 못하면 후퇴하여 힘을 헤아려 행동할 것이니, 나는 성을 얻기를 탐해 姦人을 가까이하지 않겠다. 〈만약 간인을 가까이한다면〉 잃는 것이 더욱 많을 것이다."

그리고는 고인에게 叛人을 죽이고 防守의 設備를 修繕하게 하더니, 고성을 포위한 지 석 달이 되었을 때 鼓나라의 어떤 자가 와서 항복을 청하자, 목자는 鼓나라 백성들로 하여금 와서 자기를 謁見하게 하고는 말하였다.

"오히려 食色(飮食을 먹은 얼굴빛)이 있으니 우선 〈돌아가서〉 너희들의 城郭을 수선하라."

그러자 軍吏가 말하였다.

"성을 얻을 수 있는데도 취하지 않고 백성을 勤勞시키며 武器만 무디게 만드시니 〈이렇게 하고서야〉 어찌 임금을 섬긴다고 할 수 있겠습니까."

목자가 말하였다.

"나는 이런 방법으로 임금을 섬긴다. 성읍 하나를 얻어 백성에게 懶怠를 가르친다면 장차 그 성읍을 어디에 쓰겠는가. 성읍을 얻어 나태를 사느니보다 옛날처럼 보호해 지키는 것이

낫다. 나태를 사면 좋은 결과가 없고 옛것을 버리면 祥瑞롭지 못하다. 고인도 그 임금을 잘 섬기고 우리도 우리 임금을 잘 섬기니, 道義를 따라 행하여 어그러짐이 없고 好惡가 지나침이 없으면 성도 얻을 수 있고 백성들도 도의의 소재를 알아서, 命令에 죽을지언정 두 마음을 품지 않을 것이니 이 또한 좋지 않은가?"

고인이 食糧도 다 떨어지고 힘도 다 떨어졌다고 고한 뒤에 고성을 취하여 목자는 鼓나라와의 戰爭에 勝利하고 돌아왔으되 한 사람도 죽이지 않고, 단지 鼓子 戴鞮(鼓君의 이름)만 데리고 돌아왔을 뿐이다.

字義 鼓 : 나라 이름 고 　愆 : 지나칠 건 　適 : 돌아갈 적 　賈 : 살 고 　爽 : 어긋날 상

【經】冬에 公如晉하다

겨울에 昭公이 晉나라에 갔다.

【傳】冬에 公如晉하니 平丘之會故也[298]라

겨울에 昭公이 晉나라에 갔으니. 이는 平丘의 會盟 때문이었다.

十二月에 晉荀躒如周하야 葬穆后에 籍談爲介하다 旣葬에 除喪하고 以文伯宴할새 樽以魯壺하다 王曰 伯氏아 諸侯皆有以鎭撫王室이어늘 晉獨無有는 何也오 文伯揖籍談하다 對曰 諸侯之封也에 皆受明器於王室하야 以鎭撫其社稷이라 故能薦彝器於王이어니와 晉居深山하야 戎狄之與隣하고 而遠於王室하야 王靈不及하니 拜戎不暇어늘 其何以獻器리잇가 王曰 叔氏아 而忘諸乎아 叔父唐叔은 成王之母弟也니 其反無分乎아 密須之鼓與其大路는 文所以大蒐也요 闕鞏之甲은 武所以克商也어늘 唐叔受之하야 以處參虛하야 匡有戎狄이라 其後襄之二路와 鏚鉞秬鬯彤弓虎賁을 文公受之하고 以有南陽之田하야 撫征東夏하니 非分而何오 夫有勳而不廢하고 有績而載하야 奉之以土田하고 撫之以彝器하고 旌之以車服하고 明之以文章하야 子孫不忘이 所謂福也어늘 福祚之不登이면 叔父焉在오 且昔而高祖孫伯黶司晉之典籍하야 以爲大政이라 故曰籍氏니라 及辛有之二子董之晉하야 於是乎有董史하니라 女는 司典之後也니 何故忘之오 籍談不能對하다 賓出에 王曰 籍父其無後乎인저 數典而忘其祖로다 籍談歸하야 以告叔向하니

---

298 冬……平丘之會故也 : 季孫이 放免되었기 때문에 晉나라에 가서 謝禮한 것이다.(杜注)

叔向曰 王其不終乎인저 吾聞之컨대 所樂必卒焉이라하니라 今王樂憂하니 若卒以憂면 不可謂終이라 王一歲而有三年之喪二焉이어늘 於是乎以喪賓宴하고 又求彝器하니 樂憂甚矣요 且非禮也라 彝器之來는 嘉功之由요 非由喪也라 三年之喪은 雖貴나 遂服이 禮也라 王雖弗遂나 宴樂以早하니 亦非禮也라 禮는 王之大經也어늘 一動而失二禮하니 無大經矣라 言以考典하고 典以志經이어늘 忘經而多言擧典하니 將焉用之리오

12월에 晉나라 荀躒이 周나라에 가서 穆后를 葬事 지낼 때 籍談이 副使로 따라갔다. 葬禮을 마친 뒤에 周王은 喪服을 벗고 文伯(荀躒)과 宴會를 열어 술을 마셨는데, 이때 魯나라가 바친 壺를 술동이로 썼다. 주왕이 말하였다.

壺樽

"伯氏(文伯을 이름)야! 다른 諸侯들은 모두 王室에 彝器(항상 보물로 여길 만한 그릇)를 바치는데〔鎭撫〕 유독 晉나라만 바치지 않는 것은 어째서인가?"

문백이 적담에게 揖하면서 〈대신 대답하게 하였다.〉 적담이 대답하였다.

"제후들이 分封을 받을 때 모두 王室로부터 明器를 받아 그 社稷(國家)을 鎭撫하였습니다. 그러므로 왕실에 이기를 바칠 수 있지만, 우리 晉나라의 居處는 깊은 산골이어서 戎狄과 이웃하였고 왕실과 멀리 떨어져 있어 王의 福이 미치지 않았으니, 융적을 服從〔拜〕시키기에도 겨를이 없는데, 어찌 이기를 바칠 겨를이 있겠습니까?"

주왕이 말하였다.

"叔氏(籍談을 이름)야! 그대는 잊었는가? 叔父 唐叔(晉의 始祖)은 成王의 同母弟였는데 어찌 도리어 分賜한 것이 없었겠는가? 密須(나라 이름)의 북과 大路(수레)는 文王께서 군대를 檢閱할 때 사용하셨던 것이었고, 闕鞏(나라 이름)의 갑옷은 武王께서 商나라를 이길 때 사용하셨던 것이었는데, 당숙이 이 세 가지 물건을 받아 가지고 가서 參宿(삼수)와 虛宿(허수)의 分野에 거처하면서 융적의 땅까지 疆土로 삼았다. 그 뒤에 또 襄王께서 내리신 두 채의 大路와 斧鉞과 秬鬯(검은 기장으로 담근 술)과 彤弓(붉은 칠을 한 활)과 虎賁(勇士)을 文公이 받아 南陽의 토지를 소유하고 東夏를 安撫하기도 하고 征伐하기도 하였으니, 이것이 分賜가 아니고 무엇인가? 대체로 〈왕실에서는 제후에게〉 功勳이 있으면 그 공훈을 폐기하지 않고, 功績이 있으면 그 공적을 史策에 기재하여, 토지를 주어 봉양하고 이기를 주어 慰撫하고 車服을 주어 공적을 表彰하고 文章(旌旗)을 주어 그의 地位를 밝혀, 子孫이 잊지 않게 하였으니 이것이 바로 그대가 말한 '福'이다. 이런 복을 〈晉나라가 사책에〉 등재하지 않았다면 叔父라는 점이 어디

있는가? 그리고 또 전에 그대〔而〕의 高祖 孫伯黶이 晉나라의 典籍을 맡아 국가의 大政을 主宰하였기 때문에 그대 家門이 籍氏가 된 것이다. 辛有의 둘째 아들 董이 晉나라로 감에 미쳐 이때에 비로소 晉나라에 董史(史官 董氏)가 있게 되었다. 그대는 전적을 맡았던 사람의 後孫으로서 무엇 때문에 이런 일들을 잊었단 말인가?"

적담은 대답을 하지 못하였다. 賓(荀躒)이 나가자 왕이 말하였다.

"籍父는 아마도 後嗣가 끊길 것이다. 典故를 擧論〔數〕하면서 자기 祖上을 잊었으니 말이다."

적담이 돌아가서 이 일을 叔向에게 고하니, 숙향이 다음과 같이 말하였다.

"周王은 아마도 壽命으로 죽지 못할 것이다. 내 듣건대 '즐기는 것이 있으면 반드시 그 즐기는 것으로 인해 죽게 된다.'고 하였다. 그런데 지금 주왕은 근심을 즐기시니 만약 근심으로 인해 죽는다면 수명으로 죽었다고 할 수 없다. 왕은 1년 안에 三年服을 입을 喪을 두 번 당하였으면서도 이런 때에 弔喪 온 賓客과 酒宴을 열고, 또 이기를 요구하였으니 근심을 즐기심이 심하고, 또 禮에도 맞지 않는다. 이기가 들어온 것은 공훈을 아름답게 여겼기 때문이고 喪事 때문이 아니었다. 三年喪은 비록 귀한 天子라 해도 遂服(정해진 喪期를 채워 服喪함)하는 것이 禮이다. 주왕이 비록 수복은 하지 않는다 하더라도 宴會를 열어 즐긴 것은 너무 일렀으니 이 또한 예가 아니다. 예는 천자가 천하를 다스리는 大經(중대한 법칙)인데, 한 번의 擧動에서 두 차례 예를 잃었으니 대경을 무시한 것이다. 言語로써 전적을 고증하고 전적으로써 대경을 기재하는 것인데, 대경은 망각하고 많은 말을 하여 典故를 열거하였으니 무슨 소용이 있겠는가?"

字義 靈 : 복 령 拜 : 복종할 배 路 : 수레 로(=輅) 秬 : 검은 기장 거

大輅

〈16년, 乙亥(B.C. 526)〉

【經】 十有六年이라 春이라

16년이다. 봄이다.

【傳】 十六年이라 春王正月에 公在晉하니 晉人止公이라 不書는 諱之也라

16년이다. 봄 周王 正月에 昭公이 晉나라에 있었으니, 이는 晉人이 소공을 抑留하였기 때문이다. 이를 經에 기록하지 않은 것은 숨긴 것이다.

【經】 齊侯伐徐하다

齊侯가 徐나라를 討伐하였다.

【傳】 齊侯伐徐할새 二月丙申에 齊師至于蒲隧하니 徐人行成하다 徐子及郯人莒人會齊侯하야 盟于蒲隧하고 賂以甲父(보)之鼎하다 叔孫昭子曰 諸侯之無伯이 害哉인저 齊君之無道也로대 興師而伐遠方하야 會之하고 有成而還이로되 莫之亢也하니 無伯也夫인저 詩曰 宗周既滅하야 靡所止戾하며 正大夫離居하야 莫知我肄[299]라하니 其是之謂乎인저

齊侯가 徐나라를 討伐하였는데 2월 丙申日에 齊軍이 蒲隧에 당도하니 徐人이 화친을 요구하였다. 徐子 및 郯人 · 莒人이 齊侯와 만나 포수에서 結盟하고 齊侯에게 甲父의 鼎을 주었다. 叔孫昭子가 말하였다.

"侯伯(盟主)이 없는 諸侯가 해를 입을 것이다. 齊君이 無道한데 군대를 일으켜 遠方의 나라를 攻伐하여 會盟하여 성공하고 돌아왔으나 항거하는 자가 없었으니 이는 盟主가 없기 때문이다. 《詩經》에 '宗國 周나라가 이미 멸망하여 정착할 곳이 없고, 正大夫들 離散하여 우리의 괴로움 알아줄 이 없네.'라고 하였으니, 이 詩는 오늘의 情況을 이른 듯하다."

字義 戾 : 정착할 려 肄 : 수고할 이

【經】 楚子誘戎蠻子하야 殺之하다

楚子가 戎蠻子를 誘引해 죽였다.

---

299 詩曰……莫知我肄 : 《詩經》〈小雅 雨無正〉의 詩句이다.

【傳】楚子聞蠻氏之亂也와 與蠻子之無質也라 使然丹誘戎蠻子嘉殺之하고 遂取蠻氏러니 既而復(부)立其子焉하니 禮也라

楚子가 蠻氏國에 內亂이 일어난 일과 蠻子가 信義가 없다는 말을 들었다. 然丹을 시켜 戎蠻子 嘉를 誘引해 죽이고 드디어 만씨국을 취하였는데, 얼마 후에 그 아들을 다시 임금으로 세웠으니, 禮에 맞는 일이었다.

字義 質 : 믿을 질

【經】夏라

여름이다.

【傳】三月에 晉韓起聘于鄭하니 鄭伯享之하다 子產戒曰 苟有位於朝인댄 無有不共恪하라 孔張後至하야 立於客間이어늘 執政禦之하다 適客後어늘 又禦之하니 適縣間이어늘 客從而笑之하다 事畢에 富子諫曰 夫大國之人은 不可不愼也라 幾爲之笑하니 而不陵我아 我皆有禮라도 夫猶鄙我어늘 國而無禮하니 何以求榮이리오 孔張失位는 吾子之恥也라 子產怒曰 發命之不衷과 出令之不信과 刑之頗類와 獄之放紛과 會朝之不敬과 使命之不聽하야 取陵於大國하야 罷(피)民而無功하며 罪及而弗知는 僑之恥也라 孔張은 君之昆孫이요 子孔之後也요 執政之嗣也라 爲嗣大夫하야 承命以使하야 周於諸侯하니 國人所尊이며 諸侯所知라 立於朝而祀於家하고 有祿於國하며 有賦於軍하며 喪祭有職하며 受脤歸脤[300]하며 其祭在廟에 已有著位하고 在位數世라 世守其業이어늘 而忘其所하니 僑焉得恥之리오 辟邪之人을 而皆及執政하니 是先王無刑罰也라 子寧以他規我하라

3월에 晉나라 韓起가 鄭나라에 聘問 가니 鄭伯이 宴會를 열어 그를 접대하였다. 이때 子產이 百官을 警戒하였다.

"이번 朝廷에 정해진 자리가 있는 사람이라면 공경스럽지 못한 일이 없도록 하라."

孔張이 뒤늦게 와서 賓客의 중간에 섰는데 執政(연회에 儀禮를 맡은 사람)이 막았다. 빈객의 뒤로 가서 섰는데 또 막으니 공장이 樂器를 배열해놓은 사이로 가자 빈객은 그 모습을 보고

300 受脤歸脤 : 受脤은 임금이 제사 지내고 나서 고기를 大夫에게 하사하는 것이고, 歸脤은 大夫가 제사 지내고 나서 고기를 임금에게 올리는 것이다.(杜注)

비웃었다. 연회가 끝난 뒤에 富子가 자산에게 規諫하였다.

"大國 사람을 접대함에는 謹愼하지 않아서는 안 됩니다. 몇 차례 저들의 비웃음을 샀으니 우리를 업신여기지 않겠습니까? 우리 모두에게 禮가 있다 해도 저들은 오히려 우리를 鄙陋하게 여길 것인데, 國家로서 예가 없었으니 어찌 榮譽를 구할 수 있겠습니까? 공장이 자리를 잃고 허둥댄 것은 당신의 恥辱입니다."

자산이 노하여 말했다.

"命을 발표하는 것이 합당하지 않고 令을 내리는 것이 誠實하지 못하며, 刑罰이 偏僻되어 공정하지 못하고 獄事를 처리하는데 〈백성의 邪惡한 행위를〉 放任하여 분란을 자초하며, 會同과 朝見에 공경하는 예가 없고, 使命을 듣지 않아 대국의 陵蔑을 자초하여 백성을 지치게 하고도 功勞가 없고 罪責이 이르는데도 알지 못하는 것이 나〔僑〕의 치욕이다.

공장은 임금님 형님의 손자이고 子孔의 후손이며 집정의 후사이다. 嗣大夫가 되어 명을 받고 出使하여 諸侯國을 두루 돌아다녔으니 國人이 존경하는 바이고 諸侯들이 알아주는 바이다. 그는 조정에 職位가 있고 집안에 祖廟가 있으며, 국가에서 祿邑을 받고 군대에 軍賦를 내며, 국가의 喪事와 祭祀에 일정한 직책이 있고 祭肉을 받기도 하고 제육을 임금께 올리기도 하며, 임금을 도와 宗廟에 제사 지낼 때는 이미 정해진 지위가 있었고 그 지위를 이어온 지 이미 몇 代가 되었다.

대대로 그 家業을 지켜왔는데, 오늘 그가 자기의 자리를 잊었으니, 그의 실수를 내 어찌 羞恥로 여기겠는가? 다른 사람의 邪辟한 행위를 모두 집정의 죄로 돌리니, 〈이런 사람을 처벌하지 않는다면〉 이는 先王이 정한 刑罰을 무시하는 것이다. 그대는 차라리 다른 일을 가지고 나를 바로잡아라."

字義 衷 : 합당할 충 罷 : 피로할 피 脤 : 제사 고기 신

宣子有環하야 其一在鄭商이라 宣子謁諸鄭伯한대 子産弗與曰 非官府之守器也니 寡君不知라하고 子大(태)叔子羽謂子産曰 韓子亦無幾求요 晉國亦未可以貳니 晉國韓子를 不可偸也라 若屬有讒人交鬪其間하고 鬼神而助之하야 以興其凶怒하면 悔之何及이리오 吾子何愛於一環고 其以取憎於大國也론 盍求而與之리오 子産曰 吾非偸晉而有二心이라 將終事之라 是以弗與니 忠信故也라 僑聞君子非無賄之難이요 立而無令名之患이라하고 僑聞爲國非不能事大字小之難이요 無禮以定其位之患이라하니 夫大國之人令於小國하야 而皆獲其求하면 將何以給之리오 一共一否에 爲罪滋大리라 大國之求를 無禮以斥之하면 何饜之有리오 吾且爲鄙邑則失位矣리라 若韓子奉命以使하야 而求玉焉도 貪淫甚矣니 獨非

罪乎아 出一玉以起二罪하야 吾又失位하고 韓子成貪하리니 將焉用之리오 且吾以玉賈罪不亦銳乎아

宣子에게 玉環이 있어서 그 한 짝은 鄭나라 商人에게 있었다. 선자가 鄭伯에게 그 한 짝을 구해주기를 요청하자, 子産은 구해주려 하지 않으며 말하였다.

"이는 公家의 府庫에 收藏〔守〕된 器物이 아니니 寡君께서는 알지 못하십니다."

子太叔과 子羽가 자산에게 말하였다.

"韓子도 많은 것을 요구하는 것이 아니요 晉나라에도 두 마음을 품어서는 안 되니, 晉나라와 한자를 薄待해서는 안 됩니다. 만약 마침 讒訴하는 자가 두 나라 사이를 離間하고 鬼神이 그 참소하는 자를 도와 晉人의 분노를 일으키게 한다면 후회한들 무슨 소용이 있겠습니까? 그대는 무엇 때문에 옥환 하나를 아끼십니까? 장차 大國의 미움을 사게 될 것인데, 어찌 그 옥환을 구해주지 않으십니까?"

자산이 말하였다.

"나는 晉나라를 박대하여 두 마음을 품는 것이 아니라 끝까지 晉나라를 섬기고자 해서입니다. 그러므로 주지 않는 것이니, 이것이 忠誠과 信義이기 때문입니다. 내가 듣건대 '君子는 재물이 없는 것을 걱정하지 않고 立朝하여 아름다운 名聲이 없는 것을 걱정한다.' 하고, 내 또 듣건대 '나라를 다스림에 있어 대국을 섬기고 小國을 사랑하지 못하는 것을 걱정하지 않고 禮로써 자기의 地位를 안정시키지 못하는 것을 걱정한다.' 하였습니다. 대국 사람이 소국에 명령하여 그 요구하는 것을 다 얻고자 한다면 소국이 장차 무슨 수로 그 요구를 다 들어줄 수 있겠습니까? 한 번은 주고 한 번은 주지 않는다면 죄를 얻는 것이 더욱 클 것입니다. 대국의 요구를 예로써 거절하지 않는다면 저들의 요구가 어찌 끝이 있겠습니까? 우리나라는 장차〔且〕 저들 邊方의 城邑이 되어 국가의 지위를 잃게 될 것입니다.

한자가 명을 받들고 使臣으로 와서 옥환을 요구하는 것도 貪慾과 邪惡이 심한 것이니 어찌 죄가 되지 않겠습니까? 하나의 옥환을 내어줌으로 인해 두 가지 죄를 불러, 우리는 또 국가의 지위를 잃고 한자는 탐욕스런 사람이 될 것이니, 무엇 때문에 옥환을 내어주는 일을 하겠습니까? 그리고 또 우리가 옥환으로 인해 죄를 산다면 작은 일로 〈큰 죄를 사는 것이〉 아닙니까?"

字義 偸 : 가볍게 여길 투　銳 : 작을 예

韓子買諸賈(저고)人하야 旣成賈矣러니 商人曰 必告君大夫하라 韓子請諸子産曰 日起請夫環하니 執政弗義어늘 弗敢復(부)也러니 今買諸商人하니 商人曰 必以聞이라할새 敢

以爲請하노라 子産對曰 昔我先君桓公이 與商人皆出自周하야 庸次比[301]耦하야 以艾殺此地하야 斬之蓬蒿藜藋하고 而共處之하야 世有盟誓以相信也라 曰 爾無我叛하며 我無强賈하야 毋或匄奪하리니 爾有利市寶賄라도 我勿與知하리라하니 恃此質誓하야 故能相保하야 以至于今이어늘 今吾子以好來辱하야 而謂敝邑强奪商人하라하니 是敎敝邑背盟誓也라 毋乃不可乎아 吾子得玉而失諸侯를 必不爲也하며 若大國令이어든 而共無藝면 鄭鄙邑也니 亦弗爲也하리니 僑若獻玉이면 不知所成이로소니 敢私布之하노라 韓子辭玉曰 起不敏하야 敢求玉하야 以徼二罪호니 敢辭之하노라

韓子는 商人에게 玉環을 購買하기로 하여 이미 값을 흥정하였는데, 상인이 宣子에게 말하였다.

"반드시 우리 임금님과 大夫에게 고하여 〈허가를 받으십시오.〉"

한자가 子産에게 청하였다.

"전일에 내가 옥환을 구해주기를 청하니 執政께서 道義에 맞지 않다고 하시므로 감히 다시 청하지 않았는데, 이제 상인에게 그 옥환을 구매하기로 하니, 상인이 '반드시 보고하라.'고 하므로 감히 〈허가해주기를〉 청합니다."

자산이 대답하였다.

"옛날에 우리 先君 桓公께서 상인들과 다 함께 周나라에서 이곳으로 나와서 교대해가며 서로 짝이 되어 이 땅을 開拓하여 쑥과 명아주 등을 베어내고 함께 거주하면서 대대로 지키기로 盟誓하고 서로 믿어왔다. 그 맹서에 '너희들은 나를 배반하지 말며, 나는 너희들의 물건을 强買하지 않아서 너희들 물건을 求乞하지도 强奪하지도 않을 것이니, 너희들에게 팔아서 이익을 남길 寶物이 있다 하더라도 나는 간여하지 않을 것이다.' 하니, 이 맹서를 믿기 때문에 오늘에 이르기까지 서로 지켜왔는데, 지금 그대는 友好의 일로 와서 우리에게 상인의 물건을 강탈하라고 하십니다. 이는 우리에게 맹서를 배반하도록 가르치는 것이니 부당하지 않습니까? 그대는 옥환을 얻고 諸侯를 잃는 짓은 반드시 하지 않으실 것이며, 만약 大國이 명하더라도 法에 없는 물건을 바치게 한다면 우리 鄭나라가 晉나라의 邊方 邑이 되는 것이니 우리는 그렇게 할 수 없을 것입니다. 내가 만약 옥환을 바친다면 그 결과를 알 수 없으므로 감히 사사로이 말씀드리는 바입니다."

한자가 玉을 사양하며 말하였다.

"내가 不敏하지만 감히 옥을 구하여 두 가지 죄를 부르게 되었으니 감히 사양하겠습니다."

字義 藝 : 법도 예 布 : 진술할 포

---

301 庸次比 : 세 글자는 모두 '代(교대하다)'의 뜻이다.(《左氏會箋》)

夏四月에 鄭六卿이 餞宣子于郊할새 宣子曰 二三君子는 請皆賦하라 起亦以知鄭志호리라 子齹(차)賦野有蔓草[302]하니 宣子曰 孺子善哉라 吾有望矣로다 子産賦鄭之羔裘하니 宣子曰 起不堪也로다 子大叔賦褰裳[303]하니 宣子曰 起在此하니 敢勤子至於他人乎아 子大叔拜어늘 宣子曰 善哉라 子之言是하니 不有是事면 其能終乎아 子游賦風雨[304]하고 子旗賦有女同車[305]하고 子柳賦蘀兮[306]한대 宣子喜曰 鄭其庶乎인저 二三君子 以君命貺起에 賦不出鄭志하니 皆昵燕好也라 二三君子는 數世之主也니 可以無懼矣라하고 宣子皆獻馬焉하고 而賦我將[307]하니 子産拜하고 使五卿皆拜하야 曰 吾子靖亂하니 敢不拜德가 宣子私覲於子産하야 以玉與馬曰 子命起하야 舍夫玉하니 是賜我玉이요 而免吾死也라 敢不藉手以拜[308]아

여름 4월에 鄭나라 六卿이 郊外에서 宣子를 전송할 때 선자가 말하였다.

"여러 君子께서는 모두 詩 한 수씩 읊기를 청합니다. 나 또한 시를 듣고 鄭나라의 뜻을 알 수 있습니다."

子齹가 〈野有蔓草〉를 읊자, 선자가 말하였다.

"孺子가 훌륭하십니다. 내가 바라는 바입니다."

子産이 〈鄭風〉의 〈羔裘〉를 읊자, 선자가 말하였다.

"나는 감당할 수 없습니다."

子太叔이 〈褰裳〉을 읊자, 선자가 말하였다.

"내가 지금 이곳에 와 있으니 어찌 감히 그대에게 다른 사람에게 가는 勞苦를 끼치겠습니까?"

자태숙이 拜謝하니 선자가 말하였다.

"훌륭합니다. 그대의 말이 옳으니, 이 시를 읊어 〈나를 깨우치지 않았다면〉 어찌 두 나라가 끝까지 友好할 수 있겠습니까?"

---

302 野有蔓草 : 《詩經》 〈鄭風〉의 편명이다.

303 褰裳 : 《詩經》 〈鄭風〉의 편명이다.

304 風雨 : 《詩經》 〈鄭風〉의 편명이다.

305 有女同車 : 《詩經》 〈鄭風〉의 편명이다.

306 蘀兮 : 《詩經》 〈鄭風〉의 편명이다.

307 我將 : 《詩經》 〈周頌〉의 편명이다.

308 藉手以拜 : 玉과 말을 손에 들고 와서 子産에게 拜謝한 것이다.(杜注)

子游가 〈風雨〉를 읊고, 子旗가 〈有女同車〉를 읊고, 子柳가 〈蘀兮〉를 읊으니, 선자가 기뻐하며 말하였다.

"鄭나라는 강성해질 희망이 있습니다. 여러 군자께서 임금의 명을 받고 나와 나를 전송하면서 읊은 시가 정나라의 시에서 벗어나지 않았고 모두 親愛와 友好를 표현한 시였습니다. 여러 군자께서는 자손이 여러 세대 동안 大夫의 職位를 누릴 것이니 정나라는 두려움이 없을 것입니다."

그리고 나서 선자가 여섯 사람에게 모두 말을 주고 〈我將〉을 읊으니, 자산이 절하고 五卿에게 모두 절하게 하며 말하였다.

"그대가 우리나라의 혼란을 안정시키겠다고 하시니 어찌 그 恩德에 拜謝하지 않을 수 있습니까?"

선자가 玉과 말을 가지고 와서 사사로이 자산을 만나 말하였다.

"그대가 나에게 玉環을 포기하라고 말씀하셨으니 이는 나에게 金玉 같은 말씀을 주신 것이요 죽음을 면하게 하신 것입니다. 그러니 어찌 감히 옥과 말을 손에 가지고 와 바치며 배사하지 않을 수 있겠습니까?"

【經】 公至自晉하다

昭公이 晉나라에서 돌아왔다.

【傳】 公至自晉하니 子服昭伯이 語季平子曰 晉之公室은 其將遂卑矣로다 君幼弱하고 六卿彊而奢傲하니 將因是以習인댄 習實爲常하리니 能無卑乎아 平子曰 爾幼하니 惡(오)識國이리오

昭公이 晉나라에서 돌아오니, 子服昭伯이 季平子에게 말하였다.

"晉나라 公室은 아마도 장차 그 지위가 낮아질 것입니다. 임금은 나이가 어려 권위가 미약하고, 六卿은 강성하여 교만하고 방자하니, 장차 임금이 유약함으로 인해 〈임금을 경시하는 것이〉 버릇이 된다면 그 버릇은 실로 일상이 될 것이니, 어찌 공실이 낮아지지 않을 수 있겠습니까?"

平子가 말하였다.

"그대는 아직 어리니 어찌 국가의 일을 알겠는가?"

【經】 秋八月己亥에 晉侯夷卒하다

가을 8월 己亥日에 晉侯 夷(晉 昭公)가 卒하였다.

【傳】秋八月에 晉昭公이 卒하다

가을 8월에 晉 昭公이 卒하였다.

【經】九月에 大雩하다

9월에 祈雨祭를 지냈다.

【傳】九月에 大雩하니 旱也라 鄭大旱하니 使屠擊祝款豎柎有事於桑山한대 斬其木하니 不雨어늘 子産曰 有事於山은 蓺山林也어늘 而斬其木하니 其罪大矣라하고 奪之官邑하다

9월에 祈雨祭를 지냈으니 가물었기 때문이다. 鄭나라에 큰 가뭄이 들어, 屠擊 · 祝款 · 豎柎를 보내 桑山에 제사를 지내게 하자, 그 산의 나무를 베어내니 비가 오지 않았는데, 子産이 말하였다.

"산에 제사를 지내는 것은 산에 숲을 가꾸어 번성하게 하기 위함인데 산의 나무를 베어냈으니 그 죄가 크다."

그리고는 그들의 관직과 祿邑을 빼앗았다.

字義 蓺 : 심을 예(=藝)

【經】季孫意如如晉하야 冬十月에 葬晉昭公하다

季孫意如가 晉나라에 가서, 겨울 10월에 晉 昭公을 장사 지냈다.

【傳】冬十月에 季平子如晉하야 葬昭公하고 平子曰 子服回之言猶信하니 子服氏有子哉인저

겨울 10월에 季平子가 晉나라에 가서 昭公을 장사 지내고, 平子가 말하였다.

"子服回의 말을 믿을 수 있으니, 子服氏는 훌륭한 아들을 두었도다."

〈17년, 丙子(B.C. 525)〉

【經】十有七年이라 春에 小邾子來朝하다

17년이다. 봄에 小邾子가 와서 朝見하였다.

【傳】十七年이라 春에 小邾穆公來朝어늘 公與之燕이러니 季平子賦采菽[309]한대 穆公賦菁菁者莪[310]하다 昭子曰 不有以國이면 其能久乎아

17년 봄에 小邾國의 穆公이 와서 朝見하였는데 昭公이 잔치를 열었다. 이때 季平子가 〈采菽〉 시를 읊었는데 목공은 〈菁菁者莪〉 시를 읊었다. 昭子가 말하였다.

"나라를 다스리는 재능이 없다면 어찌 나라를 오래도록 소유할 수 있었겠는가?"

【經】夏六月甲戌朔에 日有食之하다

여름 6월 초하루 甲戌日에 日食하였다.

【傳】夏六月甲戌朔에 日有食之어늘 祝史請所用幣하니 昭子曰 日有食之면 天子不擧하고 伐鼓於社하며 諸侯用幣於社하고 伐鼓於朝하니 禮也라 平子禦之曰 止也하라 唯正月朔에 慝未作이니 日有食之면 於是乎有伐鼓用幣 禮也어니와 其餘則否라하고 大(태)史曰 在此月也라 日過分而未至어든 三辰有災하면 於是乎百官降物[311]하며 君不擧하고 辟(피)移時하며 樂奏鼓하고 祝用幣하고 史用辭라 故夏書[312]曰 辰不集于房이어늘 瞽奏鼓하고 嗇夫馳하고 庶人走라하니 此月朔之謂也라 當夏四月이 是謂孟夏니라 平子弗從이어늘 昭子退曰 夫子將有異志하니 不君君矣로다

여름 6월 초하루 甲戌日에 日食이 있었는데, 祝史가 社에 사용할 폐백을 청하니, 昭子가 말하였다.

"일식이 발생하면 天子는 盛饌을 들지 않고 社廟에서 북을 치며, 諸侯는 사묘에 幣帛을 바치고 朝廷에서 북을 치는 것이니 이것이 禮입니다."

平子가 그 말을 막으며 말하였다.

"그런 말 하지 마시오. 正陽月(周曆 6월, 夏曆 4월) 초하룻날엔 陰氣가 아직 일어나지 않은 때이니, 이날 일식이 발생하면 이때에는 북을 치고 폐백을 바치는 것이 예이지만 그 밖의 일식에는 그리하지 않습니다."

---

309 采菽 : 《詩經》 〈小雅〉의 편명이다.

310 菁菁者莪 : 《詩經》 〈小雅〉의 편명이다.

311 降物 : 素服을 입는 것이다.(杜注)

312 夏書 : 《書經》 〈夏書 胤征〉이다.

太史가 말하였다.

"이달이 바로 정양월입니다. 太陽이 春分을 지나고 夏至에 이르지 않았을 때에 日 · 月 · 星에 災變이 생기면 이때에 百官은 素服을 입으며, 임금은 盛饌을 들지 않고 正殿을 피해 일식이 소멸할 때까지 다른 곳에 거처하며, 樂工은 북을 울리고, 祝은 폐백을 바치고, 史는 재변의 해소를 祈求하는 祭文을 읽습니다. 그러므로 〈夏書〉에 '日月이 그 위치에 안착하지 않거늘 樂師는 북을 울리고 嗇夫는 수레를 달리고 庶人은 달렸다.'고 하였으니, 이것은 이달 초하룻날을 이릅니다. 이달은 夏曆 4월에 해당하니 이달을 일러 '孟夏'라고 합니다."

평자는 그 말을 따르지 않았는데, 소자가 물러나와 말하였다.

"夫子(平子를 이름)는 아마도 다른 뜻을 품은 것 같으니, 임금을 임금으로 대우하지 않는다."

字義 慝 : 음기 특　集 : 편안할 집　瞽 : 樂工 고

【經】秋에 郯子來朝하다

가을에 郯子가 와서 朝見하였다.

【傳】秋에 郯子來朝하니 公與之宴이러니 昭子問焉曰 少皞氏鳥名官하니 何故也오 郯子曰 吾祖也라 我知之로라 昔者에 黃帝氏以雲紀라 故爲雲師而雲名하고 炎帝氏以火紀라 故爲火師而火名하고 共工氏以水紀라 故爲水師而水名하고 大皞氏以龍紀라 故爲龍師而龍名하니라 我高祖少皞摯之立也에 鳳鳥適至라 故紀於鳥하야 爲鳥師而鳥名하니 鳳鳥氏는 歷正也요 玄鳥氏는 司分者也요 伯趙氏는 司至者也요 靑鳥氏는 司啓者也요 丹鳥氏는 司閉者也요 祝鳩氏는 司徒也요 鴡鳩氏는 司馬也요 鳲鳩氏는 司空也요 爽鳩氏는 司寇也요 鶻鳩氏는 司事也요 五鳩는 鳩民者也요 五雉는 爲五工正하야 利器用하며 正度量하야 夷民者也요 九扈는 爲九農正하야 扈民無淫者也라 自顓頊以來로 不能紀遠하야 乃紀於近하야 爲民師而命以民事하니 則不能故也라 仲尼聞之하시고 見(현)於郯子而學之러시니 旣而告人曰 吾聞之호니 天子失官이면 學在四夷라하니 猶信이로다

가을에 郯子가 와서 朝見하니 昭公이 잔치를 열었는데, 昭子가 담자에게 물었다.

"少皞氏는 새의 이름으로 官職의 이름을 삼았으니, 이는 무슨 까닭입니까?"

담자가 말하였다.

"소호씨는 나의 조상입니다. 그러하니 나는 그 까닭을 압니다. 옛날에 黃帝氏는 구름으로 일을 기록하였으므로 百官의 장관을 모두 '雲'으로 명명하였고, 炎帝氏는 불로 일을 기록하

였으므로 백관의 장관을 모두 '火'로 명명하였고, 共工氏는 물로 일을 기록하였으므로 백관의 장관을 모두 '水'로 명명하였고, 太皞氏는 龍으로 일을 기록하였으므로 백관의 장관을 모두 '龍'으로 명명하였습니다.

나의 高祖 少皞 摯가 즉위할 때 마침 鳳鳥가 날아와서 새로써 일을 기록하고 백관의 장관을 모두 '鳥'로 명명하였으니, 鳳鳥氏는 歷正(曆法을 맡은 長官)이고, 玄鳥氏는 司分(春分과 秋分을 맡은 관직)이고, 伯趙氏는 司至(冬至와 夏至를 맡은 관직)이고, 靑鳥氏는 司啓(立春과 立夏를 맡은 관직)이고, 丹鳥氏는 司閉(立秋와 立冬을 맡은 관직)이며, 祝鳩氏는 司徒(教育을 맡은 장관)이고, 鴡鳩氏는 司馬(軍務를 맡은 장관)이고, 鳲鳩氏는 司空(水土를 맡은 장관)이고, 爽鳩氏는 司寇(刑獄을 맡은 장관)이고, 鶻鳩氏는 司事(農事를 맡은 장관)이고, 五鳩는 백성을 모으는 관직이고, 五雉는 다섯 가지 工藝를 맡은 장관으로 器用을 편리하게 만들고 度量을 바로잡아 백성들의 分配를 공평하게 하는 관직이며, 九扈는 아홉 가지 農事를 맡은 장관으로 백성들에게 방종함이 없도록 금지하는 관직입니다.

顓頊 이후로는 〈人事와〉 거리가 먼 물건의 이름을 취해 일을 기록할 수 없어서, 인사에 가까운 것으로 기록하여, 백성을 다스리는 장관이 된 자의 관명을 民事로써 명명하였으니, 이는 〈雲 · 鳥 · 龍 등으로〉 명명할 수 없었기 때문입니다."

仲尼께서 이 말을 들으시고 담자를 찾아가 알현하고 그에게 옛 官制를 배우시더니, 이윽고 어떤 이에게 말씀하셨다.

"내 듣건대 天子가 옛 官制를 잃으면 그에 관한 학문이 사방의 蠻夷國에 있다고 하였으니, 이 말을 오히려 믿을 수 있겠다."

字義 鳩 : 비둘기, 모을 구 夷 : 공평할 이 扈 : 새 이름, 금지할 호

【經】八月이라 晉荀吳帥(솔)師滅陸渾之戎하다

8월이다. 晉나라 荀吳가 군대를 거느리고 가서 陸渾의 戎을 擊滅하였다.

【傳】晉侯使屠蒯如周하야 請有事於雒與三塗러니 萇弘謂劉子曰 客容猛하니 非祭也라 其伐戎乎인저 陸渾氏甚睦於楚하니 必是故也라 君其備之하라 乃警戎備하다 九月丁卯에 晉荀吳帥師하고 涉自棘津하야 使祭史先用牲于雒하다 陸渾人弗知어늘 師從之하야 庚午에 遂滅陸渾하고 數之以其貳於楚也하니 陸渾子奔楚하고 其衆奔甘鹿이어늘 周大獲하다 宣子夢文公攜荀吳而授之陸渾이라 故使穆子帥師하고 獻俘于文宮하다

晉侯가 屠蒯를 周나라에 보내 雒水와 三塗山에 제사 지낼 수 있도록 길을 빌려주기를 청하였다. 萇弘이 劉子에게 말하였다.

"客의 용모가 사나우니 제사를 지내기 위함이 아니라 아마도 陸渾의 戎人을 치기 위함인 듯합니다. 陸渾氏가 楚나라와 매우 화목하니, 반드시 이 때문일 것입니다. 君(劉子를 이름)께서는 대비하십시오."

유자는 이에 융인에 대한 방비를 강화하도록 경계하였다. 9월 丁卯日에 晉나라 荀吳가 군대를 거느리고 棘津에서 渡河한 뒤에 祭史(祭祀를 주관하는 官員)를 보내 먼저 犧牲을 잡아 雒水에 제사 지내게 하였다. 그런데도 陸渾人은 〈晉人이 자기들을 치려 한다는 것을〉 알아차리지 못하였는데, 晉軍은 그 뒤를 따라가서 庚午日에 드디어 육혼을 擊滅하고 楚나라에 붙어 晉나라를 배반한 죄를 꾸짖으니, 陸渾子는 楚나라로 도망가고 그 무리들은 甘鹿으로 도망갔는데, 周人이 많은 육혼인을 잡았다. 宣子는 文公이 순오의 손을 잡고 그에게 육혼을 주는 꿈을 꾸었다. 그러므로 穆子(荀吳)에게 군대를 거느리고 가서 육혼을 치게 하고, 〈승리하고 돌아온 뒤에〉 포로를 문공의 廟에 바쳤다.

字義 雒 : 물 이름 락

【經】冬에 有星孛于大辰하다

겨울에 彗星이 大辰(房宿, 心宿, 尾宿)에 出現하였다.

【傳】冬에 有星孛于大辰하야 西及漢하니 申須曰 彗는 所以除舊布新也라 天事恒象이니 今除於火하니 火出必布焉하리니 諸侯其有火災乎인저 梓愼曰 往年吾見之하니 是其徵也로라 火出而見이러니 今玆火出而章하니 必火入而伏하리라 其居火也久矣라 其與不然乎아 火出於夏爲三月이요 於商爲四月이요 於周爲五月이니 夏數得天하니 若火作인댄 其四國當之하리니 在宋衛陳鄭乎인저 宋은 大辰之虛也요 陳은 大皞之虛也요 鄭은 祝融之虛也니 皆火房也라 星孛及漢하니 漢은 水祥也니 衛는 顓頊之虛也라 故爲帝丘니 其星爲大水라 水는 火之牡也[313]니 其以丙子若壬午作乎인저 水火所以合也라 若火入而伏이면 必以壬午하리니 不過其見之月이리라 鄭裨竈言於子産曰 宋衛陳鄭將同日火하리니 若我用瓘斝玉瓚하면 鄭必不火하리라 子産弗與하다

---

313 水 火之牡也 : 水는 수컷이고, 火는 암컷이다.(林堯叟)

겨울에 大辰에 彗星이 출현하여 강렬한 빛이 서쪽으로 銀河까지 미쳤다. 申須(魯나라 대부)가 말하였다.

"彗는 옛것을 쓸어내고 새것을 펴는 것이다. 하늘에서 발생하는 일은 항상 길흉의 징조를 예시하는 것이니, 지금 火星을 쓸어냈으니 明年에 화성이 출현하면 반드시 불이 퍼져 재앙이 질 것이니 諸侯國에 아마도 火災가 발생할 것이다."

梓愼이 말하였다.

"昨年에 내가 혜성을 보았으니 바로 화재의 징조이다. 작년에 大火星이 출현할 때 혜성이 나타났는데 금년에 대화성이 출현할 때는 그 빛이 더욱 밝으니 반드시 대화성이 들어가는 시기가 되어야 혜성이 잠복할 것이다. 혜성이 대화성에 있은 지가 오래인지라 어찌 그렇지 않겠는가? 대화성이 출현하는 시기가 夏正(夏曆)으로는 3월이고, 商正으로는 4월이고 周正으로는 5월인데, 夏나라의 曆數가 天時와 부합하니 만약 화재가 발생한다면 아마도 宋 · 衛 · 陳 · 鄭 네 나라가 화재를 당할 것이다. 宋나라는 大辰의 分野이고, 陳나라는 太皞가 거주했던 땅이고, 鄭나라는 祝融이 거주했던 땅이니 모두 대화성이 머무는 곳이다. 혜성의 빛이 天漢(銀河)에까지 미쳤으니 천한은 물이다. 衛나라는 顓頊이 거주했던 곳이다. 그러므로 그곳을 '帝丘'라 하는데 그곳을 맡은 별은 大水(營室星)이다. 水는 火의 配偶이니 아마도 丙子日이나 혹은 壬午日에 화재가 일어날 것이다. 이 두 날이 水火가 서로 만나는 날이기 때문이다. 만약 대화성이 들어가야 혜성이 잠복한다면 그 시기는 반드시 임오일일 것이니, 그 이유는 혜성은 출현한 달을 넘기지 않기 때문이다."

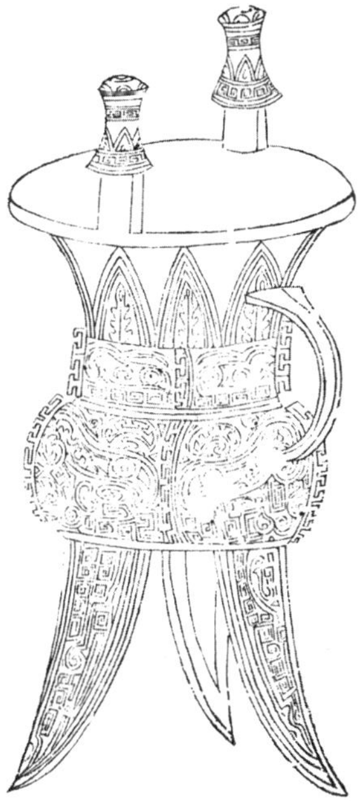

斝

鄭나라 裨竈가 子産에게 말하였다.

"宋나라 · 衛나라 · 陳나라 · 鄭나라에 아마도 같은 날에 화재가 발생할 것이니, 만약 우리가 瓘 · 斝 · 玉瓚을 神에게 바치고 기도한다면 우리 鄭나라에는 반드시 화재가 일어나지 않을 것입니다."

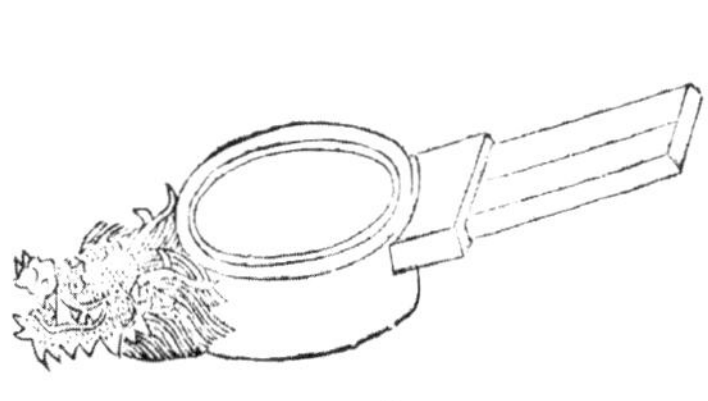

玉瓚

자산은 허락하지 않았다.

字義 孛 : 혜성 패 牡 : 수컷 모 瓘 : 옥 이름 관 斝 : 옥잔 가

【經】楚人及吳로 戰于長岸하다

楚人이 吳人과 長岸에서 교전하였다

【傳】吳伐楚할새 陽匄[314]爲令尹하야 卜戰하니 不吉이라 司馬子魚曰 我得上流하니 何故不吉이리오 且楚故는 司馬令龜니 我請改卜호리라 令曰 魴也以其屬死之어든 楚師繼之하야 尙大克之하노라 吉하다 戰于長岸이러니 子魚先死어늘 楚師繼之하야 大敗吳師하고 獲其乘舟餘皇하야 使隨人與後至者守之할새 環而塹之한대 及泉하야 盈其隧炭하고 陳以待命이러니 吳公子光[315]請於其衆曰 喪先王之乘舟하니 豈唯光之罪리오 衆亦有焉하리니 請藉取之하야 以救死하노라 衆許之어늘 使長鬣者三人潛伏於舟側하고 曰 我呼餘皇이어든 則對하라하고 師夜從之하야 三呼하니 皆迭對하다 楚人從而殺之하니 楚師亂이어늘 吳人大敗之하고 取餘皇以歸하다

吳나라가 楚나라를 討伐할 적에 陽匄가 令尹이 되어 전쟁하는 것이 어떤지에 대해 점을 치니 불길하였다. 司馬 子魚(公子 魴)가 말하였다.

“우리가 상류에 있는데 불길할 까닭이 뭐 있습니까? 그리고 또 우리 초나라의 舊例에는 司馬가 거북에게 명하였으니, 내가 다시 점을 치기를 청합니다.”

그리고는 거북에게 명하기를 “내가 나의 私兵을 거느리고 나아가 싸우다가 죽거든 楚軍이 그 뒤를 이어 진격하여 大勝하기를 바란다.” 하고 점을 치니 占兆가 길하였다. 長岸에서 교전하였는데 자어가 먼저 전사하니 초군이 그 뒤를 이어 진격하여 吳軍을 대패시키고 吳나라의 乘舟 餘皇(배의 이름)을 노획하여 隨人과 뒤따라온 군사에게 여황을 지키도록 하였는데, 그 주위에 참호를 깊이 파면서 지하수가 솟는 데에 이르게 하고, 그 참호의 출입구에 숯을 채우고 포진하여 명을 기다리게 하였다. 吳나라 公子 光이 그 軍衆에게 청하였다.

“先王의 乘舟를 잃었으니 어찌 나의 죄일 뿐이겠는가? 군중에게도 죄가 있으니 그대들의 힘을 빌려 승주를 탈취하여 죽음을 면하기를 청하노라.”

군중이 허락하였는데, 공자 광은 수염이 긴 세 사람을 보내 배 곁에 잠복해 있게 하며 말하였다.

“내가 ‘여황아’라고 부르거든 너희들은 즉시 대답하라.”

오군이 밤에 그들을 따라가서 ‘여황아’라고 세 번 부르니 세 사람이 번갈아 대답하였다. 楚人이 소리가 난 곳으로 가서 세 사람을 모두 죽이니, 초군이 크게 혼란하자 吳人이 초군을 대

---

314 陽匄 : 楚 穆王의 曾孫인 令尹 子瑕이다.

315 公子光 : 吳王 諸樊의 아들 闔廬이다.

패시키고 여황을 탈취해 돌아갔다.

字義 鬣 : 수염 렵

〈18년, 丁丑(B.C. 524)〉

【經】 十有八年이라 春이라

18년이다. 봄이다.

【傳】 十八年이라 春王二月乙卯에 周毛得이 殺毛伯過[316]하고 而代之어늘 萇弘曰 毛得必亡이로다 是昆吾稔之日也라 侈故之以어늘 而毛得以濟侈於王都하니 不亡何待리오

18년이다. 봄 周王 2월 乙卯日에 周나라 毛得이 毛伯 過를 죽이고 그 자리를 대신 차지하였는데, 萇弘이 말하였다.

"모득은 반드시 도망가게 될 것이다. 이날이 바로 昆吾(夏伯)의 악행이 극에 달해 망한 날이다. 이는 교만하고 방자하였기 때문인데, 모득이 王都에서 교만하고 방자하여 일을 이루었으니 도망하지 않고 무엇을 기다리겠는가?"

字義 稔 : 익을 임

【經】 王三月에 曹伯須卒하다

周王 三月에 曹伯 須(曹 平公)가 卒하였다.

【傳】 三月에 曹平公이 卒하다

3월에 曹 平公이 卒하였다.

【經】 夏五月壬午에 宋衛陳鄭災하다

여름 5월 壬午日에 宋나라 · 衛나라 · 陳나라 · 鄭나라에 火災가 났다.

---

316 毛伯過 : 周나라 大夫 得過의 宗族이다.

【傳】夏五月에 火始昏見하다 丙子에 風하니 梓愼曰 是謂融風이니 火之始也라 七日에 其火作乎인저 戊寅에 風甚하고 壬午에 大甚이어늘 宋衛陳鄭皆火하다 梓愼登大庭氏之庫[317]하야 以望之曰 宋衛陳鄭也로다하더니 數日皆來告火하다

여름 5월에 火星이 비로소 黃昏에 출현하였다. 丙子日에 바람이 부니 梓愼이 말하였다.
"이 바람을 融風이라 하는데 이는 火災의 시작이다. 7일 뒤에 화재가 일어날 것이다."
戊寅日에 바람이 심하고, 壬午日에는 더욱 심하였는데, 宋나라 · 衛나라 · 陳나라 · 鄭나라에 모두 화재가 발생하였다. 재신이 大庭氏의 창고에 올라가서 바라보고 말하였다.
"화재가 일어난 곳은 송나라 · 위나라 · 진나라 · 정나라이다."
며칠 뒤에 네 나라가 모두 使者를 보내와서 화재를 보고하였다.

裨竈曰 不用吾言이면 鄭又將火하리라 鄭人請用之어늘 子產不可하니 子大(태)叔曰 寶는 以保民也라 若有火면 國幾亡이니 可以救亡인댄 子何愛焉고 子產曰 天道遠하고 人道邇하야 非所及也니 何以知之오 竈焉知天道리오 是亦多言矣니 豈不或信[318]이리오 遂不與하다 亦不復火하다

裨竈가 말하였다.
"내 말을 따르지 않으면 鄭나라에 또다시 火災가 발생할 것이다."
鄭人들이 그의 말을 따르기를 청하였는데, 子産이 반대하니 子太叔이 말하였다.
"국가의 보물(瓘 · 斝 · 玉瓚)은 백성을 보호하기 위해 마련한 것이오. 만약 화재가 발생한다면 나라가 거의 망하게 될 것이니, 나라가 망하는 것을 구제할 수 있다면 그대는 무엇을 아낄 것이오."
자산이 말하였다.
"天道는 幽遠하고 人道는 切近하여 서로 미칠 수 있는 바가 아니니 어찌 천도를 가지고 인도를 알 수 있겠습니까? 비조가 어찌 천도를 알겠습니까? 이 사람은 말이 많은 사람이니 어찌 간혹 맞는 말이 없겠습니까?"
끝내 〈瓘 · 斝 · 玉瓚을〉 내어주지 않았다. 그러나 정나라에는 또다시 화재가 발생하지 않았다.

---

317 大庭氏之庫 : 大庭氏는 옛날 나라의 이름으로 魯나라 城內에 있었다. 노나라가 그곳에 倉庫를 지었는데, 그 지대가 높기 때문에 올라가서 天氣를 바라보았다.(杜注)

318 是亦多言矣 豈不或信 : 말이 많은 자는 간혹 때때로 맞는 말이 있는 것이다.(杜注)

鄭之未災也에 里析告子產曰 將有大祥하야 民震動하며 國幾亡이니 吾身泯焉하야 弗良及也호리라 國遷하면 其可乎인저 子產曰 雖可나 吾不足以定遷矣니라 及火하야 里析死矣로되 未葬이러니 子產使輿三十人遷其柩하다

鄭나라에 화재가 나기 전에 里析(정나라 대부)이 子產에게 고하였다.

"장차 큰 재변이 생겨 백성들이 크게 동요하고 나라가 거의 망하게 될 것이니, 그때 나는 이미 죽어서 재변을 보지 못할 것입니다. 國都를 옮기면 어쩌면 재변을 피할 수 있을 것입니다."

자산이 말하였다.

"비록 재변을 피할 수 있지만 나는 遷都를 결정할 수 없다."

화재가 발생함에 미쳐 이석이 죽었으나 아직 장사 지내지 않았는데, 자산이 人夫 30명을 보내 그 靈柩를 옮기게 하였다.

字義 祥 : 재난 상

火作에 子產辭晉公子公孫于東門하고 使司寇出新客하며 禁舊客勿出於宮하고 使子寬子上巡群屛攝[319]호대 至于大宮[320]하고 使公孫登徙大龜하며 使祝史徙主祏於周廟하고 告于先君하며 使府人庫人各儆其事하고 商成公儆司宮하야 出舊宮人하야 寘諸火所不及하고 司馬司寇列居火道하야 行火所焮하고 城下之人伍列登城하다 明日에 使野司寇各保其徵하고 郊人助祝史하야 除於國北하야 禳火于玄冥回祿하고 祈于四鄘하고 書焚室하야 而寬其征하고 與之材하고 三日哭하고 國不市하고 使行人告於諸侯하다 宋衛皆如是로되 陳不救火하고 許不弔災하니 君子是以知陳許之先亡也러라

화재가 발생하자 子產은 東門에서 〈聘問使로 오는〉 晉나라 公子와 公孫을 謝絶해 돌려보내고, 司寇에게 근자에 새로 온 外國의 賓客들은 國都 밖으로 내보내고 오래 전에 온 빈객들은 宮 밖으로 나오지 못하도록 금지하게 하였으며, 子寬과 子上에게 제사 지내는 여러 곳을 순찰하여 宗廟에까지 이르게 하였고, 公孫 登에게 大龜를 옮기게 하며, 祝史에게 主祏을 周廟(厲王의 廟)로 옮기고 先君께 告由하게 하였으며, 府人과 庫人에게 각각 맡은 곳을 警備하게 하였고, 商成公(정나라 대부)에게 司宮을 경계하여 선군의 宮人들을 화재가 미치지 않는 곳으로 내보내게 하였으며, 司馬와 司寇에게 官員들을 火道(불길이 번지는 길목)에 배치하여 돌아다니면서 불이 붙을 물건들을 〈치우거나 진흙으로 싸 발라 불이 붙지 못하도록 미리 조

---

319 屛攝 : 제사 지내는 장소이다.(杜注)

320 大宮 : 鄭나라의 祖廟이다.(杜注)

치하게 하고,〉 城下에 사는 사람들에게는 대오를 지어 성 위로 올라가게 하였다.

화재가 발생한 다음 날 野司寇들에게 각각 징집한 役徒들을 보호하게 하고, 郊人에게 祝史를 도와 국도 북쪽에 땅을 깨끗이 쓸어 祭壇을 만들어 玄冥(水神)과 回祿(火神)에게 화재를 막아주기를 기도하고, 사방의 성곽에도 기도하고, 불에 소실된 가옥을 기록하여 그 賦稅를 감면하고 다시 집을 지을 목재를 주었으며, 3일 동안 哭하고 국도의 시장에 문을 닫게 하고는 사신을 보내 諸侯에게 화재를 알렸다. 宋나라와 衛나라도 모두 이와 같이 하였으나 陳나라는 불을 끄는 조치를 하지 않았고, 許나라는 네 나라의 화재를 위문하지 않았으니, 君子는 이로 인해 진나라와 허나라가 먼저 망할 것을 알았다.

字義 祏 : 신주 모시는 석함 석 焮 : 불탈 흔 鄘 : 성 용

【經】六月에 邾人入鄅하다

6월에 邾人이 鄅나라로 쳐들어갔다.

【傳】六月에 鄅人藉(적)稻어늘 邾人襲鄅한대 鄅人將閉門이어늘 邾人羊羅攝其首焉하고 遂入之하야 盡俘以歸하다 鄅子曰 余無歸矣라하고 從帑(노)於邾한대 邾莊公反鄅夫人하고 而舍其女하다

6월에 鄅人이 藉田을 순시하였는데, 邾人이 鄅나라를 습격하자 우인이 성문을 닫으려 하니 주인 羊羅가 성문을 닫으려던 자를 죽이고 드디어 入城하여 우나라 사람들을 다 포로로 잡아 가지고 돌아갔다. 鄅子가 "나는 갈 곳이 없다." 하고 그 妻子를 따라 주나라로 가자, 邾莊公은 鄅夫人만 돌려주고 그 딸은 돌려주지 않았다.

字義 帑 : 처자 노 舍 : 억류할 사

【經】秋라

가을이다.

【傳】七月에 鄭子產爲火故하야 大爲[321]社하고 祓禳於四方하야 振除火災하니 禮也라 乃簡兵大蒐하야 將爲蒐除할새 子大(태)叔之廟在道南하고 其寢在道北하니 其庭小라 過期

321 爲 : '治(수리하다)'의 뜻이다.(杜注)

三日이러니 使除徒陳於道南廟北曰 子產過女라가 而命速除어든 乃毁於而鄕하라 子產朝할새 過而怒之하니 除者南毁러니 子產及衝하야 使從者止之曰 毁於北方하라

7월에 鄭나라 子產이 화재의 연고로 인해 대대적으로 社廟를 수리하고 사방의 神에게 제사하여 화재를 振除하였으니, 禮에 맞았다. 이에 군대를 정선하여 閱兵式을 성대하게 거행하려고 閱兵할 장소를 修築하게 하였는데, 子太叔(游吉)의 家廟가 길 남쪽에 있고 房舍가 북쪽에 있었으니 그 뜰이 좁았다. 사흘의 기한이 지나자 자태숙은 除徒(廣場을 修築하는 役徒)들을 길 남쪽에 있는 가묘의 북쪽에 배열시키고 말하였다.

"자산이 너희들 앞을 지나다가 속히 헐라고 명하거든 곧 너희들이 향하고 있는 쪽(가묘)을 헐라."

자산이 朝廷으로 갈 적에 이곳을 지나다가 〈아직까지 헐지 않은 것을〉 보고 노하니 제도들이 남쪽을 헐었는데, 자산이 十字路에 이르러 從者를 보내 남쪽을 허는 것을 제지시키고 "북쪽의 방사를 헐게 하라." 하였다.

字義 祓 : 재앙을 쫓고 복을 구하는 제사 불　振 : 버릴 진　簡 : 뽑을 간　而 : 너 이
鄕 : 향할 향(=向)

火之作也에 子產授兵登陴하니 子大(태)叔曰 晉無乃討乎아 子產曰 吾聞之호니 小國忘守則危라하니 況有災乎아 國之不可小는 有備故也라하다 旣晉之邊吏讓鄭曰 鄭國有災어늘 晉君大夫不敢寧居하고 卜筮走望[322]하야 不愛牲玉하니 鄭之有災는 寡君之憂也라 今執事撊然授兵登陴하니 將以誰罪오 邊人恐懼하야 不敢不告로라 子產對曰 若吾子之言인댄 敝邑之災는 君之憂也라 敝邑失政하야 天降之災어늘 又懼讒慝之間謀之하야 以啓貪人하야 荐爲敝邑不利하야 以重君之憂하니 幸而不亡이면 猶可說也어니와 不幸而亡이면 君雖憂之나 亦無及也리라 鄭有他竟이나 望走在晉이니 旣事晉矣어니 其敢有二心가

火災가 발생하였을 때 子產이 사람들에게 무기를 나누어주어 성 위로 올라가게 하자, 子太叔이 말하였다.

"晉나라가 우리를 討伐하지 않겠습니까?"

자산이 말하였다.

"내가 듣자니 작은 나라가 수비를 잊으면 위험이 닥친다고 하였으니, 하물며 화재가 발생

322 走望 : 群望으로 달려가는 것을 말한다. 群望은 天子나 諸侯가 멀리서 望祭하는 星辰과 山川의 神을 이른다.

한 지금이겠습니까? 국가가 남에게 경시받지 않는 것은 수비가 있기 때문입니다.”

이윽고 晉나라 변방의 관리가 鄭나라를 꾸짖으며 말하였다.

“정나라에 화재가 발생하자, 우리 晉나라의 임금과 大夫들은 감히 편안히 거처하지 못하고, 거북점과 蓍草占을 치고 群望으로 달려가 犧牲과 玉帛을 아끼지 않았으니, 정나라의 화재는 우리 임금의 우환입니다. 그런데 지금 執事는 사납게 노하여 사람들에게 무기를 나누어 주고 성 위로 올라가게 하였으니, 장차 누구에게 죄를 물으려는 것입니까? 우리 변방의 백성들이 두려워하니 감히 고하지 않을 수 없습니다.”

자산이 대답하였다.

“그대의 말대로라면 우리나라의 화재는 晉君의 우환입니다. 우리나라가 정치를 잘못하여 하늘이 재앙을 내렸는데, 또 사악한 무리가 이 기회를 이용해 우리나라를 해치기를 꾀하여 탐욕스러운 자를 끌어들여 거듭 우리나라를 불리하게 만들어서 진군의 근심을 가중시킬 것이 두려웠습니다. 우리나라가 다행히 망하지 않는다면 오히려 〈이렇게 한 것을〉 해명할 수 있습니다만 불행히 망한다면 진군께서 아무리 근심하여도 미칠 수 없습니다. 鄭나라는 晉나라 이외의 나라들과도 국경을 접하고 있으나, 〈위급한 일을 당하면 구원해주기를〉 바라보고 달려갈 나라는 진나라뿐이니, 이미 진나라를 섬겼으니 어찌 감히 두 마음을 품겠습니까?”

字義 陴 : 성가퀴 비 　 撊 : 성낼 한 　 說 : 해명할 설

【經】 葬曹平公하다

曹 平公을 장사 지냈다.

【傳】 秋에 葬曹平公하다 往者見周原伯魯焉하고 與之語하니 不說(열)學이어늘 歸以語閔子馬하니 閔子馬曰 周其亂乎인저 夫必多有是說이라야 而後及其大人이니 大人患失而惑하야 又曰 可以無學이니 無學不害라 不害而不學이면 則苟而可하리니 於是乎下陵上替면 能無亂乎아 夫學은 殖也니 不學將落이니 原氏其亡乎인저

가을에 曹 平公을 장사 지냈다. 會葬 갔던 자가 周나라 原伯 魯(周나라 大夫)를 만나 이야기를 나누어보니 원백은 학문을 좋아하지 않는 기색을 보이기에 돌아와서 閔子馬에게 이 이야기를 하니, 민자마가 말하였다.

“주나라에는 아마도 變亂이 일어날 것입니다. 반드시 〈백성들 사이에〉 이런 말이 많이 유행한 뒤에야 〈그 影響이〉 大人들에게 미치는 것이니, 대인들은 벼슬을 잃을까 두려운 걱정으로 그 마음이 현혹되어서 또 ‘학문을 하지 않아도 괜찮으니 학문이 없어도 해로울 게 없다.

해로울 게 없다 하여 학문을 하지 않는다면 모든 일을 구차하게 처리해도 괜찮다.'고 할 것이니, 이로 인해 아랫사람은 윗사람을 업신여기고 윗사람은 公務를 폐기할 것이니 어찌 변란이 생기지 않을 수 있겠습니까? 학문은 식물을 기르는 것과 같아서 학문을 하지 않으면 장차 쇠락할 것이니 原氏는 아마도 멸망할 것입니다."

字義 替 : 폐할 체 殖 : 재배할 식

【經】冬에 許遷于白羽하다

겨울에 許나라가 白羽로 遷都하였다.

【傳】楚左尹王子勝이 言於楚子曰 許於鄭에 仇敵也어늘 而居楚地하야 以不禮於鄭하니 晉鄭方睦이라 鄭若伐許인댄 而晉助之하리니 楚喪地矣라 君盍遷許오 許不專於楚하고 鄭方有令政하니 許曰 余舊國也라하고 鄭曰 余俘邑也[323]라하리니 葉(섭)在楚國하니 方城外之蔽也라 土不可易(이)며 國不可小요 許不可俘며 讐不可啓니 君其圖之하소서 楚子說(열)하야 冬에 楚子使王子勝遷許於析하니 實白羽러라

楚나라 左尹 王子 勝이 楚子에게 말하였다.

"許나라와 鄭나라는 원수인데, 허나라가 초나라의 국토 안에 있으면서 정나라를 예우하지 않으니, 晉나라와 정나라가 바야흐로 화목한지라 정나라가 만약 허나라를 친다면 진나라가 도울 것이니 초나라는 반드시 그 땅을 잃게 될 것입니다. 임금님께서는 어찌하여 허나라를 다른 곳으로 옮기지 않으십니까? 허나라는 전심으로 초나라를 섬기지 않고, 정나라는 바야흐로 善政을 펴고 있으니, 허나라는 정나라에 대해 '〈정나라 땅은〉 우리의 옛 땅이었다.' 하고, 정나라는 '〈이 땅은〉 우리의 俘邑(전쟁하여 빼앗은 성읍)이다.' 할 것이니, 葉縣은 초나라에 있어서 方城山 밖의 堡障입니다. 국토를 가벼이 여겨서도 안 되며 小國을 얕보아서도 안 되며, 허나라가 포로로 취급되게 해서도 안 되고 원수에게 길을 열어주어서도 안 되니 임금님께서는 깊이 생각하소서."

楚子가 기뻐하여 겨울에 초자가 王子 勝을 시켜 허나라를 析으로 옮기게 하였으니, 바로 白羽이다.

字義 蔽 : 보호할 폐 易 : 가벼이 여길 이

---

323 余俘邑也 : 隱公 11년에 鄭나라가 許나라를 멸망시켰다가 다시 존속시켰으므로 "우리의 俘邑이다."라고 한 것이다.(杜注)

〈19년, 戊寅(B.C. 523)〉

【經】十有九年이라 春이라

19년이다. 봄이다.

【傳】十九年이라 春에 楚工尹赤이 遷陰于下陰하고 令尹子瑕城郟(겹)하니 叔孫昭子曰 楚不在諸侯矣라 其僅自完也하야 以持其世而已로다

19년이다. 봄에 楚나라 工尹 赤이 陰戎을 下陰으로 옮기고, 令尹 子瑕(陽匄)가 郟에 성을 쌓으니, 叔孫昭子가 말하였다.

"楚子는 제후의 맹주가 되는 데 뜻이 없으니, 겨우 자국을 보수하여 자기 세대에나 정권을 유지하려는 것일 뿐이다."

楚子之在蔡也에 郥(패)陽封人之女奔之하야 生大(태)子建이러니 及卽位하야 使伍奢爲之師하고 費無極爲少師하니 無寵焉이라 欲譖諸(저)王曰 建可室矣라하니 王爲之聘於秦하니 無極與逆이러니 勸王取之하니 正月에 楚夫人嬴氏至自秦하다

楚子(平王)가 蔡公으로 있을 때 郥陽封人의 딸이 私奔(처녀가 제 발로 와서 그 사내의 여자가 되는 것)하여 太子 建을 낳았는데, 平王이 즉위함에 미쳐 伍奢를 태자의 太師로 삼고 費無極을 少師로 삼았다. 태자가 비무극을 총애하지 않은지라 비무극은 평왕에게 태자를 참소하고자 말하였다.

"建이 아내를 얻을 때가 되었습니다."

평왕은 태자를 위해 秦女를 太子嬪으로 맞기로 하니 비무극이 진녀를 맞이하는 使節에 참여하였는데, 평왕에게 그 여인을 아내로 취하라고 권하였다. 正月에 楚夫人 嬴氏가 秦나라에서 楚나라로 왔다.

字義 奔 : 야합할 분 室 : 아내 실

楚子爲舟師하야 以伐濮이러니 費無極言於楚子曰 晉之伯(패)也는 邇於諸夏니 而楚辟陋라 故弗能與爭하고 若大城城父(보)하고 而寘大子焉하야 以通北方하야 王收南方하면 是得天下也니이다 王說(열)하야 從之라 故大子建居于城父하다 令尹子瑕聘于秦하니 拜夫人也라

楚子가 水軍을 편성하여 濮夷를 토벌하였다. 費無極이 초자에게 말하였다.

"晉나라가 霸者가 된 것은 諸夏와 근접하였기 때문이니 우리 楚나라는 한쪽 구석에 치우쳐 있고 풍속이 비루합니다. 그러므로 晉나라와 패권을 다툴 수 없고 만약 城父(襄城 城父縣)에 성을 크게 쌓고 太子를 그곳에 두어 북방과 교통하게 해서, 王께서는 남방을 수복하신다면 이는 천하를 얻는 것입니다."

평왕은 그의 말을 기뻐하여 그대로 따랐다. 그러므로 太子 建이 성보에 가 있게 된 것이다. 令尹 子瑕가 秦나라에 聘問하였으니, 이는 夫人을 초나라로 시집보낸 데 대해 拜謝하기 위함이었다.

【經】 宋公伐邾하다

宋公이 邾나라를 토벌하였다.

【傳】 鄅夫人은 宋向(상)戌之女也라 故向寧請師하다 二月에 宋公伐邾圍蟲이러니 三月에 取之하고 乃盡歸鄅俘하다

鄅夫人은 宋나라 向戌의 딸이다. 그러므로 向寧(向戌의 아들)이 출병해 〈邾나라 토벌을〉 청하였다. 2월에 宋公이 邾나라를 토벌하여 蟲邑(邾나라의 邑)을 포위하였는데, 3월에 충읍을 취하고 鄅나라에서 잡혀온 포로들을 모두 돌려보냈다.

邾人郳人徐人會宋公하야 乙亥에 同盟于蟲하다

邾人·郳人·徐人이 宋公과 회합하여 乙亥日에 蟲邑에서 동맹하였다.

【經】 夏五月戊辰에 許世子止弑其君買하다

여름 5월 戊辰日에 許나라 世子 止가 그 임금 買(許 悼公)를 시해하였다.

【傳】 夏에 許悼公瘧이러니 五月戊辰에 飮大(태)子止之藥하고 卒하니 大子奔晉하다 書曰 弑其君이라하니 君子曰 盡心力以事君이면 舍藥物可也니라

여름에 許 悼公이 瘧疾을 앓았는데, 5월 戊辰日에 太子 止가 올린 약을 마시고 졸하니, 태자가 晉나라로 出奔하였다. 經에 '그 임금을 시해하였다'고 기록하였으니, 君子는 이에 대해 말하였다.

"마음과 힘을 다하여 임금을 섬긴다면 藥物을 올리지 않는 것이 옳다."

【經】己卯에 地震하다

己卯日에 地震이 발생하였다.

【經】秋에 齊高發이 帥(솔)師伐莒하다

가을에 齊나라 高發이 군대를 거느리고 가서 莒나라를 토벌하였다.

【傳】秋에 齊高發이 帥師伐莒한대 莒子奔紀鄣이어늘 使孫書伐之하다 初에 莒有婦人이러니 莒子殺其夫한대 已爲嫠婦라가 及老하야 託於紀鄣하야 紡焉以度(탁)而去之러라 及師至에 則投諸外하니 或獻諸(저)子占하다 子占使師夜縋而登하야 登者六十人이라 縋絶이어늘 師鼓譟하고 城上之人亦譟하니 莒共公懼하야 啓西門而出하니 七月丙子에 齊師入紀하다

가을에 齊나라 高發이 군대를 거느리고 가서 莒나라를 토벌하니, 莒子가 紀鄣(莒나라의 邑)으로 도망갔는데 孫書(陳無宇의 아들 子占)를 보내 기장을 치게 하였다.

당초에 거나라에 어떤 부인이 있었는데, 거자가 그 남편을 죽이니 그는 寡婦가 되었다가 늙음에 미쳐 기장에 우거하며 삼으로 밧줄을 꼬아 성의 높이를 재어서 간직해두었다. 齊軍이 이르렀을 때 부인이 성안에서 밧줄을 성 밖으로 던지자 어떤 자가 이 밧줄을 子占에게 바쳤다. 자점은 군사들에게 밤에 밧줄을 타고 성 위로 올라가게 하여 60인이 올라갔다. 이때 밧줄이 끊어졌는데 제군이 일제히 북을 울리며 고함을 쳤고 성 위로 올라간 자들도 일제히 고함을 쳤다. 그러자 莒 共公은 두려워하여 西門을 열고 도망가니, 7월 丙子日에 제군이 기장으로 들어갔다.

字義 嫠 : 과부 려　紡 : 밧줄 방　去 : 보관할 거　縋 : 밧줄 타고 오르내릴 추　譟 : 떠들 조

【經】冬에 葬許悼公하다

겨울에 許 悼公을 장사 지냈다.

【傳】是歲也에 鄭駟偃卒하다 子游娶於晉大夫하야 生絲하니 弱이라 其父兄立子瑕하니 子產憎其爲人也하고 且以爲不順이라하야 弗許하고 亦弗止[324]하니 駟氏聳하다 他日에 絲以

324 弗許 亦弗止 : 허락하면 禮를 어기는 것이 되고, 막으면 衆人의 뜻을 어기는 것이 되기 때문에 中立을 지킨 것이다.(杜注)

告其舅하니 冬에 晉人使以幣如鄭하야 問駟乞之立故하니 駟氏懼하야 駟乞欲逃어늘 子產弗遣하고 請龜以卜이어늘 亦弗予하고 大夫謀對어늘 子產不待而對客曰 鄭國不天하야 寡君之二三臣札瘥夭昏[325]이러니 今又喪我先大夫偃하니 其子幼弱이어늘 其一二父兄懼隊(추)宗主하야 私族於謀하야 而立長親하니 寡君與其二三老曰 抑天實剝亂是니 吾何知焉이리오 諺曰 無過亂門이리히니 民有兵亂이라도 猶憚過之어든 而況敢知天之所亂가 今大夫將問其故로되 抑寡君實不敢知어늘 其誰實知之리오 平丘之會에 君尋舊盟하야 曰無或失職하라하시니 若寡君之二三臣其即世者를 晉大夫而專制其位인댄 是晉之縣鄙也라 何國之爲리오 辭客幣而報其使하니 晉人舍之하다

이해에 鄭나라 駟偃(子游)이 졸하였다. 子游가 晉나라 大夫의 딸을 아내로 맞이해 아들 絲를 낳으니 어리므로 그 父兄이 子瑕를 후사로 세웠다. 子產은 자하의 사람됨을 미워하고 또 〈아들을 놓아두고 叔父를 후사로 세우는 것이〉 순리가 아니라고 여겨 허락하지 않고 막지도 않으니 駟氏는 두려워하였다.

얼마 뒤에 絲가 이 일을 그 外叔에게 고하니, 겨울에 晉人이 使者를 보내 예물을 가지고 鄭나라에 와서 駟乞(子瑕)을 후사로 세운 까닭을 물으니 사씨들은 두려워하여 사걸이 도망가고자 하였는데 자산이 허락하지 않고, 거북점 치기를 청하였는데 역시 허락하지 않았고, 鄭나라 대부들이 晉나라 사신에게 대답할 말을 상의하고 있었는데 자산은 그 논의를 기다리지 않고 客에게 대답하였다.

"鄭나라는 하늘의 도움을 받지 못하여 우리 임금님의 몇몇 신하가 질병으로 夭死하였는데, 이제 또 우리 先大夫 偃을 잃었습니다. 그 아들이 어리므로 그 집안의 몇몇 父兄이 宗主가 끊길 것을 염려하여 宗族과 상의하여 親族 중의 연장자를 후사로 세웠습니다. 우리 임금님께서 몇몇 老臣과 말씀하시기를 '하늘이 실로 계승의 常法을 어지럽히려는 것이니 우리가 알려고 할 게 뭐 있는가?' 하셨습니다. 俗談에 '난을 일으킨 자의 대문 앞을 지나지 말라.' 하였습니다. 백성이 병기를 들고 난동을 부린 자가 있어도 오히려 그 마을 앞을 지나기를 꺼리는데 하물며 감히 하늘이 어지럽힌 집안의 일을 알려고 하겠습니까?

지금 대부께서 그 까닭을 물으려 하지만 우리 임금께서도 감히 알려고 하지 않는 일인데, 그 누가 실로 알려고 하였겠습니까? 平丘의 會盟에서 晉君께서 옛 맹약을 거듭 천명하며 말

---

325 札瘥夭昏 : 큰 유행병으로 죽은 것을 '札'이라 하고, 작은 유행병으로 죽은 것을 '瘥'라 하고, '短折(短은 60세 이전에 죽은 것, 折은 30세 이전에 죽은 것)'을 '夭'라 하고, 태어난 지 3개월도 안 되어 이름을 짓기 전에 죽은 것을 '昏'이라 한다.(杜注)

씀하시기를 '누구도 자기의 직분을 잃지 말라.' 하셨습니다. 그런데 만약 우리 임금님의 몇몇 신하 중에 세상을 떠난 자들의 후사를 晉나라 대부가 마음대로 결정한다면 이는 鄭나라가 晉나라의 縣邑이 되는 것이니 어찌 국가라고 할 수 있겠습니까?"

객의 예물을 謝絶하고 사람을 보내 晉나라 사신에게 통보하니, 晉人은 이 일을 덮어두고 다시 거론하지 않았다.

字義 聳 : 두려울 용 瘥 : 유행병 차 隊 : 떨어질 추(=墜)

楚人城州來어늘 沈尹戌曰 楚人必敗하리라 昔吳滅州來어늘 子旗請伐之한대 王曰 吾未撫吾民이라하니 今亦如之로대 而城州來하야 以挑吳하니 能無敗乎아 侍者曰 王施舍不倦하며 息民五年하니 可謂撫之矣니이다 戌曰 吾聞撫民者는 節用於內하고 而樹德於外하야 民樂其性하고 而無寇讐라하니라 今宮室無量하며 民人日駭하며 勞罷(피)死轉하야 忘寢與食하니 非撫之也니라 令尹子瑕言蹶由於楚子曰 彼何罪오 諺所謂室於怒요 市於色者는 楚之謂矣니 舍前之忿可也니이다 乃歸蹶由하다

楚人이 州來에 성을 쌓으니, 沈尹 戌(莊王의 曾孫)이 말하였다.

"초인은 반드시 실패할 것이다. 전에 吳나라가 주래를 격멸하였을 때 子旗가 오나라 토벌을 청하자, 楚王은 '나는 아직 우리 백성들을 安撫하지 못하였다.' 하였으니, 지금도 그때와 마찬가지인데 주래에 성을 쌓아 오나라에 도전하니 실패하지 않을 수 있겠는가?"

그 侍從이 말하였다.

"君王께서 은혜 베푸는 일을 게을리하지 않으시고 백성들을 5년 동안 安息시켰으니 백성들을 안무하였다고 이를 수 있습니다."

그러자 戌이 말하였다.

"내가 듣건대 백성을 안무하는 임금은 국내에 財用을 절약하고 국외에 德行을 수립하여 백성들이 생활을 즐기고 원수가 없게 한다고 하였다. 그런데 지금 궁실의 규모가 한도가 없어서 백성들은 날마다 두려움에 떨며, 노고에 지쳐 죽은 시체가 이리저리 뒹굴어 백성들은 寢食도 잊고 있으니, 이것은 안무가 아니다."

令尹 子瑕가 蹶由(吳王의 아우)를 위해 楚子에게 말하였다.

"저 사람에게 무슨 죄가 있습니까? 俗談에 이른바 '제집에서 난 화를 시장에 가서 푼다.'는 말은 우리 초나라를 이르는 것이니, 과거의 분노를 버리심이 좋습니다."

초자는 이에 궐유를 돌려보냈다.

字義 罷 : 피로할 피

鄭大水하다 龍鬪于時門之外洧淵이어늘 國人請爲禜焉한대 子産弗許曰 我鬪면 龍不我覿也하리니 龍鬪면 我獨何覿焉이리오 禳之인댄 則彼其室也라 吾無求於龍이요 龍亦無求於我니라 乃止也하다

鄭나라에 홍수가 났다. 이때 龍이 時門(鄭나라 성문) 밖 洧淵에서 싸웠는데 國人이 禜祭 지내기를 청하였다. 그런데 子産이 허락하지 않으며 말하였다.

"우리가 싸운다면 용은 우리를 보지 않을 것이니, 용이 싸운다면 우리만 그 싸움을 볼 게 뭐 있는가? 제사를 지낸다 하더라도 유연은 본래 용의 주거지인지라 우리가 용에게 요구하는 것이 없고 용도 우리에게 요구하는 것이 없다."

마침내 제사를 그만두었다.

字義 禜 : 재앙을 막는 제사 영 覿 : 볼 적

〈20년, 己卯(B.C. 522)〉

【經】二十年이라 春王正月이라

20년이다. 봄 周王 正月이다.

【傳】二十年이라 春王二月己丑에 日南至하니 梓愼望氛[326]曰 今玆宋有亂하야 國幾亡이라가 三年而後弭하고 蔡有大喪하리라 叔孫昭子曰 然則戴桓也라 汰侈無禮已甚하니 亂所在也라

20년이다. 봄 周王 2월 己丑日에 冬至(日南至)가 들었다. 梓愼이 望氛하고 말하였다.

"금년에 宋나라에는 난리가 나서 나라가 거의 망하게 되었다가 3년이 지난 뒤에 안정될 것이고, 蔡나라에는 大喪이 있을 것입니다."

叔孫昭子가 말하였다.

"송나라에 난리가 일어난다면 〈난리를 일으키는 자가〉 戴公과 桓公의 宗族일 것이다. 그들은 교만하고 사치하여 무례함이 너무 심하니 화란의 원인이 거기에 있다."

字義 弭 : 안정시킬 미 已 : 너무 이

326 望氛 : 望氣와 같은 말로, 雲氣를 관찰하여 吉凶을 점치는 것이다.

費無極言於楚子曰 建與伍奢將以方城之外叛하야 自以爲猶宋鄭也하고 齊晉又交輔之하야 將以害楚하니 其事集矣리이다 王信之하야 問伍奢한대 伍奢對曰 君一過多矣어늘 何信於讒고 王執伍奢하고 使城父(보)司馬奮揚殺大(태)子러니 未至에 而使遣之하니 三月에 大子建奔宋하다 王召奮揚한대 奮揚使城父人執己以至어늘 王曰 言出於余口하야 入於爾耳니 誰告建也오 對曰 臣告之니이다 君王命臣曰 事建如事余하라하시니 臣不佞이라 不能苟貳하야 奉初以還(선)하고 不忍後命이라 故遣之니이다 旣而悔之호대 亦無及已니이다 王曰 而敢來는 何也오 對曰 使而失命하며 召而不來하면 是再奸也니 逃無所入이니이다 王曰 歸하야 從政如他日하라

費無極이 楚子에게 말하였다.

"太子 建이 伍奢와 함께 方城 밖의 人民들을 거느리고 반란을 일으키려 하면서 스스로 宋나라 · 鄭나라 같은 제후가 될 수 있다고 여기고, 齊나라와 晉나라가 또 서로 저들을 도와 楚나라를 해치려 하니, 그 일이 이루어질 것입니다."

楚 平王이 그 말을 믿고 오사에게 물으니, 오사가 대답하였다.

"임금님께서는 〈無極의 讒言을 듣고 며느리로 맞이한 여인을 아내로 삼으신〉 한 번의 잘못도 그 과오가 매우 크시니, 어째서 또 참언을 믿으십니까?"

평왕은 오사를 잡아 가두고, 城父 司馬 奮揚(楚나라 大夫)을 보내 태자를 죽이게 하였는데, 분양은 성보에 당도하기 전에 태자에게 사람을 보내 도망가게 하니, 3월에 태자 건이 宋나라로 出奔하였다. 평왕이 분양을 소환하자, 분양은 성보 사람들에게 자기를 체포해 國都로 가게 하였는데 평왕이 분양에게 말하였다.

"말이 내 입에서 나와 너의 귀로 들어갔을 뿐인데, 누가 建에게 알렸단 말이냐?"

분양이 대답하였다.

"臣이 알려주었습니다. 전에 임금님께서 신에게 '태자 건 섬기기를 나를 섬기듯이 하라' 명하셨습니다. 신이 변변치 못한지라 구차하게 두 마음을 품을 수 없어서 처음의 명을 받들어 주선하였고, 차마 뒤의 명을 받들 수 없기 때문에 도망가게 한 것입니다. 이윽고 후회하였으나 이미 미칠 수 없었습니다."

평왕이 물었다.

"네가 감히 온 것은 어째서이냐?"

분양이 대답하였다.

"使命을 받고도 사명을 완수하지 못하고, 召命을 받고도 오지 않는다면 이는 재차 왕명을 어기는 것이니, 도망가더라도 들어갈 곳이 없습니다."

평왕이 말하였다.

"돌아가서 전일처럼 政務를 살피라."

字義 集 : 이룰 집 還 : 돌 선(=旋) 奸 : 범할 간

無極曰 奢之子材하니 若在吳하면 必憂楚國하리니 盍以免其父하고 召之오 彼仁하니 必來라 不然이면 將爲患하리이다 王使召之曰 來면 吾免而父호리라 棠君尙謂其弟員(운)曰 爾適吳하라 我將歸死호리라 吾知不逮하니 我能死어니와 爾能報리라 聞免父之命하면 不可以莫之奔也요 親戚爲戮하면 不可以莫之報也니 奔死免父는 孝也요 度(탁)功而行은 仁也요 擇任而往은 知也요 知死不辟(피)는 勇也니 父不可棄며 名不可廢라 爾其勉之하라 相從爲愈니라 伍尙歸하니 奢聞員不來하고 曰 楚君大夫其旰食[327]乎인저 楚人皆殺之하다

無極이 平王에게 말하였다.

"伍奢의 아들들은 人才이니, 그들이 만약 吳나라에 머문다면 반드시 楚나라의 근심거리가 될 것입니다. 임금님께서는 어찌하여 그 아비를 사면한다고 하고 그들을 부르지 않으십니까? 저들은 仁者이니 반드시 올 것입니다. 만약 오지 않는다면 장차 우환거리가 될 것입니다."

그러자 평왕은 使者를 보내 그들을 부르며 말하였다.

"돌아온다면, 내 너희 아비를 사면하겠다."

棠君 伍尙이 그 아우 伍員에게 말하였다.

"너는 오나라로 가거라. 나는 장차 초나라로 돌아가서 죽겠다. 나의 지혜가 너에게 미치지 못하니 나는 아버지를 위해 죽을 수 있을 뿐이지만 너는 아버지의 원수를 갚을 수 있을 것이다. 아버지를 사면하겠다는 명을 들었으면 달려가지 않을 수 없고, 親戚(父母)이 죽임을 당하였으면 원수를 갚지 않을 수 없으니, 달려가 아버지를 죽음에서 벗어나게 하는 것은 孝이고, 성공을 헤아려 행동하는 것은 仁이고, 〈감당할 수 있는〉 임무를 선택해서 나아가는 것은 智이고, 죽을 줄을 알면서도 피하지 않는 것은 勇이니, 아버지를 버릴 수도 없고 명예를 버릴 수도 없다. 너는 복수에 힘쓰라. 함께 가서 죽는 것보다 낫다."

오상이 돌아오니, 오사는 오운이 오지 않았다는 말을 듣고 말하였다.

"초나라 임금과 大夫들은 아마도 旰食하게 될 것이다."

楚人은 그 父子를 다 죽였다.

字義 愈 : 나을 유 旰 : 저물 간

---

327 旰食 : 楚나라 君臣이 吳나라의 侵入을 방비하기에 바빠서 밥도 제때에 먹지 못하게 될 것이라는 뜻이다.

員(운)如吳하야 言伐楚之利於州于하니 公子光曰 是宗爲戮하야 而欲反其讐라 不可從也라한대 員曰 彼將有他志하니 余姑爲之求士하고 而鄙以待之호리라 乃見鱄設諸焉하고 而耕於鄙하다

伍員이 吳나라로 가서 吳王 州于(吳子 僚)에게 楚나라를 토벌할 수 있는 이점을 말하니, 公子 光이 오왕에게 말하였다.

"이 사람은 宗族이 楚나라에서 피살되어 그 원수를 갚으려는 것입니다. 그 말을 따라서는 안 됩니다."

오운이 말하였다.

"저 공자 광은 아마도 다른 뜻을 가진 것 같으니, 나는 우선 그를 위해 勇士를 구해주고, 시골〔鄙〕에서 때를 기다리겠다."

이에 鱄設諸를 그에게 추천하고 물러나 시골에서 농사를 지었다.

【經】夏라

여름이다.

【傳】宋元公이 無信多私하야 而惡(오)華向(상)하니 華定華亥與向寧謀曰 亡愈於死니 先諸라하니 華亥僞有疾하야 以誘群公子하다 公子問之어늘 則執之하야 夏六月丙申에 殺公子寅公子御戎公子朱公子固公孫援公孫丁하고 拘向勝向行於其廩하다 公如華氏請焉호대 弗許하고 遂劫之하야 癸卯에 取大(태)子欒與母弟辰公子地하야 以爲質하니 公亦取華亥之子無慼向寧之子羅華定之子啓하야 與華氏盟하고 以爲質하다

宋 元公이 信義가 없고 私心이 많아서 華氏와 向氏를 미워하니 華定과 華亥와 向寧이 모의하였다.

"亡命하는 것이 죽는 것보다 나으니 우리가 먼저 손을 씁시다."

화해가 병이 난 것으로 위장하여 公子들을 유인하였다. 공자들이 問病하기 위해 왔는데 그들을 잡아 가두어 여름 6월 丙申日에 公子 寅·公子 御戎·公子 朱·公子 固·公孫 援·公孫 丁을 죽이고, 向勝과 向行을 곳간에 가두었다. 元公이 화씨에게 가서 석방하기를 청하였으나 허락하지 않고 드디어 원공을 협박하여 癸卯日에 太子 欒과 母弟 辰·公子 地를 잡아 인질로 삼으니, 원공도 화해의 아들 無慼과 상녕의 아들 羅와 화정의 아들 啓를 잡아 화씨와 결맹하고 그들을 인질로 삼았다.

【經】曹公孫會自鄸(몽)出奔宋하다

曹나라 公孫 會가 鄸에서 宋나라로 出奔하였다.

【經】秋에 盜殺[328]衛侯之兄縶(칩)하다

가을에 衛侯의 兄 縶을 도살하였다.

【傳】衛公孟縶이 狎齊豹하야 奪之司寇與鄄(견)하야 有役則反之하고 無則取之하다 公孟惡(오)北宮喜褚師圃하야 欲去之하고 公子朝通于襄夫人宣姜이러니 懼而欲以作亂이라 故齊豹北宮喜褚師圃公子朝作亂하다

衛나라 公孟(衛 靈公의 兄) 縶이 齊豹(齊惡의 아들)를 경시하여 그의 관직 司寇와 그의 采地 鄄邑을 빼앗아 일이 있으면 되돌려주고 없으면 다시 빼앗았다. 그런데 공맹은 北宮喜와 褚師圃를 미워하여 그들을 제거하고자 하였고, 公子 朝는 衛 襄公의 夫人 宣姜(靈公의 嫡母)과 정을 통하였는데, 이 일로 겁이 나서 변란을 일으키고자 하였다. 그러므로 제표 · 북궁희 · 저사포 · 공자 조가 변란을 일으킨 것이다.

字義 狎 : 경시할 압

初에 齊豹見宗魯於公孟하야 爲驂乘[329]焉이러니 將作亂에 而謂之曰 公孟之不善은 子所知也니 勿與乘하라 吾將殺之호리라 對曰 吾由子事公孟하니 子假吾名焉이라 故不吾遠也하니 雖其不善을 吾亦知之나 抑以利故로 不能去하니 是吾過也라 今聞難而逃하면 是僭子也니 子行事乎아 吾將死之하야 以周事子[330]하고 而歸死於公孟이 其可也니라

당초에 齊豹가 宗魯를 公孟에게 추천하여 驂乘으로 삼게 하였더니, 제표가 난을 일으키려 할 때 종로에게 말하였다.

"공맹의 不善은 그대도 아는 바이니, 그와 함께 수레를 타지 말라. 내 그를 죽일 것이다."

종로가 대답하였다.

---

328 盜殺 : 在下者가 在上者를 불법으로 살해하는 것이다.

329 驂乘 : 높은 사람을 護衛하기 위해 수레 오른쪽에 타는 사람을 이른다.

330 以周事子 : 周는 密이니, 비밀을 누설하지 않는 것으로 齊豹의 은덕에 보답하겠다는 말이다.(《左氏會箋》)

"내가 그대의 천거로 인해 공맹을 섬기게 되었으니, 그대가 나를 아름다운 명성이 있는 사람으로 추천하였기 때문에 공맹이 나를 멀리하지 않았습니다. 그가 불선하다는 것은 나도 알고 있지만 다만 이익 때문에 그를 떠나지 못하였으니, 이것이 나의 잘못입니다. 지금 그에게 화란이 닥칠 것을 듣고 도망한다면 이는 그대의 말을 거짓으로 만드는 것이니, 그대는 이런 일을 행하겠습니까. 나는 장차 죽어서 비밀을 누설하지 않는 것으로 그대의 은혜에 보답하고, 돌아가서 공맹을 위해 죽는 것이 아마도 옳을 것 같습니다."

丙辰에 衛侯在平壽러니 公孟有事於蓋獲之門外하니 齊子氏帷於門外하야 而伏甲焉하고 使祝鼃(와)寘戈於車薪以當門하고 使一乘從公孟以出하다 使華齊御公孟하고 宗魯驂乘하다 及閎中하야 齊氏用戈擊公孟이러니 宗魯以背蔽之하니 斷肱하고 以中公孟之肩하야 皆殺之하다

丙辰日에 衛侯는 平壽(衛나라 下邑)에 있었는데, 公孟이 蓋獲門(衛나라 城郭의 門) 밖에서 제사를 지내기로 하였다. 齊子氏는 문밖에 장막을 쳐서 그 속에 甲士를 매복시키고, 祝史 鼃에게 섶을 실은 수레에 창을 숨겨 문을 막게 하고, 수레 한 채를 보내 공맹의 수레를 따라 성 밖으로 나오게 하였다. 華齊에게 공맹의 수레를 몰게 하고 宗魯에게 驂乘하게 하였다. 공맹의 수레가 曲門 안(閎中)에 이르자 齊氏가 창으로 공맹을 공격하였는데 종로가 등으로 그 창을 막으니 창이 종로의 팔을 자르고 나가 공맹의 어깨에 꽂히자 제표는 그들을 모두 죽였다.

公聞亂하고 乘驅하야 自閱門入할새 慶比御公하고 公南楚驂乘이러니 使華寅乘貳車하야 及公宮하얀 鴻駵魋駟乘[331]于公하다 公載寶以出이러니 褚師子申遇公于馬路之衢하야 遂從하야 過齊氏할새 使華寅肉袒執蓋하야 以當其闕하다 齊氏射公하야 中南楚之背하고 公遂出이어늘 寅閉郭門하고 踰而從公하다 公如死鳥하니 析朱鉏宵從竇出하야 徒行從公하다

衛 靈公은 변란이 났다는 소식을 듣고 수레를 타고 급히 달려 閱門(衛나라 城門)을 통해 들어갈 때 慶比가 公의 수레를 몰고 公南楚가 驂乘하였는데, 華寅에게 副車를 타고 따르게 하여 공의 수레가 公宮에 이르렀을 때 鴻駵魋가 공의 수레에 駟乘하였다. 공은 보물을 수레에 싣고 공궁을 나왔는데, 褚師子申이 馬路의 네거리에서 공을 만나 드디어 공을 따라가 齊氏의

---

331 駟乘 : 兵車에 장군은 왼쪽, 御는 중앙, 車右는 오른쪽에 타는 것이 상례인데, 이 밖에 한 사람이 더 탈 경우 이를 '駟乘'이라 한다.

집 앞을 지날 때 화인에게 윗옷을 벗고 수레의 덮개를 들어 빈 곳을 막게 하였다. 제씨가 공에게 활을 쏘아 그 화살이 南楚의 등에 꽂히고, 공이 드디어 城外로 나갔는데 화인은 성곽의 문을 닫고 성을 넘어 공을 따랐다. 공이 死鳥(衛나라 땅)로 가니 析朱鉏(成子黑背의 손자)가 밤에 수챗구멍으로 빠져나와 걸어서 공을 따라갔다.

齊侯使公孫靑聘于衛러니 旣出에 聞衛亂하고 使請所聘하니 公曰 猶在竟內하니 則衛君也니 乃將事焉하라 遂從諸(저)死鳥하야 請將事하니 辭曰 亡人不佞하야 失守社稷하야 越在草莽하니 吾子無所辱君命이니라 賓曰 寡君命下臣於朝曰 阿下執事[332]하라하시니 臣不敢貳로소이다 主人曰 君若惠顧先君之好하야 照臨敝邑하야 鎭撫其社稷하면 則有宗祧在라한대 乃止하다 衛侯固請見之한대 不獲命하야 以其良馬見(현)하니 爲未致使故也라 衛侯以爲乘馬하다 賓將掫어늘 主人辭曰 亡人之憂를 不可以及吾子요 草莽之中을 不足以辱從者니 敢辭하노라 賓曰 寡君之下臣은 君之牧圉也라 若不獲扞外役이면 是不有寡君也니 臣懼不免於戾하야 請以除死하노이다하고 親執鐸하야 終夕與於燎하다

齊侯가 公孫 靑(齊 頃公의 손자)을 衛나라에 聘問使로 보내었는데, 공손 청은 출발한 뒤에 위나라에 변란이 났다는 소식을 듣고 〈本國으로〉 사람을 보내 聘問할 상대를 묻게 하니, 齊景公이 말하였다.

"衛君이 아직 위나라 경내에 있으니 그가 위나라 임금이니, 위군에게 빙문의 禮를 행하라."

공손 청이 마침내 死鳥로 가서 聘禮 거행을 청하니, 衛 靈公이 謝絶하며 말하였다.

"내가 변변치 못하여 社稷을 지키지 못하고 난리를 피해 나와서 草木이 우거진 山野에 머물고 있으니, 그대에게 그대 임금의 명을 봉행하게 할 만한 장소가 없다."

그러자 賓(靑)이 말하였다.

"우리 임금께서 조정에서 下臣에게 명하기를 '執事(衛君을 가리킴)께 몸을 낮추고 친근하게 대하라.' 하셨으니, 신은 감히 君命을 어길 수 없습니다."

主人(靈公)이 말하였다.

"齊君께서 만약 우리 두 나라 先君의 우호를 생각하여 우리나라에 使者를 보내 사직을 안정시키려는 것이라면 宗廟가 있다."

이에 공손 청은 빙례를 거행하지 않았다. 衛侯가 齊나라 사자를 만나보기를 굳이 요청하자, 靑은 마지못해 자기의 良馬를 알현의 禮物로 바쳤으니, 이는 使命을 봉행하지 못하였기

332 阿下執事 : '阿下'는 자신을 낮추고 친근하게 대하는 것이며, '執事'는 衛侯를 가리킨다.(楊注)

때문이다. 위후는 그 말을 乘馬로 삼았다. 賓이 위후를 위해 夜警을 돌려고 하였는데, 주인이 거절하며 말하였다.

"나의 근심을 그대에게 미치게 할 수 없고 초목이 우거진 산야 가운데서 그대를 욕되게 할 수 없으니 감히 사절하노라."

공손 청이 말하였다.

"우리 임금의 하신인 저는 衛君의 牧圉와 같습니다. 그런데 만약 밖의 침입자를 막는 일을 허락하지 않으신다면 이는 우리 임금을 무시하는 것입니다. 신은 죄를 면하지 못할까 두려워 신이 죽음에서 면할 수 있게 하시기를 청합니다."

그리고는 몸소 木鐸을 들고 밤새도록 모닥불을 피우는 일에 참여하였다.

木鐸

字義 㧙 : 夜警 돌 추

齊氏之宰渠子召北宮子한대 北宮氏之宰不與聞하고 謀殺渠子하고 遂伐齊氏하야 滅之하다 丁巳晦에 公入與北宮喜盟于彭水之上하고 秋七月戊午朔에 遂盟國人하니 八月辛亥에 公子朝褚師圃子玉霄子高魴出奔晉하다 閏月戊辰에 殺宣姜하다 衛侯賜北宮喜謚曰貞子라하고 賜析朱鉏謚曰成子라하고 而以齊氏之墓予之하다

齊氏(齊豹)의 家宰 渠子가 北宮子(北宮喜)를 초청하기 위해 그의 집으로 갔는데, 北宮氏의 가재는 주인에게 알리지 않고 모의해 거자를 살해하고 드디어 제씨를 공격하여 멸망시켰다. 그믐날 丁巳日에 衛 靈公이 國都로 들어가 北宮喜와 彭水 가에서 결맹하고, 가을 7월 초하루 戊午日에 드디어 國人과 결맹하니, 8월 辛亥日에 公子 朝 · 褚師圃 · 子玉霄 · 子高魴이 晉나라로 出奔하였다. 閏8월 戊辰日에 宣姜을 죽였다. 衛侯는 북궁희에게 '貞子'라는 시호를 내리고, 析朱鉏에게 '成子'라는 시호를 내리고, 제씨의 묘지를 그들에게 주었다.

衛侯告寧于齊하고 且言子石하니 齊侯將飮酒러니 徧賜大夫曰 二三子之敎也라한대 苑何忌辭曰 與於青之賞하면 必及於其罰하리니 在康誥曰 父子兄弟는 罪不相及이라하니 況在群臣가 臣敢貪君賜하야 以干先王가

衛侯가 齊나라에 국내가 안정되었음을 고하고 또 子石(公孫 青)에 대해 말하니, 이때 齊侯는 술을 마시려는 참이었는데 大夫들에게 두루 술을 주며 말하였다.

"〈公孫 青이 이처럼 위후를 공경한 것은〉 그대들의 가르침 때문이다."

苑何忌(齊나라 大夫)가 술을 사양하며 말하였다.

"공손 청의 賞賜에 참여한다면 반드시 그의 죄벌에도 연루되어야 할 것이니, 〈康誥〉(逸書)에 '父子와 兄弟는 죄를 연루시키지 않는다.' 하였는데 더구나 신하들이겠습니까? 臣이 감히 임금님이 내리는 상을 탐하여 先王의 법을 범하겠습니까?"

琴張[333]聞宗魯死하고 將往弔之러니 仲尼曰 齊豹之盜요 而孟縶之賊이니 女何弔焉고 君子는 不食姦하며 不受亂하며 不爲利疚於回하며 不以回待人하며 不蓋不義하며 不犯非禮니라

琴張이 宗魯가 죽었다는 소식을 듣고 弔喪을 가려 하자, 仲尼가 말씀하셨다.

"齊豹가 〈衛侯의 兄을〉 盜殺하고 孟縶이 피살된 것이 〈모두 그로 인해 생긴 일인데,〉 너는 무엇 때문에 그런 자를 조상하려 하느냐? 君子는 姦人의 祿을 먹지 않고 변란을 받아들이지 않으며, 이익을 위해 사악에 병들지 않고 사악한 마음으로 남을 대하지 않으며, 不義를 덮어주지 않고 非禮를 범하지 않는다."

字義 疚 : 병 구 回 : 사악할 회

【經】冬十月에 宋華亥向寧華定이 出奔陳하다

겨울 10월에 宋나라 華亥 · 向寧 · 華定이 陳나라로 出奔하였다.

【傳】宋華向(상)之亂에 公子城公孫忌樂舍司馬彊向宜向鄭楚建郳申出奔鄭이러니 其徒與華氏戰于鬼閻이라가 敗子城하니 子城適晉하다

宋나라 華氏와 向氏가 叛亂을 일으켰을 때에 公子 城 · 公孫 忌 · 樂舍 · 司馬 彊 · 向宜 · 向鄭 · 楚建 · 郳申이 鄭나라로 出奔하였는데, 그 무리가 鬼閻에서 화씨와 전투다가 화씨가 子城을 패배시키니, 자성은 晉나라로 도망갔다.

華亥與其妻로 必盥而食(사)所質公子者而後食하고 公與夫人每日必適華氏하야 食(사)公子而後歸러니 華亥患之하야 欲歸公子하니 向寧曰 唯不信이라 故質其子하니 若又歸之하면

---

333 琴張 : 琴張은 孔子의 弟子가 아니다. 이때 공자의 나이가 31세였다. 《史記》〈仲尼弟子列傳〉에 의거하면 子張(琴張)이 공자보다 40여 세가 적다고 하였으니, 이때는 자장이 태어나지도 않았다.(楊注)

死無日矣리라 公請於華費遂하야 將攻華氏한대 對曰 臣不敢愛死어니와 無乃求去憂而滋長乎잇가 臣是以懼하노니 敢不聽命이리잇가 公曰 子死亡有命이어니와 余不忍其訽하노라 冬十月에 公殺華向之質而攻之한대 戊辰에 華向奔陳하고 華登奔吳하다 向寧欲殺大(태)子러니 華亥曰 干君而出하고 又殺其子하면 其誰納我리오 且歸之하면 有庸하리라하고 使少司寇牼以歸하야 曰 子之齒長矣라 不能事人하리니 以三公子爲質하면 必免하리라 公子旣入에 華牼將自門行이러니 公遽見之하고 執其手曰 余知而無罪也하노니 入復而所호리라

華亥는 그 아내와 함께 매일 아침마다 반드시 세수하고 인질로 잡혀와 있는 公子들에게 밥을 먹인 뒤에 밥을 먹었고, 宋 元公도 그 夫人과 함께 날마다 華氏의 집으로 가서 공자들에게 밥을 먹인 뒤에 돌아갔다. 화해가 이를 걱정하여 공자들을 돌려보내려 하자, 向寧이 말하였다.

"임금이 信義가 없기 때문에 그 아들들을 인질로 삼은 것인데, 만약 다시 인질을 돌려보낸다면 머지않아 우리에게 죽음이 닥칠 것이오."

송 원공이 華費遂에게 도움을 청하여 화씨를 공격하려 하자, 화비수가 말하였다.

"臣은 감히 죽음을 애석해하지는 않습니다만, 우환을 없애려다가 도리어 우환을 키우게 되지 않겠습니까? 신은 이 때문에 두려워하오니 감히 명을 따르지 않겠습니까."

원공이 말하였다.

"공자들의 死生은 天命이지만 나는 저들이 받는 치욕을 차마 볼 수 없다."

겨울 10월에 송 원공이 華氏와 向氏의 인질들을 죽이고 화씨와 상씨를 공격하자 戊辰日에 화씨와 상씨는 陳나라로 달아나고, 華登은 吳나라로 달아났다. 상녕이 太子를 죽이려 하자, 화해가 말하였다.

"임금을 범하고 도망가면서 또 임금의 아들을 죽인다면 그 누가 우리를 받아들이겠습니까? 돌려보내면 공을 세울 것입니다."

그리고는 少司寇 牼에게 인질들을 데리고 돌아가게 하며 말하였다.

"그대는 나이가 많은지라 외국으로 가서 타국의 임금을 섬길 수 없을 것이니, 세 공자를 데리고 가서 신의를 밝힌다면 반드시 처벌을 면할 수 있을 것입니다."

華牼이 공자들을 데리고 가서 公宮으로 들여보낸 뒤에 宮門을 나오려 하는데 송 원공이 급히 불러 그를 만나서 그의 손을 잡고 말하였다.

"나는 네가 죄가 없다는 것을 알고 있으니, 네가 다시 조정으로 들어오면 너의 옛 관직을 회복시켜 주겠다."

字義 食 : 먹일 사, 먹을 식 訽 : 욕보일 후 質 : 볼모, 믿을 질

齊侯疥러니 遂痁하야 期而不瘳하니 諸侯之賓問疾者多在러라 梁丘據與裔款言於公曰 吾事鬼神豐하야 於先君有加矣로대 今君疾病하야 爲諸侯憂하니 是祝史之罪也니이다 諸侯不知하고 其謂我不敬이라하리니 君盍誅於祝固史嚚以辭賓이니잇고 公說(열)하야 告晏子하니 晏子曰 日宋之盟에 屈建問范會之德於趙武한대 趙武曰 夫子之家事治하고 言於晉國에 竭情無私히며 其祝史祭祀에 陳信不愧하고 其家事無猜하며 其祝史不祈라하니이다 建以語康王한대 康王曰 神人無怨하니 宜夫子之光輔五君[334]以爲諸侯主也라하니이다

齊侯가 앓던 疥疾(하루 건너 발열하는 瘧疾)이 드디어 痁疾(매일 발열하는 학질)로 발전하여 1년이 지나도록 낫지 않으니, 제후국에서 문병하기 위해 와서 체류하는 빈객들이 많았다. 梁丘據와 裔款이 齊 景公에게 아뢰었다.

"우리가 귀신을 섬기는 데 禮가 풍후하여 先君 때보다 더 풍후하였는데도 지금 임금님의 병이 더욱 심해져서 제후들의 근심이 되고 있으니, 이는 祝史의 죄입니다. 그러나 제후들은 이런 사정을 모르고 우리가 귀신을 공경하지 않아서라고 여길 것이니, 어찌 祝官 固와 史官 嚚을 죽여 빈객들에게 해명하지 않으십니까?"

경공이 기뻐하여 이 말을 晏子에게 고하니 안자가 말하였다.

"전일에 宋나라에서 맹약할 때 屈建이 趙武에게 范會의 德에 대해 묻자, 조무가 대답하기를 '그분의 집안은 일이 다스려졌고, 晉나라에서 말을 할 때는 진정을 다하고 사심이 없었으며, 그 축사는 제사에 진실만 진술하고 부끄러운 말이 없었고, 그 집안에는 의심하는 일이 없었으며, 그 축사는 祈求하는 일이 없었다.' 하였습니다. 굴건이 이 말을 楚 康王께 고하였는데, 강왕이 말하기를 '鬼神과 사람이 모두 원한이 없었으니, 그가 다섯 임금을 두루 보좌하여 제후의 맹주가 되게 한 것이 당연하다.' 하였습니다."

字義 光 · 두루 광(=廣)

公曰 據與款謂寡人能事鬼神이라 故欲誅於祝史어늘 子稱是語는 何故오 對曰 若有德之君이 外內不廢하며 上下無怨하고 動無違事면 其祝史薦信이라도 無愧心矣니 是以鬼神用饗하야 國受其福하고 祝史與焉하니 其所以蕃祉老壽者는 爲信君使也하야 其言이 忠信於鬼神이니이다 其適遇淫君은 外內頗邪하며 上下怨疾하며 動作辟違하며 從欲厭私하야 高臺深池하며 撞鍾舞女하고 斬刈民力하고 輸掠其聚하야 以成其違하고 不恤後

334 五君 : 文公·襄公·靈公·成公·景公을 이른다.

人하며 暴虐淫從하야 肆行非度하고 無所還忌하며 不思謗讟하고 不憚鬼神하야 神怒民痛호대 無悛於心하니 其祝史薦信이면 是言罪也요 其蓋失數美면 是矯誣也니이다 進退無辭하면 則虛以求媚라 是以鬼神不饗其國以禍之하리니 祝史與焉이라 所以夭昏孤疾者는 爲暴(포)君使也하야 其言僭嫚於鬼神이니이다

景公이 말하였다.

"梁丘據와 裔款은 寡人이 귀신을 잘 섬긴다고 하였다. 그러므로 祝史를 죽이고자 한 것인데, 그대가 이런 말을 하는 것은 무슨 까닭인가?"

晏子가 대답하였다.

"가령 德이 있는 임금이 外內(府中과 宮中)에 폐기하는 일이 없으며 上下에 원망이 없고 행동이 도리를 어긋남이 없다면 그 祝史가 귀신에게 진실을 고하여도 마음에 부끄러움이 없습니다. 그러므로 귀신이 그 제사를 흠향하여 국가가 복을 받고 축사도 그 복에 참여할 것이니, 축사가 多福하고 長壽하는 까닭은 성실한 임금의 使者가 되어 귀신에게 고한 말이 忠信하였기 때문입니다.

가령 荒淫한 임금을 만나서 外內의 일이 편벽되고 사악하며 상하가 원망하고 미워하며, 행동이 사벽하고 도리에 어긋나며, 욕망을 억제하지 않고 사욕을 가득 채우며, 누대를 높이 짓고 연못을 깊이 파며 鐘鼓를 울리면서 舞姬들의 歌舞를 즐기며, 백성들의 노동력을 착취하고 백성들의 재물을 약탈하여 도리에 어긋나는 짓을 하고 후대 자손을 생각지 않으며, 포학하고 방종하여 不道한 짓을 자행하고 돌아보아 꺼리는 바가 없으며, 비방과 원망을 생각지 않고 귀신을 두려워하지 않아 神이 노하고 백성이 고통스러워하는데도, 마음에 뉘우침이 없으니 축사가 사실대로 고하면 이는 임금의 죄를 말하는 것이고, 잘못을 덮고 아름다운 일만 열거하면 이는 귀신을 속이는 것입니다. 사실대로 말할 수도 없고 거짓으로 말할 수도 없으면 관계도 없는 일을 거짓으로 꾸며 고하여 신에게 잘 보아주기를 구합니다. 그러므로 귀신이 그 제사를 흠향하지 않고 그 나라에 禍를 내릴 것입니다. 축사도 그 화에 참여할 것이니, 축사가 요절하거나 질병을 앓는 까닭은 暴君의 사자가 되어 귀신에게 거짓말을 하고 오만하였기 때문입니다."

字義 還 : 돌아볼 환 讟 : 원망할 독 嫚 : 오만할 만

公曰 然則若之何오 對曰 不可爲也라 山林之木은 衡鹿守之하고 澤之萑(환)蒲는 舟鮫守之하며 藪之薪蒸은 虞候守之하고 海之鹽蜃은 祈望守之하며 縣鄙之人은 入從其政하고 偪介之關은 暴征其私하고 承嗣大夫는 强易其賄하며 布常無藝하고 徵斂無度하며 宮室

日更하고 淫樂不違하며 內寵之妾은 肆奪於市하고 外寵之臣은 僭令於鄙하고 私欲養求호되 不給則應하니 民人苦病하야 夫婦皆詛하니 祝有益也라도 詛亦有損이라 聊攝以東과 姑尤以西에 其爲人也多矣라 雖其善祝이나 豈能勝億兆人之詛리오 君若欲誅於祝史인댄 修德而後可니이다 公說(열)하야 使有司寬政하야 毁關去禁하고 薄斂已責(채)하니라

景公이 말하였다.

"그렇다면 어찌해야 하겠는가?"

晏子가 대답하였다.

"祝史를 죽이는 일을 해서는 안 됩니다. 山林의 나무는 衡鹿이 지키고 湖澤의 갈대는 舟鮫가 지키며, 숲속의 땔감은 虞候가 지키고 바다의 소금과 조개는 祈望이 지키며, 변방의 백성들은 國都로 들어와서 政役에 종사하고, 국도 가까이에 있는 關門에서는 그들의 私物에 가혹하게 징세하고, 세습 대부들은 그들의 재물을 強買하며, 정사를 시행하는 데 법제가 없고 부세를 징수하는 데 법도가 없으며, 궁실은 날마다 새로워지고 음란한 음악은 떠나지 않으며, 궁내의 寵妾은 멋대로 시장의 물건들을 강탈하고 외부의 寵臣은 변방에 거짓 왕명을 전하여 사욕을 부려 자신을 봉양할 물건들을 요구하되 주지 않으면 죄를 주니, 人民들은 고통으로 괴로워하며 夫婦가 모두 저주합니다. 祝禱가 유익한 것이라도 저주 또한 해로움이 있을 것입니다. 聊邑 · 攝邑 동쪽과 姑水 · 尤水 서쪽에 저주하는 사람이 많으니, 祝이 아무리 잘 빈다 하더라도 어찌 수많은 사람의 저주를 이겨낼 수 있겠습니까? 임금님께서 만약 축사를 죽이고자 하신다면 德을 닦으신 뒤에야 죽이실 수 있습니다."

그러자 경공은 기뻐하여 有司들에게 정치를 너그럽게 하여 관문을 헐고 禁令을 제거하고 부세를 경감하고 채무를 면제하게 하였다.

字義 萑 : 물억새 환　偪 : 가까울 핍　介 : 가까울 개　藝 : 법도 예　違 : 떠날 위
責 : 빚 채(=債)

【經】十有一月辛卯에 蔡侯廬卒하다

11월 辛卯日에 蔡侯 廬(蔡 平公)가 졸하였다.

【傳】十二月에 齊侯田于沛할새 招虞人以弓한대 不進이어늘 公使執之한대 辭曰 昔我先君之田也에 旃以招大夫하고 弓以招士하고 皮冠以招虞人하시니 臣不見皮冠이라 故不敢進이니이다 乃舍之하다 仲尼曰 守道不如守官이라하시니 君子韙之하니라

12월에 齊侯가 沛에서 사냥할 때 활을 흔들어 虞人(山澤을 맡은 관원)을 불렀으나 우인이 가지 않으니, 齊 景公이 사람을 시켜 그를 잡아오게 하였다. 우인이 해명하였다.

"전에 先君께서 사냥하실 때에는 旃을 흔들어 大夫를 부르시고 활을 흔들어 士를 부르시고, 皮冠을 흔들어 우인을 부르셨습니다. 臣은 피관을 보지 못했기 때문에 감히 오지 않은 것입니다."

이에 그를 풀어주었다. 仲尼가 이에 대해 "도리를 지키는 것이 관리의 제도를 따르는 것만 못하다."고 하시니, 君子는 이 말을 옳게 여겼다.

字義 韙 : 옳을 위

齊侯至自田에 晏子侍于遄臺러니 子猶馳而造焉이어늘 公曰 唯據與我和夫인저 晏子對曰 據亦同也니 焉得爲和리오 公曰 和與同異乎아 對曰 異하니 和는 如羹焉하야 水火醯醢鹽梅로 以烹魚肉호대 燀之以薪하고 宰夫和之하야 齊之以味호대 濟其不及하고 以洩其過니이다 君子食之하야 以平其心이니이다 君臣亦然하야 君所謂可而有否焉이면 臣獻其否하야 以成其可하고 君所謂否而有可焉이면 臣獻其可하야 以去其否니이다 是以政平而不干하야 民無爭心이니이다 故詩曰 亦有和羹하야 既戒既平이라 鬷嘏無言하야 時靡有爭[335]이라하고 先王之濟五味하고 和五聲也는 以平其心하고 成其政也니이다 聲亦如味하야 一氣二體三類四物五聲六律七音八風九歌以相成也하며 清濁小大短長疾徐哀樂剛柔遲速高下出入周疏以相濟也니 君子聽之以平其心이니이다 心平이면 德和라 故詩曰 德音不瑕[336]라하니 今據不然하야 君所謂可를 據亦曰可라하며 君所謂否를 據亦曰否라하니 若以水濟水라 誰能食之며 若琴瑟之專壹이라 誰能聽之리오 同之不可也如是니이다

齊侯가 사냥에서 돌아왔을 때 晏子가 遄臺에서 모시고 있었더니, 子猶(梁丘據)가 수레를 달려 천대에 이르자, 齊 景公이 말하였다.

"오직 梁丘據만 나와 和合하는구나."

안자가 대답하였다.

"양구거 또한 雷同하는 자이니 어찌 화합이라고 할 수 있겠습니까?"

경공이 "同과 和가 다르냐?"고 묻자, 안자가 대답하였다.

"다릅니다. 和는 국을 끓이는 것과 같아서 물과 불, 식초와 肉醬, 소금과 매실로 魚肉을 조

---

335 亦有和羹……時靡有爭 : 《詩經》〈商頌 烈祖〉이다.

336 德音不瑕 : 《詩經》〈豳風 狼跋〉이다.

리하되 불을 때어 익히고 宰夫(요리사)가 간을 맞추어 〈짜고 신〉 맛을 알맞게 조절하되 모자라면 〈소금과 매실을〉 첨가하고 지나치면 〈물을 더 부어 짜고 신 맛을〉 줄입니다. 君子가 이 국을 먹고 그 마음을 화평하게 합니다.

君臣 사이도 이와 같아서 임금이 '可하다' 하더라도 그중에 '不可'한 점이 있으면 신하는 그 불가한 점을 말하여 그 가한 것을 이루게 하고, 임금이 '불가하다' 하더라도 그중에 가한 점이 있으면 신하는 그 가한 점을 말하여 그 불가한 것을 버리게 합니다. 그러므로 정치가 화평하여 서로 침범하는 일이 없어서 백성들도 쟁탈하는 마음이 없어집니다. 그러므로 《詩經》에 '또 和羹(양념을 한 肉醬)이 있어서 이미 경계해 간을 맞춘 것이네. 모인 大衆들 말이 없어서 이에 다투는 이 없네.' 하였고, 先王이 五味로써 음식의 맛을 맞추고, 五聲으로써 聲를 조화한 것은 그 마음을 화평하게 하고 그 정사를 이루기 위함이었습니다.

聲도 味와 같아서 一氣 · 二體 · 三類 · 四物 · 五聲 · 六律 · 七音 · 八風 · 九歌가 합하여 樂을 이루고, 淸濁 · 大小 · 長短 · 疾徐 · 哀樂 · 剛柔 · 遲速 · 高下 · 出入 · 周疏가 어울려 조화를 이루는데, 군자가 이것을 듣고 그 마음을 화평하게 합니다. 마음이 화평하면 德이 온화해집니다. 그러므로 《시경》에 '德音에 흠이 없다.' 하였으니, 지금 양구거는 그렇지 못하여 임금님께서 옳다고 하는 것은 양구거도 옳다고 하고, 임금님께서 그르다고 하는 것은 양구거도 그르다고 하니, 마치 물로써 물을 조미한 것과 같은지라 누가 그것을 먹으려 하겠으며, 琴瑟이 오로지 한 소리만 내는 것과 같은지라 누가 그것을 들으려 하겠습니까? 뇌동해서는 안 되는 것이 이와 같습니다."

字義 燀 : 불 땔 천 鬷 : 다스릴 종 嘏 : 클 하

飮酒樂하야 公曰 古而無死면 其樂若何오 晏子對曰 古而無死면 則古之樂也니 君何得焉이릿가 昔爽鳩氏始居此地러니 季莭(즉)因之하고 有逢伯陵因之하고 蒲姑氏因之하고 而後大公因之하시니 古若無死면 爽鳩氏之樂이니 非君所願也니이다

술을 마시고는 기분이 좋아서 齊 景公이 말하였다.

"예로부터 죽음이 없었다면 그 즐거움이 어떠하겠는가?"

晏子가 대답하였다.

"예로부터 죽음이 없었다면 이는 옛사람의 즐거움이니, 임금님께서 어찌 그런 즐거움을 얻을 수 있겠습니까? 옛날에 爽鳩氏가 처음으로 이 땅에 거주하였는데, 季莭이 그 뒤를 이어 이 땅에 거주하였고, 또 逢伯陵이 그 뒤를 이었고, 또 蒲姑氏가 그 뒤를 이었고, 최후에 太公께서 뒤를 이어 이 땅에 거주하셨으니, 예로부터 만약 죽음이 없었다면 상구씨만 누렸을 즐거움이니, 임금님께서 원할 바가 아닙니다."

鄭子産有疾하야 謂子大(태)叔曰 我死면 子必爲政하리니 唯有德者야 能以寬服民이요 其次莫如猛이라 夫火는 烈하니 民望而畏之라 故鮮死焉하고 水는 懦弱하니 民狎而翫之라 則多死焉이라 故寬難이니라 疾數月而卒커늘 大叔爲政하야 不忍猛而寬하니 鄭國多盜하야 取人於萑(환)苻之澤이라 大叔悔之曰 吾早從夫子런들 不及此라하고 興徒兵以攻萑苻之盜하야 盡殺之하니 盜少止하다

鄭나라 子産이 병에 걸려서 子太叔에게 말하였다.

"내가 죽으면 그대가 반드시 執政이 될 것이니, 오직 德이 있는 사람이라야 관대한 정치로 백성을 복종시킬 수 있고, 그 다음은 엄격하게 다스리는 것만 한 게 없네. 불은 맹렬하니 사람들이 바라보고는 두려워하기 때문에 불에 타 죽는 자가 적고, 물은 나약하니 사람들이 경시하여 함부로 대하기 때문에 빠져 죽는 자가 많은 것이네. 그러므로 너그러운 정사로 다스리기가 어려운 것이네."

병을 앓은 지 몇 달 만에 자산이 졸하였는데, 자태숙이 집정이 되어 차마 엄한 정치를 할 수 없어 관대한 정치를 하니, 鄭나라에 도적이 많이 생겨 萑苻(늪의 이름)의 늪에 모여 살면서 사람들의 재물을 약탈하였다. 자태숙은 후회하며 말하였다.

"내가 일찍이 그분의 말을 따랐던들 오늘과 같은 일은 없었을 것이다."

그리고는 步兵을 일으켜 환부의 도적을 공격하여 다 죽이니 도적이 조금 잠잠해졌다.

字義 狎 : 경시할 압

仲尼曰 善哉라 政寬則民慢하니 慢則糾之以猛하고 猛則民殘하니 殘則施之以寬이라 寬以濟猛하고 猛以濟寬이라야 政是以和하나니라 詩曰 民亦勞止라 汔可小康이니 惠此中國하야 以綏四方이라하니 施之以寬也요 毋從詭隨하야 以謹無良하며 式遏寇虐이 憯不畏明이라하니 糾之以猛也라 柔遠能邇하야 以定我王[337]이라하니 平之以和也라 又曰 不競不絿하며 不剛不柔하야 布政優優하면 百祿是遒[338]라하니 和之至也니라 及子産卒에 仲尼聞之하시고 出涕曰 古之遺愛也라하다

仲尼는 이에 대해 말하였다.

"훌륭하다. 정치가 관대하면 백성들이 태만해지니 태만해지면 엄한 정치로 바로잡고, 정치가 엄격하면 백성이 상해를 입으니 상해를 입으면 관대한 정치를 베푸는 것이다. 관대함으로

---

337 民亦勞止……以定我王 : 여기에 인용된 시는《詩經》〈大雅 民勞〉이다.

338 不競不絿……百祿是遒 :《詩經》〈商頌 長發〉이다.

엄격함을 조절하고 엄격함으로 관대함을 조절하여야 정치가 이로 인해 화평해지는 것이다.
《詩經》에 '백성들 또한 괴로운지라 조금 편안하기를 바라니, 中國에 은혜를 베풀어 사방을 편안하게 하라.' 하였으니 이는 관대하게 정치를 시행할 것을 말한 것이고, 또 '是非를 가리지 않고 함부로 남의 의견을 따르는 자의 말을 따르지 말아서 불량한 자를 조심하며, 약탈을 자행하는 포학한 자가 끝내 밝은 법을 두려워하지 않는 것을 막으라.' 하였으니 이는 엄격한 정치로 바로잡을 것을 말한 것이고, 또 '먼 곳 백성들을 회유하고 가까이 있는 사람들을 친애하여 우리 王室을 안정시키라.' 하였으니 이는 화합으로 천하를 평정할 것을 말한 것이다. 또 《시경》에 '강하게 조이지도 말고 느슨하게 풀지도 말며, 강하게 하지도 말고 유하게 하지도 말아 정치를 너그럽게 펴면 온갖 복이 모이리.' 하였으니, 이는 화합의 극치를 말한 것이다."

子産이 죽자, 중니는 그 소식을 듣고 눈물을 흘리며 말하였다.

"자산은 古人의 遺風이 있는 仁愛한 사람이다."

字義 汔 : 바랄 흘 慘 : 느슨할 참 絿 : 급할 구 遒 : 모일 주

〈21년, 庚辰(B.C. 521)〉

【經】二十有一年이라 春이라

21년이다. 봄이다.

【傳】二十一年이라 春에 天王將鑄無射(역)이러니 泠州鳩曰 王其以心疾死乎인저 夫樂은 天子之職也라 夫音은 樂之輿也요 而鍾은 音之器也라 天子省風以作樂하야 器以鍾之하고 輿以行之하나니라 小者不窕하고 大者不槬일새 則和於物하니 物和則嘉成이라 故和聲入於耳而藏於心하니 心億則樂이라 窕則不咸하고 槬則不容이니 心是以感[339]이라 感實生疾이라 今鍾槬矣하니 王心弗堪하리니 其能久乎아

21년이다. 봄에 天王(周 景王)이 無射(鍾의 이름)을 주조하려 하니, 樂官 州鳩가 말하였다.

"王께서는 아마도 心疾로 사망하실 것이다. 樂은 천자가 주재하는 것이다. 音은 樂을 실

---

339 感 : 憾의 가차자로 '不安'의 뜻이다.(楊注)

는 수레이고, 鍾은 音을 내는 기구이다. 천자가 풍속을 살펴 음악을 만들어 악기로 소리를 모으고, 音으로 樂을 표현한다. 작은 악기의 소리가 너무 가늘지 않고 큰 악기의 소리가 너무 굵지 않기에 여러 악기의 소리와 조화를 이루니, 여러 악기의 소리와 조화되면 아름다운 음악이 이루어진다. 그러므로 조화된 소리가 귀로 들어와 마음에 간직되는 것이니 마음이 편안하면 즐겁다. 소리가 너무 가늘면 사람들의 마음에 만족〔咸〕하지 않고, 소리가 너무 굵으면 사람들이 용납할 수 없으니 마음이 이로 인해 불안해진다. 불안이 실로 병을 만드니, 지금 만들려는 鍾은 소리가 굵고 거칠어서 王의 마음이 견딜 수 없을 것이니 어찌 오래 사실 수 있겠는가?"

字義 泠 : 악관 령(=伶) 鍾 : 종, 모을 종 窕 : 가늘 조 槬 : 클 화 億 : 편안할 억

【經】王三月에 葬蔡平公하다

周王 3월에 蔡 平公을 장사 지냈다.

【傳】三月에 葬蔡平公할새 蔡大(태)子朱失位하야 位在卑러라 大夫送葬者歸見昭子하니 昭子問蔡故한대 以告하니 昭子歎曰 蔡其亡乎인저 若不亡이면 是君也必不終하리라 詩曰 不解于位하니 民之攸塈[340]라하야늘 今蔡侯始卽位하야 而適卑하니 身將從之리라

3월에 蔡 平公을 장사 지낼 때 蔡나라 太子 朱가 태자의 자리에 서지 않아서 신분이 낮은 자들이 서는 자리에 서 있었다. 送葬에 참여했던 魯나라 大夫가 돌아와서 소자를 알현하니 소자가 蔡나라의 정황을 묻자 대부가 그 일을 소자에게 고하니, 소자가 탄식하며 말하였다.

"채나라는 아마도 망할 것이다. 만약 망하지 않는다면 이 임금은 반드시 그 자리를 끝까지 지키지 못할 것이다. 《詩經》에 '그 직무를 게을리하지 않으니 백성들이 편히 쉴 수 있네.' 하였는데, 지금 蔡侯는 막 즉위하여 낮은 자리에 가서 섰으니 그 몸도 장차 따라서 낮아질 것이다."

字義 解 : 게으를 해(=懈) 塈 : 쉴 기

【經】夏에 晉侯使士鞅來聘하다

여름에 晉侯(晉 頃公)가 士鞅을 보내 와서 聘問하였다.

---

340 不解于位 民之攸塈 : 《詩經》〈大雅 假樂〉이다.

【傳】夏에 晉士鞅來聘하다 叔孫爲政할새 季孫欲惡諸(오저)晉하야 使有司以齊鮑國歸費之禮爲士鞅한대 士鞅怒曰 鮑國之位下하고 其國小어늘 而使鞅從其牢禮[341]하니 是卑敝邑也라 將復諸寡君하리라 魯人恐하야 加四牢焉하야 爲十一牢하다

여름에 晉나라 士鞅이 와서 聘問하였다. 이때 叔孫이 빈객을 접대하는 일을 맡았는데, 季孫은 숙손을 진나라에 밉보이게 하고자 하여 有司에게 齊나라 鮑國이 費邑을 가지고 왔을 때 접대했던 禮로 사앙을 접대하게 하자, 사앙이 노하여 말하였다.

"포국은 지위가 낮고 그 나라는 약소한데, 지금 나에게 그가 받았던 牢禮를 따르게 하니, 이는 우리 진나라를 경시하는 것이다. 나는 장차 이 일을 우리 임금님께 보고하겠다."

魯人은 두려워하여 四牢를 추가하여 十一牢로 접대하였다.

【經】宋華亥向(상)寧華定이 自陳入于宋南里[342]以叛하다

宋나라 華亥 · 向寧 · 華定이 陳나라에서 宋나라 南里로 들어가서 반란을 일으켰다.

【傳】宋華費遂生華貙(추)華多僚華登이러니 貙爲少司馬하고 多僚爲御士하다 與貙相惡(오)하야 乃譖諸公曰 貙將納亡人이라하야 亟(기)言之한대 公曰 司馬以吾故로 亡其良子라 死亡有命이니 吾不可以再亡之로라 對曰 君若愛司馬인댄 則如亡이니 死如可逃인댄 何遠之有리오 公懼하야 使侍人召司馬之侍人宜僚하야 飮(임)之酒하고 而使告司馬한대 司馬歎曰 必多僚也라 吾有讒子而弗能殺하고 吾又不死라가 抑君有命하니 可若何오 乃與公謀逐華貙하야 將使田孟諸而遣之[343]하다

宋나라 華費遂가 華貙 · 華多僚 · 華登을 낳았는데, 貙는 少司馬가 되고 多僚는 御士가 되었다. 다료는 추를 미워하여 이에 宋 元公에게 참소하였다.

"추가 도망간 사람들을 불러들이려 합니다."

자주 이렇게 말하자, 원공이 말하였다.

"司馬(華費遂)가 나의 일로 인해 그의 좋은 아들을 도망가게 하였다. 내가 죽거나 亡命하는 것은 運命이니, 나는 재차 그 아들을 도망가게 할 수 없다."

---

341 牢禮 : 牛·羊·豕로써 빈객을 접대하는 禮이다.

342 南里 : 宋나라 城內의 마을 이름이다.

343 將使田孟諸而遣之 : 華貙에게 孟諸의 늪으로 가서 사냥하게 하고, 드디어 그를 逐出하려 한 것이다.(林注)

그러자 다료가 대답하였다.

"임금님께서 만약 사마를 아끼신다면 임금님께서 도망가는 것이 마땅하니, 죽음을 피할 수 있다면 어찌 먼 곳을 마다하겠습니까?"

원공은 겁이 나서 侍人을 시켜 사마의 시인 宜僚를 불러 그에게 술을 대접하고 사마에게 고하여 〈화추를 축출하게〉 하였다. 사마가 탄식하며 말하였다.

"이는 틀림없이 다료의 〈讒訴가 그리 만든〉 것이다. 나는 참소하는 자식을 두고도 능히 죽이지도 못하였고 나 또한 죽지 않고 세상에 남았다가 임금님의 命(貙를 逐出하라는 命)을 받았으니 어찌할 수 있겠는가?"

화비수는 송 원공과 화추의 逐出 문제를 상의하여 화추를 孟諸의 늪으로 보내 사냥하게 하였다.

字義 亟 : 자주 기

公飮(임)之酒하고 厚酬之하야 賜及從者하고 司馬亦如之하니 張匄尤之曰 必有故로다 使子皮承宜僚以劍而訊之하니 宜僚盡以告하다 張匄欲殺多僚하니 子皮曰 司馬老矣라 登之謂甚이어니 吾又重之론 不如亡也라하고 五月丙申에 子皮將見(현)司馬而行이라가 則遇多僚御司馬而朝하고 張匄不勝其怒하야 遂與子皮臼任鄭翩殺多僚하고 劫司馬以叛하야 而召亡人하다 壬寅에 華向入이어늘 樂大心豐愆華牼禦諸橫하다 華氏居盧門하야 以南里叛하다 六月庚午에 宋城舊鄘及桑林之門而守之하다

이에 元公은 華貙에게 술을 접대하고 禮物을 후하게 주어 그 從者에까지 賞賜하고, 司馬도 원공처럼 많은 예물을 주니, 張匄(華貙의 신하)가 괴이쩍게 여기며 "틀림없이 까닭이 있다." 하고 子皮(華貙)에게 宜僚의 목에 칼을 대고 따져 묻게 하니, 의료가 사실대로 다 고하였다. 장개가 다료를 죽이려 하자 자피가 말하였다.

"아버님(司馬)은 늙으셨다. 아우 登이 망명한 일만으로도 아버님의 상심이 심하시니, 내가 또 〈다료를 죽여 아버님의 상심을〉 가중시키는 것보다 내가 도망가는 게 낫다."

5월 丙申日에 자피가 사마를 뵙고 떠나기 위해 사마에게 가다가 사마의 수레를 몰고 조정으로 가는 다료를 만났고, 장개는 분노를 참을 수 없어 드디어 子皮·臼任·鄭翩과 함께 다료를 죽이고 사마를 협박하여 반란을 일으켜 도망간 사람들을 불러들였다. 壬寅日에 華氏와 向氏들이 들어오자, 樂大心·豐愆·華牼이 그들을 橫(梁國 睢陽縣 남쪽의 橫亭)에서 막았다. 華氏는 盧門(宋나라 東城의 南門)에 주둔하여 南里의 무리를 거느리고 반란을 일으켰다. 6월 庚午日에 宋나라는 古城과 桑林門을 수축하고 화씨와 상씨를 방비하여 지켰다.

字義 尤 : 괴이쩍을 우

【經】 秋七月壬午朔에 日有食之하다

가을 7월 초하루 壬午日에 日食하였다.

【傳】 秋七月壬午朔에 日有食之하니 公問於梓愼曰 是何物也오 禍福何爲리오 對曰 二至二分에 日有食之면 不爲災하나니 日月之行也는 分엔 同道也하고 至엔 相過也[344]니이다 其他月則爲災하니 陽不克也라 故常爲水하나니이다

가을 7월 초하루 壬午日에 日食하니, 昭公이 梓愼에게 물었다.

"이것이 무슨 징조인가? 禍福이 어떠하겠는가?"

재신이 대답하였다.

"冬至 · 夏至와 春分 · 秋分에 일식하면 災禍가 되지 않으니, 日月의 운행은 춘분과 추분에는 같은 길을 가고 동지와 하지에는 서로 초과하기 때문입니다. 그 밖의 달에 발생하는 일식은 재해가 되니, 이는 陽이 陰을 이기지 못하기 때문입니다. 그러므로 항상 水災가 발생하였습니다."

【經】 八月乙亥에 叔輒卒하다

八月 乙亥日에 叔輒이 卒하였다.

【傳】 於是叔輒哭日食하니 昭子曰 子叔將死로다 非所哭也라하다 八月에 叔輒卒하다

이때 叔輒이 日食이 〈災殃이 될 것을 근심하여〉 곡을 하니, 昭子가 말하였다.

"子叔(숙첩)은 아마도 죽을 것이다. 곡할 바가 아닌데 곡을 하였으니 말이다."

8월에 숙첩이 卒하였다.

【經】 冬이라

겨울이다.

---

344 日月之行也……相過也 : 太陽은 黃道의 中線으로 운행하는데, 春分과 秋分 때에 黃道와 白道가 서로 交叉하는 것을 '同道'라 이르고, 冬至와 夏至 때에 赤道의 內外로 각각 23도를 超過하는 것을 '相過'라 이른 것이다.(楊注)

【傳】冬十月에 華登以吳師救華氏하다 齊烏枝鳴戍宋할새 廚人濮曰 軍志有之하니 先人有奪人之心이요 後人有待其衰라하니 盍及其勞하고 且未定也하야 伐諸오 若入而固면 則華氏衆矣니 悔無及也리라 從之하다 丙寅에 齊師宋師敗吳師于鴻口하고 獲其二帥公子苦雂(금)偃州員(운)하다 華登帥(솔)其餘하야 以敗宋師한대 公欲出이어늘 廚人濮曰 吾는 小人이라 可藉死언정 而不能送亡이니 君請待之하소서 乃徇曰 揚徽者는 公徒也라하니 衆從之하다 公自揚門見之하고 下而巡之曰 國亡君死면 二三子之恥也니 豈專孤之罪也리오 齊烏枝鳴曰 用少莫如齊致死요 齊致死莫如去備라 彼多兵矣니 請皆用劒하노이다 從之한대 華氏北(배)하니 復(부)卽之하다 廚人濮以裳裹首하야 而荷以走曰 得華登矣라하고 遂敗華氏于新里하다 翟僂新居于新里러니 旣戰에 說(탈)甲于公而歸하고 華妵居于公里러니 亦如之하다

겨울 10월에 華登이 吳軍을 거느리고 와서 華氏를 구원하였다. 이때 齊나라 烏枝鳴(齊나라 大夫)이 宋나라를 戍衛하고 있었는데, 廚人 濮(宋나라 廚邑의 大夫)이 말하였다.

“兵書에 다음과 같은 말이 있습니다. ‘먼저 출동하여 상대를 제압하면 적의 사기를 꺾을 수 있고, 뒤에 출동하여 상대를 제압하려면 적의 기세가 쇠하기를 기다리라.’ 하였으니, 어찌 오군이 지치고 또 安定되지 않은 때에 미쳐 공격하지 않으십니까? 저들이 만약 〈南里로〉 들어가서 견고히 축조한다면 화씨의 무리가 많아지니, 그때 가서는 후회해도 미칠 수 없습니다.”

오지명이 그의 말을 따랐다. 丙寅日에 齊軍과 宋軍이 鴻口에서 오군을 패배시키고 오군의 두 將帥 公子 苦雂과 偃州員을 포로로 잡았다. 화등이 잔여 부대를 거느리고 宋軍을 공격해 패배시키니, 宋 元公이 出奔하고자 하였다. 그러자 주인 복이 말하였다.

“저는 小人입니다. 임금님을 돕다[藉]가 죽을지언정 도망하는 임금님을 護送할 수는 없으니, 임금님께서는 기다리소서.”

이에 軍中을 돌아다니며 “깃발을 흔드는 자는 임금님의 무리이다.” 하니, 大衆이 그 말을 따라 〈모두 깃발을 흔들었다.〉 원공이 揚門에서 그 광경을 보고는 내려와서 군중을 순시하며 말하였다.

“나라가 망하고 임금이 죽는다면 여러분의 치욕이니 어찌 오로지 나만의 죄이겠는가?”

齊나라 오지명이 말하였다.

“적은 군대를 사용해 적을 공격하려면 일제히 죽을힘을 다해 싸우는 것만 한 게 없고, 일제히 죽을힘을 다해 싸우려면 수비를 철거하는 것만 한 게 없습니다. 저들은 군대가 많으니 모두 劒을 사용하기를 청합니다.”

원공은 그의 말을 따라 〈모두 검을 사용하게 하자,〉 화씨가 패주하니 송군과 제군이 다시 그들을 추격하였다. 주인 복이 〈어떤 자의 목을 베어〉 그 머리를 치마로 싸서 어깨에 메고 달

리면서 "화등의 목을 얻었다." 하고, 드디어 新里(화씨가 점령한 邑)에서 화씨를 패배시켰다. 翟僂新이 신리에 거주하고 있었는데, 전투가 벌어진 뒤에 갑옷을 벗고 송 원공에게 귀순하였고 公里에 거주하는 華姓 또한 그와 같이 하였다.

字義 徽 : 깃발 휘 荷 : 멜 하 說 : 벗을 탈(=脫)

十一月癸未에 公子城以晉師至하다 曹翰胡會晉荀吳齊苑何忌衛公子朝하야 救宋이러니 丙戌與華氏戰于赭(자)丘하다 鄭翩願爲鸛이어늘 其御願爲鵝하다 子祿御公子城하고 莊堇爲右하며 干犨御呂封人華豹하고 張匄爲右하다 相遇에 城還한대 華豹曰 城也아하니 城怒而反之하야 將注러니 豹則關(만)矣러라 曰 平公之靈이여 尙輔相余리라 豹射하니 出其間하고 將注하니 則又關矣러라 曰 不狎이면 鄙라한대 抽矢하다 城射之하니 殪라 張匄抽殳而下어늘 射之하니 折股하나 扶伏而擊之하야 折軫이어늘 又射之하니 死하다 干犨請一矢어늘 城曰 余言女於君호리라 對曰 不死伍乘은 軍之大刑也니 干刑而從子면 君焉用之리오 子速諸(저)하라 乃射之하니 殪하다 大敗華氏하고 圍諸南里하니 華亥搏膺而呼하고 見華貙曰 吾爲欒氏矣로다 貙曰 子無我迋하라 不幸而後亡하리라 使華登如楚乞師러니 華貙以車十五乘과 徒七十人으로 犯師而出하야 食於睢上하고 哭而送之하고 乃復入하다 楚薳越帥師將逆華氏한대 大(태)宰犯諫曰 諸侯唯宋事其君이러니 今又爭國이어늘 釋君而臣是助면 無乃不可乎아 王曰 而告我也後라 旣許之矣로라

11월 癸未日에 公子 城이 晉나라 군대를 거느리고 왔다. 曹나라 翰胡가 晉나라 荀吳, 齊나라 苑何忌, 衛나라 公子 朝와 회합하여 宋나라를 구원하였는데, 丙戌日에 華氏와 赭丘에서 전투하였다.

鄭翩은 鸛陣을 펼치고자 하였는데 그 御者는 鵝陣을 펼치고자 하였다. 子祿이 공자 성의 수레를 몰고 莊堇이 車右가 되었으며, 干犨가 呂邑의 封人 華豹의 수레를 몰고 張匄가 거우가 되었다. 두 수레가 서로 만나자 공자 성이 수레를 돌려 돌아가자, 화표가 '城아' 하고 고함을 치니 성이 노하여 수레를 되돌려 활에 화살을 메기려 하였는데, 화표는 이미 시위를 당기고 있었다. 그러자 성은 "平公의 英靈이 나를 도와주시리라." 하고 기도하였다. 화표가 활을 쏘니 그 화살이 성과 자록의 사이로 지나갔고, 성이 화살을 메기려 하니 화표는 또 시위를 당기고 있었다. 그러자 성이 "번갈아 쏘지 않는 것은 비열한 짓이다." 하자, 화표는 메겼던 화살을 도로 거두었다. 성이 활을 쏘니 화표가 그 화살을 맞고 죽었다.

장개가 몽둥이를 뽑아 들고 수레에서 내려오기에 성이 다시 활을 쏘니 그 화살이 장개의 다리에 맞아 다리가 부러졌다. 그런데도 장개가 기어와서 성의 수레를 공격하여 수레 뒤턱에

댄 橫木을 부러뜨리자 성이 또 활을 쏘니 죽었다. 간주가 성에게 한 대의 화살로 죽여주기를 청하자, 성이 말하였다.

"내 너를 임금님께 잘 말해주겠다."

간주가 대답하였다.

"동승한 사람들과 함께 죽지 않는 것은 軍中의 大法을 범하는 것이니, 법을 범하고 그대를 따라간다면 임금님께서 나 같은 자를 어디 쓰겠습니까? 그대는 나를 속히 죽여주십시오."

이에 그에게 활을 쏘니 죽었다. 화씨를 크게 패배시키고 南里를 포위하였다. 그러자 華亥가 가슴을 치고 크게 소리치며 華貙를 보고 말하였다.

"우리가 晉나라의 欒氏 꼴이 될 것이다."

화추가 말하였다.

"그대는 나에게 겁을 주지 말라. 불행한 뒤에야 망명할 것이다."

그리고는 楚나라에 원병을 청하기 위해 華登을 보냈는데 화추는 兵車 15乘과 步兵 70人을 거느리고 宋軍의 포위를 뚫고 나가서 睢水 가에서 밥을 먹고 울면서 화등을 보내고 다시 들어왔다. 초나라 薳越이 군대를 거느리고 가서 화씨를 맞이하려 하자, 太宰 犯이 간하였다.

"제후국 중에 오직 宋나라만 그 임금을 섬기더니 이제 그 나라 또한 나라를 다투는데, 우리가 그 임금을 버리고 신하를 돕는다면 불가하지 않겠습니까?"

楚王이 말하였다.

"네가 나에게 고하는 것이 늦었다. 내 이미 허락하였노라."

字義 注 : 화살 메길 주 關 : 활시위 당길 만(=彎) 狎 : 번갈아 압 迋 : 두려워할 광 而 : 너 이

【經】蔡侯朱出奔楚하다

蔡侯 朱가 楚나라로 出奔하였다.

【傳】蔡侯朱出奔楚하다 費無極取貨於東國[345]하고 而謂蔡人曰 朱不用命於楚하니 君王將立東國하고 若不先從王欲하면 楚必圍蔡하리라 蔡人懼하야 出朱而立東國하니 朱愬于楚어늘 楚子將討蔡하니 無極曰 平侯與楚有盟이라 故封하고 其子有二心이라 故廢之니이다 靈王殺隱大(태)子어늘 其子與君同惡(오)하니 德君必甚이니 又使立之不亦可乎잇가 且廢置在君하니 蔡無他矣리이다

345 東國 : 隱太子의 아들이고, 蔡 平侯 廬의 아우이며 朱의 叔父이다.

蔡侯 朱가 楚나라로 出奔하였다. 費無極이 東國의 뇌물을 받고 蔡人에게 말하였다.

"주가 초나라의 명을 따르지 않으니 군왕께서 동국을 임금으로 세우고 만약 먼저 군왕의 바람에 순종하지 않는다면 초나라는 반드시 蔡나라를 포위할 것이다."

채인은 두려워하여 주를 축출하고 동국을 임금으로 세웠다. 주가 초나라로 가서 하소연하였는데 楚子가 채나라를 토벌하려 하니, 無極이 말하였다.

"蔡 平侯가 우리 초나라와 맹약한 일이 있었기 때문에 그를 채나라에 봉한 것이고, 그 아들이 두 마음을 품었기 때문에 그를 폐위시킨 것입니다. 靈王이 隱太子(東國의 아버지)를 살해하였으니, 그 아들 동국은 영왕을 원수로 여겨 미워하는 마음이 임금님과 같을 것인데, 〈임금님께서 그 원수를 갚아주었으니〉 임금님을 은덕으로 여기는 마음이 클 것입니다. 다시 그를 채나라 임금으로 세우는 것이 좋지 않겠습니까? 그리고 또 채나라의 임금을 廢置하는 것은 그 권한이 임금님께 있으니 채인은 딴마음을 먹지 못할 것입니다."

【經】公如晉이라가 至河乃復하다

昭公이 晉나라에 가다가 黃河에 이르러 되돌아왔다.

【傳】公如晉이라가 及河에 鼓叛晉이라 晉將伐鮮虞하니 故辭公하니라

昭公이 晉나라에 가기 위에 길을 떠났다가 黃河에 이르렀을 때 鼓나라가 진나라를 배반하였다. 진나라는 鮮虞를 토벌하려 하였으니 이 때문에 소공의 내방을 사절한 것이다.

〈22년, 辛巳(B.C. 520)〉

【經】二十有二年이라 春에 齊侯伐莒하다

22년이다. 봄에 齊侯가 莒나라를 토벌하였다.

【傳】二十二年이라 春王二月甲子에 齊北郭啓帥(솔)師伐莒하니 莒子將戰에 苑羊牧之諫曰 齊帥賤하야 其求不多하니 不如下之라 大國不可怒也니이다 弗聽하고 敗齊師于壽餘하니 齊侯伐莒어늘 莒子行成하니 司馬竈如莒涖盟하고 莒子如齊涖盟하야 盟于稷門之外하니 莒於是乎大惡(오)其君하니라

22년이다. 봄 周王 2월 甲子日에 齊나라 北郭啓(齊나라 大夫)가 군대를 거느리고 가서 莒나라를 토벌하였다. 莒子가 應戰하려 하니 苑羊牧之(莒나라 大夫)가 간하였다.

"齊나라 장수는 신분이 비천하여 그 요구가 많지 않을 것이니 降服(下)하는 것만 못합니다. 대국을 노하게 해서는 안 됩니다."

거자는 듣지 않고 齊軍을 壽餘에서 패배시켰다. 齊侯가 거나라를 토벌하였는데, 거자가 화친을 청하니, 司馬 竈(齊나라 大夫)가 거나라로 들어가서 결맹에 참여하고 거자가 제나라로 가서 결맹에 참여하여 稷門(제나라 성문) 밖에서 맹약하였다. 거나라 사람들은 이로 인해 그 임금을 크게 미워하였다.

【經】宋華亥向(상)寧華定이 自宋南里出奔楚하다

宋나라 華亥 · 向寧 · 華定이 宋나라 南里에서 楚나라로 出奔하였다.

【傳】楚薳(위)越使告于宋曰 寡君聞君有不令之臣爲君憂하고 無寧以爲宗羞라하사 寡君請受而戮之하시니이다 對曰 孤不佞하야 不能媚於父兄하야 以爲君憂어늘 拜命之辱하노이다 抑君臣日戰에 君曰 余必臣是助라도 亦唯命이니 人有言曰 唯亂門之無過라하니 君若惠保敝邑하야 無亢[346]不衷하야 以獎亂人인댄 孤之望也니 唯君圖之하라 楚人患之하다 諸侯之戍謀曰 若華氏知困而致死하고 楚恥無功而疾戰하면 非吾利也니 不如出之하야 以爲楚功이니 其亦無能爲也已리라 救宋而除其害면 又何求리오하고 乃固請出之하니 宋人從之하다 己巳에 宋華亥向(상)寧華定華貙華登皇奄傷省臧士平出奔楚하다 宋公使公孫忌爲大司馬하고 邊卬爲大司徒하고 樂祁爲司城하고 仲幾爲左師하고 樂大心爲右師하고 樂輓爲大司寇하야 以靖國人하다

楚나라 薳越이 使者를 보내 宋나라에 고하였다.

"우리 임금님께서는 임금님(宋君을 이름)께 不善한 신하가 있어 임금님의 근심이 되고 있다는 말을 들으시고 '어찌 宗廟의 수치가 아니겠는가?' 하시면서 우리 임금께서 그 불선한 자들을 접수하여 처벌하기를 청하십니다."

宋 元公이 대답하였다.

"내가 변변치 못해 父兄들과 사이좋게 지내지 못하여, 임금님(楚君)께 걱정을 끼쳤는데 이

346 亢 : 保護 또는 庇護의 뜻이다.(楊注)

렇게 명하시니 감사합니다. 그러나 우리 君臣이 날마다 서로 싸우는데, 임금님(楚君)께서 '나는 반드시 신하를 돕겠다.' 하시더라도 나는 명을 따르겠습니다만, 사람들의 말에 '亂을 일으킨 자의 문 앞을 지나지 말라.' 하였으니, 임금님께서 만약 우리나라를 보호하려고 불충한 자들을 비호하여 亂人들을 장려하지 않으신다면 이것이 나의 바람이니 임금님께서는 깊이 생각하십시오."

楚人이 걱정하였다. 송나라를 戍衛하고 있는 제후국의 장수들이 상의하였다.

"만약 華氏가 곤란해질 것을 알고 죽을힘을 다해 싸우고, 楚軍이 공이 없이 돌아가는 것을 수치로 여겨 速戰한다면 우리에게 불리하니, 화씨를 내보내 초나라가 공을 세우도록 하는 것만 못하니, 화씨는 다시 아무 짓도 할 수 없을 것이다. 송나라를 구원하고 그 해악을 제거할 수 있다면 다시 무엇을 바라겠는가?"

이에 화씨를 내보내기를 굳이 요청하니, 宋人이 그 요청을 따랐다. 己巳日에 송나라 華亥·向寧·華定·華貙·華登·皇奄傷·省臧·士平이 楚나라로 出奔하였다. 송 원공은 公孫忌를 大司馬로, 邊卬을 大司徒로, 樂祁를 司城으로, 仲幾를 左師로, 樂大心을 右師로, 樂輓을 大司寇로 삼아 國人을 안정시켰다.

【經】大蒐于昌間하다

昌間에서 성대하게 閱兵式을 거행하였다.

【經】夏四月乙丑에 天王崩하다

여름 4월 乙丑日에 天王(周 景王)이 崩하였다.

【傳】王子朝賓起有寵於景王이러니 王與賓孟說(열)之하야 欲立之하다 劉獻公之庶子伯蚡事單(선)穆公이러니 惡(오)賓孟之爲人也하야 願殺之하고 又惡王子朝之言하야 以爲亂이라하야 願去之하다 賓孟適郊하야 見雄雞自斷其尾하고 問之하니 侍者曰 自憚其犧也니라 遽歸告王하고 且曰 雞其憚爲人用乎인저 人異於是하니 犧者實用人이라 人犧實難이어니와 己犧何害리오 王弗應하다 夏四月에 王田北山할새 使公卿皆從하야 將殺單子劉子러니 王有心疾하야 乙丑에 崩于榮錡氏하다 戊辰에 劉子摯卒하니 無子라 單子立劉蚡하니 五月庚辰에 見(현)王하야 遂攻賓起殺之하고 盟群王子于單氏하다

王子 朝(周 景王의 庶長子)와 賓起(王子 朝의 師傅)가 景王의 총애를 받았다. 경왕과 賓孟(賓起)이 왕자 조를 좋아하여 그를 太子로 세우고자 하였다. 劉獻公의 庶子 伯蚡이 單穆公을 섬기고 있었는데, 빈맹의 사람됨을 미워하여 죽이고자 하였고, 또 왕자 조의 말을 미워하여 반란을 일으키려 한다고 여겨 제거하고자 하였다. 빈맹이 郊外로 가서 수탉이 스스로 그 꼬리를 부리로 쪼아 없앤 것을 보고 그 까닭을 물으니, 그 侍從이 말하였다.

"犧牲이 되는 것을 싫어하여 스스로 〈꼬리를 쪼아 없앤 것입니다.〉"

빈맹은 급히 돌아와서 경왕께 이 일을 고하고, 또 말하였다.

"닭은 아마도 사람의 희생으로 쓰이는 것을 싫어하는 것 같습니다만 사람은 이와 다릅니다. 희생은 실로 사람의 쓰임이 되는 것인지라 다른 사람을 희생(태자를 비유함)으로 삼는다면 실로 화란을 부를 우려가 있지만 내가 마음대로 부릴 수 있는 자(子朝)를 희생으로 삼는다면 무슨 해가 있겠습니까?"

경왕은 대답하지 않았다. 여름 4월에 경왕이 北山(洛陽의 北芒山)에서 사냥할 때 公卿들을 다 따르게 하고 單子와 劉子를 죽이려 하였는데, 경왕이 心疾이 발생하여 乙丑日에 榮錡氏의 집에서 崩하였다. 戊辰日에 劉子 摯가 졸하니 뒤를 이을 適子가 없었다. 선자가 그 庶子 劉蚡을 후사로 세우니, 유분이 5월 庚辰日에 王猛(悼王)을 알현하여 賓起를 공격해 죽이고, 王子들과 單氏의 집에서 결맹하였다.

【經】六月에 叔鞅如京師하야 葬景王하다 王室亂하다

6월에 叔鞅(叔弓의 아들)이 京師에 가서 景王의 葬禮에 會葬하였다. 왕실에 변란이 일어났다.

【傳】丁巳에 葬景王하다 王子朝因舊官百工之喪職秩者와 與靈景之族以作亂하야 帥(솔)郊要餞之甲하고 以逐劉子하니 壬戌에 劉子奔揚하다 單(선)子逆悼王于莊宮以歸어늘 王子還夜取王以如莊宮[347]하다 癸亥에 單子出하다 王子還與召莊公謀曰 不殺單旗면 不捷이니 與之重盟하면 必來하리니 背盟而克者多矣니라 從之하다 樊頃子曰 非言也니 必不克하리라 遂奉王以追單子하야 及領하야 大盟而復하야 殺摯荒以說하다 劉子如劉하고 單子亡하야 乙丑에 奔于平畤러니 群王子追之어늘 單子殺還姑發弱鬷延定稠하니 子朝奔

347 王子還夜取王以如莊宮 : 王子 還은 子朝의 黨이다. 單子가 王猛을 데리고 있지 못하게 하고자 하였다. 그러므로 왕맹을 빼앗아간 것이다.(杜注)

京하다 丙寅에 伐之하니 京人奔山이어늘 劉子入于王城하다 辛未에 鞏簡公敗績于京하고 乙亥에 甘平公亦敗焉하다 叔鞅至自京師하야 言王室之亂也한대 閔馬父(보)曰 子朝必不克하리라 其所與者는 天所廢也로다

丁巳日에 景王을 장사 지냈다. 王子 朝가 옛 관료와 백관 중에 관직을 잃은 자와 靈王·景王의 族人을 거느리고 반란을 일으켜, 郊·要·餞邑의 군대를 거느리고 劉子를 추격하니, 壬戌日에 유자가 揚으로 달아났다. 單子가 莊宮으로 가서 悼王(王子 猛)을 맞이해 자기 집으로 모시고 왔는데, 王子 還이 밤에 왕을 빼앗아 장궁으로 데리고 갔다. 癸亥日에 선자가 도성 밖으로 탈출하였다. 왕자 환이 召莊公과 상의하였다.

"單旗를 죽이지 않고는 승리할 수 없으니, 그에게 거듭 결맹하자고 청하면 반드시 올 것입니다. 맹약을 배반하고 승리한 자가 많습니다."

소장공이 그의 말을 따랐다. 樊頃子가 말하였다.

"사리에 맞는 말이 아니니 반드시 승리하지 못할 것이다."

드디어 왕자 환이 왕을 모시고 선자를 뒤쫓아 가서 領에 이르러 선자를 만나 결맹하고 돌아와서 摯荒을 죽여 해명하였다. 유자는 劉邑으로 가고, 선자는 도망하여 乙丑日에 平時로 도망하였는데, 왕자들이 그를 추격하자 선자가 還·姑·發·弱·鬷·延·定·稠를 죽이니, 子朝가 京邑으로 달아났다. 丙寅日에 선자가 경읍을 공격하니 京人들이 산으로 도망가기에, 유자가 王城으로 들어왔다. 辛未日에 鞏簡公이 京에서 대패하고, 乙亥日에 甘平公 역시 패배하였다.

叔鞅이 경사에서 돌아와 왕실에 변란이 일어난 것을 말하자, 閔馬父(魯나라 大夫)가 말하였다.

"자조는 반드시 승리하지 못할 것이다. 그가 가까이하는 자들은 하늘이 버린 자들이다."

晉之取鼓也에 旣獻而反鼓子焉이러니 又叛於鮮虞어늘 六月에 荀吳略東陽[348]할새 使師僞糴者하야 負甲以息於昔陽之門外라가 遂襲鼓滅之하고 以鼓子鳶鞮(제)歸하야 使涉佗守之하다

晉나라가 鼓나라를 취하였을 때 宗廟에 俘虜를 바친 뒤에 鼓子를 돌려보냈는데, 鼓나라가 또 진나라를 배반하고 鮮虞에 귀의하였다. 6월에 荀吳가 東陽을 순행할 때 군대를 양곡을 구매하는 자로 위장시켜 속에 갑옷을 입고 昔陽門 밖에서 쉬게 하였다가 드디어 鼓나라를 습격

---

348 東陽 : 晉나라 山東 邑으로 魏郡 廣平 이북을 이른다.

해 멸망시키고 고자 鳶鞮를 잡아 데리고 돌아와서는 涉佗(晉나라 大夫)를 보내 鼓나라를 지키게 하였다.

字義 略 : 순행할 략

【經】劉子單(선)子以王猛居于皇이러니 秋에 劉子單子以王猛入于王城하다

劉子와 單子가 王子 猛을 모시고 皇에 거주하였는데, 가을에 유자와 선자가 왕자 맹을 모시고 王城으로 들어갔다.

【傳】單子欲告急於晉하야 秋七月戊寅에 以王如平畤라가 遂如圃車하야 次于皇하다 劉子如劉어늘 單子使王子處守于王城하고 盟百工于平宮하다 辛卯에 鄩肸伐皇이어늘 大敗하고 獲鄩肸하야 壬辰에 焚諸(저)王城之市하다 八月辛酉에 司徒醜以王師敗績于前城하니 百工叛하야 己巳에 伐單氏之宮이어늘 敗焉이러니 庚午에 反伐之하고 辛未에 伐東圉하다 冬十月丁巳에 晉籍談荀躒帥(솔)九州之戎及焦瑕溫原之師하야 以納王于王城하다 庚申에 單子劉蚡以王師敗績于郊하고 前城人敗陸渾于社하다

單子는 위급한 정황을 晉나라에 알리고자 하여 가을 7월 戊寅日에 왕을 모시고 平畤로 갔다가 드디어 圃車로 가서 皇에 머물렀다. 劉子가 劉邑으로 가니 선자는 王子 處를 보내 王城을 지키고 百工과 平宮(平王의 廟)에서 결맹하게 하였다. 辛卯日에 鄩肸이 황을 공격하기에 王師가 대패시키고 심힐을 잡아 壬辰日에 왕성 저자에서 불태워 죽였다. 8월 辛酉日에 司徒醜(悼王의 司徒)가 왕사를 거느리고 前城을 공격하다가 대패하니 백공이 배반하여, 己巳日에 單氏의 궁전을 공격하기에 그들을 패배시켰는데, 庚午日에 반격하고, 辛未日에 東圉를 공격하였다.

겨울 10월 丁巳日에 晉나라 籍談 · 荀躒이 九州의 戎 및 焦 · 瑕 · 溫 · 原의 군대를 거느리고 가서 왕을 왕성으로 들여보냈다. 庚申日에 선자와 劉蚡이 거느린 왕사가 郊에서 대패하였다. 전성 사람들이 社에서 陸渾을 패배시켰다.

【經】冬十月에 王子猛卒하다

겨울 10월에 王子 猛이 卒하였다.

【傳】 十一月乙酉[349]에 王子猛卒이라하니 不成喪也라 己丑에 敬王卽位하야 館于子旅氏하시다

11월 乙酉日에 王子 猛이 〈崩하였다고 하지 않고〉 卒하였다고 하였으니, 天子의 禮로 장사 지내지 않았기 때문이다. 己丑日에 敬王이 즉위하여 子旅氏(周나라 大夫)의 집에 머물렀다.

【經】 十有二月癸酉朔에 日有食之하다

12월 초하루 癸酉日에 日食하였다.

【傳】 十二月庚戌에 晉籍談荀躒賈辛司馬督은 帥(솔)師軍于陰于侯氏于谿泉하야 次于社하고 王師는 軍于汜于解하야 次于任人하다 閏月에 晉箕遺樂徵右行詭 濟師取前城하야 軍其東南하고 王師軍于京楚하다 辛丑에 伐京하야 毁其西南하다

12월 庚戌日에 晉나라 籍談 · 荀躒 · 賈辛 · 司馬 督은 군대를 거느리고 陰과 侯氏와 谿泉에 주둔하여 社에 머물고, 王師는 汜과 解에 주둔하여 任人에 머물렀다. 閏12월에 晉나라 箕遺 · 樂徵 · 右行詭가 군대를 거느리고 渡河하여 前城을 공격해 함락하여 그 동남에 주둔하고, 왕사는 京楚에 주둔하였다. 辛丑日에 京邑을 공격하여 그 서남쪽 성을 허물었다.

〈23년, 壬午(B.C. 519)〉

【經】 二十有三年이라 春王正月에 叔孫婼(착)如晉하다

23년이다. 봄 周王 正月에 叔孫婼이 晉나라에 갔다.

【傳】 邾人城翼하고 還할새 將自離姑러니 公孫鉏曰 魯將御我라하니 欲自武城還하야 循山而南이러니 徐鉏丘弱茅地曰 道下하니 遇雨면 將不出하리라 是不歸也라하니 遂自離姑하다 武城人塞其前하고 斷其後之木而弗殊라가 邾師過之하니 乃推而蹶之하고 遂取邾師하고 獲鉏弱地하다 邾人愬于晉한대 晉人來討하니 叔孫婼如晉하다

邾人이 翼에 城을 쌓고 돌아갈 때 離姑에서부터 돌아가려 하였는데, 公孫 鉏(邾나라 大夫)가 말하였다.

---

349 十一月乙酉 : 乙酉日은 11월에 들었으니, 經에 '10월'로 기록한 것은 오류이다.(杜注)

"魯나라가 우리를 막으려 할 것이다."

그리하여 武城에서부터 길을 돌아 산을 따라 남쪽으로 가고자 하였다. 그러자 徐鉏·丘弱·茅地가 말하였다.

"그곳은 길이 下濕하니 비를 만나면 아마도 빠져나오지 못할 것이니, 이렇게 되면 우리는 돌아가지 못할 것이다."

드디어 이고에서부터 돌아가기로 하였다. 무성 사람들이 그 앞을 막고, 그 뒤는 나무들의 밑동을 대충 잘라놓고 완전히 절단하지 않았다가 邾軍이 지나가니 그때 그 나무들을 밀어 넘어뜨려 길을 막고 드디어 주군을 멸하고 서서·구약·모지를 사로잡았다. 邾人이 晉나라에 提訴하자 晉人이 와서 죄를 물으니 叔孫婼이 晉나라에 갔다.

【經】癸丑에 叔鞅卒하다

癸丑日에 叔鞅이 졸하였다.

【經】晉人執我行人叔孫婼(착)하다

晉人이 우리 行人 叔孫婼을 잡았다.

【傳】晉人執之하니 書曰 晉人執我行人叔孫婼은 言使人也라 晉人使與邾大夫坐하니 叔孫曰 列國之卿當小國之君은 固周制也요 邾又夷也라 寡君之命介子服回在하니 請使當之하노이다 不敢廢周制故也라한대 乃不果坐하다

晉人이 체포하니, 經에 "진인이 우리의 行人 叔孫婼을 잡았다."고 기록한 것은 晉나라가 使臣을 잡은 것을 말한 것이다. 진인이 숙손착에게 邾나라 大夫와 시비를 변론하게 하니, 叔孫이 말하였다.

"열국의 卿 지위가 小國의 임금에 해당하는 것은 본래 周나라의 제도이고, 邾나라는 또 夷狄입니다. 우리 임금님께서 명하신 介子(副使) 子服回(魯나라 大夫)가 晉나라에 와 있으니 그에게 그 일을 담당하게 하십시오. 감히 周나라의 제도를 폐기할 수 없기 때문입니다."

그런데 끝내 변론하지 않았다.

字義 坐 : 변론 쟁송할 좌

韓宣子使邾人聚其衆하고 將以叔孫與之러니 叔孫聞之하고 去衆與兵而朝하다 士彌牟謂韓宣子曰 子弗良圖하고 而以叔孫與其讐하면 叔孫必死之하리니 魯亡叔孫하면 必亡邾니 邾君亡國하면 將焉歸리오 子雖悔之나 何及이리오 所謂盟主는 討違命也니 若皆相執인댄 焉用盟主리오한대 乃弗與하고 使各居一館하다 士伯聽其辭하고 而愬諸宣子한대 乃皆執之하다 士伯御叔孫하니 從者四人이러니 過邾館以如吏하고 先歸邾子하다 士伯曰 以芻蕘之難과 從者之病으로 將館子於都하노라 叔孫旦而立하야 期焉이러니 乃館諸箕하고 舍子服昭伯於他邑하다

韓宣子는 邾人에게 그 무리를 집합시키게 하고 叔孫婼을 그들에게 넘겨주려 하였는데, 숙손착은 그 소식을 듣고 侍從과 무기를 버리고 朝見하였다. 士彌牟(士景伯)가 한선자에게 말하였다.

"당신이 잘 생각하지 않고 叔孫을 그 원수에게 넘겨준다면 숙손은 반드시 죽게 될 것입니다. 魯나라가 숙손을 잃는다면 반드시 邾나라를 멸망시킬 것이니, 邾君이 나라를 잃는다면 장차 어디로 가겠습니까? 당신께서 아무리 후회한들 어찌 미칠 수 있겠습니까? 이른바 盟主는 명을 어기는 나라를 토벌하는 사람이니, 만약 제후가 모두 서로 원수를 잡는다면 맹주가 무슨 소용이 있습니까?"

그런데 宣子는 숙손을 邾人에게 넘겨주지 않고 숙손과 子服回를 각각 다른 객관에 머물게 하였다. 士伯이 그들의 변론하는 말을 듣고 선자에게 고하자, 선자는 이에 숙손과 자복을 모두 체포하였다. 사백이 숙손의 수레를 몰고 가니 시종이 4명이었는데, 邾人이 머무는 객관을 지나 獄吏에게 가고, 邾子는 먼저 돌려보냈다. 사백이 말하였다.

"꼴과 땔감을 마련하기 곤란함과 從者들의 괴로움 때문에 그대를 다른 城邑으로 留置하려 한다."

숙손은 아침부터 서서 명을 기다리니, 晉人은 이에 숙손을 箕에 유치하고, 子服昭伯은 다른 邑에 유치하였다.

字義 蕘 : 섶나무 요　期 : 기다릴 기

范獻子求貨於叔孫할새 使請冠焉[350]하니 取其冠法而與之兩冠하고 曰 盡矣라하다 爲叔孫故하야 申豐以貨如晉하니 叔孫曰 見我하라 吾告女所行貨호리라 見(현)而不出하다 吏人之與叔孫居於箕者 請其吠狗로대 弗與러니 及將歸에 殺而與之食之하고 叔孫所館者는 雖一日이나 必葺其牆屋하야 去之如始至하니라

350 使請冠焉 : 모자를 요구한다는 말로 핑계 댄 것이다.(杜注)

范獻子가 叔孫에게 재물을 요구할 적에 사람을 보내 숙손의 帽子를 요청한다고 하니, 숙손은 獻子의 冠法(모자의 樣式)을 가져오게 하여 모자 두 개를 만들어주고 "나의 모자는 이것이 다이다." 하였다. 숙손을 속죄시키기 위해 申豐이 재물을 가지고 晉나라로 가니, 숙손이 말하였다.

"나를 만나라. 내 너에게 뇌물을 쓸 곳을 일러주겠다."

신풍이 숙손을 알현하니 숙손은 그를 잡아두고 내보내지 않았다. 숙손과 함께 箕에 거주하는 吏人이 숙손의 개를 달라고 요구해도 주지 않았는데, 돌아오려 할 때에 미쳐서 그 개를 잡아 그 이인과 함께 먹고, 숙손이 머문 곳에는 비록 하루를 머물렀으나 반드시 담과 지붕을 수리하였으므로 떠날 때가 처음 왔을 때와 같았다.

字義 葺 : 보수할 집

【經】晉人圍郊하다

晉人이 郊(周나라 邑)를 포위하였다.

【傳】春王正月壬寅朔에 二師圍郊하니 癸卯에 郊鄩潰하다 丁未에 晉師在平陰하고 王師在澤邑이러니 王使告間(한)한대 庚戌에 還하다

봄 周王 正月 초하루 壬寅日에 王師와 晉軍이 郊를 포위하였다. 癸卯日에 郊·鄩을 〈지키던 子朝의 군대가〉 무너져 흩어졌다. 丁未日에 진군은 平陰에 주둔하고 왕사는 澤邑에 주둔하였는데, 周王이 진군에 사람을 보내 한가하다고 고하니 庚戌日에 진군이 돌아갔다.

【經】夏六月에 蔡侯東國卒于楚하다

여름 6월에 蔡侯 東國(蔡 悼侯)이 楚나라에서 졸하였다.

【經】秋七月에 莒子庚輿來奔하다

가을 7월에 莒子 庚輿가 魯나라로 도망해 왔다.

【傳】莒子庚輿虐而好劒하야 苟鑄劒이면 必試諸人하니 國人患之러라 又將叛齊하니 烏存帥(솔)國人以逐之하니 庚輿將出할새 聞烏存執殳而立於道左하고 懼將止死러니 苑羊牧之

曰 君過之하소서 烏存以力聞은 可矣니 何必以弑君成名이리오 遂來奔하다 齊人納郊公하다

莒子 庚輿는 포학한 데다가 劍을 좋아하여 검을 주조하면 반드시 사람에게 시험하니, 國人이 걱정하였다. 또 齊나라를 배반하려 하니, 烏存(莒나라 大夫)이 국인을 거느리고 그를 축출하였는데, 경여가 出奔하려 할 때 오존이 몽둥이를 들고 길가에 서 있다는 말을 듣고 장차 잡혀 죽게 될 것을 두려워하니, 苑羊牧之(莒나라 大夫)가 말하였다.

"임금님께서는 그 앞으로 지나가십시오. 오존은 勇力으로 이름을 낼 수 있는데 무엇 때문에 임금을 시해하는 것으로써 이름을 내려 하겠습니까?"

경여가 드디어 魯나라로 도망해 왔다. 齊人이 郊公(著丘公의 아들)을 莒나라로 들여보냈다.

字義 殳 : 몽둥이 수

【經】戊辰에 吳敗頓胡沈蔡陳許之師于雞父(보)[351]하니 胡子髡沈子逞滅하고 獲陳夏齧[352]하다

戊辰日에 吳軍이 雞父에서 頓·胡·沈·蔡·陳·許의 군대를 패배시키니, 胡子 髡과 沈子 逞이 戰死하고, 陳나라 夏齧을 포로로 잡았다.

【傳】吳人伐州來한대 楚薳越帥(솔)師하야 及諸侯之師奔命救州來하니 吳人禦諸(저)鍾離하다 子瑕卒하니 楚師熸이어늘 吳公子光曰 諸侯從於楚者衆호대 而皆小國也라 畏楚而不獲已하야 是以來니라 吾聞之호니 曰 作事에 威克其愛면 雖小必濟라하니 胡沈之君幼而狂하고 陳大夫齧壯而頑하고 頓與許蔡疾楚政하며 楚令尹死하니 其師熸하고 帥賤多寵하야 政令不壹하며 七國同役而不同心하며 帥賤而不能整하야 無大威命하니 楚可敗也라 若分師하야 先以犯胡沈與陳이면 必先奔하리니 三國敗면 諸侯之師乃搖心矣요 諸侯乖亂이면 楚必大奔하리니 請先者去備薄威하고 後者敦陳整旅하라

吳人이 州來를 침공하자, 楚나라 薳越이 楚王의 명을 받고 군대를 거느리고 제후의 군대와 함께 주래를 구원하기 위해 달려가니, 오인이 이들을 鍾離에서 막았다. 이때 子瑕가 죽으니 楚軍은 사기가 떨어졌는데, 吳나라 公子 光이 말하였다.

---

351 雞父(보) : 楚나라 땅이다. 安豐縣 남쪽에 雞備亭이 있다.

352 胡子髡沈子逞滅 獲陳夏齧 : 國君은 사직의 주인으로 종묘와 存亡을 함께하므로 '滅'이라 한 것이고, 大夫는 가볍기 때문에 '獲'이라 한 것이다.(杜注)

“楚나라를 따르는 제후가 많으나 모두 小國들입니다. 초나라가 두려워 마지못해 온 것입니다. 내 듣건대 ‘일을 하는 데 있어 위엄이 사랑하는 마음을 이기면 비록 적은 병력이라 하더라도 반드시 성공할 수 있다.’ 하였습니다. 胡나라와 沈나라의 임금은 나이가 어려 조급하고, 陳나라 大夫 齧은 장년이지만 어리석고, 頓나라 · 許나라 · 蔡나라는 초나라의 정치를 미워하고, 초나라는 令尹이 죽으니 그 군대의 사기가 떨어졌고, 〈초군의〉 장수는 지위가 비천하고 〈楚나라 軍中에는〉 寵臣이 많아서 軍令이 한 곳에서 나오지 않습니다. 일곱 나라가 함께 출전하였으나 그 마음이 같지 않고, 장수가 비천해 군대를 정돈하지 못하여 크게 威命이 없으니 초나라를 패배시킬 수 있습니다. 만약 군대를 나누어 먼저 胡軍 · 沈軍 · 陳軍을 치면 저들은 반드시 먼저 도망갈 것이니, 이 세 나라 군대가 패주하면 諸侯軍은 마음이 흔들릴 것이고, 제후군이 혼란하면 초군은 반드시 대패할 것입니다. 그러니 선발 부대는 방비를 철거해 軍威를 줄이고, 후속 부대는 軍陣을 監督하여 군대를 정돈하게 하십시오.”

字義 熸 : 불 꺼질 잠　狂 : 조급할 광　旅 : 군대 려

吳子從之하야 戊辰晦에 戰于雞父(보)할새 吳子以罪人三千先犯胡沈與陳하니 三國爭之하다 吳爲三軍하야 以繫於後호대 中軍從王하고 光帥(솔)右하고 掩餘帥左러니 吳之罪人或奔或止하니 三國亂하다 吳師擊之한대 三國敗하다 獲胡沈之君及陳大夫하고 舍胡沈之囚하야 使奔許與蔡頓曰 吾君死矣라하고 師譟而從之한대 三國奔하니 楚師大奔하다 書曰 胡子髡沈子逞滅하고 獲陳夏齧이라하니 君臣之辭也요 不言戰은 楚未陳也라

吳子가 그의 말을 따라 그믐날 戊辰日에 雞父에서 교전할 때 오자가 죄인 3천 명을 보내 먼저 胡 · 沈과 陳나라 군대를 치게 하니, 세 나라 군대가 이들을 잡으려고 서로 다투었다. 이때 吳나라는 3軍을 편성하여 죄인의 뒤에 붙이되, 中軍은 吳王을 따르고, 光은 右軍을 거느리고, 掩餘는 左軍을 거느렸는데, 오나라의 죄인들이 혹은 도망가기도 하고 혹은 정지하기도 하니 세 나라 軍中이 혼란하였다. 吳軍이 공격하니 세 나라 군대가 패배하였다. 胡 · 沈의 임금과 陳나라 大夫를 포로로 잡고, 오군이 胡 · 沈의 포로를 석방해 許 · 蔡 · 頓의 진영으로 보내며 “우리 임금님이 죽었다.” 하게 하고 오군이 고함을 치며 그 뒤를 따라가자, 세 나라 군대가 도망가니 초군이 대패해 달아났다.

經에 “胡子 髡과 沈子 逞이 戰死하고, 陳나라 夏齧을 포로로 잡았다.”고 기록하였으니, 이는 君主와 臣下에게 쓰는 문사이다. ‘戰하였다.’고 말하지 않은 것은 초군이 진을 치기 전에 오군이 공격하였기 때문이다.

【經】天王居于狄泉[353]하다 尹氏立王子朝하다

天王이 狄泉에 거주하였다. 尹氏(周나라 世卿)가 王子 朝를 周王으로 세웠다.

【傳】夏四月乙酉에 單(선)子取訾하고 劉子取牆人直人하다 六月壬午에 王子朝入于尹하니 癸未에 尹圉誘劉佗殺之하다 丙戌에 單子從阪道하고 劉子從尹道伐尹이러니 單子先至而敗하니 劉子還하다 己丑에 召伯奐南宮極以成周人戍尹하다 庚寅에 單子劉子樊齊以王如劉하니 甲午에 王子朝入于王城하야 次于左巷하다 秋七月戊申에 鄩羅納諸莊宮한대 尹辛敗劉師于唐하고 丙辰에 又敗諸(저)鄩하다 甲子에 尹辛取西闈하다 丙寅에 攻蒯하니 蒯潰하다

여름 4월 乙酉日에 單子(單旗)가 訾邑을 취하고 劉子(劉蚡)가 牆人邑과 直人邑을 취하였다.

6월 壬午日에 王子 朝가 尹(尹氏의 읍)으로 들어가니, 癸未日에 尹圉가 劉佗를 유인해 살해하였다. 丙戌日에 선자는 阪道로 가고 유자는 尹道로 가서 尹을 공격하기로 하였는데, 선자가 먼저 가서 패전하니 유자는 환군하였다. 己丑日에 召伯 奐과 南宮極이 成周人을 거느리고 尹을 지켰다. 庚寅日에 單子 · 劉子 · 樊齊가 周王을 모시고 劉로 가니, 甲午日에 왕자 조가 王城으로 들어가서 左巷에 주둔하였다.

가을 7월 戊申日에 鄩羅(周나라 大夫 鄩肸의 아들)가 子朝를 莊宮으로 들여보내자, 尹辛(尹氏의 族人)이 劉蚡의 군대를 唐에서 패배시키고 丙辰日에 또 鄩에서 패배시켰다. 甲子日에 윤신이 西闈를 취하였다. 丙寅日에 蒯를 공격하니 蒯人이 무너져 흩어졌다.

【經】八月乙未에 地震하다

8월 乙未日에 지진이 났다.

【傳】八月丁酉에 南宮極震하니 萇弘謂劉文公曰 君其勉之하소서 先君之力可濟也니이다 周之亡也에 其三川震이러니 今西王之大臣亦震하니 天棄之矣라 東王必大克하리이다

8月 丁酉日에 南宮極이 지진으로 무너지는 집에 깔려 죽으니, 萇弘이 劉文公(劉蚡)에게 말하였다. "주군께서는 노력하소서. 先君(劉獻公을 이름)께서 노력하셨던 일을 이룰 수 있습니다. 西周가 망할 때 三川(涇水 · 渭水 · 洛水)에 지진이 발생하였는데, 지금 西王(子朝)의 大臣 또한 지진으로 죽었으니, 하늘이 子朝를 버린 것입니다. 東王(周 敬王)이 반드시 대승할 것입니다."

---

353 狄泉 : 洛陽 城內 大倉 서남쪽에 있는 池水이다.

【經】冬이라

겨울이다.

【傳】楚大(태)子建之母在郥(격)이러니 召吳人而啓之하다 冬十月甲申에 吳大(태)子諸樊入郥하야 取楚夫人與其寶器以歸하니 楚司馬薳越追之不及하야 將死러니 衆曰 請遂伐吳以徼之하라 薳越曰 再敗君師면 死且有罪요 亡君夫人하니 不可以莫之死也라하고 乃縊於薳澨하다

楚나라 太子 建의 모친이 郥陽에 있었는데, 吳人을 불러들여 성문을 열어주었다. 겨울 10월 甲申日에 吳나라 太子 諸樊이 격양으로 들어가서 楚夫人(太子 建의 母親)과 그의 寶器를 가지고 돌아가니, 楚나라 司馬 薳越이 뒤쫓았으나 따라잡지 못하여 위월이 자살하려 하자, 그 무리들이 말하였다.

"이 기회에 드디어 吳나라를 쳐서 승부를 보시기 바랍니다."

위월이 말하였다.

"임금님의 군대를 재차 패전시킨다면 죽어도 죄가 남을 것이고, 君夫人을 잃었으니 죽지 않을 수 없다."

그리고는 薳澨(楚나라 땅)에서 목매 죽었다.

【經】公如晉이라가 至河有疾乃復하다

겨울에 昭公이 晉나라에 가다가 黃河에 이르러 병이 나서 되돌아왔다.

【傳】公爲叔孫故如晉이라가 及河하야 有疾而復하다

昭公이 叔孫의 일로 晉나라에 가다가 黃河에 이르러 병이 나서 돌아왔다.

楚囊瓦[354]爲令尹하야 城郢한대 沈尹戌曰 子常必亡郢이로다 苟不能衛인댄 城無益也리라 古者에 天子守在四夷러니 天子卑하면 守在諸侯하고 諸侯守在四隣이러니 諸侯卑하면 守在四竟하니라 愼其四竟하고 結其四援하야 民狎其野하며 三務成功하야 民無內憂하며 而又無外懼면 國焉用城이리오 今吳是懼하야 而城於郢하니 守已小矣라 卑之不獲이어늘 能

---

354 囊瓦 : 子囊의 손자 子常으로 陽匄의 뒤를 이어 令尹이 되었다.

無亡乎아 昔梁伯溝其公宮而民潰하니 民棄其上이면 不亡何待리오 夫正其疆埸하고 修其土田하며 險其走集[355]하고 親其民人하며 明其伍候하고 信其隣國하며 愼其官守하고 守其交禮하며 不僭不貪하고 不懦不耆하며 完其守備하야 以待不虞면 又何畏矣리오 詩曰 無念爾祖아 聿修厥德[356]이라하니 無亦監乎아 若敖蚡冒至于武文히 土不過同이로되 愼其四竟하야 猶不城郢이러니 今土數圻어늘 而郢是城하니 不亦難乎아

楚나라 囊瓦가 令尹이 되어 郢에 성을 쌓자 沈尹 戌이 말하였다.

"子常은 반드시 郢을 잃을 것이다. 만약 守衛할 수 없다면 城을 쌓아도 도움이 없을 것이다. 옛날 천자는 수위하는 일이 사방의 蠻夷國에 있었는데 천자의 권위가 낮아지면 수위하는 일이 제후국에 있었고, 옛날에 제후는 수위하는 일이 사방의 이웃 나라에 있었는데 제후의 권위가 낮아지면 수위하는 일이 사방의 국경에 있었다. 각자 신중히 사방의 국경을 지키고 사방의 이웃 나라와 우호를 맺어 응원국으로 삼아 백성들이 전야에서 편안히 생활하며 세 철의 농사를 잘 지어 백성들에게 內憂가 없으며 또 外患이 없다면 국도에 성을 쌓을 게 뭐 있겠는가?

그런데 지금 楚나라는 吳나라를 겁내 郢에 성을 쌓으니, 수위하는 범위가 너무 작다. 四境을 지키는 제후가 되려 하여도 될 수 없을 것인데 어찌 망하지 않을 수 있겠는가? 옛날에 梁伯이 그 公宮에 해자를 파자 백성들이 흩어졌으니 백성이 그 윗사람을 버린다면 망하지 않고 무엇을 기다리겠는가? 국경을 획정하고 전지를 정리하며, 보루를 높이 쌓고 인민을 친애하며, 다섯 사람을 1組로 묶어 돌려가면서 망을 보게 하는 법을 밝히고 이웃 나라에 信義를 지키며, 관리가 각자의 직무를 신중히 처리하고 외교의 禮를 지키며 예를 어기지도 탐욕하지도 않고 나약하지도 강포하지도 않으며, 수비를 견고히 하여 불우의 사태를 대비한다면 또 무엇이 두렵겠는가?

《詩經》에 '네 조상을 생각지 않는가? 그 덕을 닦으라.' 하였으니, 令尹은 어찌 또 이를 龜鑑으로 삼지 않는가? 若敖 · 蚡冒로부터 武王 · 文王(네 군주는 모두 초나라의 어진 군주)에 이르기까지 국토가 사방 백 리에 불과하였으나 사방의 국경을 신중히 지키면서 오히려 郢에 성을 쌓지 않았는데, 지금 楚나라는 국토가 수천 리인데도 郢에 성을 쌓으니 〈망하지 않기를 바란들〉 어찌 어렵지 않겠는가?"

字義 狎 : 안주할 압 耆 : 강할 기 圻 : 사방 천 리 기

---

355 走集 : 邊境의 堡壘이다.(杜注)

356 無念爾祖 聿修厥德 : 《詩經》〈大雅 文王〉이다.

〈24년, 癸未(B.C. 518)〉

【經】二十有四年이라 春이라

24년이다. 봄이다.

【傳】二十四年이라 春王正月辛丑에 召簡公南宮嚚이 以甘桓公見(현)王子朝하니 劉子謂萇弘曰 甘氏又往矣로다 對曰 何害리오 同德度(탁)義라 大(태)誓曰 紂有億兆夷人이나 亦有離德이어니와 余有亂臣十人호니 同心同德[357]이라하니 此周所以興也라 君其務德하고 無患無人하소서 戊午에 王子朝入于鄔하다

24년이다. 봄 周王 正月 辛丑日에 召簡公(召伯盈)과 南宮嚚(南宮極의 아들)이 甘桓公(甘平公의 아들)을 데리고 가서 王子 朝를 뵙게 하니, 劉子가 萇弘에게 일러 말하였다.

"甘氏도 그의 편이 되어 갔구나."

장홍이 대답하였다.

"해로울 게 뭐 있습니까? 덕이 같아야 의로운 일을 도모할 수 있습니다. 〈太誓〉에 '紂에게는 億兆의 夷人이 있으나 마음〔德〕이 같지 않거니와, 나에게는 亂臣 10인이 있으니 마음이 같고 덕이 같다.' 하였으니, 이것이 周나라가 흥성하게 된 원인입니다. 주군께서는 덕을 닦는 데 힘쓰고 사람이 없는 것을 걱정할 필요가 없습니다."

戊午日에 왕자 조가 鄔로 들어갔다.

字義 度 : 도모할 탁　亂 : 다스릴 란

【經】王二月丙戌에 仲孫貜卒하다

周王 2월 丙戌日에 仲孫貜(孟僖子)이 졸하였다.

【經】婼(착)至自晉하다

叔孫婼이 晉나라에서 돌아왔다.

---

357 大(태)誓曰……同心同德 : 《書經》〈周書 泰誓 中〉이다.

【傳】晉士彌牟逆叔孫于箕러니 叔孫使梁其踁待于門內하고 曰 余左顧而欬어든 乃殺之하고 右顧而笑어든 乃止하라 叔孫見士伯한대 士伯曰 寡君以爲盟主之故로 是以久子하시니 不腆敝邑之禮를 將致諸從者하야 使彌牟逆吾子하니라 叔孫受禮而歸하다 二月에 婼至自晉이라하니 尊晉也라

晉나라 士彌牟가 箕로 가서 叔孫을 맞이하려 하니, 숙손이 梁其踁(叔孫의 家臣)으로 하여금 문 안에서 기다리게 하며 말하였다.

"내가 왼쪽을 돌아보며 기침을 하거든 곧 그를 죽이고, 오른쪽을 돌아보며 웃거든 그만두어라."

숙손이 士伯을 접견하자, 사백이 말하였다.

"우리 임금님께서 盟主가 되셨기 때문에 그대를 오랫동안 이곳에 抑留한 것입니다. 변변치 못한 우리나라의 禮物을 그대의 從者에게 전하고자 나를 보내 그대를 맞이하게 하셨습니다."

숙손은 그 예물을 접수하여 돌아왔다. 經에 '2월에 叔孫婼이 晉나라에서 돌아왔다.'고 기록하였으니, 이는 晉나라를 존중한 것이다.

字義 欬 : 기침 해

三月庚戌에 晉侯使士景伯涖問周故한대 士伯立于乾祭(간채)하야 而問於介衆하고 晉人乃辭王子朝하야 不納其使하다

3월 庚戌日에 晉侯가 士景伯을 보내 周나라 왕실에 발생한 변고에 대해 묻게 하자, 士伯이 乾祭(王城의 北門)에 서서 대중에게 묻고 晉人은 곧 王子 朝를 사절하여 그 使者를 받아들이지 않았다.

字義 涖 : 다다를 리　介 : 클 개

【經】夏五月乙未朔에 日有食之하다

여름 5월 초하루 乙未日에 日食하였다.

【傳】夏五月乙未朔에 日有食之하니 梓愼曰 將水하리라 昭子曰 旱也리라 日過分而陽猶不克하니 克必甚하리니 能無旱乎아 陽不克莫(모)하니 將積聚也리라

여름 5월 초하루 乙未日에 日食하니, 梓愼이 말하였다.

"장차 水災가 발생할 것이다."

昭子가 말하였다.

"가뭄이 들 것이다. 太陽이 춘분점을 지났는데도 陽氣가 오히려 陰氣를 이기지 못해 〈일식한 것이다.〉 음기를 이기게 되면 반드시 日光이 매우 맹렬할 것이니 가물지 않을 수 있겠는가? 양기가 늦도록 음기를 이기지 못하니 장차 양기가 모여 쌓일 것이다."

字義 莫 : 늦을 모

六月壬申에 王子朝之師攻瑕及杏[358]하니 皆潰하다

6월 壬申日에 王子 朝의 군대가 瑕邑과 杏邑을 공격하니, 두 邑의 군대가 모두 패하여 흩어졌다.

鄭伯如晉에 子大(태)叔相이러니 見(현)范獻子한대 獻子曰 若王室何오 對曰 老夫其國家不能恤이온 敢及王室가 抑人亦有言曰 嫠不恤其緯하고 而憂宗周之隕이라하니 爲將及焉이라 今王室實蠢蠢焉하니 吾小國懼矣라 然大國之憂也니 吾儕何知焉리오 吾子其早圖之하라 詩曰 缾之罄矣는 惟罍之恥[359]라하니 王室之不寧은 晉之恥也니라 獻子懼하야 而與宣子圖之하야 乃徵會於諸侯하야 期以明年하다

鄭伯(定公)이 晉나라에 갔을 때 子太叔(游吉)이 相이 되었는데, 范獻子(范鞅)를 알현하자, 獻子가 물었다.

"왕실의 일을 어쩌면 좋겠소."

자태숙이 대답하였다.

"이 늙은이는 내 국가의 일도 걱정할 수 없는데 감히 왕실의 일을 걱정하겠습니까? 그러나 사람들의 말에 '과부가 씨줄이 모자라는 것은 걱정하지 않고 周나라 왕실이 쇠락하는 것을 걱정한다.' 하니, 이는 화가 장차 자기에게 미칠 것을 두려워해서입니다. 지금 왕실이 실로 어지러우니 우리 小國은 두렵습니다. 그러나 이는 大國의 근심이니 우리가 어찌 알 수 있겠습니까? 그대는 일

缾

罍

358 瑕及杏 : 瑕와 杏은 敬王의 邑이다.

359 缾之罄矣 惟罍之恥 : 《詩經》〈小雅 蓼莪〉이다. '罍'는 큰 그릇이고, '缾은 작은 그릇이다.(杜注)

찌감치 방법을 계획하시기 바랍니다. 《詩經》에 '작은 그릇〔缾〕이 비는 것은 큰 그릇〔罍〕의 수치이다.' 하였으니, 왕실이 안녕하지 못한 것은 晉나라의 수치입니다."

헌자는 두려워서 宣子(韓起)와 상의하여 제후를 불러 회합하기로 하면서 그 시기를 이듬해로 정하였다.

字義 嫠 : 과부 리 罄 : 빌 경

【經】秋八月에 大雩하다

가을 8월에 기우제를 지냈다.

【傳】秋八月에 大雩하니 旱也라

가을 8월에 기우제를 지냈으니 가물었기 때문이다.

【經】丁酉에 杞伯郁釐卒하다

丁酉日에 杞伯 郁釐(杞 平公)가 졸하였다.

【經】冬이라

겨울이다.

【傳】十月癸酉에 王子朝用成周之寶珪于河러니 甲戌에 津人得諸河上하다 陰不佞以溫人南侵이라가 拘得玉者하야 取其玉하다 將賣之하니 則爲石하다 王定而獻之하니 與之東訾하다

10월 癸酉日에 王子 朝가 成周의 寶珪를 黃河에 던져 넣었는데, 甲戌日에 津人(나루의 뱃사공)이 河水 가에서 이 보규를 얻었다. 陰不佞(敬王의 大夫)이 溫邑 사람을 거느리고 子朝를 침공하기 위해 남쪽으로 가다가 옥(보규)을 얻은 자를 잡아 그 옥을 빼앗았다. 그것을 팔려 하니 그 보규가 돌로 변하였다. 敬王의 왕위가 안정된 뒤에 그 보규를 바치니, 경왕은 不佞에게 東訾(鞏縣 서남쪽의 訾城)를 주었다.

【經】吳滅巢하다

吳나라가 巢邑(楚나라 邑)을 멸하였다.

【傳】楚子爲舟師하야 以略吳疆하니 沈尹戌曰 此行也에 楚必亡邑하리라 不撫民而勞之하고 吳不動而速之하니 吳踵楚면 而疆埸無備니 邑能無亡乎아

楚子가 水軍을 편성하여 吳나라 국경을 침공하니, 沈尹 戌이 말하였다.
"이번 걸음에 楚나라는 반드시 읍을 잃을 것이다. 백성을 위무하지 않고 괴롭히며 吳나라가 군대를 움직이지도 않는데 그들을 전쟁에 불러들이니, 吳軍이 楚軍의 뒤를 밟아 따라온다면 초나라의 변경에는 방비가 없으니 읍을 잃지 않을 수 있겠는가?"

字義 速 : 부를 속　踵 : 뒤따를 종

越大夫胥犴이 勞王於豫章之汭하고 越公子倉歸(궤)王乘舟하고 倉及壽夢이 帥(솔)師從王이라가 王及圉陽而還하다 吳人踵楚로되 而邊人不備하니 遂滅巢及鍾離而還하다

越나라 大夫 胥犴이 豫章의 물굽이에서 楚 平王을 위로하고, 越나라 公子 倉이 평왕에게 乘船을 주고 公子 倉과 壽夢(越나라 大夫)이 군대를 거느리고 초 평왕을 따라가다가 평왕이 圉陽에 이른 뒤에 돌아갔다. 吳人이 楚軍의 뒤를 밟는데도 邊人(邊方守備軍)이 방비하지 않으니, 吳軍이 드디어 巢와 鍾離를 擊滅하고 돌아갔다.

字義 汭 : 물굽이 예　歸 : 줄 궤

沈尹戌曰 亡郢之始 於此在矣로다 王壹動而亡二姓之帥하니 幾如是而不及郢가 詩曰 誰生厲階하야 至今爲梗[360]이라하니 其王之謂乎인저

沈尹 戌이 말하였다.
"郢都를 잃는 실마리가 이번 전쟁에 있을 것이다. 平王이 한 번 출동하여 두 姓의 장수를 잃었으니, 몇 차례 이와 같이 하면 적군이 영도에 이르지 않겠는가? 《詩經》에 '누가 災禍의 단서를 만들었기에 지금까지 고통스러운가.' 하였으니, 이 詩는 아마도 楚 平王의 경우를 이른 듯하다."

字義 始 : 실마리 시　階 : 단서 계　梗 : 재화 경

【經】葬杞平公하다

杞 平公을 장사 지냈다.

---

360 誰生厲階 至今爲梗 : 《詩經》 〈大雅 桑柔〉이다.

〈25년, 甲申(B.C. 517)〉

【經】二十有五年이라 春에 叔孫婼(착)如宋하다

25년이다. 봄에 叔孫婼이 宋나라에 갔다.

【傳】二十五年이라 春에 叔孫婼聘于宋하니 桐門右師見之語할새 卑宋大夫而賤司城氏한대 昭子告其人曰 右師其亡乎인저 君子貴其身而後能及人하나니 是以有禮라 今夫子卑其大夫而賤其宗하니 是賤其身也라 能有禮乎아 無禮면 必亡이리라

25년이다. 봄에 叔孫婼(昭子)이 宋나라를 聘問하니 桐門右師(樂大心)가 그를 접견하고 이야기를 나눌 때 宋나라 大夫들을 비하하고 司城氏를 천시하자 昭子가 자기의 從者에게 말하였다.

"右師는 아마도 망할 것이다. 군자는 자신을 존귀하게 여긴 뒤에 다른 사람을 존귀하게 여기니 그러므로 禮가 있는 것이다. 지금 夫子(樂大心을 이름)는 자기 나라 大夫들을 비하하고 자기 宗族을 천시하였으니, 이는 자기 자신을 천시한 것이다. 예가 있다고 할 수 있겠는가? 예가 없으면 반드시 망할 것이다."

宋公享昭子할새 賦新宮하니 昭子賦車轄[361]하다 明日宴할새 飮酒樂하야 宋公使昭子右坐하고 語相泣也하다 樂祁佐러니 退而告人曰 今玆君與叔孫其皆死乎인저 吾聞之호니 哀樂而樂哀는 皆喪心也라 心之精爽을 是謂魂魄이니 魂魄去之면 何以能久리오

宋公이 宴會를 열어 昭子를 接待할 때 〈新宮〉(逸詩) 시를 읊으니 소자는 〈車轄〉 시를 읊었다. 이튿날 연회할 때 술을 마시고 즐거워서 송공이 소자를 자기의 오른쪽에 앉히고 이야기를 하면서 서로 함께 눈물을 흘렸다. 이때 樂祁가 연회를 도왔는데, 물러나 사람에게 말하였다.

"금년에 宋君과 叔孫이 모두 죽을 것이다. 내 듣건대 '즐거울 때 슬퍼하고 슬플 때 즐거워하는 것은 모두 常心을 잃었기 때문이라.' 한다. 마음의 정신을 魂魄이라 하니 혼백이 떠났다면 어찌 오래 살 수 있겠는가?"

季公若之姊爲小邾夫人하야 生宋元夫人이러니 生子하야 以妻季平子하니라 昭子如宋하야 聘且逆之러니 公若從하야 謂曹氏勿與하라 魯將逐之니라 曹氏告公하니 公告樂祁하다 樂祁曰 與之하라 如是면 魯君必出하리라 政在季氏三世矣요 魯君喪政四公矣니 無民而能

---

361 車轄 : 《詩經》〈小雅〉의 편명이다.

逞其志者는 未之有也라 國君是以鎭撫其民하나니 詩曰 人之云亡하니 心之憂矣[362]라하니 魯君失民矣어늘 焉得逞其志리오 靖以待命이면 猶可어니와 動必憂하리라

季公若의 누이가 小邾夫人이 되어 宋元夫人(平子의 外姊)을 낳았는데, 송원부인이 딸을 낳아 季平子의 아내를 삼기로 하였다. 昭子가 宋나라에 가서 聘問하고 宋 元公의 딸을 맞이해 오려 하였다. 그때 계공약이 따라가 曹氏(宋元夫人)에게 말하였다.

"딸을 주지 마시오. 魯人이 계평자를 축출하려 합니다."

조씨가 이 일을 송 원공에게 고하니 원공이 樂祁에게 고하였다. 악기가 말하였다.

"딸을 그에게 주십시오. 이와 같이 하고자 하면 魯君은 반드시 出奔하게 될 것입니다. 정권이 季氏에게 돌아간 지 이미 3대(文子 · 武子 · 平子)이고, 노군이 정권을 상실한 지 이미 4대(宣公 · 成公 · 襄公 · 昭公)입니다. 백성이 없으면서 자기의 뜻을 만족하게 펼친 자는 아직까지 없었습니다. 그러므로 나라의 임금은 그 백성을 慰撫하는 것입니다.《詩經》에 '사람이 없으니 마음이 근심스럽네.' 하였으니, 노군은 백성을 잃었는데, 어찌 그 뜻을 만족하게 펼칠 수 있겠습니까? 조용히 천명을 기다리면 오히려 괜찮겠지만 가벼이 움직이면 우환이 닥칠 것입니다."

字義 逞 : 만족할 령

【經】夏에 叔詣會晉趙鞅宋樂大心衛北宮喜鄭游吉曹人邾人滕人薛人小邾人于黃父(보)하다

여름에 叔詣가 晉나라 趙鞅 · 宋나라 樂大心 · 衛나라 北宮喜 · 鄭나라 游吉 · 曹人 · 邾人 · 滕人 · 薛人 · 小邾人과 黃父에서 회합하였다.

【傳】夏에 會于黃父하니 謀王室也라 趙簡子令諸侯之大夫輸王粟具戍人하야 曰 明年에 將納王호리라

여름에 黃父에서 회합하였으니, 이는 왕실의 안정을 상의하기 위함이었다. 趙簡子(趙鞅)가 제후의 大夫에게 왕실에 양곡을 수송할 것과 왕실을 수호할 군사를 준비할 것을 명하면서 말하였다.

"명년에 王(敬王)을 王城으로 들여보낼 것이다."

子大(태)叔見趙簡子한대 簡子問揖讓周旋之禮焉이어늘 對曰 是儀也요 非禮也라 簡子曰

---

362 人之云亡 心之憂矣 :《詩經》〈大雅 瞻卬〉이다.

敢問何謂禮오 對曰 吉也聞諸先大夫子産호니 曰 夫禮는 天之經也요 地之義也며 民之行也라하니 天地之經을 而民實則(칙)之하나니 則天之明하고 因地之性이니 生其六氣하고 用其五行이라 氣爲五味하고 發爲五色하며 章爲五聲하나니 淫則昏亂하야 民失其性이라 是故爲禮以奉之하고 爲六畜五牲三犧하야 以奉五味하고 爲九文六采五章하야 以奉五色하고 爲九歌八風七音六律하야 以奉五聲하며 爲君臣上下하야 以則地義하고 爲夫婦外內하야 以經二物하고 爲父子兄弟姑姊甥舅昏媾姻亞하야 以象天明하고 爲政事庸力行務하야 以從四時하고 爲刑罰威獄하야 使民畏忌하야 以類其震曜殺戮하고 爲溫慈惠和하야 以效天之生殖長育하니라 民有好惡(오)喜怒哀樂은 生于六氣라 是故審則宜類하야 以制六志하니라 哀有哭泣하고 樂有歌舞하며 喜有施舍하고 怒有戰鬪하나니 喜生於好하고 怒生於惡니라 是故審行信令하고 禍福賞罰하야 以制死生하나니 生은 好物也요 死는 惡物也라 好物은 樂也요 惡物은 哀也니 哀樂不失이라야 乃能協于天地之性이라 是以長久니라 簡子曰 甚哉라 禮之大也여 對曰 禮는 上下之紀며 天地之經緯也라 民之所以生也니 是以先王尙之니라 故人之能自曲直以赴禮者를 謂之成人이니 大不亦宜乎아 簡子曰 鞅也 請終身守此言也호리라

子太叔(游吉)이 趙簡子를 만나자, 簡子가 揖讓周旋의 禮를 물었는데, 자태숙이 대답하였다.

"이는 儀式이고 예가 아닙니다."

간자가 물었다.

"감히 묻습니다. 무엇을 예라 합니까?"

자태숙이 대답하였다.

"내〔吉〕가 先大夫 子産에게 들으니 '예는 하늘의 법칙이고 땅의 도리이며 사람들이 본받아 이행하는 것이다.' 하였으니, 천지의 법칙을 사람들이 본받는 것입니다. 하늘의 밝음을 본받고 땅의 본성을 따라야 되니, 이는 하늘이 六氣(陰 · 陽 · 風 · 雨 · 晦 · 明)를 내고 五行을 사용하기 때문입니다.

氣가 입으로 들어가 五味가 되고 눈에 드러나 五色이 되고 귀에 드러나 五聲이 되는데, 지나치게 탐하면 혼란하여 백성들이 본성을 상실합니다. 그러므로 예를 제정하여 본성을 보존하게 하고, 六畜 · 五牲 · 三犧의 제도를 제정하여 오미를 奉成(부족한 것을 보충해 완성함)하게 하고, 九文 · 六采 · 五章을 제정하여 오색을 봉성하게 하고, 九歌 · 八風 · 七音 · 六律을 제정하여 오성을 봉성하게 한 것입니다.

그리고 君臣上下의 규칙을 제정하여 地義를 본받고 부부 · 내외의 규칙을 제정하여 二物을

본받고, 父子·兄弟·姑姊·甥舅·昏媾·姻亞 사이의 규칙을 제정하여 하늘의 밝음을 본받고, 政事·庸力·行務의 규정을 제정하여 四時를 순종하고, 刑罰·監獄의 제도를 제정해 사람들로 하여금 두려워 꺼리게 하여 벼락이 살육하는 것을 모방하고, 온화하고 인자한 정책을 제정하여 하늘이 만물을 생육하는 것을 본받은 것입니다.

사람에게 好·惡·喜·怒·哀·樂이 있는 것은 하늘의 六氣에서 나온 것입니다. 그러므로 신중히 본받고 적절하게 모방하여 六志(六情)를 절제하여야 합니다. 슬프면 哭泣이 있고 즐거우면 歌舞가 있고 기쁘면 施舍가 있고, 노여우면 戰鬪가 있는데, 기쁨은 愛好에서 생기고 노여움은 憎惡에서 생깁니다. 그러므로 행동을 신중히 하고 명령을 미덥게 하여 화복과 상벌로써 死生을 제약하는 것입니다. 生은 사람들이 좋아하는 사물이고 死는 사람들이 싫어하는 사물입니다. 좋은 사물은 사람들을 즐겁게 하고 싫은 사물은 사람들을 슬프게 하니, 슬픔과 즐거움이 예를 잃지 않아야 천지의 본성과 화합하여 장구할 수 있습니다."

간자가 말하였다.

"지극하구나. 예의 위대함이여!"

자태숙이 대답하였다.

"예는 상하의 紀綱이고 천지의 經緯인지라 백성들이 생존하는 원리이니 先王이 제일 중요하게 여긴 것입니다. 그러므로 스스로 능히 굽히기도 하고 곧추기도 하여 예를 행하는 사람을 成人이라 하니, 위대한 것이 당연하지 않겠습니까?"

간자가 말하였다.

"나는 종신토록 이 말씀을 잊지 않겠습니다."

字義 類·모방할 류

宋樂大心曰 我不輸粟호리라 我於周爲客이니 若之何使客가 晉士伯曰 自踐土[363]以來로 宋何役之不會며 而何盟之不同가 曰同恤王室이라하니 子焉得辟(피)之리오 子奉君命하야 以會大事어늘 而宋背盟이면 無乃不可乎아 右師不敢對하야 受牒而退하다 士伯告簡子曰 宋右師必亡이로다 奉君命以使하야 而欲背盟以干盟主하니 無不祥大焉이로다

宋나라 樂大心이 말하였다.

"우리나라는 王室에 糧穀을 실어 보내지 않겠습니다. 우리는 周나라의 賓客인데, 어찌하여 빈객에게 그런 일을 시키십니까?"

---

363 踐土 : 魯 僖公 28년에 鄭나라 땅 踐土에서 맹약한 일이다.

晉나라 士伯이 말하였다.

"踐土에서 결맹한 이후로 송나라가 어느 전쟁에 참여하지 않았으며 어느 회맹에 동맹하지 않은 적이 있었습니까? 〈천토에서 맺은 맹약에〉 '함께 왕실을 구휼한다.' 하였으니, 그대가 어찌 양곡을 수송하는 일을 피할 수 있겠습니까? 그대는 임금의 명을 받들고 와서 大事를 논의하는 자리에 참여하였는데, 송나라가 맹약을 위배한다면 불가하지 않습니까?"

右師는 감히 대답할 수 없어서 문서를 받아 가지고 물러났다. 사백이 簡子에게 말하였다.

"송나라 우사는 반드시 망명하게 될 것입니다. 임금의 명을 받들고 사신으로 왔으면서 맹약을 위배하여 맹주를 범하고자 하였으니 이보다 더 큰 불길함이 없습니다."

【經】有鸜鵒(구욕)來巢하다

鸜鵒鳥가 와서 둥지를 지었다.

【傳】有鸜鵒來巢하니 書所無也라 師己曰 異哉라 吾聞文成之世에 童謠有之하니 曰 鸜之鵒之여 公出辱之로다 鸜鵒之羽여 公在外野하니 往饋之馬로다 鸜鵒跦跦여 公在乾侯하야 徵褰與襦로다 鸜鵒之巢여 遠哉遙遙라가 裯父(보)喪勞하고 宋父(보)以驕로다 鸜鵒鸜鵒이여 往歌來哭이로다 童謠有是러니 今鸜鵒來巢하니 其將及乎인저

鸜鵒鳥가 와서 둥지를 트니, 이를 經에 기록한 것은 일찍이 없었던 일이기 때문이다. 師己(魯나라 大夫)가 말하였다.

"괴이하구나. 내 듣건대 文公 · 成公 때에 동요가 있었으니, 그 동요에 '鸜鵒이 옴이여, 임금님 출국하여 치욕을 당하리라. 구욕이 날아다님이여, 임금님 국외의 교야에 계시니 신하가 가서 말〔馬〕을 드리리라. 구욕이 뛰어다님이여, 임금님 乾侯에 계시면서 의복을 요구하리라. 구욕이 와서 둥지를 틂이여, 임금님 멀리 나가 계시다가 裯父(昭公)는 고생하다 죽고 宋父(定公)는 교만하리라. 구욕이 옴이여, 갈 때는 노래하고 올 때는 곡하리라.' 하였다. 이런 동요가 있었는데, 지금 구욕이 와서 둥지를 틀었으니 아마도 장차 화가 미칠 것이다."

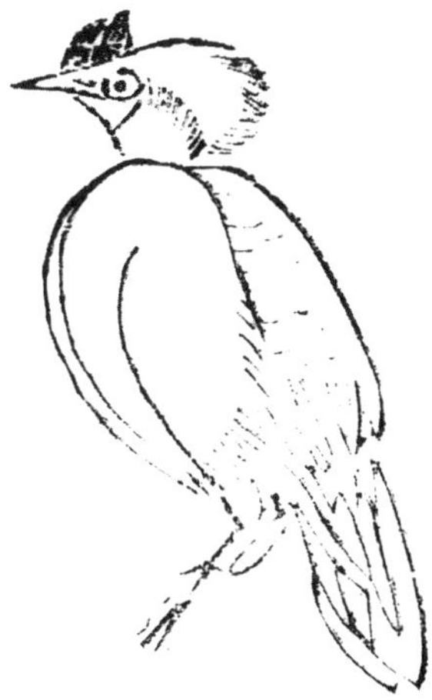

鸜鵒

字義 跦 : 뛰어다닐 주 徵 : 구할 징 褰 : 바지 건 襦 : 內衣 유

【經】秋七月上辛에 大雩하고 季辛에 又雩하다

가을 7월 上旬의 辛日에 기우제를 지내고, 下旬의 신일에 또 기우제를 지냈다.

【傳】秋에 書再雩하니 旱甚也라

가을에 재차 기우제를 지낸 것을 기록하였으니 가뭄이 심하였기 때문이다.

【經】九月己亥에 公孫于齊[364]라가 次于陽州하니 齊侯唁公于野井하다

9월 己亥日에 昭公이 齊나라로 도망갔다가 陽州에 머무르니, 齊侯가 野井에서 소공을 위문하였다.

【傳】初에 季公鳥娶妻於齊鮑文子하야 生甲하다 公鳥死에 季公亥與公思展與公鳥之臣申夜姑相其室하다 及季姒與饔人檀通하야 而懼하야 乃使其妾抶己하야 以示秦遄之妻曰 公若欲使余어늘 余不可而抶余라하고 又訴於公甫曰 展與夜姑 將要余라하다 秦姬以告公之하니 公之與公甫告平子하다 平子拘展於卞하고 而執夜姑하야 將殺之하다 公若泣而哀之曰 殺是면 是殺余也라하고 將爲之請이러니 平子使豎勿內하니 日中不得請하다 有司逆命하니 公之使速殺之라 故公若怨平子하다 季郈(후)之雞鬪러니 季氏介其雞하고 郈氏爲之金距한대 平子怒하야 益宮於郈氏하고 且讓之하니 故郈昭伯亦怨平子하다 臧昭伯之從弟會爲讒於臧氏하고 而逃於季氏어늘 臧氏執旃한대 平子怒하야 拘臧氏老하다 將禘於襄公할새 萬者二人이요 其衆萬於季氏하니 臧孫曰 此之謂不能庸先君之廟라하니 大夫遂怨平子하다

당초에 季公鳥(季公亥의 兄)가 齊나라 鮑文子의 딸을 아내로 맞이해 아들 甲을 낳았다. 公鳥가 죽자 季公亥(季公若)가 公思展 및 공조의 家臣 申夜姑와 함께 그 집안을 관리하였다. 季姒(公鳥의 미망인)가 요리사 檀과 사통하고는 계공해가 질책할 것이 두려워, 자기의 侍妾을 시켜 자기에게 매를 치게 하여 매 맞은 자리를 秦遄(魯나라 대부)의 아내(公鳥의 누이 秦姬)에게 보이며 말하였다.

"公若이 나와 동침하려 하기에 내가 말을 듣지 않았더니 나를 이렇게 쳤습니다."

그리고 公甫(平子의 아우)에게 고소하였다.

---

364 公孫于齊 : 出奔한 것을 숨기려 하였기 때문에 '孫'으로 기록하여 마치 스스로 사양하여〔孫讓〕君位를 버린 것처럼 만든 것이다.(杜注)

"展과 夜姑가 나에게 협박하려 합니다."

秦姬가 이 일을 公之(平子의 아우)에게 고하니, 공지는 공보와 함께 平子에게 고하였다. 평자가 展을 체포해 卞에 留置하고 야고를 체포해 죽이려 하였다. 공약은 눈물을 흘리며 애절하게 말하였다.

"이 사람을 죽이면 바로 나를 죽이는 것이다."

그리고는 야고를 위해 평자에게 가서 그의 사면을 요청하려 하였는데, 평자가 하인을 시켜 공약을 집안으로 들이지 못하게 하니 공약은 한낮이 되도록 청원할 수 없었다. 有司가 평자의 명을 받기 위해 가니 공지는 그 유사에게 야고를 속히 죽이게 하였다. 그러므로 공약은 평자에게 원한을 품었다.

季氏와 郈氏가 항상 닭싸움을 시켰는데, 계씨는 갑옷을 만들어 닭에 입히고, 후씨는 쇠로 발톱을 만들어 닭의 발에 끼워서 〈계씨의 닭이 지자〉 평자는 노하여 후씨의 택지를 빼앗아 자기의 궁실을 넓히고, 또 후씨를 꾸짖었다. 그러므로 郈昭伯 또한 평자에게 원한을 품었다.

臧昭伯의 從弟 會가 어떤 사람을 臧氏에게 참소하고 계씨의 집으로 도망가기에 장씨가 계씨의 집으로 가서 그를 잡자, 평자가 노하여 장씨의 家老를 구류하였다.

襄公의 종묘에 禘祭를 지내려 할 때 萬舞를 추는 자가 겨우 두 사람뿐이고, 그 밖의 많은 사람들은 모두 계씨의 집으로 가서 만무를 추니, 臧孫이 말하였다.

"이를 일러 先君의 廟에서 선군의 공훈을 보답할 수 없게 하는 것이라 한다."

이로 인해 大夫들은 드디어 평자에게 원한을 품었다.

字義 相 : 다스릴 상 抶 : 칠 질 要 : 협박할 요 旃 : 어조사 전(=之)

公若獻弓於公爲하고 且與之出射於外라가 而謀去季氏하다 公爲告公果公賁하니 公果公賁使侍人僚相告公하다 公寢이라가 將以戈擊之한대 乃走하다 公曰 執之하라하고 亦無命也하니 懼而不出하야 數月不見(현)이나 公不怒하다 又使言한대 公執戈以懼之하니 乃走하다 又使言한대 公曰 非小人之所及也니라 公果自言한대 公以告臧孫하니 臧孫以難하고 告郈孫하니 郈孫以可라하야 勸하다 告子家懿伯하니 懿伯曰 讒人以君徼幸이니 事若不克이면 君受其名이리니 不可爲也라 舍民數世라가 以求克事인댄 不可必也라 且政在焉하니 其難圖也라 公退之한대 辭曰 臣與聞命矣어니와 言若洩하면 臣不獲死라하고 乃館於公하다

公若이 公爲(昭公의 아들 務人)에게 활을 헌상하고 또 그와 밖으로 나가 활을 쏘다가 季氏를 제거하기로 모의하였다. 공위가 이 일을 公果와 公賁에게 말하니 공과와 공분은 侍人 僚相를 보내 昭公께 이 일을 고하게 하였다. 이때 소공은 잠자리에 들었다가, 창으로 요사를 치려 하

자 요사는 달아났다. 그러자 소공은 "저놈 잡으라."고 말만 하고 정식으로 명을 내리지 않았다. 요사는 두려워 감히 나아갈 수가 없어서 여러 달 동안 소공을 알현하지 않았으나, 소공은 노여워하지 않았다. 공과 등이 또 요사를 보내 말하게 하자, 소공이 창을 들고 위협하니 요사가 달아났다. 공과 등이 또 요사를 보내 말하게 하자, 소공이 말하였다.

"이 일은 小人이 언급할 바가 아니다."

그러자 공과가 직접 가서 말씀드리자, 소공이 이 일을 臧孫에게 말하니 장손은 성공하기 어렵다고 하고, 郈孫에게 말하니 후손은 가능하다고 하면서 소공에게 그 일을 하도록 권하였다. 子家懿伯(子家羈)에게 말하니 懿伯이 말하였다.

"이는 참소하는 자들이 임금님께 의지하여 요행을 바라는 짓이니, 만약 일이 성공하지 못하면 임금님께서 악명을 쓰게 될 것이니 하셔서는 안 됩니다. 백성을 여러 대 동안 버렸다가 이제 와서 일을 이루기를 구하신다면 성공을 기필할 수 없습니다. 게다가 또 정권이 저 季氏에게 있으니 아마도 도모하기 어려울 듯합니다."

소공이 그를 물리치자 의백이 사절하며 말하였다.

"신이 명을 들어 사정을 알게 되었습니다만 만약 이 말을 누설한다면 신은 제명에 죽지 못할 것입니다."

그리고는 公宮에 머물렀다.

叔孫昭子如闞하고 公居於長府하다 九月戊戌에 伐季氏하야 殺公之于門하고 遂入之하니 平子登臺而請曰 君不察臣之罪하시고 使有司討臣以干戈하시니 臣請待於沂上以察罪하노이다 弗許하고 請囚于費한대 弗許하고 請以五乘亡한대 弗許하다 子家子曰 君其許之하소서 政自之出久矣니 隱民多取食焉하야 爲之徒者衆矣니 日入慝作을 弗可知也니이다 衆怒不可蓄也라 蓄而弗治면 將蘊이요 蘊蓄이면 民將生心이요 生心이면 同求將合하리니 君必悔之리이다 弗聽하니 郈孫曰 必殺之하소서

叔孫昭子는 闞으로 가고 昭公은 長府(관청 이름)에 있었다. 9월 戊戌日에 季氏를 공격하여 公之를 문에서 죽이고 드디어 계씨의 집으로 들어가니, 平子가 臺 위로 올라가서 소공에게 청하였다.

"임금님께서는 신의 죄를 살피지 않으시고 有司를 보내 무기로 신을 공격하시니 신은 沂水가에서 기다리며 죄를 살피시기를 청합니다."

소공은 허락하지 않았으며, 평자가 費邑에 가두어주길 청하였으나 허락하지 않고, 五乘으로 망명하기를 청하였으나 허락하지 않았다. 그러자 子家子가 소공에게 말하였다.

"임금님께서는 허락하소서. 政令이 저 사람에게서 나온 지 오래되었으니, 저 사람에게 의

지해 먹고산 貧民이 많아서 저 사람의 무리가 된 자가 많으니 날이 어두워지면 奸人들이 일어나서 〈季氏를 돕는 일이〉 벌어질지도 모릅니다. 대중의 분노가 쌓이게 해서는 안 됩니다. 분노가 쌓이는데도 다스리지 않으면 장차 더욱 쌓이게 될 것이고 더욱 쌓이면 백성들은 다른 마음을 품을 것이고, 다른 마음을 품으면 뜻을 같이하는 자를 찾아 규합할 것이니 임금님께선 반드시 후회하게 될 것입니다."

소공이 듣지 않으니, 郈孫은 "반드시 계씨를 죽이소서." 하였다.

字義 隱 : 곤궁할 은 蘊 : 쌓일 온

公使郈孫逆孟懿子러니 叔孫氏之司馬鬷(종)戾言於其衆曰 若之何오 莫對하다 又曰 我家臣也니 不敢知國이라 凡有季氏與無 於我孰利리오 皆曰 無季氏면 是無叔孫氏也니라 鬷戾曰 然則救諸인저 帥(솔)徒以往하야 陷西北隅以入하니 公徒釋甲하고 執冰而踞어늘 遂逐之하다 孟氏使登西北隅하야 以望季氏러니 見叔孫氏之旌하고 以告한대 孟氏執郈昭伯하야 殺之于南門之西하고 遂伐公徒하다 子家子曰 諸臣僞劫君者하야 而負罪以出하리니 君止하소서 意如之事君也를 不敢不改리이다 公曰 余不忍也라하고 與臧孫如墓謀하고 遂行하다

昭公이 郈孫을 보내 孟懿子(仲孫何忌)를 맞아오게 하였는데, 叔孫氏의 司馬 鬷戾가 그 무리(叔孫의 家兵)들에게 "누구를 도와야 하겠는가?"라고 물으니 대답하는 자가 없었다. 또 "우리는 家臣이니 국사는 알 바가 아니다. 季氏가 있는 것과 없는 것이 우리에게 어느 쪽이 유리한가?"라고 물으니, 모두 "계씨가 없어지는 것은 바로 숙손씨가 없어지는 것이다." 하였다. 종려가 말하였다.

"그렇다면 계씨를 구원해야 한다."

그리고는 그 무리를 거느리고 가서 〈관군이 포위하고 있는〉 서북쪽 모퉁이를 뚫고 들어갔다. 이때 관군은 갑옷을 벗고 箭筒 뚜껑〔冰〕을 들고 땅바닥에 쭈그리고 앉아있었기에 종려는 드디어 관군을 축출하였다. 이때 孟氏는 사람을 시켜 자기 집 서북쪽 모퉁이로 올라가서 계씨 집안을 조망하게 하였는데, 숙손씨의 깃발이 있는 것을 보고 맹씨에게 고하자, 맹씨는 郈昭伯을 잡아 남문 서쪽에서 죽이고 드디어 소공의 군대를 공격하였다. 子家子가 소공에게 말하였다.

"신하들은 임금님을 협박하여 이번 일을 일으킨 것으로 위장해서 죄를 지고 出奔할 것이고 임금님께서는 궁중에 머물러 계십시오. 意如(季平子)가 임금님을 섬기는 태도를 감히 고치지 않을 수 없을 것입니다."

소공이 말하였다.

"나는 〈계씨의 무시와 모욕을〉 참을 수 없다."

그리고는 臧孫과 함께 先君의 묘소로 가서 〈작별을 고한 뒤에 출분할 곳을〉 상의하고 드디어 魯나라를 떠났다.

字義 冰 : 화살통 뚜껑 빙

己亥에 公孫于齊하야 次于陽州하다 齊侯將唁公于平陰하니 公先至于野井하다 齊侯曰 寡人之罪也라 使有司待于平陰하니 爲近故也라 書曰 公孫于齊라가 次于陽州하니 齊侯唁公于野井이라하니 禮也라 將求於人이면 則先下之가 禮之善物也라 齊侯曰 自莒疆以西로 請致千社하고 以待君命이라가 寡人將帥(솔)敝賦하야 以從執事하야 唯命是聽호리라 君之憂는 寡人之憂也니라 公喜어늘 子家子曰 天祿不再라 天若胙君이라도 不過周公이니 以魯足矣라 失魯而以千社爲臣이면 誰與之立이리오 且齊君無信하니 不如早之晉이니다 弗從하다

己亥日에 昭公이 齊나라로 도망가서 陽州에 머물렀다. 齊侯가 平陰으로 와서 소공을 위문하려 하니 소공이 먼저 野井으로 가서 기다렸다. 제후가 말하였다.

"〈여기까지 오시게〉 하였으니 이는 寡人의 죄입니다. 有司에게 평음에서 기다리게 했으니 이는 그곳이 양주에서 가깝기 때문이었습니다."

經에 "소공이 제나라로 도망갔다가 양주에 머무르니, 제후가 야정에서 소공을 위문하였다."고 기록하였으니, 이는 禮에 맞았기 때문이다. 남에게 도움을 구하려면 먼저 몸을 낮추는 것이 예 중에 좋은 일이기 때문이다. 제후가 말하였다.

"莒나라 국경 서쪽 지방으로부터 千社(2만 5천家)를 임금님께 드리고 임금님의 명을 기다렸다가 과인은 우리나라 군대를 거느려 執事(昭公을 가리킴)를 따라 출정하여 집사의 명을 듣겠습니다. 이는 임금님의 근심은 바로 과인의 근심이기 때문입니다."

소공이 기뻐하자, 子家子가 말하였다.

"하늘은 福祿을 거듭 주지 않습니다. 하늘이 만약 임금님께 복을 준다 하더라도 周公의 나라에 불과할 것이니 魯나라를 되찾는 것으로 충분합니다. 그런데 나라를 잃고 千社를 받아 제나라의 신하가 된다면 누가 임금을 도와 復位를 꾀하려 하겠습니까? 그리고 또 齊君은 신의가 없으니 일찍이 晉나라로 가는 것만 못합니다."

그러나 소공은 따르지 않았다.

字義 孫 : 도망갈 손　唁 : 위문할 언　胙 : 복 조

臧昭伯率從者將盟할새 載書曰 戮力壹心하야 好惡(오)同之하고 信罪之有無하야 繾綣從公하고 無通外內하라 以公命示子家子한대 子家子曰 如此면 吾不可以盟이라 羈也不佞이나 不能與二三子同心하니 而以爲皆有罪라 或欲通外內하고 且欲去君[365]이어늘 二三子好亡而惡(오)定하니 焉可同也리오 陷君於難하니 罪孰大焉이리오 通外內而去君이면 君將速入하리니 弗通何爲오 而何守焉이리오 乃不與盟하다

臧昭伯이 昭公을 따라 망명한 자들을 거느리고 결맹하려 할 때 載書(盟書)에 말하였다.

"일심으로 협력하여 好惡를 함께하고, 죄의 유무를 밝혀 임금님을 따르고 분산하지 말 것이며, 내외가 서로 교통하지 말라."

소공의 명으로 이 맹서를 子家子에게 보여주자, 자가자가 말하였다.

"맹서의 文案을 이와 같이 만든다면 나는 맹약할 수 없습니다. 내(羈)가 변변치 못하지만 여러분과 마음을 같이할 수 없으니, 그 이유는 여러분 모두 죄가 있다고 여기기 때문입니다. 혹자는 내외의 사정을 서로 교통하고자 하고 또 임금님을 떠나 임금님의 復位를 꾀하고자 합니다. 그런데 여러분은 망명을 좋아하고 君位를 안정시키기를 싫어하니, 내 어찌 여러분과 호오를 함께할 수 있겠습니까? 임금님을 禍難에 빠뜨렸으니 이보다 큰 죄가 어디 있습니까? 내외가 서로 교통하여 임금님을 떠나 임금님의 복위를 꾀한다면 임금님의 입국이 빨라질 것이니, 무엇 때문에 교통하지 않겠습니까? 무엇 때문에 이곳에서 임금님만 지키고 있겠습니까?"

그리고는 결맹에 참여하지 않았다.

字義 戮 : 모을 륙 信 : 밝을 신 繾 : 떨어지지 않을 견 綣 : 그리워할 권

初에 臧昭伯如晉할새 臧會竊其寶龜僂句하야 以卜爲信與僭하니 僭吉하다 臧氏老將如晉問할새 會請往하다 昭伯問家故하니 盡對하고 及內子與母弟叔孫하얀 則不對하고 再三問호대 不對하다 歸及郊에 會逆이어늘 問하니 又如初하다 至하야 次於外而察之하니 皆無之하다 執而戮之하니 逸하야 奔郈한대 郈魴假使爲賈正[366]焉하다 計於季氏러니 臧氏使五人以戈楯伏諸桐汝之閭하다 會出에 逐之한대 反奔이어늘 執諸季氏中門之外하니 平子怒曰 何故以兵入吾門고 拘臧氏老하니 季臧有惡(오)하다 及昭伯從公하야 平子立臧會하니 會曰 僂句不余欺也로다

당초 臧昭伯이 晉나라에 갈 때 臧會(昭伯의 從弟)가 昭伯의 寶龜 僂句를 훔쳐서 성실하게

---

365 且欲去君 : 昭公이 있는 이곳을 떠나 국내로 들어가서 소공의 復國을 꾀하고자 한다는 말이다.

366 賈正 : 貨物이 일정한 값을 유지하도록 하는 일을 맡은 市吏와 같다.(杜注)

행동하는 것이 길한지 불성실하게 행동하는 것이 길한지에 대해 점을 치니, 불성실하게 행동하는 것이 길하였다.

臧氏의 家老가 소백에게 문후하기 위해 晉나라로 가려 할 때 장회가 대신 가기를 청하여 晉나라로 갔다. 소백이 집안일을 묻자 일일이 다 대답하고, 內子와 母弟 叔孫에 대한 물음에 미쳐서는 대답하지 않고 두세 번 물어도 대답하지 않았다. 소백이 귀국 길에 올라 교외에 당도하였을 때 장회가 나가 영접하였는데, 〈소백이 내자와 모제에 대해〉 물으니 또 전처럼 대답하지 않았다. 〈소백이 성내로〉 들어와 밖에 머물면서 정황을 살펴보니 모두 무고하였다.

이에 소백이 장회를 잡아 죽이고자 하니 장회가 도망하여 郈邑으로 달아나자, 郈魴假가 그를 賈正으로 삼았다. 장회가 회계장부를 가지고 季氏의 집으로 갔는데, 장씨는 다섯 사람을 시켜 창과 방패를 가지고 桐汝의 里閭에 매복하게 하였다. 장회가 나오자 그를 뒤쫓으니 장회는 도로 계씨의 집으로 도망갔다. 다섯 사람이 그를 뒤쫓아 가서 계씨의 중문 밖에서 그를 잡으니, 季平子가 노하여 말하였다.

"무엇 때문에 무기를 들고 나의 집 문으로 들어왔느냐?"

그리고는 장씨의 가로를 구류하니, 이 일로 인해 계씨와 장씨가 서로 미워하였다. 소백이 昭公을 따라 망명함에 미쳐 平子가 장회를 장씨의 승계인으로 세우니 장회가 말하였다.

"僂句가 나를 속이지 않았구나."

【經】冬十月戊辰에 叔孫婼(착)卒하다

겨울 10월 戊辰日에 叔孫婼이 졸하였다.

【傳】昭子自闞歸하야 見平子하니 平子稽顙曰 子若我何오 昭子曰 人誰不死리오마는 子以逐君成名하니 子孫不忘이리라 不亦傷乎아 將若子何오 平子曰 苟使意如改得改事君이면 所謂生死而肉骨也니라 昭子從公于齊하야 與公言이러니 子家子命適公館者執之하다 公與昭子言於幄內曰 將安衆而納公호리라 公徒將殺昭子하야 伏諸道하다 左師展告公하니 公使昭子自鑄歸하다 平子有異志하니 冬十月辛酉에 昭子齊(재)於其寢하고 使祝宗祈死러니 戊辰에 卒하다 左師展將以公乘馬而歸하니 公徒執之하다

昭子가 闞에서 돌아와 平子를 만나니, 평자가 이마를 조아리며 말하였다.

"그대는 나를 위해 어떤 계책을 일러주겠습니까?"

소자가 말하였다.

"죽지 않는 사람이 어디 있습니까마는 당신은 임금을 축출함으로 인해 惡名이 이루어졌으

니 자자손손이 잊지 않을 것입니다. 이 어찌 가슴 아픈 일이 아닙니까? 내 어찌 당신을 도울 수 있겠습니까?"

평자가 말하였다.

"만약 나〔意如〕에게 다시 임금님을 섬길 수 있는 기회를 만들어준다면 이른바 '죽은 사람을 되살리고 마른 뼈에 새살이 돋게 하였다.'는 것입니다."

그러자 소자가 齊나라로 昭公을 찾아가서 소공과 말하였는데, 子家子는 公館으로 가는 자는 체포하라고 명하였다. 소공이 소자와 장막 안에서 상의할 때 소자가 말하였다.

"대중을 안정시킨 뒤에 임금님을 받아들이고자 합니다."

소공의 군대가 소자를 죽이려고 길에 매복하였다. 左師 展(魯나라 大夫)이 이 사실을 소공에게 고하니 소공은 소자에게 鑄邑을 경유해 돌아가게 하였다. 평자가 〈소공을 받아들이지 않겠다고〉 생각을 바꾸니, 겨울 10월 辛酉日에 소자가 그 침실에서 재계하고 祝宗에게 자기가 죽도록 기도하게 하더니, 戊辰日에 소자가 졸하였다. 左師 展이 소공을 수레에 태우고 돌아가려 하니, 소공의 무리가 展을 잡았다.

壬申에 尹文公涉于鞏하야 焚東訾나 弗克하다

壬申日에 尹文公이 鞏에서 洛水를 건너가서 東訾에 불을 놓았으나 승리하지 못하였다.

【經】十有一月己亥에 宋公佐卒于曲棘하다

11월 己亥日에 宋公 佐가 曲棘에서 졸하였다.

【傳】十一月에 宋元公將爲公故如晉할새 夢大(태)子欒卽位於廟어늘 己與平公服而相之하다 旦에 召六卿하야 公曰 寡人不佞하야 不能事父兄하야 以爲二三子憂하니 寡人之罪也라 若以群子之靈으로 獲保首領以歿이면 唯是楄柎[367]는 所以藉幹者니 請無及先君하노라 仲幾對曰 君若以社稷之故로 私降昵宴이면 群臣弗敢知어니와 若夫宋國之法과 死生之度면 先君有命矣니 群臣以死守之요 弗敢失隊(추)니이다 臣之失職은 常刑不赦라 臣不忍其死니 君命祗辱이니이다 宋公遂行이러니 己亥에 卒于曲棘하다

11月에 宋 元公이 魯 昭公을 위한 일로 晉나라에 가려 할 적에, 太子 欒(元公의 太子)이 종

---

367 楄柎 : 棺 안의 笭牀(屍身을 받쳐놓는 寢牀)이다.

묘에서 즉위식을 거행하는데 자기와 平公(元公의 아버지)이 朝服을 입고 보좌하는 꿈을 꾸었다. 아침에 六卿을 불러서 원공이 말하였다.

"寡人이 변변치 못하여 父兄을 잘 섬기지 못해 여러분에게 근심을 끼쳤으니 이는 과인의 죄이다. 그러니 여러분의 福을 힘입어 머리를 보전하고 죽는다면 오직 楄柎는 시신 밑에 까는 것이니 先君의 장례 때보다 모자라게 하기를 청한다."

仲幾가 대답하였다.

"임금님께서 만약 국가의 일로 사사로이 昵宴(聲樂과 飮食을 가까이하는 일)을 줄이는 것이라면 群臣이 감히 알려 하지 않겠습니다만 만약 宋나라의 법과 死生의 제도라면 선군의 명이 있으니 군신은 죽음으로 지켜야 되고, 감히 어길 수 없습니다. 신 등이 직무를 소홀히 하는 것은 법이 용서하지 않습니다. 신 등은 〈직무를 소홀히 함으로써〉 죽임을 당할 짓을 차마 할 수 없으니, 임금님의 명을 받들 수 없습니다."

송 원공은 드디어 길을 떠났는데 己亥日에 曲棘에서 졸하였다.

字義 幹 : 해골 간 昵 : 가까이할 닐 隊 : 떨어질 추(=墜)

【經】十有二月에 齊侯取鄆하다

12월에 齊侯가 鄆을 취하였다.

【傳】十二月庚辰에 齊侯圍鄆하다

12월 庚辰日에 齊侯가 鄆을 포위하였다.

楚子使薳射(석)城州屈하야 復茄人焉하고 城丘皇하야 遷訾人焉하다 使熊相禖(매)郭巢하고 季然郭卷하다 子大(태)叔聞之曰 楚王將死矣로다 使民不安其土하니 民必憂하리니 憂將及王이라 弗能久矣리라

楚子가 薳射(楚나라 大夫)을 시켜 州屈에 성을 쌓게 하여 茄人을 그곳으로 복귀시키고, 丘皇에 성을 쌓게 하여 訾人을 그곳으로 이주시켰다. 熊相禖를 보내 巢에 外郭을 쌓게 하고, 季然을 보내 卷에 외곽을 쌓게 하였다. 子太叔(游吉)이 이 소식을 듣고 말하였다.

"楚王은 아마도 죽을 것이다. 백성들로 하여금 그 故土에서 편안히 살게 하지 않으니 백성들은 반드시 근심할 것이다. 그래서 그 근심이 장차 왕에게 미쳐서 오래 살 수 없을 것이다."

〈26년, 乙酉(B.C. 516)〉

【經】 二十有六年이라 春王正月에 葬宋元公하다

26년이다. 봄 周王 正月에 宋 元公을 장사 지냈다.

【傳】 二十六年이라 春王正月에 葬宋元公할새 如先君하니 禮也라

26년이다. 봄 周王 正月에 宋 元公을 장사 지낼 때 先君의 葬禮와 같이하였으니 예에 맞는 일이다.

【經】 三月에 公至自齊하야 居于鄆하다

3월에 昭公이 齊나라에서 돌아와서 鄆邑에 거하였다.

【傳】 庚申에 齊侯取鄆하다 三月에 公至自齊하야 處于鄆이라 言魯地也라

正月 庚申日에 齊侯가 鄆을 취하였다. 3월에 昭公이 齊나라에서 돌아와 鄆에 거주하였다고 하였으니, 이는 魯나라 땅임을 말한 것이다.

【經】 夏라

여름이다.

【傳】 四月에 單(선)子如晉告急하다 五月戊午에 劉人敗王城之師于尸氏하다 戊辰에 王城人劉人이 戰于施谷하야 劉師敗績하다

4월에 單子가 晉나라에 가서 정황이 위급함을 고하였다. 5월 戊午日에 劉人이 尸氏에서 王城의 군대를 패배시켰다. 戊辰日에 王城人과 劉人이 施谷(周나라 땅)에서 교전하여 劉軍이 대패하였다.

【經】 公圍成하다

昭公이 成邑을 포위하였다.

【傳】夏에 齊侯將納公할새 命無受魯貨하다 申豐從女賈하고 以幣錦二兩을 縛一如瑱하야 適齊師하야 謂子猶之人高齮(의)하다 能貨子猶면 爲高氏後하고 粟五千庾[368]하리라 高齮以錦示子猶하니 子猶欲之하다 齮曰 魯人買之하야 百兩一布호대 以道之不通으로 先入幣財니라 子猶受之하고 言於齊侯曰 群臣不盡力于魯君者는 非不能事君也라 然據有異焉이니이다 宋元公爲魯君如晉이라가 卒於曲棘하고 叔孫昭子求納其君이라가 無疾而死하니 不知天之棄魯邪(야)아 抑魯君有罪於鬼神하야 故及此也니이다 君若待於曲棘하시고 使群臣從魯君以卜焉하시면 若可인댄 師有濟也니이다 君而繼之하시면 玆無敵矣리이다 若其無成이라도 君無辱焉이리이다 齊侯從之하야 使公子鉏帥(솔)師從公하다

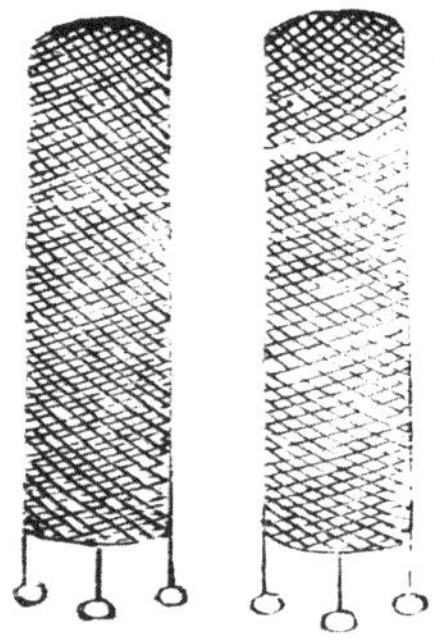
瑱

여름에 齊侯가 昭公을 魯나라로 들여보내고자 할 때 신하들에게 노나라의 뇌물을 받지 말라고 명하였다. 季氏의 家臣 申豐이 女賈를 侍從으로 삼고 폐백으로 바칠 비단 두 필을 하나로 말아서 瑱(充耳)처럼 만들어 齊軍으로 가서 子猶(梁丘據)의 家臣 高齮에게 말하였다.

"그대가 자유를 매수해준다면 그대를 高氏의 후사로 삼아줄 것이고 또 곡식 5천 庾를 주겠다."

고의가 그 비단을 가지고 가서 자유에게 보이니 자유는 그 비단을 가지고 싶어 하였다. 고의가 말하였다.

"魯人은 비단을 매입하여 백 필씩 한 무더기로 쌓아두었으나 길이 막혔기 때문에 먼저 이 두 필만 바친 것입니다."

자유는 그 비단을 받고 齊侯에게 말하였다.

"群臣이 魯君을 위해 진력하지 않는 것은 임금님을 섬기지 않으려 해서가 아닙니다. 그러나 신의 생각에 괴이한 점이 있습니다. 宋 元公이 노군을 위해 晉나라에 가다가 曲棘에서 졸하였고, 叔孫昭子가 그 임금을 들여보내기를 구하다가 병도 없이 죽었으니, 하늘이 노군을 버린 것인지 아니면 노군이 귀신에게 죄를 지었기 때문에 이런 일이 생긴 것인지 모르겠습니다. 그러니 임금님께서 곡극에서 기다리시고 군신으로 하여금 노군을 따라가게 하여 성패를 점쳐보게 하시면, 만약 魯나라를 칠만 하면 우리 군대가 승리할 것이니, 임금님께서 그 뒤를 이어 가신다면 對敵할 자가 없을 것입니다. 만약 우리 군대가 승리하지 못한다 하더라도 임금님께 욕이 미치지 않을 것입니다."

제후는 그 말을 따라 公子 鉏(齊나라 大夫)에게 군대를 거느리고 소공을 따르게 하였다.

字義 縛 : 말 전(=卷) 瑱 : 귀막이옥 전/진

---

368 五千庾 : 1庾는 16斗이니, 모두 8천 斛이다.

成大夫公孫朝謂平子曰 有都는 以衛國也니 請我受師하노라 許之하고 請納質한대 弗許曰 信女하니 足矣라 告於齊師曰 孟氏는 魯之敝室也라 用成已甚하야 弗能忍也니 請息肩于齊하노라 齊師圍成한대 成人伐齊師之飮馬于淄者하고 曰 將以厭衆이니라 魯成備而後告曰 不勝衆이로다

成邑의 大夫 公孫 朝가 平子에게 말하였다.

"都市를 설치한 것은 국가를 보위하기 위함이니 나에게 성읍의 백성을 거느리고 齊軍을 막도록 허락하기를 청합니다."

그러자 허락하고, 〈의심을 받을까 염려하여〉 인질을 바치기를 청하자 허락하지 않으면서 말하였다.

"그대를 믿으니 그것으로 충분하다."

공손 조가 제군에 고하였다.

"孟氏는 魯나라의 피폐한 종족이다. 성읍의 물력을 사용하는 것이 너무 심하여 백성들이 견딜 수가 없으니, 齊나라에 항복하고 휴식하기를 청한다."

제군이 성읍을 포위하였는데, 成人이 淄水에서 말에 물을 먹이는 제군을 공격하고 제군에게 말하였다.

"이는 대중의 마음을 만족시키기 위해서였다."

노나라가 방비를 완성한 뒤에 제군에게 고하였다.

"〈항복하지 않으려는〉 대중의 뜻을 이길 수가 없어 〈항복할 수 없다.〉"

師及齊師戰于炊鼻할새 齊子淵捷從洩聲子하야 射之하니 中楯瓦하야 繇朐汰輈하야 匕入者三寸이라 聲子射其馬하야 斬鞅하니 殪하다 改駕하니 人以爲鬷戾也라하야 而助之하다 子車曰 齊人也라하니 將擊子車하다 子車射之하니 殪하다 其御曰 又之하라 子車曰 衆可懼也어니와 而不可怒也라 子囊帶從野洩하야 叱之한대 洩曰 軍無私怒라 報乃私也니 將亢子하리라 又叱之한대 亦叱之하다 冉豎射陳武子하야 中手하니 失弓而罵하다 以告平子曰 有君子白晳鬒鬚眉하며 甚口러라 平子曰 必子彊也라 無乃亢諸(저)아 對曰 謂之君子니 何敢亢之리오 林雍羞爲顔鳴右하야 下한대 苑何忌取其耳하니 顔鳴去之하다 苑子之御曰 視下顧하라 苑子剕林雍하야 斷其足하니 鑋而乘於他車以歸하다 顔鳴三入齊師하야 呼曰 林雍乘하라

魯軍이 齊軍과 炊鼻(魯나라 땅)에서 전쟁할 때 齊나라 子淵捷이 洩聲子(魯나라 大夫)를 뒤좇아 가서 활을 쏘니 화살이 말의 멍에를 지나 수레의 끌채를 뚫고 나가 방패의 등에 꽂혔는데 화살촉이 세 치나 들어가 박혔다. 聲子가 淵捷의 말을 쏘아 말의 가슴걸이를 끊으니 말이 죽

었다. 연첩이 다른 戰車를 바꾸어 타니 魯人은 그를 鬷戾로 여겨 그를 도왔다. 그러자 子車(淵捷)가 "나는 齊人이다." 하니, 노인이 자거를 공격하려 하였다. 자거가 노인을 향해 활을 쏘니 노인이 죽었다. 자거의 御者가 "또 쏘십시오." 하니, 자거가 말하였다.

"많은 적을 상대할 때는 적에게 겁을 주는 것은 괜찮지만 적을 격노시켜서는 안 된다."

子囊帶가 野洩(聲子)을 뒤쫓아 가서 꾸짖으니 야설이 말하였다.

"전쟁에는 개인의 원한이 없는 것이오. 내가 보복한다면 이는 바로 사사로운 분노가 되니, 나는 전투로써 그대를 대적하려 하오."

자낭대가 또 꾸짖자 야설도 꾸짖었다. 冉豎(季氏의 家臣)가 陳武子에게 활을 쏘아 손을 맞히니 진무자는 손에 들었던 활을 놓치고 큰소리로 욕을 하였다. 염수가 平子에게 고하였다.

"君子를 만났는데, 皮膚가 희고 頭髮과 수염과 눈썹이 아름다우며 구변이 매우 좋았습니다."

평자가 말하였다.

"반드시 子彊(武子의 字)이었을 것이다. 네가 그에게 저항하여 〈그의 분노를 불렀기 때문이〉 아니냐?"

염수가 대답하였다.

"그를 군자로 여겼으니 어찌 감히 저항하였겠습니까?"

林雍이 顏鳴의 車右가 된 것을 수치로 여겨 兵車에서 내리자, 苑何忌(齊나라 大夫)가 그의 귀를 자르니, 안명은 겁이 나서 그곳을 떠났다. 苑子의 御者가 원자에게 "아래를 돌아보십시오." 하니, 원자가 임옹의 다리를 쳐서 그 발을 자르니, 임옹은 한 발로 걸어 다른 수레를 타고 돌아갔다. 안명은 세 차례 齊나라 군중으로 들어가서 "임옹아, 수레에 오르라."고 고함을 쳤다.

字義 瓦 : 방패의 등 와　繇 : 지날 유　朐 : 멍에 구　汰 : 지날 태　輈 : 끌채 주　鞅 : 가슴걸이 앙
殪 : 죽을 에　晳 : 피부 흴 석　鬒 : 머리숱 많을 진　刜 : 칠 불　蹔 : 한 발로 걸을 경

【經】秋라

가을이다.

【傳】七月己巳에 劉子以王出하야 庚午에 次于渠러니 王城人焚劉하다 丙子에 王宿于褚氏하고 丁丑에 王次于萑(환)谷하다 庚辰에 王入于胥靡하고 辛巳에 王次于滑하니 晉知躒趙鞅帥(솔)師納王하고 使女寬守闕塞(새)[369]하다

---

369 闕塞(새) : 洛陽 서남쪽에 있는 伊闕口이다.

7월 己巳日에 劉子가 王을 모시고 나가서 庚午日에 渠(周나라 땅)에 머물렀는데, 王城人이 劉城을 불태웠다. 丙子日에 왕이 褚氏에서 하룻밤을 묵고, 丁丑日에 왕이 萑谷에 머물렀다. 庚辰日에 왕이 胥靡로 들어가고 辛巳日에 왕이 滑에 머무르니, 晉나라 知躒과 趙鞅이 군대를 거느리고 와서 왕을 王城으로 들여보내고 女寬(晉나라 大夫)을 보내 闕塞를 지키게 하였다.

【經】公會齊侯莒子邾子杞伯하야 盟于鄟陵하다

昭公이 齊侯 · 莒子 · 邾子 · 杞伯과 회합하여 鄟陵에서 결맹하였다.

【傳】秋에 盟于鄟陵하니 謀納公也라

가을에 鄟陵에서 회맹하였으니, 이는 昭公을 魯나라로 들여보내는 일을 상의하기 위함이었다.

【經】公至自會하야 居于鄆하다

昭公이 會合에서 돌아와서 鄆에 거하였다.

【經】九月庚申에 楚子居卒하다

9월 庚申日에 楚子 居(楚 平王)가 졸하였다.

【傳】九月에 楚平王卒하니 令尹子常欲立子西曰 大(태)子壬弱하고 其母非適也니 王子建實聘之하니라 子西長而好善하니 立長則順이요 建善則治라 王順國治하니 可不務乎아 子西怒曰 是亂國而惡君王也라 國有外援하니 不可瀆也요 王有適嗣하니 不可亂也라 敗親이면 速讐요 亂嗣면 不祥이라 我受其名이니 賂吾以天下라도 吾滋不從也호리니 楚國何爲오 必殺令尹호리라 令尹懼하야 乃立昭王하다

9월에 楚 平王이 졸하니, 令尹 子常이 子西(平王의 庶長子)를 嗣王으로 세우고자 하여 말하였다.

"太子 壬(昭王)은 유약하고 그 어머니도 적실이 아니니, 실은 王子 建이 아내로 맞이한 여인이다. 자서는 장성하였고 善을 좋아하니, 年長者를 세우면 순리에 맞고 善人을 세우면 나라가 다스려진다. 왕이 순리에 맞고 나라가 다스려지는 일이니 힘쓰지 않을 수 있겠는가?"

그러자 자서가 화를 내며 말하였다.

"이는 나라의 법통을 어지럽히고 先王의 죄악을 드러내는 짓이다. 나라에는 우리를 돕는 외국이 있으니 업신여겨서는 안 되고, 선왕께는 適嗣가 있으니 법통을 어지럽혀서는 안 된다. 外親을 버리면 원수의 침입을 부르게 되고 繼嗣의 법통를 어지럽히면 상서롭지 못하다. 내가 임금이 된다면 내가 惡名을 받게 되니 나에게 천하를 준다 하더라도 나는 더욱 따를 수 없다. 楚나라가 나에게 무슨 소용이 있는가? 반드시 令尹을 죽일 것이다."

영윤은 두려워서 이에 昭王을 세웠다.

字義 瀆 : 업신여길 독　速 : 부를 속

【經】冬十月에 天王入于成周하니 尹氏召伯毛伯以王子朝奔楚하다

겨울 10월에 天王이 成周로 들어가니, 尹氏 · 召伯 · 毛伯이 王子 朝를 모시고 楚나라로 出奔하였다.

【傳】冬十月丙申에 王起師于滑하야 辛丑에 在郊라가 遂次于尸하다 十一月辛酉에 晉師克鞏하니 召伯盈逐王子朝하다 王子朝及召氏之族毛伯得尹氏固南宮嚚(은)奉周之典籍하야 以奔楚하고 陰忌奔莒하야 以叛하다 召伯逆王于尸하야 及劉子單(선)子盟하고 遂軍圉澤이라가 次于隄上하다 癸酉에 王入于成周하야 甲戌에 盟于襄宮하다 晉師使成公般戍周而還하다 十二月癸未에 王入于莊宮하다

겨울 10월 丙申日에 周 敬王이 滑에서 起兵하여 辛丑日에 郊邑에 진주해 있다가 드디어 尸邑에 주둔하였다. 11월 辛酉日에 晉軍이 鞏邑을 공격해 승리하니, 召伯盈이 王子 朝를 축출하였다. 왕자 조와 召氏의 종족, 毛伯得 · 尹氏固 · 南宮嚚이 함께 周나라의 전적을 챙겨서 楚나라로 出奔하고, 陰忌는 莒邑으로 달아나 반란을 일으켰다. 소백이 경왕을 맞이하기 위해 시읍으로 가서 劉子 · 單子와 결맹하고 드디어 圉澤에 진을 쳤다가 隄上에 주둔하였다. 癸酉日에 경왕이 成周(洛陽)로 들어가서 甲戌日에 襄宮(襄王의 廟)에서 결맹하였다. 진군은 成公般에게 주나라를 수위하게 하고 돌아갔다. 12월 癸未日에 경왕이 莊宮으로 들어갔다.

王子朝使告于諸侯曰 昔武王克殷하고 成王靖四方하고 康王息民하고 竝建母弟하야 以蕃屛周하니라 亦曰 吾無專享文武之功이요 且爲後人之迷敗傾覆而溺入于難이면 則振救之라하니라 至于夷王하야 王愆于厥身하니 諸侯莫不竝走其望하야 以祈王身하니라 至于

厲王하야 王心戾虐하니 萬民弗忍하야 居王于彘하니라 諸侯釋位하야 以間王政이라가 宣王有志어늘 而後效官하고 至于幽王하야 天不弔周하야 王昏不若하야 用愆厥位하니라 攜王奸命한대 諸侯替之하야 而建王嗣하야 用遷郟鄏(겹욕)하니 則是兄弟之能用力於王室也니라 至于惠王하야 天不靖周하야 生頹禍心하고 施(이)于叔帶하니 惠襄辟(피)難하야 越去王都하니라 則有晉鄭咸黜不端하야 以綏定王家하니 則是兄弟之能率(솔)先王之命也니라 在定王六年하야 秦人降妖[370]하야 曰 周其有頿王하리니 亦克能修其職하야 諸侯服享하야 二世共職하리라 王室其有間王位하리니 諸侯不圖면 而受其亂災라하니라 至于靈王하야 生而有頿하고 王甚神聖하야 無惡於諸侯하니 靈王景王克終其世하니라

王子 朝가 제후국에 使者를 보내 고하였다.

"옛날 武王이 殷나라를 정벌해 승리하고, 成王이 사방을 안정시키고, 康王이 백성을 휴식시키고 모든 母弟들을 제후로 세워 周나라 왕조의 울타리로 삼으셨느니라. 그리고 말씀하시기를 '文王 · 武王의 공덕을 나 혼자만 누리지 않기 위함이고, 또 후대 자손에 迷亂하고 쇠패하여 나라가 전복되어 위난에 빠져드는 자가 있으면 서로 구제하도록 하기 위함이다.' 하셨느니라. 夷王 대에 이르러 왕의 몸에 악질이 생기니 제후 중에 그 경내의 명산대천에 두루 제사하여 왕의 신병이 낫기를 기도하지 않는 자가 없었느니라.

厲王 대에 이르러서는 왕의 마음이 사납고 모지니 백성들은 그 포악함을 참을 수 없어서 왕을 내쳐 彘에 살게 하였느니라. 그러자 제후들은 자기의 君位를 버려두고 와서 왕정에 참여하였다가 宣王이 장성하여 지식이 있은 뒤에 국정을 왕께 돌려주었느니라. 幽王 대에 이르러서는 하늘이 주나라를 돕지 않아 왕이 혼매해 도리를 따르지 않음으로 인해 왕위를 잃으셨느니라. 攜王(幽王의 少子 伯服)이 천명을 범하자, 제후들이 그를 폐출하고 王嗣(平王)를 세우고 郟鄏(洛陽)으로 천도하였으니, 이는 형제국이 왕실의 안정에 힘을 쓴 것이다.

惠王 대에 이르러서는 하늘이 주나라를 안정시키지 않아 王子 頹가 화란을 일으킬 마음을 내었고, 그 화가 뻗쳐 叔帶에 미쳐 반란을 일으키니 惠王과 襄王이 난리를 피해 왕도를 떠나셨느니라. 이때 晉나라와 鄭나라가 부정한 무리들을 모두 몰아내고 왕실을 안정시켰으니, 이는 형제국이 선왕의 명을 봉행한 것이다. 定王 6년에 秦나라의 어떤 사람에게 神이 내려 예언하기를 '周나라에 장차 수염이 있는 왕이 나올 것인데, 그 또한 왕의 직분을 잘 수행하여 제후가 복종하여 직공을 바쳐 양대 동안 그 직분을 다할 것이다. 그리고 또 왕실에 장차 왕

---

370 秦人降妖 : 의복·歌謠·초목의 괴이를 '妖'라 하는데, 이 妖言이 秦나라 땅에 내려온 것인 듯하다.(杜注)

위를 엿보는 자가 있을 것인데 제후가 도모하지 않으면 화란과 재앙을 받을 것이다.' 하였다. 靈王 대에 이르러 과연 왕은 출생하면서부터 수염이 있었고 왕은 매우 神聖하여 제후에게 좋지 않을 일을 하지 않았으니, 영왕과 景王은 그 일생을 편안히 마치셨느니라.

字義 愆 : 잃을, 악질 건 望 : 제사 이름 망 間 : 참여할 간 效 : 줄 효 若 : 순할 약
施 : 뻗을 이 頿 : 코밑수염 자

今王室亂이어늘 單(선)旗劉狄剝亂天下하야 壹行不若하야 謂先王何常之有리오 唯余心所命이니 其誰敢討之리오하고 帥(솔)群不弔[371]之人하야 以行亂于王室하야 侵欲無厭하고 規求無度하며 貫瀆鬼神하고 慢棄刑法하며 倍奸齊盟하고 傲狠威儀하며 矯誣先王이어늘 晉爲不道하야 是攝是贊하야 思肆其罔極하니라 玆不穀震盪播越하야 竄在荊蠻하야 未有攸底하니 若我一二兄弟甥舅奬順天法하야 無助狡猾하야 以從先王之命하고 毋速天罰하야 赦圖不穀이면 則所願也라 敢盡布其腹心及先王之經하노니 而諸侯實深圖之하라 昔先王之命曰 王后無適이면 則擇立長하고 年鈞以德하고 德鈞以卜이라하니 王不立愛하고 公卿無私 古之制也어늘 穆后及大(태)子壽 早夭卽世어늘 單劉贊私立少하야 以間先王하니 亦惟伯仲叔季圖之하노라 閔馬父(보)聞子朝之辭하고 曰 文辭는 以行禮也어늘 子朝干景之命하며 遠晉之大하야 以專其志하니 無禮甚矣라 文辭何爲리오

지금 왕실이 혼란한데 單旗와 劉狄이 천하를 교란시켜 한결같이 불순한 짓만을 자행하면서 '先王의 嗣位에 어찌 상규가 있었던가? 오직 내 마음대로 명할 뿐이니 누가 감히 나를 토벌하겠는가?' 하면서 하늘의 버림을 받은 무리들을 거느리고 왕실에 혼란을 조성하면서 침탈과 욕망이 끝이 없고 욕구가 한도가 없으며, 귀신을 모독하는 것이 버릇이 되고 형법을 경시해 폐기하며, 맹약을 위배해 범하고 禮儀를 경시하며, 선왕의 명을 가탁해 거짓을 자행하는데도 晉나라는 不道하여 저들을 도와 그 끝없는 탐욕을 멋대로 부리도록 돕기를 생각한다.

지금 나는 난리를 피해 荊蠻(楚)으로 도망하여 몸을 의탁할 곳이 없으니, 만약 나의 몇몇 兄弟와 甥舅는 하늘의 법을 따라 나의 성공을 돕고 교활한 자들을 돕지 말며, 선왕의 명을 따라 하늘의 벌을 부르지 말고 부족한 나를 용서하여 위난의 평정을 도모한다면 나의 소원이 이루어질 것이다. 이에 감히 나의 심중과 선왕의 常道를 다 포고하는 바이니 너희 제후들은 실로 깊이 생각하기 바란다.

옛 선왕의 명에 '王后에게 적자가 없으면 서자 중에 연장자를 선택해 임금으로 세우고, 나

371 不弔 : 하늘의 도움을 받지 못하는 것이다.(《左氏會箋》)

이가 같으면 덕행으로 선택하고 덕행이 같으면 점을 쳐서 결정한다.' 하였으니, 왕은 사랑하는 아들을 임금으로 세우지 않고, 公卿은 사사로이 왕의 寵子에게 붙지 않는 것이 옛날의 제도였느니라. 그런데 穆后와 太子 壽가 이른 나이에 세상을 떠나자, 單子와 劉子가 사사로이 연소자를 도와 임금으로 세워서 선왕의 제도를 범하였으니, 伯仲叔季(모든 제후)는 이 점을 깊이 생각하기 바라노라."

閔馬父가 子朝의 말을 듣고 말하였다.

"文辭(아름다운 言語)는 禮를 實行하기 위해 사용하는 것인데, 子朝는 景王의 命을 어기고 大國인 晉나라를 멀리하면서 오로지 제 뜻대로 하여 無禮함이 심하였으니, 문사가 무슨 소용이 있겠는가?"

字義 貫 : 버릇 관 瀆 : 경시할 독 倍 : 배반할 배 間 : 범할 간

齊有彗星하니 齊侯使禳之한대 晏子曰 無益也요 祇取誣焉이라 天道不謟하야 不貳其命하나니 若之何禳之리오 且天之有彗也는 以除穢也니 君無穢德이면 又何禳焉이며 若德之穢면 禳之何損이리잇가 詩曰 惟此文王이 小心翼翼하야 昭事上帝하야 聿懷多福하야 厥德不回하야 以受方國[372]이라하니 君無違德이면 方國將至하리니 何患於彗리잇가 詩曰 我無所監이라 夏后及商이니 用亂之故로 民卒流亡이라하니이다 若德回亂이면 民將流亡이라 祝史之爲론 無能補也니이다 公說(열)하야 乃止하다

齊나라에 彗星이 출현하니 齊侯가 사람을 시켜 〈제사를 지내 혜성의 소멸을〉 기도하게 하자, 晏子가 말하였다.

"도움은 없고 단지 속임만 취할 뿐입니다. 天道는 의심할 수 없이 진실하여 그 명에 착오가 없으니 어찌 기도해 〈소멸시킬 수〉 있겠습니까? 그리고 또 하늘에 혜성이 출현하는 것은 더러운 것들을 쓸어내기 위함이니, 임금님께 더러운 행위가 없다면 또 〈혜성의 소멸을〉 기도할 필요가 뭐 있으며, 만약 임금님의 행위에 더러움이 있다면 기도한다 해서 어찌 소멸되겠습니까?

《詩經》에 '이 文王께서 조심하고 공경하시어 밝게 상제를 섬기시어 많은 복을 오게 하시니 그 덕이 사벽하지 않으시어 사방 나라들의 朝見을 받으셨다.' 하였으니, 임금님께 도리에 어긋난 행위가 없다면 사방의 나라가 장차 이를 것이니 혜성을 걱정할 게 뭐 있습니까?

《시경》(逸詩)에 '나에게는 달리 거울삼을 것이 없고 〈거울삼을 것은〉 오직 夏后와 商紂뿐이

372 維此文王……以受方國 : 《詩經》 〈大雅 假樂〉이다.

다. 난리 때문에 백성들이 끝내 흩어져 도망하였다.' 하였습니다. 만약 행위가 사벽하고 혼란하다면 백성들이 장차 흩어져 도망갈 것이니, 祝史를 시켜 제사를 지내는 것으로는 보완할 수 없습니다."

齊 景公은 기뻐하여 이에 禳除를 정지시켰다.

字義 謟 : 의심할 도　懷 : 초래할 회　回 : 사악할 회

齊侯與晏子坐于路寢이러니 公歎曰 美哉라 室이여 其誰有此乎아 晏子曰 敢問何謂也잇고 公曰 吾以爲在德이라하노라 對曰 如君之言이면 其陳氏乎인저 陳氏雖無大德이나 而有施於民하야 豆區釜鍾之數하야 其取之公也薄하고 其施之民也厚하며 公厚斂焉이로되 陳氏厚施焉하니 民歸之矣니이다 詩曰 雖無德與女나 式歌且舞[373]라하니 陳氏之施를 民歌舞之矣라 後世若少惰하고 陳氏而不亡이면 則國其國也已리이다 公曰 善哉라 是可若何오 對曰 唯禮可以已之니이다 在禮에 家施不及國하고 民不遷하고 農不移하고 工賈(고)不變하고 士不濫하고 官不滔하고 大夫不收公利니이다 公曰 善哉라 我不能矣어니와 吾今而後에 知禮之可以爲國也로라 對曰 禮之可以爲國也久矣니 與天地竝이라 君令臣共하고 父慈子孝하고 兄愛弟敬하고 夫和妻柔하고 姑慈婦聽이 禮也니 君令而不違하고 臣共而不貳하고 父慈而教하고 子孝而箴하고 兄愛而友하고 弟敬而順하고 夫和而義하고 妻柔而正하고 姑慈而從하고 婦聽而婉이 禮之善物也니이다 公曰 善哉라 寡人今而後에 聞此禮之上也로라 對曰 先王所稟於天地하야 以爲其民也니 是以先王上之하시니이다

齊侯가 晏子와 함께 正寢에 앉았을 때 景公이 탄식하며 말하였다.

"아름다운 이 방을 장차 누가 소유하게 될는지."

안자가 물었다.

"감히 묻겠습니다. 무슨 뜻으로 하시는 말씀입니까?"

景公이 말하였다.

"나는 이 방을 장차 덕이 있는 사람이 차지하게 될 것으로 생각한다."

안자가 대답하였다.

"임금님의 말씀대로라면 아마도 이 방은 陳氏가 차지하게 될 것입니다. 진씨가 비록 큰 덕은 없으나 백성들에게 은혜를 베풀어, 豆 · 區 · 釜 · 鍾에 數種의 量器를 사용해 公稅를 받아

373 雖無德與女 式歌且舞 : 《詩經》 〈大雅 車舝〉이다.

들일 때는 작은 양기로 되어 받고 백성들에게 베풀 때에는 큰 양기로 되어 주며, 임금님께서는 부세를 많이 걷되 진씨는 은혜를 후하게 베푸니 백성의 마음이 그에게 돌아갔습니다.《詩經》에 '내 비록 그대에게 준 은덕은 없으나 노래하고 춤추자.' 하였는데, 진씨의 시혜에 대해 백성들이 노래하고 춤추니, 앞으로 임금님의 후손이 조금 태만해지고 진씨가 멸망하지 않는다면 齊나라는 진씨의 나라가 될 것입니다."

경공이 물었다.

"좋은 말이다. 이 일을 어찌하면 좋겠는가?"

안자가 대답하였다.

"오직 禮만이 방지할 수 있습니다. 예을 행하면 大夫의 시혜가 국인에 미치지 않고, 백성과 농부들이 고장을 떠나지 않고 공인과 상인이 직업을 바꾸지 않으며, 士가 직무를 소홀히 하지 않고 관원이 태만하지 않으며, 대부가 公家의 이익을 취하지 않습니다."

경공이 말하였다.

"좋은 말이다. 내가 예를 행할 수는 없으나 나는 오늘에야 비로소 예가 나라를 다스리는 중요한 도구라는 것을 알았다."

안자가 대답하였다.

"예가 나라를 다스리는 도구가 된 지는 오래이니 천지와 함께 일어났습니다. 임금은 명령하고 신하는 공경하며, 아비는 자애하고 자식은 효도하며, 형은 사랑하고 아우는 공경하며, 지아비는 화목하고 아내는 유순하며, 시어미는 자애하고 며느리는 순종하는 것이 예이니, 임금은 명령을 내리되 도리에 어긋나지 않게 하고 신하는 공경하되 두 마음을 품지 않으며, 아비는 자애하되 가르치고 자식은 효도하되 간하며, 형은 사랑하되 우호하고 아우는 공경하되 순종하며, 지아비는 화목하되 도의로써 아내를 인도하고 아내는 유순하되 정도로써 남편을 섬기며, 시어미는 자애하여 며느리를 따르고 며느리는 순종하여 시어미에게 온순한 것이 예 중에 좋은 일입니다."

경공이 말하였다.

"좋은 말이다. 寡人은 오늘에야 비로소 예를 숭상해야 한다는 것을 들었다."

안자가 대답하였다.

"예는 선왕이 천지에서 받아서 백성을 다스린 것입니다. 그러므로 선왕은 예를 숭상하였습니다."

字義 已 : 그칠 이　滔 : 태만할 도　箴 : 간할 잠　上 : 숭상할 상

〈27년, 丙戌(B.C. 515)〉

【經】 二十有七年이라 春에 公如齊하다 公至自齊하야 居于鄆하다

27년이다. 봄에 昭公이 齊나라에 갔다. 소공이 제나라에서 돌아와 鄆에 거주하였다.

【傳】 二十七年이라 春에 公如齊하다 公至自齊하야 處于鄆하니 言在外也라

27년이다. 봄에 昭公이 齊나라에 갔다. 經에 "소공이 제나라에서 돌아와 鄆에 거주하였다." 하였으니, 이는 외지에 있었음을 말한 것이다.

【經】 夏四月에 吳弑其君僚하다

여름 4월에 吳나라가 그 임금 僚를 시해하였다.

【傳】 吳子欲因楚喪而伐之하야 使公子掩餘公子燭庸[374]帥(솔)師圍潛하고 使延州來季子聘于上國하니 遂聘于晉以觀諸侯하다 楚莠尹然工尹麇帥師救潛할새 左司馬沈尹戌帥都君子與王馬之屬以濟師라가 與吳師遇于窮하다 令尹子常以舟師及沙汭而還하고 左尹郤宛工尹壽帥師至于潛하니 吳師不能退러라 吳公子光曰 此時也를 弗可失也라하고 告鱄設諸曰 上國有言曰 不索이면 何獲이리오하니 我는 王嗣也[375]니 吾欲求之하노라 事若克이면 季子雖至라도 不吾廢也리라 鱄設諸曰 王可弑也어니와 母老子弱하니 是無若我何오 光曰 我는 爾身也[376]라하다

吳子가 楚나라에 國喪이 난 기회를 이용해 초나라를 치려 하여, 公子 掩餘와 公子 燭庸을 시켜 군대를 거느리고 가서 潛을 포위하게 하고, 延州來 季子를 보내 上國을 빙문하게 하니, 계자는 드디어 晉나라로 가서 제후의 형세를 살폈다. 초나라는 莠尹 然과 工尹 麇이 군대를

---

374 公子掩餘公子燭庸 : 두 사람은 모두 王僚의 同母弟이다.

375 我 王嗣也 : 吳王 壽夢이 諸樊·餘祭·夷昧·季札 등 네 아들을 낳았다. 계찰이 賢能하니, 제번·여제가 나라를 아들에게 전하지 않고 아우에게 전한 것은 모두 나라가 季子에게 돌아가게 하기 위함이었다. 그러나 계자가 끝내 나라를 받지 않았으니, 그렇다면 제번의 아들 光이 王位를 승계하는 것이 마땅한데, 이말의 아들인 僚가 왕이 되었다. 그러므로 光이 스스로 '내가 王嗣'라고 한 것이다.

376 我 爾身也 : 네 어머니 섬기기를 당연히 내 어머니 섬기듯이 하고, 네 자식 어루만지기를 당연히 내 자식 어루만지듯이 하겠다는 말이다.(林堯叟)

거느리고 가서 潛을 구원하고, 左司馬 沈尹 戌이 都君子(都邑의 사람으로 부역을 면제받은 자)와 王馬官屬을 거느리고 증원하러 가다가 窮에서 吳軍과 만났다. 令尹 子常이 수군을 이끌고 沙水의 굽이까지 왔다가 돌아가고, 左尹 郤宛과 工尹 壽가 군대를 거느리고 潛에 이르니, 오군은 퇴로가 끊겨 물러갈 수 없었다. 吳나라 公子 光(吳王 諸樊의 아들)이 "지금 이 기회를 놓칠 수 없다." 하고 鱄設諸에게 말하였다.

"상국(中原)에 하는 말이 있으니, '나에게 구하지 않으면 어찌 얻을 수 있는가?'라고 하였다. 나는 왕위를 승계할 사람이니 나는 왕위를 구하고자 한다. 일이 이루어지면 계자가 돌아오더라도 나를 폐위시키지 않을 것이다."

전설저가 말하였다.

"왕을 弑害할 수는 있습니다만 어머니는 늙으셨고 자식은 어리니 내가 없으면 이들이 어찌 살아갈 수 있겠습니까?"

공자 광이 말하였다.

"내 몸이 바로 네 몸이다."

字義 濟 : 증익할 제　汭 : 물굽이 예

夏四月에 光伏甲於堀室而享王하다 王使甲坐於道及其門하니 門階戶席이 皆王親也러라 夾之以鈹하야 羞者獻體하야 改服於門外하고 執羞者坐行而入이면 執鈹者夾承之하야 及體以相授也하다 光僞足疾하고 入于堀室하니 鱄設諸寘劍於魚中以進하야 抽劍刺王하니 鈹交於胸호대 遂弑王하다 闔廬以其子爲卿하다

여름 4월에 公子 光(闔廬)은 지하실 안에 군대를 숨겨두고 왕을 초청해 享宴을 베풀었다. 왕이 甲士들을 보내 길에서부터 그 집 대문에 이르기까지 수비하게 하니, 대문에서부터 庭階까지와 小門에서부터 坐席에 이르기까지 모두 왕의 親兵들이었다. 칼을 들고 좌우에서 호위하면서 음식을 올리는 자에게 문밖에서 알몸을 드러내 보이면서 옷을 갈아입게 하고, 음식을 든 자가 무릎으로 기어서 들어가면 칼을 든 자가 좌우에서 그를 막고 칼을 그 몸에 대고 음식을 올리게 하였다. 光이 발에 병이 났다고 거짓말을 하고 지하실로 들어가니, 鱄設諸가 생선의 뱃속에 칼을 숨겨 가지고 들어가서 칼을 꺼내 왕을 찌르니, 갑사의 칼이 번갈아 전설저의 가슴을 찔렀으나 드디어 왕을 시해하였다. 闔廬는 그 아들을 卿으로 삼았다.

字義 坐 : 수비할, 앉을 좌　鈹 : 칼 피　羞 : 음식 올릴 수

季子至曰 苟先君無廢祀하고 民人無廢主하며 社稷有奉하고 國家無傾이면 乃吾君也니 吾誰敢怨이리오 哀死事生하야 以待天命호리니 非我生亂이라 立者從之先人之道也라 復命哭

墓하고 復位而待하다 吳公子掩餘奔徐하고 公子燭庸奔鍾吾하다 楚師聞吳亂而還하다

季子가 돌아와서 말하였다.

"가령 先君의 제사를 폐지함이 없고, 백성들이 주인을 버림이 없으며, 社稷을 받듦이 있고 국가가 기울어짐이 없다면 바로 나의 임금이니, 내 감히 누구를 원망하겠는가? 죽은 자를 애도하고 산 자를 섬기면서 天命을 기다릴 것이니, 내가 반란을 일으킨 것이 아닌지라 임금으로 선 분을 따르는 것이 先人의 도이다."

그리고는 王僚의 무덤으로 가서 復命하고 곡하였으며 자기의 자리로 돌아와서 왕명을 기다렸다. 吳나라 公子 掩餘는 徐나라로 달아나고, 公子 燭庸은 鍾吾(小國)로 달아났다. 楚軍은 오나라에 반란이 일어났다는 말을 듣고 還軍하였다.

【經】楚殺其大夫郤宛하다

楚나라가 그 大夫 郤宛을 죽였다.

【傳】郤宛直而和하니 國人說(열)之하다 鄢將師爲右領하야 與費無極比而惡(오)之로대 令尹子常賄而信讒하다 無極譖郤宛焉하야 謂子常曰 子惡欲飮(임)子酒라하고 又謂子惡호대 令尹欲飮酒於子氏[377]라하니 子惡曰 我賤人也라 不足以辱令尹하니 令尹將必來辱이면 爲惠已甚이라 吾無以酬之니 若何오 無極曰 令尹好甲兵하니 子出之하라 吾擇焉호리라 取五甲五兵曰 寘諸門하라 令尹至면 必觀之하리니 而從以酬之하라 及饗日하야 帷諸門左러니 無極謂令尹曰 吾幾禍子로다 子惡將爲子不利하리니 甲在門矣라 子必無往하라 且此役也에 吳可以得志어늘 子惡取賂焉而還하고 又誤群帥하야 使退其師曰 乘亂不祥이라하니 吳乘我喪하니 我乘其亂 不亦可乎아

郤宛이 정직하면서도 온화하니 國人들은 그를 좋아하였다. 鄢將師는 右領으로 費無極과 결탁하여 극완을 미워하는데도 令尹 子常은 재물을 탐하여 참언을 믿었다. 무극이 자상에게 극완을 참소해 말하였다.

"子惡(郤宛)이 당신에게 술 접대를 하고 싶어 합니다."

또 자악에게 말하였다.

"영윤이 그대의 집에 와서 술 접대를 받고 싶어 하십니다."

---

377 子氏 : '子家(그대의 집)'라는 말과 같다.(《左氏會箋》)

자악이 말하였다.

“나는 비천한 사람이라서 영윤을 왕림하게 할 만하지 못하니, 영윤께서 장차 반드시 왕림하신다면 매우 큰 은혜입니다. 그러나 나는 올릴 물건이 없으니 어쩌면 좋겠습니까?”

무극이 말하였다.

“영윤은 갑옷과 兵器를 좋아하니 그대는 갑옷과 병기를 내어오시오. 내가 그중에서 좋은 것을 고르겠소.”

그리고는 다섯 벌의 갑옷과 다섯 종류의 병기를 고르고 말하였다.

“이것들을 문 앞에 놓아두시오. 영윤이 오시면 반드시 살펴보실 것이니, 그대는 기회를 보아 영윤에게 바치십시오.”

宴享日에 미쳐 극완은 문 왼쪽에 장막을 치고 〈갑옷과 병기를 그 안에 진열해놓았다.〉 무극이 영윤에게 말하였다.

“내가 거의 당신을 해칠 뻔하였습니다. 자악이 당신에게 불리한 짓을 하려고 할 것이니, 갑옷을 대문 안에 숨겨두었습니다. 당신께서는 부디 가지 마십시오. 그리고 이번 전쟁에서 우리가 吳나라에 승리할 수 있었는데, 자악이 오나라의 뇌물을 받고 還軍하였고, 또 여러 장수들을 속여(誤) 그 군대를 물리게 하며 말하기를 ‘남의 나라의 내란을 틈타는 것은 상서롭지 못하다.’ 하였습니다. 오나라가 우리나라에 國喪이 난 틈을 이용해 쳐들어왔으니 우리도 그들의 내란이 일어난 틈을 이용하는 것이 옳지 않습니까?”

字義 比 : 결탁할 비 飮 : 마시게 할 임

令尹使視郤氏하니 則有甲焉이라 不往하고 召鄢將師而告之한대 將師退하야 遂令攻郤氏하고 且爇之하라하니 子惡聞之하고 遂自殺也하다 國人弗爇이어늘 令曰 不爇郤氏면 與之同罪하리라 或取一編菅焉하고 或取一秉秆焉하니 國人投之하고 遂弗爇也한대 令尹炮之하고 盡滅郤氏之族黨하고 殺陽令終與其弟完及佗와 與晉陳及其子弟하다 晉陳之族呼於國曰 鄢氏費氏自以爲王이라 專禍楚國하야 弱寡王室하야 蒙王與令尹以自利也어늘 令尹盡信之矣니 國將如何오하니 令尹病之하다

令尹이 사람을 보내 郤氏의 집을 살펴보게 하니 과연 갑옷이 있었다. 영윤은 가지 않고 鄢將師를 불러 이 사실을 고하자, 언장사는 물러나와 드디어 극씨를 공격하라고 令을 내리고 또 극씨의 집을 불태우라고 명하니, 子惡은 이 소식을 듣고 드디어 자살하였다. 國人이 불을 지르려 하지 않으니, 언장사가 영을 내렸다.

“극씨의 집에 불을 지르지 않으면 극씨와 같은 죄로 처벌할 것이다.”

어떤 이는 거적 한 장을 가져오기도 하고 어떤 이는 볏짚 한 묶음을 가져오기도 했는데, 국인은 그것을 던져버리고 끝내 불을 지르지 않았다. 그러자 언장사는 尹(里尹)에게 명하여 불을 지르게 하고 극씨의 族黨을 모두 죽이고, 陽令終과 그 아우 完 및 佗와 晉陳 및 그 자제를 죽였다. 그러자 진진의 족당이 國都 안에서 고함쳐 말하였다.

"鄢氏와 費氏가 임금으로 자처하였다. 권세를 멋대로 부려 楚나라에 화를 끼쳐 왕실을 약하고 외롭게 하여 왕과 영윤을 속여 자신을 이롭게 하는데도 영윤은 이들의 말을 다 믿으니, 나라가 장차 어찌되겠는가?"

영윤은 이를 매우 근심하였다.

字義 爇 : 불사를 설/열　菅 : 솔새 간　秆 : 볏짚 간　炮 : 태울 포　蒙 : 속일 몽

【經】秋에 晉士鞅宋樂祁犂衛北宮喜曹人邾人滕人會于扈하다

가을에 晉나라 士鞅이 宋나라 樂祁犂, 衛나라 北宮喜, 曹人, 邾人, 滕人과 扈에서 회합하였다.

【傳】秋에 會于扈하니 令戍周요 且謀納公也라 宋衛皆利納公하야 固請之하다 范獻子取貨於季孫하고 謂司城子梁與北宮貞子曰 季孫未知其罪어늘 而君伐之하니 請囚請亡호대 於是乎不獲이라 君又弗克하야 而自出也하니 夫豈無備而能出君乎리오 季氏之復은 天救之也라 休公徒之怒하고 而啓叔孫氏之心하니 不然인댄 豈其伐人而說(탈)甲執冰以游리오 叔孫氏懼禍之濫하야 而自同於季氏하니 天之道也라 魯君守齊로되 三年而無成이어늘 季氏甚得其民하고 淮夷與之하며 有十年之備하고 有齊楚之援이라 有天之贊하고 有民之助하며 有堅守之心하고 有列國之權이로대 而弗敢宣也하고 事君如在國[378]이라 故鞅以爲難하노라 二子皆圖國者也로대 而欲納魯君하니 鞅之願也라 請從二子以圍魯하야 無成인댄 死之하리라 二子懼하야 皆辭어늘 乃辭小國하고 而以難復하다

가을에 扈에서 회합하였으니, 周나라에 군대를 보내 戍衛할 것을 명하고, 또 魯 昭公을 복위시키는 일을 상의하기 위함이었다. 宋나라와 衛나라가 모두 소공의 복위를 이롭게 여겨 복

378 事君如在國 : 당시에는 임금이 出奔하면 다른 사람을 임금으로 세우는 것이 常例였으되 魯나라는 감히 그렇게 하지 않았고, 昭公이 비록 國外에 나가 있었으나 如意(季平子)는 오히려 소공을 임금의 禮로 섬겨, 해마다 말을 購買하고 從者들의 의복과 신발을 준비해 소공에게 보내주었기 때문에 范宣子가 이렇게 말한 것이다.(《左氏會箋》)

위시킬 것을 강하게 요청하였다. 范獻子(晉나라 大夫 士鞅)는 季孫에게 뇌물을 받고 司城子梁(宋나라 樂祁)과 北宮貞子(衛나라 北宮喜)에게 말하였다.

"계손은 자기가 무슨 죄를 지었는지도 모르는데 魯君이 공벌하니, 계손은 囚禁되기를 청하고 망명하기를 청하였으나, 이때 허락을 받지 못하였지요. 노군은 도리어 승리하지 못하고 스스로 出奔하였지요. 어찌 준비도 없으면서 임금을 축출할 수 있겠습니까? 季氏가 다시 안정을 찾은 것은 하늘이 그를 구조한 것이지요. 그러므로 하늘이 소공의 군대의 분노를 멈추고 叔孫氏의 마음을 계도한 것이지요. 그렇지 않다면 어찌 남을 치던 군대가 갑옷을 벗고 箭筒을 들고 놀았겠습니까? 숙손씨는 화가 자기에게 미칠 것을 두려워하여 스스로 계씨에게 동조하였으니, 이는 하늘이 인도한 것이지요.

노군은 齊나라에 구원을 청하였으나 3년이 되도록 성공하지 못하였는데, 계씨는 백성들의 마음을 매우 얻었고 淮夷도 그를 도우며, 10년의 준비가 있고 齊楚의 원조가 있었습니다. 하늘의 도움이 있고 백성의 도움이 있으며, 굳게 지킬 마음이 있고 列國(諸侯)의 권세가 있으나, 감히 위세를 드러내지 않고 임금을 국내에 계실 때와 같이 섬겼지요. 그러므로 나는 〈소공을 복위시키는 일이〉 어려울 것으로 생각합니다. 두 분은 모두 國政을 도모하는 분인데, 노군을 복위시키고자 하니 이는 나의 바람입니다. 두 분을 따라 魯나라를 포위하였다가 성공하지 못하면 죽기를 청합니다."

두 사람은 겁이 나서 모두 사절하였다. 그러자 范宣子는 小國들에게 이 일을 할 수 없다고 사절하고, 〈晉侯에게 노군을 복위시키는 일이〉 어렵게 되었다고 復命하였다.

字義 道 : 인도할 도(=導)

孟懿子陽虎伐鄆한대 鄆人將戰이러니 子家子曰 天命不慆久矣니 使君亡者는 必此衆也리라 天旣禍之어늘 而自福也하니 不亦難乎아 猶有鬼神하니 此必敗也리라 嗚呼라 爲無望也夫인저 其死於此乎인저 公使子家子如晉하다 公徒敗于且(저)知하다

孟懿子와 陽虎가 鄆을 치자, 鄆人이 맞아 싸우려고 했는데 子家子(懿伯)가 말하였다.

"天命이 〈임금님을 버린 것을〉 의심할 게 없는 지가 오래되었으니, 임금님을 패망하게 하는 자는 반드시 이 무리일 것입니다. 하늘이 이미 화를 내렸는데 스스로 복을 구하려 하니 어렵지 않겠습니까? 오히려 귀신이 있어서 보고 있다고 여기니 이들이 반드시 실패할 것입니다. 아! 희망이 없을 것입니다. 그러니 아마도 이곳에서 죽게 될 것입니다."

昭公이 자가자를 晉나라에 使者로 보냈다. 公徒가 且知(鄆에서 가까운 지역)에서 패배하였다.

字義 慆 : 의심할 도

楚郤宛之難으로 國言未已하야 進胙者[379]莫不謗令尹하다 沈尹戌言於子常曰 夫左尹與中廏尹이 莫知其罪어늘 而子殺之하야 以興謗讟하야 至于今不已하니 戌也惑之하노라 仁者는 殺人以掩謗이라도 猶弗爲也어늘 今吾子殺人以興謗호대 而弗圖하니 不亦異乎아 夫無極은 楚之讒人也를 民莫不知라 去朝吳하고 出蔡侯朱하며 喪大(태)子建하고 殺連尹奢하며 屛王之耳目하야 使不聰明이라 不然이면 平王之溫惠共儉이 有過成莊이요 無不及焉이리라 所以不獲諸侯는 邇無極也라 今又殺三不辜하야 以興大謗하야 幾及子矣어늘 子而不圖하니 將焉用之리오 夫鄢將師矯子之命하야 以滅三族하니 國之良也로 而不愆位하니라 吳新有君하야 疆埸日駭하니 楚國若有大事면 子其危哉인저 知者除讒以自安也어늘 今子愛讒以自危也하니 甚矣라 其惑也여 子常曰 是瓦之罪니 敢不良圖리오 九月己未에 子常殺費無極與鄢將師하고 盡滅其族하야 以說于國하니 謗言乃止하다

楚나라는 郤宛이 화난을 당한 일로 國人들의 비방하는 말이 그치지 않아, 胙肉을 진헌하는 자들이 令尹을 비방하지 않는 자가 없었다. 沈尹 戌이 子常에게 말하였다.

"저 左尹과 中廏尹에 대해 사람들은 그들이 무슨 죄를 지었는지 모르는데, 당신은 그들을 죽여서 사람들의 비방을 불러일으켜 지금까지 비방이 그치지 않고 있으니, 나는 의혹스럽습니다. 仁者는 사람을 죽여서 비방을 막을 수 있어도 오히려 하지 않는데, 지금 당신은 사람을 죽여 비방을 불러일으키고도 바로잡을 방도를 생각하지 않으니 괴이하지 않습니까?

저 無極은 楚나라에서 가장 참소를 잘하는 인간이라는 것을 모르는 백성이 없습니다. 朝吳를 제거하고 蔡侯 朱를 出奔하게 하였으며, 太子 建의 지위를 잃게 하고 連尹 奢를 죽였으며, 임금의 이목을 가려 밝게 듣고 볼 수 없게 하였습니다. 그렇지 않았다면 平王의 온화하고 慈惠하며 공손하고 근검한 덕이 成王 · 莊王보다 지나쳤을 것이고 못하지 않았을 것입니다. 제후들의 추대를 받지 못한 것은 무극을 가까이하였기 때문입니다.

지금 또 무고한 세 사람(郤氏 · 陽氏 · 晉陳氏)을 죽여 큰 비방을 불러일으켜 그 비방이 거의 당신에게 미쳤는데도 당신께서는 바로잡을 생각을 하지 않으시니, 이런 讒人을 장차 어디에 쓰려는 것입니까? 저 鄢將師는 당신의 명령을 가탁하여 세 가문의 종족을 멸망시켰으니, 이 세 가문은 楚나라의 선량한 가문으로 그들이 직위에 있는 동안 허물이 없었습니다. 吳나라에 새 임금이 들어서서 변경의 사정이 날로 두려워지고 있으니, 초나라에 만약 전쟁을 하는 일이 생긴

379 進胙者 : 私家의 祭祀에 쓴 고기를 임금에게 進獻하는 사람이다. 天子나 諸侯가 廟祭를 지내고 그 祭肉을 卿·大夫들에게 나누어주는 것을 '致胙' 또는 '致膰'이라 하고, 신하가 家廟에 제사하고 그 제육을 임금에게 진헌하는 것을 '進胙'라 한다.

다면 당신이 위험해질 것입니다. 지혜로운 사람은 참인을 제거하여 자신의 안녕을 도모하는데, 지금 당신은 참인을 사랑하여 자신을 위태롭게 하니 당신의 미혹이 심하다 하겠습니다."

자상이 말하였다.

"이는 나〔瓦〕의 罪이니 감히 좋은 방도를 생각하지 않겠는가?"

9월 己未日에 자상이 비무극과 언장사를 죽이고 그 종족까지 다 죽여 국인에게 해명하니 비방이 그쳤다.

字義 讟 : 헐뜯을 독 矯 : 가탁할 교

【經】 冬十月에 曹伯午卒하다

겨울 10월에 曹伯 午(曹 悼公)가 졸하였다.

【經】 邾快來奔하다 公如齊하다

邾나라 快가 魯나라로 도망해 왔다. 昭公이 齊나라에 갔다.

【傳】 冬에 公如齊하니 齊侯請饗之하다 子家子曰 朝夕立於其朝하니 又何饗焉이리오 其飮酒也하소서 乃飮酒할새 使宰獻[380]而請安하다 子仲之子曰重이 爲齊侯夫人이러니 曰 請使重見(현)하노라 子家子乃以君出하다

겨울에 昭公이 齊나라에 가니, 齊侯가 饗禮를 베풀어 접대하겠다고 소공을 초청하였다. 그러자 子家子가 말하였다.

"우리 임금님께서 항상 齊나라 조정에 서서 계시니, 또 무엇 때문에 향례를 베풀 것이 있겠습니까? 술을 마시는 禮를 사용하십시오."

술을 마실 때 齊 景公은 宰夫를 시켜 소공에게 술을 따라 올리게 하고 자기는 자리에서 물러가 편히 쉬기를 청하였다. 子仲(魯나라 公子 慭)의 딸 重이 제 경공의 夫人이 되었는데, 경공이 말하였다.

"重으로 하여금 나와서 公을 뵙게 하겠다."

자가자는 이에 소공을 모시고 나왔다.

380 使宰獻 : 古禮에 의하면 諸侯가 서로 술을 마실 때에 身分이 서로 같으면 직접 술을 따라 客에게 올리지만, 임금이 신하를 접대하는 경우에는 宰夫를 시켜 술을 따라 객에게 올리게 한다. 지금 재부를 시켜 술을 올리게 하였으니, 이는 齊侯가 魯 昭公을 齊나라의 신하로 대우한 것이다.(《左氏會箋》)

【經】公至自齊하야 居于鄆하다

昭公이 齊나라에서 돌아와 鄆에 거주하였다.

【傳】十二月에 晉籍秦致諸侯之戍于周로대 魯人辭以難하다

12월에 晉나라 籍秦(籍談의 아들)이 周나라를 수위할 제후의 군대를 주나라로 보냈으나, 魯人은 국난을 이유로 사절하고 보내지 않았다.

〈28년, 丁亥(B.C. 514)〉

【經】二十有八年이라 春王三月에 葬曹悼公하다

28년이다. 봄 周王 3월에 曹 悼公을 장사 지냈다.

【經】公如晉하야 次于乾侯하다

昭公이 晉나라로 가서 乾侯에 머물렀다.

【傳】二十八年이라 春에 公如晉하야 將如乾侯한대 子家子曰 有求於人호대 而卽其安이면 人孰矜之리오 其造於竟하소서 弗聽하고 使請逆於晉한대 晉人曰 天禍魯國하야 君淹恤在外호대 君亦不使一个辱在寡人하고 而卽安於甥舅하니 其亦使逆君가 使公復于竟而後逆之[381]하다

28년이다. 봄에 昭公이 晉나라로 가서 乾侯로 가려 하자, 子家子가 말하였다.

"남의 도움을 구하면서도 자기가 편안한 곳으로 간다면 어느 누가 가엾게 여기겠습니까? 晉·魯의 國境으로 가서 기다리소서."

그러나 소공은 듣지 않고 晉나라로 使者를 보내 자기를 맞이해주기를 청하였다. 그러자 晉人이 말하였다.

"하늘이 魯나라에 화를 내려 임금께서 오랫동안 외국에 머물러 있으면서도 임금께서는 한

381 使公復于竟而後逆之 : 昭公을 맞이해 乾侯에 定着하게 한 것이다. 소공이 子家의 말을 듣지 않았기 때문에 侮辱을 당한 것을 말한 것이다.(杜注)

명의 사자를 보내 寡人의 안부를 묻지 않고 편안한 甥舅의 나라로 가셨으면서 어찌 또 우리에게 맞이하라고 하십니까?"

그리고는 소공을 다시 국경으로 나아가게 한 뒤에 사람을 보내 소공을 맞이하였다.

【經】 夏四月丙戌에 鄭伯寧卒하다 六月에 葬鄭定公하다

여름 4월 丙戌日에 鄭伯 寧(鄭 定公)이 졸하였다. 6월에 鄭 定公을 장사 지냈다.

【傳】 晉祁勝與鄔臧通室[382]이어늘 祁盈將執之하야 訪於司馬叔游한대 叔游曰 鄭書[383]有之하니 惡(오)直醜正이 實蕃有徒라하니라 無道立矣니 子懼不免이로라 詩曰 民之多辟하니 無自立辟[384]이라하니 姑已若何오 盈曰 祁氏私有討니 國何有焉고 遂執之하다 祁勝賂荀躒한대 荀躒爲之言於晉侯하니 晉侯執祁盈하다 祁盈之臣曰 鈞將皆死니 憖使吾君聞勝與臧之死也以爲快하리라 乃殺之하다 夏六月에 晉殺祁盈及楊食(사)我하니 食我는 祁盈之黨也라 而助亂故로 殺之하고 遂滅祁氏羊舌氏하다

晉나라 祁勝과 鄔臧이 서로 아내를 바꾸어 정을 통하였는데, 祁盈이 그들을 체포하려고 司馬 叔游에게 의견을 묻자, 숙유가 말하였다.

"鄭書에 다음과 같은 말이 있소. '정직한 사람을 미워하는 무리가 실로 많다.' 하였소. 지금 무도한 자가 높은 지위에 있으니 그대가 화를 면하지 못할까 두렵소. 《詩經》에 '백성들에 邪辟한 자가 많으니 스스로 법을 세우지 말라.' 하였으니, 우선 그들을 놓아두는 것이 어떻겠소."

기영이 말하였다.

"이는 우리 祁氏 가문이 사사로이 토벌하는 것이니 국가와 무슨 관계가 있겠습니까?"

그리고는 드디어 두 사람을 체포하였다. 기승이 荀躒(知文子)에게 뇌물을 바치니, 순력은 기승을 위해 晉侯에게 잘 말하였다. 그러자 진후는 기영을 체포하였다. 기영의 家臣이 말하였다.

"장차 모두 죽임을 당하기는 마찬가지이니, 차라리 우리 주군으로 하여금 勝과 臧이 죽었다는 말을 듣고 속이 시원하게 해드리겠다."

그리고는 기승과 오장을 죽였다. 여름 6월에 진후가 기영과 楊食我를 죽였다. 양사아는 기

---

382 通室 : 아내를 바꾸는 것을 뜻한다.

383 鄭書 : 襄公 30년 傳에 子産도 鄭書를 인용하였으니, 대개 鄭나라 先代의 글인 듯하다.

384 民之多辟 無自立辟 : 《詩經》 〈大雅 板〉이다. 유행하는 風俗에 동조하고 더러운 世俗에 영합함이 마땅하니, 스스로 法을 세워 대중을 어기지 말아야 한다는 말이다.(林堯叟)

영의 黨으로 기영을 도와 亂을 일으켰기 때문에 죽인 것이다. 드디어 祁氏와 羊舌氏를 멸망시켰다.

字義 辟 : 사벽할, 법 벽 姑 : 잠시 고 鈞 : 같을 균 憖 : 차라리 은

初에 叔向欲娶於申公巫臣氏하니 其母欲娶其黨하다 叔向曰 吾母多而庶鮮하니 吾懲舅氏矣라 其母曰 子靈之妻가 殺三夫[385]一君一子하고 而亡一國兩卿矣니 可無懲乎아 吾聞之호니 甚美면 必有甚惡이라하니 是鄭穆少妃姚子之子요 子貉之妹也라 子貉早死無後에 而天鍾美於是하니 將必以是大有敗也리라 昔有仍氏生女하니 黰黑而甚美하야 光可以鑑하니 名曰玄妻라하다 樂正后夔取之하야 生伯封하니 實有豕心하야 貪惏無饜하고 忿類無期하니 謂之封豕라하다 有窮后羿滅之하니 夔是以不祀하니라 且三代之亡과 共子之廢도 皆是物也[386]니 女何以爲哉오 夫有尤物에 足以移人이니 苟非德義면 則必有禍니라 叔向懼하야 不敢取하다 平公强使取之하야 生伯石하다 伯石始生에 子容之母走謁諸(저)姑曰 長叔姒生男이라하야늘 姑視之할새 及堂하야 聞其聲而還曰 是豺狼之聲也니 狼子野心이라 非是면 莫喪羊舌氏矣라하고 遂弗視하다

당초에 叔向이 申公 巫臣氏의 딸(夏姬의 딸)을 아내로 맞이하려 하니, 그 어머니는 자기 親黨의 딸을 며느리로 삼고자 하였다. 숙향이 말하였다.

"저에게는 庶母가 많았으나 庶兄弟가 적었으니 저는 외가의 여인들을 경계로 삼습니다."

그 어머니가 말하였다.

"子靈(巫臣)의 아내는 세 남편과 한 임금과 한 자식을 죽이고 한 나라를 망치고 두 卿을 도망가게 하였으니, 경계로 삼아야 하지 않겠느냐? 내 듣건대 매우 아름다운 사람은 반드시 매우 악독하다고 한다. 夏姬는 바로 鄭 穆公의 少妃 姚子의 딸이고 子貉(鄭 靈公)의 누이다. 자맥이 일찍 죽어 후사가 없자, 하늘이 아름다움을 하희에게 모아주었으니, 장차 반드시 이 여자로 인해 크게 패망함이 있을 것이다.

옛날에 有仍氏가 딸을 낳았는데, 머리숱이 많고 검으며 매우 아름다워서 광택이 사람을 비

385 子靈之妻 殺三夫 : 成公 2년 傳에, 巫申이 "夏姬는 子蠻을 夭死하게 하고, 御叔을 죽게 하였다."고 하였으니, 자만이 바로 하희의 첫 번째 남편이고, 어숙이 두 번째 남편이고, 무신이 세 번째 남편이다.(楊注)

386 且三代之亡……皆是物也 : 夏나라는 妺喜로 인해 망하고, 殷나라는 妲己로 인해 망하고, 周나라는 褒姒로 인해 망하였으니, 三代가 망한 것은 모두 美女가 그 원인이었다. 共子는 晉나라 太子 申生인데, 역시 驪姬로 인해 폐출되었다.(杜注)

추니 그 이름을 '玄妻'라 하였다. 樂正 后夔가 그 여자를 아내로 취하여 伯封을 낳았는데, 실로 돼지 같은 심보가 있어 탐욕이 심해 만족이 없고 포학이 끝이 없으니 사람들은 그를 '封豕(큰 돼지)'라 하였다. 有窮 后羿가 그를 멸망시키니 夔는 이로 인해 후사가 끊겼다. 그리고 또 三代의 멸망과 共子의 폐출도 모두 美色 때문이었는데, 너는 무엇 때문에 美女를 아내로 취하려 하느냐? 대체로 뛰어난 미인은 사람의 마음을 흔들기에 충분하니, 만약 德義로써 자제하지 않는다면 반드시 화가 있을 것이다."

숙향은 두려워서 감히 취하지 않았다. 그런데 平公이 강제로 취하게 하여 伯石(楊食我)을 낳았다. 백석이 처음 출생하였을 때 子容의 어머니가 달려가 시어머니에게 고하였다.

"큰 시숙의 동서가 아들을 낳았습니다."

숙향의 어머니가 보려고 할 때 마루에 미쳐 아이의 울음소리를 듣고는 되돌아와서 말하였다.

"이 아이의 울음소리는 바로 이리의 소리이다. 이리는 野心이 있으니 이 아이가 아니면 羊舌氏의 집안을 망칠 자가 없을 것이다."

그리고는 마침내 보지 않았다.

字義 鍾 : 모일 종　鬒 : 머리숱 많고 검을 진　惏 : 탐할 람　纇 : 어그러질 뢰　封 : 클 봉
尤 : 뛰어날 우

【經】秋七月癸巳에 滕子寧卒하다 冬에 葬滕悼公하다

가을 7월 癸巳日에 滕子 寧(滕 悼公)이 졸하였다. 겨울에 滕 悼公을 장사 지냈다.

【傳】秋에 晉韓宣子卒커늘 魏獻子爲政하야 分祁氏之田以爲七縣하고 分羊舌氏之田以爲三縣하고 司馬彌牟爲鄔大夫하고 賈辛爲祁大夫하고 司馬烏爲平陵大夫하고 魏戊爲梗陽大夫하고 知徐吾爲塗水大夫하고 韓固爲馬首大夫하고 孟丙爲盂大夫하고 樂霄爲銅鞮大夫하고 趙朝爲平陽大夫하고 僚安爲楊氏大夫하다 謂賈辛司馬烏爲有力於王室이라 故擧之하고 謂知徐吾趙朝韓固魏戊는 餘子之不失職하야 能守業者也라하다 其四人者는 皆受縣而後에 見(현)於魏子하니 以賢擧也니라

가을에 晉나라 韓宣子(韓起)가 졸하였는데 魏獻子(魏舒)가 집정이 되어, 祁氏의 田地를 나누어 일곱 縣으로 만들고, 羊舌氏의 전지를 나누어 세 현으로 만들어서, 司馬彌牟를 鄔의 大夫로, 賈辛을 祁의 대부로, 司馬烏를 平陵의 대부로, 魏戊를 梗陽의 대부로, 知徐吾를 塗水의 대부로, 韓固를 馬首의 대부로, 孟丙을 盂의 대부로, 樂霄를 銅鞮의 대부로, 趙朝를 平陽

의 대부로, 僚安을 楊氏의 대부로 삼았다. 위헌자는 가신과 사마오가 왕실에 공이 있다고 여겼으므로 그들을 거용한 것이고, 지서오 · 조조 · 한고 · 위무는 餘子(卿의 庶子)로서 그 직분을 잃지 않아 그 가업을 잘 지켰다고 여겼다. 이 네 사람은 모두 현을 받은 뒤에 위헌자를 알현하였으니, 현능하므로 거용하였음을 알 수 있다.

魏子謂成鱄호대 吾與戊也縣하니 人其以我爲黨乎아 對曰 何也오 戊之爲人也 遠不忘君하고 近不偪同하며 居利思義하고 在約思純하야 有守心而無淫行하니 雖與之縣이라도 不亦可乎아 昔武王克商하사 光有天下에 其兄弟之國者 十有五人이요 姬姓之國者 四十人이니 皆擧親也라 夫擧無他라 唯善所在니 親疏一也라 詩曰 唯此文王을 帝度(탁)其心하니 莫其德音하야 其德克明이라 克明克類하며 克長克君하야 王此大國하야 克順克比하니 比于文王[387]하야 其德靡悔하니 旣受帝祉하야 施(이)于孫子[388]라하니라 心能制義曰度(탁)이요 德正應和曰莫이요 照臨四方曰明이요 勤施無私曰類요 敎誨不倦曰長이요 賞慶刑威曰君이요 慈和偏服曰順이요 擇善而從之曰比요 經緯天地曰文이니 九德不愆하야 作事無悔라 故襲天祿하야 子孫賴之하니 主之擧也 近文德矣니 所及其遠哉인저

魏子가 成鱄(晉나라 大夫)에게 말하였다.

“내가 나의 庶子 戊에게 縣大夫의 관직을 주었으니, 사람들이 어찌 내가 사심에 치우친 인사를 하였다고 하지 않겠는가?”

성전이 대답하였다.

“어찌 그리 생각하겠습니까? 戊의 사람됨이 멀리하여도 國君을 잊지 않았고 가까이하여도 동료를 핍박하지 않았으며, 財利를 보면 의리를 생각하고 빈궁 처해서는 純情을 생각하여 예의를 지키는 마음이 있어서 예의를 범하는 행위가 없었으니, 비록 그에게 현대부의 관직을 주어도 합당하지 않겠습니까?

옛날에 武王이 商나라를 이기고 크게 천하를 소유하였을 때 그 형제로서 封國을 받고 간 자가 15인이고, 姬姓으로 봉국을 받고 간 자가 40인이었으니, 이는 모두 親屬을 거용한 것입니다. 인재를 선발해 등용함에는 다른 것이 없고 오직 賢能만 볼 뿐이니, 親疏를 구별할 게 없습니다.

---

387 唯此文王……比于文王 : 《詩經》에는 ‘唯’가 ‘維’로, ‘文王’이 ‘王季’로 되어 있다. ‘帝度其心’한 것이 왕계라면 ‘比于文王’을 ‘문왕에 이르러서’로 해석할 수 있지만, ‘帝度其心’한 것이 문왕이라면 ‘比于文王’을 ‘문왕에 이르러서’로 해석할 수 없다. 그러므로 〈正義〉의 說을 취하여 ‘옛날 文德이 있었던 先王들에 비교하여’로 번역하였다.

388 唯此文王……施(이)于孫子 : 《詩經》 〈大雅 皇矣〉이다.

《詩經》에 '이 文王에게 上帝가 그 마음으로 하여금 도의를 헤아리게 하니, 그 德音이 청정하여〔莫〕 그 덕이 밝으셨다. 밝으시고 선하시어 師長이 되고 군왕이 되시어, 대국을 다스리어 천하가 순종하고 선을 따랐다. 옛날 文德을 가졌던 선왕에 비교해 그 덕이 부족함이 없으니 하늘의 복을 받아 그 복이 뻗쳐 자손에게 미쳤다.' 하였습니다.

마음으로 헤아려 사의에 맞게 제정하는 것을 '度'이라 하고, 덕이 공정하여 상대가 응답하는 것을 '莫'이라 하고, 사방을 비추는 것을 '明'이라 하고, 부지런히 시혜하되 사사로움이 없는 것을 '類'라 하고, 가르치기를 게을리하지 않는 것을 '長'이라 하고, 상을 주어 경사롭게 하고 형벌을 주어 두렵게 하는 것을 '君'이라 하고, 인자하고 온화하여 모두가 복종하는 것을 '順'이라 하고, 선을 가려 따르는 것을 '比'라 하고, 하늘을 날줄로 삼고 땅을 씨줄로 삼는 것을 '文'이라 하니, 이 아홉 가지 덕에 잘못이 없어서 일에 후회가 없었기 때문에 天祿을 받아 자손이 힘입은 것입니다. 이번에 主(獻子를 이름)께서 거용하신 일이 文德에 가까우니, 그 덕이 뻗쳐 미치는 바가 아마 영원할 것입니다."

字義 光 : 클 광　類 : 선할 류　襲 : 받을 습

賈辛將適其縣할새 見(현)於魏子한대 魏子曰 辛아 來하라 昔叔向適鄭에 鬷蔑惡이러니 欲觀叔向하야 從使之收器者而往하야 立於堂下하야 一言而善이어늘 叔向將飮酒라가 聞之하고 曰 必鬷明也라하고 下執其手以上曰 昔賈大夫惡이러니 娶妻而美하야 三年不言不笑어늘 御以如皐하야 射雉獲之하니 其妻始笑而言이어늘 賈大夫曰 才之不可以已로다 我不能射면 女遂不言不笑夫인저 今子少不颺하니 子若無言이면 吾幾失子矣리라 言之不可以已也如是로다 遂如故知하니라 今女有力於王室일새 吾是以擧女니라 行乎인저 敬之哉하야 毋墮(휴)乃力하라

賈辛이 장차 그 縣으로 가려 할 적에 魏子를 알현하니 위자가 말하였다.

"辛이여! 어서 오게나. 옛날에 叔向이 鄭나라에 갔을 적에 얼굴이 추악한 鬷蔑이 숙향을 만나보고자 하여 그릇을 수습하는 심부름꾼을 따라 들어가서 堂下에 서서 도리에 맞는 착한 말을 한마디 하자, 숙향이 술을 마시려다가 그 말을 듣고 '이 자는 반드시 鬷明(鬷蔑)일 것이다.' 하고, 당하로 내려가서 종명의 손을 잡고 올라와서 말하기를 '옛날에 賈大夫는 얼굴이 추악하였는데 맞은 아내는 미인이었답니다. 그 아내는 3년 동안 말도 하지 않고 웃지도 않았는데, 하루는 가대부가 그녀를 수레에 태우고 皐澤으로 가서 꿩을 쏘아 잡으니 그 아내는 비로소 웃으며 말을 하였답니다. 그러자 가대부는 「사람은 재능이 없어서는 안 되겠구려. 내가 만약 활을 잘 쏘지 못하였다면 그대는 끝내 말도 하지 않고 웃지도 않았겠지.」 하였다고 합니

다. 지금 그대도 용모가 그다지 준수하지 못하니 그대가 만약 말을 하지 않았다면 나는 거의 그대를 알아보지 못하였을 것입니다. 말을 하지 않아서는 안 되는 것이 이와 같습니다.' 하고 드디어 오래된 친지처럼 대하였다네. 지금 그대가 왕실에 공이 있기 때문에 나는 그대를 거용한 것이니, 임지로 가서 일처리를 부지런히 하여 그대의 이전 공을 무너뜨리지 말게나."

仲尼聞魏子之擧也하시고 以爲義라하야 曰 近不失親하고 遠不失擧하니 可謂義矣라하고 又聞其命賈辛也하고 以爲忠이라 詩曰 永言配命이 自求多福이라하니 忠也[389]라 魏子之擧也義하고 其命也忠하니 其長有後於晉國乎인저

仲尼께서 魏子가 사람을 擧用한 일을 듣고는 그 일이 道義에 맞았다고 여겨 말씀하셨다.

"가까이로는 親屬을 버리지 않고 멀리로는 거용할 만한 사람을 버리지 않았으니 도의에 맞았다고 이를 만하다."

또 위자가 賈辛에게 명한 말을 듣고는 그 말이 충성스럽다고 여겨 말씀하셨다.

"《詩經》에 '모든 행위가 항상 천명에 부합하는 것이 스스로 많은 복을 구하는 것이다.' 하였으니, 이는 충성스럽기 때문이다. 위자가 사람을 거용한 것이 도의에 맞고, 그 명한 말이 충성스러웠으니, 그 後孫이 영원히 晉나라에서 복록을 누릴 것이다."

字義 永 : 항상 영

冬에 梗陽人有獄이어늘 魏戊不能斷하야 以獄上이러니 其大宗賂以女樂한대 魏子將受之하다 魏戊謂閻沒女寬曰 主以不賄聞於諸侯하니 若受梗陽人이면 賄莫甚焉이니 吾子必諫하라 皆許諾하다 退朝하야 待於庭하다 饋入에 召之한대 比置하야 三歎하니 旣食에 使坐하고 魏子曰 吾聞諸伯叔호니 諺曰 唯食忘憂라커늘 吾子置食之間三歎은 何也오 同辭而對曰 或賜二小人酒하야 不夕食일새 饋之始至에 恐其不足이라 是以歎하고 中置에 自咎曰 豈將軍食(사)之而有不足이리오 是以再歎하고 及饋之畢하야 願以小人之腹으로 爲君子之心하야 屬厭而已라한대 獻子辭梗陽人하다

겨울에 梗陽 사람의 소송이 있었는데, 魏戊는 판단할 수 없어서 그 송사를 魏子에게 올려 보냈다. 일방의 소송 당사자의 宗人이 위자에게 舞姬를 뇌물로 보내자 위자가 그것을 받으려 하였다. 그러자 위무가 閻沒과 女寬에게 말하였다.

---

389 詩曰……忠也 : 詩는 《詩經》 〈大雅 文王〉이다. 모든 행위가 항상 天命에 부합하여 많은 복을 부르는 것은 오직 충성뿐이라는 말이다.(杜注)

"主께서는 뇌물을 받지 않는 것으로 제후 사이에 소문난 분인데, 만약 경양 사람의 뇌물을 받는다면 이보다 큰 뇌물이 없으니, 그대들은 반드시 간하시오."

두 사람 모두 허락하였다. 두 사람은 조정에서 물러나와 뜰에서 위자를 기다렸다. 음식이 들어가자 위자는 두 사람을 불러들여 음식을 먹게 하였는데, 두 사람이 음식을 차려놓을 때에 미쳐 세 차례 한숨을 지으니, 식사를 마친 뒤에 위자는 그들을 앉게 하고 물었다.

"내가 伯叔(선배)에게 듣건대 속담에 '식사하는 동안만은 근심을 잊는다.' 하였는데, 그대들이 음식을 차려놓을 때에 세 차례 한숨을 지은 것은 어째서인가?"

두 사람이 같은 말로 대답하였다.

"어떤 자가 저희 두 사람에게 술을 주어 저녁밥을 먹지 못하였기 때문에 음식이 처음 들어올 때는 음식이 부족할까 두려웠습니다. 그러므로 한숨을 지은 것입니다. 음식이 절반쯤 들어왔을 때에 저희들은 '장군께서 우리를 먹이시는데 어찌 부족함이 있겠는가?'라고 스스로 책망하였습니다. 그러므로 재차 한숨을 지은 것입니다. 음식이 다 들어옴에 미쳐서는 소인들이 배가 〈부르면 오히려 만족할 줄을 아는〉 것으로써 군자의 마음도 응당 그럴 것으로 여겨 〈세 번째 한숨을 지은 것이니,〉 적당히 만족하면 그만두기를 바랍니다."

그러자 獻子는 경양 사람의 뇌물을 사절하였다.

字義 獄 : 쟁송할 옥 比 : 미칠 비 屬 : 적당할 촉 厭 : 만족할 염

〈29년, 戊子(B.C. 513)〉

【經】二十有九年이라 春에 公至自乾侯하야 居于鄆하니 齊侯使高張來唁公하다 公如晉하야 次于乾侯하다

29년이다. 봄에 昭公이 乾侯에서 돌아와 鄆에 거주하니, 齊侯가 高張을 보내와서 소공을 위문하였다. 소공이 晉나라로 가서 건후에 머물렀다.

【傳】二十九年이라 春에 公至自乾侯하야 處于鄆하니 齊侯使高張來唁公호대 稱主君한대 子家子曰 齊卑君矣니 君祗辱焉이로다 公如乾侯하다

29년이다. 봄에 昭公이 乾侯에서 돌아와 鄆에 거주하니 齊侯가 高張을 보내와 소공을 위문하되 소공을 '主君'으로 칭하자 子家子가 말하였다.

"齊나라가 임금님을 멸시하는 것이니 임금님께서는 단지 치욕만 취하게 될 뿐입니다."

그러자 소공이 건후로 갔다.

字義 唁 : 위문할 언

平子每歲賈(고)馬하고 具從者之衣屨하야 而歸之于乾侯러니 公執歸馬者하고 賣之한대 乃不歸馬하다 衛侯來獻其乘馬하니 曰啓服이라 塹而死하니 公將爲之櫝하다 子家子曰 從者病矣니 請以食(사)之하소서 乃以帷裹之하다

季平子가 해마다 말을 사고 從者들의 옷과 신발을 준비하여 乾侯로 보냈는데, 昭公이 말을 몰고 간 사람을 체포하고 그 말을 파니, 이에 계평자는 말을 보내지 않았다. 衛侯가 使者를 보내와서 그 수레를 끌던 말 啓服(말의 이름)을 소공에게 바쳤는데, 그 말이 해자에 빠져 죽으니 소공은 그 말을 위해 棺을 마련하려 하였다. 그러자 子家子가 말하였다.

"종자들이 모두 지쳤으니 이 말고기를 종자들에게 먹이소서."

소공은 이에 휘장으로 그 말을 싸서 묻게 하였다.

字義 賈 : 살 고 櫝 : 관 독

公賜公衍羔裘하고 使獻龍輔於齊侯러니 遂入羔裘한대 齊侯喜하야 與之陽穀하다 公衍公爲之生也에 其母偕出하다 公衍先生이어늘 公爲之母曰 相與偕出하니 請相與偕告하노라 三日에 公爲生이어늘 其母先以告하니 公爲爲兄하다 公私喜於陽穀하고 而思於魯曰 務人爲此禍也라 且後生而爲兄하니 其誣也久矣라 乃黜之하고 而以公衍爲大(태)子하다

昭公이 公衍에게 羔裘(양가죽으로 만든 옷)를 하사하고 그에게 齊나라로 가서 齊侯에게 龍輔(玉의 이름)를 바치게 하였는데, 공연이 드디어 고구까지 바치니, 제후는 기뻐하여 그에게 陽穀(齊나라 邑)을 封地로 주었다. 公衍과 公爲가 출생할 때 그 어머니들이 함께 産室로 나가 있었다. 공연이 먼저 출생하자, 공위의 어머니가 말하였다.

"함께 나왔으니 〈내가 출산한 뒤에〉 함께 고합시다."

3일 뒤에 공위가 출생하자, 공위의 어머니가 먼저 가서 소공에게 고하니, 공위가 형이 되었다. 소공은 마음속으로 공연이 양곡을 얻어 온 것을 혼자 기뻐하고, 魯나라에 있을 때의 일을 생각하며 말하였다.

羔裘

"이 화는 務人(公爲을 가리킴)이 만든 것이다. 그리고 또 뒤에 출생하였으면서 형이 되었으니 나를 속인 지 오래이다."

이에 공위를 폐출하고 공연을 太子로 삼았다.

三月己卯에 京師殺召伯盈尹氏固及原伯魯之子하다 尹固之復也에 有婦人遇之周郊하야 尤之曰 處則勸人爲禍하고 行則數日而反하니 是夫也 其過三歲乎아

3월 己卯日에 京師가 召伯盈 · 尹氏固 및 原伯魯의 아들을 죽였다. 尹固가 돌아올 때에 어떤 부인이 그를 周나라 국도의 교외에서 만나 꾸짖었다.

"국내에 있을 때는 사람(子朝)을 권하여 화란을 일으키게 하고, 국외로 도망가서는 며칠 만에 다시 돌아오니, 이런 사내가 어찌 3년을 넘길 수 있겠는가?"

【經】夏四月庚子에 叔詣卒하다

여름 4월 庚子日에 叔詣가 졸하였다.

【傳】夏五月庚寅에 王子趙車入于鄻(련)以叛[390]하니 陰不佞敗之하다

여름 5월 庚寅日에 王子 趙車가 鄻(周나라 邑)으로 들어가서 반란을 일으키니, 陰不佞이 패배시켰다.

【經】秋七月이라

가을 7월이다.

【傳】秋에 龍見(현)于絳郊하니 魏獻子問於蔡墨曰 吾聞之호니 蟲莫知於龍이라 以其不生得也로 謂之知라하니 信乎아 對曰 人實不知요 非龍實知니라 古者畜(휵)龍이라 故國有豢龍氏하고 有御龍氏하니라 獻子曰 是二氏者를 吾亦聞之어니와 而不知其故로라 是何謂也오 對曰 昔有飂(류)叔安에 有裔子하니 曰董父(보)라 實甚好龍하야 能求其耆欲以飲食(사)之하니 龍多歸之하니라 乃擾畜龍하야 以服事帝舜하니 帝賜之姓曰董이라하고 氏曰豢龍이라하야 封諸鬷(종)川하니 鬷夷氏其後也라 故帝舜氏世有畜龍하니라 及有夏孔甲하야 擾于有帝[391]하니

390 王子趙車入于鄻(련)以叛 : 趙車는 子朝의 餘黨이다. 周王이 伯盈 등을 죽이는 것을 보았기 때문에 반란을 일으킨 것이다.(杜注)

帝賜之乘龍하니 河漢各二하야 各有雌雄하니라 孔甲不能食(사)하야 而未獲豢龍氏하니라 有陶唐氏既衰에 其後有劉累하야 學擾龍于豢龍氏하야 以事孔甲하야 能飲食之하니 夏后嘉之하야 賜氏曰御龍이라하고 以更豕韋之後하니라 龍一雌死어늘 潛醢以食夏后하니 夏后饗之하고 既而使求之한대 懼而遷于魯縣하니 范氏其後也라

가을에 絳都(晉나라 國都)의 교외에 龍이 출현하니, 魏獻子가 蔡墨(晉나라 太史)에게 물었다.

"내가 듣건대 蟲類 중에는 용보다 지혜로운 짐승이 없다고 한다. 용은 산 채로 잡을 수 없기 때문에 용을 지혜롭다고 하니, 참으로 그러한가?"

채묵이 대답하였다.

"사람들이 실로 지혜롭지 못해서이지, 용이 실로 지혜로워서가 아닙니다. 옛날에는 집에서 용을 길렀습니다. 그러므로 나라 안에 豢龍氏가 있고 御龍氏가 있었습니다."

헌자가 물었다.

"이 두 氏가 있다는 것은 나도 들었지만 그 까닭은 알지 못하였다. 이들은 어째서 씨를 '豢龍 · 御龍'이라 하였는가?"

채묵이 대답하였다.

"옛날에 飂나라의 임금 叔安에게 董父라는 후예가 있었는데, 실로 용을 매우 좋아하여, 용이 좋아하는 먹이가 무엇인지 연구하여 그 먹이를 먹여 기르니 많은 용들이 그의 집으로 몰려왔습니다. 동보가 이에 용을 길들여 기르는 일로 帝舜을 섬기니, 제순은 그에게 '董'이란 姓과 '豢龍'이란 氏를 내리고 鬷川에 봉하였으니, 鬷夷氏가 그 후손입니다. 그러므로 帝舜氏 이후로는 대대로 용을 길들여 기르는 官員이 있었습니다.

夏나라 孔甲에 이르러 공갑이 上帝께 순종하니, 상제가 그에게 수레에 메울 네 마리의 용을 하사하였으니 黃河와 漢水의 용 두 마리씩으로 각각 암수였습니다. 공갑은 이 용을 잘 먹일 수 없어서 환룡씨의 후손을 찾았으나 찾지 못하였습니다. 陶唐氏가 쇠락한 뒤에 그 후손에 劉累란 자가 있었는데, 용을 길들여 기르는 기술을 환룡씨에게 배워서 공갑을 섬겨 용을 잘 먹여 기르니 夏后(孔甲)는 이를 가상히 여겨 '御龍'이란 씨를 내리고 豕韋의 後孫을 대신하게 하였습니다. 얼마 뒤에 암룡 한 마리가 죽자, 유루는 은밀히 용의 고기로 젓을 담궈 하후에게 먹였는데, 하후는 이 젓갈을 먹어보고는 이윽고 유루에게 사람을 보내 다시 젓갈을 요구하였습니다. 그러자 유루는 두려워서 魯縣으로 옮겨갔으니, 范氏가 바로 그 후손입니다."

字義 豢 : 기를 환 御 : 기를 어 擾 : 따를 요

---

391 及有夏孔甲 擾于有帝 : 孔甲은 少康의 후손으로 商나라의 제9대 君王이다. 그 德이 天命에 順應하였다는 말이다.(杜注)

獻子曰 今何故無之오 對曰 夫物은 物有其官하며 官修其方하야 朝夕思之니라 一日失職이면 則死及之하고 失官不食이니라 官宿其業이면 其物乃至어니와 若泯棄之면 物乃坻伏하야 鬱湮不育이라 故有五行之官하니 是謂五官이라 實列受氏姓하야 封爲上公하고 祀爲貴神하야 社稷五祀에 是尊是奉하나니라 木正曰句芒이요 火正曰祝融이요 金正曰蓐收요 水正曰玄冥이요 土正曰后土라 龍은 水物也니 水官棄矣라 故龍不生得이니라 不然이면 周易有之하니 在乾䷀之姤䷫曰 潛龍勿用이라하고 其同人䷌曰 見(현)龍在田이라하고 其大有䷍曰 飛龍在天이라하고 其夬䷪曰 亢龍有悔라하고 其坤䷁曰 見群龍無首吉이라하고 坤之剝䷖曰 龍戰于野라하니라 若不朝夕見(현)이면 誰能物之리오 獻子曰 社稷五祀는 誰氏之五官也오 對曰 少皞氏有四叔하니 曰重 曰該 曰修 曰熙라 實能金木及水하니 使重爲句芒하고 該爲蓐收하고 修及熙爲玄冥하니 世不失職하야 遂濟窮桑하니 此其三祀也라 顓頊氏有子하니 曰犂라 爲祝融하고 共工氏有子하니 曰句龍이라 爲后土하니 此其二祀也라 后土爲社요 稷은 田正也니 有烈山氏之子하니 曰柱이니 爲稷이러니 自夏以上祀之하고 周棄亦爲稷하니 自商以來祀之하니라

獻子가 물었다.

"지금은 어째서 용이 없는가?"

蔡墨이 대답하였다.

"物에는 물마다 그 물을 맡아서 다스리는 官員이 있으며, 관원은 그 물을 다루는 방법을 수행하여 밤낮으로 항상 생각해야 합니다. 하루라도 그 직분을 다하지 않으면 죽음이 이르고, 관원으로 직분을 제대로 수행하지 못하면 祿을 먹지 못합니다. 관원이 그 업무를 오랫동안 수행하면 그 물이 이르지만 만약 업무를 폐기하면 그 물은 잠복하여 침체되고 막혀 번식하지 못합니다. 그러므로 五行을 맡아 다스리는 관원이 있었으니 이를 五官이라 합니다. 이 오관은 실로 나란히 氏와 姓을 받아 생전에는 封爵을 받아 上公이 되고 사후에는 제사를 받는 존귀한 神이 되어, 社稷과 五祀의 제사에 배향되어 王者의 尊奉을 받았습니다. 나무를 맡은 官長〔木正〕을 句芒이라 하고, 불을 맡은 관장〔火正〕을 祝融이라 하고, 쇠를 맡은 관장〔金正〕을 蓐收라 하고, 물을 맡은 관장〔水正〕을 玄冥이라 하고, 흙을 맡은 관장〔土正〕을 后土라 합니다.

용은 水中의 생물이니 물을 맡은 관장이 그 직분을 폐기하였기 때문에 용을 산 채로 잡을 수 없게 된 것입니다. 그렇지 않다면 어찌 《周易》에 다음과 같은 말들이 있었겠습니까? 乾卦䷀ 初九〔姤䷫〕에 '潛龍勿用(잠복해 있는 용이니 쓰지 말라)'이라 하고, 그 九二〔同人䷌〕에 '見龍在田(출현한 용이 地上(田)에 있음)'이라 하고, 그 九五〔大有䷍〕에 '飛龍在天(나는 용이 하늘에 있음)'이라 하고, 그 上九〔夬䷪〕에 '亢龍有悔(끝까지 올라간 용이니 後悔가 있으리라)'라 하고, 그 用九〔坤䷁〕에

'見群龍無首吉(뭇 용을 보되 머리가 없으면 길하다)'이라 하고, 坤卦 上六(剝䷖)에 '龍戰于野(용이 들에서 싸운다)'라고 하였으니, 만약 아침저녁으로 용이 출현하지 않았다면 누가 그 物象을 이렇게 자세히 묘사할 수 있었겠습니까?"

헌자가 다시 물었다.

"社稷과 五祀는 어느 帝王 때의 五官인가?"

채묵이 대답하였다.

"少皞氏의 자손에 重·該·修·熙라는 네 사람이 있었는데, 실로 쇠와 나무와 물을 잘 다루니, 중을 句芒으로, 해를 蓐收로, 수와 희를 玄冥으로 삼았습니다. 이들은 대대로 그 직분을 잘 지켜 마침내 窮桑(少皞氏)의 성공을 도왔으니, 이들이 오사 중의 三祀입니다. 顓頊氏에게 犂라는 아들이 있었는데 祝融(官名)이 되고, 共工氏에게 句龍이란 아들이 있었는데 后土(官名)가 되었으니, 이들이 오사 중의 二祀입니다. 살아서 후토의 관직을 맡아 그 직무를 잘 수행한 사람은 죽어서 社(土地神)가 되고, 죽어서 稷(穀神)이 된 사람은 살았을 때 農政을 맡아 그 직무를 잘 수행한 田正(農政을 맡은 官長)입니다. 烈山氏에게 柱라는 아들이 있었으니, 그를 稷(穀神)으로 삼았는데, 夏나라 이전에는 이에게 제사하였고, 周나라의 始祖 棄도 그를 稷神으로 삼으니, 商나라 이후로는 그에게 제사하였습니다."

字義 宿 : 오래될 숙　坻 : 머물 지

【經】冬十月에 鄆潰하다

겨울 10월에 鄆人이 흩어져 도망하였다.

【傳】冬에 晉趙鞅荀寅帥(솔)師城汝濱하고 遂賦晉國一鼓鐵하야 以鑄刑鼎하야 著范宣子所爲刑書焉하다 仲尼曰 晉其亡乎인저 失其度矣로다 夫晉國將守唐叔之所受法度하야 以經緯其民하고 卿大夫以序守之라야 民是以能尊其貴하고 貴是以能守其業이라 貴賤不愆이 所謂度也니 文公是以作執秩之官하고 爲被廬之法하야 以爲盟主어늘 今棄是度也하고 而爲刑鼎하니 民在鼎矣리니 何以尊貴며 貴何業之守리오 貴賤無序면 何以爲國이리오 且夫宣子之刑은 夷之蒐也니 晉國之亂制也[392]라 若之何以爲法이리오 蔡史墨

392 夫宣子之刑……晉國之亂制也 : 范宣子가 만든 刑書는 바로 夷에서 軍事訓鍊할 때 만든 법이다. 夷에서 군사훈련한 것은 文公 6년에 있었다. 한 차례의 훈련에서 中軍帥를 세 번 바꾸어, 賈季·箕鄭 등으로 하여금 드디어 叛亂을 일으키게 하였기 때문에 '亂制'라 한 것이다.(杜注)

曰 范氏中行(항)氏其亡乎인저 中行寅爲下卿而干上令하고 擅作刑器하야 以爲國法하니 是法姦也요 又加范氏焉하니 易之亡也요 其及趙氏하리니 趙孟與焉일새니라 然不得已니 若德이면 可以免하리라

겨울에 晉나라 趙鞅(趙簡子)과 荀寅(中行文子)이 군대를 거느리고 가서 汝水 가에 성을 쌓고, 드디어 晉나라 國都의 백성들에게 1鼓(480근)씩의 鐵을 징수하여 刑鼎을 주조하고 范宣子(范匄)가 제정한 刑書를 새겨 넣었다. 仲尼가 이에 대해 말하였다.

"진나라는 아마도 망할 것이다. 그 법도를 상실하였다. 저 진나라는 응당 唐叔이 전한 법도를 지켜 그 백성을 다스리고 卿大夫가 位次에 따라 그 법도를 지키게 해야 백성은 이로 인해 貴人을 존대하고 귀인은 이로 인해 그 가업을 지킬 수 있다. 귀천이 모두에게 허물이 없는 것이 이른바 '법도'이니, 文公이 이로 인해 관직의 위차를 관장하는 관직을 설치하고 被廬法을 제정하여 盟主가 되었는데, 이제 이 법도를 버리고 형정을 주조하였으니, 백성들은 형정만 살필 것이니 어찌 귀인을 존경할 것이며 귀인이 어찌 가업을 지킬 수 있겠는가? 貴賤의 차별이 없으면 무엇으로 나라를 다스리겠는가? 그리고 또 宣子의 형서는 夷에서 군사훈련할 때 제정한 것으로 진나라를 어지럽힌 제도이니 어찌 그것을 법으로 삼을 수 있겠는가?"

蔡史墨이 말하였다.

"范氏와 中行氏는 아마도 망할 것이다. 中行寅은 下卿으로서 上司의 명을 범하고 마음대로 刑器를 만들어 이를 국법으로 삼았으니, 바로 간사함을 법으로 삼은 것이고, 또 범씨의 법을 다시 시행하여 범씨를 망하게 하였고, 그 화가 趙氏에게도 미칠 것이니 趙孟이 그 일에 참여하였기 때문이다. 그러나 마지못해 참여한 것이니 만약 덕을 닦는다면 화를 면할 수 있을 것이다."

〈30년, 己丑(B.C. 512)〉

【經】 三十年이라 春王正月에 公在乾侯하다

30년이다. 봄 周王 正月에 昭公이 乾侯에 있었다.

【傳】 三十年이라 春王正月에 公在乾侯하다 不先書鄆與乾侯는 非公이요 且徵過也라

30년이다. 봄 周王 正月에 昭公이 乾侯에 있었다. 소공이 앞서 鄆과 乾侯에 있었던 것을 기록하지 않은 것은 소공을 비난한 것이고 또 허물을 밝힌(徵) 것이다.

【經】夏六月庚辰에 晉侯去疾卒하다 秋八月에 葬晉頃公하다

여름 6월 庚辰日에 晉侯 去疾(晉 頃公)이 졸하였다. 가을 8월에 晉 頃公을 장사 지냈다.

【傳】夏六月에 晉頃公卒이어늘 秋八月에 葬할새 鄭游吉弔하고 且送葬하다 魏獻子使士景伯詰之曰 悼公之喪에 子西弔하고 子蟜送葬이러니 今吾子無貳[393]는 何故오 對曰 諸侯所以歸晉君은 禮也라 禮也者는 小事大하고 大字小之謂니 事大는 在共其時命하고 字小는 在恤其所無라 以敝邑居大國之間하야 共其職貢하며 與其備御不虞之患이니 豈忘共命이리오 先王之制에 諸侯之喪엔 士弔하고 大夫送葬하며 唯嘉好聘享三軍之事에 於是乎使卿이라 晉之喪事에 敝邑之間(한)이면 先君有所助執紼[394]矣어니와 若其不間(한)이면 雖士大夫라도 有所不獲數矣라 大國之惠는 亦慶其加하고 而不討其乏하며 明底其情하야 取備而已하야 以爲禮也니라 靈王之喪에 我先君簡公在楚하고 我先大夫印段實往하니 敝邑之少卿也로대 王吏不討는 恤所無也라 今大夫曰 女盍從舊오하니 舊有豐有省(생)이라 不知所從이로라 從其豐이면 則寡君幼弱이라 是以不共이요 從其省이면 則吉在此矣니 唯大夫圖之하라 晉人不能詰하다

여름 6월에 晉 頃公이 졸하자, 가을 8월에 장례를 거행할 적에 鄭나라 游吉이 가서 弔喪하고 또 送葬하였다. 魏獻子가 유길에게 士景伯을 보내 힐문하였다.

“悼公의 喪事 때는 子西(公子 夏)가 와서 조상하고 子蟜(公孫 蠆)가 와서 송장하였는데, 이번에는 두 사람이 오지 않은 것은 어째서입니까?”

유길이 대답하였다.

“제후들이 晉나라에 귀복하는 것은 진나라에 禮가 있기 때문입니다. 예는 小國이 大國을 섬기고 대국이 소국을 慈愛하는 것을 이릅니다. 대국을 섬기는 도리는 대국의 時命을 공경해 따르는 데 있고, 소국을 자애하는 도리는 소국의 所無(禮에 정한 人員을 갖추지 못함)를 가엾게 여기는 데 있습니다. 우리나라는 대국 사이에 끼어 있어, 대국에 직공을 바치는 일과 의외의 환란을 방비하는 일로 〈미처 禮數를 갖추지 못하였을 뿐이니〉 어찌 명을 따라야 함을 잊었겠습니까?

선왕의 제도에 제후의 상사에는 士가 조상하고 大夫가 송장하며, 오직 嘉好와 聘享과 三軍의 일에만 卿을 보낸다고 하였습니다. 진나라의 상사 때에 우리나라가 한가하면 先君께서 직

---

393 無貳 : 당시의 禮는 送葬을 弔喪보다 중하게 여겼으므로 送葬使의 지위가 반드시 弔喪使보다 높았다. 그런데 지금 游吉이 조상사와 송장사를 겸하였기 때문에 ‘無貳’라고 한 것이다.(楊注)

394 執紼 : ‘紼’은 喪輿를 당기는 끈이다. 禮에 “送葬하는 자는 반드시 紼을 잡는다.” 하였다.(杜注)

접 오시어 執紼을 도우신 적이 있었지만, 한가하지 못하면 비록 사와 대부라도 禮數대로 보내지 못한 때도 있었습니다. 대국의 은혜는, 常禮보다 후하게 시행한 것은 찬미하고 예수를 갖추지 못한 것은 책망하지 않으며 우리나라의 실정을 밝게 살피고 禮儀를 갖춘 것만 취하여 이를 예에 맞다고 하신 점입니다.

靈王의 상사 때에 우리 선군 簡公께서 楚나라에 가서 계셨으므로 우리 先大夫 印段이 왔습니다. 인단은 우리나라의 少卿이었는데도 왕실의 관리는 책망하지 않았으니, 이는 우리나라의 결핍을 가엾게 여긴 것입니다. 그런데 지금 대부께서는 '너희 나라는 어찌하여 종전의 예를 따르지 않느냐?'고 나무라셨습니다. 종전에는 상례보다 후한 때도 있었고 상례보다 감한 때도 있었으니 어느 쪽을 따라야 할지 모르겠습니다. 후한 쪽을 따르면 우리 임금께서 아직 어리기 때문에 명을 받들 수 없고, 감한 쪽을 따르면 나 유길이 이곳에 온 것이니, 대부는 깊이 헤아리기 바랍니다."

그러자 晉人이 더이상 힐문하지 못하였다.

字義 字 : 사랑할 자 共 : 공경할, 바칠 공

【經】冬十有二月에 吳滅徐하니 徐子章羽奔楚하다

겨울 12월에 吳나라가 徐나라를 멸망시키니, 徐子 章羽가 楚나라로 도망갔다.

【傳】吳子使徐人執掩餘하고 使鍾吾人執燭庸하니 二公子奔楚하다 楚子大封而定其徙하고 使監馬尹大心逆吳公子하야 使居養하고 莠尹然左司馬沈尹戌城之하고 取於城父(보)與胡田以與之하니 將以害吳也라 子西諫曰 吳光新得國하야 而親其民하야 視民如子하야 辛苦同之하니 將用之也라 若好吳邊疆하야 使柔服焉이라도 猶懼其至어늘 吾又彊其讐하야 以重怒之하니 無乃不可乎아 吳는 周之冑裔也[395]로대 而棄在海濱하야 不與姬通이러니 今而始大하야 比于諸華하고 光又甚文하야 將自同於先王하니 不知天將以爲虐乎아 使剪喪吳國而封大異姓乎아 其抑亦將卒以祚吳乎아 其終不遠矣니 我盍姑億吾鬼神하고 而寧吾族姓하야 以待其歸오 將焉用自播揚焉이니잇가 王不聽하다 吳子怒하야 冬十二月에 吳子執鍾吾子하고 遂伐徐하야 防山以水之하야 己卯에 滅徐하다 徐子章禹斷其髮하고 攜其夫人以逆吳子한대 吳子唁而送之하야 使其邇臣從之하니 遂

---

395 吳 周之冑裔也 : 吳나라의 始祖 太伯이 周 太王의 長子였다. 그러므로 周나라의 後裔라고 한 것이다.

奔楚하다 楚沈尹戌帥(솔)師救徐나 弗及하다 遂城夷하야 使徐子處之하다

吳子가 徐人을 보내 掩餘를 잡게 하고, 鍾吾人을 보내 燭庸을 잡게 하니, 두 公子는 楚나라로 도망갔다. 楚子는 그들에게 큰 封地를 주어 옮겨와 살 곳을 정해놓고 監馬尹 大心을 보내 吳나라 公子를 맞이해 와서 養邑에 살게 하고, 莠尹 然과 左司馬 沈尹 戌을 보내 양읍에 성을 쌓게 하고, 城父와 胡田을 취하여 두 공자에게 주었으니, 이는 두 공자를 이용하여 吳나라를 해치고자 해서였다. 子西가 諫하였다.

"吳光(吳王 闔廬)이 새로 임금이 되어, 백성을 친애하여 백성을 자식처럼 보아 고생을 함께 하니, 이는 장차 그 백성들을 사용하기 위해서입니다. 오나라 변강 사람들과 사이좋게 지내면서 그들을 회유하여 복종시키려 해도 오히려 吳軍이 쳐들어올까 두려운데, 우리는 도리어 오광의 원수를 강하게 하여 오광의 분노를 가중시키니 불가하지 않습니까?

오나라는 周나라의 후예지만 주나라를 버리고 바닷가로 와 살아 中原의 姬姓 諸侯와 교통하지 않더니, 지금에야 비로소 강대해져서 중원의 제후들과 같아졌고, 오광은 또 지식이 있어서 스스로 先王과 같은 功業을 이루려 합니다. 하늘이 장차 그로 하여금 포학한 짓을 하게 할는지, 또는 그로 하여금 스스로 오나라를 멸망하게 하여 異姓國으로 하여금 그 봉지를 확대하게 할는지, 아니면 끝내 보우하여 오나라에 복을 내릴는지를 알 수 없습니다. 그 결과를 알 수 있는 날이 멀지 않으니, 우리는 어찌 우선 우리의 귀신을 안정시키고 우리 동족을 안녕하게 하여, 그 결과를 기다리지 않고 무엇 때문에 스스로 일을 일으키려 하십니까?"

楚王은 그 말을 듣지 않았다. 吳子가 노하여 겨울 12월에 오자는 鍾吾子를 체포하고 드디어 徐나라를 토벌하여 山谷을 막아 〈물을 가두었다가〉 그 물로 徐나라를 공격하여 己卯日에 徐나라를 멸망시켰다. 徐子 章禹가 두발을 짧게 자르고 夫人을 대동하여 오자를 맞이하자, 오자는 서자를 위로해 보내면서 그의 近臣들에게 시종하게 하니, 서자는 드디어 楚나라로 망명하였다. 초나라 沈尹 戌이 군대를 거느리고 徐나라를 구원하기 위해 왔으나 미치지 못하였다. 드디어 夷(城父)에 성을 쌓아 서자를 그곳에 살게 하였다.

字義 僾 : 편안할 억

吳子問於伍員(운)曰 初而言伐楚에 余知其可也나 而恐其使余往也하고 又惡(오)人之有余之功也라 今余將自有之矣니 伐楚何如오 對曰 楚執政衆而乖하야 莫適任患하니 若爲三師以肄[396]焉하야 一師至면 彼必皆出하리이다 彼出則歸라가 彼歸則出이면 楚必

---

396 肄 : '肄'는 '肆(습격하다)'로 읽어야 하니, 갑자기 습격하고 갑자기 물러나는 것이다.(楊注)

道敝하리이다 亟(기)肄以罷(피)之하고 多方以誤之하야 既罷而後에 以三軍繼之면 必大克之하리이다 闔廬從之하니 楚於是乎始病이러라

吳子가 伍員에게 물었다.

"당초에 그대가 楚나라를 토벌하자고 말하였을 때, 나도 그것이 가하다는 것을 알았으나, 王僚가 나에게 군대를 거느리고 가게 할 것이 두려웠고, 또 남이 나의 공을 차지할 것이 싫었다. 이제 나는 그 공을 나의 것으로 만들려 하니, 초나라를 치는 것이 어떻겠는가?"

오운이 대답하였다.

"초나라에는 國政을 담당하는 사람이 많은데 서로 사이가 좋지 못하여 누구도 국가의 患難을 책임지려 하지 않습니다. 만약 군대를 세 부대로 만들어 갑자기 습격하고 신속하게 후퇴하게 하여, 한 부대가 초나라 땅에 쳐들어가면 저들은 전군이 다 출동할 것입니다. 저들이 출동할 경우엔 우리는 돌아오고, 저들이 돌아갈 경우엔 우리가 다시 출동하면 楚軍은 반드시 오가느라 길에서 지칠 것입니다. 자주 습격하였다가 후퇴하여 저들을 지치게 하고, 여러 방법으로 저들을 그르치게 하여, 저들이 지친 뒤에 三軍이 뒤를 이어 공격하면 반드시 크게 승리할 것입니다."

闔廬가 이 말을 따르니 초나라는 이에 곤란을 겪기 시작하였다.

字義 肄 : 습격할 사, 수고할 이 亟 : 자주 기 罷 : 피로할 피

〈31년, 庚寅(B.C. 511)〉

【經】 三十有一年이라 春王正月에 公在乾侯하다

31년이다. 봄 周王 正月에 昭公이 乾侯에 있었다.

【傳】 三十一年이라 春王正月에 公在乾侯라하니 言不能外內也라

31년이다. 봄 周王 正月에 昭公이 乾侯이 있었다고 하였으니, 이는 소공이 국외와 국내에서 용납되지 못했음을 말한 것이다.

【經】 季孫意如 會晉荀躒于適歷하다

季孫意如(季平子)가 晉나라 荀躒과 適歷(晉나라 땅)에서 회합하였다.

【傳】晉侯將以師納公이러니 范獻子曰 若召季孫而不來면 則信不臣矣니 然後伐之가 若何오 晉人召季孫하다 獻子使私焉曰 子必來하라 我受其無咎하리라 季孫意如會晉荀躒于適歷하다 荀躒曰 寡君使躒謂吾子호대 何故出君가 有君不事는 周有常刑하니 子其圖之하라 季孫練冠麻衣로 跣行하야 伏而對曰 事君은 臣之所不得也니 敢逃刑命가 君若以臣爲有罪면 請囚于費하야 以待君之察也리니 亦唯君이요 若以先臣之故로 不絶季氏하고 而賜之死어나 若弗殺弗亡이면 君之惠也니 死且不朽라 若得從君而歸면 則固臣之願也니 敢有異心가

晉侯(晉 定公)가 군대로써 魯 昭公을 호송해 魯나라로 들여보내려 하였는데, 范獻子가 말하였다.

“만약 季孫(平子)을 불러도 오지 않는다면 진실로 신하의 도리를 버리는 것이니, 그런 뒤에 토벌하는 것이 어떻겠습니까?”

晉人이 계손을 오라고 불렀다. 獻子가 계손에게 사람을 보내 은밀히 말하였다.

“그대는 반드시 오십시오. 내가 그대에게 災禍가 없을 것을 보증하겠소.”

그러자 季孫意如는 晉나라 荀躒과 適歷에서 會合하였다. 순력이 말하였다.

“우리 임금께서 나를 보내 그대에게 ‘무슨 이유로 임금을 축출하였는가? 임금이 있는데도 섬기지 않는 자에게는 周나라 왕조에 일정한 형법이 있다.’고 일러주라고 하셨으니, 그대는 깊이 생각하십시오.”

계손은 練冠을 쓰고 麻衣를 입은 차림으로 맨발로 걸어가서 땅에 엎드려 대답하였다.

“임금님을 섬기는 일은 내가 하고 싶어도 할 수 없었던 바이니, 어찌 감히 형벌의 命을 피하겠습니까? 우리 임금께서 만약 나에게 죄가 있다고 여기신다면 나를 費邑에 囚禁하여 임금님께서 죄의 유무를 살피시기를 기다릴 것이니, 이 또한 임금님께서 명하시는 대로 따를 것입니다. 임금님께서 만약 先臣의 일로 인해 季氏의 후사를 단절하지 않고 나에게만 죽음을 내리시거나, 만약 나를 죽이지도 국외로 망명하게 하지도 않으신다면 이는 임금님의 은혜이니 죽어도 그 은혜를 잊지 않겠습니다. 만약 임금님을 따라 귀국하는 일이라면 본디 신이 원하는 바이니 어찌 딴마음이 있겠습니까?”

字義 跣 : 맨발 선

【經】夏四月丁巳에 薛伯穀卒하다

여름 4월 丁巳日 薛伯 穀(薛 獻公)이 졸하였다.

【傳】薛伯穀卒하니 同盟故로 書하다

薛伯 穀이 졸하니 동맹하였기 때문에 기록한 것이다.

【經】晉侯使荀躒唁公于乾侯하다

晉侯가 荀躒을 乾侯로 보내 昭公을 위문하였다.

【傳】夏四月에 季孫從知伯如乾侯하니 子家子曰 君與之歸하소서 一慙之不忍이면 而終身慙乎[397]잇가 公曰 諾다 衆曰 在一言矣니 君必逐之하소서 荀躒以晉侯之命唁公하고 且曰 寡君使躒以君命討於意如러니 意如不敢逃死니이다 君其入也하소서 公曰 君惠顧先君之好하야 施(이)及亡人하야 將使歸糞除宗祧以事君인댄 則不能見夫人하리라 己所能見夫人者면 有如河라 荀躒掩耳而走曰 寡君其罪之恐하니 敢與知魯國之難가 臣請復於寡君호리이다 退而謂季孫호대 君怒未怠하니 子姑歸祭하라 子家子曰 君以一乘入于魯師면 季孫必與君歸하리이다 公欲從之로대 衆從者脅公하니 不得歸[398]하다

여름 4월에 季孫이 知伯(荀躒)을 따라 乾侯로 가니 子家子가 말하였다.

“임금님께서는 그와 함께 돌아가소서. 한때의 치욕을 참지 못하시면 종신의 치욕을 어찌하시겠습니까?”

昭公이 “그리하겠다.”고 하였다. 그러자 衆臣들이 말하였다.

“한마디 말씀에 달렸으니 임금님께서는 반드시 계손을 축출하게 하소서.”

荀躒이 晉侯의 명으로 소공을 위문하고, 또 말하였다.

“우리 임금께서 나 躒을 보내시어 君命(晉君의 명)으로 意如를 책문하라 하시기에 책문하였더니 의여는 감히 죽음을 피하지 않았습니다. 그러니 임금님께서는 魯나라로 들어가소서.”

소공이 말하였다.

“晉君께서 先君의 우호를 생각하시어 도망해 온 이 사람에게 은혜가 미쳐 나로 하여금 노나라로 돌아가서 宗廟를 깨끗이 청소하고 진군을 섬기게 하려 하신다면, 나는 저 사람(季孫)을 만

---

397 一慙之不忍 而終身慙乎 : 한때의 치욕을 참지 못한다면 장차 종신의 치욕이 된다는 말이다. 一慙은 季孫과 함께 돌아가는 치욕을 이르고, 終身慙은 外國에서 죽는 치욕을 이른다.(《左氏會箋》)

398 衆從者脅公 不得歸 : 여러 從者들은 昭公이 혼자 돌아가면 자기들은 다시 魯나라로 들어갈 수 없을 것을 두려워하여 소공을 위협해서 單車로 돌아가지 못하게 한 것이다.(林堯叟)

나보지 않을 것이오. 내가 만약 저 사람을 만나본다면 河水의 神이 이를 보증할 것이오."

순력이 귀를 막고 빠른 걸음으로 떠나며 말하였다.

"우리 임금께서는 그 죄를 두려워할 뿐이니, 어찌 노나라의 禍難에 간여하시겠습니까? 신은 우리 임금님께 復命하겠습니다."

그리고 물러나와 계손에게 말하였다.

"魯君의 노여움이 아직 풀리지 않았으니, 그대는 우선 돌아가서 노나라의 제사를 주관하시오."

자가자가 말하였다.

"임금님께서 한 채의 수레를 타고 魯軍으로 들어가시면 계손은 반드시 임금님을 모시고 함께 돌아갈 것입니다."

소공은 그의 말을 따르고자 하였으나, 여러 종자들이 소공을 협박하니, 돌아가지 못하였다.

字義 糞 : 청소할 분

【經】秋라

가을이다.

【傳】〔秋〕[399]에 吳人侵楚하야 伐夷하고 侵潛六하니 楚沈尹戌帥(솔)師救潛한대 吳師還이어늘 楚師遷潛於南岡而還하다 吳師圍弦이어늘 左司馬戌右司馬稽帥師救弦하야 及豫章한대 吳師還하니 始用子胥之謀也러라

가을에 吳人이 楚나라에 침입하여 夷를 토벌하고 潛과 六을 침공하였다. 楚나라 沈尹 戌이 군대를 거느리고 가서 潛을 구원하자, 吳軍은 돌아갔는데 楚軍이 潛의 주민을 南岡으로 옮기고 환군하였다. 오군은 다시 弦邑을 포위하였는데 楚나라 左司馬 戌과 右司馬 稽가 군대를 거느리고 현읍을 구원하기 위해 출발하여 豫章에 이르자, 오군이 돌아갔으니, 처음으로 伍子胥의 계책을 사용한 것이다.

【經】葬薛獻公하다

薛 獻公을 장사 지냈다.

---

399 〔秋〕: 저본에는 '秋'가 없으나, 十三經注疏本에 의거하여 보충하였다.

【經】冬에 黑肱以濫來奔하다

겨울에 黑肱이 濫邑을 가지고 도망해 왔다.

【傳】冬에 邾黑肱以濫來奔하다 賤而書名은 重地故也라 君子曰 名之不可不愼也如是하니 夫有所有名而不如其已[400]니라 以地叛이면 雖賤이라도 必書地하고 以名其人하니 終爲不義하야 弗可滅已니라 是故君子動則思禮하고 行則思義하야 不爲利回[401]하고 不爲義疚니라 或求名而不得하고 或欲蓋而名章은 懲不義也라 齊豹爲衛司寇하야 守嗣大夫[402]하야 作而不義하니 其書爲盜[403]하고 邾庶其莒牟夷邾黑肱以土地出하야 求食而已요 不求其名이로대 賤而必書하니 此二物者는 所以懲肆而去貪也라 若艱難其身하야 以險危大人호대 而有名章徹[404]이면 攻難之士將奔走之요 若竊邑叛君以徼大利호대 而無名이면 貪冒之民將寘力焉이라 是以春秋書齊豹曰盜라하고 三叛人[405]名하야 以懲不義하고 數惡無禮[406]니 其善志也라 故曰 春秋之稱[407]은 微而顯하고 婉而辨[408]이라하니 上之人能使昭明이면 善人勸焉하고 淫人懼焉이라 是以君子貴之니라

겨울에 邾나라 黑肱이 濫邑을 가지고 魯나라로 도망해 왔다. 그 지위가 비천한데도 그 이름을 기록한 것은 땅을 중하게 여겨서이다. 君子는 이에 대해 말하였다.

"이름을 얻는 일에 삼가지 않아서는 안 됨이 이와 같으니, 한때에 이름이 있는 것이 도리어

---

400 有所有名而不如其已 : 所는 處所이다. 처소는 일에 따라 바뀌니, 혹은 人으로써 말하기도 하고, 혹은 時로써 말하기도 하고, 혹은 事로써 말하기도 한다. 이름은 사람들이 얻고자 하는 바이지만 때로는 이름이 있는 것이 도리어 없는 것만 못하다는 말이다.(《左氏會箋》)

401 不爲利回 : 回는 違(어김)이니 禮를 어김이다. 이익을 위하여 예를 어기지 않는 것을 이른다.(楊注)

402 守嗣大夫 : 昭公 20년 傳의 '承嗣大夫' 및 16년 傳의 '嗣大夫'와 같은 말로 세습하여 卿大夫가 된 자를 이른다.(楊注)

403 其書爲盜 : 齊豹가 衛侯의 兄 縶을 殺害한 것은 權勢家를 두려워하지 않는 勇士라는 이름을 얻고자 해서인데, 《春秋》에 그를 '盜'라고 기록하고 그 이름을 기록하지 않은 것을 이른다.

404 章徹 : 章과 徹은 同義로 밝음이다.(楊注)

405 三叛人 : 齊豹·北宮喜·褚師圃이다.

406 數惡無禮 : 數는 責(꾸짖음)이다. 惡人을 꾸짖음에는 대체로 그 罪를 세어(數) 꾸짖는다. 그러므로 數는 責의 뜻이 되어야 하는데, 杜氏는 計數의 數로 풀었다. 《春秋》에 齊豹를 盜로 기록하고 세 叛人의 이름을 기록한 것이 바로 '數惡無禮'이니, 그렇다면 數는 責의 뜻이고 計數의 뜻이 아니다.(《左氏會箋》)

407 春秋之稱 : 稱은 述이니, 國史에 일을 敍述한 것을 이른다.(楊注)

408 微而顯 婉而辨 : 成公 14년 傳에 보이는데, '婉而辨'이 '婉而成章'으로 되어 있다.

없는 것만 못함이 있기 때문이다. 한 지방을 점거하여 반란을 일으키면 비록 지위가 비천한 자라 하더라도 반드시 그 땅을 기록하고 그 이름을 기록하니, 영원히 의롭지 못한 사람이 되어 그 惡名을 지울 수 없게 된다. 그러므로 君子가 행동할 때에는 禮를 생각하고 일을 처리할 때에는 義를 생각하여, 이익을 위해 예를 어기지 않고 의를 행하여 마음에 부끄러움이 없게 해야 한다. 《春秋》에서 혹 이름나기를 구하였으나 도리어 그 이름을 기록하지 않고, 혹 惡行을 숨기고자 하였으나 도리어 그 이름을 드러내기도 한 것은 의롭지 못한 행위를 징벌한 것이다.

齊豹는 衛나라의 司寇로 세습한 大夫였으나 행위가 의롭지 못하니 《춘추》에 '盜'라고 기록하였고, 邾나라 庶其와 莒나라 牟夷와 邾나라 黑肱이 토지를 가지고 도망가서 먹고살기를 구한 것일 뿐이고 이름나기를 구한 것이 아니었으나 그 지위가 비천한데도 《춘추》에 반드시 그 이름을 기록하였으니, 이 두 사례는 放肆한 자를 징벌하고 탐욕스런 자를 물리친 것이다.

만약 몸소 禍難을 일으켜 大人을 위험에 빠뜨리고도 그 이름이 밝게 드러난다면 반란을 일으키려는 자들이 그 일에 달려들 것이고, 만약 성읍을 훔쳐서 취하고 임금을 배반하여 큰 이익을 바라고도 악명이 없다면 이익을 탐하는 백성들이 그 일에 힘을 다할 것이다. 그러므로 《춘추》에 제표를 '盜'라고 기록하고 세 叛人의 이름을 기록한 것은 不義를 징벌하고 악행과 無禮를 꾸짖은 것이니, 이는 참으로 기술을 잘한 것이다. 그러므로 《춘추》의 서술은 '글은 은미하되 뜻은 분명하고 말은 완곡하되 是非는 밝게 분변한다.'고 한 것이니, 윗사람이 능히 이 《춘추》의 大義를 밝힌다면 善人을 권장하고 惡人을 두렵게 할 수 있다. 그러므로 군자가 《춘추》를 귀중하게 여기는 것이다."

字義 疚 : 부끄러워할 구

【經】十有二月辛亥朔에 日有食之하다

12월 초하루 辛亥日에 日食하였다.

【傳】十二月辛亥朔에 日有食之하다 是夜也에 趙簡子夢童子羸而轉以歌러라 旦占諸史墨曰 吾夢如是러니 今而日食하니 何也오 對曰 六年及此月也하야 吳其入郢乎인저 終亦弗克하리라 入郢必以庚辰하리니 日月在辰尾라 庚午之日에 日始有謫하니 火勝金이라 故弗克하리라

12월 초하루 辛亥日에 日食하였다. 그날 밤에 趙簡子가 꿈을 꾸었는데, 童子가 발가벗고 뒹굴면서 노래를 불렀다. 다음날 아침에 史墨을 불러 꿈의 길흉을 점치게 하며 말하였다.

"내가 이런 꿈을 꾸었는데 오늘 일식하였으니 이것이 무슨 징조인가?"

사묵이 대답하였다.

"6년 뒤 이달에 미쳐 吳軍이 아마도 楚나라 郢都로 진입할 것입니다. 하지만 끝내 승리하지는 못할 것입니다. 영도로 들어가는 일이 반드시 庚辰日에 있을 것이니, 이날은 해와 달이 辰尾(蒼龍의 꼬리)에 있기 때문입니다. 庚午日에 해가 비로소 변화하기 시작하니 火(楚를 뜻함)는 金(兵器를 뜻함)을 이기기 때문에 吳나라가 승리하지 못할 것입니다."

字義 羸 : 벌거벗을 라 轉 : 뒹굴 전 謫 : 변화할 적

〈32년, 辛卯(B.C. 510)〉

【經】三十有二年이라 春王正月에 公在乾侯하야 取闞하다

32년이다. 봄 周王 正月에 昭公이 乾侯에 있으면서 闞을 취하였다.

【傳】三十二年이라 春王正月에 公在乾侯라하니 言不能外內요 又不能用其人也라

32년이다. 봄 周王 正月에 昭公이 乾侯에 있었다고 하였으니, 이는 국외나 국내에서 용납되지 못하고, 또 능히 그 사람을 쓰지 못한 것을 말한 것이다.

【經】夏에 吳伐越하다

여름에 吳나라가 越나라를 침공하였다.

【傳】夏에 吳伐越하니 始用師於越也라 史墨曰 不及四十年하야 越其有吳乎[409]인저 越得歲而吳伐之하니 必受其凶[410]하리라

여름에 吳나라가 越나라를 쳤으니 비로소 월나라에 군사를 사용한 것이다. 史墨이 말하였다.

---

409 不及四十年 越其有吳乎 : 存亡의 數는 3紀(36년)를 지나지 않는다. 歲星(木星)이 天體를 세 바퀴 도는 데는 36년이 걸리기 때문에 '不及四十年'이라고 한 것이다. 今年부터 哀公 22년에 越나라가 吳나라를 擊滅했으니 38년이었다.(杜注)

410 越得歲而吳伐之 必受其凶 : 이해에 歲星이 星紀에 있었으니, 성기는 吳나라와 越나라의 分野이다. 세성이 머물러 있는 곳에는 그 나라에 福이 있다. 그러나 오나라가 먼저 무력을 사용하였기 때문에 도리어 그 재앙을 받은 것이다.(杜注)

"앞으로 40년이 되기 전에 월나라가 아마 오나라를 점유하게 될 것이다. 월나라에 歲星이 머물러 있는데 오나라가 월나라를 쳤으니 오나라는 반드시 세성의 재앙을 받을 것이다."

【經】秋七月이라

가을 7월이다.

【經】冬에 仲孫何忌 會晉韓不信齊高張宋仲幾衛世叔申鄭國參曹人莒人薛人杞人小邾人하야 城成周하다

겨울에 仲孫何忌가 晉나라 韓不信, 齊나라 高張, 宋나라 仲幾, 衛나라 世叔申, 鄭나라 國參, 曹人, 莒人, 薛人, 杞人, 小邾人과 회합하여 成周에 성을 쌓았다.

【傳】秋八月에 王使富辛與石張如晉하야 請城成周[411]하다 天子曰 天降禍于周하야 俾我兄弟竝有亂心하야 以爲伯父憂라 我一二親昵甥舅 不遑啓處가 於今十年이요 勤戍五年이라 余一人無日忘之하야 閔閔焉如農夫之望歲하야 懼以待時[412]하니 伯父若肆大惠하야 復二文之業하야 弛周室之憂하고 徼文武之福하야 以固盟主하야 宣昭令名이면 則余一人有大願矣라 昔成王合諸侯城成周하야 以爲東都하고 崇文德焉하시니 今我欲徼福假靈于成王하야 修成周之城하야 俾戍人無勤하노니 諸侯用寧[413]하고 蝥賊[414]遠屛이면 晉之力也라 其委諸伯父하노니 使伯父實重圖之하야 俾我一人無徵怨于百姓이면 而伯父有榮施하며 先王庸[415]之시리라

가을 8월에 周王이 富辛과 石張을 晉나라로 보내 成周에 성을 쌓아주기를 청하였다. 天子

---

411 請城成周 : 子朝의 반란에 가담한 餘黨이 王城에 많이 남아있으니, 敬王은 이를 두려워하여 成周로 遷都하였다. 성주가 협소하므로 晉나라에게 성을 쌓아주기를 청한 것이다.(杜注)

412 閔閔焉如農夫之望歲 懼以待時 : 閔閔은 憂愁하는 모양이고, 歲는 풍성한 收穫을 이르고, 時는 수확할 때를 이른다.(楊注)

413 戍人無勤 諸侯用寧 : 諸侯의 戍兵들이 衛戍의 일을 거두고 본국으로 돌아가면 제후가 이로 인해 편안해질 수 있다는 말이다.(楊注)

414 蝥賊 : 곡식 싹의 뿌리와 마디를 갉아먹는 害蟲이다. 사람을 비유한 것이고 災害를 비유한 것이 아니니, 바로 子朝의 黨으로 王城에 있는 자들을 비유한 것이다.(《左氏會箋》)

415 庸 : 여기서는 動詞로 쓰였으니 功을 보답하는 것이다. 先王이 장차 너의 공을 보답하여 복을 내려 保佑할 것이라는 말이다.(楊注)

가 말하였다.

"하늘이 周나라에 禍를 내려 나의 형제로 하여금 모두 亂心을 품게 하여 伯父(晉侯를 이름)의 근심이 되게 하였소. 나의 몇몇 근친한 甥舅國(異姓諸侯)들도 편안히 지내지 못한 지가 지금 10년이 되었고, 제후의 군대들이 와서 戍衛에 수고한 지도 5년이 되었소. 나는 하루도 이들의 노고를 잊을 수 없어서 깊은 근심이 마치 농부가 풍년을 바라며 두려워하면서 풍년을 기다리는 심정과 같으니, 백부가 만약 큰 은혜를 베풀어 文侯와 文公의 대업을 회복하여 주나라 왕실의 근심을 풀어주고, 文王 · 武王께 복을 받아 盟主의 지위를 공고히 하여 아름다운 명성을 선양한다면 나의 큰 소원이 이루어지는 것이오.

옛날에 成王께서 제후를 회합하여 성주에 성을 쌓아 東都로 삼으시고 文德을 숭상하셨으니, 지금 나도 성왕께 복을 빌고 威靈을 빌려 성주의 성을 중수하여 戍人들로 하여금 수고롭지 않게 하고자 하니, 제후를 편안하게 하고 적들을 멀리 축출한다면 이는 晉나라의 공이오. 그러므로 이 일은 백부에게 맡기노니, 만일 백부가 진실한 마음으로 거듭 생각하여 나로 하여금 백성들의 원망을 사는 일이 없게 한다면 백부에게는 공덕을 베풀었다는 영예가 있을 것이며, 선왕께서 그 공덕을 보상하실 것이오."

字義 弛 : 풀 이 庸 : 공 용

范獻子謂魏獻子曰 與其戍周론 不如城之니 天子實云이어니와 雖有後事라도 晉勿與知可也니라 從王命이면 以紓諸侯하고 晉國無憂니 是之不務하고 而又焉從事리오 魏獻子曰善타하고 使伯音對曰 天子有命하시니 敢不奉承하야 以奔告於諸侯리오마는 遲速衰(최)序於是焉在니이다

范獻子가 魏獻子에게 말하였다.

"戍兵을 보내 周나라를 수위하는 것보다는 성을 쌓아주는 것만 못합니다. 천자께서도 실로 그리 말씀하셨지만, 가령 앞으로 주나라에 일이 생기더라도 우리 晉나라가 다시 간여하지 않아도 괜찮을 것입니다. 왕명을 따르면 제후들은 부담을 덜고 우리 진나라는 근심이 없어질 것이니, 이 일에 힘쓰지 않고 도리어 무슨 일에 힘을 쓰겠습니까?"

위헌자는 "좋습니다." 하고 伯音(韓不信)을 보내 대답하였다.

"천자의 명이 계셨으니, 감히 그 명을 받들어 제후에게로 달려가 통고하지 않겠습니까마는 공정의 遲速과 작업량을 각국에 배분하는 등급은 주나라가 명하실 바입니다."

字義 衰 : 차이, 등급 최

冬十一月에 晉魏舒韓不信如京師하야 合諸侯之大夫于狄泉하야 尋盟하고 且令城成周하다 魏子南面하니 衛彪傒曰 魏子必有大咎하리라 干位[416]以令大事하니 非其任也라 詩曰 敬天之怒하야 不敢戲豫하며 敬天之渝하야 不敢馳驅[417]라커늘 況敢干位以作大事乎아 己丑에 士彌牟營成周호대 計丈數하고 揣高卑하며 度(탁)厚薄하고 仞溝洫하며 物土方하고 議遠邇하며 量事期하고 計徒庸하며 慮材用하고 書糇糧하며 以令役於諸侯호대 屬役賦丈하다 書以授帥하고 而效諸劉子하다 韓簡子臨之하야 以爲成命하다

겨울 11월에 晉나라 魏舒와 韓不信이 京師로 가서 제후의 대부들과 狄泉에서 회합하여 옛 맹약을 거듭 천명하고, 또 成周에 성을 쌓으라고 명령하였다. 이때 魏子가 南面해 앉아서 명을 내리니, 衛나라 彪傒가 말하였다.

"위자는 반드시 큰 화를 당할 것이다. 신하의 몸으로 君位를 침범하여 제후에게 大事를 명하였으니, 이는 그의 직임이 아니다. 《詩經》에 '하늘의 노여움을 敬畏하여 감히 안락하지 말 것이며, 하늘의 災變를 경외하여 감히 방종하지 말라.' 하였는데, 하물며 감히 君位를 침범하여 大役事를 일으킴이겠는가?"

己丑日에 士彌牟(士景伯)가 成周城의 축조 계획서를 작성하되, 성벽의 丈數(길이), 高度, 두께 및 水路의 깊이를 계산하고, 土石을 채취해 올 곳을 살피고 그 거리의 원근을 토의하며, 공사 기간을 계산하고 필요한 人力, 資材, 糧食을 계산해 기록하고, 제후에게 出役을 명하되 나라의 대소에 따라 役人의 수와 축조할 공정를 배정하였다. 이 계획서를 제후의 대부〔帥〕들에게 나누어주고, 이어 劉子에게 올렸다. 韓簡子가 이 일을 감독하면서 이 계획서를 成案으로 삼아 집행하였다.

字義 渝 : 변할 투 物 : 살필 물

【經】十有二月己未에 公薨于乾侯하다

12월 己未日에 昭公이 乾侯에서 薨하였다.

【傳】十二月에 公疾하다 徧賜大夫하니 大夫不受하다 賜子家子雙琥一環一璧輕服한대

---

416 干位 : 魏舒가 신하로서 임금처럼 南面하였기 때문에 位를 범한〔干〕 것이라고 한 것이다.

417 詩曰……不敢馳驅 : 詩는 《詩經》 〈大雅 板〉이다. 王을 경계하는 자가 "하늘의 譴責을 敬畏해야 하고 놀고 즐기며 安逸하게 지내거나 말을 달리며 放縱하여서는 안 된다."고 말한 것이다.(杜注)

受之하니 大夫皆受其賜하다 己未에 公薨커늘 子家子反賜於府人曰 吾不敢逆君命也라 大夫皆反其賜하다 書曰 公薨于乾侯라하니 言失其所也라

琥

12월에 昭公이 병을 앓았다. 대부들에게 두루 물건을 하사하니 대부들은 받지 않았다. 子家子에게 琥(玉器) 한 쌍과 玉環 하나와 玉璧 하나와 輕服 한 벌을 하사하자 이를 받으니, 대부들도 모두 소공의 하사품을 받았다. 己未日에 소공이 薨하자 자가자는 그 하사품을 府人에게 반환하며 말하였다.

"내가 〈이것을 받은 것은〉 감히 君命을 거역할 수 없어서였다."

그러자 대부들도 모두 그 하사품을 반환하였다. 經에 "公이 乾侯에서 훙하였다."고 기록하였으니, 이는 공이 죽을 곳에서 죽지 못한 것을 말한 것이다.

趙簡子問於史墨曰 季氏出其君호대 而民服焉하고 諸侯與之하며 君死於外로대 而莫之或罪也오 對曰 物生有兩有三有五有陪貳라 故天有三辰하고 地有五行하며 體有左右하고 各有妃(배)耦하며 王有公하고 諸侯有卿하니 皆有貳也라 天生季氏하야 以貳魯侯爲日久矣니 民之服焉이 不亦宜乎아 魯君世從其失(일)[418]하고 季氏世修其勤하니 民忘君矣라 雖死於外나 其誰矜之리오 社稷無常奉[419]하고 君臣無常位는 自古以然이라 故詩曰 高岸爲谷이요 深谷爲陵[420]이라하니 三后之姓이 於今爲庶는 主所知也라 在易卦에 雷乘乾曰大壯䷡이니 天之道也[421]라 昔成季友는 桓之季也요 文姜之愛子也라 始震(신)而卜하니 卜人謁之曰 生有嘉聞하리니 其名曰友요 爲公室輔라하더니 及生如卜人之言하야 有文在其手曰友어늘 遂以名之하니라 旣而有大功於魯하야 受費以爲上卿이러니 至於文子武子하야 世增其業하고 不廢舊績하니라 魯文公薨에 而東門遂殺適立庶하니 魯君於是乎失國하야 政在季氏가 於此君也에 四公矣라 民不知君하니 何以得國이리오 是以爲君愼器與名이니 不可以假人이니라

---

418 失(일) : '佚(안일하다)'로 읽어야 한다.(《左氏會箋》)

419 社稷無常奉 : 社稷(國家)의 奉祀者(君王)는 영원히 고정된 사람이 없었다는 것은 오직 德이 있는 사람만이 그 사직의 主人이 된다는 말이다.(杜注)

420 詩曰……深谷爲陵 : 詩는 《詩經》 〈小雅 十月之交〉이다. 高下에 變易이 있음을 말한 것이다.(杜注)

421 在易卦……天之道也 : 乾은 天子가 되고 震은 諸侯가 되는데, 震卦가 乾卦 위에 있으니 君臣의 지위가 바뀐 것이다. 신하가 크게 强壯하여 天上에 우뢰〔雷〕가 있는 것과 같다.(杜注)

趙簡子가 史墨에게 물었다.

"季氏는 그 임금을 국외로 도망가게 하였는데도 백성들이 그에게 복종하고 제후들이 그를 도우며, 임금이 외국에서 죽었는데도 계씨에게 죄를 묻는 이가 없는 것은 어째서인가?"

사묵이 대답하였다.

"사물의 생성에는 둘이 있기도 하고, 셋이 있기도 하며, 다섯이 있기도 하고, 輔佐〔陪貳〕가 있기도 합니다. 그러므로 하늘에는 三辰(日 · 月 · 星)이 있고 땅에는 五行(水 · 火 · 木 · 金 · 土)이 있으며, 몸에는 左右가 있고 각각 妃耦(配偶)가 있으며, 왕에게는 公이 있고 제후에는 卿이 있으니, 모두 보좌〔貳〕가 있는 것입니다.

하늘이 계씨를 내어 魯侯를 보좌하게 한 지가 오래이니 백성들이 그에게 복종하는 것이 당연하지 않습니까? 魯君은 대대로 안일에 방종하고, 계씨는 대대로 그 근면을 수행하였으니, 백성들은 임금을 잊었습니다. 임금이 비록 외국에서 죽었으나 누가 그 임금을 가엾게 여기겠습니까? 社稷에 군왕이 영구히 고정된 적이 없었고, 君臣 사이에 그 지위가 영구히 고정된 적이 없었던 것은 예로부터 그러하였습니다. 그러므로 《詩經》에 '높은 언덕이 골짜기가 되고 깊은 골짜기가 언덕이 된다.' 하였으니, 三后(虞 · 夏 · 商)의 자손〔姓〕이 지금 庶民이 된 것은 主께서도 아시는 바입니다.

《周易》의 괘에 雷卦☳가 乾卦☰ 위에 있는 것을 大壯䷡이라 하니, 이것이 하늘의 상도입니다. 옛날에 成季 友는 桓公의 季子이고 文姜의 愛子입니다. 처음 娠娠했을 적에 거북점을 치게 하니, 卜人이 고하기를 '출생한 뒤에 아름다운 명성이 있을 것이니 그 이름은 '友'로 불릴 것이고 公室의 보좌가 될 것입니다.' 하였습니다. 출생한 뒤에 과연 복인의 말처럼 손바닥에 '友'자 꼴의 문양이 있기에 드디어 이름을 '友'라고 하였습니다. 얼마 뒤에 魯나라에 큰 공을 세워 費邑을 봉지로 받고 上卿이 되었는데, 文子와 武子에 이르러 대대로 가업을 늘리고 선조의 공적을 폐기하지 않았습니다.

魯 文公이 薨하자 東門遂가 適子를 죽이고 庶子를 세우니, 魯君은 이때부터 국가의 정권을 상실하여, 정권이 계씨에게 돌아간 것이 이 임금(昭公)에 이르기까지 네 임금이었습니다. 백성이 그 임금들을 알아주지 않았으니, 그 임금들이 어찌 국가의 권력을 얻을 수 있었겠습니까? 그러므로 임금이 된 자는 器(車服)와 名(爵號)을 신중히 지켜야 하니 다른 사람에게 빌려주어서는 안 되는 것입니다."

字義 貳 : 보좌할 이 妃 : 짝 배 從 : 방종할 종 震 : 임신할 신

定公[1]

〈원년, 壬辰(B.C. 509)〉

【經】 元年이라 春王三月에 晉人執宋仲幾于京師하다

元年이다. 봄 周王 3월에 晉人이 京師에서 宋나라 仲幾를 체포하였다.

【傳】 元年이라 春王正月辛巳에 晉魏舒合諸侯之大夫于狄泉하니 將以城成周라 魏子涖[2]政하다 衛彪傒曰 將建天子而易位以令하니 非義也라 大事奸義하니 必有大咎하리라 晉不失諸侯면 魏子其不免乎인저 是行也에 魏獻子屬(촉)役於韓簡子及原壽過하고 而田於大陸하야 焚焉하고 還이라가 卒於甯하다 范獻子去其柏椁[3]하니 以其未復命而田也일새라

元年이다. 봄 周王 正月 辛巳日에 晉나라 魏舒가 狄泉에서 제후의 대부들과 회합하였으니, 이는 成周에 성을 수축하기 위해서였다. 魏子가 천자의 대부를 대신해 그 정무를 처리하였다. 衛나라 彪傒(衛나라 大夫)가 말하였다.

"천자를 위하여 성벽을 건조하려 하면서 자기의 지위를 넘어 명령을 내렸으니, 이는 도의가 아니다. 중대한 일에 도의를 범하였으니, 반드시 큰 화가 있을 것이다. 晉나라가 제후를 잃지 않는다면 위자가 아마도 화를 면하지 못할 것이다."

이번 걸음에 魏獻子는 축성의 일을 韓簡子와 原壽過에게 맡기고, 자기는 大陸으로 가서 사냥을 하면서 불을 놓아 짐승을 잡았다. 〈사냥을 마치고〉 돌아오다가 甯에서 죽었다. 그를 장

---

1 定公 : 定公의 이름은 宋이다. 襄公의 아들이며, 昭公의 아우이다. 諡法에 백성을 安定시킬 遠大한 計謀를 품은 것을 '定'이라 한다.

2 涖 : 臨이니, 천자의 大夫를 대신하여 정사를 처리하는 것이다.(杜注)

3 柏椁 : 《禮記》 〈喪大記〉에 의하면 임금은 松椁을 사용하고 대부는 柏椁을 사용하고 士는 雜木椁을 사용한다.

사 지낼 때 范獻子가 측백나무로 만든 그의 外椁을 제거하였으니, 이는 그가 復命도 하지 않고 사냥하였기 때문이다.

孟懿子會城成周하야 庚寅에 栽[4]하다 宋仲幾不受功曰 滕薛郳는 吾役也라 薛宰曰 宋爲無道하야 絶我小國於周하야 以我適楚라 故我常從宋하니라 晉文公이 爲踐土之盟에 曰 凡我同盟은 各復舊職하라하니 若從踐土어나 若從宋을 亦唯命[5]호리라 仲幾曰 踐土固然이니라 薛宰曰 薛之皇祖奚仲居薛하야 以爲夏車正하고 奚仲遷于邳에 仲虺居薛하야 以爲湯左相하니 若復舊職인댄 將承王官이니 何故以役諸侯리오 仲幾曰 三代各異物하니 薛焉得有舊리오 爲宋役이 亦其職也니라 士彌牟曰 晉之從政者新하니 子姑受功歸하라 吾視諸故府호리라 仲幾曰 縱子忘之나 山川鬼神其忘諸乎아 士伯怒하야 謂韓簡子曰 薛徵於人하고 宋徵於鬼하니 宋罪大矣라 且己無辭하고 而抑我以神하니 誣我也라 啓寵納侮 其此之謂矣리라 必以仲幾爲戮호리라 乃執仲幾以歸라가 三月에 歸諸京師하다

孟懿子가 成周에 성을 쌓는 일에 참가하여 庚寅日에 板築을 설치하였다. 宋나라 仲幾가 할당된 공정을 받아들이지 않으며 말하였다.

"滕나라, 薛나라, 郳나라에서 온 役徒는 우리 송나라를 대신해 온 역도입니다."

설나라의 재상이 말하였다.

"송나라가 無道하여 우리 小國들을 周나라와 관계를 단절시키고 楚나라를 따르게 하였습니다. 그러므로 우리는 항상 송나라에 복종하였습니다. 그런데 晉 文公이 踐土에서 회맹할 때 '우리 동맹국들은 각각 옛 직위를 회복하라.' 하였으니, 혹은 천토의 맹약을 따를 것인지, 혹은 송나라를 따를 것인지를 晉나라가 명하는 대로 따르겠습니다."

중기가 말하였다.

"천토의 회맹에서 약정한 것은 본래 〈그대 나라가 우리 송나라에 복속하는〉 것이었소."

설나라 재상이 말하였다.

"설나라의 皇祖 奚仲께서 설에 사시면서 夏나라의 車正이 되셨고, 해중이 邳로 옮겨가신 뒤에 仲虺가 설에 사시면서 湯王의 左相이 되셨으니, 만약 옛 직위로 회복한다면 우리 설나라는 王朝의 관직을 받는 것이 마땅한데, 무엇 때문에 제후에게 복역하겠습니까?"

---

4 栽 : 板築을 설치하는 것이다.(杜注)

5 若從踐土……亦唯命 : 若은 或이다. 혹은 踐土의 盟約을 따라 옛 職位를 회복하여 周天子에게 直屬할 것인지, 혹은 宋나라에 복종하여 그들의 僕役(종)이 될 것인지는 晉나라가 명하는 대로 따르겠다는 말이다.(楊注)

중기가 말하였다.

"三代는 각각 사정이 다르니 설나라가 어찌 舊職이라 할 수 있겠소. 송나라에 복역하는 것이 그대들의 직책이오."

士彌牟가 말하였다.

"晉나라의 從政者(城役의 總監督을 이름)가 새 사람으로 바뀌었으니, 그대는 우선 공역을 받고 돌아가시오. 내 故府에 있는 문서를 살펴보겠소."

중기가 말하였다.

"비록 그대는 잊는다 하더라도 山川의 귀신이야 어찌 잊겠소?"

士伯이 노하여 韓簡子에게 말하였다.

"설나라는 사람을 가지고 증명하는데 송나라는 귀신을 가지고 증명하니 송나라의 죄가 큽니다. 그리고 또 자기는 도리에 맞는 말을 하지 못하면서 우리를 귀신으로 억압하니 이는 터무니없는 말을 꾸며 우리를 무시하는 것입니다. 총애를 보였다가 업신여김을 받는다는 말이 아마 이런 경우를 이름일 것입니다. 반드시 중기를 징벌하겠습니다."

그리고는 중기를 잡아 가지고 돌아갔다가, 三月에 중기를 京師로 보냈다.

字義 物 : 일 물

城三旬而畢하니 乃歸諸侯之戍하다 齊高張後하야 不從諸侯하다 晉女叔寬曰 周萇弘齊高張皆將不免하리라 萇叔違天하고 高子違人[6]하니 天之所壞를 不可支也요 衆之所爲를 不可奸也니라

30일 만에 성의 축조가 완성되니 이에 제후의 戍兵을 돌려보냈다. 齊나라 高張은 뒤늦게 와서 제후가 축성하는 공역에 참여하지 못하였다. 晉나라 女叔寬이 말하였다.

"周나라 萇弘과 제나라 고장은 모두 장차 화를 면하지 못할 것이다. 萇叔은 하늘의 뜻을 어겼고, 高子는 사람의 뜻을 어겼다. 하늘이 무너뜨리는 나라를 지원할 수 없고, 대중이 하는 일은 어길 수 없는 것이다."

【經】夏六月癸亥에 公之喪至自乾侯하다 戊辰에 公卽位하다

여름 6월 癸亥日에 昭公의 喪柩가 乾侯에서 돌아왔다. 戊辰日에 定公이 즉위하였다.

---

6 萇叔違天 高子違人 : 하늘이 이미 周나라의 행위를 싫어하고 있는데도 萇弘은 遷都하여 주나라의 國運을 연장시키려 하였기 때문에 '違天'이라 하고, 諸侯가 서로 이끌고 와서 天子의 命을 존경해 받드는데도 高子는 뒤늦게 왔기 때문에 '違人'이라 한 것이다.(杜注)

【傳】夏에 叔孫成子逆公之喪于乾侯할새 季孫曰 子家子亟(기)言於我러니 未嘗不中吾志也라 吾欲與之從政하니 子必止之하고 且聽命焉하라 子家子不見叔孫하야 易幾[7]而哭하다 叔孫請見子家子하니 子家子辭曰 羈未得見하고 而從君以出이라 君不命而薨하시니 羈不敢見하노라 叔孫使告之曰 公衍公爲 實使群臣不得事君하니 若公子宋主社稷이면 則群臣之願也라 凡從君出而可以入者를 將唯子是聽이나 子家氏未有後하니 季孫願與子從政이니라 此皆季孫之願也일새 使不敢以告하니라 對曰 若立君인댄 則有卿士大夫與守龜在하니 羈弗敢知요 若從君者인댄 則貌而出者는 入可也요 寇而出者는 行可也니라 若羈也는 則君知其出也요 而未知其入也시니 羈將逃也호리라 喪及壞隤하야 公子宋先入하니 從公者皆自壞(회)隤反하다 六月癸亥에 公之喪至自乾侯하다 戊辰에 公卽位하다

여름에 叔孫成子(叔孫婼의 아들)를 乾侯로 보내 昭公의 喪柩를 맞이해 오게 할 때 季孫이 말하였다.

"子家子가 소공에게 자주 나에 대해 말하였는데, 그 말이 나의 뜻에 맞지 않은 적이 없었소. 나는 그와 함께 정사를 처리하고자 하니, 그대는 반드시 그를 만류하고 그의 命을 들으시오."

자가자는 叔孫을 만나지 않으려고 시간을 바꾸어 곡하였다. 숙손이 자가자를 만나기를 청하니, 자가자는 사절하며 말하였다.

"나는 당신을 만나지 않고 임금님을 따라 도망해 나왔습니다. 임금님께서 명을 내리지 않으시고 薨逝하셨으니 나는 감히 당신을 만날 수 없습니다."

숙손이 사람을 보내 자가자에게 고하였다.

"사실은 公衍(太子)과 公爲가 신하들로 하여금 임금님을 섬길 수 없게 하였으니, 만약 公子 宋이 社稷을 주관한다면 이는 신하들이 원하는 바이오. 그리고 임금님을 따라 나온 자들 중에 귀국시킬 만한 자들을 선별하는 일은 장차 그대의 지시를 따르겠으나, 子家氏 중에 후사로 세울 만한 사람이 없으니, 계손은 그대와 함께 魯나라의 정사를 처리하기를 원하오. 이것은 모두 계손이 원하는 바이기 때문에 나 不敢(叔孫成子)을 보내 그대에게 고하게 한 것이오."

자가자가 대답하였다.

"임금을 세우는 일이라면 卿士, 大夫와 守龜者가 있으니 내가 감히 알 바가 아니고, 임금님을 따른 자들을 처리하는 일이라면 겉으로만 충성을 내세워 임금님을 따라 나온 자들은 입국

---

7 易幾 : 幾는 期이니, 哭하는 시간을 바꾼 것이다. 朝哭과 夕哭은 정해진 시기에 群臣이 모여 함께 거행하는 것인데, 子家子는 叔孫을 만나지 않으려고 정해진 시기보다 먼저 가서 곡하거나 늦게 가서 곡한 것이다.(《左氏會箋》)

해야 하지만, 계손을 원수로 여겨 나온 자들은 다른 나라로 가야 합니다. 나 羈로 말하면 임금님께서 내가 나온 것만을 아시고 내가 들어가는 것은 모르시니 나는 장차 다른 나라로 도망가겠습니다."

소공의 상구가 壞隤에 미쳤을 때 공자 송만 먼저 노나라로 들어가니, 소공을 따르던 자들은 모두 회퇴에서 발길을 돌려 出奔하였다. 6월 癸亥日에 소공의 영구가 乾侯에서 돌아왔다. 戊辰日에 定公이 즉위하였다.

字義 幾 : 모여서 곡할 기

【經】秋七月癸巳에 葬我君昭公하다

가을 7월 癸巳日에 우리 임금 昭公을 장사 지냈다.

【傳】季孫使役如闞公氏[8]하야 將溝焉한대 榮駕鵝曰 生不能事하고 死又離之면 以自旌也라 縱子忍之나 後必或恥之리라 乃止하다 季孫問於榮駕鵝曰 吾欲爲君謚하야 使子孫知之하노라 對曰 生弗能事하고 死又惡之면 以自信也라 將焉用之리오 乃止하다 秋七月癸巳에 葬昭公於墓道南이러니 孔子之爲司寇也에 溝而合諸(저)墓하다

季孫이 役夫들을 闞公氏로 보내 墓域에 도랑을 파게 하려 하자, 榮駕鵝가 말하였다.

"생전에 잘 섬기지 못하고 사후에 또 先君의 묘역과 격리시킨다면 스스로 惡名을 드러내는 것입니다. 비록 당신께서는 잔인한 마음으로 그렇게 할 수 있다 하더라도 후세에 자손 중에는 반드시 이를 수치로 여기는 자가 더러 있을 것입니다."

계손은 즉시 그 일을 그만두었다. 계손이 영가아에게 물었다.

"나는 임금님께 謚號를 올려 子孫들로 하여금 임금님의 過誤를 알게 하고자 한다."

영가아가 대답하였다.

"생전에 잘 섬기지 못하고 사후에 또 좋지 않은 시호를 올린다면 〈임금님을 미워하였다는 것을〉 스스로 밝히는 것이니 장차 무슨 소용이 있겠습니까?"

계손은 즉시 그 일을 그만두었다. 가을 7월 癸巳日에 昭公을 墓道 남쪽에 장사 지냈는데, 孔子가 司寇가 되셨을 때 도랑을 파서 선공의 墓域에 통합시켰다.

字義 旌 : 드러낼 정　信 : 밝힐 신

8　闞公氏 : 闞은 魯나라 群公의 墓가 있는 곳의 地名이다. 그곳에 군공의 묘가 있기 때문에 '闞公氏'라 한 것이다.(楊注)

【經】九月에 大雩하다

9월에 祈雨祭를 지냈다.

【經】立煬宮하다

煬宮(煬公의 祠堂)을 세웠다.

【傳】昭公出이라 故季平子禱于煬公하다 九月에 立煬宮[9]하다

昭公이 出奔하였기 때문에 季平子가 煬公에게 기도하였다. 9월에 양공의 廟를 세웠다.

【經】冬十月에 隕霜殺菽[10]하다

겨울 10월에 서리가 내려 콩잎을 죽였다.

〈2년, 癸巳(B.C. 508)〉

【經】二年이라 春王正月이라

2년이다. 봄 周王 正月이다.

【經】夏라

여름이다.

【傳】周鞏簡公棄其子弟하고 而好用遠人이러니 二年夏四月辛酉에 鞏氏之群子弟賊簡公하다

---

9 昭公出……立煬宮 : 季平子가 임금을 逐出하고는 두려워서 煬公에게 기도하여 福을 빌었다. 昭公이 外國에서 죽자, 계평자는 스스로 복을 받았다고 여겼다. 그러므로 양공의 廟를 세운 것이다.(杜注)

10 隕霜殺菽 : 周正의 10월은 지금의 8월이다. 8월에 서리가 내려 콩잎을 죽인 것은 예사롭지 않은 天災이다.(杜注)

周나라 鞏簡公이 그 子弟를 버리고 소원한 사람을 쓰기를 좋아하더니, 2년 여름 4월 辛酉日에 鞏氏의 자제들이 簡公을 살해하였다.

【經】五月壬辰에 雉門及兩觀災하다

5월 壬辰日에 雉門(公宮의 남문)과 兩觀(宮門 앞 양쪽에 세운 높은 臺)에 화재가 났다.

【經】秋에 楚人伐吳하다

가을에 楚人이 吳나라를 정벌하였다

【傳】桐叛楚어늘 吳子使舒鳩氏誘楚人曰 以師臨我하면 我伐桐호리니 爲我使之無忌[11]하라 秋에 楚囊瓦伐吳할새 師于豫章이어늘 吳人見(현)舟于豫章하고 而潛師于巢하다

桐나라가 楚나라를 배반하였는데, 吳子가 舒鳩氏(초나라의 속국)로 하여금 楚人을 유인하게 하며 말하였다.

"초나라가 군대를 거느리고 우리나라로 오게 하시오. 그러면 우리는 桐나라를 칠 것이니, 우리를 위해 초나라가 의심하지 않게 하시오."

가을에 초나라 囊瓦(子常)가 吳나라를 토벌하기 위해 출병하여 豫章에 주둔하니, 吳人은 예장에 戰船을 출현시켜 군사를 은밀히 巢邑으로 이동시켰다.

【經】冬十月이라

겨울 10월이다.

【傳】冬十月에 吳軍楚師于豫章하야 敗之하다 遂圍巢克之하야 獲楚公子繁하다

겨울 10월에 吳나라가 豫章에서 楚軍을 공격하여 패배시켰다. 드디어 巢邑을 포위하여 함락하고 楚나라 公子 繁(巢邑을 지키는 大夫)을 사로잡았다.

字義 軍 : 공격할 군

---

11 我伐桐 爲我使之無忌 : 吳나라가 桐나라를 친 것은, 楚軍이 자기들을 칠까 두려워 楚나라를 위해 그 叛國을 討伐하여 초나라의 호감을 얻고자 하는 것처럼 위장한 것이다. 초나라로 하여금 오나라를 의심하지 않게 하려 한 것이니, 이것이 昭公 30년 傳에 伍員이 말한 '여러 방법으로 저들을 그르치게 한다'는 것이다.(杜注)

【經】新作雉門及兩觀하다

새로 雉門과 兩觀을 지었다.

〈3년, 甲午(B.C. 507)〉

【經】三年이라 春王正月에 公如晉이라가 至河乃復하다

3년이다. 봄 周王 正月에 定公이 晉나라에 가다가 黃河에 이르러서 되돌아왔다.

【經】二月辛卯에 邾子穿卒하다

2월 辛卯日에 邾子 穿(邾 莊公)이 졸하였다.

【傳】邾莊公與夷射(역)姑飮酒할새 私出이어늘 閽乞肉焉한대 奪之杖以敲之하다 三年이라 春二月辛卯에 邾子在門臺하야 臨廷하니 閽以缾水沃廷이러라 邾子望見之하고 怒하니 閽曰 夷射姑旋焉이라하다 命執之호대 弗得하니 滋怒하야 自投于牀이라가 廢于鑪炭하야 爛하야 遂卒하다

邾 莊公이 夷射姑(邾나라 大夫)와 함께 술을 마실 때 이역고가 소변을 보기 위해 나가니 문지기가 고기를 구걸하였다. 그러자 이역고는 그가 들고 있는 몽둥이를 빼앗아 그를 쳤다.

3년이다. 봄 2월 辛卯日에 邾子가 門樓에서 外廷을 굽어보니, 閽人이 동이에 물을 담아다가 외정에 붓고 있었다. 주자가 이를 바라보고 노하니, 혼인이 말하였다.

"이역고가 이곳에 오줌을 누었습니다."

주자가 이역고를 잡아 오라고 명하였으나 잡아 오지 못하니, 더욱 노하여 스스로 牀에서 뛰어내려 오다가 火爐의 숯불 위로 떨어져 불에 데어 드디어 卒하였다.

字義 私 : 소변 사　旋 : 소변 선

【經】夏四月이라

여름 4월이다.

【經】秋에 葬邾莊公하다

가을에 邾 莊公을 장사 지냈다.

【傳】先葬以車五乘과 殉五人하다 莊公卞急而好潔이라 故及是하니라

장사 지내기에 앞서 먼저 수레 다섯 채와 다섯 사람을 殉葬시켰다. 莊公은 성질이 조급하고 정결을 좋아하였으므로 이에 미친 것이다.

字義 卞 : 조급할 변

秋九月에 鮮虞人敗晉師于平中하고 獲晉觀虎하니 恃其勇也러라

가을 9월에 鮮虞人이 平中에서 晉軍을 패배시키고 晉나라 觀虎를 사로잡았으니, 관호가 자기의 용맹을 믿었기 때문이었다.

【經】冬에 仲孫何忌及邾子盟于拔하다

겨울에 仲孫何忌가 邾子와 拔에서 결맹하였다.

【傳】冬에 盟于郯하니 修邾好也라

겨울에 郯(拔)에서 결맹하였으니, 邾나라와 우호를 다시 회복한 것이다.

〈4년, 乙未(B.C. 506)〉

【經】四年이라 春王二月癸巳에 陳侯吳卒하다

4년이다. 봄 周王 2월 癸巳日에 陳侯 吳(陳 惠公)가 졸하였다.

【經】三月에 公會劉子晉侯宋公蔡侯衛侯陳子鄭伯許男曹伯莒子邾子頓子胡子滕子薛伯杞伯小邾子齊國夏于召陵하야 侵楚하다

三月에 定公이 劉子, 晉侯, 宋公, 蔡侯, 衛侯, 陳子, 鄭伯, 許男, 曹伯, 莒子, 邾子, 頓子, 胡子, 滕子, 薛伯, 杞伯, 小邾子, 齊나라 國夏와 召陵에서 회합하여 楚나라로 침입하였다.

【傳】蔡昭侯爲兩佩與兩裘以如楚하야 獻一佩一裘於昭王하다 昭王服之하고 以享蔡侯하니 蔡侯亦服其一하다 子常欲之호대 弗與하니 三年止之하다 唐成公如楚에 有兩肅爽馬러니 子常欲之호대 弗與하니 亦三年止之하다 唐人或相與謀하야 請代先從者하니 許之하다 飮(임)先從者酒하야 醉之하고 竊馬而獻之子常하니 子常歸唐侯하다 自拘於司敗曰 君以弄馬之故로 隱[12]君身하고 棄國家하시니 群臣請相夫人以償馬호대 必如之하리라 唐侯曰 寡人之過也니 二三子無辱하라 皆賞之하다 蔡人聞之하고 固請하야 而獻佩于子常하니 子常朝하야 見蔡侯之徒하고 命有司曰 蔡君之久也는 官不共也라 明日禮不畢이면 將死하리라 蔡侯歸할새 及漢하야 執玉而沈曰 余所有濟漢而南者인댄 有若大川[13]이라하다 蔡侯如晉하야 以其子元與其大夫之子爲質焉하고 而請伐楚하다

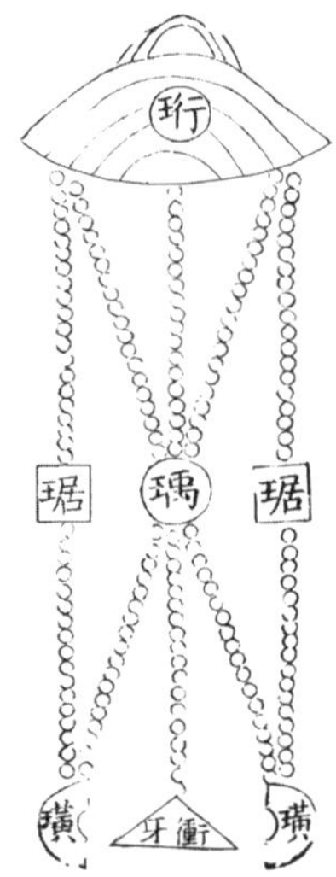

佩

蔡 昭侯가 두 개의 佩玉과 두 벌의 갖옷을 만들어 가지고 楚나라에 가서 패옥 하나와 갖옷 한 벌을 楚 昭王에게 바쳤다. 소왕은 그 패옥을 차고 그 갖옷을 입고 연회를 열어 蔡侯를 접대하였는데, 채후도 남은 패옥과 갖옷을 착용했다. 子常이 그 패옥과 갖옷을 얻고 싶어 하였으나 주지 않으니, 자상은 채후를 3년 동안 초나라에 억류하였다.

唐 成公이 초나라에 갔을 때 그에게는 두 마리의 肅爽馬가 있었는데, 자상이 그 말을 얻고 싶어 하였으나 주지 않으니, 자상은 唐侯 또한 3년 동안 초나라에 억류하였다. 唐人 중에 어떤 자들이 서로 상의하여, 먼저 온 從者들을 뒤에 온 종자들로 교대시켜 주기를 청하니 자상이 허락하였다. 먼저 온 종자에게 술을 먹여 취하게 하고 말을 훔쳐 자상에게 바치니 자상은 당후를 돌려보냈다. 말을 훔친 자가 스스로 司敗(刑獄을 管掌하는 官署)로 가서 구속되기를 청하며 말하였다.

"임금님께서 愛馬로 인해 임금님의 몸이 구금되시고 국가를 버리셨으니, 저의 신하들은 養馬人〔夫人〕을 도와 반드시 훔친 말과 같은 말을 구해 변상하겠습니다."

당후가 말하였다.

"寡人의 허물이니 그대들은 자신을 욕되게 하지 말라."

---

12 隱 : 隱에는 隱蔽와 窮困의 뜻이 있으니, 이는 拘囚된 것을 직설하지 않고 완곡하게 '隱'이라고 한 것이다.(楊注)

13 所有濟漢而南者 有若大川 : 만약 다시 漢水를 건너 남방의 楚나라로 간다면 大川의 神이 禍를 내릴 것이라는 뜻으로, 앞으로 다시는 초나라에 가지 않겠다고 盟誓한 말이다. 所는 若의 뜻으로 誓詞에 많이 쓰인다. 有如도 誓詞 중에 상용하는 말이다.

그리고는 모두에게 상을 주었다. 蔡人이 이 소문을 듣고 昭侯에게 굳이 청하여 패옥을 자상에게 바치니, 자상은 조정에 나아가 채후의 종자를 만나보고, 有司에게 명하였다.

"蔡君이 이곳에 오래 머문 것은 유사가 禮物을 갖추어 공급하지 않았기 때문이다. 내일까지 예물 공급을 마치지 않으면 장차 너를 죽일 것이다."

채후가 돌아올 때 漢水에 미쳐 玉을 들어 한수에 던지며 말하였다.

"내가 만약 다시 한수를 건너 남쪽으로 간다면 大川의 신이 禍를 줄 것이다."

채후가 晉나라로 가서 그 아들 元과 그 大夫들의 아들을 인질로 주고 초나라 토벌을 청하였다.

字義 弄 : 사랑할 롱(=愛) 相 : 도울 상

四年이라 春三月에 劉文公合諸侯于召陵하니 謀伐楚也라 晉荀寅求貨於蔡侯라가 弗得하니 言於范獻子曰 國家方危하고 諸侯方貳하니 將以襲敵이라도 不亦難乎아 水潦方降하고 疾瘧方起하며 中山不服하니 棄盟取怨이면 無損於楚요 而失中山이니 不如辭蔡侯라 吾自方城以來로 楚未可以得志요 祗取勤焉이라 乃辭蔡侯하다

4년이다. 봄 3월에 劉文公이 召陵에서 제후와 회합하였으니, 楚나라 토벌에 관한 일을 상의하기 위함이었다. 晉나라 荀寅이 蔡侯에게 재화를 요구하였다가 얻지 못하니, 范獻子에게 말하였다.

"국가가 바야흐로 위급하고 제후가 바야흐로 두 마음을 품고 있으니, 가령 적을 습격한다 하더라도 어렵지 않겠습니까? 바야흐로 비가 내리는 시기이고 瘧疾이 일어나는 시기이며 中山이 복종하지 않고 있으니, 맹약을 저버리고 원한을 취한다면 楚나라에는 손실이 없고 중산만 잃을 뿐이니 蔡侯의 요구를 사절하는 것만 못합니다. 우리가 方城을 침공한 이후로 초나라에 대해 뜻을 이룬 적이 없고 단지 군사들만 힘들게 했을 뿐입니다."

진나라는 이에 채후에게 사절하였다.

字義 潦 : 큰 비 료

晉人假羽旄於鄭하니 鄭人與之[14]하다 明日或旆以會[15]하니 晉於是乎失諸侯하다

晉人이 鄭人에게 羽旄를 빌려달라고 하니 정인이 주었다. 이튿날 晉人은 어떤 賤人에게 깃

14 晉人假羽旄於鄭 鄭人與之 : 새의 깃을 쪼개어 깃대 머리에 꽂은 것을 旄이라 하는데, 王의 遊車에 세우는 것이다. 鄭나라가 그것을 私有하고 그것을 '羽旄'라 하였다. 그것을 빌려다가 구경한 것이다.(杜注)

15 明日或旆以會 : 或은 賤者이다. 깃발을 단 것을 '旆'라 한다. 賤人에게 깃발이 달린 깃대머리에 이 羽旄를 꽂아 들고 회합에 가는 행차를 따르게 하여, 鄭나라를 卑賤하게 여김을 보인 것이다.(杜注)

발이 달린 깃대머리에 이 우모를 꽂아 들고 회합에 가는 행차를 따르게 하니, 晉나라는 이로 인해 제후를 잃었다.

【經】夏四月庚辰에 蔡公孫姓이 帥(솔)師滅沈하고 以沈子嘉歸하야 殺之하다

여름 4월 庚辰日에 蔡나라 公孫 姓이 군사를 거느리고 가서 沈나라를 격멸하고 沈子 嘉를 잡아 가지고 돌아가서 죽였다.

【傳】沈人不會于召陵하니 晉人使蔡伐之한대 夏에 蔡滅沈하다

沈人이 召陵의 회합에 가지 않으니, 晉人이 蔡나라를 시켜 沈나라를 토벌하게 하자, 여름에 蔡人이 沈나라를 격멸하였다.

【經】五月에 公及諸侯盟于皐鼬(유)하다

5월에 定公이 제후와 皐鼬에서 결맹하였다.

【傳】將會에 衛子行敬子言於靈公曰 會同難이라 嘖有煩言이면 莫之治也리니 其使祝佗從하소서 公曰 善타하고 乃使子魚한대 子魚辭曰 臣展四體하야 以率舊職이라도 猶懼不給하야 而煩刑書어든 若又共二면 徼大罪也니이다 且夫祝은 社稷之常隸也라 社稷不動이면 祝不出竟이 官之制也니이다 君以軍行이면 祓社釁鼓하고 祝奉以從하나니 於是乎出竟이니이다 若嘉好之事엔 君行師從하고 卿行旅從하니 臣無事焉이니이다 公曰 行也하라

회합에 가려 할 때 衛나라 子行敬子(衛나라 大夫)가 靈公에게 말하였다.

"이번 회동은 어렵습니다. 서로 큰소리 내고 분쟁한다면 다스릴 수 없으니, 祝佗에게 수행하게 하소서."

영공이 "좋다." 하고, 子魚(祝佗)에게 수행하게 하자, 자어가 사양하며 말하였다.

"신은 온 몸의 힘을 다하여 舊職(太祝)을 준행하여도 오히려 직무를 제대로 수행하지 못하여 형벌을 받을까 두려운데, 만약 다시 두 가지 직책을 겸임한다면 대죄를 부르게 될 것입니다. 그리고 또 太祝(제사를 주관하는 官員)은 社稷의 신을 섬기는 평범한 관리입니다. 사직의 신이 출동하는 경우가 아니면 태축이 국경을 나가지 않는 것이 관직의 제도입니다. 임금님이 군대를 거느리고 출정하는 경우이면 사직에 祓除(邪鬼를 물리치는 祭祀)하고 북에 피를 바르고 태축이

사직의 신주를 모시고 수행하니, 이때에만 태축이 국경을 나갈 수 있습니다. 조회의 일로 임금이 출행할 경우에는 師團(2,500人)이 수종하고, 卿이 출행할 경우에는 旅團(500인)이 수종하는 것이니, 신이 수종할 사유가 없습니다.”

영공은 “그래도 隨行하라.” 하였다.

字義 嘖 : 큰 소리 칠 책

及皐鼬하야 將長蔡於衛하니 衛侯使祝佗私於萇弘曰 聞諸(저)道路호니 不知信否어니와 若聞蔡將先衛라하니 信乎아 萇弘曰 信이라 蔡叔康叔之兄也니 先衛不亦可乎아 子魚曰 以先王觀之컨대 則尙德也시니 昔武王克商하고 成王定之할새 選建明德하야 以藩屛周하시니라 故周公相王室하야 以尹[16]天下하시니 於周爲睦이라 分魯公以大路大旂와 夏后氏之璜과 封父(보)之繁弱과 殷民六族條氏徐氏蕭氏索氏長勺氏尾勺氏하야 使帥(솔)其宗氏하고 輯其分族하고 將其類醜하야 以法則周公하니라 用卽命于周하니 是使之職事于魯하야 以昭周公之明德하니라 分之土田陪敦[17]과 祝宗卜史備物[18]典策과 官司彝器하야 因商奄之民하야 命以伯禽而封於少皞之虛하시니라 分康叔以大路少帛綪茷旃旌[19]大呂와 殷民七族陶氏施氏繁氏錡氏樊氏饑氏終葵氏하고 封畛土略호대 自武父(보)以南及圃田之北竟하며 取於有閻之土하야 以共王職하고 取於相土之東都하야 以會王之東蒐하며 聃季授土하고 陶叔授民하야 命以康誥而封於殷虛하시니 皆啓以商政하고 疆以周索하니라 分唐叔以大路와 密須之鼓와 闕鞏沽洗과 懷姓九宗과 職官五正하야 命以唐誥而封於夏虛하야 啓以夏政하고 疆以戎索하니라 三者皆叔也로대 而有令德이라 故昭之以分物이라 不然이면 文武成康之伯猶多호대 而不獲是分也하니 唯不尙年也니라

皐鼬에 당도하여 蔡나라에게 衛나라보다 먼저 歃血하게 하려 하니, 衛侯가 祝佗를 보내 사사로이 萇弘에게 말하였다.

---

16 尹 : 治이다. 그 일을 주관하는 사람을 ‘尹’이라 한다.(楊注)

17 土田陪敦 : 《詩經》〈魯頌 閟宮〉의 ‘土田附庸’과 같은 말로 土田과 附庸을 준 것이다. 公의 封地는 5백 리를 초과하지 않는 것이 定例이지만 魯나라에는 附庸城을 추가해 주어 7백 리의 大國이 되게 한 것이다.(《左傳注疏》, 〈楊注〉)

18 備物 : 服物이다. 古字에 備와 服은 통용이었다. 服物은 生者와 死者의 衣服과 佩物만 가리킨 것이 아니고 사용하는 禮儀까지 가리킨 것이다.(楊注)

19 旃旌 : 純色의 실로 짠 베로 만든 旗를 ‘旃’이라 하고, 새깃을 쪼개어 깃대 머리에 꽂은 것을 ‘旌’이라 한다.(杜注)

“도로에서 들은 말이라 사실인지는 알 수 없습니다만 소문과 같이 채나라에게 위나라보다 먼저 삽혈하게 하려 한다는 것이 사실입니까?”

장홍이 말하였다.

“사실입니다. 채나라 시조 蔡叔이 위나라 시조 康叔의 兄이니 채나라가 위나라보다 먼저 삽혈하는 것이 옳지 않습니까?”

子魚가 말하였다.

“先王의 처사를 보면 德을 숭상하였습니다. 옛날에 武王이 商나라를 이기고 成王이 천하를 안정시키실 때 밝은 덕이 있는 사람을 선발해 제후로 세워서 周나라의 울타리가 되게 하였습니다. 그러므로 周公이 왕실을 도와 천하를 다스리니 모든 제후가 주나라에 친목하였습니다.

旂

魯公(伯禽)에게 大路(銅을 장식한 수레)와 大旂와 夏后氏의 璜(美玉의 이름)과 封父의 繁弱(大弓의 이름)과 殷나라 遺民의 여섯 宗族인 條氏, 徐氏, 蕭氏, 索氏, 長勺氏, 尾勺氏를 나누어주고 그 종족을 거느려서 그 부족들을 모으고 그 醜類(遠族)를 거느려서 주공의 법을 따르게 하였습니다. 이로 인해 그들이 주나라 조정으로 가서 주공의 명을 받으니, 그들에게 魯나라로 가서 직무를 맡아 주공의 밝은 덕을 밝히게 하였습니다. 노공에게 土田과 陪敦(附庸)과 祝宗과 卜史와 備物과 典策과 官司와 彝器를 나누어주고, 商奄의 백성을 그대로 소유하게 하여, ‘伯禽’으로 명명하고 少皡의 古墟에 봉하였습니다.

康叔에게 大路와 少帛(雜帛旗)과 綪茷(大赤旗)와 旃旌과 大呂(鍾 이름)와 殷나라 遺民 七族인 陶氏, 施氏, 繁氏, 錡氏, 樊氏, 饑氏, 終葵氏를 나누어주고, 봉토의 경계를 武父 남쪽에서부터 圃田 북쪽 경계까지로 정하고, 또 有閻의 땅을 취하여 왕실의 직사에 이바지하고, 相土(商나라의 祖上)의 東都를 취하여 天王이 東方을 순수하여 제후를 회합하거나 泰山에 제사를 지낼 때 그 비용으로 쓰게 하고, 聃季로 하여금 그에게 토지를 주고 陶叔으로 하여금 그에게 백성을 주게 하고, ‘康誥’로 명명하고 殷虛에 봉하고 노공과 강숙에게 모두 商나라 정치로써 백성을 계도하고, 주나라 법으로 토지를 구획하게 하였습니다.

唐叔에게 大路와 密須의 북과 闕鞏(갑옷 이름)과 沽洗(종 이름)과 懷姓의 九宗과 職官의 五正을 나누어주고 ‘唐誥’로 명명하고 夏虛에 봉하여 夏나라 정치로써 백성을 계도하고 戎狄의 법으로 토지를 구획하게 하였습니다.

이 세 분은 모두 무왕의 아우였으나 아름다운 덕이 있었으므로 물건을 나누어주어 그 덕을 드러낸 것입니다. 그렇지 않다면 文王, 武王, 成王, 康王의 아들 중에 나이가 위인 자가 많았지만 分賜를 받지 못하였으니, 이는 나이를 중시하지 않았기 때문입니다.

字義 醜 : 무리 추 畛 : 사잇길 진 略 : 경계 략

管蔡啓商하야 惎間王室이어늘 王於是乎殺管叔하고 而蔡(살)蔡叔호대 以車七乘과 徒七十人하니라 其子蔡仲이 改行帥(솔)德하니 周公擧之하야 以爲己卿士하야 見(현)諸王而命之以蔡하시니 其命書云 王曰 胡아 無若爾考之違王命也하라하니 若之何其使蔡先衛也리오 武王之母弟八人에 周公爲大(태)宰하고 康叔爲司寇하고 聃季爲司空하고 五叔無官하니 豈尙年哉아 曹는 文之昭也요 晉은 武之穆也로대 曹爲伯甸하니 非尙年也어늘 今將尙之하니 是反先王也라 晉文公爲踐土之盟할새 衛成公不在라 夷叔은 其母弟也로대 猶先蔡하니 其載書云에 王若曰 晉重魯申衛武蔡甲午鄭捷齊潘宋王臣莒期라하야 藏在周府하니 可覆視也라 吾子欲復文武之略호대 而不正其德하니 將如之何오 萇弘說(열)하야 告劉子하고 與范獻子謀之하야 乃長衛侯於盟하다

管叔과 蔡叔이 商人을 계도하여 왕실을 침범하기를 꾀하니, 天王께서 이에 관숙을 죽이고 채숙을 추방하되 채숙에게 수레 일곱 채와 役徒 70인을 주었습니다. 채숙의 아들 蔡仲이 악행을 고치고 덕을 따르니 周公이 그를 발탁하여 자기의 卿士로 삼고, 그를 天王께 알현시켜 그를 임명하여 채후로 삼게 하였습니다. 그 命書에 '天王께서 「胡야! 너의 아비처럼 王命을 어기지 말라.」 하셨다.'고 하였습니다. 그런데 어째서 蔡나라에게 衛나라보다 먼저 삽혈하게 하려 하십니까?

武王의 同母弟 8人 중에 주공이 太宰가 되고 康叔이 司寇가 되고 聃季가 司空이 되었을 뿐이고 나머지 五叔은 관직이 없었으니, 이것이 어찌 나이를 중시한 것이겠습니까? 曹나라는 文王의 昭(아들)이고, 晉나라는 武王의 穆(아들)인데, 曹나라는 伯爵으로 甸服의 제후가 되었으니, 이 또한 나이를 중시한 것이 아닌데, 지금 나이를 중시하려 하니, 이는 선왕의 법을 위반하는 것입니다.

晉 文公께서 踐土에서 회맹할 때 衛 成公이 참가하지 않고 그 母弟 夷叔이 대신 참가하였으나, 오히려 채나라보다 먼저 삽혈하게 하였습니다. 그때의 문서에 '왕께서 「晉나라 重耳(文公), 魯나라 申(僖公), 衛나라 武(武叔), 蔡나라 甲午(莊侯), 鄭나라 捷(文公), 齊나라 潘(昭公), 宋나라 王臣(成公), 莒나라 期(玆丕公)이다.」 하셨다.'고 하였는데, 주나라 盟府에 간직되어 있으니, 조사해볼 수 있습니다. 文王·武王의 도를 회복하려 하면서 자기의 덕행을 바르게 하지 않으니 장차 그 일을 어찌 이룰 수 있겠습니까?"

萇弘이 기뻐하여 劉子에게 고하고, 范獻子와 상의하여 마침내 맹약할 때 衛侯에게 먼저 삽혈하게 하였다.

字義 惎 : 꾀할 기 間 : 범할 간 蔡 : 나라 이름 채, 추방할 살 略 : 道 략

反自召陵할새 鄭子大(태)叔未至而卒하니 晉趙簡子爲之臨甚哀하고 曰 黃父(보)之會에 夫子語我九言曰 無始亂하며 無怙富하며 無恃寵하며 無違同하며 無敖禮하며 無驕能하며 無復怒하며 無謀非德하며 無犯非義하라하니라

召陵에서 돌아올 때 鄭나라 子太叔이 정나라에 이르기 전에 졸하니, 晉나라 趙簡子가 弔喪 가서 매우 슬퍼하며 말하였다.

"黃父의 회맹 때 夫子는 나에게 '화란의 수괴가 되지 말 것이며, 부유함을 믿지 말 것이며, 총애를 믿지 말 것이며, 공동의 의견을 어기지 말 것이며, 예가 있는 사람을 멸시하지 말 것이며, 재능을 믿고 교만하지 말 것이며, 남의 분노를 가중시키지 말 것이며, 덕이 아닌 일을 꾀하지 말 것이며, 의가 아닌 것을 범하지 말라.'는 아홉 마디의 말씀을 해주셨지요."

字義 復 : 가중할 부

【經】 杞伯成이 卒于會하다

杞伯 成(杞 悼公)이 회합 중에 졸하였다.

【經】 六月에 葬陳惠公하다

6월에 陳 惠公을 장사 지냈다.

【經】 許遷于容城하다

許나라가 容城으로 천도하였다.

【經】 秋七月에 公至自會하다

가을 7월에 定公이 회합에서 돌아왔다.

【經】 劉卷卒하다

劉卷이 졸하였다.

【經】葬杞悼公하다

杞 悼公을 장사 지냈다.

【經】楚人圍蔡하다

楚人이 蔡나라를 포위하였다.

【傳】秋에 楚爲沈故로 圍蔡하다

가을에 楚나라는 沈나라를 격멸한 것을 이유로 삼아 蔡나라를 포위하였다.

【經】晉士鞅衛孔圉帥(솔)師伐鮮虞하다

晉나라 士鞅, 衛나라 孔圉가 군사를 거느리고 가서 鮮虞를 토벌하였다.

【經】葬劉文公하다 冬十有一月庚午에 蔡侯以吳子及楚人戰于柏擧하야 楚師敗績하니 楚囊瓦出奔鄭하다 庚辰에 吳入郢하다

劉文公을 장사 지냈다. 겨울 11월 庚午日에 蔡侯가 吳子를 거느리고 楚人과 柏擧에서 전쟁하여 楚軍이 대패하니, 楚나라 囊瓦가 鄭나라로 出奔하였다. 庚辰日에 吳人이 郢으로 진입하였다.

【傳】伍員(운)爲吳行人하야 以謀楚하고 楚之殺郤宛也에 伯氏之族出이러니 伯州犁之孫嚭爲吳大(태)宰하야 以謀楚하니 楚自昭王卽位로 無歲不有吳師하다 蔡侯因之하야 以其子乾與其大夫之子로 爲質於吳하다

伍員이 吳나라 行人이 되어 楚나라 토벌을 계획하고, 초나라가 郤宛을 죽일 때 伯氏의 宗族이 出奔하였는데, 伯州犁의 손자 嚭가 오나라 太宰가 되어 초나라 토벌을 계획하니, 초나라는 昭王이 즉위한 뒤로 吳軍의 침입을 받지 않는 해가 없었다. 蔡侯는 이 기회를 이용하여 그 아들 乾과 그 大夫의 아들들을 오나라에 인질로 주고 〈초나라 토벌을 청하였다.〉

冬에 蔡侯吳子唐侯伐楚할새 舍舟于淮汭하고 自豫章與楚夾漢하다 左司馬戌請謂子常

曰 子沿漢而與之上下하라 我悉方城外하야 以毁其舟하고 還塞大隧直轅冥阨하리라 子濟漢而伐之하고 我自後擊之면 必大敗之하리라 旣謀而行한대 武城黑謂子常曰 吳用木也요 我用革也니 不可久也[20]라 不如速戰이니라 史皇謂子常호대 楚人惡(오)子而好司馬하니 若司馬毁吳舟于淮하고 塞城口而入이면 是獨克吳也니 子必速戰하라 不然이면 不免하리라 乃濟漢而陳하고 自小別至于大別히 三戰하고 子常知不可하고 欲奔하니 史皇曰 安求其事라가 難而逃之면 將何所入이리오 子必死之하라 初罪必盡說(탈)하리라

겨울에 蔡侯, 吳子, 唐侯가 연합하여 楚나라를 토벌할 때 淮水 굽이에 배를 버려두고 뭍으로 올라 豫章에서부터 漢水를 사이에 두고 楚軍과 대치하였다. 초나라 左司馬 戌이 子常에게 요청하였다.

"당신은 한수를 따라 오르내리면서 〈저들의 渡河를 막으십시오.〉 나는 方城 밖의 군대를 다 동원하여 저들의 배를 부수고 돌아와 大隧와 直轅과 冥阨을 막을 것입니다. 그런 뒤에 당신은 한수를 건너 전면에서 공격하고 나는 후면에서 공격하면 반드시 저들을 대패시킬 수 있습니다."

이렇게 계획을 정하고 좌사마 술이 떠나자, 武城 黑이 자상에게 말하였다.

"吳軍은 木製의 戰車를 쓰고 我軍은 革製의 전거를 쓰니, 오래 버틸 수 없습니다. 그러니 速戰하는 것만 못합니다."

史皇이 자상에게 말하였다.

"楚人이 당신을 미워하고 司馬를 좋아하니, 만약 사마가 淮水에 있는 오군의 배를 부수고 城口를 막고 돌아온다면 이는 저 사마 혼자서 오군을 이긴 것이 되니 당신께서는 반드시 속전하십시오. 그렇게 하지 않으면 화를 면하지 못할 것입니다."

자상은 이에 한수를 건너 진을 치고 小別山에서 大別山에 이르기까지 세 차례 교전하고는 오군을 이길 수 없다는 것을 알고 도망가려 하니, 사황이 말하였다.

"편안할 때에는 집권하기를 구하다가 위난할 때에는 도망을 간다면 장차 어디로 가겠습니까? 당신께서는 반드시 죽을 각오로 싸우십시오. 그래야 지난날의 죄를 반드시 다 벗을 수 있습니다."

字義 汭 : 물굽이 예 說 : 벗을 탈(=脫)

---

20 吳用木也……不可久也 : 吳軍의 戰車는 장식이 없으니, 순전히 나무로 만든 것이고, 楚軍의 戰車는 가죽을 씌웠으니 반드시 아교로 붙이고 쇠심줄로 묶었을 것이다. 革車는 매끄럽고 견고하지만 가죽을 붙인 아교가 비와 濕氣를 견디지 못하고 풀리니, 도리어 나무만으로 만든 수레가 탈이 없는 것만 못하기 때문에 오래 버틸 수 없다고 한 것이다.(楊注)

十一月庚午에 二師陳于柏擧하다 闔廬之弟夫槩王晨請於闔廬曰 楚瓦不仁하야 其臣莫有死志하니 先伐之면 其卒必奔하리니 而後大師繼之면 必克하리라 弗許한대 夫槩王曰 所謂臣義而行하고 不待命者 其此之謂也리라 今日我死면 楚可入也라하고 以其屬五千先擊子常之卒하다 子常之卒奔하야 楚師亂하니 吳師大敗之하다 子常奔鄭하고 史皇以其乘廣[21]死하다 吳從楚師하야 及淸發하야 將擊之러니 夫槩王曰 困獸猶鬪어늘 況人乎아 若知不免而致死면 必敗我하리라 若使先濟者知免이면 後者慕之하야 蔑有鬪心矣리니 半濟而後可擊也니라 從之하야 又敗之하고 楚人爲食에 吳人及之하니 奔하다 食而從之하야 敗諸雍澨(서)하고 五戰及郢하다

11월 庚午日에 兩軍이 柏擧에 진을 쳤다. 闔廬의 아우 夫槩王이 새벽에 합려에게 청하였다.

"楚나라 囊瓦(子常)가 不仁하여 그 신하들이 죽기로 싸울 뜻이 없으니, 우리가 먼저 공격하면 그 군대가 반드시 도주할 것입니다. 그런 뒤에 대군이 이어 공격하면 반드시 승리할 수 있습니다."

합려는 허락하지 않았다. 그러자 부개왕이 말하였다.

"이른바 '신하는 의로운 일을 보면 즉시 행하고 임금의 명을 기다리지 않는다.'는 것이 아마도 오늘의 경우를 이름일 것입니다. 오늘 우리가 죽기로 싸운다면 楚나라 국도 郢으로 진입할 수 있을 것입니다."

그리고는 그에게 소속된 군사 5천 명을 거느리고 가서 먼저 子常의 군대를 공격하였다. 자상의 군대가 패주하여 楚軍이 크게 혼란하니 吳軍이 초군을 대패시켰다. 자상은 鄭나라로 도망가고 史皇은 자상의 乘廣을 거느리고 싸우다가 죽었다. 오군이 초군을 뒤쫓아 淸發에 미쳐 공격하려 하였는데, 부개왕이 말하였다.

"곤경에 빠진 짐승도 오히려 죽을힘을 다해 싸우는 것인데 하물며 사람이겠습니까? 만약 저들이 죽음을 면하지 못할 것을 알고 죽기로 싸운다면 저들이 반드시 우리를 패배시킬 것입니다. 그러나 만약 먼저 물을 건너 도망간 자들이 죽음을 면한 것을 알면 뒤에 남은 자들이 이를 부러워하여 싸울 마음이 없을 것이니, 저들이 물을 반쯤 건넌 뒤에 공격하는 것이 좋습니다."

그러자 합려는 그의 말대로 하여 또 초군을 패배시키고, 초군이 밥을 짓고 있을 때 오군이 뒤쫓아 가니 〈초군은 짓던 밥을 버리고〉 도주하였다. 그러자 오군은 그 밥을 먹고 추격하여 雍澨에서 초군을 패배시키고, 오군은 다섯 차례 교전한 끝에 楚나라 국도 郢에 이르렀다.

己卯에 楚子取其妹季芈(미)畀我以出하야 涉雎할새 鍼尹固與王同舟러니 王使執燧象以

---

21 乘廣 : 楚王이나 혹은 主將이 영솔하는 戰車 부대이다.

奔吳師하다 庚辰에 吳入郢하야 以班處宮하다 子山處令尹之宮하니 夫槩王欲攻之한대 懼而去之하니 夫槩王入之하다

己卯日에 楚子가 그 누이 季芈畀我를 데리고 郢都를 나와 睢水를 건널 때 鍼尹 固도 楚王과 한 배를 타고 건넜는데, 초왕은 그에게 코끼리 꼬리에 횃불을 매달아 吳軍으로 달려가게 하였다. 庚辰日에 吳王이 郢으로 들어가서 직위에 따라 거처할 궁실을 배정하였다. 子山(吳王의 아들)이 令尹의 궁실에 거처하니 夫槩王이 그를 공격하려 하자 자산은 겁이 나서 그곳을 떠나니 부개왕이 들어가 거처하였다.

左司馬戌及息而還하야 敗吳師于雍澨[22]하고 傷하다 初司馬臣闔廬라 故耻爲禽焉하야 謂其臣曰 誰能免吾首고 吳句卑曰 臣賤이 可乎잇가 司馬曰 我實失子로다 可哉인저 三戰皆傷하야 曰 吾不可用也已로다 句卑布裳하야 剄而裹之[23]하고 藏其身하고 而以其首免하다

左司馬 戌이 息까지 갔다가 돌아와서 吳軍을 雍澨에서 패배시키고 자신도 상처를 입었다. 당초에 司馬 戌은 闔廬의 신하였다. 그러므로 합려의 포로가 되는 것을 치욕으로 여겨 그 부하들에게 말하였다.

"누가 나의 수급이 오군의 수중으로 들어가지 않게 할 수 있겠느냐?"

吳句卑가 물었다.

"저처럼 천한 자가 이 일을 맡아도 되겠습니까?"

사마 술이 말하였다.

"내가 실로 자네를 알아보지 못하였구나. 자네가 하도록 하라."

사마 술은 세 차례의 전투에 모두 상처를 입고 말하였다.

"나는 이제 쓸모없는 몸이 되었다."

그러자 오구비가 자기의 치마를 땅에 펴놓고 사마 술의 목을 베어 싸고 그 몸은 숨겨두고 그 수급만 가지고 도주하였다.

---

22 敗吳師于雍澨 : 吳軍이 雍澨에서 楚軍을 패배시킬 때 司馬 戌이 오군의 한 부대를 격파한 것이다. 사마 술이 단독으로 오군을 격파하였으니, 만약 험한 지형을 이용하여 子常의 군대와 연합해 공격하였다면 반드시 오군을 이겼을 것이다.(《左氏會箋》)

23 句卑布裳 剄而裹之 : 아직 살아 있는 司馬 戌의 목을 쳐서 그 머리를 치마에 싼 것이다. 사마 술이 아직 죽지 않았으므로 치마를 땅에 펴놓고 그 목을 쳐서 치마 위로 떨어지게 한 것이다. 만약 이미 죽었다면 땅에 쓰러졌을 것이니 목을 잘라 치마에 싸면 그만인데, 무엇 때문에 먼저 땅에 치마를 펴놓았겠는가? 죽지도 않은 사마 술의 목을 자른 것은 중상을 입은 사마 술이 적의 포로가 될까 두려워서 미리 목을 자른 것이다.(《左氏會箋》)

楚子涉睢濟江하야 入于雲中하다 王寢이어늘 盜攻之하야 以戈擊王하니 王孫由于以背受之라가 中肩하다 王奔鄖하니 鍾建負季芈以從하고 由于徐蘇而從하다 鄖公辛之弟懷將弑王曰 平王殺吾父하니 我殺其子 不亦可乎아 辛曰 君討臣이니 誰敢讐之리오 君命은 天也니 若死天命이면 將誰讐리오 詩曰 柔亦不茹하고 剛亦不吐하며 不侮矜(환)寡하고 不畏彊禦[24]라하니 唯仁者能之니라 違强陵弱은 非勇也요 乘人之約은 非仁也며 滅宗廢祀는 非孝也요 動無令名은 非知也니 必犯是면 余將殺女호리라 鬪辛與其弟巢以王奔隨하니 吳人從之하야 謂隨人曰 周之子孫在漢川者를 楚實盡之하니 天誘其衷하야 致罰於楚어늘 而君又竄之하니 周室何罪오 君若顧報周室하야 施(이)及寡人하야 以獎天衷이면 君之惠也니 漢陽之田을 君實有之하리라 楚子在公宮之北하고 吳人在其南이러니 子期似王이라 逃王하고 而己爲王曰 以我與之면 王必免하리라 隨人卜與之한대 不吉이어늘 乃辭吳曰 以隨之辟小로 而密邇於楚하니 楚實存之라 世有盟誓하야 至于今未改어늘 若難而棄之면 何以事君이리오 執事之患은 不唯一人이니 若鳩楚竟이면 敢不聽命가 吳人乃退하다 鑪金初宦於子期氏라 實與隨人要言하다 王使見(현)하니 辭曰 不敢以約爲利니라 王割子期之心하야 以與隨人盟하다

楚子가 睢水를 건너고 長江을 건너 雲中으로 들어갔다. 楚王이 잠을 자고 있는데, 도적이 들어와 공격하여 창으로 초왕을 치니, 王孫 由于가 등으로 그 창을 받다가 어깨에 창을 맞았다. 초왕이 鄖으로 도망가니 鍾建(楚나라 大夫)은 季芈를 업고 뒤따라갔고, 유우도 서서히 깨어난 뒤에 왕을 따라 鄖으로 갔다. 鄖公 辛의 아우 懷가 초왕을 시해하려 하며 말하였다.

"平王이 우리 아버지를 죽였으니 우리가 그 아들을 죽이는 것이 당연하지 않습니까?"

辛이 말하였다.

"임금이 신하를 죽인 것이니 누가 감히 임금을 원수로 여기겠느냐? 임금의 명은 바로 하늘의 명이니, 만약 하늘의 명에 죽었다면 너는 장차 누구를 원수로 여기겠느냐? 《詩經》에 '부드러워도 삼키지 않고 강하여도 뱉지 않으며 홀아비와 과부를 업신여기지 않고 권력을 가진 자를 두려워하지 않는다.' 하였으니, 이는 오직 仁者만 할 수 있다. 强者를 피하고 弱者를 능멸하는 것은 勇이 아니고, 남의 곤궁한 처지를 이용하는 것은 仁이 아니며, 종족을 멸망시켜 제사가 끊기게 하는 것은 孝가 아니고, 행동에 아름다운 명성이 없는 것은 知가 아니니, 네가 만약 이 네 가지 악명을 무릅쓰고 〈초왕을 시해한다면〉 나는 장차 너를 죽일 것이다."

---

24 詩曰……不畏彊禦 : 詩는 《詩經》 〈大雅 蒸民〉이다. 仲山甫가 强者를 피하지도 弱者를 능멸하지도 않은 것을 말한 것이다.(杜注)

鬭辛이 그 아우 巢와 함께 초왕을 모시고 隨나라로 도망가니, 吳人이 뒤쫓아 와서 隨人에게 말하였다.

"周나라 子孫으로 漢川에 있는 제후들을 楚나라가 실로 다 멸망시켰으니, 하늘이 周나라를 도와 나에게 초나라를 징벌하게 하였는데, 隨君께서는 도리어 초왕을 숨겨주시니 주나라 왕실이 隨나라에 무슨 죄를 지었습니까? 수군께서 만약 주나라 왕실의 은혜를 보답하기를 고려하여, 그 은혜를 寡人에게까지 미치게 하여 하늘의 뜻을 이루도록 도우신다면 이는 임금님의 은혜이니, 漢水 북쪽의 토지를 임금님께서 실제로 소유하게 될 것입니다."

이때 楚子는 公宮의 북쪽에 있고, 吳人은 그 남쪽에 있었는데, 子期의 모습이 楚王과 비슷하였다. 자기는 초왕을 도피시키고 자기가 초왕으로 위장하여 말하였다.

"나를 吳軍에게 넘겨주면 왕은 반드시 화를 면할 것입니다."

隨人이 그를 오군에 넘겨주는 것이 어떤지에 대해 점을 치자 불길하였다. 이에 오인에게 사절하며 말하였다.

"우리 隨나라는 궁벽한 곳에 위치한 작은 나라로 楚나라 가까이에 있으니, 초나라가 실로 우리나라를 보존시켰습니다. 대대로 맹서하여 오늘에 이르기까지 변함없이 지켜왔는데, 만약 초나라에 禍難이 닥쳤다 하여 버린다면 어찌 임금님을 섬길 수 있겠습니까? 執事(吳君을 이름)의 근심은 초왕 한 사람만이 아니니 만약 초나라 경내를 안정시킨다면 감히 오나라의 명을 따르지 않겠습니까?"

吳人이 이에 물러갔다. 鑪金은 당초에 子期氏의 家臣이었다. 그러므로 실로 隨人과 약정했던 것이다. 초왕이 노금에게 사람을 보내 들어와서 알현하게 하자, 노금이 사양하며 말하였다.

"감히 임금님의 위난을 저의 이익으로 삼을 수 없습니다."

초왕은 子期의 가슴을 찔러 피를 받아 誠心을 보이면서 隨人과 맹약하였다.

字義 茹 : 먹을 여 矜 : 홀아비 환(=鰥) 必 : 만약 필 施 : 뻗을 이 鳩 : 안정될 구

初에 伍員與申包胥友러니 其亡也에 謂申包胥曰 我必復楚國하리라 申包胥曰 勉之하라 子能復之면 我必能興之호리라 及昭王在隨하야 申包胥如秦乞師曰 吳爲封豕長蛇하야 以荐食[25]上國할새 虐始於楚니라 寡君失守社稷하고 越在草莽하야 使下臣告急曰 夷德無厭하니 若鄰於君이면 疆埸之患也라 逮吳之未定하야 君其取分焉하라 若楚之遂亡이면 君之土也요 若以君靈撫之면 世以事君하리라 秦伯使辭焉曰 寡人聞命矣니 子姑就

25 荐食 : 蠶食과 같다.(《左氏會箋》)

館하라 將圖而告호리라 對曰 寡君越在草莽하야 未獲所伏이어늘 下臣何敢卽安이리오 立하야 依於庭牆而哭하야 日夜不絶聲하고 勺飮不入口七日한대 秦哀公爲之賦無衣[26]어늘 九頓首而坐하다 秦師乃出하다

당초에 伍員과 申包胥는 벗이었는데, 오운이 도망갈 때 신포서에게 말하였다.

"내 기필코 楚나라를 뒤엎을 것이다."

신포서가 말하였다.

"노력하게나. 자네가 초나라를 뒤엎는다면 나는 반드시 초나라를 부흥시킬 것이네."

楚 昭王이 隨나라로 도망가 있을 때에 미쳐 신포서가 秦나라로 가서 원병을 청하며 말하였다.

"吳나라는 큰 멧돼지나 큰 뱀과 같아서 中原의 나라들을 蠶食할 때 그 貪虐이 우리 초나라에 먼저 미쳤습니다. 우리 임금님께서는 社稷을 지키지 못하고 도망하여 초야에 계시면서 下臣을 보내 위급한 상황을 고하고 〈구원을 청하게 하며〉 말씀하시기를 '蠻夷의 탐욕은 끝이 없으니 만약 오나라가 임금님의 나라와 이웃이 된다면 秦나라 변경에 환란이 끊이지 않을 것입니다. 그러니 오나라가 초나라를 평정하기 전에 미쳐 임금님께서 초나라 땅을 분할해 점령하십시오. 만약 초나라가 마침내 멸망한다면 임금님의 땅이 될 것이고, 만약 임금님의 威靈으로 초나라를 慰撫하신다면 대대로 임금님을 섬길 것입니다.' 하셨습니다."

秦伯이 사람을 보내 사절하며 말하였다.

"寡人이 그대의 뜻을 알았으니 그대는 우선 客館으로 나아가 있으라. 장차 상의한 뒤에 알려주겠다."

신포서가 대답하였다.

"우리 임금님께서는 도망하여 초야에 계시면서 거처하실 곳을 얻지 못하고 계시는데, 하신이 어찌 감히 편안한 객관으로 갈 수 있겠습니까?"

그리고는 일어나 서서 궁정의 담에 기대 대성통곡하며 밤낮으로 곡성을 멈추지 않고 7일 동안 물 한 모금도 삼키지 않자, 秦 哀公이 그를 위해 〈無衣〉 시를 읊으니, 신포서는 아홉 번 머리를 조아리고 앉았다. 秦軍이 마침내 출동하였다.

字義 復 : 뒤집을 복 封 : 클 봉 伏 : 처할 복

26 賦無衣 : 〈無衣〉는 《詩經》 〈秦風〉의 편명이다. 그 詩의 첫 章에 "왕이 군사를 일으키시면 우리의 무기를 수리하여 그대와 함께 적을 치리라." 하고, 둘째 章에 "왕이 군사를 일으키시면 우리의 무기를 수리하여 그대와 함께 動作하리라." 하고, 셋째 章에 "왕이 군사를 일으키시면 우리의 무기를 수리하여 그대와 함께 가리라."고 한 것을 취한 것이다.(杜注)

〈5년, 丙申(B.C. 505)〉

【經】五年이라 春王三月辛亥朔에 日有食之하다

5년이다. 봄 周王 3월 초하루 辛亥日에 日食하였다.

【傳】五年이라 春에 王人이 殺子朝于楚하다

5년이다. 봄에 王人(周나라 王室의 官員)이 楚나라에서 子朝를 죽였다.

【經】夏에 歸(궤)粟于蔡하다

여름에 蔡나라에 양곡을 보내주었다.

【傳】夏에 歸粟于蔡하야 以周亟하니 矜無資라

여름에 蔡나라에 양곡을 보내 위급을 구제하였으니, 양식이 없는 것을 가엾게 여겨서이다.

字義 歸 : 보낼 궤　周 : 구제할 주　亟 : 위급할 극

【經】於[27]越入吳하다

越人이 吳나라로 쳐들어갔다.

【傳】越入吳하니 吳在楚也라

越軍이 吳나라로 쳐들어갔으니, 이는 吳軍이 楚나라에 들어가 있는 기회를 이용한 것이다.

【經】六月丙申에 季孫意如卒하다

6월 丙申日에 季孫意如가 졸하였다.

【傳】六月에 季平子行東野하고 還未至하야 丙申에 卒于房하다 陽虎將以璵璠斂한대 仲

27　於 : 발어사이다.(杜注)

梁懷弗與曰 改步改玉[28]이니라 陽虎欲逐之하야 告公山不狃한대 不狃曰 彼爲君也니 子何怨焉이리오 旣葬에 桓子行東野하야 及費하니 子洩爲費宰라 逆勞於郊하니 桓子敬之하다 勞仲梁懷하니 仲梁懷弗敬하다 子洩怒하야 謂陽虎호대 子行之乎인저

6월에 季平子가 東野를 순행하고 돌아오다가 國都에 미치지 못하여 丙申日에 房(地名)에서 졸하였다. 陽虎가 璵璠(寶玉)을 관에 넣으려 하자, 仲梁懷가 동이하지 않으며 말하였다.

"걸음걸이를 바꾸었으면 玉도 바꾸어야 한다."

양호가 그를 축출하려고 하여 公山不狃에게 고하자, 不狃가 말하였다.

"저 사람이 主君(季平子를 이름)을 위해 그러는 것이니 그대가 원망할 게 뭐 있습니까?"

장사를 마친 뒤에 桓子가 동야를 순행하여 費邑에 이르니, 子洩(不狃)이 費의 邑宰라서 교외까지 나와 맞이해 위로하니, 환자는 그에게 경의를 표하였다. 중량회를 위로하니 중량회는 경의를 표하지 않았다. 자설은 노하여 양호에게 말하였다.

"그대는 중량회를 축출해야 될 것이오."

字義 璵 : 아름다운 옥 여 璠 : 아름다운 옥 번

【經】秋七月壬子에 叔孫不敢卒하다

가을 7월 壬子日에 叔孫不敢이 졸하였다.

【傳】申包胥以秦師至하다 秦子蒲子虎 帥(솔)車五百乘以救楚하다 子蒲曰 吾未知吳道라하고 使楚人先與吳人戰하고 而自稷會之하야 大敗夫槩王于沂하다 吳人獲薳射(위석)於柏擧하니 其子帥(솔)奔徒하야 以從子西하야 敗吳師於軍祥하다

申包胥가 秦軍을 거느리고 왔다. 秦나라 子蒲와 子虎가 兵車 5百 乘을 거느리고 楚나라를 구원하기 위해 왔다. 자포가 말하였다.

"우리는 吳軍의 전술을 알지 못한다."

그리고는 楚人에게 먼저 吳人과 전투하게 하고 稷에서 楚軍과 회합하여 沂에서 夫槩王의 군대를 대패시켰다. 오인이 柏擧에서 薳射을 사로잡으니, 그 아들이 분산하는 군대를 거느리고 子西의 군대로 가서 軍祥에서 오군을 패배시켰다.

28 改步改玉 : 步幅을 바꾸었으니 佩玉도 바꾸어야 한다는 말로, 임금의 일을 代行하는 자리에서 물러나 신하의 지위로 돌아왔으니 임금의 패옥을 사용해서는 안 된다는 뜻이다.

秋七月에 子期子蒲滅唐하다 九月에 夫槩王歸하야 自立也하야 以與王戰而敗하고 奔楚하야 爲堂谿氏하다 吳師敗楚師于雍澨러니 秦師又敗吳師하다 吳師居麇하니 子期將焚之어늘 子西曰 父兄親暴骨焉이어늘 不能收하고 又焚之면 不可하다 子期曰 國亡矣라 死者若有知也면 可以歆舊祀하리니 豈憚焚之리오 焚之而又戰하니 吳師敗하다 又戰于公壻之谿하야 吳師大敗하니라 吳子乃歸하다 囚闉輿罷(피)러니 闉輿罷請先하야 遂逃歸하다 葉(섭)公諸(저)梁之弟后臧이 從其母於吳러니 不待而歸하니 葉公終不正視하다

가을 7월에 子期와 子蒲가 唐나라를 격멸하였다. 9월에 夫槩王이 吳나라로 돌아가서 스스로 임금이 되어, 吳王 闔廬와 전쟁하다가 패배하고 楚나라로 달아나 堂谿氏가 되었다. 吳軍이 雍澨에서 楚軍을 패배시켰는데, 秦軍이 다시 오군을 패배시켰다. 오군이 麇에 주둔하니, 자기가 麇을 불태우려 하기에 子西가 말하였다.

"그곳에 부형과 친척의 시체가 널려 있는데, 수습하지 않고 도리어 불을 놓는다면 안 될 일이오."

자기가 말하였다.

"나라가 망하게 되었습니다. 죽은 이들이 만약 앎이 있다면 제사를 받을 수 있다는 것을 알 것이니 어찌 불태워지는 것을 꺼리겠습니까?"

그리고는 불을 지르고 또 공격하니 오군이 패배하였다. 또 公壻의 谿谷에서 전투하여 오군이 대패하니, 吳子는 이에 吳나라로 돌아갔다. 楚나라 大夫 闉輿罷를 포로로 잡았는데, 인여피가 먼저 오나라로 가기를 청하여 드디어 도망해 초나라로 돌아갔다. 葉公 諸梁의 아우 后臧이 그 어머니와 함께 吳나라로 잡혀가 있었는데, 기다리지 않고 도망쳐 돌아오니, 섭공은 종신토록 그 아우를 바른 눈으로 보지 않았다.

楚子入于郢하다 初鬪辛聞吳人之爭宮也하고 曰 吾聞之호니 不讓則不和하고 不和면 不可以遠征이라하야늘 吳爭於楚하니 必有亂이요 有亂則必歸니 焉能定이리오

楚子가 郢都로 들어갔다. 당초에 鬪辛이 吳人들이 궁실을 다툰다는 말을 듣고 말하였다.

"내 듣건대 '겸양하지 않으면 화목하지 못하고 화목하지 못하면 멀리 정벌할 수 없다.' 하였는데 吳人이 楚나라에 와서 서로 다투니, 반드시 화란이 생길 것이요, 화란이 생기면 반드시 돌아갈 것이니, 어찌 평정할 수 있겠는가?"

楚王之奔隨也에 將涉於成臼러니 藍尹亹涉其帑하고 不與王舟하다 及寧에 王欲殺之어늘 子西曰 子常唯思舊怨以敗어늘 君何效焉이리오 王曰 善타하고 使復其所하야 吾以志前惡호리라 王賞鬪辛王孫由于王孫圉鍾建鬪巢申包胥王孫賈宋木鬪懷하니 子西曰 請舍

懷也하소서 王曰 大德滅小怨이 道也라 申包胥曰 吾爲君也요 非爲身也라 君旣定矣니 又何求리오 且吾尤子旗하니 其又爲諸(저)아하고 遂逃賞하다 王將嫁季芈한대 季芈辭曰 所以爲女子는 遠丈夫也니 鍾建負我矣라 以妻鍾建하야 以爲樂尹하다

楚王이 隨나라로 도망갈 때 成臼를 건너려 하였는데, 이때 藍尹 亹(楚나라 大夫)가 자기의 처자를 건너게 하려고 왕에게 배를 주지 않았다. 楚나라가 안정된 뒤에 미쳐 왕이 亹를 죽이려 하자, 子西가 말하였다.

"子常은 오직 옛 원한만 생각하였기 때문에 실패한 것인데, 임금님께서는 어찌 그를 본받으려 하십니까?"

왕은 "좋은 말이다." 하고 亹를 원래의 직위로 회복시키면서 말하였다.

"나는 이로써 지난날의 잘못을 기억하겠노라."

王이 鬪辛, 王孫由于, 王孫圉, 鍾建, 鬪巢, 申包胥, 王孫賈, 宋木, 鬪懷에게 상을 주려 하니, 자서가 말하였다.

"투회는 제외시키소서."

왕이 말하였다.

"큰 은덕만 생각하고 작은 원한은 덮어두는 것이 바른 도의이다."

신포서가 말하였다.

"제가 援兵을 청한 것은 임금님을 위해서이지 저 자신을 위해서가 아닙니다. 임금님께서 이미 안정을 찾으셨으니, 다시 무엇을 바라겠습니까? 더구나 저는 子旗를 나무랐으니, 어찌 또 그런 짓을 할 수 있겠습니까?"

드디어 상을 피해 도망하였다. 王이 季芈를 시집보내려 하자, 계미가 거절하며 말하였다.

"여자는 남자를 멀리해야 하는데, 鍾建이 나를 업은 일이 있습니다."

그러자 계미를 종건의 아내로 주고 그를 樂尹으로 삼았다.

字義 帑 : 처자 노 志 : 기억할 지 惡 : 허물 악

王之在隨也에 子西爲王輿服以保路하고 國于脾洩이라가 聞王所在하고 而後從王하다 王使由于城麇이러니 復命이어늘 子西問高厚焉하니 弗知러라 子西曰 不能이면 如辭라 城不知高厚하니 小大何知리오 對曰 固辭不能이로대 子使余也니라 人各有能有不能하니 王遇盜於雲中에 余受其戈하니 其所猶在라하고 袒而示之背曰 此余所能也어니와 脾洩之事는 余亦弗能也로라

楚 昭王이 隨나라에 있을 때, 子西는 왕의 수레와 복장을 만들고 脾洩(楚나라 邑)에 나라를

세워 도로에 떠도는 軍民을 보호하다가 소왕이 있는 곳을 듣고는 소왕을 찾아갔다. 소왕이 由于를 보내 麇에 성을 쌓게 하였는데, 復命하자 자서가 성의 높이와 두께를 물으니 알지 못하였다. 자서가 말하였다.

"능력이 없으면 당연히 사양했어야 합니다. 성의 높이와 두께도 모르니 크고 작음을 어찌 알겠습니까?"

유우가 대답하였다.

"능력이 없다고 굳이 사양하는데도 당신이 나를 보냈습니다. 사람에게는 각각 할 수 있는 일과 할 수 없는 일이 있습니다. 왕께서 雲中에서 도적을 만났을 때 내가 도적의 창을 받았으니, 그때 입은 상처가 아직까지 남아 있습니다."

그리고는 웃통을 벗어 그 등을 보여주며 말하였다.

"이런 일은 내가 능히 할 수 있는 바이지만 脾洩의 일은 내가 능히 할 수 있는 바가 아닙니다."

【經】 冬이라

겨울이다.

【傳】 乙亥에 陽虎囚季桓子及公父(보)文伯하고 而逐仲梁懷하다 冬十月丁亥에 殺公何藐(묘)하고 己丑에 盟桓子于稷門之內하고 庚寅에 大詛하다 逐公父歜(촉)及秦遄하니 皆奔齊하다

乙亥日에 陽虎가 季桓子 및 公父文伯을 잡아 가두고, 仲梁懷를 축출하였다. 겨울 10월 丁亥日에 公何藐를 죽이고, 己丑日에 桓子와 稷門(魯나라 남쪽 성문) 안에서 맹약하고, 庚寅日에 많은 사람과 저주하였다. 公父歜 및 秦遄을 축출하니, 이들은 모두 齊나라로 도망갔다.

【經】 晉士鞅이 帥(솔)師圍鮮虞하다

晉나라 士鞅이 군대를 거느리고 가서 鮮虞를 포위하였다.

【傳】 晉士鞅이 圍鮮虞하니 報觀虎之役[29]也라

晉나라 士鞅이 鮮虞를 포위하였으니, 이는 觀虎의 일을 보복하기 위함이었다.

---

29 觀虎之役 : 定公 3년에 鮮虞가 晉나라 觀虎를 포로로 잡은 일이다.

〈6년, 丁酉(B.C. 504)〉

【經】 六年이라 春王正月癸亥에 鄭游速이 帥(솔)師滅許하고 以許男斯歸하다

6년이다. 봄 周王 正月 癸亥日에 鄭나라 游速이 군대를 거느리고 가서 許나라를 격멸하고 許男 斯를 잡아 가지고 돌아갔다.

【傳】 六年이라 春에 鄭滅許하니 因楚敗也라

6년이다. 봄에 鄭나라가 許나라를 격멸하였으니, 楚나라가 패전한 기회를 이용한 것이다.

【經】 二月에 公侵鄭하다 公至自侵鄭하다

2월에 定公이 鄭나라를 침공하였다. 정공이 정나라 침공에서 돌아왔다.

【傳】 周儋(담)翩率王子朝之徒하고 因鄭人將以作亂于周하니 鄭於是乎伐馮滑胥靡負黍狐人闕外하다 二月에 公侵鄭하야 取匡하니 爲晉討鄭之伐胥靡也[30]라 往不假道於衛하고 及還에 陽虎使季孟自南門入하야 出自東門하야 舍於豚澤하니 衛侯怒하야 使彌子瑕追之하니 公叔文子老矣러니 輦而如公曰 尤人而效之면 非禮也라 昭公之難에 君將以文之舒鼎과 成之昭兆와 定之鞶鑑으로 苟可以納之면 擇用一焉호리라 公子與二三臣之子를 諸侯苟憂之면 將以爲之質호리라 此群臣之所聞也어늘 今將以小忿으로 蒙舊德하시니 無乃不可乎아 大(태)姒之子에 唯周公康叔爲相睦也러니 而效小人하야 以棄之면 不亦誣乎아 天將多陽虎之罪하야 以斃之니 君姑待之하소서 若何오 乃止하다

周나라 儋翩이 王子 朝의 무리를 거느리고 鄭人에게 의지하여 주나라에서 반란을 일으키려 하니, 鄭나라는 이에 馮 · 滑 · 胥靡 · 負黍 · 狐人 · 闕外를 토벌하였다.

2월에 定公이 정나라를 침공하여 匡을 취하였으니, 이는 晉나라를 위하여 정나라가 胥靡

30 二月……爲晉討鄭之伐胥靡也 : 胥靡는 周나라 땅이다. 주나라 儋翩(子朝의 黨)이 鄭人에 의지하여 亂을 일으키려 하니, 鄭나라는 그를 위해 서미를 토벌하였다. 그러므로 晉나라가 魯나라로 하여금 정나라를 토벌하게 한 것이다. 匡은 정나라 땅이다. 광을 취한 것을 經에 기록하지 않은 것은 광을 진나라에 주었기 때문이다.(杜注)

(周나라 땅)를 친 것을 징벌한 것이다. 갈 때에 衛나라에 길을 빌리지 않았고, 돌아올 때는 陽虎가 季氏(桓子)와 孟氏(懿子)에게 위나라 남문으로 들어가서 동문으로 나와 豚澤에 머물게 하니, 衛侯가 노하여 彌子瑕를 보내 魯軍을 추격하게 하였다. 이때 公叔文子는 연로하여 관직에서 물러나 있었는데. 수레를 타고 靈公에게 가서 말하였다.

"남의 잘못을 꾸짖으면서 그 잘못을 본받는 것은 禮가 아닙니다. 魯 昭公이 화난을 당하였을 때 임금님께서는 文公의 舒鼎과 成公의 昭兆(衛 成公이 얻은 寶龜의 이름)와 定公의 鞶鑑(가죽띠에 거울을 장식한 것)을 걸고 '누구라도 魯君을 다시 魯나라로 들여보낸다면 이 세 가지 보물 중에 하나를 골라 가지게 하겠다. 제후 중에 노군을 위해 근심하는 자가 있다면 나는 장차 公子와 몇몇 신하의 아들들을 인질로 보내겠다.' 하셨습니다. 이 말씀은 뭇 신하가 들은 바인데, 이제 작은 분노로 지난날의 큰 은덕을 덮으려 하시니 불가하지 않습니까? 太姒(周 文王의 妃)의 아드님 중에 周公과 康叔만 서로 화목하셨는데, 소인의 행위를 본받아 노나라를 버리신다면 양호에게 속임을 당하는 것이 아닙니까? 하늘이 양호의 죄를 많게 하여 그를 죽이려는 것이니 임금님께서는 우선 기다리십시오. 어떻겠습니까?"

영공은 이에 出兵을 중지하였다.

字義 鞶 : 큰 가죽 띠 반 蒙 : 덮을 몽

【經】夏에 季孫斯仲孫何忌如晉하다

여름에 季孫斯와 仲孫何忌가 晉나라에 갔다.

【傳】夏에 季桓子如晉하니 獻鄭俘也라 陽虎强使孟懿子往報夫人之幣하다 晉人兼享之할새 孟孫立于房外하야 謂范獻子曰 陽虎若不能居魯면 而息肩於晉하리니 所不以爲中軍司馬者인댄 有如先君이라 獻子曰 寡君有官은 將使其人이니 鞅何知焉이리오 獻子謂簡子曰 魯人患陽虎矣라 孟孫知其釁하고 以爲必適晉이라 故强爲之請하야 以取入焉이라

여름에 季桓子가 晉나라에 갔으니, 鄭나라를 토벌할 때 잡은 俘虜를 바치기 위해서였다. 陽虎가 강제로 孟懿子를 보내 夫人(晉 定公의 夫人)에게 보답의 폐백을 올리게 하였다. 晉人이 연회를 열어 계환자와 맹의자를 함께 접대할 때 맹의자가 변소 밖[房外]에 서서 范獻子에게 말하였다.

"양호가 만약 魯나라에 있을 수 없게 되면 晉나라로 와서 안식을 취할 것이니, 그때 만약 그를 中軍司馬로 삼지 않는다면 先君이 벌을 내릴 것입니다."

헌자가 말하였다.

"우리 임금께서 관직을 설치하신 것은 합당한 사람을 선택하기 위함이니, 내가 어찌 간여할 수 있겠습니까?"

헌자가 간자에게 말하였다.

"魯人은 양호를 우환으로 여깁니다. 孟孫은 그 조짐을 알고 반드시 晉나라로 올 것으로 여긴 것입니다. 그러므로 그를 위해 강력히 요청하여 그가 晉나라로 들어와서 녹봉과 직위를 취할 수 있도록 한 것입니다."

字義 知 : 간여할 지 釁 : 조짐 흔

四月己丑에 吳大(태)子終纍敗楚舟師하고 獲潘子臣小惟子及大夫七人하니 楚國大惕하야 懼亡하다 子期又以陵師敗于繁揚하니 令尹子西喜曰 乃今可爲矣로다 於是乎遷郢於鄀하야 而改紀其政하야 以定楚國하다

4월 己丑日에 吳나라 太子 終纍가 楚나라 水軍을 패배시키고 潘子臣과 小惟子 및 大夫 일곱 사람을 포로로 잡아 가니, 초나라는 크게 놀라 나라가 망할까 두려워하였다. 子期가 또 陸軍을 거느리고 나가 싸우다가 繁揚에서 패배하니, 令尹 子西가 기뻐하며 말하였다.

"이제야 나라를 다스릴 수 있게 되었다."

이에 郢에서 鄀으로 천도하여 정치를 개혁해서 초나라를 안정시켰다.

字義 爲 : 다스릴 위

六月에 晉閻沒戍周하고 且城胥靡하다

6월에 晉나라 閻沒이 周나라를 수위하고, 또 胥靡에 성을 쌓았다.

【經】秋에 晉人이 執宋行人樂祁犂하다

가을에 晉人이 宋나라 行人 樂祁犂를 잡았다.

【傳】秋八月에 宋樂祁言於景公曰 諸侯唯我事晉하니 今使不往이면 晉其憾矣리라 樂祁告其宰陳寅하니 陳寅曰 必使子往하리라 他日에 公謂樂祁曰 唯寡人說(열)子之言하니 子必往하라 陳寅曰 子立後而行이면 吾室亦不亡이요 唯君亦以我爲知難而行也리라 見(현)溷而行하다 趙簡子逆하야 而飮(임)之酒於綿上하니 獻楊楯六十於簡子한대 陳寅曰 昔吾

主范氏러니 今子主趙氏하고 又有納焉하니 以楊楯賈禍라 弗可爲也已라 然子死晉國이면 子孫必得志於宋하리라 范獻子言於晉侯曰 以君命越疆而使하야 未致使而私飮酒하니 不敬二君이라 不可不討也라 乃執樂祁하다

가을 8월에 宋나라 樂祁가 宋 景公에게 말하였다.

"제후 중에 오직 우리나라만 晉나라를 섬기고 있으니, 지금 使者를 보내지 않는다면 진나라는 아마도 원한을 품을 것입니다."

악기가 이 말을 그 家臣 陳寅에게 고하니, 진인이 말하였다.

"임금님께서는 반드시 당신을 사자로 보내실 것입니다."

며칠 뒤에 경공이 악기에게 말하였다.

"오직 寡人만 그대의 말을 좋게 여겼으니, 그대가 꼭 사자로 가도록 하라."

진인이 악기에게 말하였다.

"아드님을 후계자로 세운 뒤에 사자로 가시면 우리 집안도 망하지 않고, 임금님께서도 우리가 화란이 있을 줄을 알면서도 가는 것을 훌륭하게 여길 것입니다."

악기는 溷(樂祁의 아들)을 송 경공에게 알현시키고 떠났다. 趙簡子가 악기를 맞이하여 綿上에서 술을 접대하니, 악기는 조간자에게 楊木으로 만든 방패 60개를 헌상하였다. 진인이 말하였다.

"전에는 우리가 范氏를 주인으로 삼았는데, 지금 당신은 趙氏를 주인으로 삼고 또 물건까지 바쳤으니, 양목 방패로 禍를 산 것이라서 다시 구제할 방법이 없습니다. 그러나 당신께서 晉나라에서 죽으면 자손이 반드시 송나라에서 뜻을 얻게 될 것입니다."

范獻子가 晉侯에게 말하였다.

"임금의 명을 받들고 국경을 넘어 사자로 와서 使命도 전하기 전에 사사로이 술을 마셨으니, 두 나라의 임금을 존경하지 않은 것입니다. 징벌하지 않을 수 없습니다."

그리고는 악기를 체포하였다.

字義 賈 : 살 고(=買)

【經】 冬에 城中城하다

겨울에 中城에 성을 쌓았다.

【傳】 陽虎又盟公及三桓於周社하고 盟國人于亳社하고 詛于五父(보)之衢하다

陽虎가 또 定公 및 三桓과 周社에서 맹약하고 國人과 亳社에서 맹약하고, 五父의 거리에서 저주하였다.

【經】 季孫斯仲孫忌帥(솔)師圍鄆하다

季孫斯와 仲孫忌가 군사를 거느리고 가서 鄆을 포위하였다.

【傳】 冬十二月에 天王處于姑蕕하니 辟(피)儋翩之亂也라

겨울 12월에 天王이 姑蕕에 거주하였으니, 儋翩의 반란을 피해 나간 것이다.

〈7년, 戊戌(B.C. 503)〉

【經】 七年이라 春王正月이라

7년이다. 봄 周王 正月이다.

【傳】 七年이라 春二月에 周儋翩이 入于儀栗以叛하다

7년이다. 봄 2월에 周나라 儋翩이 儀栗로 들어가서 반란을 일으켰다.

【經】 夏四月이라

여름 4월이다.

【傳】 夏四月에 單(선)武公劉桓公이 敗尹氏于窮谷하다

여름 4월에 單武公과 劉桓公이 尹氏를 窮谷에서 패배시켰다.

齊人이 歸鄆陽關이어늘 陽虎居之以爲政[31]하다

齊人이 鄆과 陽關을 魯나라에 돌려주었는데, 陽虎가 그곳에 거주하며 국정을 펼쳤다.

---

31 齊人……陽虎居之以爲政 : 鄆과 陽關은 모두 魯나라 邑이다. 중간에 魯나라를 배반하고 齊나라에 속했었는데, 제나라가 이제 노나라에 돌려준 것이다. 이를 經에 기록하지 않은 것은 陽虎가 그 邑을 독점하였기 때문이다.(杜注)

【經】秋에 齊侯鄭伯이 盟于鹹하다 齊人이 執衛行人北宮結하고 以侵衛하다 齊侯衛侯盟于沙하다

가을에 齊侯와 鄭伯이 鹹에서 회맹하였다. 齊人이 衛나라 行人 北宮結을 체포하고 위나라를 침공하였다. 齊侯와 衛侯가 沙에서 결맹하였다.

【傳】秋에 齊侯鄭伯盟于鹹하고 徵會于衛하니 衛侯欲叛晉하다 諸大夫不可라하니 使北宮結如齊하야 而私於齊侯曰 執結以侵我하라 齊侯從之하니 乃盟于瑣하다

가을에 齊侯와 鄭伯이 鹹에서 결맹하고 衛나라에 사람을 보내 회맹에 오라고 부르니, 衛侯가 晉나라를 배반하고자 하였다. 대부들이 불가하다고 하니, 위후는 北宮結을 齊나라로 보내 은밀히 제후에게 말하였다.

"북궁결을 체포하고 우리나라를 침공하십시오."

제후가 그 말을 따르니, 위후는 이에 제후와 瑣(沙)에서 결맹하였다.

【經】大雩하다

祈雨祭를 지냈다.

【經】齊國夏帥(솔)師伐我西鄙하다

齊나라 國夏가 군대를 거느리고 와서 우리나라 서쪽 변방을 침공하였다.

【傳】齊國夏伐我[32]하니 陽虎御季桓子하고 公斂處父(보)御孟懿子하야 將宵軍齊師하다 齊師聞之하고 墮伏而待之하다 處父曰 虎不圖禍하니 而必死하리라 苫夷曰 虎陷二子於難이면 不待有司하고 余必殺女호리라 虎懼하야 乃還하니 不敗하다

齊나라 國夏가 우리나라를 침공하니, 陽虎는 季桓子의 戰車를 몰고 公斂處父는 孟懿子의 전거를 몰아 밤에 齊軍을 공격하기로 하였다. 제군은 이 정보를 듣고 방비를 철거하고 매복하여 魯軍을 기다렸다. 處父가 말하였다.

"양호가 禍難을 생각지 않고 진격하였으니, 너는 반드시 죽을 것이다."

---

32 齊國夏伐我 : 鄭나라와 衛나라는 이미 齊나라에 복종하였으나, 魯나라는 여전히 晉나라를 배반하지 않았다. 봄에 제나라가 鄆과 陽關을 노나라에 돌려주어 懷柔하였으나, 노나라는 제나라에 복종하지 않았다. 그러므로 이번에 노나라를 侵攻한 것이다.(《左氏會箋》)

苫夷(季氏의 家臣)가 말하였다.
"양호가 두 분을 화난에 빠뜨린다면 有司를 기다리지 않고 내가 반드시 너를 죽이겠다."
그러자 양호는 두려워서 곧 환군하니, 그러므로 패전하지 않았다.

【經】九月에 大雩하다

9월에 祈雨祭를 지냈다.

【經】冬十月이라

겨울 10월이다.

【傳】冬十一月戊午에 單(선)子劉子逆王于慶氏하니 晉籍秦送王하다 己巳에 王入于王城하야 館于公族黨氏라가 而後朝于莊宮하다

겨울 11월 戊午日에 單子와 劉子가 慶氏의 집으로 가서 왕을 맞이하니 晉나라 籍秦이 왕을 호송하였다. 己巳日에 왕이 王城으로 들어가서 公族黨氏의 집에 머물렀다가 뒤에 莊王의 廟에 朝拜하였다.

〈8년, 己亥(B.C. 502)〉

【經】八年이라 春王正月에 公侵齊하다

8년이다. 봄 周王 正月에 定公이 齊나라를 침공하였다.

【傳】八年이라 春王正月에 公侵齊하야 門于陽州할새 士皆坐列曰 顔高之弓六鈞이라하고 皆取而傳觀之하다 陽州人出하니 顔高奪人弱弓하다 籍丘子鉏擊之한대 與一人俱斃라가 偃[33]하야 且射子鉏하야 中頰하니 殪하다 顔息射人中眉하고 退曰 我無勇이라 吾志其目也[34]니라 師

---

33 偃 : 仆는 앞으로 엎어짐이고, 偃은 뒤로 누움이니, 顔高가 앞으로 엎어졌다가 몸을 돌려 뒤로 누워서 위를 향해 활을 쏜 것이다.(《左氏會箋》)

34 我無勇 吾志其目也 : 나의 뜻은 눈을 쏘아 맞히는 데 있었으나, 전쟁에 임하여 겁이 나서 잘못

退에 冉猛僞傷足而先하니 其兄會乃呼曰 猛也殿이라하다

8년이다. 봄 周王 正月에 定公이 齊나라에 침입하여 陽州의 성문을 공격할 때 사졸들이 모두 벌려 앉아서 말하였다.

"顔高의 활은 시위를 당기려면 180근의 무게를 드는 힘이 있어야 한다지."

그러면서 모두 그 활을 가져다가 돌려가며 구경하였다. 陽州人이 출격하니, 안고는 다른 사람의 弱弓을 빼앗아 쏘려 하였다. 齊人 籍丘子鉏가 안고를 공격하자 안고는 다른 한 사람과 함께 앞으로 엎어졌다가 몸을 돌려 뒤로 누워서 자서를 향해 활을 쏘아 그 얼굴을 맞히니 자서가 죽었다. 顔息은 양주인을 쏘아 그 눈썹을 맞히고 물러나며 말하였다.

"나는 용기가 없다. 나는 그 눈을 쏘려고 마음 먹었었다."

魯軍이 퇴각할 때 冉猛이 거짓으로 발을 다친 체하고 먼저 돌아가려 하니, 그 형 會가 큰 소리로 "猛은 후미에 있다." 하였다.

字義 門 : 성문 공격할 문　鈞 : 30근 균　殿 : 후미 전

【經】 公至自侵齊하다

定公이 齊나라 침공에서 돌아왔다.

【經】 二月에 公侵齊하다

2월에 定公이 齊나라를 침공하였다.

【傳】 公侵齊하야 攻廩丘之郛하니 主人焚衝이어늘 或濡馬褐以救之하고 遂毁之하다 主人出하니 師奔이러니 陽虎僞不見冉猛者하고 曰 猛在此면 必敗하리라 猛逐之라가 顧而無繼어늘 僞顚하다 虎曰 盡客氣也로다 苫越生子하니 將待事而名之러니 陽州之役에 獲焉하고 名之曰 陽州라하다

定公이 齊나라에 침입하여 廩丘의 외곽을 공격하니, 늠구의 守將이 魯軍의 戰車에 불을 질렀는데, 노군의 어떤 자가 말덕석을 물에 적셔 불을 끄고 드디어 외곽을 공격하여 무너뜨렸다. 수장이 군사를 거느리고 나오니 노군이 달아났다. 그러자 陽虎는 冉猛을 못 본 체하고 말하였다.

쏘아 그 눈썹을 맞혔다고 겸양하는 체하며 자신의 재능을 자랑한 것이다.(《左氏會箋》)

"염맹이 이곳에 있다면 반드시 패전할 것이다."

염맹이 廩丘人을 추격하다가 뒤를 돌아보니 후속 부대가 보이지 않자, 일부러 수레에서 떨어져서 땅에 엎어졌다. 그러자 양호가 "모두 客氣이다." 하였다.

苫越(苫夷)이 아들을 낳아 事功을 세우기를 기다려 이름을 지으려 하였는데, 陽州의 전쟁에서 俘獲하는 전공을 세우고 아들의 이름을 '陽州'라 하였다.

字義 郛 : 外城 부 衝 : 戰車 충

二月己丑에 單(선)子伐穀城하고 劉子伐儀栗하고 辛卯에 單子伐簡城하고 劉子伐盂하야 以定王室하다

2월 己丑日에 單子가 穀城을 토벌하고, 劉子가 儀栗을 토벌하고, 辛卯日에 선자가 簡城을 토벌하고 유자가 盂을 토벌하여 왕실을 안정시켰다.

趙鞅言於晉侯曰 諸侯唯宋事晉하니 好逆其使라도 猶懼不至온 今又執之하니 是絶諸侯也니이다 將歸樂祁한대 士鞅曰 三年止之라가 無故而歸之면 宋必叛晉하리라 獻子私謂子梁曰 寡君懼不得事宋君이라 是以止子니 子姑使溷代子하라 子梁以告陳寅한대 陳寅曰 宋將叛晉하리니 是棄溷也라 不如待之니라 樂祁歸라가 卒于大行(태항)하다 士鞅曰 宋必叛하리니 不如止其尸하야 以求成焉이라하고 乃止諸(저)州하다

趙鞅이 晉侯에게 말하였다.

"제후 중에 오직 宋나라만 우리 晉나라를 섬기니, 그 使者를 환영하더라도 오히려 다시 오지 않을까 두려운데, 이제 도리어 그 사자를 체포하였으니, 이는 제후와 관계를 단절하는 것입니다."

그리고는 樂祁를 돌려보내려 하자, 士鞅이 말하였다.

"3년 동안 억류하였다가 까닭 없이 돌려보낸다면 송나라는 반드시 우리 진나라를 배반할 것입니다."

獻子가 은밀히 子梁(樂祁)에게 말하였다.

"우리 임금께서는 宋君을 섬길 수 없게 될까 두려워하십니다. 그러므로 그대를 억류한 것이니, 그대는 우선 그대의 아들 溷으로 하여금 그대를 대신하게 하십시오."

자량이 이 말을 陳寅에게 고하자, 진인이 말하였다.

"송나라는 장차 진나라를 배반할 것이니, 이는 溷을 버리는 것입니다. 기다리는 것만 못합니다."

악기가 돌아가다가 太行에서 졸하였다. 사앙이 말하였다.

"송나라는 반드시 배반할 것이니, 그 屍身을 억류하여 화친을 구하는 것만 못합니다."
그리고는 그 시신을 州에 억류하였다.

【經】三月에 公至自侵齊하다

3월에 定公이 齊나라 침공에서 돌아왔다.

【經】曹伯露卒하다

曹伯 露(曹 靖公)가 졸하였다.

【經】夏에 齊國夏帥(솔)師伐我西鄙하다

여름에 齊나라 國夏가 군대를 거느리고 와서 우리나라 서쪽 변방을 침공하였다.

【經】公會晉師于瓦하다

定公이 瓦에서 晉軍과 회합하였다.

【傳】夏에 齊國夏高張이 伐我西鄙하고 晉士鞅趙鞅荀寅救我하다 公會晉師于瓦할새 范獻子執羔하고 趙簡子中行(항)文子皆執雁하니 魯於是始尙羔러라

여름에 齊나라 國夏와 高張이 우리나라 서쪽 변방을 침공하였고, 晉나라 士鞅 · 趙鞅 · 荀寅이 우리를 구원하였다.

定公이 瓦에서 晉軍과 회견할 때 范獻子는 염소를 가지고 와서 예물로 바치고, 趙簡子와 中行文子는 모두 기러기를 가지고 와서 예물로 바치니, 魯나라는 이때부터 비로소 염소를 귀중하게 여기기 시작하였다.

【經】公至自瓦하다

定公이 瓦에서 돌아왔다.

【經】 秋七月戊辰에 陳侯柳卒하다

가을 7월 戊辰日에 陳侯 柳(陳 懷公)가 졸하였다.

【經】 晉士鞅帥(솔)師侵鄭하고 遂侵衛하다

晉나라 士鞅이 군사를 거느리고 가서 鄭나라를 침공하고 드디어 衛나라를 침공하였다.

【傳】 晉師將盟衛侯于鄟澤할새 趙簡子曰 群臣誰敢盟衛君者오 涉佗成何曰 我能盟之로라 衛人請執牛耳한대 成何曰 衛는 吾溫原也니 焉得視諸侯리오 將歃에 涉佗捘衛侯之手하야 及捥하니 衛侯怒하다 王孫賈(가)趨進曰 盟以信禮也니 有如衛君이면 其敢不唯禮是事而受此盟也리오 衛侯欲叛晉호대 而患諸大夫하니 王孫賈使次于郊하다 大夫問故한대 公以晉詬語之하고 且曰 寡人辱社稷하니 其改卜嗣하라 寡人從焉하리라 大夫曰 是衛之禍니 豈君之過也리오 公曰 又有患焉하니 謂寡人호대 必以而子與大夫之子爲質하라하니라 大夫曰 苟有益也면 公子則往이니 群臣之子敢不皆負羈絏以從가 將行에 王孫賈曰 苟衛國有難이면 工商未嘗不爲患하리니 使皆行而後可라 公以告大夫한대 乃皆將行之하야 行有日이러니 公朝國人하고 使賈問焉曰 若衛叛晉이면 晉五伐我하리니 病何如矣오 皆曰 五伐我라도 猶可以能戰이니라 賈曰 然則如叛之라가 病而後質焉이니 何遲之有리오 乃叛晉하다 晉人請改盟호대 弗許하다 秋에 晉士鞅會成桓公侵鄭하야 圍蟲牢하고 報伊闕也라 遂侵衛하다

晉軍이 鄟澤에서 衛侯와 결맹하려 할 때 趙簡子가 말하였다.

"신하들 중에 누가 감히 衛君과 맹약을 맺을 수 있겠소?"

涉佗와 成何가 말하였다.

"우리가 위군과 맹약을 맺을 수 있습니다."

결맹할 때에 衛人이 晉人에게 牛耳를 잡으라고 청하자, 성하가 말하였다.

"衛나라는 우리나라 溫邑이나 原邑에 지나지 않으니, 어찌 제후로 볼 수 있겠습니까?"

피를 마시려 할 때 섭타가 위후의 손을 밀쳐 피가 위후의 팔뚝으로 튀니 위후가 노하였다. 王孫賈가 빠른 걸음으로 나아가서 말하였다.

"맹약은 禮를 밝히기 위함이니, 衛君과 같은 분이 계시면 어찌 감히 예를 밝히기를 일삼아 이 맹약을 받아들이지 않겠습니까?"

위후가 晉나라를 배반하고자 하였으나 대부들이 따르지 않을까 걱정하니, 왕손가가 위후로 하여금 교외에 머물게 하였다. 대부들이 그 까닭을 묻자, 衛 靈公은 진나라에게 치욕을 당한 일을 말하고, 또 말하였다.

"寡人은 社稷을 욕되게 하였으니, 다른 사람을 골라 先君의 뒤를 잇게 하라. 과인은 그를 따르겠다."

대부들이 말하였다.

"이것은 衛나라의 禍이니 어찌 임금님의 잘못이겠습니까?"

영공이 말하였다.

"또 큰 걱정거리가 있으니, 晉人이 나에게 '반드시 너의 아들과 대부들의 아들을 인질로 보내라.' 한다."

대부들이 말하였다.

"만약 나라에 이익이 된다면 公子도 인질로 가는데 신하들의 아들이 감히 모두 말굴레와 말고삐를 지고 수행하지 않겠습니까?"

〈공자와 대부의 자제가〉 떠나려 할 때 왕손가가 말하였다.

"만약 위나라에 위난이 생기면 工商人이 환난을 일으키지 않은 적이 없었으니, 그들의 자제도 모두 수행하게 한 뒤에야 무사할 수 있습니다."

영공이 이 말을 대부들에게 고하자, 대부들도 모두 그들을 수행시키고자 하여 출발할 날을 정하였는데, 영공이 國人들을 조정으로 불러놓고 왕손가를 보내 그들에게 물었다.

"만약 우리 衛나라가 晉나라를 배반한다면 진나라는 우리나라를 다섯 차례 토벌할 것이니, 그 고통이 어떠하겠는가?"

모두 대답하였다.

"다섯 차례 우리나라를 토벌하더라도 우리는 오히려 抗戰할 수 있습니다."

왕손가가 위후에게 말하였다.

"그렇다면 먼저 晉나라를 배반하였다가 고통을 당한 뒤에 인질을 보내는 것만 못하니, 어찌 늦겠습니까?"

위후는 이에 晉나라를 배반하였다. 晉人이 맹약을 개정하기를 청하였으나, 衛人은 허락하지 않았다. 가을에 晉나라 士鞅이 成桓公(周나라의 卿士)과 회합하여 鄭나라를 침공해 蟲牢를 포위하여 정나라가 伊闕을 침공했던 것을 보복하고 드디어 衛나라를 침공하였다.

字義 捘 : 밀칠 준 捥 : 팔 완(=腕) 信 : 밝힐 신 詬 : 부끄러워할 후 羈 : 말굴레 기
絏 : 고삐 설

【經】 葬曹靖公하다

曹 靖公을 장사 지냈다.

【經】 九月에 葬陳懷公하다

9월에 陳 懷公을 장사 지냈다.

【經】 季孫斯仲孫何忌帥(솔)師侵衛하다

季孫斯와 仲孫何忌가 군사를 거느리고 가서 衛나라를 침공하였다.

【傳】 九月에 師侵衛하니 晉故也라

9월에 魯軍이 衛나라를 침공하였으니, 이는 晉나라 때문이었다.

【經】 冬에 衛侯鄭伯이 盟于曲濮하다 從祀先公하다

겨울에 衛侯와 鄭伯이 曲濮에서 회맹하였다. 先公(閔公과 僖公)을 順祀(昭穆의 位次에 따라 제사함)하였다.

【傳】 季寤公鉏極公山不狃皆不得志於季氏하고 叔孫輒無寵於叔孫氏하고 叔仲志不得志於魯라 故五人因陽虎하니 陽虎欲去三桓하고 以季寤更季氏하고 以叔孫輒更叔孫氏하고 己更孟氏하다 冬十月에 順祀先公而祈焉하고 辛卯에 禘于僖公하다

季寤 · 公鉏極 · 公山不狃는 모두 季氏(季桓子)에게 뜻을 얻지 못하고, 叔孫輒은 叔孫氏(叔孫州仇)에게 총애를 받지 못하고, 叔仲志는 魯나라에서 뜻을 얻지 못하였다. 그러므로 다섯 사람이 陽虎에게 의지하니, 양호는 三桓(孟孫 · 叔孫 · 季孫)을 제거하고 계오로 계씨를 대체시키고, 숙손첩으로 숙손씨를 대체시키고, 자기는 孟氏(孟懿子)를 대체하고자 하였다.

겨울 10월에 선후의 순서에 따라 先公에게 제사를 지내 빌고, 辛卯日에 僖公의 廟에 禘祭를 지냈다.

【經】盜竊寶玉大弓하다

도적이 寶玉과 大弓을 훔쳐갔다.

【傳】壬辰에 將享季氏于蒲圃하야 而殺之하고 戒都車曰 癸巳에 至하라 成宰公斂處父(보) 告孟孫曰 季氏戒都車하니 何故오 孟孫曰 吾弗聞이로라 處父曰 然則亂也라 必及於子하리니 先備諸(저)인저 與孟孫以壬辰爲期하다

壬辰日에 蒲圃에서 연회를 열어 季氏를 접대하다가 살해하기로 결정하고 도성 안의 戰車부대에 "癸巳日에 오라."고 명령하였다. 成의 邑宰 公斂處父가 孟孫에게 고하였다.

"계씨가 도성 안의 전거 부대에 명령을 내렸으니 무엇 때문입니까?"

맹손이 말하였다.

"나는 그런 말을 듣지 못하였다."

處父가 말하였다.

"그렇다면 반란을 일으키려는 것입니다. 화가 반드시 당신께 미칠 것이니 먼저 대비해야 할 것입니다."

그리하여 맹손과 임진일에 군대를 일으키기로 기약하였다.

陽虎前驅하고 林楚御桓子하고 虞人以鈹盾夾之하고 陽越殿하야 將如蒲圃할새 桓子咋謂林楚曰 而先皆季氏之良也니 爾以是繼之하라 對曰 臣聞命後라 陽虎爲政하야 魯國服焉하니 違之면 徵死라 死無益於主리라 桓子曰 何後之有리오 而能以我適孟氏乎아 對曰 不敢愛死어니와 懼不免主라 桓子曰 往也하라 孟氏選圉人之壯者三百人하야 以爲公期築室於門外하다 林楚怒馬하야 及衢而騁하니 陽越射之호대 不中하다 築者闔門하다 有自門間射陽越하야 殺之하다 陽虎劫公與武叔하야 以伐孟氏하니 公斂處父帥(솔)成人하고 自上東門入하야 與陽氏戰于南門之內나 弗勝하고 又戰于棘下하니 陽氏敗하다 陽虎說(탈)甲하고 如公宮하야 取寶玉大弓以出하야 舍于五父(보)之衢하야 寢而爲食하니 其徒曰 追其將至하리라 虎曰 魯人聞余出하고 喜於徵死[35]니 何暇追余리오 從者曰 嘻라 速駕하라 公斂陽在라 公斂陽請追之호대 孟孫弗許하다 陽欲殺桓子하니 孟孫懼而歸之하다 子言辨舍爵[36]於季氏之廟而出이어늘 陽虎入于讙陽關以叛하다

---

35 徵死 : 이곳의 '徵死'는 위의 '徵死'와 같지 않다. 이곳의 '徵'자는 緩(늦춤)의 뜻이다.(楊注)

36 舍爵 : 잔에 술을 따라 조상의 神位 앞에 놓는 것이다. 이것은 出奔하려 할 때 조상께 이별을 고하는 禮이다.(楊注)

陽虎가 선봉이 되고, 林楚가 桓子의 수레를 몰고, 虞人이 칼과 방패를 들고 좌우에서 호위하고, 陽越(陽虎의 從弟)이 후군이 되어 蒲圃로 가려 할 때 桓子가 갑자기 임초에게 말하였다.

"너의 先人은 모두 季氏의 良臣이었으니, 너도 양신이 되어 선인을 계승하라."

임초가 대답하였다.

"신이 이 명을 받아들이기에는 이미 늦었습니다. 양호가 정권을 장악하여 魯나라 사람이 모두 그에게 복종하니, 그의 명을 어기면 죽음을 부를 뿐입니다. 신이 죽는다 해도 主(卿大夫의 僚屬이 경대부에 대한 호칭)께 도움이 되지 않습니다."

환자가 말하였다.

"늦은 게 뭐 있느냐? 너는 나를 데리고 孟氏에게로 갈 수 있느냐?"

임초가 대답하였다.

"신은 감히 죽음을 아끼지 않습니다만 主께서 화난을 면하지 못하실까 두렵습니다."

환자가 말하였다.

"맹씨의 집으로 가라."

이때 맹씨는 노예 중에서 용맹한 자 3백 명을 선발하여 公期를 위해 문외에 집을 축조하는 것처럼 위장하였다. 임초가 〈말에 채찍을 쳐서〉 말이 노하게 하여 大路에 이르러 빠르게 달려가니, 양월이 활을 쏘았으나 맞지 않았다. 〈환자의 수레가 문 안으로 들어가자〉 집을 축조하던 자들이 문을 닫았다. 어떤 자가 문틈으로 활을 쏘아 양월을 죽였다. 양호가 定公과 武叔을 겁박하여 맹씨를 공격하니, 公斂處父가 成邑人을 거느리고 上東門으로 들어가 陽氏와 남문 안에서 교전하였으나 승리하지 못하고, 또 棘下에서 교전하니 양씨가 패배하였다. 양호가 갑옷을 벗고 公宮으로 가서 寶玉과 大弓을 가지고 나와 五父의 거리에 주둔하여 잠을 자고 나서 사람에게 밥을 지으라고 명하니, 그 무리가 "추격군이 곧 이를 것입니다." 하였다. 양호가 말하였다.

"魯나라 사람들이 내가 出奔하였다는 말을 듣고 죽음에서 벗어나게 된 것을 기뻐할 것이니 어느 겨를에 나를 추격하겠는가?"

從者가 말하였다.

"아! 속히 말에 오르십시오. 公斂陽이 있습니다."

공렴양이 추격을 청하였으나, 孟孫은 허락하지 않았다. 공렴양이 또 환자를 죽이기를 청하니, 맹손은 두려워서 환자를 그의 집으로 돌려보냈다. 子言이 季氏의 廟에서 조상에게 두루 잔을 올려 고하고 출분하였는데, 양호는 讙과 陽關으로 들어가서 반란을 일으켰다.

字義 鈹 : 칼 피 咋 : 갑자기 색 而 : 너 이 後 : 늦을 후 徵 : 부를, 늦출 징
說 : 벗을 탈(=脫) 辨 : 두루 변

〈9년, 庚子(B.C. 501)〉

【經】九年이라 春王正月이라

9년이다. 봄 周王 正月이다.

【傳】鄭駟歂(천)이 嗣子大(태)叔爲政하다 九年春에 鄭駟歂이 殺鄧析하고 而用其竹刑[37]하니 君子謂子然於是不忠이로다 苟有可以加於國家者면 棄其邪可也라 靜女[38]之三章에 取彤管[39]焉하고 竿旄[40]에 何以告之는 取其忠也라 故用其道면 不棄其人이니라 詩云 蔽芾甘棠을 勿翦勿伐하라 召伯所茇[41]이라하니 思其人하야 猶愛其樹온 況用其道而不恤其人乎아 子然은 無以勸能矣로다

鄭나라 駟歂(子然)이 子太叔의 뒤를 이어 집정하였다. 9년 봄에 정나라 사천이 鄧析(정나라 大夫)을 죽이고 그가 지은 竹刑을 채용하니, 군자는 다음과 같이 말했다.

"子然은 이번 일에 있어 충성스럽지 못하였다. 진실로 국가에 이익이 될 사람이라면 그 사악을 책망하지 않아야 한다. 〈靜女〉 3章의 詩에 彤管을 취하고, 〈竿旄〉의 '何以告之(무엇으로 고하겠는가.)'는 詩人의 충심을 취한 것이다. 그러므로 그 도를 채용하면 그 사람을 버리지 않아야 한다. 《詩經》에 '무성한 감당나무를 갈기지 말고 베지 말라. 召伯이 草幕을 쳤던 곳이다.' 하였다. 그 사람을 사모하여 오히려 그 나무까지 사랑하였는데, 하물며 그 竹刑(道)를 채용하면서 그 사람을 돌아보지 않아서야 되겠는가? 자연은 현능한 사람을 권장할 수 없을 것이다."

字義 芾 : 우거질 불, 무성할 패 茇 : 초막 발

【經】夏四月戊申에 鄭伯蠆(채)卒하다 得寶玉大弓하다

여름 4월 戊申日에 鄭伯 蠆(鄭 獻公)가 졸하였다. 寶玉과 大弓을 얻었다.

---

37 竹刑 : 鄭나라가 鑄造한 옛 制度를 改正하려고 임금의 명령도 받지 않고 사사로이 刑法을 만들어 竹簡에 기록하였다. 그러므로 '竹刑'이라 한 것이다.(杜注)

38 靜女 : 《詩經》〈邶風〉의 편명이다.

39 彤管 : 赤管筆(붓대가 붉은 붓)로 일을 기록해 規誨하는 女史가 가지는 붓이다.(杜注)

40 竿旄 : 《詩經》〈鄘風〉의 편명이다.

41 蔽芾甘棠……召伯所茇 : 《詩經》〈召南 甘棠〉에 보인다.

【傳】夏에 陽虎歸寶玉大弓하다 書曰得이라하니 器用也라 凡獲器用曰得이요 得用焉曰獲이라 六月에 伐陽關한대 陽虎使焚萊門하니 師驚이어늘 犯之而出하야 奔齊하야 請師以伐魯曰 三加면 必取之하리라 齊侯將許之한대 鮑文子諫曰 臣嘗爲隸於施氏矣니 魯未可取也라 上下猶和하고 衆庶猶睦하며 能事大國하고 而無天菑하니 若之何取之리오 陽虎欲勤齊師也니 齊師罷(피)면 大臣必多死亡이리니 己於是乎奮其詐謀니라 夫陽虎有寵於季氏호대 而將殺季孫하야 以不利魯國이라가 而求容焉이라 親富不親仁이니 君焉用之리오 君富於季氏而大於魯國하니 玆陽虎所欲傾覆也라 魯免其疾이어늘 而君又收之하니 無乃害乎아 齊侯執陽虎將東之러니 陽虎願東이어늘 乃囚諸西鄙하다 盡借邑人之車하야 鍥其軸하야 麻約而歸之하고 載葱靈하야 寢於其中而逃하니 追而得之하야 囚於齊하다 又以葱靈逃奔宋이라가 遂奔晉하야 適趙氏하다 仲尼曰 趙氏其世有亂乎인저

여름에 陽虎가 寶玉과 大弓을 돌려주었다. 經에 '得'으로 기록하였으니 이는 器用이기 때문이다. 기용을 얻는 것을 '得'이라 하고, 器物로 사용할 수 있는 生物을 잡는 것을 '獲'이라 한다.

6월에 魯軍이 陽關을 정벌하자, 양호가 사람을 시켜 萊門에 불을 지르게 하니 노군이 놀라 허둥대었다. 양호는 그 틈을 타서 포위를 뚫고 빠져나가 齊나라로 달아나서, 齊侯에게 출병하여 魯나라 정벌을 청하며 말하였다.

"세 차례만 공격하면 반드시 노나라를 취할 수 있습니다."

제후가 허락하려 하자, 鮑文子가 간하였다.

"신은 전에 施氏의 家臣으로 있은 적이 있어서 〈노나라의 사정을 잘 알고 있으니,〉 노나라는 취할 수 없습니다. 상하가 여전히 화합하고 백성이 여전히 화목하며 大國을 잘 섬기고 天災가 없으니, 그런 나라를 어찌 취할 수 있겠습니까? 양호는 우리 齊나라 군대를 힘들게 하려는 것입니다. 齊軍이 지치면 大臣 중에 반드시 사망하는 자가 많을 것이니, 이때를 노려 양호는 간사한 계책을 펼치려는 것입니다. 저 양호는 季氏에게 총애를 받았으나 季孫을 죽여 노나라에 危害를 끼치려다가 〈뜻을 이루지 못하자 우리나라로 도망해와서〉 용납되기를 구하는 것입니다. 그는 富를 가까이하고 仁을 가까이하지 않는 자이니, 임금님께서는 그런 사람을 어디에 쓰시겠습니까? 임금님은 계씨보다 부유하시고 제나라는 노나라보다 크니, 이점이 바로 양호가 전복시키고자 하는 것입니다. 노나라는 그자의 위해를 면하였는데 임금님께서는 도리어 그를 거두시니 어찌 해가 없겠습니까?"

그러자 齊侯는 양호를 잡아 東方으로 보내려 하였는데, 양호가 동방으로 가기를 원하자, 곧 그를 서쪽 변방에 수금하였다. 양호는 邑人들의 수레를 다 빌려서 그 굴대를 깎아내어 삼으로 깎은 곳을 감아 가지고 주인에게 돌려주었다. 그러고는 葱靈(의복을 싣는 수레)에 짐을

싣고 짐 속에 누워 도주하니, 齊人이 추격해 잡아다가 제나라 국도에 수금하였다. 그는 또 葱靈을 타고 도주하여 宋나라로 달아났다가 드디어 晉나라로 달아나서 趙氏에게로 갔다. 이에 대해 仲尼는 말하였다.

"조씨는 아마도 대대로 화란이 있을 것이다."

字義 罷 : 지칠 피 鍥 : 깎을 결

【經】六月에 葬鄭獻公하다

6월에 鄭 獻公을 장사 지냈다.

【經】秋에 齊侯衛侯次于五氏하다

가을에 齊侯와 衛侯가 五氏에 주둔하였다.

【傳】秋에 齊侯伐晉夷儀하다 敝無存之父將室之러니 辭하야 以與其弟하고 曰 此役也에 不死면 反하야 必娶於高國호리라 先登하야 求自門出이라가 死於霤下하다 東郭書讓登[42]하니 犁彌從之曰 子는 讓而左하라 我는 讓而右하야 使登者絶而後下호리라 書左하니 彌先下하다 書與王猛息이러니 猛曰 我先登이라하니 書斂甲曰 曩者之難이러니 今又難焉이로다 猛笑曰 吾從子 如驂之靳[43]이라

가을에 齊侯가 晉나라 夷儀를 토벌하였다. 이때 敝無存의 부친이 폐무존에게 아내를 맞아주려 하였는데, 폐무존은 사양하여 그 여인을 아우에게 주게 하며 말하였다.

"이번 전쟁에 죽지 않으면 돌아와 반드시 高氏나 國氏의 딸에게 장가를 가겠습니다."

폐무존은 전쟁할 때 먼저 이의의 성으로 올라가 성문을 열고 나오려다가 성문 처마 밑에서 전사하였다. 東郭書가 앞다투어 성으로 올라가려 하자, 여미가 그 뒤를 따르며 말하였다.

"그대는 앞다투어 올라가서 왼쪽으로 가십시오. 나는 앞다투어 올라가서 오른쪽으로 가 오르는 자들이 다 올라온 뒤에 성안으로 내려가겠소."

---

42 讓登 : 搶登(앞을 다투어 먼저 오름)이니, 讓은 攘의 假借이다. 실은 자기가 먼저 올라가려 한 것이다.(楊注)

43 如驂之靳 : 고대의 戰車에는 네 마리의 말을 메우는데, 양쪽에 있는 말을 '驂馬'라 하고, 중간에 있는 두 마리 말을 '服馬'라 한다. 복마는 등의 안장을 고정시키는 靳(가슴걸이)이 있다.

동곽서가 성 위로 올라가 왼쪽으로 가니, 여미는 먼저 성안으로 내려갔다. 〈전투가 끝난 뒤에〉 동곽서와 王猛(犂彌)이 휴식하고 있었는데, 왕맹이 말하였다.

"내가 먼저 성에 올랐소."

동곽서는 갑옷을 수습하면서 말하였다.

"지난번에 나를 곤란하게 하더니 지금 또 나를 곤란하게 하는구려."

왕맹이 웃으며 말하였다.

"내가 그대를 따르는 것이 驂馬가 服馬를 따르는 것과 같소."

字義 霤 : 처마 류

晉車千乘在中牟어늘 衛侯將如五氏할새 卜過之하니 龜焦하다 衛侯曰 可也라 衛車當其半하고 寡人當其半하면 敵矣니라 乃過中牟하니 中牟人欲伐之하다 衛褚師圃亡在中牟러니 曰 衛雖小나 其君在焉하니 未可勝也어니와 齊師克城而驕하고 其帥又賤하니 遇면 必敗之니 不如從齊니라 乃伐齊師하야 敗之하다 齊侯致禚(작)媚杏於衛하다

晉나라 兵車 千乘이 中牟에 주둔하고 있었다. 衛侯가 五氏로 가려 할 때에 중모를 무사히 통과할 수 있을지에 대해 거북점을 치니, 龜甲이 불에 타서 점을 치지 못하였다. 위후가 말하였다.

"통과할 수 있다. 衛나라 병거가 晉나라 병거의 반을 상대하고 과인이 그 반을 상대하면 그 형세가 엇비슷하다."

그리고는 중모를 통과하니, 中牟人(晉軍)이 衛軍을 공격하려 하였다. 이때 衛나라 褚師圃가 도망해 와서 중모에 있었는데, 그가 말하였다.

"衛나라가 비록 작지만 그 임금이 군중에 있으니 승리할 수 없겠지만, 齊軍은 夷儀城에서 승리하여 교만하고, 그 장수는 또 지위가 비천하니 양군이 서로 만난다면 반드시 제군을 패배시킬 수 있으니, 제군을 공격하는 것만 못합니다."

晉軍은 이에 제군을 공격하여 패배시켰다. 齊侯는 禚邑·媚邑·杏邑을 衛나라에 주었다.

齊侯賞犂彌한대 犂彌辭曰 有先登者어늘 臣從之하니 晳幘而衣貍製니라 公使視東郭書한대 曰 乃夫子也라하고 吾貺子호리라 公賞東郭書한대 辭曰 彼는 賓旅也라하니 乃賞犂彌하다

齊侯가 犂彌에게 포상하자, 여미가 사양하며 말하였다.

"먼저 성으로 오르는 사람이 있기에 신은 그를 따라 올랐을 뿐이니, 그는 흰 두건을 쓰고 이리 가죽으로 지은 갖옷을 입었습니다."

齊 景公이 여미에게 東郭書를 살펴보게 하자, 여미가 "바로 저 사람입니다." 하고 동곽서에게 "나는 이 상을 그대에게 드리겠소." 하였다. 경공이 동곽서에게 포상하자, 사양하며 "저분은 賓旅(外國人으로 와서 벼슬한 사람)입니다." 하니, 경공은 이에 여미에게 포상하였다.

字義 晳 : 흰색 석 幘 : 두건 책 貺 : 줄 황

齊師之在夷儀也에 齊侯謂夷儀人曰 得敝無存者면 以五家免호리라 乃得其尸하야 公三襚之하고 與之犀軒與直蓋[44]하야 而先歸之할새 坐引者하야 以師哭之하고 親推之三하다

齊軍이 夷儀에 있을 때 齊侯가 이의 사람들에게 말하였다.

"敝無存의 시신을 찾는 자에게는 다섯 집을 상으로 주고 노역을 면제할 것이다."

이에 그 시신을 찾아서 景公은 그 시신에 세 벌의 襚衣를 입히고 물소 가죽으로 장식한 수레와 자루가 긴 日傘을 주어 먼저 齊나라로 돌려보낼 적에 수레를 끄는 자들을 꿇어앉히고 全軍에게 곡하게 하고 경공이 친히 그 영구를 세 번 밀어 출발시켰다.

【經】 秦伯卒하다

秦伯(秦 哀公)이 졸하였다.

【經】 冬에 葬秦哀公하다

겨울에 秦 哀公을 장사 지냈다.

〈10년, 辛丑(B.C. 500)〉

【經】 十年이라 春王三月에 及齊平하다

10년이다. 봄 周王 3월에 齊나라와 화평하였다.

【傳】 十年이라 春에 及齊平하다

10년이다. 봄에 齊나라와 화평하였다.

---

44 犀軒與直蓋 : 犀軒은 卿의 수레이고, 直蓋는 자루가 긴 日傘이다.

【經】夏에 公會齊侯于夾谷하다

여름에 定公이 齊侯와 夾谷에서 회합하였다.

【傳】夏에 公會齊侯于祝其하니 實夾谷이라 孔丘相이러니 犂彌言於齊侯曰 孔丘知禮而無勇하니 若使萊人以兵劫魯侯면 必得志焉하리라 齊侯從之한대 孔丘以公退曰 士는 兵之하라 兩君合好에 而裔夷之俘以兵亂之하니 非齊君所以命諸侯也라 裔不謀夏하며 夷不亂華하며 俘不干盟하며 兵不偪好하나니 於神爲不祥이요 於德爲愆義요 於人爲失禮니 君必不然이리라 齊侯聞之하고 遽辟之하다

여름에 定公이 齊侯와 祝其에서 회합하였으니, 축기는 바로 夾谷이다. 이때 孔丘가 禮를 도왔는데, 犂彌가 제후에게 말하였다.

“공구는 예는 알지만 용기가 없으니, 만약 萊人들을 보내 무기로 魯侯를 위협하면 반드시 우리의 뜻대로 될 것입니다.”

제후가 그의 말을 받아들여 그렇게 하자, 공구는 정공을 모시고 물러가면서 말하였다.

“병사들은 저 내인을 공격하라. 두 나라 임금이 회합하여 우호를 맺는 자리에 원방 夷狄의 俘虜가 무기를 들고 들어와 난동을 부리니, 이는 齊君이 諸侯에게 명령한 뜻이 아니다. 원방의 나라는 中原을 도모할 수 없고, 이적은 中華를 어지럽힐 수 없으며, 부로는 회맹의 자리를 침범할 수 없고, 무력으로 우호국을 핍박할 수 없는 것이다. 이렇게 하면 神에게 불길한 재앙을 받게 되고, 德行에 道義를 어김이 되며, 사람에게 禮를 잃음이 되니, 齊君께서는 반드시 그렇게 하지 않으실 것이다.”

제후는 이 말을 듣고 즉시 내인들을 물리쳤다.

字義 相 : 도울 상 裔 : 멀 예 辟 : 물리칠 벽

將盟에 齊人加於載書曰 齊師出竟이어든 而不以甲車三百乘從我者면 有如此盟이라하니 孔丘使玆無還揖對曰 而不反我汶陽之田이면 吾以共命者도 亦如之하리라

盟約하려 할 때 齊人이 載書(盟書)에 “齊軍이 출국하는 일이 있거든 魯나라가 兵車 3백 乘을 거느리고 와서 우리 제군을 따르지 않는다면 이 맹약의 글에 저주한 것과 같은 화를 받을 것이다.”라는 문구를 추가하자, 孔丘가 玆無還(魯나라 大夫)을 시켜 읍하고 다음과 같이 대답하게 하였다.

“너희 齊나라가 우리에게 汶水 북쪽의 땅을 돌려주지 않는다면 우리가 제나라의 명을 받드는 것도 이 맹약의 글과 같이 하겠다.”

齊侯將享公한대 孔丘謂梁丘據曰 齊魯之故를 吾子何不聞焉고 事既成矣어늘 而又享之면 是勤執事也라 且犧象不出門하고 嘉樂不野合이니 饗而既具면 是棄禮也요 若其不具면 用秕稗也라 用秕稗면 君辱이요 棄禮면 名惡이니 子盍圖之오 夫享은 所以昭德也니 不昭면 不如其已也니라 乃不果享하다

齊侯가 연회를 열어 定公을 접대하려 하자, 孔丘가 梁丘據에게 말하였다.

"齊나라와 魯나라의 고사를 그대는 어찌하여 듣지 못하였습니까? 회맹의 일이 이미 끝났는데, 또 향연을 베푼다면 執事를 수고롭게 할 뿐입니다. 그리고 또 犧尊(소의 형상으로 만든 술잔)과 象尊(象牙로 장식한 술잔)은 궁문 밖으로 나올 수 없고, 嘉樂(鍾磬 등의 樂器)은 야외에서 연주하기에 적합하지 않습니다. 그러니 향연을 열어 희준 · 상준과 가악을 다 갖추어 쓰면 이는 禮를 버리는 것이고, 그것을 갖추지 않으면 秕稗(쭉정이와 피)를 쓰는 것입니다. 비패를 쓰면 두 나라 임금에게 치욕이 되고 예를 버리면 두 나라의 명성이 나빠질 것이니 그대는 어찌하여 깊이 생각하지 않습니까? 연향은 덕을 밝히기 위함이니, 덕을 밝힐 수 없다면 하지 않는 것만 못합니다."

제나라는 이에 연향을 거행하지 않았다.

【經】公至自夾谷하다

定公이 夾谷에서 돌아왔다.

【經】晉趙鞅帥(솔)師圍衛하다

晉나라 趙鞅이 군대를 거느리고 가서 衛나라를 포위하였다.

【傳】晉趙鞅圍衛하니 報夷儀也라 初에 衛侯伐邯鄲午於寒氏하야 城其西北而守之러니 宵熸하다 及晉圍衛하야 午以徒七十人門於衛西門하야 殺人於門中하고 曰 請報寒氏之役하노라 涉佗曰 夫子則勇矣어니와 然我往이면 必不敢啓門하리라 亦以徒七十人旦門焉하야 步左右하야 皆至而立如植러니 日中不啓門이어늘 乃退하야 反役하다 晉人討衛之叛故하니 曰 由涉佗成何라하다 於是執涉佗하야 以求成於衛로대 衛人不許하다 晉人遂殺涉佗하니 成何奔燕하다 君子曰 此之謂棄禮나 必不鈞[45]이라 詩曰 人而無禮면 胡

45 此之謂棄禮 必不鈞 : 涉佗는 衛侯의 손을 밀쳤으니 無禮함이 成何보다 심하였다. 그러므로 그

不遄死[46]오하니 涉佗亦遄矣哉인저

晉나라 趙鞅이 衛나라를 포위하였으니, 夷儀의 전쟁을 보복하기 위함이었다. 당초에 衛侯가 寒氏에서 邯鄲午를 공격하여 그 성의 서북쪽을 깨뜨리고 군대를 보내 그곳을 지켰는데, 밤이 되자 한단오의 군대가 도망가서 흩어졌다. 晉나라가 衛나라를 포위할 때에 미쳐 한단오가 보병 70인을 거느리고 衛나라 서문을 공격하여 성문 가운데서 사람을 죽이고 말하였다.

"한씨의 패전을 보복하기를 청하노라."

涉佗가 이를 보고 말하였다.

"저 사람은 용감하다고 할 만하지만, 그러나 내가 가면 衛人은 감히 성문을 열지 못할 것이다."

그리고는 역시 보병 70인을 거느리고 가서 새벽에 성문을 공격하여, 성문의 좌우로 걸어가 모두 성문 앞에 이르러서는 부동의 자세로 나무처럼 꼿꼿이 서 있었는데, 한낮이 되어도 衛人이 성문을 열고 나오지 않자, 섭타는 이에 퇴군하여 회군하였다. 晉人이 衛나라에게 배반한 까닭을 책문하니, 위인이 "涉佗와 成何 때문이다." 하였다. 진인은 이에 섭타를 체포하여 衛나라에 화평을 요구하였으나 위인은 허락하지 않았다. 진인이 드디어 섭타를 죽이니 성하는 燕나라로 달아났다. 이에 대해 군자는 다음과 같이 말하였다.

"이들이 禮를 버린 것은 같다고 하겠으나 죄의 경중은 반드시 같지 않다. 《詩經》에 '사람으로서 예가 없으면 어찌 빨리 죽지 않는가.' 하였으니, 섭타 또한 빨리 죽은 것이다."

字義 城 : 성 공격할 성　熸 : 사라져 없어질 잠　遄 : 빠를 천

【經】齊人來歸鄆讙龜陰田하다

齊人이 와서 鄆과 讙과 龜陰의 땅을 돌려주었다.

【傳】齊人來歸鄆讙龜陰之田하다

齊人이 와서 鄆과 讙과 龜陰의 땅을 돌려주었다.

【經】叔孫州仇仲孫何忌帥(솔)師圍郈하다

叔孫州仇와 仲孫何忌가 군대를 거느리고 가서 郈를 포위하였다.

죄가 성하와 같지 않다는 말이다.

46 人而無禮 胡不遄死 : 《詩經》〈鄘風 相鼠〉에 보인다.

【傳】初에 叔孫成子欲立武叔이어늘 公若藐固諫曰 不可라호대 成子立之而卒하다 公南使賊射之로대 不能殺하다 公南爲馬正하야 使公若爲郈宰러니 武叔旣定에 使郈馬正侯犯殺公若호대 弗能이어늘 其圉人曰 吾以劒過朝면 公若必曰 誰之劒也오하리라 吾稱子以告면 必觀之니 吾僞固而授之末이면 則可殺也리라 使如之하니 公若曰 爾欲吳王我乎아 遂殺公若하다 侯犯以郈叛하니 武叔懿子 圍郈나 弗克하다

당초에 叔孫成子가 武叔을 후계자로 세우려 하기에, 公若藐가 "불가하다."고 강력히 간하였으나, 成子는 무숙을 후사로 세우고 졸하였다. 公南이 자객을 보내 공약묘를 사살하게 하였으나 죽이지 못하였다. 공남이 馬正이 되어 공약을 郈의 邑宰로 삼았는데, 무숙의 지위가 안정된 뒤에 郈邑의 馬正 侯犯에게 공약을 살해하게 하였으나 살해하지 못하자, 무숙의 圉人이 말하였다.

"내가 劒을 가지고 후읍의 朝堂 앞을 지나가면 공약은 반드시 '누구의 검이냐?'고 물을 것이다. 내가 '무숙〔子〕의 검입니다.'라고 대답하면 공약은 반드시 검을 구경하려 할 것이니, 내가 고루해서 禮를 모르는 것처럼 위장하여 칼자루를 잡고 칼끝을 공약에게 주면 그를 죽일 수 있습니다."

무숙은 그에게 그렇게 하게 하였다. 그러자 공약이 말하였다.

"너는 鱄諸가 吳王을 죽인 것처럼 나를 죽이려는 것이냐?"

어인은 드디어 공약을 죽였다. 후범이 후읍 사람들을 거느리고 반란을 일으키니 武叔과 孟懿子가 후읍을 포위하였으나 이기지 못하였다.

【經】秋에 叔孫州仇仲孫何忌帥(솔)師圍郈하다

가을에 叔孫州仇와 仲孫何忌가 군대를 거느리고 가서 郈를 포위하였다.

【傳】秋에 二子及齊師復圍郈나 弗克하고 叔孫謂郈工師駟赤曰 郈非唯叔孫氏之憂라 社稷之患也니 將若之何오 對曰 臣之業은 在揚水卒章之四言[47]矣니라 叔孫稽首하다 駟赤謂侯犯曰 居齊魯之際而無事면 必不可矣리니 子盍求事於齊以臨民고 不然이면 將叛하리라 侯犯從之하다 齊使至어늘 駟赤與郈人爲之宣言於郈中曰 侯犯將以郈易

47 揚水卒章之四言 : 〈揚水〉는 《詩經》 〈唐風〉의 篇名이다. 卒章의 네 글자는 '我聞有命(나는 명을 듣겠다.)'을 이른다.

于齊하니 齊人將遷郈民하리라 衆兇懼한대 駟赤謂侯犯曰 衆言異矣니 子不如易於齊라 與其死也론 猶是郈也요 而得紓焉이니 何必此리오 齊人欲以此偪魯하리니 必倍與子地하리라 且盍多舍甲于子之門하야 以備不虞리오 侯犯曰 諾다하고 乃多舍甲焉하다 侯犯請易于齊하니 齊有司觀郈하다 將至에 駟赤使周走呼曰 齊師至矣라하니 郈人大駭하야 介侯犯之門甲하야 以圍侯犯하다 駟赤將射之러니 侯犯止之曰 謀免我하라 侯犯請行하니 許之하다 駟赤先如宿하고 侯犯殿이러니 每出一門에 郈人閉之하다 及郭門에 止之曰 子以叔孫氏之甲出하니 有司若誅之면 群臣懼死라 駟赤曰 叔孫氏之甲有物하니 吾未敢以出하노라 犯謂駟赤曰 子止而與之數하라 駟赤止하야 而納魯人하다 侯犯奔齊하니 齊人乃致郈하다

가을에 武叔과 公南 두 사람이 齊軍과 함께 다시 郈邑을 포위하였으나 승리하지 못하고, 叔孫이 후읍의 工師 駟赤에게 물었다.

"郈는 叔孫氏의 우환일 뿐만 아니라 바로 社稷의 우환이니, 이 일을 장차 어쩌면 좋겠는가?"

사적이 대답하였다.

"신의 일은 〈揚水〉 卒章의 네 글자에 있습니다."

숙손은 머리를 조아려 감사를 표하였다. 사적이 侯犯에게 말하였다.

"齊나라와 魯나라 사이에 끼어 있으면서 〈두 나라 중에 한 나라를〉 섬기지 않으면 반드시 보존하지 못할 것이니, 그대는 어찌하여 齊나라를 섬겨 백성 다스리기를 구하지 않습니까? 그렇게 하지 않으면 郈人들은 장차 그대를 배반할 것입니다."

그러자 후범이 사적의 말을 따랐다. 齊나라의 使者가 오자, 사적과 郈人은 齊나라의 사자가 온 것을 인하여 후읍 안에 소문을 퍼뜨렸다.

"후범이 후읍을 제나라의 땅과 바꾸려 하니 齊人은 장차 후읍의 백성들을 이주시킬 것이다."

그러자 후읍의 군중이 두려워하자, 사적이 후범에게 말하였다.

"대중의 말이 그대의 뜻과 다르니 그대는 죽는 것보다 제나라와 땅을 바꾸는 것이 낫습니다. 〈제나라의 땅을 받아 宰가 된다면〉 바로 후읍의 宰와 동일하고, 또 화도 완화시킬 수 있으니 꼭 이곳이어야 할 필요가 뭐 있습니까? 제인은 후읍으로 魯나라를 핍박하려 할 것이니, 반드시 그대에게 후읍의 곱절이 되는 땅을 줄 것입니다. 그리고 또 어찌하여 많은 갑옷을 그대의 문 앞에 내다 놓아 불의의 변고에 대비하지 않으십니까?"

후범은 "그리하겠다." 하고 곧 문 앞에 많은 갑옷을 내어놓았다. 후범이 제나라에게 땅을 바꾸기를 청하니, 제나라 有司가 후읍을 시찰하기 위해 오기로 하였다. 제나라 유사가 당도했을 때 사적이 사람을 보내 후읍을 두루 뛰어다니며 "齊軍이 온다."고 큰 소리로 외치게 하

니, 후인이 크게 놀라 후범의 문 앞에 놓인 갑옷을 입고 후범의 집을 포위하였다. 사적이 후인을 향해 활을 쏘려 하자, 후범이 제지하며 말하였다.

"꾀를 내어 나를 위기에서 벗어나게 하라."

후범이 도주하기를 청하니 후인이 허락하였다. 사적은 먼저 宿(東平 無鹽縣)을 향해 떠나고 후범은 뒤에 가는데, 하나의 문을 나올 때마다 후인은 즉시 그 문을 닫았다. 외곽의 성문에 당도했을 때 후인이 후범을 제지하며 말하였다.

"당신이 叔孫氏의 갑옷을 입고 나가니 유사가 만약 〈갑옷을 잃은 것을〉 꾸짖는다면 우리들은 죽임을 받을까 두렵습니다."

그러자 사적이 말하였다.

"숙손씨의 갑옷에는 표지가 있으니 나는 감히 이 갑옷을 입고 나가지 않겠다."

후범이 사적에게 말하였다.

"그대는 이곳에 머물러 갑옷의 수를 세어 돌려주라."

사적이 머물러서 갑옷을 챙겨 魯人에게 돌려주었다. 후범이 齊나라로 出奔하니, 齊人은 곧 후읍을 魯나라에 돌려주었다.

字義 物 : 標識 물

【經】 宋樂大心出奔曹하다

宋나라 樂大心이 曹나라로 出奔하였다.

【傳】 宋公使樂大心盟于晉하고 且逆樂祁之尸한대 辭僞有疾이라 乃使向(상)巢如晉盟하고 且逆子梁之尸하다 子明謂桐門右師出曰 吾猶衰(최)絰이어늘 而子擊鐘이어늘 何也오 右師曰 喪不在此故也니라 旣而告人曰 己衰絰而生子하니 余何故舍鐘[48]이리오 子明聞之하고 怒하야 言於公曰 右師將不利戴氏하리라 不肯適晉하니 將作亂也라 不然이면 無疾이리잇가 乃逐桐門右師하다

宋公이 樂大心을 보내 晉나라와 맹약하고 또 樂祁의 尸柩를 맞이해 오게 하자, 악대심이 병이 있다고 거짓으로 핑계 대어 사절하였다. 이에 송공은 向巢(向戌의 曾孫)를 晉나라에 보

48 己衰絰而生子 余何故舍鐘 : 子明이 居喪 中에 자식을 낳았으니, 자식을 낳은 죄는 무겁고, 音樂을 폐기하지 않은 죄는 가볍다는 말이다.(林堯叟)

내 맹약하고 또 子梁(樂祁)의 시구를 맞이해 오게 하였다. 〈樂祁의 아들〉 子明이 桐門右師(악대심)에게 출국해 〈시구를 맞이해 오게 하며〉 말하였다.

"나는 아직 衰服(斬衰服)에 首絰과 腰絰을 하고 있는데, 당신은 음악을 연주하고 있는데 〈무슨 이유로 출국할 수 없습니까?"〉

右師가 말하였다.

"喪柩가 이곳이 있지 않기 때문이다."

그리고는 얼마 뒤에 어떤 이에게 말하였다.

"자기는 최복에 수질을 쓰고 있으면서 자식을 낳았으니 내가 무엇 때문에 음악을 연주하지 않겠는가?"

자명이 이 말을 듣고 노하여 송공에게 말하였다.

"우사는 장차 戴氏(宋나라)를 위해할 것입니다. 晉나라에 가려 하지 않으니 이는 반란을 일으키려는 것입니다. 그렇지 않다면 무엇 때문에 없는 병을 〈있다고 속였겠습니까?〉"

송공은 이에 동문우사를 축출하였다.

【經】宋公子地出奔陳하다

宋나라 公子 地가 陳나라로 出奔하였다.

【傳】宋公子地嬖蘧富獵하야 十一分其室하야 而以其五與之하다 公子地有白馬四러라 公嬖向(상)魋러니 魋欲之어늘 公取而朱其尾鬣以與之하다 地怒하야 使其徒抶魋而奪之한대 魋懼하야 將走하니 公閉門而泣之하야 目盡腫이라 母弟辰曰 子分室以與獵也호대 而獨卑魋하니 亦有頗焉이라 子爲君禮[49]인댄 不過出竟하야 君必止子하리라 公子地出奔陳이로대 公弗止하고 辰爲之請호대 弗聽하니 辰曰 是我迋吾兄也로다 吾以國人出이면 君誰與處리오

宋나라 公子 地(宋 景公의 아우)가 蘧富獵을 사랑하여 그 家産을 11분하여 그 5분을 거부렵에게 주었다. 공자 지에게 白馬 네 필이 있었다. 宋 景公은 向魋를 총애하였는데, 상퇴가 그 백마를 가지고 싶어 하자, 경공은 공자 지의 백마를 강제로 취하여 그 꼬리와 갈기에 붉은 물

---

49 子爲君禮 : 禮는 임금을 피함이다. 임금을 피하는 것으로써 임금을 섬기는 예로 삼으라는 말이다.(林堯叟)

을 들여 상퇴에게 주었다. 그러자 공자 지가 노하여 자기의 家僕을 보내 상퇴를 두들겨 패고 그 말을 빼앗아 오게 하자, 상퇴가 겁이 나서 도망가려 하니, 경공은 〈도망가지 못하도록〉 문을 닫고 눈물을 흘려 눈이 다 부었다. 경공의 同母弟 辰이 말하였다.

"형님은 가산을 나누어 거부렵에게 주었으면서도 유독 상퇴에게만 비천하게 대하니 형님 또한 공평하지 못함이 있습니다. 형님이 임금님을 위해 禮를 행한다면 出奔하십시오. 그러면 국경을 벗어나지 아니하여 임금님께서 반드시 〈사람을 보내〉 형님을 만류할 것입니다."

공자 지가 陳나라로 출분하는데도 경공은 만류하지 않고, 辰이 만류하라고 청하여도 듣지 않으니, 辰이 말하였다.

"바로 내가 나의 형님을 속인 것이다. 내가 國人을 거느리고 출분한다면 임금님께서는 누구와 함께 나라를 지킬 것입니까?"

字義 室 : 家産 실　抶 : 칠 질　腫 : 부을 종　迋 : 속일 광　處 : 지킬 처

【經】冬에 齊侯衛侯鄭游速會于安甫하다

겨울에 齊侯 · 衛侯가 鄭나라 游速과 安甫에서 회합하였다.

【經】叔孫州仇如齊하다

叔孫州仇가 齊나라에 갔다.

【傳】武叔聘于齊하니 齊侯享之할새 曰 子叔孫아 若使郈在君之他竟이면 寡人何知焉이리오 屬與敝邑際라 故敢助君憂之하노라 對曰 非寡君之望也라 所以事君은 封疆社稷是以[50]니 敢以家隸勤君之執事아 夫不令之臣은 天下之所惡(오)也니 君豈以爲寡君賜리오

武叔이 齊나라에 聘問을 가니 齊侯가 무숙을 접대할 때 말하였다.

"그대 叔孫아! 가령 郈邑이 魯君의 다른 쪽 경계에 있었다면 과인이 어찌 참여해 사정을 알려 하겠는가? 마침 우리나라와 인접하였기 때문에 감히 노군을 도와 근심하는 것이다."

무숙이 대답하였다.

"우리 임금님께서 바라는 바가 아닙니다. 우리나라가 임금님(齊君)을 섬기는 방법은 疆土와 社稷의 안전을 위하는 것이니, 어찌 감히 家臣으로 인해 임금님의 執事를 수고롭게 하겠

50　是以 : '以'는 爲이니, 국가의 토지가 안전하여야 이에 齊나라를 섬길 수 있다는 뜻이다.(楊注)

습니까? 명령을 따르지 않는 신하는 천하가 미워하는 바이니, 임금님께서는 어찌 후읍을 돌려주신 것을 가지고 우리 임금님께 〈은혜를 내린 것으로 여기십니까?〉"

字義 屬 : 마침 촉 以 : 위할 이

【經】宋公之弟辰暨仲佗石彄로 出奔陳하다

宋公의 아우 辰이 仲佗 · 石彄와 함께 陳나라로 出奔하였다.

【傳】冬에 母弟辰暨仲佗石彄로 出奔陳하다

겨울에 宋公의 同母弟 辰이 仲佗 · 石彄와 함께 陳나라로 出奔하였다.

〈11년, 壬寅(B.C. 499)〉

【經】十有一年이라 春에 宋公之弟辰이 及仲佗石彄公子地로 自陳入于蕭以叛하다

11년이다. 봄에 宋 景公의 아우 辰이 仲佗 · 石彄 · 公子 地와 함께 陳나라에서 蕭邑으로 들어가서 반란을 일으켰다.

【傳】十一年이라 春에 宋公母弟辰이 暨仲佗石彄公子地로 入于蕭以叛하다

11년이다. 봄에 宋 景公의 同母弟 辰이 仲佗 · 石彄 · 公子 地와 함께 蕭邑으로 들어가서 반란을 일으켰다.

【經】夏四月이라

여름 4월이다.

【經】秋에 宋樂大心이 自曹入于蕭하다

가을에 宋나라 樂大心이 曹나라에서 蕭邑으로 들어갔다.

【傳】秋에 樂大心從之하야 大爲宋患하니 寵向(상)魋故也라

가을에 樂大心이 그들을 따라 〈반란에 가담하여〉 宋나라에 큰 화난이 되었으니, 이는 景公이 向魋를 총애하였기 때문이다.

【經】冬에 及鄭平하다 叔還如鄭涖盟하다

겨울에 鄭나라와 화평하였다. 叔還이 鄭나라에 가서 맹약에 참가하였다.

【傳】冬에 及鄭平하니 始叛晉也라

겨울에 鄭나라와 화평하였으니, 비로소 晉나라를 배반한 것이다.

〈12년, 癸卯(B.C. 498)〉

【經】十有二年이라 春에 薛伯定卒하다

12년이다. 봄에 薛伯 定(薛 襄公)이 졸하였다.

【經】夏에 葬薛襄公하다

여름에 薛 襄公을 장사 지냈다.

【經】叔孫州仇帥(솔)師墮(휴)郈하다

叔孫州仇가 군대를 거느리고 가서 郈邑의 성을 허물었다.

【傳】仲由爲季氏宰하야 將墮三都러니 於是叔孫氏墮郈하다

仲由(子路)가 季氏의 宰가 되어 三都(費邑 · 郈邑 · 成邑)를 허물려 하니, 이에 叔孫氏가 郈邑의 성을 허물었다.

【經】衛公孟彄帥(솔)師伐曹하다

衛나라 公孟彄가 군대를 거느리고 가서 曹나라를 토벌하였다.

【傳】夏에 衛公孟彄伐曹克郊하고 還할새 滑羅殿이러니 未出에 不退於列하니 其御曰 殿而在列하니 其爲無勇乎인저 羅曰 與其素厲론 寧爲無勇이니라

여름에 衛나라 公孟彄가 曹나라를 토벌하여 郊에서 승리하고, 환군할 때 滑羅가 殿軍(後尾를 맡는 군대)이 되기로 하였는데, 衛軍이 아직 曹나라 국경을 벗어나지 않았을 때 활라가 대열에서 물러나 〈후미로 가지 않으니,〉 그 御者가 말하였다.

"전군이면서 대열에 계시니, 사람들은 아마도 용맹함이 없다고 할 것입니다."

활라가 말하였다.

"실제도 없으면서 용맹하다는 명성을 얻기보다 차라리 용맹이 없다는 비난을 받겠다."

字義 素 : 빌 소(=空) 厲 : 용맹할 려

【經】季孫斯仲孫何忌帥(솔)師墮(휴)費하다

季孫斯와 仲孫何忌가 군대를 거느리고 가서 費邑의 성을 허물었다.

【傳】季氏將墮費러니 公山不狃叔孫輒帥費人하야 以襲魯하다 公與三子入于季氏之宮하야 登武子之臺하다 費人攻之弗克하야 入及公側이어늘 仲尼命申句須樂頎下伐之하니 費人北(배)하다 國人追之하야 敗諸姑蔑하니 二子奔齊어늘 遂墮費하다

季氏가 費邑의 성을 허물려 하자, 公山不狃와 叔孫輒이 費人을 거느리고 와서 魯나라 국도를 습격하였다. 定公이 〈난리를 피해〉 季孫 · 叔孫 · 孟孫과 함께 계씨의 집으로 가서 武子의 臺로 올라갔다. 비인의 공격을 이기지 못하여 비인이 정공 곁에까지 쳐들어오자, 仲尼가 申句須와 樂頎에게 명하여 내려가 토벌하게 하니, 비인이 패주하였다. 國人이 그들을 추격하여 姑蔑에서 패배시키니 공산불뉴와 숙손첩이 齊나라로 달아나기에, 드디어 비읍의 성을 허물었다.

字義 北 : 패주할 배

【經】秋에 大雩하다

가을에 祈雨祭를 지냈다.

【經】冬十月癸亥에 公會齊侯하야 盟于黃하다

겨울 10월 癸亥日에 定公이 齊侯와 만나 黃에서 결맹하였다.

【經】十有一月丙寅朔에 日有食之하다

11월 초하루 丙寅日에 日食하였다.

【經】公至自黃하다

定公이 黃에서 돌아왔다.

【經】十有二月에 公圍成하다

12월에 定公이 成邑을 포위하였다.

【經】公至自圍成하다

定公이 成邑의 포위에서 돌아왔다.

【傳】將墮(휴)成이러니 公斂處父(보)謂孟孫호대 墮成이면 齊人必至于北門이요 且成은 孟氏之保障也니 無成이면 是無孟氏也라 子僞不知하라 我將不墮호리라 冬十二月에 公圍成이나 弗克하다

成邑의 성을 허물려 하니, 公斂處父가 孟孫에게 말하였다.

"성읍의 성을 헐면 齊人이 반드시 북문으로 쳐들어올 것이고, 게다가 성읍은 孟氏를 보호하는 장벽이니, 성읍이 없으면 이는 맹씨가 없는 것입니다. 당신께서는 모른 체하고 계십시오. 나는 장차 헐지 않겠습니다."

겨울 12월에 定公이 성읍을 포위하였으나 이기지 못하였다.

〈13년, 甲辰(B.C. 497)〉

【經】十有三年이라 春에 齊侯衛侯次于垂葭하다

13년이다. 봄에 齊侯와 衛侯가 垂葭(衛나라 땅)에 주둔하였다.

【傳】十三年이라 春에 齊侯衛侯次于垂葭하니 實郹(격)氏라 使師伐晉하야 將濟河러니 諸大夫皆曰 不可라호대 邴意玆曰 可하다 銳師伐河內면 傳必數日而後及絳이요 絳不三月이면 不能出河리니 則我旣濟水矣리라 乃伐河內하다

13년이다. 봄에 齊侯와 衛侯가 垂葭에 주둔하였으니 수가는 바로 郹氏이다. 군대를 보내 晉나라를 토벌하고자 黃河를 건너게 하려 하니, 大夫들이 모두 "안 됩니다."고 하였으나, 邴意玆가 말하였다.

"가능합니다. 精銳軍을 보내 河內를 공격하면 傳車로 달려도 반드시 數日이 지난 뒤에야 絳(晉의 國都)에 도착할 것이고, 絳의 兵馬가 출동하려면 3개월의 時日을 경과하지 않고는 황하에 진출할 수 없을 것이니, 〈그때쯤이면〉 우리는 이미 황하를 건너 돌아온 뒤일 것입니다."

齊侯는 이에 하내를 공격하였다.

字義 傳 : 傳車 전

齊侯皆斂諸大夫之軒하고 唯邴意玆乘軒[51]하다

齊侯는 大夫들의 수레를 모두 몰수하고 오직 邴意玆에게만 수레를 타게 하였다.

齊侯欲與衛侯乘하야 與之宴而駕乘廣하야 載甲焉하고 使告曰 晉師至矣라하다 齊侯曰 比君之駕也히 寡人請攝하노라 乃介而與之乘하고 驅之하다 或告曰 無晉師라하니 乃止하다

齊侯는 衛侯와 함께 수레를 타고 싶어서, 위후와 함께 술을 마시며 〈위후 몰래〉 사람을 시켜 乘廣(主將이 타는 兵車)에 말을 메워 갑옷을 실어두고, 사람을 시켜 "晉軍이 오고 있다."고 고하게 하였다. 그러자 제후가 위후에게 말하였다.

"임금님의 수레에 말을 메울 때까지 대신 寡人의 수레를 타시기를 청합니다."

이에 갑옷을 입고 위후와 함께 수레를 타고 달렸다. 이때 어떤 자가 "진군이 없습니다."라

---

51 齊侯皆斂諸大夫之軒 唯邴意玆乘軒 : 大夫들은 모두 晉나라 정벌을 반대하였고, 오직 邴意玆만 敵情을 헤아려 河內의 토벌을 주장하였기 때문이다.(楊注)

고 고하니, 곧 수레를 멈추었다.

字義 比 : 기다릴 비　介 : 갑옷 개

【經】夏에 築蛇淵囿하다

여름에 蛇淵囿를 축조하였다.

【經】大蒐于比蒲하다 衛公孟彄帥(솔)師伐曹하다

比蒲에서 군사 훈련을 대대적으로 거행하였다. 衛나라 公孟彄가 군대를 거느리고 가서 曹나라를 토벌하였다.

【經】秋에 晉趙鞅이 入于晉陽以叛하다 冬에 晉荀寅士吉射(석)이 入于朝歌以叛하다 晉趙鞅이 歸于晉하다

가을에 晉나라 趙鞅이 晉陽으로 들어가서 배반하였다. 겨울에 진나라 荀寅과 士吉射이 朝歌로 들어가서 배반하였다. 진나라 조앙이 진나라로 돌아왔다.

【傳】晉趙鞅謂邯鄲午曰 歸我衛貢五百家하라 吾舍諸晉陽호리라 午許諾하고 歸告其父兄한대 父兄皆曰 不可하다 衛是以爲邯鄲이어늘 而置諸晉陽이면 絶衛之道也니 不如侵齊而謀之니라 乃如之하고 而歸之于晉陽하다 趙孟怒하야 召午而囚諸晉陽하고 使其從者說(탈)劍而入하니 涉賓不可어늘 乃使告邯鄲人曰 吾私有討於午也니 二三子唯所欲立하라 遂殺午하니 趙稷涉賓以邯鄲叛하다 夏六月에 上軍司馬籍秦圍邯鄲호대 邯鄲午는 荀寅之甥也요 荀寅은 范吉射(석)之姻也라 而相與睦이라 故不與圍邯鄲하고 將作亂하니 董安于聞之하고 告趙孟曰 先備諸(저)인저 趙孟曰 晉國有命하니 始禍者死라하니 爲後可也니라 安于曰 與其害於民으론 寧我獨死호리니 請以我說하라 趙孟不可하다 秋七月에 范氏中行(항)氏伐趙氏之宮한대 趙鞅奔晉陽하니 晉人圍之하다

晉나라 趙鞅이 邯鄲午에게 말하였다.
“衛나라가 진공한 5백 家를 나에게 돌려달라. 나는 이들을 晉陽으로 옮기겠다.”

한단오가 허락하고 돌아가서 그 父兄에게 고하자, 부형은 모두 말하였다.

"안 된다. 衛나라가 이들로 인해 邯鄲을 돕는 것인데, 만약 이들을 진양으로 옮긴다면 衛나라와 우호의 길을 단절하는 것이니, 우선 齊나라를 침공하고 나서 그 일을 꾀하는 것만 못하다."

이에 한단오는 부형의 말과 같이 〈齊나라를 침공하고 나서〉 그들을 진양으로 돌려보내기로 하였다. 趙孟(趙鞅)은 노하여 한단오를 불러 진양에 拘禁하고, 그 從者들에게 검을 풀어놓고 들어오게 하니, 涉賓이 동의하지 않자 조앙은 사람을 보내 한단 사람들에게 고하였다.

"나는 개인적으로 한단오를 징벌하는 것이니, 그대들은 세우고 싶은 사람을 한단오의 후계자로 세우라."

그리고는 드디어 한단오를 죽이니, 趙稷과 涉賓이 한단 사람들을 거느리고 배반하였다. 여름 6월에 上軍 司馬 籍秦이 군대를 거느리고 가서 한단을 포위하였으나, 한단오는 荀寅의 甥姪이고, 순인은 范吉射의 사돈인지라 서로 화목하였으므로 한단을 포위하는 일에 참여하지 않고 변란을 일으키려 하니, 董安于가 이 사실을 듣고 조맹에게 고하였다.

"먼저 대비해야 할 것입니다."

조맹이 말하였다.

"晉나라에 명령이 있으니 화란을 먼저 일으킨 자를 사형에 처한다고 하였다. 그러니 〈저들이 먼저 변란을 일으킨〉 뒤에 대응하는 것이 좋다."

그러자 동안우가 말하였다.

"백성들에게 해를 끼치기보다 차라리 나 혼자 죽겠으니, 내가 저지른 것이라고 설명하십시오."

조맹은 허락하지 않았다. 가을 7월에 范氏와 中行氏가 趙氏의 집을 공격하자 조앙이 진양으로 도망가니 晉人이 진양을 포위하였다.

字義 說 : 벗을 탈(=脫)

范皐夷無寵於范吉射(석)하야 而欲爲亂於范氏하고 梁嬰父(보)嬖於知文子하야 文子欲以爲卿하고 韓簡子與中行(항)文子相惡하고 魏襄子亦與范昭子相惡하다 故五子謀하야 將逐荀寅하고 而以梁嬰父代之하며 逐范吉射하고 而以范皐夷代之하다 荀躒言於晉侯曰 君命大臣호대 始禍者死라하니 載書在河라 今三臣始禍어늘 而獨逐鞅하니 刑已不鈞矣라 請皆逐之하소서 冬十一月에 荀躒韓不信魏曼多 奉公以伐范氏中行氏러니 弗克하다

范皐夷(范氏의 庶子)는 范吉射(范昭子)에게 총애를 받지 못하여 范氏의 종족에게 반란을 일으키고자 하였고, 梁嬰父는 知文子(荀躒)에게 총애를 받아, 지문자는 양영보를 卿으로 삼고자 하였고, 韓簡子(韓不信)와 中行文子(荀寅)는 서로 사이가 나빴고, 魏襄子도 范昭子와 서로 사이가

나빴다. 그러므로 다섯 사람이 모의하여 순인을 축출하고 양영보를 대신 그 자리에 앉히고, 범길석을 축출하고 범고이를 대신 그 자리에 앉히고자 하였다. 荀躒이 晉侯에게 말하였다.

"임금님께서 대신에게 명하시되 '화란을 먼저 일으킨 자는 사형에 처한다.' 하셨으니 盟書를 작성하여 黃河 속에 가라앉혔습니다. 그런데 지금 저 세 신하(趙鞅, 荀寅, 范吉射)는 모두 화란을 먼저 일으킨 자들인데, 유독 趙鞅만 축출하시니 형벌이 매우 공평하지 못합니다. 그러니 모두 축출하소서."

겨울 11월에 荀躒·韓不信·魏曼多가 晉 定公을 모시고 가서 范氏와 中行氏를 토벌하였으나 이기지 못하였다.

二子將伐公이어늘 齊高彊曰 三折肱이라야 知爲良醫니라 唯伐君爲不可하니 民弗與也라 我以伐君在此矣니라 三家未睦하니 可盡克也라 克之면 君將誰與오 若先伐君이면 是使睦也니라 弗聽하고 遂伐公하다 國人助公하니 二子敗어늘 從而伐之하니 丁未에 荀寅士吉射奔朝歌하다 韓魏以趙氏爲請하니 十二月辛未에 趙鞅入于絳하야 盟于公宮하다

두 사람(范吉射과 荀寅)이 晉 定公을 치려 하자, 齊나라 高彊이 말하였다.

"팔이 세 번 부러져보아야 良醫의 치료법을 압니다. 오직 임금을 공격하는 일만은 해서는 안 되니, 백성들이 돕지 않습니다. 나도 임금을 공격한 잘못으로 인해 망명해 이곳에 와 있습니다. 세 家門(知氏, 韓氏, 魏氏)이 화목하지 못하니, 공격하면 모두 이길 수 있습니다. 그들을 이기고 나면 임금님께서 장차 누구를 가까이하겠습니까? 그런데 만약 먼저 임금을 공격한다면 이는 세 가문을 화목하게 만드는 것입니다."

그러나 두 사람은 고강의 말을 듣지 않고, 드디어 진 정공을 공격하였다. 國人이 진 정공을 도우니 두 사람이 패배하자 三家가 뒤따라 두 사람을 공격하니, 丁未日에 荀寅과 士吉射이 朝歌로 달아났다.

韓氏와 魏氏가 趙氏를 회복시키기를 청하니, 12월 辛未日에 趙鞅이 絳都로 들어와서 公宮에서 맹약하였다.

梁嬰父惡(보오)董安于하야 謂知文子曰 不殺安于하고 使終爲政於趙氏면 趙氏必得晉國하리니 盍以其先發難也로 討於趙氏오 文子使告於趙孟曰 范中行(항)氏雖信爲亂이나 安于則發之하니 是安于與謀亂也라 晉國有命하니 始禍者死라하니 二子旣伏其罪矣니 敢以告하노라 趙孟患之한대 安于曰 我死면 而晉國寧하고 趙氏定이니 將焉用生이리오 人誰不死오 吾死莫(모)矣라하고 乃縊而死하다 趙孟尸諸市하고 而告於知氏曰 主命戮罪人하니 安于旣伏其罪矣라 敢以告하노라 知伯從趙孟盟하니 而後趙氏

定하야 祀安于於廟하다

梁嬰父가 董安于를 미워하여 知文子에게 말하였다.

"동안우를 죽이지 않고 끝내 趙氏 집안의 政事를 하게 한다면 조씨가 반드시 晉나라를 얻게 될 것이니, 어찌 동안우가 먼저 禍亂을 일으킨 일로써 조씨를 징벌하지 않으십니까?"

그러자 지문자가 사람을 보내 趙孟에게 고하였다.

"范氏와 中行氏가 비록 실로 반란을 일으켰으나, 실은 동안우가 반란을 일으키도록 유도한 것이니, 이는 동안우도 함께 반란을 모의한 것이오. 晉나라에 명령이 있으니 화란을 먼저 일으킨 자는 사형에 처한다고 하였습니다. 두 사람은 이미 자기들의 죄를 인정하였으니, 감히 이 말로써 고합니다."

조맹이 이를 근심하자, 동안우가 말하였다.

"내가 죽으면 晉나라가 편안해지고 조씨가 안정되니 무엇 때문에 살려 하겠습니까? 사람은 누군들 죽지 않겠습니까? 나는 죽음이 너무 늦었습니다."

그리고는 스스로 목매 죽었다. 조맹은 그의 시신을 저잣거리에 벌여놓고 知氏에게 고하였다.

"主(荀躒)께서 죄인을 죽이라고 명하시니, 동안우는 이미 그 죄를 받고 죽었습니다. 이에 감히 그 사실을 고합니다."

知伯이 조맹에게 가서 맹약하니, 뒤에 조씨가 안정되어 조맹은 동안우의 神位를 조씨의 사당에 모시고 제사 지냈다.

字義 莫 : 늦을 모

【經】薛弑其君比하다

薛나라가 그 임금 比를 시해하였다.

〈14년, 乙巳(B.C. 496)〉

【經】十有四年이라 春에 衛公叔戍來奔하다 衛趙陽出奔宋하다

14년이다. 봄에 衛나라 公叔戍가 魯나라로 도망해 왔다. 衛나라 趙陽이 宋나라로 出奔하였다.

【傳】初에 衛公叔文子朝하야 而請享靈公하고 退하야 見史鰌而告之한대 史鰌曰 子必禍矣리라 子富而君貪하니 罪其及子乎인저 文子曰 然하다 吾不先告子하니 是吾罪也어니와 君旣許我矣니 其若之何오 史鰌曰 無害하니 子臣이면 可以免이요 富而能臣이면 必免于難이니 上下同之니라 戍也驕하니 其亡乎인저 富而不驕者鮮이어늘 吾唯子之見호라 驕而不亡者는 未之有也니 戍必與焉하리라 及文子卒하야 衛侯始惡(오)於公叔戍하니 以其富也러라 公叔戍又將去夫人之黨하니 夫人愬之曰 戍將爲亂이라하니라 十四年春에 衛侯逐公叔戍與其黨이라 故趙陽奔宋하고 戍來奔하다

당초에 衛나라 公叔文子가 上朝하여 靈公을 향연에 초청하고 退朝하여 史鰌를 만나 그 일을 말하자, 사추가 말하였다.

"그대는 반드시 禍를 당할 것입니다. 그대는 부유하고 임금님은 탐욕스러우니 아마도 죄가 그대의 신상에 미칠 것입니다."

공숙문자가 말하였다.

"그대의 말이 옳다. 내가 그대에게 먼저 말하지 않았으니 이는 나의 과실이지만 임금님께서 이미 나의 초청에 응하겠다고 허락하셨으니 이 일을 어쩌면 좋겠는가?"

사추가 말하였다.

"별 탈이 없을 것이니, 그대는 신하의 도리를 잘 지키면 화를 면할 수 있고, 부유하되 신하의 도리를 잘 지키면 반드시 화란을 면할 수 있으니, 이는 상하가 동일합니다. 〈그대의 아들〉 戍는 교만하니 장차 망명하게 될 것입니다. 부유하면서 교만하지 않은 사람이 드문데, 나는 오직 그대에게서 그런 점을 보았습니다. 교만하고도 망명하지 않는 사람은 아직까지 없었으니, 戍는 반드시 禍亂을 당할 것입니다."

공숙문자가 죽은 뒤에 미쳐 衛侯가 비로소 公叔戍를 미워하였으니 그가 부유하기 때문이었다. 공숙수가 또 夫人(靈公의 부인 南子)의 黨을 제거하려 하니, 부인이 영공에게 "戍가 난을 일으키려 한다."고 고하였다.

14년 봄에 위후가 공숙수와 그 黨을 축출하였다. 그러므로 趙陽은 宋나라로 出奔하고, 공숙수는 우리나라로 도망해 왔다.

【經】二月辛巳에 楚公子結陳公孫佗人이 帥(솔)師滅頓하고 以頓子牂歸하다

2월 辛巳日에 楚나라 公子 結과 陳나라 公孫佗人이 군대를 거느리고 가서 頓나라를 격멸하고 頓子 牂을 데리고 돌아갔다.

【傳】頓子牂이 欲事晉하야 背楚而絶陳好러니 二月에 楚滅頓하다

頓子 牂이 晉나라를 섬기고자 하여, 楚나라를 배반하고 陳나라와 우호를 끊으니, 2월에 초나라가 頓나라를 격멸하였다.

【經】夏에 衛北宮結이 來奔하다

여름에 衛나라 北宮結이 魯나라로 도망해 왔다.

【傳】夏에 衛北宮結이 來奔하니 公叔戌之故也라

여름에 衛나라 北宮結이 魯나라로 도망해왔으니, 이는 公叔戌 때문이다.

【經】五月에 於越敗吳于檇(취)李[52]하다 吳子光卒하다

5월에 於越이 檇李에서 吳軍을 패배시켰다. 吳子 光(闔閭)이 졸하였다.

【傳】吳伐越한대 越子句踐禦之하야 陳于檇李하다 句踐患吳之整也하야 使死士再禽焉이로대 不動하니 使罪人三行[53]으로 屬(촉)劍於頸하고 而辭曰 二君有治어늘 臣奸旗鼓하야 不敏於君之行前하니 不敢逃刑이라 敢歸死하노라 遂自剄也하다 師屬之目이러니 越子因而伐之하야 大敗之하다 靈姑浮以戈擊闔廬하니 闔廬傷將指어늘 取其一屨하다 還이라가 卒於陘(형)하니 去檇李七里라 夫差使人立於庭하고 苟出入에 必謂己曰 夫差아 而忘越王之殺而父乎아하고 則對曰 唯라 不敢忘이라하더니 三年乃報越하다

吳나라가 越나라를 침공하자, 越子 句踐은 吳軍을 방어하기 위하여 檇李에 陣을 쳤다. 구천은 오군의 軍容이 엄정한 것을 근심하여 죽음을 두려워하지 않는 용사들을 보내 두 차례나 오군을 생포해 오게 하였으나, 오군이 동요하지 않으니, 구천은 또 죄인 三行으로 하여금 劍을 목에 대고 오군 앞으로 가서 "두 나라 임금께서 교전하시는데, 우리들은 軍令을 범하여 임금님의 行陣 앞에서 민첩하지 못하였습니다. 감히 형벌을 피할 수 없으니 감히 죽겠습니다."

52 檇(취)李 : 吳郡 嘉興縣 남쪽의 醉李城이다.(杜注)

53 三行 : 죄인들로 편성된 세 小隊를 이른다.

하고 드디어 스스로 목을 베어 죽게 하였다. 오군이 이를 괴상히 여겨 주목하였는데, 越子는 그 틈을 이용해 공격하여 오군을 대패시켰다. 靈姑浮가 창으로 闔廬를 치니 합려는 엄지발가락에 상처를 입어 신발을 잃자, 영고부가 합려의 한쪽 신발을 취하였다. 합려는 돌아가다가 陘에서 졸하니 檇李에서 7里의 거리였다.

夫差는 사람을 궁정에 세워놓고 자기가 드나들 때에 반드시 자기에게 "부차야! 너는 越王이 너의 아버지를 죽인 일을 잊었느냐?"고 말하게 하고, 〈그 사람이 그렇게 말하면〉 부차는 "예, 감히 잊을 수 없습니다." 하고 대답하였다. 이렇게 한 지 3년 만에 越나라에 원수를 갚았다.

字義 屨 : 신 구　而 : 너 이

【經】公會齊侯衛侯于牽하다 公至自會하다

定公이 齊侯 · 衛侯와 牽에서 회합하였다. 정공이 회합에서 돌아왔다.

【傳】晉人圍朝歌하니 公會齊侯衛侯于脾上梁之間[54]하야 謀救范中行(항)氏하다 析成鮒小王桃甲이 率狄師以襲晉하야 戰于絳中이나 不克而還하야 士鮒奔周하고 小王桃甲入于朝歌하다

晉人이 朝歌를 포위하니, 定公이 脾와 上梁 사이에서 齊侯 · 衛侯와 회합하여 范氏와 中行氏를 구원하기를 상의하였다. 析成鮒와 小王桃甲이 狄軍을 거느리고 가서 晉나라를 기습하여 絳都 안에서 교전하였으나 승리하지 못하고 환군하여, 士鮒(석성부)는 周나라로 도망하고, 소왕도갑은 조가로 들어갔다.

【經】秋에 齊侯宋公會于洮하다

가을에 齊侯와 宋公이 洮에서 회합하였다.

【傳】秋에 齊侯宋公會于洮하니 范氏故也라

가을에 齊侯와 宋公이 洮에서 회합하였으니, 이는 范氏 때문이었다.

---

54 脾上梁之間 : 脾와 上梁 사이는 바로 牽邑이다.(杜注)

【經】天王使石尙來歸脤하다

天王이 石尙을 보내와서 脤(社에 제사 지낸 고기)을 주었다.

【經】衛世子蒯聵出奔宋하다 衛公孟彄出奔鄭하다

衛나라 世子 蒯聵가 宋나라로 出奔하였다. 위나라 公孟彄가 鄭나라로 출분하였다.

【傳】衛侯爲夫人南子召宋朝[55]하야 會于洮하다 大(태)子蒯聵獻盂于齊할새 過宋野하니 野人歌之曰 旣定爾婁豬하니 盍歸吾艾豭[56]오 大子羞之하야 謂戲陽速曰 從我而朝少君하야 少君見我에 我顧하리니 乃殺之하라 速曰 諾다 乃朝夫人하니 夫人見大子하다 大子三顧호대 速不進이라 夫人見其色하고 啼而走曰 蒯聵將殺余라하니 公執其手以登臺한대 大子奔宋하다 盡逐其黨이라 故公孟彄出奔鄭이라가 自鄭奔齊하다 大子告人曰 戲陽速禍余로다 戲陽速告人曰 大子則禍余라 大子無道하야 使余殺其母하니 余不許면 將戕於余요 若殺夫人이면 將以余說(탈)이니 余是故許而弗爲하야 以紓余死니라 諺曰 民保於信이라하니 吾以信義也로라

衛侯가 夫人 南子를 위하여 宋朝를 衛나라로 불러와서, 洮에서 회합하였다. 太子 蒯聵가 齊나라에 盂邑을 바치기 위해 갈 적에 宋나라 촌야를 지나니, 촌야 사람이 노래하였다.

"너의 암돼지가 이미 안정되었으니, 어찌 우리 늙은 수돼지를 돌려보내지 않느냐?"

〈이 노래를 들은〉 태자는 수치스럽게 여겨 戲陽速에게 말하였다.

"너는 내가 少君(南子)을 뵈러 갈 때 함께 따라와서 소군이 나를 접견할 때 내가 뒤를 돌아볼 것이니 너는 즉시 소군을 죽여라."

희양속은 "그리하겠다."고 승낙하였다. 곧 두 사람이 함께 가서 부인을 뵈니, 부인은 태자를 접견하였다. 태자가 세 번 뒤를 돌아보았으나 희양속이 앞으로 나오지 않았다. 부인은 태자의 얼굴빛을 보고 울면서 달려가 靈公에게 "괴외가 나를 죽이려 합니다."라고 말하니, 영공이 부인의 손을 잡고 臺 위로 올라가자, 태자는 宋나라로 出奔하였다. 영공은 태자의 黨을

55 宋朝 : 宋나라 公子로 오래전부터 송나라 여인인 南子와 情을 통한 자이다.(杜注)

56 旣定爾婁豬 盍歸吾艾豭 : 婁豬는 發情한 암돼지이니 南子를 비유한 것이고, 艾豭는 宋朝를 비유한 것이다. 艾는 늙었다는 뜻이다.(杜注)

모두 축출하였다. 그러므로 公孟彄가 鄭나라로 달아났다가 정나라에서 다시 齊나라로 달아난 것이다.

태자가 어떤 사람에게 "희양속이 나에게 禍를 초래하였다." 하니, 희양속이 어떤 사람에게 말하였다.

"태자가 나에게 화를 떠넘기려 한 것이다. 태자가 無道하여 나에게 자기 어머니를 죽이라고 하니, 내가 허락하지 않았다면 태자는 아마 나를 죽였을 것이고, 내가 만약 부인을 죽였다면 태자는 아마도 나에게 죄를 씌우고 자기는 죄에서 벗어났을 것이다. 나는 그러므로 허락만 하고 실행하지 않아 나의 죽음을 늦춘 것이다. 속담에 '백성은 信義로 몸을 보존하다.' 하였으니, 나는 신의로써 〈몸을 보존하였다.〉"

字義 婁 : 암퇘지 루(=豭)　豬 : 돼지 저　艾 : 늙을 애　豭 : 수퇘지 가　戕 : 죽일 장

【經】宋公之弟辰이 自蕭來奔하다

宋 景公의 아우 辰이 蕭에서 魯나라로 도망해 왔다.

【經】大蒐于比蒲하니 邾子來會公하다

比蒲에서 군사 훈련을 대대적으로 거행하니, 邾子가 와서 定公과 회합하였다.

【經】城莒父(거보)及霄하다

莒父와 霄에 성을 쌓았다.

【傳】冬十二月에 晉人敗范中行(항)氏之師於潞하야 獲籍秦高彊하고 又敗鄭師及范氏之師于百泉하다

겨울 12월에 晉人이 范氏와 中行氏의 군대를 潞에서 패배시켜 籍秦과 高彊을 사로잡고, 또 鄭軍과 범씨의 군대를 百泉에서 패배시켰다.

〈15년, 丙午(B.C. 495)〉

【經】十有五年이라 春王正月에 邾子來朝하다

15년이다. 봄 周王 正月에 邾子가 와서 조현하였다.

【傳】十五年이라 春에 邾隱公來朝하니 子貢觀焉하다 邾子執玉高하야 其容仰하고 公受玉卑하야 其容俯하다 子貢曰 以禮觀之컨대 二君者는 皆有死亡焉하리라 夫禮는 死生存亡之體也니 將左右周旋과 進退俯仰하야 於是乎取之하고 朝祀喪戎하야 於是乎觀之어늘 今正月相朝호대 而皆不度하니 心已亡矣라 嘉事不體하니 何以能久리오 高仰은 驕也요 卑俯는 替也라 驕近亂하고 替近疾이라 君爲主하니 其先亡乎인저

15년이다. 봄에 邾 隱公이 와서 朝見하니 子貢이 〈두 나라 임금이 禮를 행하는 것을〉 보았다. 邾子는 玉을 든 손이 너무 높이 올라가서 그 얼굴이 위로 향하고, 定公은 옥을 받는 자세가 너무 낮아서 그 얼굴이 아래로 향하였다. 자공이 말하였다.

"禮를 행하는 모습을 보건대 두 임금은 모두 死亡할 것이다. 예는 死生과 存亡의 主體이니, 左右周旋과 進退俯仰을 가지고(將) 이에서 生存을 취하느냐 死亡을 취하느냐를 알 수 있고, 朝會·祭祀·喪事·戎事를 가지고 이에서 생존하느냐 사망하느냐를 볼 수 있는데, 지금 正月에 서로 조현하되 모두 법도에 맞지 않았으니 마음을 이미 잃은 것이다. 朝會(嘉事)가 禮(體)에 맞지 않았으니 어찌 오래 살 수 있겠는가? 자세가 높아 얼굴이 위로 올라간 것은 교만이 드러난 것이고, 자세가 낮아 얼굴을 아래로 숙인 것은 태만(替)이 드러난 것이다. 교만은 禍亂에 가깝고 태만은 疾病에 가깝다. 우리 임금이 主人이시니 아마도 먼저 사망하실 것이다."

字義 替 : 게으를 체

【經】鼷鼠食郊牛하야 牛死어늘 改卜牛하다

생쥐가 郊祭에 犧牲으로 바칠 소를 파먹어 소가 죽기에 다시 점을 쳐서 다른 소를 郊牛로 정하였다.

【經】二月辛丑에 楚子滅胡하고 以胡子豹歸하다

2월 辛丑日에 楚子가 胡나라를 격멸하고 胡子 豹를 데리고 돌아갔다.

【傳】吳之入楚也에 胡子盡俘楚邑之近胡者러니 楚既定에 胡子豹又不事楚曰 存亡有命하니 事楚何爲리오 多取費焉이라하더니 二月에 楚滅胡하다

吳나라가 楚나라로 쳐들어갔을 때 胡子가 胡나라 가까이 있는 초나라 城邑의 백성들을 다 잡아갔는데, 초나라가 안정된 뒤에 胡子 豹는 초나라를 섬기지 않으며 말하였다.

"국가의 存亡은 天命에 달린 것이니, 초나라를 섬겨 무엇하겠는가? 단지 비용만 취할 뿐이다."

2월에 초나라가 호나라를 격멸하였다.

字義 俘 : 취할 부 多 : 다만 다

【經】夏五月辛亥에 郊하다

여름 5월 辛亥日에 郊祭를 지냈다.

【經】壬申에 公薨于高寢하다

壬申日에 定公이 高寢에서 薨하였다.

【傳】夏五月壬申에 公薨하다 仲尼曰 賜不幸言而中하니 是使賜多言者也리라

여름 5월 壬申日에 定公이 薨하였다. 仲尼가 말하였다.

"賜(子貢)가 한 말이 불행하게도 맞았으니, 이것이 사로 하여금 말이 많은 사람이 되게 할 것이다."

【經】鄭罕達帥(솔)師伐宋하다

鄭나라 罕達이 군대를 거느리고 가서 宋나라를 토벌하였다.

【傳】鄭罕達 敗宋師于老丘하다

鄭나라 罕達이 老丘(宋나라 땅)에서 宋軍을 패배시켰다.

【經】齊侯衛侯次于渠蒢(제)하다

齊侯와 衛侯가 渠蒢에 군대를 주둔시켰다.

【傳】齊侯衛侯次于蘧挐하니 謀救宋也라

齊侯와 衛侯가 蘧挐(渠篨)에 군대를 주둔시켰으니, 이는 宋나라를 구원하는 일을 모의하기 위함이었다.

【經】邾子來奔喪하다

邾子가 와서 奔喪하였다.

【經】秋七月壬申에 姒氏卒하다

가을 7월 壬申日에 姒氏(定公夫人)가 졸하였다.

【傳】秋七月壬申에 姒氏卒하다 不稱夫人은 不赴하고 且不祔也일새라

가을 7월 壬申日에 姒氏가 졸하였다. '夫人'으로 칭하지 않은 것은 제후에게 赴告하지 않았고, 또 祔廟하지 않았기 때문이다.

【經】八月庚辰朔에 日有食之하다

8월 초하루 庚辰日에 日食하였다.

【經】九月에 滕子來會葬하다 丁巳에 葬我君定公할새 雨不克葬하야 戊午日下昃에 乃克葬하다

9월에 滕子가 와서 會葬하였다. 丁巳日에 우리 임금 定公을 장사 지낼 때 비가 내려 장례를 마치지 못하여 戊午日 오후 늦게야〔日下昃〕 장례를 마쳤다.

【傳】葬定公할새 雨하야 不克襄事는 禮也[57]라

定公을 장사 지낼 때 비가 내려 장례를 중지하고 끝내지 않은 것은 禮에 맞는 일이다.

字義 襄 : 이룰 양(=成)

57 葬定公……禮也 : 비가 오는데도 장사를 끝내는 것은 마치 장사 지내기를 서두르는 것과 같기 때문이다.(杜注)

【經】辛巳에 葬定姒하다

辛巳日에 定公의 夫人 姒氏를 장사 지냈다.

【傳】葬定姒하다 不稱小君은 不成喪也라

定公의 夫人 姒氏를 장사 지냈다. '小君'으로 칭하지 않은 것은 喪禮를 완전히 갖추지 못했기 때문이다.

【經】冬에 城漆하다

겨울에 漆에 성을 쌓았다.

【傳】冬에 城漆하니 書不時告也[58]라

겨울에 漆에 성을 쌓았으니, 제때에 告廟하지 않은 것을 기록한 것이다.

58 冬城漆 書不時告也 : 사실은 가을에 성을 쌓고 겨울에야 告廟한 것이다. 魯나라는 그것이 제때가 아님을 알았기 때문에 마치 겨울에 쌓은 것처럼 가장하기 위해 늦게 고묘한 것이다. 그러므로 經文에 사실에 따라 기록하여 비판의 뜻을 보인 것이다.(杜注)

哀公[1]

〈원년, 丁未(B.C. 494)〉

【經】元年이라 春王正月에 公卽位하다

元年이다. 봄 周王 正月에 公이 즉위하였다.

【經】楚子陳侯隨侯許男圍蔡하다

楚子, 陳侯, 隨侯, 許男이 蔡나라를 포위하였다.

【傳】元年이라 春에 楚子圍蔡하니 報柏擧也라 里而栽[2]호대 廣丈高倍하고 夫屯晝夜九日하니 如子西之素러라 蔡人男女以辨하다 使疆于江汝之間而還하니 蔡於是乎請遷于吳하다

元年이다. 봄에 楚子가 蔡나라를 포위하였으니 이는 柏擧에서의 패전을 보복하기 위함이었다. 채나라 都城 1리 밖에 판자를 세우고 보루를 쌓되, 두께를 1장, 높이를 2장으로 쌓고 役夫들이 밤낮 아홉 날을 주둔하니 子西가 미리 세운 계획과 같이 하였다. 蔡人이 남녀를 각각 따로 〈묶어 가지고 나와 항복하였다.〉 초자가 채인을 長江과 汝水 사이로 이주시키고 還軍하니, 채나라는 이에 吳나라로 옮겨 가기를 청하였다.

字義 夫 : 병사, 역부 부

---

1 哀公 : 哀公의 이름은 蔣이다. 諡法에 恭遜하고 仁慈롭되 夭折한 이를 '哀'라 한다.

2 里而栽 : '栽'는 板築을 설치하여 사면이 에워싸인 堡壘를 만든 것인데, 周帀(둘레의 중심지)이 蔡城에서 1里 거리이다.(杜注) '栽'는 긴 판자로 담을 쌓은 것이다.(林堯叟)

吳王夫差敗越于夫椒하니 報檇(취)李也[3]라 遂入越한대 越子以甲楯五千保于會稽하고 使大夫種因吳大(태)宰嚭以行成하다 吳子將許之어늘 伍員(운)曰 不可하다 臣聞之호니 樹德莫如滋요 去疾莫如盡이라하니 昔有過澆殺斟灌하고 以伐斟鄩하야 滅夏后相하니라 后緡方娠이러니 逃出自竇하야 歸于有[4]仍하야 生少康焉하다 爲仍牧正하야 惎澆能戒之한대 澆使椒求之하니 逃奔有虞하야 爲之庖正하야 以除其害[5]하니라 虞思於是妻之以二姚하고 而邑諸(저)綸하니 有田一成이요 有衆一旅라 能布其德하고 而兆其謀하야 以收夏衆하고 撫其官職하며 使女艾諜澆하고 使季杼誘豷(희)하야 遂滅過戈하고 復禹之績하야 祀夏配天하야 不失舊物하니라 今吳不如過요 而越大於少康이어늘 或將豐之하니 不亦難乎아

吳王 夫差가 夫椒에서 越軍을 패배시켰으니, 이는 檇李의 패전을 보복한 것이다. 드디어 越나라로 쳐들어가자 越子는 갑옷을 입고 방패를 든 군사 5천 명을 거느리고 會稽山으로 가서 지키고 있으면서, 大夫 種을 보내 吳나라 太宰 嚭를 통해 강화를 요구하게 하였다. 吳子가 그 요구를 허락하려 하자, 伍員이 말하였다.

"안 됩니다. 신이 들으니 '은덕을 베풂에는 그 은덕이 더욱 신장되게 하는 것만 한 게 없고, 해악을 제거함에는 그 해악이 다 제거되게 하는 것만 한 게 없다.' 하였습니다.

옛날에 過나라의 澆가 斟灌을 죽이고 斟鄩을 공격하여 夏后(夏나라 임금) 相을 멸망시켰습니다. 〈이때 하후 상의 아내〉 后緡이 한창 임신 중이었는데 수챗구멍으로 도망쳐 나와 仍나라로 가서 少康을 낳았습니다. 뒤에 소강이 잉나라의 牧正이 되어 澆를 해독으로 여겨 철저히 경계하자, 요는 그 신하 椒를 보내 소강을 잡아오게 하니 소강은 虞나라로 도망가서 우나라의 庖正(廚房長)이 되어 그 위해를 면하였습니다. 우나라 임금 思가 이에 두 딸을 그의 아내로 주고 綸을 봉읍으로 주니, 소강은 토지 1成(사방 10里)과 민중 1旅(500人)를 갖게 되었습니다. 백성들에게 은덕을 베풀고 비로소 〈夏나라를 회복할〉 계획을 세워 夏나라 유민들을 불러 모으고 관직에 있는 자들을 위무하는 한편 女艾를 간첩으로 보내 요의 동정을 살피게 하고 季杼를 보내 요의 아우 豷를 유인하게 하여 마침내 요의 過나라와 豷의 戈나라를 멸망시키고 禹王의 業績(領土를 뜻함)을 수복하여 夏나라의 선조를 天帝와 合祀하여 옛 제도를 잃지 않았습니다.

---

3 吳王夫差敗越于夫椒 報檇(취)李也 : 檇李의 戰爭은 定公 14년에 있었다. 夫椒는 吳郡 吳縣 서남쪽에 위치한 太湖 가운데 있는 椒山이다.(杜注)

4 有 : 國名 같은 名詞 앞에 쓰는 조사로, 뜻은 없다.

5 除其害 : 除는 避이니, 內官이 되어 澆의 害를 피하였다는 말이다.(《左氏會箋》)

지금 우리 吳나라는 過나라보다 강하지 못하고 越나라는 소강보다 강대한데, 만약 장차 월나라를 풍부하게 만들어주려고 하니 우리나라의 患難이 되지 않겠습니까?

字義 惎 : 독 기 除 : 피할 제 兆 : 비로소 조

句踐能親而務施호대 施不失人하고 親不棄勞라 與我同壤하야 而世爲仇讐어늘 於是乎克而弗取하고 將又存之하니 違天而長寇讐라 後雖悔之라도 不可食已리니 姬[6]之衰也를 日可俟也리라 介在蠻夷[7]하야 而長寇讐하고 以是求伯(패)하니 必不行矣리라 弗聽이어늘 退而告人曰 越十年生聚하고 而十年敎訓하리니 二十年之外에 吳其爲沼乎인저 三月에 越及吳平하다 吳入越호대 不書는 吳不告慶하고 越不告敗也일새니라

句踐은 친애하고 施惠에 힘쓰되, 시혜할 만하지 못한 사람에게 시혜하지 않았고, 공로가 있는 사람은 버리지 않고 친애하였습니다. 越나라는 우리나라와 국경을 맞대고 있으면서 대대로 원수로 지내왔습니다. 사정이 이러한데 승리하고서도 그 땅을 취하지 않고 도리어 저들을 존속시켜려 하시니, 이는 하늘의 뜻을 어기고 원수를 영구히 존속시키는 것입니다. 뒤에 비록 후회하여도 삭일 수 없을 것이니, 吳나라의 쇠망을 날을 꼽아 기다리게 될 것입니다. 우리가 蠻夷 사이에 끼어 있으면서 원수를 영구히 존속하게 하고 霸者가 되기를 구하시니, 반드시 성공하지 못할 것입니다."

그러나 夫差는 듣지 않았는데, 伍員이 물러나와 어떤 사람에게 말하였다.

"앞으로 越나라는 10년 동안 출산을 장려하며 재력을 축적하고 10년 동안 백성을 교육하고 兵馬를 훈련시킬 것이니, 20년 뒤에는 吳나라의 궁전이 아마도 沼池가 될 것이다."

3월에 월나라가 오나라와 화평하였다. 오나라가 월나라로 쳐들어갔으나 이를 기록하지 않은 것은 오나라가 승전을 통보하지 않았고 월나라가 패전을 통보하지 않았기 때문이다.

字義 食 : 없앨 식 已 : 그칠 이

【經】 鼷鼠食郊牛어늘 改卜牛하다 夏四月辛巳에 郊하다

생쥐가 郊祭에 犧牲으로 바칠 소를 파먹었는데, 다시 점을 쳐서 다른 소를 郊牛로 정하였다. 여름 4월 辛巳日에 교제를 지냈다.

---

6 姬 : '姬'는 吳나라의 姓이다.(杜注)

7 蠻夷 : 楚나라와 越나라를 이른다. 吳나라는 초나라와 월나라 사이에 위치하였다.

【傳】夏四月에 齊侯衛侯救邯鄲할새 圍五鹿하다

여름 4월에 齊侯와 衛侯가 邯鄲을 구원할 때 五鹿(晉나라 邑)을 포위하였다.

【經】秋에 齊侯衛侯伐晉하다

가을에 齊侯와 衛侯가 晉나라를 토벌하였다.

【傳】齊侯衛侯會于乾侯하니 救范氏也라 師及齊師衛孔圉鮮虞人伐晉取棘蒲하다

齊侯와 衛侯가 乾侯에서 회합하였으니, 이는 范氏를 구원하기 위함이었다. 魯軍이 齊軍, 衛나라 孔圉, 鮮虞人과 회합하여 晉나라를 쳐서 棘蒲를 취하였다.

吳之入楚也에 使召陳懷公한대 懷公朝國人而問焉曰 欲與楚者는 右하고 欲與吳者는 左하라 陳人從田하고 無田從黨[8]이러니 逢滑當公[9]而進曰 臣聞國之興也以福이요 其亡也以禍라하니 今吳未有福하고 楚未有禍하니 楚未可棄요 吳未可從이라 而晉盟主也니 若以晉辭吳면 若何오 公曰 國勝君亡이 非禍而何오 對曰 國之有是多矣니 何必不復이리오 小國猶復이온 況大國乎아 臣聞國之興也에 視民如傷하니 是其福也요 其亡也에 以民爲土芥하니 是其禍也라 楚雖無德이나 亦不艾殺其民하고 吳日敝於兵하야 暴骨如莽하니 而未見德焉이라 天其或者正訓楚也로소니 禍之適吳其何日之有리오 陳侯從之하다 及夫差克越하야 乃修先君之怨하야 秋八月에 吳侵陳하니 修舊怨也라

吳軍이 楚나라로 쳐들어갔을 적에 吳子(闔廬)가 사람을 보내 陳 懷公을 부르자, 진 회공은 도성 사람들을 朝堂에 불러놓고 물었다.

"楚나라를 가까이하고자 하는 자는 오른쪽에 서고, 吳나라를 가까이하고자 하는 자는 왼쪽에 서라. 陳나라 사람 중에 토지가 있는 자는 토지가 있는 곳에 따라 〈좌우로 나누어 서고,〉 토지가 없는 자는 族黨이 있는 곳에 따라 〈좌우로 나누어 서라.〉"

그러자 逢滑이 좌우 어느 쪽으로도 가지 않고 앞으로 나아가 말하였다.

"신이 듣건대 국가가 흥성하는 것은 福에서 유래하고, 국가가 쇠망하는 것은 禍에서 유래

---

8 欲與楚者右……無田從黨 : 陳侯가 南面하였으니, 그 오른쪽이 楚나라이고, 그 왼쪽이 吳나라이다. 토지가 서쪽에 있는 것은 초나라와 인접하고 동쪽에 있는 것은 오나라와 인접한 것이다.(楊注) 黨은 族黨의 黨이니, 토지가 없는 자는 토지가 있는 족당을 따라 서게 한 것이다.(《左氏會箋》)

9 當公 : 왼쪽으로 가지도 않고, 오른쪽으로 가지도 않은 것이다.(杜注)

한다고 합니다. 지금 오나라는 복이 없고 초나라는 화가 없으니, 초나라를 아직은 버릴 수 없고 오나라를 아직은 따를 수 없습니다. 晉나라가 맹주이니 만약 晉나라를 핑계 대어 오나라의 부름을 사절하면 어떻겠습니까?"

회공이 말하였다.

"〈초나라는 오나라에〉 승리를 안겨주고 임금은 도망간 것이 화가 아니고 무엇인가?"

봉활이 대답하였다.

"나라들에는 이런 일이 흔히 있었으니, 어찌 반드시 회복하지 못하겠습니까? 작은 나라도 오히려 회복하였는데 하물며 큰 나라이겠습니까? 신이 듣건대 '국가가 흥성할 때는 백성을 상처 입은 것처럼 보아 〈안쓰럽게 여기고 함부로 대하지 않으니〉 이것이 그 나라의 복이고, 국가가 쇠망할 때는 백성을 草芥처럼 여겨 〈함부로 부리니〉 이것이 그 나라의 禍이다.' 하였습니다. 초나라가 비록 덕은 없으나 그 백성을 함부로 죽이지 않았고, 오나라는 날마다 전쟁으로 피폐하여 병사들의 시체가 황야에 풀처럼 널려 있으니 덕을 볼 수 없습니다. 하늘이 아마도 초나라를 바르게 교훈하는 것인 듯하니 화가 오나라로 갈 날이 얼마나 남았겠습니까?"

陳侯는 그의 말을 따랐다. 夫差는 越나라를 이긴 뒤에 미쳐 先君의 원한을 보복하여 가을 8월에 吳軍이 陳나라를 침공하였으니 과거의 원한을 보복하기 위함이었다.

吳師在陳하니 楚大夫皆懼曰 闔廬惟能用其民하야 以敗我於柏擧러니 今聞其嗣又甚焉이라하니 將若之何오 子西曰 二三子恤不相睦하고 無患吳矣하라 昔闔廬食不二味하고 居不重席하며 室不崇壇하고 器不彤鏤하며 宮室不觀하고 舟車不飾하며 衣服財用을 擇不取費하며 在國에 天有菑癘면 親巡孤寡하야 而共其乏困하며 在軍에 熟食者分而後敢食하고 其所嘗者를 卒乘與焉하며 勤恤其民하야 而與之勞逸이라 是以民不罷(피)勞하야 死知不曠[10]이러니 吾先大夫子常易之하니 所以敗我也라 今聞夫差는 次有臺榭陂池焉[11]하고 宿有妃嬙嬪御焉하며 一日之行에 所欲必成하고 玩好必從하며 珍異是聚하고 觀樂是務하며 視民如讐하야 而用之日新이라하니 夫先自敗也已라 安能敗我리오

吳軍이 陳나라에 주둔하니 楚나라 大夫들이 모두 두려워하여 말하였다.

"闔廬가 그 백성을 잘 사용하여 우리를 柏擧에서 패배시켰는데, 지금 듣자니 그 後嗣는 도

---

10 死知不曠 : 曠은 空이다. 자신이 죽더라도 그 죽음이 헛되이 버려지지 않고 반드시 임금의 보답을 받을 것을 알았다는 말이다.(《左氏會箋》)

11 次有臺榭陂池焉 : 흙을 높이 쌓은 것을 '臺'라 하고, 樹木이 있는 것을 '榭'라 하고, 이틀 이상 묵는 것을 '次'라 한다.(杜注) 둑이 있는 못을 '陂'라 하고, 물을 가둔 것을 '池'라 한다.

리어 그보다 심하다 하니, 이 일을 장차 어쩌면 좋겠습니까?"

子西가 말하였다.

"여러분들은 서로 화목하지 못하는 것을 걱정하고 吳나라를 걱정하지 마십시오. 과거에 합려는 밥을 먹을 때 두 가지 반찬을 먹지 않고 앉을 때 자리를 겹으로 깔지 않았으며, 궁실을 높은 단 위에 세우지 않았고 器皿에는 옻으로 칠을 하거나 무늬를 조각하지 않았으며, 궁실에 누대나 亭閣을 축조하지 않았고 배와 수레에 장식을 하지 않았으며, 의복과 用器는 견실한 것을 택하고 화려한 것을 숭상하지 않았으며, 국내에 있을 때에 天災나 역병이 유행하면 친히 순행하면서 고아와 과부를 慰撫하고 그들에게 부족한 물품을 공급하였으며, 軍中에 있을 때에는 익힌 음식을 병사들에게 두루 나누어준 뒤에 감히 먹었으며, 그가 맛보는 진미를 수졸들도 모두 맛보게 하였으며, 그 백성들을 성심으로 구휼하여 백성들과 苦樂을 함께하였습니다. 그러므로 백성들은 피로해하지 않고 죽음이 헛되지 않을 것을 알았습니다. 그런데 우리 先大夫 子常은 이와 반대로 하였으니, 이것이 우리가 실패하게 된 까닭입니다.

지금 듣건대 夫差는 이틀 이상 머무는 곳에는 누대와 연못을 축조하고 잠자리에는 妃嬙과 嬪御가 모시며, 하루 동안의 출행에도 하고자 한 일을 반드시 이루고 玩好品을 반드시 가지고 가며, 진기한 물건만 모으고 관람과 유흥을 일삼으며, 백성을 원수처럼 보아 백성을 날마다 새로운 곳에 쓴다고 합니다. 저 부차는 자신을 먼저 패망시킬 것입니다. 어찌 우리를 패망시킬 수 있겠습니까?"

字義 居 : 앉을 거　彤 : 붉은 칠할 동　鏤 : 새길 루　觀 : 누대 관　嘗 : 맛볼 상

【經】冬이라

겨울이다.

【傳】〔冬〕[12]十月에 晉趙鞅伐朝歌하다

겨울 10월에 晉나라 趙鞅이 朝歌를 토벌하였다.

【經】仲孫何忌帥(솔)師伐邾하다

仲孫何忌가 군대를 거느리고 가서 邾나라를 토벌하였다.

---

12 〔冬〕 : 저본에는 '冬'이 없으나, 十三經注疏本에 의거하여 보충하였다.

〈2년, 戊申(B.C. 493)〉

【經】 二年이라 春王二月에 季孫斯叔孫州仇仲孫何忌帥(솔)師伐邾하야 取漷東田及沂西田하다 癸巳에 叔孫州仇仲孫何忌及邾子盟于句繹하다

2년이다. 봄 周王 2월에 季孫斯, 叔孫州仇, 仲孫何忌가 군대를 거느리고 가서 邾나라를 토벌하여 漷水 동쪽의 땅과 沂水 서쪽의 땅을 취하였다. 癸巳日에 숙손주구와 중손하기가 邾子와 句繹에서 결맹하였다.

【傳】 二年이라 春에 伐邾할새 將伐絞러니 邾人愛其土라 故賂以漷沂之田하고 而受盟하다

2년이다. 봄에 邾나라를 치기 위해 먼저 絞邑을 치려 하니, 邾人은 그 땅을 아꼈다. 그러므로 漷水 이동과 沂水 이서의 땅을 魯나라에 뇌물로 주고 맹약을 받아들인 것이다.

【經】 夏四月丙子에 衛侯元卒하다

여름 4월 丙子日에 衛侯 元(衛 靈公)이 졸하였다.

【傳】 初에 衛侯遊于郊할새 子南僕이러니 公曰 余無子하니 將立女호리라 不對러니 他日에 又謂之한대 對曰 郢不足以辱社稷이니 君其改圖하소서 君夫人在堂하고 三揖在下하니 君命祗辱이라 夏에 衛靈公卒하니 夫人曰 命公子郢爲大子하라 君命也니라 對曰 郢異於他子[13]하고 且君沒於吾手하니 若有之면 郢必聞之요 且亡人之子輒在하니이다 乃立輒하다

당초에 衛侯가 교외에서 노닐 적에 子南(公子 郢)이 수레를 몰았는데, 靈公이 말하였다.

"나에게 太子가 없으니 장차 너를 태자로 세우려 한다."

郢은 아무 대답도 하지 않았다. 후일에 영공이 또 그렇게 말하자, 郢이 대답하였다.

"저는 社稷을 맡을 만하지 못하니 임금님께서는 생각을 바꾸소서. 君夫人께서 당상에 계시고 三揖(卿 · 大夫 · 士)이 아래에 있으니 임금님의 명을 욕되게 할 뿐입니다."

여름에 衛 靈公이 졸하니, 夫人이 말하였다.

"公子 郢을 명하여 태자로 삼으라. 先君의 명이시다."

---

13 郢異於他子 : 郢은 어머니가 卑賤하였으므로 감히 자신이 다른 아들들과 동등하다고 여기지 않았다. 그러므로 '다른 아들들과 다르다.'고 말한 것이다.(《左氏會箋》)

郢이 대답하였다.

"저는 신분이 다른 아들들과 다르고, 또 제가 선군이 薨逝하실 때 곁에 있었으니, 만약 그런 명이 있었다면 제가 반드시 들었을 것입니다. 그리고 또 도망간 사람(蒯聵)의 아들 輒(靈公의 適孫)이 있습니다."

이에 곧 輒을 임금으로 세웠다.

字義 僕 : 수레 몰 복

【經】滕子來朝하다

滕子가 와서 조현하였다.

【經】晉趙鞅帥(솔)師하야 納衛世子蒯聵于戚하다

晉나라 趙鞅이 군대를 거느리고 衛나라 世子 蒯聵를 호위하여 戚邑으로 들여보냈다.

【傳】六月乙酉에 晉趙鞅納衛大(태)子于戚할새 宵迷러니 陽虎曰 右河而南이면 必至焉하리라 使大子絻(문)[14]하고 八人衰(최)經하야 僞自衛逆者하야 告於門하고 哭而入하야 遂居之하다

6월 乙酉日에 晉나라 趙鞅이 衛나라 태자를 戚邑으로 들여보낼 때 밤에 가다가 길을 잃고 헤매니, 陽虎가 말하였다.

"黃河를 오른쪽에 두고 남쪽으로 가면 반드시 척읍에 이를 수 있습니다."

조앙은 태자에게 絻하게 하고, 여덟 사람에게 衰經을 입혀 衛나라에서 맞이하러 온 사람으로 위장하여 문지기에게 통고하고 곡하며 들어가서 드디어 척읍에 거주하였다.

【經】秋八月甲戌에 晉趙鞅帥(솔)師하고 及鄭罕達帥(솔)師戰于鐵하야 鄭師敗績하다

가을 8월 甲戌日에 晉나라 趙鞅이 군대를 거느리고 鄭나라 罕達(子皮의 손자)이 거느린 군대와 鐵에서 교전하여 鄭軍이 대패하였다.

---

14 絻(문) : 喪人이 갓을 벗고 두 발을 묶은 뒤 베로 머리를 감싸는 것이다.

【傳】秋八月에 齊人輸范氏粟할새 鄭子姚子般送之하다 士吉射(석)逆之하고 趙鞅禦之하야 遇於戚하다 陽虎曰 吾車少하니 以兵車之旆로 與罕駟兵車先陳이면 罕駟自後隨而從之라가 彼見吾貌면 必有懼心하리니 於是乎會之면 必大敗之하리라 從之하다 卜戰하니 龜焦어늘 樂丁曰 詩曰 爰始爰謀하야 爰契我龜[15]라하니라 謀協하니 以故兆詢이 可也라 簡子誓曰 范氏中行(항)氏反易天明하야 斬艾百姓하고 欲擅晉國하야 而滅其君이라 寡君恃鄭而保焉이어늘 今鄭爲不道하야 棄君助臣하니 二三子順天明하고 從君命하며 經德義하고 除詬恥 在此行也라 克敵者면 上大夫受縣하고 下大夫受郡하며 士田十萬이요 庶人工商遂[16]하고 人臣隸圉免하리라 志父(보)無罪면 君實圖之어니와 若其有罪면 絞縊以戮하야 桐棺三寸이요 不設屬辟(촉벽)[17]하고 素車樸馬[18]하고 無入于兆하리니 下卿之罰也[19]니라

가을 8월에 齊人이 范氏에게 양곡을 실어 보낼 때 鄭나라 子姚와 子般이 그 양곡 운송을 맡았다. 士吉射은 자요와 자반을 맞이하기 위해 나오고 趙鞅은 자요와 자반을 막기 위해 나와 戚에서 양군이 서로 만났다. 陽虎가 조앙에게 말하였다.

"우리의 兵車가 저들보다 적으니, 기치를 세운 병거로써 罕達(子姚)과 駟弘(子般)의 병거가 당도하기 전에 먼저 진을 치면 한달과 사홍이 뒤에서 우리를 따라오다가 저들이 나의 모습을 보면 반드시 두려워하는 마음을 가질 것이니, 이때에 교전한다면 반드시 저들을 대패시킬 수 있습니다."

조앙이 그의 말을 따랐다. 교전에 앞서 길흉을 점치니 龜甲이 불에 타서 〈占兆가 형성되지 않았다.〉 그러자 樂丁(晉나라 大夫)이 말하였다.

"《詩經》에 '먼저 계획을 세워 우리 거북을 불에 구워 점을 친다.' 하였습니다. 모든 사람의 계획이 같으니 다시 점칠 것 없이 전에 친 占兆를 믿는 것이 좋습니다."

趙簡子(趙鞅)가 다음과 같이 맹서하였다.

"范氏와 中行氏가 하늘의 밝은 덕을 어겨 백성들을 참살하고, 晉나라를 독점하기 위해 그 임금을 멸망시키고자 한다. 우리 임금께선 鄭나라를 믿고 의지하여 몸을 보호하셨는데, 지금

---

15 爰始爰謀 爰契我龜 : 《詩經》〈大雅 綿〉에 나온다.

16 遂 : 관리가 되는 소망을 이루는 것이다.(杜注)

17 屬辟(촉벽) : '屬'은 大棺(맨 바깥의 관) 안에 있는 관이고, '辟'은 〈屬棺 안에 있는〉 椸棺(맨 안쪽의 관)이다.(林堯叟)

18 素車樸馬 : 아무 장식이 없는 수레와 갈기를 자르지 않은 볼품없는 말이다.

19 下卿之罰也 : 이번 전쟁에 趙簡子가 군대를 통솔하였으니, 이미 上卿이 된 것이다. 그러므로 下卿의 罰을 받겠다고 스스로 맹서한 것이다.(楊注)

정나라는 도리를 어겨 임금을 버리고 신하를 도우니, 여러분들이 하늘의 밝은 덕에 순종하고 君命에 복종하며 德義를 상도로 삼고 치욕을 제거하는 것이 이번 전쟁에 달렸다. 전쟁에서 적을 이기면, 上大夫는 縣을 받을 것이고 下大夫는 郡을 받을 것이며, 士는 토지 10만 畝를 받을 것이고, 庶人 · 工人 · 商人은 관직을 받을 것이며, 人臣과 隸圉는 노예의 신분에서 벗어나 자유의 몸이 될 것이다. 나 志父(趙簡子의 一名)가 이번 전쟁에 승리하여 죄를 짓지 않는다면 임금님께서 생각하실 것이지만, 만약 내가 패전하여 죄를 짓는다면 나를 목 졸라 죽여서 屬棺과 辟棺도 없이 세 치 두께의 오동나무 판자로 짠 관에 넣고 素車에 실어 樸馬가 끌게 하고, 조상의 묘역에도 들어가지 못하게 할 것이니, 이는 下卿에게 내리는 징벌이다."

字義 會 : 교전할 회 契 : 거북 구울 계 詢 : 믿을 순 兆 : 묘역 조

甲戌에 將戰할새 郵無恤御簡子하고 衛大(태)子爲右하다 登鐵上하야 望見鄭師衆하고 大子懼하야 自投于車下하니 子良授大子綏하야 而乘之曰 婦人也로다 簡子巡列曰 畢萬은 匹夫也로대 七戰皆獲하야 有馬百乘하고 死於牖下[20]하니 群子勉之하라 死不在寇니라 繁羽御趙羅하고 宋勇爲右러니 羅無勇이어늘 麇之하다 吏詰之한대 御對曰 痁作而伏이니라 衛大子禱曰 曾孫蒯聵는 敢昭告皇祖文王과 烈祖康叔과 文祖襄公하노이다 鄭勝亂從하니 晉午在難하야 不能治亂하야 使鞅討之하니 蒯聵不敢自佚하야 備持矛焉이라 敢告無絶筋하고 無折骨하며 無面傷하야 以集大事하야 無作三祖羞하소서 大命은 不敢請이어니와 佩玉은 不敢愛로소이다

甲戌日에 교전하려 할 때 郵無恤(王良)이 趙簡子(趙鞅)의 兵車를 몰고 衛나라 太子가 車右가 되었다. 鐵丘 위로 올라가서 鄭軍이 많은 것을 바라보고는 위나라 태자는 겁이 나서 스스로 병거 아래로 굴러떨어지니, 子良이 태자에게 손잡이 끈을 쥐어주면서 병거에 오르게 하고 말하였다.

"여자처럼 겁이 많으십니다."

簡子가 대열을 순행하며 말하였다.

"畢萬은 평범한 사내였으나 일곱 차례의 전투에서 모두 적을 사로잡아, 말 4백 필을 가지고 천수를 누리고 죽었으니, 그대들은 노력하라. 적의 손에 죽지 않을 것이다."

繁羽가 趙羅의 병거를 몰고 宋勇이 거우가 되었는데, 조라가 용기가 없기에 그를 병거 안에 묶어놓았다. 軍吏가 그 이유를 묻자, 御가 대답하였다.

---

20 死於牖下 : 天壽로 죽는 것을 말한다.(杜注)

“저분은 학질이 발작하여 엎드려 있는 것이다.”

위나라 태자는 아래와 같이 기도하였다.

“曾孫 蒯聵는 감히 皇祖 文王과 烈祖 康叔과 文祖 襄公께 밝게 고하나이다. 鄭나라 勝(鄭聲公)이 순리를 어지럽히니 晉나라 午(晉 定公)는 화란 중에 있어 亂人을 다스리지 못해, 趙鞅을 보내 난인을 토벌하게 하니, 저 괴외도 감히 스스로 편안히 있을 수 없어서 창을 드는 거우가 되었습니다. 감히 고하건대 힘줄이 끊기거나 뼈가 부러지거나 얼굴을 다치거나 하는 화가 없이 대사를 성공하여 세 할아버님의 수치가 되지 않게 하소서. 생명은 감히 청하지 않겠습니다만 佩玉은 감히 아끼지 않겠나이다.”

字義 麇 : 구속할 균　痁 : 학질 점　從 : 순리 종　集 : 이룰 집

鄭人擊簡子中肩하니 斃于車中이어늘 獲其蠭旗하다 大(태)子救之以戈하니 鄭師北(배)할새 獲溫大夫趙羅[21]하니 大子復伐之한대 鄭師大敗어늘 獲齊粟千車하다 趙孟喜曰 可矣로다 傅傁曰 雖克鄭이나 猶有知在하니 憂未艾也라하다

鄭人이 趙簡子를 쳐서 어깨를 맞히니 간자가 兵車 안에 넘어지자, 鄭人이 간자의 蠭旗를 획득하였다. 衛나라 太子가 창을 들고 구원하니, 鄭軍이 패하여 달아날 적에 溫大夫 趙羅를 사로잡았다. 그러자 태자가 재차 공격하니 정군이 대패하였다. 晉軍이 齊나라의 양곡 1천 수레를 획득하였다. 趙孟(簡子)이 기뻐하며 “이제 되었다.” 하니, 傅傁가 말하였다.

“비록 정군을 이겼으나, 여전히 知氏가 건재하니 우환이 아직 끝나지 않았습니다.”

字義 斃 : 넘어질 폐　蠭 : 깃발 이름 봉　艾 : 다할 애

初에 周人與范氏田에 公孫尨稅焉이러니 趙氏得而獻之하다 吏請殺之한대 趙孟曰 爲其主也니 何罪오 止而與之田[22]하다 及鐵之戰하야 以徒五百人으로 宵攻鄭師하야 取蠭旗於子姚之幕下하야 獻曰 請報主德하노라 追鄭師하니 姚般公孫林殿而射하야 前列多死하다 趙孟曰 國無小로다 旣戰에 簡子曰 吾伏弢嘔血호대 鼓音不衰하니 今日我上也로다 大子曰 吾救主於車하고 退敵於下하니 我右之上也로다 郵良曰 我兩靷將絶이어늘 吾能止

---

21 鄭師北(배) 獲溫大夫趙羅 : 趙羅가 용기가 없기 때문에 鄭軍이 패주하면서도 오히려 조라를 사로잡은 것이다.(杜注)

22 止而與之田 : 趙氏의 사람들이 尨을 잡아 趙孟에게 바치자, 조맹은 그를 晉나라에 머물게 하고 그에게 田地를 주어 벼슬하게 한 것이다. 止는 그를 晉나라에 머물게 한 것이니, 그렇다면 그에게 준 전지도 晉나라의 전지이고 그가 收稅한 전지가 아니다.(《左氏會箋》)

之[23]하니 我는 御之上也로다하고 駕而乘材하니 兩靷皆絶하다

당초에 周人이 范氏에게 토지를 주었을 때 公孫 尨(范氏의 家臣)이 그 토지에 조세를 받으러 갔는데, 趙氏의 사람들이 尨을 잡아 趙孟에게 바쳤다. 軍吏가 尨을 죽이자고 청하자, 조맹이 말하였다.

"저 사람은 그 주인을 위해 온 것이니, 그에게 무슨 죄가 있느냐?"

그리고는 그에게 토지를 주어 晉나라에 머물러 살게 하였다. 조맹이 鐵丘에서 전쟁할 때에 미쳐 공손 방이 步兵 5백 명을 거느리고 와서 밤에 鄭軍을 공격하여 子姚의 군막에서 蠭旗를 탈취하여 조맹에게 바치며 말하였다.

"이것으로 주인님의 은덕에 보답하고자 합니다."

조맹이 정군을 추격하니, 子姚 · 子般 · 公孫 林이 뒤에서 일제히 활을 쏘아대어 앞의 대열에 있는 晉軍이 많이 죽었다. 그러자 조맹이 말하였다.

"작은 나라라 하여 무시할 수가 없다."

전투가 끝난 뒤에 趙簡子가 말하였다.

"나는 활집 위에 엎드려 피를 토하면서도 쉬지 않고 북을 쳤으니, 오늘의 승리에는 나의 공이 으뜸이다."

太子가 말하였다.

"내가 兵車 위에서 主公(趙鞅을 이름)을 구원하고 병거 아래에서 적을 격퇴하였으니, 나의 공이 車右 중에 으뜸입니다."

郵良이 말하였다.

"내가 거의 끊어져가는 두 驂馬의 腹帶를 끊어지지 않도록 막았으니, 나는 御者 중에 공이 으뜸입니다."

그리고 나서 우량이 수레에 말을 메우고 작은 橫木(材)을 수레 위에 올려놓자, 두 참마의 복대가 모두 끊어졌다.

字義 弢 : 활집 도 靷 : 가슴걸이 인

【經】冬十月에 葬衛靈公하다

겨울 10월에 衛 靈公을 장사 지냈다.

---

23 我兩靷將絶 吾能止之 : 두 驂馬의 腹帶가 끊어지면 참마가 밖으로 벗어나 制御할 수 없게 된다. 王良은 수레를 잘 몰아 복대가 거의 끊어져가는 참마를 잘 제어한 것이다.(楊注)

【經】十有一月에 蔡遷于州來하다 蔡殺其大夫公子駟하다

11월에 蔡나라가 州來로 천도하였다. 채나라가 그 大夫 公子 駟를 죽였다.

【傳】吳洩庸如蔡納聘하야 而稍納師하다 師畢入에 衆知之라 蔡侯告大夫하야 殺公子駟以說[24]하고 哭而遷墓하다 冬에 蔡遷于州來하다

吳나라 洩庸이 蔡나라로 가서 聘幣를 바치는 기회를 이용하여 吳軍을 조금씩 채나라로 들여보냈다. 오군이 다 들어간 뒤에야 채나라 민중이 비로소 알았다. 蔡侯가 大夫들에게 고하여 公子 駟를 죽여 해명하고, 곡하면서 先君의 묘를 이장하였다. 겨울에 채나라가 州來로 천도하였다.

〈3년, 己酉(B.C. 492)〉

【經】三年이라 春에 齊國夏衛石曼姑帥(솔)師圍戚하다

3년이다. 봄에 齊나라 國夏와 衛나라 石曼姑가 군대를 거느리고 가서 戚邑을 포위하였다.

【傳】三年이라 春에 齊衛圍戚하고 求援于中山하다

3년이다. 봄에 齊나라와 衛나라가 戚邑을 포위하고 中山(鮮虞)에 원군을 요구하였다.

【經】夏四月甲午에 地震하다

여름 4월 甲午日에 地震이 일어났다.

【經】五月辛卯에 桓宮僖宮災하다

5월 辛卯日에 桓宮(桓公의 廟)과 僖宮(僖公의 廟)에 불이 났다.

---

24 蔡侯告大夫 殺公子駟以說 : 蔡侯는 吳나라 땅으로 천도하고자 하였으나, 대부들의 반대가 심하여 여의치 않자, 蔡侯는 오나라로 하여금 강제로 옮기게 하였다. 이에 吳軍이 몰래 성 안으로 들어오니, 蔡나라 민중이 오군이 들어온 것을 알고 소동을 벌이자, 채후는 대부들을 불러 사정을 말해주고, 죄를 公子 駟에게 씌워 그를 죽여 오나라에 해명한 것이다.

【傳】夏五月辛卯에 司鐸火하니 火踰公宮하야 桓僖災하니 救火者皆曰 顧府하라 南宮敬叔至하야 命周人出御書하야 俟於宮하고 曰 庀女하리니 而不在면 死하리라 子服景伯至하야 命宰人호대 出禮書하야 以待命하라 命不共이면 有常刑하리라 校人乘馬하고 巾車脂轄하며 百官官備하야 府庫愼守하고 官人肅給하라 濟濡帷幕하야 鬱攸從之[25]하라 蒙葺公屋호대 自大(태)廟始하야 外內以悛하고 助所不給하라 有不用命이면 則有常刑하니 無赦하리라 公父(보)文伯至하야 命校人駕乘車하다 季桓子至하야 御公立于象魏之外하야 命救火者호대 傷人則止하라 財可爲也니라 命藏象魏[26]曰 舊章不可亡也니라 富父(보)槐至하야 曰 無備而官辦者는 猶拾瀋也[27]니라 於是乎去表之槀하고 道還公宮하다 孔子在陳이러니 聞火하고 曰 其桓僖乎[28]인저

여름 5월 辛卯日에 司鐸(宮名)에 화재가 발생하니 그 불이 公宮으로 넘어와 桓公과 僖公의 廟를 태웠다. 이때 불을 끄는 자들은 모두 “府庫를 주의해 살피라.” 하였다. 南宮敬叔이 와서 周人(周나라 문서와 전적을 맡은 관원)에게 명하여 御書를 구출하여 宮에서 기다리게 하고 말하였다.

“〈불이 잡힌 뒤에〉 너에게 이 어서를 챙겨 올리게 할 것이니, 그때 만약 손실된〔不在〕 것이 있으면 死罪로 다스릴 것이다.”

子服景伯이 와서 宰人(家宰의 하속)에게 명하였다.

“禮書를 구출하고 명을 기다리라. 명을 받들지 않으면 정해진 법에 따라 처벌할 것이다. 校人(말을 맡은 관리)은 수레에 메울 네 필의 말을 준비하고, 巾車(수레를 맡은 관리)는 수레바퀴에 기름을 치고, 백관들은 각자의 직무를 다하여, 府庫를 조심해 지키고, 관인은 엄숙히 공급하라. 장막을 물에 적셔 불이 붙을 만한 곳으로 가라. 공궁의 지붕을 덮되 太廟의 지붕부터 먼저 덮어, 밖과 안을 차례로 덮고, 인력이 부족한 곳에는 인력을 보조하라. 명을 따르지 않는 자가 있으면 정해진 법에 따라 처벌하고 용서하지 않을 것이다.”

---

25 鬱攸從之 : ‘鬱’은 火이고 ‘攸’는 所이니, 火氣가 발생한 곳으로 가는 것이다.(《左氏會箋》)

26 象魏 : 《周禮》〈天官 太宰〉에 의하면 正月에 敎令의 法을 象魏에 게시하여 萬民으로 하여금 보게 한다. 그러므로 그 글을 象魏라 한 것이다.(杜注)

27 富父(보)槐至……猶拾瀋也 : 槐는 富父終生의 後孫이다. 瀋은 汁(국물)이다. 평소에 미리 대비하지 않고 일이 생긴 뒤에 관리에게 책임을 지우면 사태를 수습할 수 없다는 말이다.(杜注) 평소에 豫備하지 않았다가 일이 생긴 뒤에 관리에게 그 처리를 책임 지우는 것은 엎지른 국물을 수습하게 하는 것과 같아서 끝내 수습할 수 없다는 말이다.(林堯叟)

28 孔子在陳……其桓僖乎 : 桓公과 僖公이 親盡하였는데도 廟를 훼철하지 않았으니, 천재를 당하는 것이 당연함을 말한 것이다.(杜注)

公父文伯이 와서 교인에게 임금의 수레에 말을 메우라고 명하였다. 季桓子가 와서 哀公을 수레에 모시고 象魏(門闕) 밖에 서서 불을 끄는 사람들에게 명하였다.

"불의 기세에 사람이 상할 성싶으면 불 끄는 일을 중지하라. 재물은 다시 모을 수 있다."

또 象魏를 갈무리하라고 명하며 말하였다.

"옛 典章을 잃어서는 안 된다."

富父槐가 와서 말하였다.

"화재의 대비가 없으면서 百官에게 책임을 지우는 것은 엎지른 국물을 수습하게 하는 것과 같다."

이에 불길을 표시한 곳에 쌓인 마른 나무들을 다 제거하고, 공궁 둘레의 길을 깨끗이 치웠다. 이때 孔子께서 陳나라에 계셨는데, 魯나라에 불이 났다는 말을 듣고 말하였다.

"불이 난 곳이 아마도 桓宮과 僖宮일 것이다."

字義 庀 : 갖출 비 葺 : 덮을 집 屋 : 지붕 옥 悛 : 차례 전

【經】季孫斯叔孫州仇帥(솔)師城啓陽하다

季孫斯와 叔孫州仇가 군대를 거느리고 가서 啓陽에 성을 쌓았다.

【經】宋樂髡帥(솔)師伐曹하다

宋나라 樂髡이 군대를 거느리고 가서 曹나라를 토벌하였다.

【傳】劉氏范氏世爲婚姻이러니 萇弘事劉文公이라 故周與范氏러니 趙鞅以爲討한대 六月癸卯에 周人殺萇弘하다

劉氏(周나라 卿士)가 范氏(晉나라 大夫)와 대대로 혼인을 하였는데, 萇弘이 劉文公을 섬겼다. 그러므로 周나라가 범씨를 돕더니 趙鞅이 그것을 꾸짖자, 6월 癸卯日에 周人이 장홍을 죽였다.

【經】秋七月丙子에 季孫斯卒하다

가을 7월 丙子日에 季孫斯가 졸하였다.

【傳】秋에 季孫有疾이어늘 命正常曰 無死[29]하고 南孺子之子男也어든 則以告而立之하고 女也어든 則肥也可니라 季孫卒커늘 康子卽位하다 旣葬에 康子在朝러니 南氏生男하니 正常載以如朝하야 告曰 夫子有遺言하야 命其圉臣[30]曰 南氏生男이어든 則以告於君與大夫而立之하라하더시니 今生矣 男也라 敢告하노라 遂奔衛하다 康子請退한대 公使共劉視之하니 則或殺之矣어늘 乃討之하고 召正常하니 正常不反하다

가을에 季孫(季桓子)이 병이 들자 正常(季桓子의 寵臣)에게 명하였다.

"나를 따라 죽지 말고 南孺子가 낳은 아들이 사내이거든 나의 말을 임금님께 고하여 이 아이를 후계자로 세우게 하고, 딸이거든 肥(康子)를 세우게 하라."

계손이 졸하자 康子가 후계자의 자리에 올랐다. 계손을 장사 지낸 뒤에 강자가 조정에 나아가 있는데, 南氏가 사내아이를 낳으니, 정상이 그 아이를 수레에 싣고 조정으로 가서 고하였다.

"夫子께서 유언을 남기시어 저 圉臣에게 명하기를 '남씨가 사내아이를 낳거든 나의 말을 임금님과 대부들에게 고하여 이 아이를 후계자로 세우게 하라.' 하셨으니, 지금 낳은 아기가 사내아이라서 감히 아룁니다."

그리고 드디어 衛나라로 出奔하였다. 강자가 후계자의 자리에서 물러나기를 청하자, 哀公이 共劉(季桓子의 寵臣)를 보내 살펴보게 하니, 이미 어떤 자가 그 아이를 죽였기에 아이를 죽인 자를 토벌하고 정상을 부르니 정상은 돌아오지 않았다.

【經】蔡人放其大夫公孫獵于吳하다. 冬十月癸卯에 秦伯卒하다

蔡人이 그 大夫 公孫 獵을 吳나라로 추방하였다. 겨울 10월 癸卯日에 秦伯(秦 惠公)이 졸하였다.

【經】叔孫州仇仲孫何忌帥(솔)師圍邾하다

叔孫州仇와 仲孫何忌가 군대를 거느리고 가서 邾나라를 포위하였다.

---

29 命正常曰 無死 : 後事를 부탁하려 하였기 때문에 나를 따라 죽지 말라고 命令한 것이다.(杜注)

30 圉臣 : 正常이 스스로 말 기르는 奴僕이라고 칭한 것이다.(杜注)

【傳】冬十月에 晉趙鞅圍朝歌하야 師于其南하니 荀寅伐其郛할새 使其徒自北門入하고 己犯師而出하야 癸丑奔邯鄲하다 十一月에 趙鞅殺士皐夷하니 惡(오)范氏也일새라

겨울 10월에 晉나라 趙鞅이 朝歌를 포위하여 그 남쪽에 주둔하니, 荀寅(中行文子)이 남문의 외성을 공격할 때 자기의 무리들로 하여금 북문으로 쳐들어오게 하고, 자기는 포위를 뚫고 나와서 癸丑日에 邯鄲으로 도망갔다. 11월에 趙鞅이 士皐夷를 죽였으니, 이는 范氏를 증오하였기 때문이다.

〈4년, 庚戌(B.C. 491)〉

【經】四年이라 春王二月庚戌에 盜殺蔡侯申하다 蔡公孫辰出奔吳하다

4년이다. 봄 周王 2월 庚戌日에 도적이 蔡侯 申(蔡 昭侯)을 살해하였다. 蔡나라 公孫辰이 吳나라로 出奔하였다.

【傳】四年이라 春에 蔡昭侯將如吳한대 諸大夫恐其又遷也하야 承[31]公孫翩逐而射之하니 入於家人而卒하다 以兩矢門之하니 衆莫敢進하다 文之鍇(개)後至하야 曰 如牆而進이면 多而殺二人이리라 鍇執弓而先한대 翩射之하야 中肘하니 鍇遂殺之하다 故逐公孫辰하고 而殺公孫姓公孫盱하다

4년이다. 봄에 蔡 昭侯가 吳나라에 가려 하자 대부들은 그가 또 나라를 옮길까 두려워하여 公孫 翩(蔡나라 大夫)을 도와 뒤쫓아가서 昭侯에게 활을 쏘니, 소후는 民家로 들어가서 죽었다. 공손 편이 두 대의 화살을 가지고 민가의 문을 지키니 누구도 감히 앞으로 나오지 못하였다. 文之鍇(蔡나라 大夫)가 뒤늦게 와서 말하였다.

"담처럼 나란히 서서 앞으로 나아가면 많아야 두 사람 정도 죽일 것이다."

그리고 나서 鍇가 손에 활을 들고 앞장서서 나아가자 翩이 그를 향해 활을 쏘아 팔꿈치를 맞히니, 鍇가 〈맞받아 활을 쏘아〉 드디어 翩을 죽였다. 그러므로 公孫 辰을 축출하고 公孫 姓과 公孫 盱를 죽인 것이다.

字義 承 : 도울 승 門 : 문 지킬 문 肘 : 팔꿈치 주

---

31 承 : 承은 佐이니, 함께 난을 도운 자는 公孫 姓, 公孫 盱 등이다.(《左氏會箋》)

【經】葬秦惠公하다

秦 惠公을 장사 지냈다.

【經】宋人執小邾子하다

宋人이 小邾子를 잡았다.

【經】夏에 蔡殺其大夫公孫姓公孫霍하다

여름에 蔡나라가 그 大夫 公孫 姓과 公孫 霍을 죽였다.

【經】晉人執戎蠻子赤하야 歸于楚하다

晉人이 戎蠻子 赤을 잡아서 楚나라로 돌려보냈다.

【傳】夏에 楚人旣克夷虎하고 乃謀北方하다 左司馬眅(판)申公壽餘葉(섭)公諸(저)梁이 致蔡於負函하고 致方城之外於繒關하야 曰 吳將泝江入郢하니 將奔命焉하라 爲一昔之期하야 襲梁及霍하다 單(선)浮餘圍蠻氏하니 蠻氏潰어늘 蠻子赤奔晉陰地하다 司馬起豐析與狄戎하야 以臨上雒하야 左師軍于菟和하고 右師軍于倉野하야 使謂陰地之命大夫士蔑曰 晉楚有盟하야 好惡同之하니 若將不廢인댄 寡君之願也라 不然인댄 將通於少習以聽命[32]호리라 士蔑請諸趙孟하니 趙孟曰 晉國未寧하니 安能惡於楚리오 必速與之하라 士蔑乃致九州之戎[33]하야 將裂田以與蠻子以城之하고 且將爲之卜이라한대 蠻子聽卜하니 遂執之與其五大夫하야 以畀楚師于三戶하다 司馬致邑立宗焉하야 以誘其遺民하야 而盡俘以歸하다

여름에 楚人이 이미 夷虎(蠻夷)를 공격해 승리하고 곧 북방을 도모하였다. 左司馬 眅과 申公 壽餘와 葉公 諸梁이 蔡나라 사람들을 불러 負函에 모이게 하고, 方城山 밖의 사람들을 불

---

32 將通於少習以聽命 : 少習山에 길을 뚫고 서쪽으로 秦나라를 위협하여 秦軍과 연합해 동으로 陰地를 취하고 북으로 黃河를 건너서 晉나라의 國都를 핍박하겠다는 뜻이다.(楊注)

33 致九州之戎 : 致는 召集한다는 말과 같으니, 九州戎 각 部落의 長을 소집한 것이다.(楊注)

러 繒關에 모이게 하여 말하였다.

“吳軍이 長江을 거슬러 올라와 郢都로 진입하려 하니, 장차 출동 명령이 내려지면 달려가 〈오군을 막으라.〉”

그런 다음 하룻밤으로 기한을 정하고 梁과 霍을 습격하였다. 單浮餘(楚나라 大夫)가 蠻氏(戎의 別族)를 포위하자 만씨가 도주하니 蠻子 赤이 晉나라 陰地로 도망갔다. 司馬 眅이 豐과 析의 사람과 狄戎를 동원하여 上雒을 핍박하여 左軍은 菟和山에 주둔시키고 右軍은 倉野에 주둔시켜 음지의 命大夫(別縣의 監尹) 士蔑에게 사람을 보내 말하였다.

“晉나라와 楚나라가 맹약을 맺어 好惡를 함께하기로 하였으니, 만약 그 맹약을 폐기하지 않는다면 이는 바로 우리 임금님의 바람입니다. 그러나 만약 그렇게 하지 않는다면 우리는 장차 少習山의 길을 뚫은 뒤에 다시 晉나라의 명을 기다리겠습니다.”

사멸이 趙孟에게 이 일의 처리를 청하니, 조맹이 말하였다.

“우리 晉나라가 안녕하지 못하니 어찌 楚나라와 관계를 악화시켜서야 되겠소. 반드시 속히 蠻子를 초나라에 넘겨주십시오.”

사멸은 이에 九州의 戎을 소집하여 “토지를 쪼개어 만자에게 주고 그곳에 성을 쌓아줄 것이다. 그리고 축성의 길흉을 점치려 한다.”고 거짓말을 하자, 만자가 점을 듣기 위해 오니 드디어 만자와 다섯 대부를 잡아서 三戶에서 楚軍에게 넘겨주었다. 司馬 眅이 또 만자에게 성읍을 주어 종주로 세워주겠다고 속여 그 유민을 유인하여 모두 포로로 잡아 돌아갔다.

【經】 城西郛하다 六月辛丑에 亳社災하다 秋八月甲寅에 滕子結卒하다

魯나라 서쪽 외성을 축조하였다. 6월 辛丑日에 亳社(殷나라의 社)에 화재가 발생하였다. 가을 8월 甲寅日에 滕子 結(滕 頃公)이 졸하였다.

【經】 冬十有二月에 葬蔡昭公하다 葬滕頃公하다

겨울 12월에 蔡 昭公을 장사 지냈다. 滕 頃公을 장사 지냈다.

【傳】 秋七月에 齊陳乞弦施衛寗跪救范氏하야 庚午에 圍五鹿하다 九月에 趙鞅圍邯鄲이러니 冬十一月에 邯鄲降하니 荀寅奔鮮虞하고 趙稷奔臨하다 十二月에 弦施逆之하야 遂墮(휴)臨하고 國夏伐晉하야 取邢任欒鄗逆時陰人盂壺口하고 會鮮虞하야 納荀寅于柏人하다

가을 7월에 齊나라 陳乞 · 弦施와 衛나라 甯跪가 范氏를 구원하여, 庚午日에 五鹿을 포위하였다. 9월에 趙鞅이 邯鄲을 포위하였는데, 겨울 11월에 한단이 항복하니, 荀寅은 鮮虞로 도망가고 趙稷은 臨邑으로 도망갔다. 12월에 현시가 조직을 맞이하여 드디어 임읍의 성을 허물고, 齊나라 國夏가 晉나라를 쳐서 邢, 任, 欒, 鄗, 逆時, 陰人, 盂, 壺口를 취하고 선우와 會合하여 순인을 柏人으로 들여보냈다.

〈5년, 辛亥(B.C. 490)〉

【經】 五年이라 春이라

5년이다. 봄이다.

【傳】 五年이라 春에 晉圍柏人하니 荀寅士吉射(석)奔齊하다 初에 范氏之臣王生惡(오)張柳朔이러니 言諸昭子하야 使爲柏人한대 昭子曰 夫非而讐乎아 對曰 私讐不及公이라 好不廢過하고 惡不去善은 義之經也니 臣敢違之아하더니 及范氏出하야 張柳朔謂其子호대 爾從主勉之하라 我將止死호리라 王生授我矣니 吾不可以僭之라하고 遂死於柏人하다

5년이다. 봄에 晉軍이 柏人을 포위하니 荀寅과 士吉射(范吉射)이 齊나라로 도망갔다. 당초에 范氏의 家臣 王生이 張柳朔을 미워하였는데, 장류삭을 昭子(范吉射)에게 좋게 말하여 柏人의 邑宰로 삼게 하자, 소자가 말하였다.

"장류삭은 너의 원수가 아니더냐?"

왕생이 대답하였다.

"개인의 원한은 公事와 관계가 없습니다. 좋아하되 그 사람의 허물을 버리지 않고 미워하되 그 사람의 장점을 버리지 않는 것은 道義의 常法이니, 신이 어찌 감히 이 상법을 어기겠습니까?"

범씨가 백인을 탈출할 때에 미쳐 장류삭이 자기 아들에게 말하였다.

"너는 主公을 따라가서 힘을 다해 모셔라. 나는 장차 이곳에 남아 싸우다가 죽을 것이다. 왕생이 나에게 〈절개를 지켜 죽을 수 있는 기회를〉 주었으니, 나는 왕생을 믿지 않을 수 없다."

그리고는 드디어 백인에서 죽었다.

字義 而 : 너 이 　僭 : 불신할 참

【經】 城毗하다 夏에 齊侯伐宋하다

毗에 성을 쌓았다. 여름에 齊侯가 宋나라를 토벌하였다.

【經】 晉趙鞅帥(솔)師伐衛하다

晉나라 趙鞅이 군대를 거느리고 가서 衛나라를 토벌하였다.

【傳】 夏에 趙鞅伐衛하니 范氏之故也라 遂圍中牟하다

여름에 趙鞅이 衛나라를 토벌하였으니, 이는 范氏 때문이었다. 드디어 中牟를 포위하였다.

【經】 秋九月癸酉에 齊侯杵臼卒하다

가을 9월 癸酉日에 齊侯 杵臼(齊 景公)가 卒하였다.

【傳】 齊燕姬生子러니 不成而死하다 諸子鬻(육)姒之子荼嬖하니 諸大夫恐其爲大(태)子也하야 言於公曰 君之齒長矣로대 未有大子하시니 若之何오 公曰 二三子間於憂虞면 則有疾疢이니 亦姑謀樂하라 何憂於無君이리오 公疾이어늘 使國惠子高昭子立荼하고 寘群公子於萊러니 秋에 齊景公卒하다

齊나라 燕姬(景公의 夫人)가 아들을 낳았으나 성년이 되기 전에 죽었다. 경공이 諸子(諸妾) 중의 하나인 鬻姒가 낳은 아들 荼를 사랑하니, 대부들은 그가 太子가 될까 두려워하여 齊 景公에게 말하였다.

"임금님의 연세가 높으신데 아직 태자가 없으시니 어찌하면 좋겠습니까?"

경공이 말하였다.

"그대들의 마음에 우려가 끼어들면 질병이 생길 것이니, 우선 즐겁게 지내기를 꾀하시오. 임금 없는 것을 걱정할 게 뭐 있소."

경공이 병이 위독해지자 國惠子와 高昭子로 하여금 荼를 태자로 세우고, 모든 公子들을 萊(제나라 동쪽 변방의 邑)에 안치하게 하더니, 가을에 제 경공이 졸하였다.

字義 間 : 끼어들 간 疢 : 질병 진

【經】冬에 叔還如齊하다

겨울에 叔還이 齊나라에 갔다.

【經】閏月에 葬齊景公하다

閏月에 齊 景公을 장사 지냈다.

【傳】冬十月에 公子嘉公子駒公子黔은 奔衛하고 公子鉏公子陽生은 來奔하다 萊人歌之曰 景公死乎不與埋하고 三軍之事乎不與謀로다 師乎師乎여 何黨之乎[34]오

겨울 10월에 公子 嘉·公子 駒·公子 黔은 衛나라로 도망가고, 公子 鉏·公子 陽生은 魯나라로 도망해 왔다. 萊人이 노래하였다.

"景公이 죽었는데도 매장에 참여하지 못하고, 三軍의 일에도 참여해 모의하지 못하였구나. 공자들이여, 공자들이여! 장차 어디로 가실 것인가?"

字義 師 : 무리 사 黨 : 장소 당

鄭駟秦富而侈하야 嬖大夫也로대 而常陳卿之車服於其庭하니 鄭人惡(오)而殺之하다 子思曰 詩曰 不解于位하야 民之攸塈[35]라하니 不守其位而能久者鮮矣라 商頌曰 不僭不濫하고 不敢怠皇하면 命以多福[36]이라하니라

鄭나라 駟秦은 부유하고 사치스러워 嬖大夫이면서도 항상 卿의 車服을 그 뜰에 진열해놓으니, 鄭人이 그를 미워하여 죽였다. 子思가 말하였다.

"《詩經》에 '직위에 게을리하지 않아서 백성들이 안식을 얻는 원인이다.' 하였으니, 그 직위를 지키지 못하고 장구할 수 있는 자는 드물다. 〈商頌〉에 '분수를 넘지 않고 법도를 넘지 않으며, 감히 태만하게 한가로이 지내지 않으면 하늘이 많은 복으로 명하신다.'고 하였다."

字義 塈 : 쉴 기 皇 : 한가할 황

---

34 師乎師乎 何黨之乎 : '師'는 衆이고, '黨'은 所이고, '之'는 往이다.(杜注) '師'는 衆이니 衆公子를 말한 것이다.(林堯叟)

35 不解于位 民之攸塈 : 《詩經》〈大雅 假樂〉의 시구이다.

36 不僭不濫……命以多福 : 《詩經》〈商頌 殷武〉의 시구이다. 成湯의 德이 僭差하지 않고 濫溢하지 않으며, 감히 怠惰하게 한가로이 지내지 않으니, 이 때문에 上天이 많은 福으로 명하였다고 노래한 것이다.

〈6년, 壬子(B.C. 489)〉

【經】六年이라 春에 城邾瑕하다

6년이다. 봄에 邾瑕에 성을 쌓았다.

【經】晉趙鞅帥(솔)師伐鮮虞하다

晉나라 趙鞅이 군대를 거느리고 가서 鮮虞를 토벌하였다.

【傳】六年이라 春에 晉伐鮮虞하니 治范氏之亂也라

6년이다. 봄에 晉나라가 鮮虞를 토벌하였으니, 이는 范氏의 叛亂을 도운 죄를 다스리기 위함이었다.

【經】吳伐陳하다

吳나라가 陳나라를 토벌하였다.

【傳】吳伐陳하니 復修舊怨也라 楚子曰 吾先君與陳有盟하니 不可以不救라하고 乃救陳하야 師于城父(보)하다

吳나라가 陳나라를 토벌하였으니, 이는 다시 옛 원한을 보복하기 위함이었다. 楚子가 말하였다. "우리 先君께서 陳나라와 맹약한 일이 있으니, 구원하지 않을 수 없다."
이에 陳나라를 구원하려고 출병하여 城父에 주둔하였다.

【經】夏에 齊國夏及高張來奔하다

여름에 齊나라 國夏와 高張이 魯나라로 도망해 왔다.

【傳】齊陳乞僞事高國者[37]하야 每朝에 必驂乘焉하다 所從에 必言諸大夫曰 彼皆偃蹇하야

37 齊陳乞僞事高國者 : 高張과 國夏가 景公의 命을 받고 荼를 임금으로 세웠다. 陳乞은 이들을 殺害하고자 하였기 때문에 그들을 섬기는 것처럼 먼저 위장한 것이다.(杜注)

將棄子之命하리라 皆曰 高國得君이면 必偪我하리니 盍去諸오하니 固將謀子하니 子早圖之하라 圖之인댄 莫如盡滅之니라 需[38]는 事之下也니라 及朝하얀 則曰 彼虎狼也라 見我在子之側이면 殺我無日矣리니 請就之位하노라 又謂諸大夫曰 二子者禍矣라 恃得君而欲謀二三子하야 曰 國之多難은 貴寵之由니 盡去之而後에 君定이라하야 旣成謀矣니 盍及其未作也하야 先諸(저)오 作而後悔라도 亦無及也리라 大夫從之하다

齊나라 陳乞이 高氏와 國氏를 섬기는 것처럼 위장하여 조정으로 나아갈 때마다 반드시 同乘하였다. 隨從할 때마다 반드시 대부들을 무함해 말하였다.

“저들은 모두 교만해서 장차 당신의 命을 버릴 것입니다. 저들은 모두 ‘고씨와 국씨가 임금의 총애를 얻으면 반드시 우리를 핍박할 것이니, 어찌 고씨와 국씨를 제거하지 않겠는가?’라고 말합니다. 저들은 본래부터 두 분을 해치려고 획책하였으니 두 분께서도 조기에 계책을 세우십시오. 계책을 세우신다면 저들을 다 죽이는 것이 좋습니다. 망설이며 결단하지 못하고 기다리는 것은 일을 처리하는 데 있어 가장 낮은 계책입니다.”

朝廷에 당도하여서는 말하였다.

“저들은 범과 이리입니다. 내가 두 분 곁에 있는 것을 보면 당장 나를 죽이려 할 것이니, 내가 저들의 자리로 가도록 허락하시기를 청합니다.”

대부들에게 가서 또 말하였다.

“저 두 사람이 禍亂을 일으키려 합니다. 임금의 총애를 믿고 여러분을 모해하고자 하여, ‘국가에 화란이 많은 것은 총애를 받는 자들 때문이니, 저들을 다 제거한 뒤에야 임금님의 자리가 안정될 것이다.’ 하면서 이미 계획을 정하였으니, 어찌 저들이 움직이기 전에 먼저 움직이지 않으십니까? 저들이 움직인 뒤에는 후회해도 미칠 수 없습니다.”

그러자 대부들이 그의 말을 따랐다.

夏六月戊辰에 陳乞鮑牧及諸大夫以甲으로 入于公宮하니 昭子聞之하고 與惠子乘하야 如公이라가 戰于莊하야 敗하다 國人追之하니 國夏奔莒라가 遂及高張晏圉弦施來奔하다

여름 6월 戊辰日에 陳乞이 鮑牧 및 大夫들과 甲士를 거느리고 公宮으로 들어갔다. 昭子(高張)가 이 소식을 듣고 惠子(國夏)와 함께 수레를 타고 공궁으로 갔다가 莊에서 교전하여 패배하였다. 國人이 추격하니 國夏는 莒나라로 달아났다가 드디어 高張 · 晏圉 · 弦施와 함께 魯나라로 도망해 왔다.

---

38 需 : 망설이며 결정하지 못하고 기다림이다.(《左氏會箋》)

【經】叔還會吳于柤(자)하다

叔還이 柤에서 吳人과 회합하였다.

【經】秋七月庚寅에 楚子軫卒하다

가을 7월 庚寅日에 楚子 軫(楚 昭王)이 졸하였다.

【傳】秋七月에 楚子在城父(보)하야 將救陳할새 卜戰하니 不吉하고 卜退하니 不吉이어늘 王曰 然則死也로다 再敗楚師不如死요 棄盟逃讐亦不如死라 死一也니 其死讐乎인저 命公子申爲王한대 不可어늘 則命公子結한대 亦不可어늘 則命公子啓[39]하니 五辭而後許하다 將戰에 王有疾이러니 庚寅에 昭王攻大冥하고 卒于城父하다 子閭退曰 君王舍其子하야 而讓群臣하시니 敢忘君乎아 從君之命이 順也요 立君之子도 亦順也니 二順不可失也니라 與子西子期謀하야 潛師閉塗하야 逆越女之子章하야 立之而後還하다

가을 7월에 楚子가 城父에 주둔하여 陳나라를 구원하려 할 때 出戰에 대해 점을 치니 불길하고, 退軍에 대해 점을 치니 역시 불길하자, 楚 昭王이 말하였다.

"그렇다면 죽음이 있을 뿐이다. 楚軍이 재차 패배하게 하는 것은 죽는 것만 못하고, 盟邦을 버리고 원수를 피해 도망가는 것도 죽는 것만 못하다. 죽기는 마찬가지이니 원수와 싸우다가 죽겠다."

公子 申에게 명하여 왕위를 계승하게 하자, 申이 그 명을 받아들이지 않았다. 公子 結에게 명하니 역시 받아들이지 않았다. 公子 啓에게 명하니, 다섯 차례 사양한 뒤에 허락하였다. 전쟁하려 할 때 소왕이 병을 얻었는데, 庚寅日에 소왕이 大冥을 공격하고 城父에서 졸하였다. 子閭(公子 啓)가 왕위를 사퇴하며 말하였다.

"군왕께서 당신의 아들을 놓아두고 群臣에게 사양하셨으니 어찌 감히 임금님을 잊을 수 있습니까? 임금의 명을 따르는 것이 순리이고, 임금님의 아들을 후계 왕으로 세우는 것도 순리이니, 두 순리 중에 한 가지도 잃을 수 없습니다."

그러고는 子西(公子 申) · 子期(公子 結)와 상의하여 은밀히 군대를 보내고 도로를 봉쇄하고 나서, 越女(昭王의 첩)의 아들 章(惠王)을 맞이해 와서 임금으로 세운 뒤에 환군하였다.

---

39 命公子申爲王……則命公子啓 : 公子 申·公子 結·公子 啓는 모두 楚 昭王의 형이다.

是歲也에 有雲如衆赤鳥하야 夾日以飛三日하다 楚子使問諸(저)周大(태)史한대 周大史曰 其當王身乎인저 若禜之면 可移於令尹司馬리라 王曰 除腹心之疾하야 而寘諸(저)股肱이 何益이리오 不穀不有大過면 天其夭諸아 有罪受罰이면 又焉移之리오하고 遂弗禜하다 初에 昭王有疾에 卜曰 河爲祟라호대 王弗祭하다 大夫請祭諸郊한대 王曰 三代命祀는 祭不越望[40]이라 江漢雎漳은 楚之望也니 禍福之至不是過也라 不穀雖不德이나 河非所獲罪也라하고 遂弗祭하다

이해에 한 떼의 붉은 새 모양을 한 彩雲이 나타나 태양을 끼고 사흘 동안 비상하였다. 楚子가 사람을 보내 周나라 太史에게 물으니, 주나라 태사가 말하였다.

"아마도 왕의 신상에 응할 것이다. 그러나 禳祭를 지낸다면 그 화를 令尹이나 司馬에게로 옮겨가게 할 수 있다."

楚 昭王이 말하였다.

"나의 병을 제거하려고 그 병을 신하에게 옮겨놓는 것이 무슨 이익이 되겠는가? 나에게〔不穀〕 큰 과실이 없다면 하늘이 어찌 나를 夭死시킬 것이며, 죄가 있어 받는 벌이라면 또 어찌 남에게 옮겨가게 할 수 있겠는가?"

드디어 양제를 지내지 않았다. 당초에 소왕이 병을 얻었을 때 卜人이 "河神이 빌미를 만든 것입니다." 하였으나, 소왕은 하신에게 제사를 지내지 않았다. 대부들이 南郊에서 하신에게 제사 지내기를 청하자, 소왕이 말하였다.

"夏 · 商 · 周 때 왕명으로 규정한 제사는 그 경내의 명산대천에 望祭하는 데 불과하였다. 長江, 漢水, 雎水, 漳水는 우리 楚나라가 망제하는 대천이니 화복이 오는 것도 여기에서 지나지 않을 것이다. 내가 비록 부덕하지만 하신에게 죄를 얻을 바는 아니다."

드디어 제사를 지내지 않았다.

字義 禜 : 제사 이름 영 祟 : 재앙 수

孔子曰 楚昭王知大道矣니 其不失國也宜哉인저 夏書曰 惟彼陶唐으로 帥(솔)彼天常하야 有此冀方이어늘 今失其行하야 亂其紀綱하야 乃滅而亡[41]이라하고 又曰 允出茲在茲[42]라하니 由己니 率常可矣니라

---

40 望 : 제후가 왕명을 받아 그 경내의 산천에 제사 지내는 것을 말한다.

41 惟彼陶唐……乃滅而亡 : 《書經》〈夏書 五子之歌〉에 보이는데, 내용상 일부 차이가 있다.

42 允出茲在茲 : 《書經》〈虞書 大禹謨〉에 보인다.

孔子가 다음과 같이 말하였다.

"楚 昭王이 大道를 알았으니, 그가 나라를 잃지 않은 것은 당연하다. 〈夏書〉에 '저 陶唐(帝堯)으로부터 저 하늘의 常道를 준수하여 이 冀州 지방을 소유하였는데, 이제 그 도를 잃고 그 기강을 어지럽혀 이에 멸망하였다.' 하고, 또 '진실로 이런 일이 생기는 것은 나에게 달렸다.' 하였다. 〈모든 화복은〉 자신에게서 유래하니 상도를 따라야 한다."

八月에 齊邴意茲來奔하다

8월에 齊나라 邴意茲가 魯나라로 도망해 왔다.

【經】齊陽生入于齊하다 齊陳乞弑其君荼하다

齊나라 陽生이 제나라로 들어갔다. 제나라 陳乞이 그 임금 荼(安孺子)를 시해하였다.

【傳】陳僖子使召公子陽生한대 陽生駕而見南郭且(저)于曰 嘗獻馬於季孫이나 不入於上乘이라 故又獻此하노니 請與子乘之하노라 出萊門而告之故하다 闞止知之하고 先待諸(저)外한대 公子曰 事未可知니 反與壬也處하라 戒之하고 遂行하야 逮夜至於齊하니 國人知之하다 僖子使子士之母養之[43]하야 與饋者皆入하니 冬十月丁卯에 立之하다

陳僖子(陳乞)가 사람을 보내 公子 陽生을 부르자, 양생이 수레에 말을 메워 타고 가서 南郭且于(齊나라 公子 鉏)를 보고 말하였다.

"전에 季孫에게 말을 헌상한 적이 있었으나, 그 말이 상등의 말에 들지 못하였습니다. 그러므로 다시 이 말을 바치는 바이니 그대와 함께 타고 〈이 말이 어떤지 시험해보기를〉 청합니다."

그러고는 萊門을 나와서 그 사실을 고하였다. 이때 闞止(양생의 家臣 子我)가 그 사실을 알고 먼저 나와 밖에서 기다리자, 公子가 말하였다.

"일이 어찌 될지 알 수 없으니 너는 돌아가서 壬(陽生의 아들 簡公)과 함께 있으라."

〈그리고 나서 누설하지 말도록〉 경계하고 드디어 길을 떠나, 밤에 齊나라에 이르니 國人들이 모두 그가 돌아온 것을 알았다. 僖子가 子士의 모친을 보내 양생을 봉양하게 하면서 그에게 음식을 올리는 자들도 함께 모두 들여보내니, 겨울 10월 丁卯日에 양생을 임금으로 세웠다.

---

43 僖子使子士之母養之 : 陽生을 陳僖子의 집안에 숨겨놓은 것이다. 子士의 모친은 진희자의 妾이다.(杜注)

將盟에 鮑子醉而往하다 其臣差車鮑點曰 此誰之命也오 陳子曰 受命于鮑子로라 遂誣鮑子曰 子之命也라하니 鮑子曰 女忘君之爲孺子牛而折其齒[44]乎아 而背之也니라 悼公稽首曰 吾子는 奉義而行者也니 若我可인댄 不必亡一大夫요 若我不可라도 不必亡一公子리라 義則進하고 否則退리니 敢不唯子是從가 廢興無以亂이면 則所願也라 鮑子曰 誰非君之子이리오 乃受盟하다 使胡姬以安孺子如賴하고 去鬻(육)姒하고 殺王甲하고 拘江說(열)하고 囚王豹于句竇之丘[45]하다

大夫들과 結盟하려 할 때 鮑子(鮑牧)가 술에 취하여 그 자리로 나아갔다. 포자의 家臣 差車(수레를 주관하는 벼슬) 鮑點이 僖子에게 물었다.

"陽生을 임금으로 세운 것이 누구의 명입니까?"

陳子가 "포자에게 명을 받았다."고 대답하고, 드디어 포자에게 "당신의 명이었습니다."라고 무함하니, 포자가 말하였다.

"그대는 先君께서 孺子의 소가 되셨다가 당신의 치아를 부러뜨린 일을 잊었는가? 그대는 선군을 배반한 것이다."

그러자 悼公(陽生)이 머리를 조아리며 말하였다.

"그대는 道義를 봉행하는 사람이니, 가령 내가 임금이 될 만하다면 나는 반드시 한 대부를 죽이지 않을 것이고, 가령 내가 임금이 될 만하지 못하더라도 그대는 반드시 한 공자를 죽이지 않을 것입니다. 그대가 합당하다고 하면 나아가서 임금이 될 것이고, 합당하지 않다고 하면 물러날 것이니, 어찌 감히 그대가 명하는 대로 따르지 않겠습니까? 荼를 폐위시키고 나를 임금으로 세우는 사이에 변란이 없었으면 하는 것이 나의 바람입니다."

포자가 "누구를 세운들 선군의 아들이 아니겠습니까?" 하고 이에 맹약을 받아들였다. 도공은 胡姬(景公의 첩)에게 安孺子를 데리고 賴로 가게 하고, 鬻姒(荼의 모친)를 다른 곳으로 보내고, 王甲을 죽이고, 江說을 구금하고, 王豹를 句竇의 언덕에 구금하였다.

公使朱毛告於陳子曰 微子면 則不及此라 然君異於器하야 不可以二라 器二不匱어니와 君二多難이니 敢布諸(저)大夫하노라 僖子不對而泣曰 君擧不信群臣乎아 以齊國之困이면 困又有憂하니 少君不可以訪이라 是以求長君하야 庶亦能容群臣乎인저 不然이면 夫孺子何罪오 毛復命하니 公悔之하다 毛曰 君大訪於陳子하시고 而圖其小可也라 使毛遷孺子

44 爲孺子牛而折其齒 : 孺子는 荼이다. 景公이 일찍이 노끈을 입에 물고 소가 되어 荼로 하여금 끌게 하였는데, 荼가 땅에 엎어졌기 때문에 그 이가 부러졌다.

45 殺王甲……囚王豹于句竇之丘 : 王甲·江說·王豹 세 사람은 景公의 嬖臣으로 荼의 黨이다.(杜注)

於駘러니 不至하야 殺諸野幕之下하야 葬諸殳冒淳하다

悼公이 朱毛(齊나라 大夫)를 보내 陳子에게 고하였다.

"그대가 아니었으면 내가 이 자리에 이르지 못하였을 것이오. 그러나 임금은 그릇과 달라서 둘이 있을 수 없소. 그릇은 둘이 있으면 궁핍해지지 않지만 임금은 둘이 있으면 禍亂만 많아질 뿐이니, 감히 대부에게 내 마음을 진술하는 바이오."

僖子는 대답하지 않고 눈물을 흘리며 말하였다.

"임금님께서는 우리 신하들을 다 믿지 못하십니까? 齊나라의 곤란한 형편으로 말하자면 〈안으로는 饑荒으로 인한〉 빈곤이 있고, 또 外侵의 우환이 있으니, 어린 임금과 國政을 상의할 수 없으므로 장성한 임금을 찾아서 신하들을 포용하기를 바랐던 것입니다. 그런 것이 아니라면 저 孺子에게 무슨 죄가 있어서 〈그를 폐출하고 다른 이를 임금으로 세웠겠습니까?〉"

주모가 復命하니, 도공이 〈失言한 것을〉 후회하였다. 그러자 주모가 말하였다.

"임금님께서는 큰일은 陳子에게 물으시고, 작은 일만 직접 처리하기를 생각하시는 것이 좋습니다."

그러자 도공은 주모를 보내 유자를 駘로 옮기게 하였는데, 주모는 駘에 당도하지 아니하여 유자를 野營하는 장막 아래에서 죽여 殳冒淳에 매장하였다.

字義 布 : 진술할 포 擧 : 모두 거

【經】冬에 仲孫何忌帥(솔)師伐邾하다

겨울에 仲孫何忌가 군대를 거느리고 가서 邾나라를 토벌하였다.

【經】宋向(상)巢帥(솔)師伐曹하다

宋나라 向巢가 군대를 거느리고 가서 曹나라를 토벌하였다.

〈7년, 癸丑(B.C. 488)〉

【經】七年이라 春에 宋皇瑗帥(솔)師侵鄭하다

7년이다. 봄에 宋나라 皇瑗이 군대를 거느리고 가서 鄭나라를 침공하였다.

【傳】七年이라 春에 宋師侵鄭하니 鄭叛晉故也라

7년이다. 봄에 宋軍이 鄭나라를 침공하였으니, 이는 정나라가 晉나라를 배반하였기 때문이다.

【經】晉魏曼多帥(솔)師侵衛하다

晉나라 魏曼多가 군대를 거느리고 가서 衛나라를 침공하였다.

【傳】晉師侵衛하니 衛不服也라

晉軍이 衛나라를 침공하였으니, 이는 위나라가 복종하지 않았기 때문이다.

【經】夏에 公會吳于鄫하다

여름에 哀公이 鄫에서 吳人과 회합하였다.

【傳】夏에 公會吳于鄫하다 吳來徵百牢[46]하니 子服景伯對曰 先王未之有也니라 吳人曰 宋百牢我하니 魯不可以後宋이니라 且魯牢晉大夫過十하니 吳王百牢不亦可乎아 景伯曰 晉范鞅貪而棄禮하야 以大國懼敝邑이라 故敝邑十一牢之하니 君若以禮命於諸侯면 則有數矣어니와 若亦棄禮면 則有淫者矣리라 周之王也에 制禮호대 上物不過十二하니 以爲天之大數也니라 今棄周禮하고 而曰必百牢하라하니 亦唯執事호리라 吳人弗聽하다 景伯曰 吳將亡矣리라 棄天而背本하니 不與면 必棄疾[47]於我리라 乃與之하다

여름에 哀公이 鄫에서 吳人과 회합하였다. 오인이 와서 百牢의 향연을 요구하니, 子服景伯이 "先王 때에 이런 예는 없었습니다."라고 대답하였다. 오인이 말하였다.

"宋나라는 우리를 백뢰로 향연하였으니, 魯나라가 송나라보다 못해서는 안 되지요. 그리고 또 노나라가 10牢 이상으로 晉나라 대부에게 향연을 베풀었으니 吳王에게 백뢰의 향연을 베푸는 것이 옳지 않습니까?"

景伯이 말하였다.

---

46 百牢 : 牛·羊·豕가 1牢이니, 소·양·돼지를 각각 1백 마리씩 잡아서 베푸는 향연이다.

47 棄疾 : 오늘날의 '加害'라는 말과 같다.(楊注)

"晉나라 范鞅이 탐욕을 부리고 禮를 버려 大國의 위세로 우리나라를 겁주었습니다. 그러므로 우리나라가 11牢로 향연했던 것이니, 吳君께서 만약 예로써 제후에게 명하신다면 정해진 수가 있을 것입니다. 그러나 만약 역시 예를 버리신다면 정해진 수보다 지나침이 있을 것입니다. 周나라가 천하의 王이 되었을 적에 예를 제정하되 上物(天子의 牢)도 12牢에 지나지 않게 하였으니, 이는 12를 하늘의 大數로 여겼기 때문입니다. 이제 주나라 예를 버리고 반드시 백뢰의 향연을 베풀라고 하시니 집사의 명을 따르겠습니다."

오인이 듣지 않았다. 경백이 말하였다.

"吳나라는 머잖아 망할 것이다. 하늘의 數를 버리고 근본을 배반하였으니, 요구를 들어주지 않으면 반드시 우리에게 해를 입힐 것이다."

그리고는 그 요구를 들어주었다.

字義 淫 : 지나칠 음

大(태)宰嚭召季康子하니 康子使子貢辭하다 大宰嚭曰 國君道長이어늘 而大夫不出門하니 此何禮也오 對曰 豈以爲禮리오 畏大國也[48]라 大國不以禮命於諸侯하니 苟不以禮면 豈可量也[49]리오 寡君旣共命焉하니 其老豈敢棄其國이리오 大(태)伯端委하야 以治周禮어늘 仲雍嗣之하야 斷髮文身하야 臝(라)以爲飾하니 豈禮也哉리오 有由然也[50]라 反自鄫하야 以吳爲無能爲也라하다

吳나라 太宰 嚭가 季康子를 부르니, 康子가 子貢을 보내 사절하게 하였다. 태재 비가 말하였다.

"임금은 먼 길을 오느라고 길에서 장구한 날을 보냈는데, 大夫들은 문을 닫고 나오지 않으니 이것이 무슨 禮요."

자공이 대답하였다.

"어찌 이것을 예라 하겠습니까? 大國을 두려워하기 때문입니다. 대국이 예로써 제후에게 명하지 않으시니, 진실로 예로써 명하지 않는다면 그 속내를 어찌 헤아릴 수 있겠습니까? 우

48 畏大國也 : 大國이 쳐들어올까 두려워서 감히 나라를 비우고 다 올 수 없다는 말이다.(杜注)

49 豈可量也 : 大國이 숨기고 있는 흉악한 마음을 어찌 헤아릴 수 있겠느냐는 말이다.

50 大(태)伯端委……有由然也 : 太伯은 周나라 太王의 長子이고, 仲雍은 태백의 아우이다. 태백과 중옹이 太子의 자리를 그 아우 季歷에게 사양하고 함께 荊蠻으로 가서, 마침내 民衆을 소유하였다. 태백이 卒하고 아들이 없자, 중옹이 그 뒤를 이어 임금이 되었으나, 禮를 행하여 敎化를 펴지 못하였다. 그러므로 吳나라 風俗을 본받은 것이다. 이것은 중옹이 당시의 상황을 참작하여 適宜한 방법을 찾아서 災害를 피한 것이고, 그것을 예로 여긴 것이 아니라는 말이다. 端委는 禮衣이다.(杜注)

리 임금께서 이미 명을 받고 이곳에 와 계시니, 그 신하들이 어찌 감히 그 나라를 버려두고 올 수 있겠습니까? 太伯께서는 玄端服에 委帽로 예복을 단정히 하여 周나라 예를 행하셨는데, 仲雍이 뒤를 이어서 두발을 자르고 몸에 무늬를 새겨 넣어 裸體를 장식하였으니, 이것을 어찌 예라 할 수 있겠습니까? 까닭이 있어서 그렇게 한 것입니다."

鄫에서 돌아와서 오나라가 큰일을 할 수 없을 것으로 여겼다.

字義 老 : 신하의 칭호 로

玄端服

【經】秋에 公伐邾하다 八月己酉에 入邾하야 以邾子益來하다

가을에 哀公이 邾나라를 토벌하였다. 8월 己酉日에 邾나라로 들어가서 邾子 益을 데리고 돌아왔다.

【傳】季康子欲伐邾하야 乃饗大夫以謀之하다 子服景伯曰 小所以事大는 信也요 大所以保小는 仁也니 背大國은 不信이요 伐小國은 不仁이니 民保於城하고 城保於德이니라 失二德者는 危將焉保리오 孟孫曰 二三子以爲何如오 惡(오)賢而逆之리오 對曰 禹合諸侯於塗山에 執玉帛[51]者萬國이나 今其存者無數十焉하니 唯大不字小하고 小不事大也일새니라 知必危면 何故不言이리오 魯德如邾어늘 而以衆加之可乎아 不樂而出하다

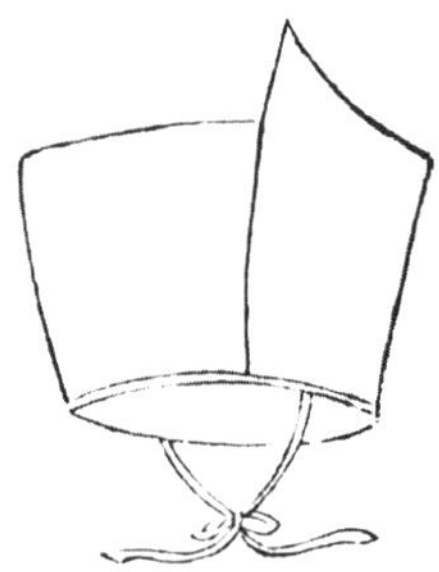

委貌

季康子가 邾나라를 토벌하고자 하여, 이에 향연을 열어 대부들을 초청하여 그 일을 상의하였다. 子服景伯이 말하였다.

"小國이 大國을 섬기는 것은 信이고 대국이 소국을 보호는 것은 仁이니, 대국을 배신하는 것은 不信이고 소국을 토벌하는 것은 不仁입니다. 백성은 城에 의해 보호되고 성은 덕에 의해 보호됩니다. 두 덕(信과 仁)을 잃는 자는 위험해질 것이니 장차 어찌 〈백성과 城地를〉 보호할 수 있겠습니까?"

孟孫이 말하였다.

"여러분들은 어떻게 생각하십니까? 어찌 賢者의 말을 거역할 수 있습니까?"

---

51 玉帛 : 諸侯가 天子에게 朝見할 때 손에 잡는 五玉과 諸侯의 世子가 손에 드는 三帛을 이른다.

대부들이 대답하였다.

"옛날 禹王이 塗山에서 제후와 회합할 때 玉帛을 잡은 나라가 萬國이었으나 지금 남아 있는 나라가 수십 나라도 되지 않으니, 이는 대국이 소국을 돌보지 않고 소국이 대국을 섬기지 않았기 때문입니다. 반드시 위험해질 것을 안다면 어찌 말을 하지 않겠습니까?"

맹손이 말하였다.

"魯나라의 덕이 邾나라보다 나은 것이 없으면서 수많은 병력을 믿고 토벌하는 것이 옳은 일이라고 할 수 있는가?"

그리고는 향연을 즐기지 않고 나갔다.

字義 惡 : 어찌 오

秋에 伐邾하야 及范門이로대 猶聞鐘聲이러라 大夫諫호대 不聽하고 茅成子請告於吳호대 不許曰 魯擊柝聞於邾어니와 吳二千里라 不三月不至하리니 何及於我리오 且國內豈不足이리오 成子以茅叛하다 師遂入邾하야 處其公宮하다 衆師晝掠하니 邾衆保于繹하다 師宵掠하야 以邾子益來하야 獻于亳社하고 囚諸負瑕하니 負瑕故有繹일새니라

가을에 邾나라를 침공하여 范門(周나라 外郭의 문)에 이르렀으나, 〈邾나라가 방어할 생각은 않고〉 오히려 鐘을 치며 〈음악을 연주하는〉 소리가 들렸다. 邾나라 대부가 간하였으나 邾子는 듣지 않았으며, 茅成子(茅夷鴻)가 吳나라에 급한 사정을 알리자고 요청하였으나 주자는 허락하지 않고 말하였다.

"魯나라 야경꾼이 치는 딱따기 소리가 우리 邾나라에 들리지만 吳나라는 2천 리 밖에 있어서 3개월 이전에는 당도하지 못할 것이니, 어찌 우리가 위급할 때에 미쳐 올 수 있겠는가? 그리고 또 국내의 힘이 어찌 〈魯軍을 막기에〉 부족하겠는가?"

成子는 茅邑의 백성들을 거느리고 배반하였다. 노군이 드디어 邾나라 성내로 들어가서 邾나라 公宮에 거처하였다. 魯나라 軍衆이 대낮에 재물을 약탈하니 邾나라 민중이 繹山으로 물러가 보루를 쌓고 지켰다. 노군이 밤에 역산을 침략하여 邾子 益을 잡아 데리고 돌아와서 亳社에 바치고 그를 負瑕에 구금하니, 부하에는 이 때문에 繹山人이 있게 되었다.

邾茅夷鴻以束帛乘韋로 自請救於吳曰 魯弱晉而遠吳하야 馮恃其衆而背君之盟하고 辟君之執事하고 以陵我小國하니라 邾非敢自愛也라 懼君威之不立이라 君威之不立은 小國之憂也라 若夏盟於鄫衍하고 秋而背之하야 成求而不違면 四方諸侯其何以事君이리오 且魯賦八百乘이니 君之貳也요 邾賦六百乘이니 君之私也라 以私奉貳니 唯君圖之하라 吳子從之하다

邾나라 茅夷鴻이 束帛(다섯 필의 비단)과 乘韋(네 장의 소가죽)를 가지고 가서 개인의 자격으로 吳나라에 구원병을 요청하였다.

"魯나라는 晉나라가 쇠약하다고 여기고 吳나라는 멀리 있다고 여겨 그 병력을 믿고 임금님(吳君)과 맺은 맹약을 저버리고 임금님의 집사를 비천하게 여기고 우리 小國을 능멸하였습니다. 우리 邾나라가 감히 자국을 애호하기 위해서가 아니라, 임금님의 권위가 서지 않을까 두려워서입니다. 임금님이 권위가 서지 않는 것은 소국의 근심이기 때문입니다. 가령 여름에 鄫衍에서 맹약을 체결하고 가을에 저버리면서 욕구를 달성하는데도 그것을 제재하지 않는다면 사방의 제후가 어찌 임금님을 섬길 수 있겠습니까? 그리고 또 魯軍은 兵車가 8백 乘이니 임금님 나라와 대등하고, 邾軍은 병거가 6백 승이니 임금님의 사유물입니다. 사유물을 대등한 나라에 奉獻하는 것이니, 임금님께서는 깊이 생각하소서."

吳子가 그의 말을 따랐다.

字義 馮 : 의지할 빙 辟 : 비루할 벽 貳 : 맞먹을 이

【經】宋人圍曹하니 冬에 鄭駟弘帥(솔)師救曹하다

宋人이 曹나라를 포위하니, 겨울에 鄭나라 駟弘이 군대를 거느리고 가서 曹나라를 구원하였다.

【傳】宋人圍曹하니 鄭桓子思曰 宋人有曹는 鄭之患也니 不可以不救니라 冬에 鄭師救曹하고 侵宋하다 初에 曹人或夢衆君子立于社宮하야 而謀亡曹어늘 曹叔振鐸請待公孫彊한대 許之하다 旦而求之曹호대 無之러라 戒其子曰 我死에 爾聞公孫彊爲政이어든 必去之하라 及曹伯陽卽位하야 好田弋하다 曹鄙人公孫彊好弋하야 獲白雁獻之하고 且言田弋之說한대 說(열)之하야 因訪政事하고 大說(열)之하다 有寵하야 使爲司城以聽政하니 夢者之子乃行하다 彊言霸說於曹伯한대 曹伯從之하야 乃背晉而奸宋하다 宋人伐之호대 晉人不救하니 築五邑於其郊[52]曰 黍丘揖丘大城鍾邘라하다

宋人이 曹나라를 포위하니, 鄭나라 桓子思가 말하였다.

"송인이 조나라를 소유하는 것은 정나라의 우환이니, 조나라를 구원하지 않을 수 없다."

---

52 築五邑於其郊 : 鄭나라의 救援으로 宋軍이 물러가자, 公孫 彊은 宋나라를 방비할 목적으로 曹나라 郊外의 다섯 邑에 성을 수축한 것이다.(《左氏會箋》, 〈楊注〉)

그리고는 겨울에 鄭軍을 거느리고 가서 曹나라를 구원하고 宋나라를 침공하였다.

당초에 조나라의 어떤 사람이 꿈에 여러 군자들이 社宮에 서서 조나라를 멸망시킬 일을 모의하는데, 曹叔 振鐸(曹나라 始祖)이 公孫 彊이 〈執政할 때를〉 기다린 뒤에 〈조나라를 멸망시키자고〉 청하자 여러 군자가 허락하였다. 그 사람은 이튿날 조나라에서 공손 강이란 자를 찾아보았으나 그런 자가 없었다. 그러자 그 아들에게 경계하였다.

"내가 죽은 뒤에 너는 공손 강이란 사람이 執政이 되었다는 말을 듣거든 반드시 이곳을 떠나라."

曹伯 陽이 즉위함에 미쳐 사냥을 좋아하였다. 曹나라 변방 사람 공손 강이 주살로 새 잡기를 좋아하여 白雁을 잡아 조백 양에게 바치고 또 사냥의 기교를 말하자, 조백 양은 기뻐하여 그대로 政事에 대해 묻고는 크게 기뻐하였다. 총애하여 司城으로 삼아 국정을 처리하게 하니, 꿈꾼 자의 아들이 곧 조나라를 떠났다.

공손 강이 조백에게 霸者가 되는 방법을 말하자, 조백이 그 말을 따라 晉나라를 배반하고 宋나라를 침범하였다. 그래서 宋人이 토벌하였으나 晉人이 구원하지 않았다.

〈뒤에 공손 강은〉 그 교외에 다섯 읍을 건축하였으니 黍丘 · 揖丘 · 大城 · 鍾 · 邘이다.

字義 奸 : 침범할 간

〈8년, 甲寅(B.C. 487)〉

【經】八年이라 春王正月에 宋公入曹하야 以曹伯陽歸하다

8년이다. 봄 周王 正月에 宋公이 曹나라로 쳐들어가서 曹伯 陽을 잡아 데리고 돌아갔다.

【傳】八年이라 春에 宋公伐曹將還할새 褚師子肥殿이러니 曹人詬之어늘 不行하니 師待之하다 公聞之하고 怒하야 命反之하야 遂滅曹하고 執曹伯及司城彊以歸하야 殺之하다

8년이다. 봄에 宋公이 曹나라를 토벌하고 환군할 때 褚師 子肥(宋나라 大夫)가 宋軍의 후군〔殿〕을 맡았는데, 曹人이 욕하며 꾸짖자 후군이 행군을 정지하니 전군이 그를 기다렸다. 宋公이 그 소식을 듣고 노하여 전군에 반격을 명하여 마침내 曹나라를 격멸하고 曹伯과 司城 彊을 잡아 가지고 돌아가서 죽였다.

【經】吳伐我하다

吳나라가 우리나라를 침공하였다.

【傳】吳爲邾故로 將伐魯하야 問於叔孫輒한대 叔孫輒對曰 魯有名而無情하니 伐之면 必得志焉하리라 退而告公山不狃한대 公山不狃曰 非禮也라 君子違에 不適讐國하며 未臣而有伐之면 奔命焉하야 死之可也요 所託也則隱[53]이라 且夫人之行也에 不以所惡(오)廢鄕이어늘 今子以小惡로 而欲覆宗國[54]하니 不亦難乎아 若使子率이어든 子必辭하라 王將使我하리라 子張病之하다 王問於子洩한대 對曰 魯雖無與立이나 必有與斃라 諸侯將救之하리니 未可以得志焉이라 晉與齊楚輔之면 是四讐也라 夫魯는 齊晉之脣이니 脣亡齒寒은 君所知也라 不救何爲리오

吳나라가 邾나라를 위한 일로 魯나라를 치고자 하여 叔孫輒에게 묻자, 숙손첩이 대답하였다.

"魯나라는 〈大國이란〉 이름만 있고 실상이 없으니, 토벌하면 반드시 뜻을 이룰 수 있을 것입니다."

그리고는 물러와서 公山不狃에게 고하자, 공산불뉴가 말하였다.

"〈당신께서 이렇게 말한 것은〉 禮가 아닙니다. 군자는 본국을 떠나 외국으로 망명하는 경우에도 원수의 나라로 가지 않고, 도망간 나라의 신하가 되기 전에 그 나라가 본국을 치는 일이 있으면 본국으로 돌아가서 임금의 명을 받고 달려가 싸우다가 죽어야 하고, 이미 그 나라에 몸을 의탁하였으면 참여하지 않고 몸을 숨겨야 합니다. 그리고 또 사람은 자기 나라를 떠난 경우에도 원한으로 인해 고향을 버리지 않는 것인데, 지금 당신께서는 작은 원한으로 宗國을 전복시키고자 하니 어렵지 않겠습니까? 만약 吳王이 당신께 길을 인도하라고 하거든 당신께서는 반드시 거절하십시오. 그러면 오왕은 나에게 시킬 것입니다."

子張(叔孫輒)은 앞서 한 자신의 말을 후회하였다. 오왕이 子洩(公山不狃)에게 묻자, 자설이 대답하였다.

"魯나라에 비록 나라를 함께 부흥시킬 사람은 없으나 반드시 함께 죽을 사람은 있습니다. 제후가 구원하려 할 것이니 뜻을 이룰 수 없을 것입니다. 晉나라가 齊나라 · 楚나라와 함께 노나라를 돕는다면 이 나라들이 吳나라의 네 원수국이 될 것입니다. 저 노나라는 제나라와 진나라의 입술에 해당하는 격이니, 입술이 없어지면 이가 시리는 것은 임금님께서도 아시는

---

53 所託也則隱 : 몸을 의탁하였으면 그 토벌에 참여하지 않고 몸을 숨기는 것이다.(楊注)

54 宗國 : 叔孫輒은 魯나라의 公族이다. 그러므로 노나라를 '宗國'이라 한 것이다.(杜注)

바입니다. 〈저 제나라와 초나라가 노나라를〉 구원하지 않고 어찌하겠습니까?"

字義 違 : 도망갈 위

三月에 吳伐我할새 子洩率이러니 故道險하야 從武城하다 初에 武城人或有因於吳竟田焉이러니 拘鄫人之漚菅者하야 曰 何故使吾水滋오하다 及吳師至하야 拘者道之以伐武城하야 克之하다 王犯嘗爲之宰러니 澹臺子羽之父好焉하니 國人懼하다 懿子謂景伯호대 若之何오 對曰 吳師來면 斯與之戰이니 何患焉이리오 且召之而至어니 又何求焉이리오 吳師克東陽而進하야 舍於五梧라가 明日에 舍於蠶室하다 公賓庚公甲叔子與戰于夷러니 獲叔子與析朱鉏하야 獻於王하니 王曰 此同車라 必使能이니 國未可望也로다 明日에 舍於庚宗이라가 遂次於泗上이어늘 微虎欲宵攻王舍하야 私屬(촉)徒七百人하야 三踊於幕庭하고 卒三百人하니 有若與焉하다 及稷門之內하야 或謂季孫曰 不足以害吳요 而多殺國士[55]니 不如已也니라 乃止之하니 吳子聞之하고 一夕三遷하다

菅

3월에 吳나라가 우리나라를 토벌할 때 子洩이 길을 인도하였는데, 고의로 吳軍을 험한 길로 인도하여 武城을 경유하였다. 당초에 무성의 어떤 사람 중에 吳나라 경내에 의탁하여 농사를 짓는 자가 있었는데, 菅草를 물에 담가둔 鄫人을 잡아 가두고 말하였다.

"무엇 때문에 나의 물을 혼탁하게 하느냐?"

오군이 당도함에 미쳐 잡혔던 자가 오군을 인도하여 무성을 공격하여 승리하게 하였다. 王犯(吳나라 大夫)이 일찍이 무성의 邑宰가 된 적이 있었는데, 澹臺子羽의 부친이 왕범과 사이좋게 지내니 國人이 두려워하였다. 懿子가 自服景伯에게 말하였다.

"어찌하면 좋겠소."

景伯이 대답하였다.

"오군이 오면 그들과 곧 싸울 뿐이니 걱정할 게 뭐 있습니까? 그리고 또 우리가 저들을 불러서 저들이 온 것이니, 또 저들에게 무엇을 요구하겠습니까?"

오군이 東陽을 공격해 승리하고 진군하여 五梧에 주둔하였다가 다음날 蠶室에 주둔하였

---

55 多殺國士 : '多'는 秖(다만)이고, '國士'는 智識이 있는 사람이다.(楊注)

다. 公賓庚과 公甲叔子가 오군과 夷에서 교전하였는데, 오군이 叔子와 析朱鉏의 수급을 베어 吳王에게 바치니 오왕이 말하였다.

"이들은 한 兵車에 동승한 자들로 〈함께 싸우다가 죽었다.〉 魯나라가 반드시 유능한 자를 임용한 것을 볼 수 있으니 노나라를 얻을 가망이 없다."

다음날 庚宗에 주둔하였다가 드디어 泗水 가에 주둔하자, 微虎(魯나라 大夫)가 밤에 오왕의 주둔지를 공격하고자 하여 사사로이 병사 7백 명을 집합시켜 군막 앞에서 세 번씩 뛰어보게 하고 마침내 3백 명을 선발하니, 그 가운데 有若(孔子의 제자)도 끼었다. 稷門(노나라 남쪽 성문) 안에 미쳐 어떤 자가 季孫에게 말하였다.

"이 병력으로는 오군을 위해할 수 없고 단지 國士만을 죽일 뿐이니, 그만두는 것이 좋겠습니다."

계손이 즉시 행군을 중지시키니, 吳子는 이 소문을 듣고 하룻밤 사이에 주둔지를 세 차례나 옮겼다.

字義 漚 : 물에 담글 구　滋 : 탁할 자　屬 : 모을 촉

吳人行成하야 將盟한대 景伯曰 楚人圍宋에 易子而食하고 析骸而爨호대 猶無城下之盟[56]이라 我未及虧어늘 而有城下之盟이면 是棄國也라 吳輕而遠하니 不能久하야 將歸矣리니 請少待之하라 弗從하다 景伯負載하고 造於萊門하다 乃請釋子服何於吳하니 吳人許之어늘 以王子姑曹當之하니 而後止[57]하다 吳人盟而還하다

吳人이 화친을 요구하여 魯나라가 맹약하려 하자, 子服景伯이 말하였다.

"楚人이 宋나라를 포위하였을 때 宋人들은 자식을 바꾸어 먹고 해골을 쪼개어 밥을 지었으나 오히려 城下의 맹약은 하지 않았습니다. 우리는 아직 국력이 손실되는 데 이르지 않았는데, 성하의 맹약을 한다면 이는 국가를 포기하는 것입니다. 오인은 경솔한 데다가 나라에서 멀리 나와 있으니 오래 있을 수 없어서 속히 돌아갈 것이니, 조금만 더 기다리소서."

그러나 듣지 않았다. 자복경백은 〈오나라에 인질로 가기 위하여〉 器物을 지고 萊門으로 갔다. 魯人은 이에 子服何(子服景伯)를 볼모로 데려가 吳나라에 留置〔釋〕하기를 청하니 오인이

56 城下之盟 : 적군이 성 아래까지 쳐들어왔을 때 그 협박을 견딜 수 없어 굴욕적인 맹약을 받아들이는 것으로 가장 치욕스러운 맹약을 이른다.

57 乃請釋子服何於吳……而後止 : 釋은 舍(머무름)이다. 魯人은 盟約을 목적으로 삼지 않고, 이 기회를 이용하여 子服景伯을 吳나라에 留置하여 人質로 삼게 하고자 하였다. 오나라의 허락을 얻은 뒤에 다시 吳王의 아들을 인질로 교환하기를 요구하니 吳人은 王子를 魯나라에 인질로 유치하고자 하지 않았다. 그러므로 드디어 兩方이 인질을 교환하는 일을 停止한 것이다.(杜注)

허락하였다. 그러자 노인은 또 오나라 王子 姑曹를 魯나라에 볼모로 상응하기를 요구하니, 두 나라는 결국 인질을 교환하는 일을 정지하였다. 오인이 맹약을 맺고 돌아갔다.

【經】夏에 齊人取讙及闡하다

여름에 齊人이 讙과 闡을 취하였다.

【傳】齊悼公之來也[58]에 季康子以其妹妻之러니 卽位而逆之하다 季魴侯通焉하다 女言其情한대 弗敢與也하니 齊侯怒하야 夏五月에 齊鮑牧帥(솔)師伐我하야 取讙及闡하다

齊 悼公이 魯나라에 왔을 적에 季康子가 누이동생을 그의 아내로 시집보냈는데, 도공이 즉위한 뒤에 그 여자를 맞아 가기 위해 사람을 보내왔다. 季魴侯(季康子의 숙부)가 그 여자와 사통하였다. 그 여자가 그 사실을 계강자에게 말하니 강자는 감히 그 여자를 齊侯에게 보내지 못하였다. 그러자 제후가 노하여 여름 5월에 齊나라 鮑牧이 군대를 거느리고 와서 우리나라를 토벌하여 讙과 闡을 취하였다.

或讒胡姬於齊侯曰 安孺子之黨也라하니 六月에 齊侯殺胡姬하다

어떤 자가 齊侯에게 胡姬(齊 景公의 妾)를 참소해 "安孺子의 黨입니다." 하니, 6월에 제후가 호희를 죽였다.

【經】歸邾子益于邾하다

邾子 益을 邾나라로 돌려보냈다.

【傳】齊侯使如吳請師하야 將以伐我어늘 乃歸邾子하다 邾子又無道하니 吳子使大(태)宰子餘討之하야 囚諸樓臺하야 栫之以棘하고 使諸大夫奉大(태)子革以爲政하다

齊侯가 사람을 보내 吳나라에 가서 출병을 요청하여 우리나라를 토벌하려 하자, 이에 邾子를 돌려보냈다. 주자가 도리어 무도한 짓을 하니, 吳子는 太宰 子餘(太宰 嚭)를 보내 그를 토벌하여 樓臺에 가두어 가시 울타리를 치고 邾나라 대부들에게 太子 革을 모시고 국정을 처리하게 하였다.

字義 栫 : 울타리 칠 천

---

58 齊悼公之來也 : 哀公 5년에 있었다.(杜注)

【經】秋七月이라

가을 7월이다.

【傳】秋에 及齊平하다 九月에 臧賓如如齊涖盟하다 齊閭丘明來涖盟하고 且逆季姬以歸하니 嬖하다 鮑牧又謂群公子曰 使女有馬千乘乎인저 公子愬之한대 公謂鮑子호대 或譖子하니 子姑居於潞하라 以察之하야 若有之면 則分室以行하고 若無之면 則反子之所하리라 出門할새 使以三分之一行하고 半道에 使以二乘하다 及潞하야 麇(군)之以入하야 遂殺之하다

가을에 齊나라와 화친하였다. 9월에 臧賓如(臧會의 아들)가 齊나라에 가서 맹약에 참가하였다. 齊나라 閭丘明(閭丘嬰의 아들)이 와서 맹약에 참가하고 또 季姬를 맞이해 가니, 〈齊 悼公은 그 여자를〉 총애하였다. 鮑牧이 또 여러 公子들에게 말하였다.

"내가 그대들로 하여금 말 千乘을 소유하게 할 수 있다."

공자들이 齊侯에게 그를 헐뜯자, 제 도공이 鮑子에게 말하였다.

"어떤 이가 그대를 참소하니, 그대는 우선 潞(齊나라 邑)에 가서 살거라. 〈내가 죄의 有無를〉 조사하여 만약 죄가 있으면 가산의 절반을 나누어 가지고 외국에 가도록 할 것이고, 만약 죄가 없으면 그대의 원래 자리로 회복시킬 것이다."

포목이 국문을 나올 때 도공은 그에게 사람을 보내 從者를 3분의 1만 나누어 가지고 떠나게 하고, 중도에 이르렀을 때 또 그에게 사람을 보내 수레 2乘만 거느리고 가게 하였다. 潞에 당도하니 그를 구속해 데리고 들어가서 드디어 죽였다.

字義 麇 : 묶을 군

【經】冬十有二月癸亥에 杞伯過卒하다

겨울 12월 癸亥日에 杞伯 過(杞 僖公)가 졸하였다.

【經】齊人歸讙及闡하다

齊人이 讙과 闡을 되돌려주었다.

【傳】冬十二月에 齊人歸讙及闡하니 季姬嬖故也라

겨울 12월에 齊人이 讙과 闡을 돌려주었으니, 이는 季姬가 총애를 받았기 때문이다.

〈9년, 乙卯(B.C. 486)〉

【經】九年이라 春이라

9년이다. 봄이다.

【傳】九年이라 春에 齊侯使公孟綽辭師于吳하니 吳子曰 昔歲에 寡人聞命이러니 今又革之하니 不知所從이라 將進受命於君호리라

9년이다. 봄에 齊侯가 公孟綽을 보내 吳나라에 출병을 사양하자, 吳子가 말하였다. "지난해에 과인이 출병하라는 임금님의 명을 받았는데, 지금 또 그 명을 바꾸시니 어느 명을 따라야 할지 모르겠습니다. 내 장차 齊나라로 가서 임금님께 명을 받겠습니다."

【經】王二月에 葬杞僖公하다

周王 2월에 杞 僖公을 장사 지냈다.

【經】宋皇瑗帥(솔)師取鄭師于雍丘하다

宋나라 皇瑗이 군대를 거느리고 가서 鄭軍을 雍丘에서 취하였다.

【傳】鄭武子賸(잉)之嬖許瑕求邑하니 無以與之하다 請外取한대 許之하니 故圍宋雍丘하다 宋皇瑗圍鄭師하야 每日遷舍[59]하야 壘合하니 鄭師哭하다 子姚救之라가 大敗하다 二月甲戌에 宋取鄭師于雍丘하고 使有能者無死하야 以郟(겹)張與鄭羅歸하다

鄭나라 武子賸(罕達)의 嬖人 許瑕(武子의 下屬)가 邑을 청하니 그에게 줄 만한 邑이 없었다. 허하가 외국의 城邑을 취하기를 청하자 무자승이 허락하였다. 그러므로 宋나라의 雍丘를 포위한 것이다. 송나라 皇瑗이 鄭軍을 포위하여 매일 옮겨가며 보루 하나씩을 쌓아서 그 보루가 정군 진영을 에워싸니 정군이 통곡하였다. 子姚(武子賸)가 정군을 구원하다가 대패하였다. 2월 甲戌日에 宋軍이 정군을 옹구에서 패배시키고 유능한 자들은 죽이지 않아 郟張과 鄭羅를 데리고 돌아갔다.

---

59 每日遷舍 : 매일 하나의 보루를 짓고 하나의 壕溝를 파고, 그것이 완성되면 다른 곳으로 옮겨가서 또 보루를 짓고 호구를 판 것이다.(楊注)

【經】夏에 楚人伐陳하다

여름에 楚人이 陳나라를 토벌하였다.

【傳】夏에 楚人伐陳하니 陳卽吳故也라

여름에 楚人이 陳나라를 토벌하였으니 이는 진나라가 吳나라에 귀의하였기 때문이다.

【經】秋라

가을이다.

【傳】吳城邗(한)하고 溝通江淮하다

吳나라가 邗에 성을 쌓고, 水路를 뚫어 長江과 淮水를 관통시켰다.

【經】宋公伐鄭하다

宋公이 鄭나라를 토벌하였다.

【傳】宋公伐鄭하니 晉趙鞅卜救鄭하야 遇水適火하야 占諸史趙史墨史龜하니 史龜曰 是謂沈陽이니 可以興兵이라 利以伐姜하고 不利子商[60]하니 伐齊則可하고 敵宋不吉이니라 史墨曰 盈은 水名也요 子는 水位也[61]라 名位敵하니 不可干也라 炎帝爲火師[62]하니 姜姓其後也라 水勝火하니 伐姜則可니라 史趙曰 是謂如川之滿이니 不可游也라 鄭方有罪하니 不可救也라 救鄭則不吉하니 不知其他하노라 陽虎以周易筮之하야 遇泰䷊之需䷄하니 曰 宋方吉하니 不可與也로다 微子啓는 帝乙之元子也요 宋鄭은 甥舅也라 祉는 祿也라 若帝乙之元子歸妹而有吉祿이면 我安得吉焉이리오 乃止하다

宋公이 鄭나라를 토벌하니, 晉나라 趙鞅이 정나라를 구원하는 것이 길한지에 대해 거북점

60 子商 : 宋나라는 子姓인 商나라의 후손이다.

61 盈水名也 子水位也 : 趙鞅의 姓이 盈이다. 宋나라는 姓이 子이다. 물은 웅덩이를 채운 뒤에 흘러가고, 子姓은 또 北方의 水의 方位를 얻었다.(杜注)

62 炎帝爲火師 : 神農氏(炎帝) 때 火瑞가 있었기 때문에 火로써 관직의 명칭을 삼았다.(杜注)

을 쳐서 물이 불로 간 점괘를 만나 조앙이 史趙, 史墨, 史龜에게 이 점을 풀이하게 하니, 사귀가 말하였다.

"이것을 일러 '陽이 물에 잠긴 것이라.' 하는 것이니 군대를 출동시킬 수 있습니다. 姜姓(齊)을 치는 것은 유리하고 子商(宋)을 치는 것은 불리하니 齊나라를 치는 것은 길하고 宋나라를 대적하는 것은 불길합니다."

사묵이 말하였다.

"盈은 물의 이름이고 子는 물의 방위입니다. 이름과 방위는 대등하니 서로 침범할 수 없습니다. 炎帝가 火師가 되었으니, 姜姓은 그 후손입니다. 물이 불을 이기니 강성의 나라를 치는 것은 좋습니다."

사조가 말하였다.

"이것을 일러 '내에 물이 가득 찬 것과 같다.'는 것이니 헤엄쳐 건널 수 없습니다. 鄭나라는 죄가 있으니 구원해서는 안 됩니다. 정나라를 구원하는 것은 불길하니, 그 밖의 것은 모르겠습니다."

陽虎가 《周易》으로 蓍草占을 쳐서 泰卦䷊가 변하여 需卦䷄가 된 卦를 만나니, 양호가 말하였다.

"宋나라가 바야흐로 길한 때를 만났으니 그들과 대적해서는 안 됩니다. 微子啓는 帝乙의 元子이고 宋나라와 鄭나라는 사위와 장인의 나라입니다. 祉는 복록입니다. 가령 제을의 원자가 누이동생을 시집보내 길한 복록이 있다면 우리가 어찌 길할 수 있겠습니까?"

조앙은 이에 鄭나라를 구원하는 일을 중지하였다.

字義 敵 : 대적할, 대등할 적

【經】 冬十月이라

겨울 10월이다.

【傳】 冬에 吳子使來儆師[63]伐齊하다

겨울에 吳子가 사람을 보내와서 齊나라를 토벌하자고 고하였다.

字義 儆 : 고하여 경계할 경

63 儆師 : 儆은 戒로 바로 오늘날의 警戒인데, 여기서는 告戒(勸告해 당부함)의 뜻으로 쓰였다. 吳나라가 魯나라와 結盟하였기 때문에 노나라에 出兵하기를 고계한 것이다.(楊注)

〈10년, 丙辰(B.C. 485)〉

【經】 十年이라 春王二月에 邾子益來奔하다

10년이다. 봄 周王 2월에 邾子 益이 魯나라로 도망해 왔다.

【傳】 十年이라 春에 邾隱公來奔이나 齊甥也라 故遂奔齊하다

10년이다. 봄에 邾 隱公이 魯나라로 도망해 왔으나, 그는 齊나라의 사위였기 때문에 드디어 제나라로 도망갔다.

【經】 公會吳伐齊하다

哀公이 吳軍과 회합하여 齊나라를 토벌하였다.

【傳】 公會吳子邾子郯子하야 伐齊南鄙하야 師于鄎(식)하다

哀公이 吳子, 邾子, 郯子와 회합하여 齊나라 남쪽 邊鄙를 토벌하면서 鄎에 주둔하였다.

【經】 三月戊戌에 齊侯陽生卒하다

3월 戊戌日에 齊侯 陽生(齊 悼公)이 졸하였다.

【傳】 齊人弒悼公하고 赴于師어늘 吳子三日哭于軍門之外하다 徐承帥舟師하고 將自海入齊러니 齊人敗之하니 吳師乃還하다

齊人이 悼公을 시해하고 연합군에 부고하였는데, 吳子가 3일 동안 軍門 밖에서 곡하였다. 徐承(吳나라 大夫)이 水軍을 거느리고 海上에서 齊나라로 쳐들어가려 하였는데, 제인이 이들을 패배시키니, 吳軍은 이에 환군하였다.

【經】 夏에 宋人伐鄭하다

여름에 宋人이 鄭나라를 토벌하였다.

【經】 晉趙鞅帥(솔)師侵齊하다

晉나라 趙鞅이 군대를 거느리고 가서 齊나라를 침공하였다.

【傳】 夏에 趙鞅帥師伐齊할새 大夫請卜之하니 趙孟曰 吾卜하고 於此起兵[64]하니 事不再令이요 卜不襲吉이니 行也라 於是乎取犂及轅하고 毁高唐之郭하고 侵及賴而還하다

여름에 趙鞅이 군대를 거느리고 가서 齊나라를 토벌하려 할 때 대부들이 점을 치기를 청하자, 趙孟이 말하였다.

"나는 이미 점을 치고 이에 齊나라에 군대를 일으킨 것이니, 이 일로 재차 거북에게 명하지 않을 것이오. 점은 거듭 길하지 않는 것이니 출병할 것이오."

이에 犂와 轅을 취하고 高唐의 외곽을 헐고 賴에까지 침입하였다가 환군하였다.

字義 襲 : 거듭 습

【經】 五月에 公至自伐齊하다

5월에 哀公이 齊나라 토벌에서 돌아왔다.

【經】 葬齊悼公하다

齊 悼公을 장사 지냈다.

【經】 衛公孟彄自齊歸于衛하다 薛伯夷卒하다

衛나라 公孟彄가 齊나라에서 衛나라로 돌아갔다. 薛伯 夷(薛 惠公)가 졸하였다.

【經】 秋라

가을이다.

---

64 吾卜 於此起兵 : 작년에 친 점에 宋나라를 토벌하는 것은 불길하고, 姜姓의 나라(齊)를 토벌하는 것은 이롭다고 하였기 때문에 지금 군대를 일으킨 것이라는 말이다.(杜注)

【傳】吳子使來하야 復儆師하다

가을에 吳子가 使臣을 보내와서 다시 출병할 것을 고하였다.

【經】葬薛惠公하다

薛 惠公을 장사 지냈다.

【經】冬에 楚公子結帥(솔)師伐陳하니 吳救陳하다

겨울에 楚나라 公子 結이 군대를 거느리고 가서 陳나라를 토벌하니, 吳나라가 진나라를 구원하였다.

【傳】冬에 楚子期伐陳한대 吳延州來季子救陳하야 謂子期曰 二君이 不務德하고 而力爭諸侯하니 民何罪焉고 我請退하야 以爲子名하리니 務德而安民하라 乃還하다

겨울에 楚나라 子期가 陳나라를 토벌하자, 吳나라 延州來의 季子가 진나라를 구원하기 위해 가서, 자기에게 말하였다.

"두 나라 임금(吳君과 楚君)이 덕행은 힘쓰지 않고 무력으로 제후와 전쟁하는 데만 힘쓰니 백성들에게 무슨 죄가 있습니까? 나는 퇴군하여 그대로 하여금 명성을 얻게 할 것이니, 덕행에 힘써 백성들을 안정시키십시오."

이에 환군하였다.

〈11년, 丁巳(B.C. 484)〉

【經】十有一年이라 春에 齊國書帥(솔)師伐我하다

11년이다. 봄에 齊나라 國書가 군대를 거느리고 와서 우리나라를 토벌하였다.

【傳】十一年이라 春에 齊爲鄎故로 國書高無平帥師伐我하야 及淸하니 季孫謂其宰冉求曰 齊師在淸은 必魯故也니 若之何오 求曰 一子守하고 二子從公禦諸竟[65]하라 季孫曰

---

65 一子守 二子從公禦諸竟 : 一子와 二子는 季孫과 孟孫·叔孫을 이른다. 세 사람 중에 한 사람은

不能이로라 求曰 居封疆[66]之間하라 季孫告二子한대 二子不可하다 求曰 若不可면 則君無出하고 一子帥師하야 背城而戰하라 不屬[67]者는 非魯人也라 魯之群室[68]이 衆於齊之兵車하야 一室敵車優矣니 子何患焉고 二子之不欲戰也宜니 政在季氏일새니라 當子之身하야 齊人伐魯而不能戰이면 子之恥也大하야 不列於諸侯矣리라 季孫使從於朝하야 俟於黨氏之溝러니 武叔呼而問戰焉한대 對曰 君子有遠慮리니 小人何知리오 懿子强問之한대 對曰 小人은 慮材而言하고 量力而共者也라 武叔曰 是謂我不成丈夫也라하고 退而蒐乘하다 孟孺子洩帥(솔)右師하고 顔羽御하고 邴洩爲右하며 冉求帥(솔)左師하고 管周父御하고 樊遲爲右하다 季孫曰 須也弱이로다 有子曰 就用命焉이니라 季氏之甲七千이러니 冉有以武城人三百爲己徒卒하야 老幼守宮하고 次于雩門之外하다 五日에 右師從之하다 公叔務人見保者而泣曰 事充政重하고 上不能謀하며 士不能死하니 何以治民이리오 吾旣言之矣니 敢不勉乎아

11년이다. 봄에 齊나라가 鄎의 전쟁을 보복하기 위한 일로 國書와 高無丕가 군대를 거느리고 우리나라를 토벌하기 위하여 淸(齊나라 땅)에 이르니, 季孫이 그 家臣의 수장 冉求(孔子의 弟子)에게 말하였다.

"齊軍이 淸에 주둔한 것은 틀림없이 우리 魯나라를 치기 위한 까닭이니, 이 일을 어쩌면 좋겠는가?"

염구가 말하였다.

"한 분은 남아서 國都를 지키고 두 분은 임금님을 따라가서 제군을 邊境에서 막게 하십시오."

계손이 말하였다.

"나에게는 저 두 사람에게 명령할 수 있는 힘이 없다."

염구가 말하였다.

"近郊 사이에 나가 있게 하십시오."

계손이 두 사람에게 고하자, 두 사람은 동의하지 않았다. 염구가 말하였다.

"만약 동의하지 않는다면 임금님께서 나가실 필요가 없고, 한 분이 군대를 거느려 성을 등

군대의 일부를 남겨 國內를 지키고, 두 사람은 哀公을 따라 國境으로 가서 敵을 막게 하라는 말이다.(楊注)

66 封疆 : 境內의 近郊地方이다.(杜注)

67 屬 : '屬'은 從(따르다)의 뜻이다.(楊注)

68 群室 : 都邑에 거주하는 大夫家이다.(杜注)

지고 전쟁하십시오. 만약 따르지 않는 자가 있다면 이는 魯나라 사람이 아닙니다. 魯나라 대부들의 家兵의 수가 齊나라의 兵車보다 많아서 한 집의 병거만으로도 제군을 막기에 넉넉하니 당신께서는 무엇을 근심하십니까? 저 두 분이 출전하려 하지 않는 것은 당연하니 정권이 季氏에게 있기 때문입니다. 당신께서 국정을 담당하고 있는 때를 당하여 齊人이 魯나라를 토벌하는데도 응전하지 않는다면 이는 당신의 치욕이 커서 제후에 끼지 못할 것입니다."

계손이 염구에게 자기를 따라 함께 조정으로 가서 黨氏의 溝에서 기다리게 하였는데, 武叔(叔孫州仇)이 염구를 불러 전쟁에 대해 묻자, 염구가 대답하였다.

"군자에게 심원한 생각이 있을 것이니 소인이 어찌 알겠습니까?"

懿子(仲孫何忌)가 강요해 묻자, 염구가 대답하였다.

"소인은 상대방의 재능을 고려해 말을 하고 능력을 헤아려 명을 따르는 자입니다."

무숙이 말하였다.

"이 사람이 나를 장부가 못 되는 것으로 여기는구나."

그리고는 물러와 군대를 검열하였다. 孟孺子 洩이 右軍을 거느리고, 顏羽를 御로, 邴洩을 車右로 삼았으며, 冉求가 左軍을 거느리고, 管周父를 御로, 樊遲를 車右로 삼았다. 계손이 "須(樊遲)는 나이가 젊다." 하자, 有子(冉求)가 "명령을 잘 따를 것입니다." 하였다. 계씨의 甲士가 7천 명이었는데, 冉有는 武城人 3백 명을 자기의 보병으로 삼아 늙은이와 어린이들은 궁을 지키게 하고 雩門(남쪽 성문) 밖에 주둔하였다. 5일이 지난 뒤에 맹유자의 우군이 따라왔다. 公叔務人(昭公의 아들인 公爲)이 성을 지키는 자들을 보고 눈물을 흘리며 말하였다.

"徭役은 번다하고 부세는 과중하며 윗사람은 국사를 계획하지 않고 병사는 목숨을 바쳐 싸우지 않으니 무슨 방법으로 백성을 다스리겠는가? 내 이미 남을 책망하는 말을 하였으니 내 감히 힘쓰지 않겠는가?"

[字義] 蒐 : 검열할 수

師及齊師戰于郊할새 齊師自稷曲이로대 師不踰溝하니 樊遲曰 非不能也라 不信子也니 請三刻而踰之하라 如之하니 衆從之하다 師入齊軍이라가 右師奔하니 齊人從之하야 陳瓘陳莊涉泗하다 孟之側後入以爲殿이러니 抽矢策其馬曰 馬不進也[69]로다 林不狃之伍[70]

69 孟之側後入以爲殿……馬不進也 :《論語》〈雍也〉에는 "子曰 孟之反不伐 奔而殿 將入門 策其馬曰 非敢後也 馬不進也(공자가 말씀하기를 '맹지반은 자랑〔伐〕하지 않는구나. 달아날 적에 후미에 있으면서 성문에 들어오려 할 때 말에 채찍질하며 '감히 뒤에 있었던 것이 아니라, 말이 나아가지 않았을 뿐이다.'라고 하였다.)"로 되어 있다.

曰 走乎아 不狃曰 誰不如리오 曰 然則止乎아 不狃曰 惡(오)賢이리오 徐步而死하다 師獲甲首八十하니 齊人不能師하다 宵諜曰 齊人遁이라하니 冉有請從之三호대 季孫弗許하다

魯軍이 齊軍과 교외에서 교전할 적에 제군이 稷曲에서 쳐들어오는데도 노군은 도랑을 넘어가려 하지 않으니, 樊遲가 冉求에게 말하였다.

"넘어갈 수 없어서가 아니라 당신을 믿지 못하기 때문이니, 호령을 세 차례 거듭 천명하고 먼저 도랑을 넘어가시기를 청합니다."

그의 말대로 하니 군중이 모두 염구의 뒤를 따라 도랑을 넘어갔다. 노군(左軍)이 제군으로 쳐들어가다가 右軍이 도주하니 齊人이 추격하여, 陳瓘과 陳莊(둘 다 齊나라 대부)이 泗水를 건너 쫓았다. 이때 孟之側이 후군이 되어 뒤에 들어왔는데, 화살을 뽑아 그 말에 채찍질을 하면서 말하였다.

"말이 앞으로 나아가지 않아서이다."

林不狃(魯나라의 戰士)의 대원이 不狃에게 물었다.

"도주하겠습니까?"

불뉴가 말하였다.

"우리가 누구만 못하기에 도주하겠느냐?"

그 대원이 물었다.

"그렇다면 멈춰 서서 싸우겠습니까?"

불뉴가 말하였다.

"〈멈춰 서서 싸우는 것이〉 어찌 훌륭한 일이 되겠는가?"

그리고는 천천히 걸어가다가 적에게 피살되었다. 노군이 齊나라 甲士 80명의 수급을 베니, 齊人은 군대를 정돈할 수 없었다. 밤에 첩자가 와서 "제인이 도망가고 있습니다." 하자, 冉有(冉求)가 추격을 세 차례 청하였으나, 季孫이 허락하지 않았다.

字義 刻 : 약정할 각

孟孺子語人曰 我不如顏羽나 而賢於邴洩이니 子羽銳敏이어늘 我不欲戰而能黙하며 洩曰 驅之라하니라 公爲與其嬖僮汪錡(의)乘이라가 皆死하니 皆殯하다 孔子曰 能執干戈以衛社稷하니 可無殤[71]也니라 冉有用矛於齊師라 故能入其軍하니 孔子曰 義也라하다

---

70 林不狃之伍 : 伍는 5인으로 편성된 군대 조직의 名稱이니, 곧 같은 伍에 속한 隊員을 이른 것이다.(楊注)

71 殤 : 성년이 되기 전에 죽은 자를 이른다. 16세부터 19세 사이에 죽은 자를 '長殤', 12세부터 15세

孟孺子가 어떤 사람에게 말하였다.

"내가 顔羽만은 못하지만 邴洩보다는 나으니, 子羽(顔羽)는 精細하고 민첩하여 싸우려고 하였는데 나는 싸우고 싶지 않았으나 〈도주하자는〉 말을 하지 않았으며 병설은 '말을 달려 도주하자.' 하였다."

公爲가 총애하는 家僮 汪錡와 한 兵車에 동승하여 싸우다가 함께 전사하니 함께 殯葬하였다. 孔子께서 말하였다.

"〈왕의가 비록 나이는 어리지만〉 무기를 들고 社稷을 보위하다가 죽었으니, 성년이 되기 전에 죽은 자에게 치르는 喪禮를 쓰지 않는 것이 옳다."

冉有가 齊軍에게 長矛을 사용하였기 때문에 齊나라 군중으로 쳐들어갈 수 있었으니, 공자께서 이에 대해 "의로운 행동이다." 하셨다.

【經】夏에 陳轅頗出奔鄭하다

여름에 陳나라 轅頗가 鄭나라로 出奔하였다.

【傳】夏에 陳轅頗出奔鄭하다 初에 轅頗爲司徒에 賦封田以嫁公女하고 有餘어늘 以爲己大器러니 國人逐之라 故出하니라 道渴이어늘 其族轅咺(훤)進稻醴粱糗腶脯焉한대 喜曰 何其給也오 對曰 器成而具[72]호라 曰 何不吾諫고 對曰 懼先行이로라

여름에 陳나라 轅頗가 鄭나라로 出奔하였다. 지난날 원파가 司徒가 되었을 때에 봉읍 안의 토지에 부세를 징수하여 公女를 시집보내는 비용으로 쓰고, 여분이 있자 그것으로 자기의 大器(鐘과 鼎 따위)를 만들었다. 이 일로 인해 國人이 그를 축출하였기 때문에 출분한 것이다. 도중에 목이 말라 물을 찾으니, 그 族人 轅咺이 쌀로 빚은 단술과 좁쌀로 지은 마른 밥과 육포를 올리자, 기뻐하며 말하였다.

"어쩌면 이리 풍족하냐?"

족인 원훤이 말하였다.

"당신의 大器가 완성되었을 때 나는 이 물건들을 준비하였습니다."

원파가 말하였다.

사이에 죽은 자를 '中殤', 8세부터 11세 사이에 죽은 자를 '下殤'이라고 한다.

72 器成而具 : 大器를 만들 때 이미 당신이 축출된 것을 알았기 때문에 이것들을 준비하였다는 말이다.(《左氏會箋》)

"어찌하여 나에게 간하지 않았느냐?"

그 족인이 대답하였다.

"먼저 나를 내칠까 두려웠기 때문입니다."

字義 粱 : 조 량(=粱) 糗 : 마른 밥 구 腶 : 포 단

【經】五月에 公會吳伐齊하다 甲戌에 齊國書帥(솔)師하야 及吳戰于艾陵하야 齊師敗績하니 獲齊國書하다

5월에 哀公이 吳軍과 회합하여 齊나라를 토벌하였다. 甲戌日에 제나라 國書가 군대를 거느리고 가서 오군과 艾陵에서 전쟁하여 齊軍이 대패하니 오군이 제나라 국서를 잡았다.

【傳】爲郊戰故하야 公會吳子伐齊하다 五月에 克博하고 壬申에 至于嬴하다 中軍從王하고 胥門巢將上軍하고 王子姑曹將下軍하고 展如將右軍하다 齊國書將中軍하고 高無丕將上軍하고 宗樓將下軍하다 陳僖子謂其弟書호대 爾死면 我必得志하리라 宗子陽與閭丘明相厲也하다 桑掩胥御國子러니 公孫夏曰 二子必死하라 將戰할새 公孫夏命其徒歌虞殯하고 陳子行命其徒具含玉[73]하고 公孫揮命其徒曰 人尋約하라 吳髮短이라하고 東郭書曰 三戰必死라하니 於此三矣라하고 使問弦多以琴曰 吾不復見子矣리라하고 陳書曰 此行也에 吾聞鼓而已요 不聞金矣[74]라하다

지난번 교외의 전쟁을 보복하기 위하여 哀公이 吳子와 회합하여 齊나라를 토벌하였다. 5월에 博邑을 공격해 승리하고 壬申日에 嬴邑에 당도하였다. 中軍은 吳王을 따르고, 胥門巢가 上軍을 거느리고 王子 姑曹가 下軍을 거느리고 展如가 右軍을 거느렸다. 齊나라는 國書가 중군을 거느리고 高無丕가 상군을 거느리고 宗樓가 하군을 거느렸다. 陳僖子는 그 아우 書에게 "네가 전사하면 내가 반드시 뜻을 얻을 것이다." 하고, 宗子陽(宗樓)과 閭丘明은 서로 격려하였다. 桑掩胥가 國子의 병거를 몰았는데, 公孫 夏가 말하였다.

"두 사람은 필사의 각오로 싸우십시오."

---

73 含玉 : 殮襲할 때 死者의 입 안에 넣는 구슬이다.

74 吾聞鼓而已 不聞金矣 : 전쟁에는 북소리를 신호로 進軍하고, 징소리를 신호로 退軍한다. 징소리를 들을 수 없다는 것은 장차 죽을 것임을 말한 것이다.(杜注)

교전하려 할 때 공손 하는 자기의 부하들에게 명하여 輓歌를 노래하게 하고, 陳子行은 그 부하들에게 명하여 含玉을 준비하게 하고, 公孫 揮는 그 부하들에게 명하기를 "사람마다 8척의 새끼줄을 준비하라. 吳人은 頭髮이 짧다." 하고, 東郭書는 "세 차례 출전하면 반드시 죽는다고 하니, 이번이 세 번째이다." 하고, 사람을 시켜 弦多에게 거문고를 보내며 "내 다시 그대를 볼 수 없을 것이오." 하고, 陳書는 "이번 전쟁에 나는 북소리만을 들을 뿐, 징소리는 듣지 못할 것이다." 하였다.

字義 厲 : 권면할 려　尋 : 여덟 척 심　約 : 새끼줄 약　問 : 물건 보낼 문

甲戌에 戰于艾陵할새 展如敗高子하고 國子敗胥門巢하니 王卒助之하야 大敗齊師하고 獲國書公孫夏閭丘明陳書東郭書와 革車八百乘과 甲首三千하야 以獻于公하다 將戰에 吳子呼叔孫曰 而事何也오 對曰 從司馬[75]로소이다 王賜之甲劍鈹曰 奉爾君事하야 敬無廢命하라 叔孫未能對한대 衛賜[76]進曰 州仇奉甲從君하리라 而拜하다 公使大(태)史固歸國子之元호대 寘之新篋하고 褽[77]之以玄纁하야 加組帶焉하고 寘書于其上曰 天若不識不衷이면 何以使下國이리오

甲戌日에 艾陵에서 교전할 적에 展如가 高子를 패배시키고 國子가 胥門巢를 패배시키니, 王卒이 서문소를 도와 齊軍을 대패시키고 國書, 公孫 夏, 閭丘明, 陳書, 東郭書와 革車 8백乘과 齊나라 甲士의 首級 3천을 俘獲하여 哀公에게 바쳤다. 교전하려 할 때 吳子가 叔孫(武叔州仇)에게 큰소리로 물었다.

"그대가 맡은 일이 무엇인가?"

숙손이 대답하였다.

"司馬입니다."

吳王은 숙손에게 갑옷과 검과 鈹(兩刃刀)를 주며 말하였다.

"그대 임금이 부여한 일을 받들어 공경히 거행하여 명을 폐기하지 말라."

숙손이 대답할 바를 몰라 대답을 하지 못하자, 衛賜(子貢)가 앞으로 나와서 말하였다.

"州仇는 갑옷을 받고 임금님을 따를 것입니다."

그러자 숙손은 절하고 그 갑옷을 받았다. 애공이 太史 固를 보내 國子의 수급을 齊나라에

---

75 從司馬 : '從司馬'는 司馬가 되었다는 말과 같다. '從'이라 말한 것은 당시의 謙辭이다.(楊注)

76 衛賜 : 孔子의 제자인 子貢이다. 그는 衛나라 출신이며, 이름이 端木賜이다.

77 褽 : 包(싸다)의 뜻이다.(《左氏會箋》)

돌려보내되, 그 수급을 새로 만든 광주리에 담고, 검은 비단으로 위를 덮고 붉은 비단으로 밑을 받쳐 싸서 명주실을 꼬아 짠 띠〔組帶〕로 묶고, 그 위에 이렇게 썼다.

"하늘이 만약 齊나라의 不善을 알지 못하였다면 어찌 下國(魯나라)으로 하여금 〈승리하게〉 하였겠는가?"

字義 元 : 머리 원 䙡 : 쌀 위 纁 : 분홍빛 훈

吳將伐齊하니 越子率其衆以朝焉하고 王及列士皆有饋賂하니 吳人皆喜호대 唯子胥懼曰 是豢吳也夫인저 諫曰 越在我에 心腹之疾也니 壤地同而有欲於我일새니라 夫其柔服은 求濟其欲也니 不如早從事焉이라 得志於齊라도 猶獲石田也니 無所用之라 越不爲沼면 吳其泯矣리라 使醫除疾호대 而曰必遺類焉者는 未之有也라 盤庚之誥曰 其有顚越不共이면 則劓殄無遺育하야 無俾易種于茲邑[78]라하니 是商所以興也라 今君易之하야 將以求大하니 不亦難乎아 弗聽이어늘 使(시)於齊하야 屬(촉)其子於鮑氏하야 爲王孫氏하다 反役하야 王聞之하고 使賜之屬(촉)鏤以死하니 將死에 曰 樹吾墓檟하라 檟可材也면 吳其亡乎인저 三年에 其始弱矣리니 盈必毁는 天之道也라하니라

吳나라가 齊나라를 토벌하려 하니 越子가 그 신하들을 거느리고 가서 吳王에게 조현하고 오왕과 그 신하들에게 식품과 재물을 주니 吳人이 모두 기뻐하였으나, 오직 子胥만 두려워하며 "이는 오나라를 짐승으로 기르는 것이다." 하고 간하였다.

"越나라는 우리 오나라에 있어서 心腹의 질환이니, 같은 지역에 있으면서 우리에게 야욕을 품고 있기 때문입니다. 저들이 유순하게 복종하는 것은 그 야욕을 이루고자 해서이니 조기에 월나라를 공격하는 것만 못합니다. 우리가 齊나라를 토벌하여 승리한다 하더라도 이는 마치 石田을 얻는 것과 같아서 쓸 곳이 없습니다. 만약 월나라를 〈격멸하여 그 궁실을〉 연못으로 만들지 않는다면 월나라는 장차 우리나라를 멸망시킬 것입니다. 의원에게 병을 치료하게 하되 반드시 병의 뿌리를 남겨두라고 한 사람은 아직까지 없었습니다. 〈盤庚〉의 誥文에 '횡포를 자행하여 왕명을 공손히 봉행하지 않는 자가 있으면 그를 죽이고 그 후예도 남기지 않아 이 新邑에 그 종

78 其有顚越不共……無俾易種于茲邑 : 이 글이 《書經》 〈盤庚 中〉에 보이는데, 長篇의 글을 左氏가 節略해 인용한 것이다. 《서경》에는 '不共'이 '不恭'으로 되어 있다. 注疏에는 顚越을 예법을 隕墜하는 것으로, 劓殄을 割絶(죽임)로, 易을 相染으로 해석하였고, 蔡沈의 傳에는 顚을 隕으로, 越을 踰로, 易을 移로 해석하였다. 楊注에는 顚越을 狂亂으로, 育을 胄(자손)로, 易을 延易(蔓延)으로 訓釋하고 '狂亂하여 命을 듣지 않는 자가 있으면 즉시 割絶(죽임)하고 그 後裔도 남기지 않아 그 種子가 이곳에 蔓延하게 하지 못하게 하겠다는 뜻이다.' 하였다.

자가 옮겨오지 못하게 할 것이다.' 하였으니, 이것이 바로 商나라가 흥성한 원인입니다. 지금 임금님께선 이와 반대로 하면서 강대해지기를 구하려 하시니 어렵지 않겠습니까?"

오왕은 듣지 않았다. 그러자 자서는 齊나라에 사신으로 가서 자기의 아들을 鮑氏에게 맡겨 王孫氏가 되게 하였다. 오왕은 艾陵의 전쟁에서 돌아와서 이 말을 듣고 자서에게 屬鏤劍을 주어 자살하게 하니, 죽으려 할 때 자서가 말하였다.

"내 무덤에 가래나무를 심어라. 그 나무가 목재로 쓸 수 있게 자라면 오나라는 아마도 멸망할 것이다. 3년 뒤부터 오나라는 쇠약해지기 시작할 것이니, 가득 차면 반드시 기우는 것이 하늘의 이치이다."

字義 豢 : 기를 환 檟 : 가래나무 가

【經】秋라

가을이다.

【傳】〔秋〕[79]에 季孫命修守備曰 小勝大는 禍也니 齊至無日矣리라

가을에 季孫이 수비를 정비하도록 명하며 말하였다.

"小國이 大國과 싸워 승리하는 것은 화를 부르는 일이니 齊나라가 머지않아 쳐들어올 것이다."

【經】七月辛酉에 滕子虞母卒하다

7월 辛酉日에 滕子 虞母(滕 隱公)가 졸하였다.

【經】冬十有一月에 葬滕隱公하다

겨울 11월에 滕 隱公을 장사 지냈다.

【經】衛世叔齊出奔宋하다

衛나라 世叔齊가 宋나라로 出奔하였다.

---

79 〔秋〕: 저본에는 '秋'가 없으나, 十三經注疏本에 의거하여 보충하였다.

【傳】冬에 衛大(태)叔疾出奔宋하다 初에 疾娶于宋子朝러니 其娣嬖하다 子朝出에 孔文子使疾出其妻而妻之하다 疾使侍人誘其初妻之娣하야 寘於犂하고 而爲之一宮하니 如二妻라 文子怒하야 欲攻之어늘 仲尼止之하니 遂奪其妻하다 或淫于外州하니 外州人奪之軒以獻하다 恥是二者라 故出하니라 衛人立遺하고 使室孔姞하다 疾臣向(상)魋하야 納美珠焉하니 與之城鉏하다 宋公求珠호대 魋不與하니 由是得罪하다 及桓氏出하야 城鉏人攻大叔疾하니 衛莊公復之하야 使處巢하다 死焉이어늘 殯于鄖이라가 葬於少禘하다

겨울에 衛나라 太叔疾이 宋나라로 出奔하였다. 당초에 태숙질이 송나라 子朝의 딸을 아내로 맞이하였는데, 그 아내의 동생을 총애하였다. 자조가 출분한 뒤에 孔文子는 태숙질에게 그 아내를 내치게 하고 자기의 딸을 그의 아내로 보내었다. 태숙질이 侍人을 보내 전처의 동생을 유인해 데리고 오게 하여 그 여자를 犂邑에 안치하고 그 여자를 위해 집 한 채를 지어 살게 하니, 마치 두 아내가 있는 것 같았다. 文子가 노하여 태숙질을 공격하려 하자 仲尼가 만류하니, 문자는 드디어 그의 아내로 보냈던 딸을 도로 빼앗아왔다. 태숙질이 또 外州에서 어떤 여인과 간음하니 外州人이 태숙질의 수레를 빼앗아 衛君에게 바쳤다. 태숙질은 이 두 일을 수치로 여겼으므로 출분한 것이다.

衛人이 遺를 후계자로 세우고 遺로 하여금 孔姞(공문자의 딸)을 아내로 삼게 하였다. 태숙질이 向魋의 家臣이 되어 아름다운 진주를 상퇴에게 바치니 상퇴는 그에게 城鉏를 주었다. 宋 景公이 상퇴에게 그 진주를 달라고 요구하였으나 상퇴가 주지 않으니, 이 때문에 경공에게 죄를 얻었다. 桓氏(상퇴)가 국외로 출분함에 미쳐 城鉏人이 태숙질을 공격하니, 衛 莊公이 그를 돌아오게 하여 巢邑에 살게 하였다. 그곳에서 죽자 鄖邑에 殯(葬事 때까지 棺을 安置해 둠)하였다가 少禘에 장사 지냈다.

初에 晉悼公子慭(은)亡在衛하야 使其女僕而田이러니 大(태)叔懿子止而飮之酒하고 遂聘之하야 生悼子하다 悼子卽位라 故夏戊爲大夫하다 悼子亡에 衛人翦夏戊하다

당초에 晉 悼公의 아들 慭이 衛나라로 도망가 있으면서 그 딸에게 수레를 몰게 하고 사냥을 나갔는데, 太叔懿子가 慭을 머물게 하여 함께 술을 마시고, 드디어 그의 딸을 아내로 맞이하여 悼子(太叔疾)를 낳았다. 도자가 卿의 자리에 올랐기 때문에 夏戊(悼子의 생질)가 대부가 되었다. 도자가 도망가자 衛人이 하무의 官爵과 封邑을 깎았다.

字義 翦 : 깎을 전

孔文子之將攻大(태)叔也에 訪於仲尼한대 仲尼曰 胡簋[80]之事則嘗學之矣어니와 甲兵之事는 未之聞也라하시고 退하야 命駕而行曰 鳥則擇木이어니와 木豈能擇鳥리오하니 文子遽止之曰 圉豈敢度(탁)其私리오 訪衛國之難也라 將止러니 魯人以幣召之어늘 乃歸하다

孔文子가 太叔疾을 공격하려 할 때 仲尼에게 묻자, 중니가 말하였다.

"胡簋(祭祀)의 일이라면 일찍이 배웠지만 전쟁의 일이라면 아직 듣지 못하였습니다."

그리고는 물러나와 수레에 말을 메우라고 명하여 떠나면서 말하였다.

"새는 樹木을 선택할 수 있지만 수목이 어찌 새를 선택할 수 있는가?"

文子가 급히 만류하며 말하였다.

"내가〔圉〕 어찌 감히 나 개인의 이익을 꾀하겠습니까? 衛나라의 화란에 대해 자문하려 했던 것입니다."

그러자 중니는 머물려 하였는데, 魯人이 폐백을 보내 부르므로 이에 魯나라로 돌아왔다.

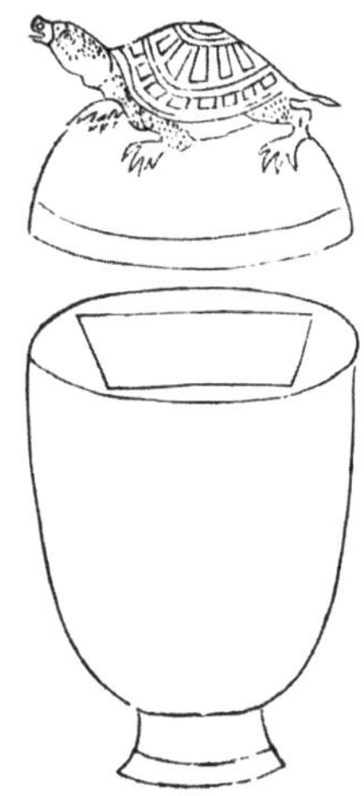

簋

〈12년, 戊午(B.C. 483)〉

【經】 十有二年이라 春에 用田賦하다

12년이다. 봄에 田畝에 따라 부세하는 제도를 시행하였다.

【傳】 季孫欲以田賦하야 使冉有訪諸仲尼한대 仲尼曰 丘不識也로라 三發하고 卒曰 子爲國老라 待子而行이어늘 若之何子之不言也오 仲尼不對하시고 而私於冉有曰 君子之行也는 度(탁)於禮하야 施取其厚하며 事擧其中하며 斂從其薄하나니 如是則以丘[81]亦足矣어니와 若不度於禮하며 而貪冒無厭이면 則雖以田賦라도 將又不足하리라 且子季孫若欲行而法이면 則周公之典在니라 若欲苟而行이면 又何訪焉고 弗聽하다 十二年이라 春王正月에 用田賦하다

---

80 胡簋 : 禮器의 이름이다. 夏나라는 '胡'라 하고, 周나라는 '簋'라 하였다.(杜注)

81 丘 : '丘'는 16井인데, 16정이 軍馬 한 필과 소 세 마리를 낸다. 이것이 賦稅의 常法이다.(杜注)

季孫이 田畝의 다소에 따라 부세를 징수하고자 冉有를 보내 仲尼에게 의견을 묻자, 중니는 "나는 모르겠다." 하였다. 계손이 연달아 염유를 세 차례 보내 물어보고 마지막에 말하였다.

"그대는 국가의 원로라서 그대의 대답을 기다려 일을 처리하려 한 것인데, 어찌하여 그대는 말을 하지 않는가?"

중니는 대답하지 않고 염유에게 사사로이 말하였다.

"군자가 일을 처리함에는 禮를 헤아려 시혜는 후한 쪽을 취하고 일은 적합하게 거행하고 부세는 박한 쪽을 따라야 한다. 이와 같이 하면 丘賦만으로도 충분하지만, 만약 예를 헤아리지 않고 탐욕하여 만족을 모른다면 비록 田畝에 따라 부세를 징수하더라도 도리어 부족할 것이다. 장차 자네의 季孫氏가 만약 일 처리를 법에 맞게 하고자 한다면 周公의 법이 있다. 만약 구차하게 일을 처리하고자 한다면 또 남의 의견을 물을 게 뭐 있는가?"

계손은 孔子의 말을 듣지 않았다. 12년이다. 봄 周王 正月에 田畝에 따라 부세하는 제도를 시행하였다.

【經】 夏五月甲辰에 孟子卒하다

여름 5월 甲辰日에 孟子가 졸하였다.

【傳】 夏五月에 昭夫人孟子卒하다 昭公娶于吳라 故不書姓[82]하고 死不赴라 故不稱夫人하고 不反哭이라 故不言葬小君하다 孔子與弔하사 適季氏하시니 季氏不絻이어늘 放絰而拜하시다

여름 5월에 昭公의 夫人 孟子가 졸하였다. 소공이 吳나라 여인에게 장가갔기 때문에 經에 姓을 기록하지 않았고, 죽었을 때 제후에게 부고하지 않았기 때문에 '夫人'이라 칭하지 않았고, 反哭하지 않았기 때문에 '葬小君'이라고 말하지 않은 것이다. 孔子가 弔喪에 참여하여 季氏에게 가니, 계씨가 喪冠을 쓰지 않고 있으므로 공자도 상복을 벗고 절하였다.

【經】 公會吳于橐皐하다

哀公이 吳子와 橐皐에서 회합하였다.

---

82 昭公娶于吳 故不書姓 : 同姓에게 장가간 것을 숨겼다. 그러므로 그를 '孟子'라고 하여 宋나라 여인인 것처럼 만든 것이다.(杜注) 宋나라는 子姓이고, 魯나라와 吳나라는 姬姓이다.

【傳】公會吳于橐皐하다 吳子使大(태)宰嚭請尋盟하니 公不欲하야 使子貢對曰 盟所以周信也라 故心以制之하고 玉帛以奉之하고 言以結之하고 明神以要之[83]하나니라 寡君以爲苟有盟焉이면 弗可改也已라 若猶可改면 日盟何益이리오 今吾子曰 必尋盟이라하니 若可尋也면 亦可寒也[84]니라 乃不尋盟하다

哀公이 吳子와 橐皐에서 회합하였다. 오자가 太宰 嚭를 보내 전에 맺은 맹약을 거듭 천명하기를 청하였다. 애공은 거듭 천명하고 싶지 않아, 子貢을 보내 대답하게 하였다.

"맹약하는 것은 믿음을 공고히 하기 위함입니다. 그러므로 마음으로써 제약하고, 玉帛으로써 봉헌하고, 언어로써 맹약을 맺고, 明神으로써 단속하는 것입니다. 寡君께서는 맹약을 하면 변경할 수 없다고 여기십니다. 만약 오히려 변경할 수 있다면 날마다 맹약을 맺은들 무슨 도움이 되겠습니까? 그런데 지금 당신은 '반드시 맹약을 거듭 천명하겠다.' 하시니, 만약 따뜻하게 데울 수 있다면 다시 싸늘하게 식게 할 수도 있습니다."

이에 맹약을 거듭 천명하지 않았다.

字義 周 : 견고할 주 要 : 단속할 요 尋 : 거듭할 심

【經】秋에 公會衛侯宋皇瑗于鄖하다

가을에 哀公이 衛侯·宋나라 皇瑗과 鄖에서 회합하였다.

【傳】吳徵會于衛하다 初衛人殺吳行人且(저)姚而懼하야 謀于行人子羽하니 子羽曰 吳方無道하니 無乃辱吾君가 不如止也니라 子木曰 吳方無道하니 國無道면 必棄疾於人이라 吳雖無道나 猶足以患衛하니 往也하라 長木之斃면 無不摽也오 國狗之瘈면 無不噬也어든 而況大國乎아

吳나라가 衛나라를 회합에 오라고 불렀다. 당초에 衛人이 오나라 行人 且姚를 죽인 일 있으므로 겁이 나서 行人 子羽(衛나라 大夫)와 상의하니, 자우가 말하였다.

83 心以制之……明神以要之 : 네 '之'자는 모두 盟約을 지시한 代詞이다. '心以制之'는 誠心으로 맹약을 지키기 위해 자신을 制約함이고, '玉帛以奉之'는 神에게 玉帛을 바쳐 맹약을 고함이고, '言以結之'는 言語로써 맹약을 맺음이고, '明神以要之'는 맹약을 어기는 자는 神이 禍를 내릴 것이라는 盟辭로 당사자들을 단속(要)함이다.(楊注)

84 若可尋也 亦可寒也 : 만약 따뜻하게 하여 데울 수 있다면 차갑게 하여 消滅되게 할 수도 있다는 말이다.(林堯叟)

"오나라는 현재 무도한 짓을 하고 있으니, 우리 임금님을 모욕하려는 것이 아니겠습니까? 가지 않는 것이 좋겠습니다."

子木(衛나라 大夫)이 말하였다.

"오나라가 현재 무도한 짓을 하고 있으니, 나라가 무도하면 반드시 남에게 해를 입힙니다. 오나라가 비록 무도하지만 오히려 우리 衛나라에 화란을 입히기에 충분하니 가셔야 합니다. 큰 나무가 쓰러지면 그 밑에 타격을 받지 않는 초목이 없고, 國狗(一國의 名犬)가 미치면 물리지 않는 사람이 없는데, 하물며 큰 나라이겠습니까?"

字義 摽 : 타격할 표 瘈 : 미칠 계

秋에 衛侯會吳於鄖하니 公及衛侯宋皇瑗盟하고 而卒辭吳盟하다 吳人藩衛侯之舍하니 子服景伯謂子貢曰 夫諸侯之會에 事既畢矣면 侯伯致禮하고 地主歸餼하야 以相辭也어늘 今吳不行禮於衛하고 而藩其君舍以難之하니 子盍見大(태)宰오 乃請束錦以行하야 語及衛故한대 大宰嚭曰 寡君願事衛君이나 衛君之來也緩하니 寡君懼라 故將止之니라 子貢曰 衛君之來에 必謀於其衆이니 其衆或欲或否라 是以緩來니라 其欲來者는 子之黨也요 其不欲來者는 子之讐也라 若執衛君이면 是墮(휴)黨而崇讐也니 夫墮子者得其志矣리라 且合諸侯而執衛君이면 誰敢不懼리오 墮黨崇讐하야 而懼諸侯면 或者難以霸乎인저 大宰嚭說(열)하야 乃舍衛侯하다 衛侯歸하야 效夷言하다 子之尙幼러니 曰 君必不免하리니 其死於夷乎인저 執焉而又說(열)其言하니 從之固矣로라

가을에 衛侯가 鄖에서 吳子와 회합하니, 哀公이 위후 및 宋나라 皇瑗과 결맹하고 끝내 吳나라와의 결맹을 사절하였다. 吳人이 위후가 머무는 객사에 울타리를 치니, 子服景伯이 子貢에게 말하였다.

"제후의 회맹하는 일이 끝나면 侯伯(盟主)은 빈객에게 禮를 표하고 地主(회합장소를 제공한 나라의 군주)는 食物을 보내 서로 이별하는 것인데, 지금 吳나라는 衛나라에게 예를 행하지 않고 그 임금이 머문 객사에 울타리를 쳐서 곤란하게 하니 그대는 어찌 太宰를 만나보지 않는 것이오."

자공은 이에 束錦을 청구하여 가지고 태재에게 가서 말이 衛나라 일에 미치자 太宰 嚭가 말하였다.

"우리 임금께서 비록 衛君을 섬기기를 원하였으나 위군께서 늦게 오시니 우리 임금께서는 두려워하였습니다. 그러므로 위군을 억류하려는 것입니다."

자공이 말하였다.

“위군이 오실 때 반드시 그 신하들과 상의하셨을 것이니 그 신하 중에는 임금님이 오시기를 바란 자도 있고, 바라지 않은 자도 있었을 것입니다. 그러므로 늦게 오신 것입니다. 임금님이 오시기를 바란 자는 당신들의 편이고 바라지 않은 자는 당신들의 원수입니다. 만약 위군을 체포한다면 이는 자기편을 허물고 원수를 높이는 것이니, 당신들을 허물고자 한 자들이 뜻을 얻게 될 것입니다. 그리고 또 제후를 회합하고 위군을 체포한다면 누가 감히 두려워하지 않겠습니까? 자기편을 허물고 원수를 높여서 제후를 두렵게 한다면 아마도 霸者가 되기 어려울 것입니다.”

그러자 태재 비는 기뻐하여 이에 衛侯를 석방하였다. 위후가 돌아와서 蠻夷(吳나라)의 말을 본받아 하였다. 子之는 이때 아직 어렸는데, 말하였다.

“임금님은 반드시 화를 면하지 못할 것이니, 아마도 만이의 나라에서 죽을 것이다. 저들에게 체포당하였으면서도 도리어 저들의 말을 하기 좋아하니 저들을 따라갈 것이 틀림없다.”

字義 止 : 잡을 지 固 : 반드시 고

【經】 宋向(상)巢帥(솔)師伐鄭하다

宋나라 向巢가 군대를 거느리고 가서 鄭나라를 토벌하였다.

【傳】 宋鄭之間有隙地焉하니 曰彌作頃丘玉暢嵒戈鍚이라 子産與宋人爲成曰 勿有是하라 及宋平元之族自蕭奔鄭하야 鄭人爲之城嵒戈鍚하니 九月에 宋向巢伐鄭하야 取鍚하고 殺元公之孫하고 遂圍嵒하다 十二月에 鄭罕達救嵒하야 丙申에 圍宋師하다

宋나라와 鄭나라 사이에 閒田이 있으니 彌作, 頃丘, 玉暢, 嵒, 戈, 鍚이다. 子産이 宋人과 和平을 맺고 “〈兩國이 함께〉 이 땅을 占有하지 말자.” 하였다. 송나라의 平公과 元公의 宗族이 蕭邑에서 정나라로 出奔함에 미쳐 鄭人이 그들을 위해 嵒, 戈, 鍚에 城을 쌓아 거주하게 하니, 9월에 송나라 向巢가 정나라를 토벌하여 鍚을 점령하고 원공의 손자를 죽이고, 드디어 嵒을 포위하였다. 12월에 정나라 罕達이 嵒을 구원하기 위해 丙申日에 宋軍을 포위하였다.

【經】 冬十有二月에 螽하다

겨울 12월에 蝗蟲의 재해가 발생하였다.

【傳】冬十二月에 螽하니 季孫問諸仲尼한대 仲尼曰 丘聞之호니 火伏而後蟄者畢이라하니 今火猶西流하니 司歷過也[85]라하시다

겨울 12월에 蝗蟲의 재해가 발생하니, 季孫이 仲尼에게 묻자 중니가 말하였다. "내가 듣건대 火星이 잠복한 뒤에는 昆蟲이 모두 땅속으로 들어가 숨는다고 합니다. 지금 화성이 아직 서쪽 하늘에 보이니, 司歷이 曆을 잘못 계산한 것입니다."

〈13년, 己未(B.C. 482)〉

【經】十有三年이라 春에 鄭罕達帥(솔)師取宋師于嵒하다

13년이다. 봄에 鄭나라 罕達이 군대를 거느리고 가서 嵒에서 宋軍을 취하였다.

【傳】十三年이라 春에 宋向(상)魋救其師하다 鄭子賸使徇曰 得桓魋者는 有賞이라하니 魋也逃歸어늘 遂取宋師于嵒하고 獲成讙郜延하고 以六邑爲虛하다

13년이다. 봄에 宋나라 向魋가 〈嵒에서 포위당한〉 宋軍을 구원하였다. 鄭나라 子賸이 사람을 보내 전군에 "桓魋를 잡는 자는 상이 있을 것이다."라고 선포하니, 환퇴가 도망하여 돌아가기에, 鄭軍은 드디어 嵒에서 宋軍을 패배시키고 송나라 대부 成讙과 郜延을 포로로 잡고 여섯 읍을 空地(임자 없는 땅)로 만들었다.

字義 徇 : 선포할 순

【經】夏에 許男成卒하다 公會晉侯及吳子于黃池하다

여름에 許男 成(許 元公)이 졸하였다. 哀公이 晉侯 및 吳子와 黃池에서 회합하였다.

【傳】夏에 公會單(선)平公晉定公吳夫差于黃池하다

여름에 哀公이 單平公(周나라의 卿士), 晉 定公, 吳나라 夫差와 黃池에서 회합하였다.

---

85 火伏而後蟄者畢……司歷過也 : 火星이 잠복하는 것은 지금의 10월이다. '猶西流'는 아직 다 없어지지 않은 것이니 9월임을 알 수 있는데, 歷官이 閏月 하나를 빠뜨린 것이다.(杜注)

【經】楚公子申이 帥(솔)師伐陳하다

楚나라 公子 申이 군대를 거느리고 가서 陳나라를 토벌하였다.

【經】於越入吳하다 秋에 公至自會하다

越나라가 吳나라로 쳐들어갔다. 가을에 哀公이 黃池의 회합에서 돌아왔다.

【傳】六月丙子에 越子伐吳할새 爲二隧하야 疇無餘謳陽自南方하야 先及郊하니 吳大(태)子友王子地王孫彌庸壽於姚自泓上觀之하다 彌庸見姑蔑之旗하고 曰 吾父之旗也니 不可以見讐而弗殺也라 大子曰 戰而不克이면 將亡國하리니 請待之하라 彌庸不可라하고 屬(촉)徒五千하니 王子地助之하다 乙酉에 戰하야 彌庸獲疇無餘하고 地獲謳陽하다 越子至하니 王子地守하다 丙戌에 復戰하야 大敗吳師하고 獲大子友王孫彌庸壽於姚하고 丁亥에 入吳하다 吳人告敗于王하니 王惡(오)其聞也하야 自剄七人於幕下하다

6월 丙子日에 越子가 吳나라를 토벌할 때 두 길로 나누어 출병하여 疇無餘와 謳陽이 남쪽 길로 가서 먼저 오나라 교외에 당도하니, 오나라 太子 友·王子 地·王孫 彌庸·壽於姚가 泓水 가에서 越軍의 정황을 관찰하였다. 彌庸이 姑蔑人이 든 깃발을 보고 말하였다.

"우리 아버지의 軍旗이니, 원수를 보고 죽이지 않을 수 없습니다."

태자가 말하였다.

"교전하였다가 승리하지 못하면 장차 나라가 망할 것이니 잠시 기다리시오."

미용은 "기다릴 수 없습니다." 하고 부하 5천 명을 집합시키니 王子 地가 그를 돕기로 하였다. 乙酉日에 교전하여 미용은 주무여를 포로로 잡고 왕자 지는 구양을 포로로 잡았다. 越子가 대군을 이끌고 오니, 왕자 지가 진지를 고수하였다. 丙戌日에 다시 교전하여 越軍이 吳軍을 대패시키고 태자 우와 왕손 미용과 수어요를 포로로 잡고, 丁亥日에 吳나라 國都로 쳐들어갔다. 吳人이 吳王에 패전을 보고하니, 오왕은 패전이 소문날 것을 싫어하여 직접 장막 아래서 일곱 사람을 죽였다.

字義 隧 : 길 수(=道) 屬 : 모을 촉 剄 : 목 벨 경

秋七月辛丑에 盟할새 吳晉爭先[86]하다 吳人曰 於周室我爲長이라 晉人曰 於姬姓我爲

86 爭先 : 먼저 歃血하는 쪽이 맹주가 되기 때문에 吳와 晉이 서로 먼저 삽혈하기를 다툰 것이다.

伯이라 趙鞅呼司馬寅曰 日旰矣어늘 大事未成은 二臣之罪也니 建鼓整列하야 二臣死之면 長幼必可知也리라 對曰 請姑視之호리라 反曰 肉食者無墨이어늘 今吳王有墨하니 國勝乎며 大子死乎인저 且夷德輕하야 不忍久하니 請少待之하노라 乃先晉人하다

가을 7월 辛丑日에 맹약할 때 吳나라와 晉나라가 먼저 歃血하기를 다투었다. 吳人은 "周나라 왕실 중에 우리의 시조 太伯이 長子이다." 하고, 晉人은 "姬姓 제후 중에 우리가 侯伯(盟主)이다." 하였다. 趙鞅이 司馬 寅(晉나라 대부)에게 큰 소리로 말하였다.

"날이 저물었는데 대사를 아직 완성하지 못한 것은 우리 두 신하(조앙과 사마 인)의 죄이니, 旗鼓를 세우고 대열을 정비하여 우리 두 신하가 〈吳軍과〉 죽기로 싸운다면 선후의 순서를 반드시 알 수 있을 것이오."

사마 인이 대답하였다.

"우선 吳王에게 가서 정황을 살펴보고 오기를 청합니다."

사마 인이 오왕에게 갔다가 돌아와서 말하였다.

"肉食하는 사람은 안색이 어둡지 않은 것인데, 지금 오왕은 안색이 어두우니, 國都가 적에게 함락되어 그런 것이고, 태자가 죽어서 그런 것입니다. 그리고 또 夷狄의 덕은 가벼워서 오래 참지 못하니, 잠시 기다리십시오."

이에 晉人이 먼저 삽혈하였다.

字義 旰 : 해가 질 간　墨 : 낯빛 어두울 묵

吳人將以公見(현)晉侯러니 子服景伯對使者曰 王合諸侯면 則伯帥(솔)侯牧以見(현)於王하고 伯合諸侯면 則侯帥子男以見於伯이라 自王以下로 朝聘玉帛不同이라 故敝邑之職貢於吳有豐於晉하고 無不及焉은 以爲伯也어늘 今諸侯會하야 而君將以寡君見晉君하니 則晉成爲伯矣라 敝邑將改職貢호리라 魯賦於吳八百乘이나 若爲子男이면 則將半邾以屬於吳[87]하고 而如邾以事晉하리라 且執事以伯召諸侯하고 而以侯終之면 何利之有焉이리오 吳人乃止하다 既而悔之하야 將囚景伯한대 景伯曰 何也立後於魯矣니 將以二乘與六人으로 從遲速唯命호리라 遂囚以還하니 及戶牖하야 謂大(태)宰曰 魯將以

87 將半邾以屬於吳 : 上文에 '侯가 子爵과 男爵을 거느리고 가서 伯을 알현한다.' 하였으니, 지금 만약 吳君이 魯君을 거느리고 가서 晉侯를 알현하다면 이는 魯나라가 자작이나 남작이 되는 것이다. 만약 노나라가 자작이나 남작이 된다면 3백 乘의 軍賦를 기준으로 삼아 吳나라에 貢物을 바치겠다는 말이다. 哀公 7년 傳에 '邾나라는 軍賦가 6백 乘이다.' 하였으니, '半邾'는 3백 乘이다.(楊注)

十月上辛有事於上帝先王하야 季辛而畢이라 何世有職焉하야 自襄以來로 未之改也하니 若不會면 祝宗將曰 吳實然이라하리라 且謂魯不共이라하야 而執其賤者七人이나 何損焉이리오 大宰嚭言於王曰 無損於魯요 而祗爲名이니 不如歸之라한대 乃歸景伯하다

吳人이 哀公을 데리고 가서 晉侯에게 알현시키고자 하자, 子服景伯이 使者를 대하여 말하였다.

"天王이 제후를 회합하면 侯伯이 侯牧을 거느리고 가서 천왕을 알현하고, 伯(諸侯의 長, 곧 盟主)이 제후를 회합하면 侯(侯爵)가 子爵과 男爵을 거느리고 가서 伯을 알현합니다. 천왕으로부터 아래로 제후에 이르기까지 조빙할 때 진헌하는 옥백이 각각 같지 않습니다. 그러므로 우리나라가 吳나라에 바치는 공물이 晉나라에 바치는 공물보다 많고 晉나라에 바치는 공물에 비해 적지 않았던 것은 吳나라를 맹주로 여겼기 때문입니다. 그런데 지금 이곳에 제후를 회합시켜 吳君께서 우리 임금을 데리고 가 晉君에게 알현시키려 하니, 이는 晉나라를 맹주로 대우하는 것입니다. 우리나라는 장차 공물의 수량을 개정할 것입니다. 魯나라는 8백 乘을 기준으로 삼아 吳나라에 공물을 바쳐왔습니다만 만약 우리나라를 자작이나 남작의 나라로 대우하신다면 邾나라의 반인 3백 乘을 기준으로 공물을 바쳐 吳나라의 속국이 되고, 주나라와 같은 6백 乘을 기준으로 공물을 바쳐 晉나라를 섬길 것입니다. 그리고 또 집사께서 맹주로 제후를 불러 회합하고 일반 제후로서 일을 마친다면 무슨 이익이 있겠습니까?"

吳人이 즉시 그 일을 그만두었다. 얼마 뒤에 그만둔 것을 후회하여 景伯을 구금하려 하자, 경백이 말하였다.

"나〔何〕는 이미 魯나라에 후계자를 세웠으니, 장차 수레 두 채와 종자 6명을 데리고 늦게 따라가느냐 빨리 따라가느냐는 명하시는 대로 따르겠습니다."

오인은 마침내 경백을 구금하여 데리고 돌아가니, 戶牖에 당도하여 경백이 太宰에게 말하였다.

"魯나라는 장차 10월 上辛日(上旬에 든 辛日)에 上帝와 先王께 제사를 올리기 시작하여 季辛日(下旬에 든 辛日)에 그 제사를 마칩니다. 우리〔何〕 집안은 대대로 그 제사에 일을 맡아 襄公 이후로 변경하지 않았으니, 만약 내가 그 제사에 참여하지 않으면 祝宗이 장차 '吳나라가 실로 그렇게 한 것이다.'라고 고할 것입니다. 그리고 또 吳나라는 우리 魯나라가 공경하지 않는다고 하여 魯나라의 비천한 일곱 사람을 체포하였지만 그것이 魯나라에 무슨 손해가 되겠습니까?"

太宰 嚭가 오왕에게 말하였다.

"魯나라에 손해될 것이 없고 惡名만을 얻을 뿐이니, 돌려보내는 것이 좋겠습니다."

吳나라는 이에 경백을 돌려보냈다.

吳申叔儀乞糧於公孫有山氏曰 佩玉縈兮여 余無所繫之요 旨酒一盛兮여 余與褐之父

睨之로다 對曰 粱則無矣어니와 麤則有之하니 若登首山以呼曰 庚癸[88]乎면 則諾호리라

吳나라 申叔儀가 公孫 有山氏(魯나라 大夫)에게 가서 양곡을 구걸하며 말하였다.

"佩玉을 늘어뜨림이여, 나는 찰 패옥이 없고, 맛난 술이 그릇에 가득함이여, 나와 비천한 자들은 구경만 할 뿐이네."

有山氏가 대답하였다.

"쌀은 없지만 거친 곡식은 있으니, 네가 首山에 올라가서 큰 소리로 '庚癸야'라고 하면 대답하겠다."

字義 繠 : 늘어진 모양 예　睨 : 볼 예　粱 : 精米 량　若 : 너 약

王欲伐宋하야 殺其丈夫하고 而囚其婦人하다 大(태)宰嚭曰 可勝也요 而弗能居也[89]라한대 乃歸하다

吳王이 宋나라를 토벌하여 그 남편(宋君을 이름)을 죽이고 그 아내를 구금하고자 하였다. 太宰 嚭가 "승리할 수는 있고 宋나라에 오래 있을 수는 없습니다." 하자, 오왕은 곧 돌아왔다.

【經】 晉魏曼多帥(솔)師侵衛하다 葬許元公하다

晉나라 魏曼多가 군대를 거느리고 가서 衛나라를 침공하였다. 許 元公을 장사 지냈다.

【經】 九月에 螽하다

9월에 蝗蟲의 재해가 발생하였다.

【經】 冬이라

겨울이다.

【傳】 吳及越平하다

吳나라와 越나라가 화평하였다.

---

88 庚癸 : 庚은 西方에 穀食을 주관하는 神이고, 癸는 北方에 물을 주관하는 神이다.

89 弗能居也 : 吳나라는 宋나라와 거리가 멀기 때문에 거주할 수 없다고 한 것이다.(杜注)

【經】 十有一月에 有星孛于東方하다

겨울 11월에 彗星이 동방에 출현하였다.

【經】 盜殺陳夏區夫하다

도적이 陳나라 夏區夫를 죽였다.

【經】 十有二月에 螽하다

12월에 蝗蟲의 재해가 발생하였다.

〈14년, 庚申(B.C. 481)〉

【經】 十有四年이라 春에 西狩獲麟하다

14년이다. 봄에 서쪽의 大野에서 사냥하다가 麒麟을 잡았다.

西狩獲麟

【傳】十四年이라 春에 西狩於大野러니 叔孫氏之車子鉏商獲麟하니 以爲不祥이라하야 以賜虞人하다 仲尼觀之하시고 曰 麟也라 然後取之하다

14년이다. 봄에 哀公이 서쪽의 大野에서 사냥했는데 叔孫氏의 車子(御者) 鉏商이 麒麟을 잡으니, 상서롭지 못한 물건으로 여겨 虞人(山澤을 맡은 관리)에게 주었다. 仲尼가 보시고 "기린이다." 하신 뒤에 취하였다.

【經】小邾射(역)以句繹來奔하다

小邾의 射(小邾의 大夫)이 句繹을 가지고 魯나라로 도망해 왔다.

【傳】小邾射以句繹來奔曰 使季路要我면 吾無盟矣[90]니라 使子路한대 子路辭어늘 季康子使冉有謂之曰 千乘之國이어늘 不信其盟하고 而信子之言이어늘 子何辱焉가 對曰 魯有事于小邾면 不敢問故하고 死其城下可也어니와 彼不臣而濟其言이면 是義之也니 由弗能이로라

小邾의 射이 句繹을 가지고 魯나라로 도망해 와서 말하였다.

"季路를 보내 나와 약정하게 하면 내가 노나라와 결맹할 필요가 없습니다."

노나라가 子路를 보내려 하자 자로가 사절하였는데, 季康子가 冉有를 자로에게 보내 말하게 하였다.

"노나라는 千乘의 나라인데, 노나라의 맹약을 믿지 않고 그대의 한마디 말을 믿겠다고 하는데, 그대는 어찌 치욕으로 여기십니까?"

자로가 대답하였다.

"노나라가 小邾國과 전쟁을 한다면 감히 그 까닭을 묻지 않고 그 城下에서 싸우다가 죽을 수 있지만 저 사람은 신하로서 신하의 도리를 다하지 않았는데 그 말을 들어준다면 이는 그의 행위를 옳게 여기는 것이니, 나는 그리할 수 없습니다."

字義 要 : 약속할 요 濟 : 이룰 제

【經】夏四月에 齊陳恒執其君하야 寘于舒州하다

여름 4월에 齊나라 陳恒이 그 임금을 잡아 舒州에 유치하였다.

---

90 使季路要我 吾無盟矣 : 季路는 子路이다. 자로는 평소부터 誠信이 드러났기 때문에 射이 차라리 자로와 서로 約定할지언정 魯나라와 盟約하고자 하지 않은 것이다. 要는 約이다.(楊注)

【傳】齊簡公之在魯也에 闞止有寵焉이러니 及卽位하야 使爲政한대 陳成子憚之하야 驟顧諸(저)朝하다 諸御[91]鞅言於公曰 陳闞不可竝也니 君其擇焉하소서 弗聽하다 子我夕에 陳逆殺人이어늘 逢之하고 遂執以入[92]하다 陳氏方睦이라 使疾而遺之潘沐하고 備酒肉焉하니 饗守囚者하야 醉而殺之하고 而逃하니 子我盟諸(저)陳于陳宗하다

齊 簡公이 魯나라에 있을 때 闞止(子我)를 총애하였는데, 즉위함에 미쳐 감지에게 국정을 맡기자 陳成子(陳恒)가 그를 두려워하여 조정에서 자주 그를 돌아보았다. 諸御 鞅이 簡公에게 말하였다.

"진성자와 감지는 병립할 수 없으니, 임금님께서는 두 사람 중에 한 사람을 선택하소서."

간공은 듣지 않았다. 子我가 저녁에 〈정사를 보기 위해 조정으로 가는 길에〉 陳逆(子行)이 사람을 죽이는 것을 직접 보고 진역을 체포하여 조정으로 데리고 들어갔다. 陳氏 一族이 바야흐로 친목하였다. 〈진역의 族人이〉 진역에게 병을 사칭하게 하고 쌀뜨물을 보내 머리를 감게 하고, 그편에 酒肉을 갖추어 들여보내니, 진역이 그 주육을 자기를 지키는 사람에게 먹여 그자가 술에 취하자 그자를 죽이고 도주하니, 자아는 여러 진씨와 진씨의 宗家에서 결맹하였다.

字義 驟 : 자주 취 潘 : 쌀뜨물 반

初에 陳豹欲爲子我臣하야 使公孫言己하다 已有喪而止라가 旣而言之曰 有陳豹者하니 長而上僂하며 望視하니 事君子면 必得志하리라 欲爲子臣호대 吾憚其爲人也라 故緩以告하노라 子我曰 何害리오 是其在我也니라 使爲臣하다 他日에 與之言政하고 說(열)하야 遂有寵하야 謂之曰 我盡逐陳氏而立女호리니 若何오 對曰 我遠於陳氏矣요 且其違者는 不過數人이니 何盡逐焉이리오 遂告陳氏하다 子行曰 彼得君하니 弗先이면 必禍子하리라 子行舍於公宮하다

당초에 陳豹가 子我(闞止)의 家臣이 되고자 하여 公孫에게 자기를 추천하게 하였다. 오래지 않아 진표가 喪을 당하자 공손은 추천하는 일을 중지하였다가, 진표가 상을 마치자 자아에게 말하였다.

"진표라는 자가 있는데 키가 크고 등이 구부정하며 눈을 위로 향해 뜨고 있으니 군자를 섬긴다면 반드시 군자의 뜻을 얻을 것입니다. 그대의 가신이 되고자 하지만 나는 그 사람됨이

91 諸御 : 軍中의 일을 처리하는 관직의 이름이다.

92 子我夕……遂執以入 : 闞止가 公事로 인해 저녁에 齊 簡公을 뵈러 가는 途中에 陳逆이 殺人하는 것을 보고 진역을 체포해 公宮으로 데리고 들어간 것이다.(楊注)

께름칙합니다. 그러므로 이렇게 늦게 고하는 바입니다."

자아가 말하였다.

"해로울 게 뭐 있겠습니까? 이는 내가 부리기에 달렸습니다."

그리고는 그를 가신으로 삼았다. 후일에 자아가 그와 政事를 담론하고는 기뻐서 드디어 총애하여, 그에게 말하였다.

"내가 陳氏를 다 축출하고 너를 진씨의 승계자로 세우려 하는데 너의 생각은 어떠하냐?"

진표가 대답하였다.

"저는 진씨의 宗家와 소원합니다. 그리고 당신의 명을 따르지 않는 진씨는 몇 사람에 지나지 않으니, 다 축출할 게 뭐 있습니까?"

그리고는 드디어 진씨에게 고해바쳤다. 子行(陳逆)이 陳成子(陳恒)에게 말하였다.

"闞止〔彼〕가 임금의 신임을 얻었으니 선수를 치지 않으면 반드시 당신께 화를 입힐 것입니다."

자행은 公宮으로 가서 머물렀다.

字義 僂 : 곱사등이 루

夏五月壬申에 成子兄弟四乘如公하니 子我在幄이라가 出逆之하다 遂入하야 閉門하다 侍人禦之하니 子行殺侍人하다 公與婦人飮酒于檀臺러니 成子遷諸寢한대 公執戈하야 將擊之하니 大(태)史子餘曰 非不利也요 將除害也라 成子出舍于庫하야 聞公猶怒하고 將出曰 何所無君이리오 子行抽劒曰 需는 事之賊也라 誰非陳宗이리오 所不殺子者인댄 有如陳宗[93]이리라 乃止하다

여름 5월 壬申日에 陳成子의 형제 여덟 사람이 네 채의 수레에 나누어 타고 齊 簡公에게 가니, 子我가 휘장 안에 있다가 나와서 그들을 맞이하였다. 〈성자의 형제들은〉 들어간 뒤에 〈자아가 들어오지 못하도록〉 문을 닫았다. 간공의 侍人이 성자를 막으니 子行이 시인을 죽였다. 이때 간공은 부인과 檀臺에서 술을 마시고 있었는데, 성자가 간공을 寢殿으로 옮기게 하자, 간공이 창을 들고 성자를 공격하려 하니, 太史 子餘가 말하였다.

"저들은 임금님께 불리한 짓을 하려는 것이 아니고 임금님을 위해 해악을 제거하려는 것입니다."

성자가 公宮 밖으로 나가서 府庫 안에 머물면서 간공이 여전히 노하고 있다는 말을 듣고

---

93 所不殺子者 有如陳宗 : '所……者'와 '有如'는 盟辭에 常用하는 套式語이다. 내가 만약〔所〕 당신을 죽이지 않는다면 陳氏의 祖上이 내게 罰을 내릴 것이라는 뜻이다.

出奔하려 하며 말하였다.

"어디를 간들 섬길 임금이 없겠는가?"

자행이 칼을 빼어 들고 말하였다.

"망설이고 결정하지 못하는 것은 일을 그르치는 적입니다. 누군들 陳氏의 宗子가 될 수 없겠습니까? 만약 당신을 죽이지 않는다면 진씨의 조상이 내게 벌을 내릴 것입니다."

그러자 성자는 즉시 출분하는 일을 중지하였다.

字義 需 : 망설일 수

子我歸하야 屬(촉)徒하야 攻闈與大門[94]이라가 皆不勝하니 乃出하다 陳氏追之하니 失道于弇中하야 適豐丘하니 豐丘人執之以告한대 殺諸(저)郭關하다 成子將殺大陸子方이어늘 陳逆請而免之하다 以公命取車于道하야 及耏(이)하얀 衆知而東之하다 出雍門하니 陳豹與之車어늘 弗受曰 逆爲余請하고 豹與余車하니 余有私焉이라 事子我하야 而有私于其讐면 何以見魯衛之士리오 東郭賈奔衛하다 庚辰에 陳恒執公于舒州하니 公曰 吾早從鞅之言이면 不及此리라

子我가 집으로 돌아가서 그 사병을 불러 모아 궁중의 小門과 大門을 공격하다가 모두 승리하지 못하니, 이에 出奔하였다. 陳氏가 추격하니 자아는 弇中에서 길을 잃어 豐丘로 가니, 豐丘人이 자아를 체포하여 진씨에게 고하자, 진씨는 그를 郭關에서 죽였다. 成子가 大陸子方(子我의 家臣인 東郭賈)을 죽이려 하였는데, 陳逆이 요청하여 그를 사면시켰다. 子方이 齊 簡公의 명을 가탁해 도중에서 행인의 수레를 탈취하여 타고 耏(齊나라와 魯나라의 접경지)로 가니, 진씨의 무리가 알고 동쪽으로 가게 하였다. 자방이 雍門(齊나라 성문)을 나오니 陳豹가 그에게 수레를 주었는데, 자방은 받지 않으며 말하였다.

"진역은 나를 위해 사면을 청하고 진표는 나에게 수레를 주었으니, 이는 내가 진씨와 사사로이 교분을 맺었기 때문입니다. 자아를 섬기면서 그 원수와 사사로이 교분을 맺었다면, 무슨 낯으로 魯나라와 衛나라의 인사들을 볼 수 있겠습니까?"

東郭賈는 衛나라로 出奔하였다.

庚辰日에 陳恒(陳成子)이 舒州에서 제 간공을 체포하니, 간공이 말하였다.

"내 일찍이 諸御 鞅의 말을 따랐더라면 이런 지경에 이르지 않았을 것이다."

字義 屬 : 모을 촉

---

94 攻闈與大門 : '闈'는 궁중의 小門이고, 大門은 公門이다.(杜注)

【經】庚戌에 叔還卒하다

庚戌日에 叔還이 졸하였다.

【經】五月庚申朔에 日有食之하다

5월 초하루 庚申日에 日食하였다.

【經】陳宗豎出奔楚하다

陳나라 宗豎가 楚나라로 出奔하였다.

【經】宋向(상)魋入于曹以叛하다

宋나라 向魋가 曹邑으로 들어가서 宋나라를 배반하였다.

【傳】宋桓魋之寵이 害於公하니 公使夫人驟[95]請享焉하야 而將討之하다 未及에 魋先謀公하야 請以鞍易薄한대 公曰 不可하다 薄은 宗邑也라하고 乃益鞍七邑하니 而請享公焉하고 以日中爲期하고 家備盡往하다 公知之하고 告皇野曰 余長魋也어늘 今將禍余하니 請卽救하라 司馬子仲曰 有臣不順은 神之所惡(오)也온 而況人乎아 敢不承命가 不得左師면 不可니 請以君命召之하노라 左師每食에 擊鐘이라 聞鐘聲하고 公曰 夫子將食이로다 旣食에 又奏하니 公曰 可矣라 以乘車往하야 曰 迹人來告曰 逢澤有介麇焉이라하니 公曰 雖魋未來나 得左師하니 吾與之田이면 若何오 君憚告子어늘 野曰 嘗私焉호리라하니 君欲速이라 故以乘車逆子로라 與之乘하야 至하니 公告之故한대 拜不能起하다 司馬曰 君與之言하소서 公曰 所難子者인댄 上有天하고 下有先君하니라 對曰 魋之不共은 宋之禍也니 敢不唯命是聽가 司馬請瑞焉하고 以命其徒攻桓氏하니 其父兄故臣曰不可라하고 其新臣曰 從吾君之命이라하니 遂攻之하다 子頎騁而告桓司馬한대 司馬欲入이어늘 子車止之曰 不能事君하고 而又伐國이면 民不與也하리니 祇取死焉이니라 向魋遂入于曹以叛하다

---

95 驟 : '驟'의 訓은 急이다. 杜注에 數(삭)으로 훈한 것은 옳지 않다.(楊注)

宋나라 桓魋의 寵恣가 宋 景公에게 위해가 되니, 경공은 夫人에게 급히 향연을 열어 환퇴를 접대하기를 청하여 그를 주살하려 하였다. 연향일이 되기 전에 환퇴가 먼저 경공을 공격하기를 꾀하여 자기의 봉읍인 鞍邑을 경공의 薄邑과 교환하기를 청하자, 경공은 "안 된다. 薄은 宗廟가 있는 읍이다." 하고, 안읍에 일곱 개의 읍을 보태주니, 환퇴는 향연을 열어 경공에게 사례하겠고 하고 정오로 시간을 정하고는 家兵을 모두 향연하는 곳으로 보내었다. 경공은 그 음모를 알고 皇野(司馬 子仲)에게 고하였다.

"내가 환퇴를 길러주었는데, 이제 나를 해치려 하니, 즉시 나를 구원하기 바라오."

司馬 子仲이 말하였다.

"신하로서 순종하지 않는 자는 귀신도 미워하는 바인데, 하물며 사람이겠습니까? 감히 명을 따르지 않겠습니까? 그러나 左師(向魋의 형 向巢)의 도움을 얻지 못하면 성공할 수 없으니 君命으로 그를 부르소서."

좌사는 매 끼니 때마다 鍾을 쳤다. 이때 종소리를 듣고 경공이 말하였다.

"저 사람이 밥을 먹으려 한다."

좌사가 식사를 마치고 또 음악을 연주하니, 경공이 말하였다.

"이제 가면 될 것이오."

황야가 乘車를 타고 가서 말하였다.

"迹人(짐승을 추적하는 일을 맡은 사람)이 와서 '逢澤에 순록 한 마리가 있다.'고 고하니, 경공께서 '비록 환퇴는 아직 오지 않았으나 좌사는 갈 수 있으니, 내가 그와 함께 사냥을 하겠다면 어떻겠느냐?' 하셨습니다. 그러면서도 임금님께서 직접 좌사께 말하기를 어려워하시기에, 내가 '한번 사사로이 말해보겠습니다.' 하니, 임금님께서는 속히 다녀오기를 바라셨습니다. 그러므로 승거로 그대를 맞이하러 온 것입니다."

좌사가 황야와 함께 수레를 타고 오니, 경공이 좌사에게 부른 까닭을 말하자, 좌사는 절을 하고는 엎드린 채 일어나지 못하였다. 그러자 司馬(皇野)가 "임금님께서는 좌사와 맹약하소서." 하니, 경공이 맹서해 말하였다.

"만약 그대에게 禍亂이 미치게 한다면 위에 하늘이 계시고 아래에 先君이 계신다."

좌사가 대답하였다.

"환퇴의 不恭함은 宋나라의 재해이니 감히 명하시는 대로 따르지 않겠습니까?"

사마가 兵符(瑞)를 청하고 아울러 자기의 사병에게 명하여 桓氏를 공격하게 하니, 그 부형과 舊臣들은 "안 된다." 하고 그 新臣들은 "우리 임금의 명을 따르겠다." 하니, 드디어 환씨를 공격하였다. 子頎(桓魋의 아우)가 달려가서 桓司馬(桓魋)에게 고하자, 환사마가 임금을 공격하기 위해 들어가려 하였다. 子車(桓魋의 아우)가 만류하며 말하였다.

"임금을 잘 섬기지 못하고 또 그 나라를 친다면 백성들이 지지하지 않을 것이니, 단지 죽음만 취할 뿐입니다."

向魋는 드디어 曹邑으로 들어가서 반란을 일으켰다.

字義 長 : 기를 장 介 : 짝이 없을 개 瑞 : 부절 서

【經】 莒子狂[96]卒하다

莒子 狂이 졸하였다.

【經】 六月에 宋向(상)魋自曹出奔衛하다 宋向巢來奔하다

6월에 宋나라 向魋가 曹邑에서 衛나라로 出奔하였다. 송나라 向巢가 魯나라로 도망해 왔다.

【傳】 六月에 使左師巢伐之한대 欲質大夫以入焉[97]이나 不能이어늘 亦入于曹하야 取質하다 魋曰 不可라 旣不能事君이어늘 又得罪于民이면 將若之何오하고 乃舍之하다 民遂叛之하니 向魋奔衛하고 向巢來奔하다 宋公使止之曰 寡人與子有言矣니 不可以絶向氏之祀니라 辭曰 臣之罪大인댄 盡滅桓氏可也요 若以先臣之故로 而使有後인댄 君之惠也라 若臣則不可以入矣로이다

6월에 左師 向巢를 보내 桓魋를 토벌하게 하자, 좌사는 대부들을 인질로 데리고 曹邑으로 돌아가고자 하였으나 대부들을 인질로 삼을 수 없자, 그 또한 조읍로 들어가서 〈그곳의 자제들을〉 인질로 잡았다. 환퇴가 말하였다.

"옳지 않습니다. 이미 임금을 잘 섬기지 못하였는데, 또 백성에게 죄를 얻는다면 장차 어찌하겠습니까?"

그리고는 인질들을 풀어주었다. 백성들이 드디어 배반하니 상퇴는 衛나라로 出奔하고 상소는 魯나라로 도망해 왔다. 宋公이 사람을 보내 상소의 출분을 만류하며 말하였다.

---

96 莒子狂 : 莒 郊公·莒 敖公·莒 穆公 등 문헌마다 시호가 다르다.

97 欲質大夫以入焉 : 向巢는 본래 桓魋를 토벌하고자 하지 않았으므로 宋 景公이 자기를 토벌할 것을 두려워하였다. 그러므로 대부들을 인질로 삼아 曹邑으로 데리고 가려 한 것이다.

"과인이 그대와 맹약하였으니, 向氏의 제사가 끊기게 할 수 없다."

상소가 사양하며 말하였다.

"신의 죄가 크다면 桓氏를 다 멸망시켜도 괜찮고, 先臣을 생각하시어 환씨의 승계자를 세워주신다면 이는 임금님의 은혜입니다. 다만 신은 들어갈 수 없습니다."

司馬牛致其邑與珪焉而適齊하다 向魋出於衛地하니 公文氏攻之하야 求夏后氏之璜[98]焉한대 與之他玉而奔齊하다 陳成子使爲次卿하니 司馬牛又致其邑焉而適吳하다 吳人惡(오)之하니 而反하다 趙簡子召之하고 陳成子亦召之호대 卒於魯郭門之外하니 阬(갱)氏葬諸丘輿하다

司馬牛(桓魋의 아우)는 자기의 邑과 珪(符信)를 돌려주고 齊나라로 갔다. 向魋가 衛나라 땅에서 다른 곳으로 나가려 하니, 公文氏(衛나라 大夫)가 그를 공격하여 夏后氏의 璜을 요구하자 상퇴는 다른 玉을 주고 齊나라로 도주하였다. 陳成子(陳恒)가 그를 次卿으로 삼으니 사마우는 또 자기의 봉읍을 제나라에 되돌려주고 吳나라로 갔다. 吳人이 자기를 미워하니, 宋나라로 돌아왔다. 趙簡子가 그를 부르고 진성자도 그를 불렀으나, 〈가지 않고〉 魯나라 郭門 밖에서 죽으니, 阬氏가 그를 丘輿에 장사 지냈다.

璜

【經】齊人弑其君壬于舒州하다

齊人이 그 임금 壬(齊 簡公)을 舒州에서 시해하였다.

【傳】甲午에 齊陳恒弑其君壬于舒州하니 孔丘三日齊(재)而請伐齊三한대 公曰 魯爲齊

98 夏后氏之璜 : 周나라가 魯公에게 나누어준 夏后氏의 璜(半月形의 佩玉)이니, 이는 세상에 하나밖에 없는 보물이다.(楊注)

弱久矣어늘 子之伐之는 將若之何오 對曰 陳恒弑其君하니 民之不與者半이라 以魯之衆으로 加齊之半이면 可克也리이다 公曰 子告季孫하라 孔子辭하시고 退而告人曰 吾以從大夫之後也일새 故不敢不言이로라

甲午日에 齊나라 陳恒이 그 임금 壬을 舒州에서 시해하니, 孔子가 3일 동안 재계하고 哀公에게 齊나라 토벌을 세 차례 청하자, 애공이 말하였다.

"우리 魯나라는 제나라에 의해 약화된 지 오래인데, 그대가 제나라를 토벌하라고 하는 것은 장차 어떻게 하려는 것이오."

공자가 대답하였다.

"진항이 그 임금을 시해하였으니 백성 중에 그에게 親附하지 않는 자가 반은 될 것입니다. 노나라 군대를 가지고 친부하지 않는 제나라 백성의 반에 보태면 승리할 수 있습니다."

애공이 말하였다.

"그대는 季孫에게 가서 고하시오."

공자는 사절하고 물러나와 어떤 사람에게 말하였다.

"나는 大夫의 뒤를 따르기 때문에 감히 말하지 않을 수 없었노라."

【經】 秋에 晉趙鞅帥(솔)師伐衛하다

가을에 晉나라 趙鞅이 군대를 거느리고 가서 衛나라를 토벌하였다.

【經】 八月辛丑에 仲孫何忌卒하다

8월 辛丑日에 仲孫何忌(孟懿子)가 졸하였다.

【傳】 初에 孟孺子洩이 將圉馬於成한대 成宰公孫宿不受曰 孟孫爲成之病하야 不圉馬焉이니라 孺子怒하야 襲成이나 從者不得入하니 乃反하다 成有司使(시)어늘 孺子鞭之하다 秋八月辛丑에 孟懿子卒커늘 成人奔喪하니 弗內(납)이어늘 袒免哭于衢하고 聽共[99]호대 弗許하니 懼不歸하다

당초에 孟孺子 洩(孟懿子의 아들)이 成邑에서 말을 기르려 하자, 成의 邑宰 公孫 宿이 그 요구를 받아들이지 않으며 말하였다.

---

99 聽共 : 聽은 命을 기다림이니, 喪事에 이바지하기 위해 命을 기다림이다.

"孟孫(孟懿子)께서는 성읍의 백성들이 빈곤해질 것을 우려하여 이곳에 말을 기르지 않으셨습니다."

孺子가 노하여 성읍을 습격하였으나 〈성읍의 수비와 방어가 엄밀하고 견고하여〉 종자들이 성읍으로 쳐들어가지 못하니 곧 돌아갔다. 성읍의 有司가 使者를 보내자 유자는 그 사자에게 채찍질을 하였다.

가을 8월 辛丑日에 孟懿子가 卒하자, 成人(成의 邑宰)이 奔喪하니 유자는 그를 안으로 들이지 않았다. 그러자 성인은 상의와 관을 벗고 대로에서 號哭하고 喪事에 이바지하기 위해 명을 기다리겠다고 하였으나 허락하지 않으니, 성인은 두려워서 돌아가지 못하였다.

字義 圉 : 짐승 기를 어 病 : 빈곤할 병 內 : 들일 납(=納)

【經】 冬에 陳宗豎自楚復入于陳하니 陳人殺之하다

겨울에 陳나라 宗豎가 楚나라에서 다시 진나라로 들어가니 陳人이 그를 죽였다.

【經】 陳轅買出奔楚하다

陳나라 轅買가 楚나라로 出奔하였다.

【經】 有星孛하다

彗星이 출현하였다.

【經】 饑하다

기근이 들었다.

〈15년, 辛酉(B.C. 480)〉

【經】 十有五年이라 春王正月에 成叛하다

15년이다. 봄 周王 正月에 成邑이 배반하였다.

【傳】十五年이라 春에 成叛于齊어늘 武伯伐成不克하야 遂城輸하다

15년이다. 봄에 成邑이 孟氏를 배반하고 齊나라를 따랐는데, 武伯이 성읍을 토벌하였으나 함락하지 못하여 〈성읍을 위협하기 위해〉 드디어 輸에 성을 쌓았다.

【經】夏五月에 齊高無丕出奔北燕하다

여름 5월에 齊나라 高無丕가 北燕으로 出奔하였다.

【經】鄭伯伐宋하다

鄭伯이 宋나라를 토벌하였다.

【傳】夏에 楚子西子期伐吳하야 及桐汭한대 陳侯使公孫貞子弔焉이러니 及良而卒하니 將以尸入하다 吳子使大(태)宰嚭勞하고 且辭曰 以水潦之不時로 無乃廩(람)[100]然隕大夫之尸하야 以重寡君之憂아 寡君敢辭하노라 上介芋尹蓋對曰 寡君聞楚爲不道하야 荐伐吳國하야 滅厥民人하고 寡君使蓋備使하야 弔君之下吏러니 無祿하야 使人逢天之慼하야 大命隕隊(추)하야 絶世于良하니 廢日共積하야 一日遷次호라 今君命逆使人曰 無以尸造于門하라하니 是我寡君之命을 委于草莽也라 且臣聞之호니 曰 事死如生은 禮也라하니 於是乎有朝聘而終이면 以尸將事[101]之禮하고 又有朝聘而遭喪之禮하니 若不以尸將命이면 是遭喪而還也니 無乃不可乎아 以禮防民이라도 猶或踰之어든 今大夫曰 死而棄之라하니 是棄禮也라 其何以爲諸侯主리오 先民有言曰 無穢虐士하라하니 備使奉尸將命하야 苟我寡君之命達于君所면 雖隕于深淵이라도 則天命也니 非君與涉人之過也니라 吳人內(납)之하다

여름에 楚나라 子西와 子期가 吳나라를 토벌하여 桐汭에 도착하자, 陳侯가 公孫 貞子를 吳나라에 보내 위문하게 하였는데, 良邑(吳나라 땅)에 이르러 공손 정자가 갑자기 죽으니, 陳人은 그 시신을 가지고 〈오나라 國都로〉 들어가려 하였다. 그러자 吳子가 太宰 嚭를 보내 弔慰하고, 또 사절하며 말하였다.

"우리나라에 때 없이 큰비가 내림으로 인해 혹시 물이 범람하여 대부의 尸柩를 물에 빠뜨

100 廩(람) : '濫(범람하다)'으로 읽어야 마땅하다.(楊注)

101 將事 : 使臣이 본국의 왕명을 상대국에 전달하는 의식을 거행함을 이른다.

려 우리 임금의 걱정을 가중시키는 일이 없겠습니까? 그러므로 우리 임금님께서 감히 사절하십니다."

上介 芋尹 蓋(陳나라 大夫)가 대답하였다.

"우리 임금님께서 楚나라가 무도하여 자주 吳나라를 침공하여 오나라 백성들을 살상한다는 말을 듣고, 우리 임금님께서 나(蓋)를 副使로 삼아 임금님의 下吏를 위로하게 하셨는데, 불행하여 使臣(公孫 貞子)이 하늘이 내리신 우환을 만나 목숨이 끊어져 良에서 세상을 떠나니, 우리들은 하루 동안 길을 멈추고 殯殮에 필요한 물건을 마련하여 매일 舍次(宿營地)를 옮겨가며 왔습니다. 그런데 지금 오나라 임금께서 使臣을 맞으라고 명하시면서 尸柩를 국문 안으로 들이지 말라고 하시니, 이는 우리나라 임금님의 명을 풀밭에 버리는 것입니다.

그리고 또 신이 듣건대 '죽은 사람을 섬기기를 산 사람과 같이하는 것이 禮이다.' 하였습니다. 그러므로 朝聘 중에 사신이 죽으면 시구를 가지고 가서 行事하는 예가 있고, 또 조빙 중에 受聘國이 喪을 당하면 본국으로 돌아가는 예가 있습니다. 만약 시구를 가지고 가서 使命을 전달하지 않는다면 이는 빙문을 받는 나라에 상이 나서 사신이 그냥 돌아가는 것과 같으니, 예에 어긋나지 않습니까?

禮로써 백성들의 제방을 삼아 한계를 넘지 못하도록 막더라도 백성들은 오히려 그 제방을 넘는 것인데, 지금 대부께서 '사신이 죽었으니 사명을 전하는 것을 폐지하라.' 하시니, 이는 예를 버리는 것입니다. 이러고서야 어찌 제후의 맹주가 될 수 있겠습니까? 先民이 말하기를 '죽은 자를 더럽게 여기지 말라.' 하였으니, 副使가 시구를 받들고 가서 사명을 전하여 만일 우리 임금님의 명을 오나라 임금의 처소에 전달할 수 있다면 그 시구가 비록 깊은 물속에 빠진다 하더라도 이 또한 天命이니 吳君과 涉人(사공)의 잘못이 아닙니다."

吳人이 그들을 받아들였다.

字義 廩 : 범람할 람(=濫)　荐 : 거듭 천　虐 : 죽을 학　備 : 버금 비

【經】秋八月에 大雩하다

가을 8월에 祈雨祭를 지냈다.

【經】晉趙鞅帥(솔)師伐衛하다

晉나라 趙鞅이 군대를 거느리고 가서 衛나라를 토벌하였다.

【經】冬에 晉侯伐鄭하다

겨울에 晉侯가 鄭나라를 토벌하였다.

【經】及齊平하다

魯나라가 齊나라와 화평하였다.

【傳】秋에 齊陳瓘如楚할새 過衛러니 仲由見(현)之하고 曰 天或者以陳氏爲斧斤하야 旣斲喪公室하고 而他人有之를 不可知也요 其使終饗之를 亦不可知也니 若善魯以待時면 不亦可乎아 何必惡焉이리오 子玉曰 然하다 吾受命矣로니 子使告我弟하라

가을에 齊나라 陳瓘(陳恒의 兄)이 楚나라에 갈 때 衛나라를 지나는데, 仲由(子路)가 그를 뵙고 말하였다.

"하늘이 혹시 陳氏를 도끼와 자귀로 삼아 齊나라 公室을 찍어 망하게 하고, 다른 사람에게 그 공실을 소유하게 하려는 것인지 알 수 없고, 아니면 진씨로 하여금 끝내 그 제나라를 향유하게 하려는 것인지 또한 알 수 없으니, 만약 魯나라와 사이좋게 지내면서 때를 기다린다면 좋지 않겠습니까? 무엇 때문에 서로 나쁘게 지낼 필요가 있습니까?"

子玉이 말하였다.

"그렇습니다. 하지만 나는 使命을 받고 〈楚나라에 使者로 가는 길이니,〉 그대가 사람을 보내 이 말을 내 아우에게 하시오."

冬에 及齊平할새 子服景伯如齊에 子贛爲介러니 見公孫成曰 人皆臣人호대 而有背人之心이어든 況齊人 雖爲子役이나 其有不貳乎아 子周公之孫也[102]라 多饗大利호대 猶思不義하니 利不可得하고 而喪宗國이면 將焉用之리오 成曰 善哉라 吾不早聞命이로다

겨울에 魯나라와 齊나라가 화평할 적에 子服景伯이 齊나라에 가니 子贛(子貢)이 副使가 되었는데, 公孫 成(成의 邑宰인 公孫 宿)을 만나 말하였다.

"사람들은 모두 남의 신하가 되었으면서도 섬기는 사람을 배반할 마음을 갖는데, 하물며 제나라 사람이 비록 당신을 위해 복역하지만 어찌 배반할 마음이 없겠습니까? 당신은 周公

102 子周公之孫也 : 公孫 宿은 魯나라의 公孫이므로 周公의 후예라고 한 것이다.(杜注)

의 후예라서 큰 이익을 많이 누리고도 오히려 의롭지 못한 일을 하기로 생각하였으니, 이익은 얻지도 못하고 祖國을 망하게 한다면 장차 무슨 소용이 있겠습니까?"

공손 성이 말하였다.

"좋은 말씀입니다. 내 일찍이 이런 가르침을 듣지 못하였습니다."

陳成子館客曰 寡君使恒告曰 寡人願事君如事衛君하노라 景伯揖子贛而進之하니 對曰 寡君之願也라 昔晉人伐衛에 齊爲衛故로 伐晉冠氏라가 喪車五百하고 因與衛地호대 自濟以西로 禚媚杏以南과 書社五百[103]하고 吳人加敝邑以亂에 齊因其病하야 取讙與闡하니 寡君是以寒心이라 若得視衛君之事君也면 則固所願也라 成子病之하야 乃歸成하다 公孫宿以其兵甲入于嬴하다

陳成子(陳恒)가 賓館으로 가서 賓客(魯나라 使臣)을 보고 말하였다.

"우리 임금께서 나를 보내시며 말씀하기를 '과인은 魯君 섬기기를 衛君 섬기는 것과 같이 섬기기를 원한다.' 하셨습니다."

子服景伯이 子贛(子貢)에게 읍하고 앞으로 나아가 대답하게 하니, 자공이 대답하였다.

"이는 우리 임금께서 원하는 바입니다. 전에 晉人이 衛나라를 토벌할 때 齊나라는 위나라를 위한다는 이유로 晉나라 冠氏를 공격하였다가 兵車 5백 乘을 잃었고, 이로 인해 위나라에게 濟水 이서로부터 禚 · 媚 · 杏 이남의 땅과 書社 5백 戶를 주었으며, 吳人이 우리나라에 병란을 입혔을 때에 제나라는 우리나라가 곤란한 틈을 이용하여 讙과 闡을 취하였으니, 우리 임금께서는 이로 인해 두려운 마음을 가지고 계십니다. 만약 우리 임금께서 衛君이 임금님을 섬기는 것처럼 임금님을 섬기게 된다면 이는 본래 원한 바입니다."

成子는 부끄럽게 여겨 즉시 成邑을 돌려주었다. 公孫 宿이 그 군대를 거느리고 嬴으로 들어갔다.

字義 病 : 곤란할, 부끄러워할 병　寒 : 두려워할 한

【經】 衛公孟彄出奔齊하다

衛나라 公孟彄가 齊나라로 出奔하였다.

---

103 書社五百 : 25家가 1社이다. 戶籍과 地籍을 文書로 만들어 衛나라에 준 것이다.(杜注)

〈16년, 壬戌(B.C. 479)〉

【經】十有六年이라 春王正月己卯에 衛世子蒯聵自戚入于衛하니 衛侯輒來奔하다 二月에 衛子還成出奔宋하다

16년이다. 봄 周王 正月 己卯日에 衛나라 世子 蒯聵가 戚에서 위나라로 들어가니 衛侯 輒이 魯나라로 도망해 왔다. 2월에 위나라 子還成이 宋나라로 出奔하였다.

【傳】衛孔圉取大(태)子蒯聵之姊하야 生悝(회)러니 孔氏之豎渾良夫長而美라 孔文子卒에 通于內하다 大子在戚에 孔姬使之焉한대 大子與之言曰 苟使我入獲國이면 服冕乘軒하고 三死無與(예)[104]하리라 與之盟하니 爲請于伯姬하다 閏月에 良夫與大子入하야 舍於孔氏之外圃라가 昏에 二人蒙衣而乘하고 寺(시)人羅御하야 如孔氏하다 孔氏之老欒寧問之어늘 稱姻妾以告하고 遂入하야 適伯姬氏하다 既食에 孔伯姬杖戈而先하고 大子與五人介하야 輿豭[105]從之하야 迫孔悝於厠하야 强盟之하고 遂劫以登臺하다 欒寧將飮酒러니 炙未熟하야 聞亂하고 使告季子하고 召獲駕乘車하야 行爵食炙하고 奉衛侯輒來奔하다

衛나라 孔圉가 태자 蒯聵의 누이를 아내로 취하여 悝를 낳았는데, 孔氏의 小臣(비천한 하급 관리) 渾良夫가 키가 크고 얼굴이 아름다웠다. 孔文子(孔圉)가 죽은 뒤에 혼량부가 공문자의 아내 孔姬와 간통하였다. 태자가 戚에 있을 때 공희가 혼량부를 태자에게 보내자, 태자가 혼량부에게 말하였다.

"만약 나로 하여금 국내로 들어가서 나라를 얻게 한다면 〈너를 대부로 삼아〉 冕冠(대부의 복장)을 쓰고 대부의 수레[軒]를 타게 할 것이고, 죽을 죄를 짓더라도 세 번은 용서할 것이다."

그리고 그와 맹약을 맺으니, 혼량부는 태자를 위하여 伯姬(孔姬)에게 요청하였다. 閏月에 혼량부가 태자와 함께 위나라로 들어가서 공씨의 外圃에 머물다가 날이 어두워지자, 두 사람은 옷을 뒤집어써 〈얼굴을 가리고〉 수레에 타고 寺人 羅가 수레를 몰아 공씨의 집으로 갔다. 공씨의 家老 欒寧이 누구냐고 묻자, 시인은 인척의 첩이라고 사칭해 고하고 드디어 공씨의 집으로 들어가서 伯姬氏의 처소로 갔다. 식사를 마친 뒤에 孔伯姬는 창을 짚고 앞장서고,

---

104 三死無與(예) : '三死'는 죽을죄를 세 번 짓는 것이다.(杜注) '無與'는 형벌에 참여시키지 않는다는 말이니, 곧 용서하겠다는 뜻이다.

105 豭 : 수퇘지이다. 맹약에는 소의 피를 마시는데, 지금 일이 너무 급박하기 때문에 소 피 대신 수퇘지 피를 사용하려 한 것이다.(《左氏會箋》)

태자와 다섯 사람은 갑옷을 입고 나서 수레에 수퇘지를 싣고 뒤따라가서 공회를 담 모퉁이로 몰아붙여 강요해 맹약을 맺고 드디어 그를 겁박해 臺로 올라갔다. 난영은 술을 마시려 하였는데 아직 고기가 덜 익어 〈기다리고 있었는데,〉 변란이 일어났다는 말을 듣고 사람을 보내 季子(子路)에게 알리고, 獲을 불러 수레에 말을 메우게 하여 술과 고기를 먹고 衛侯 輒을 모시고 魯나라로 도망해왔다.

字義 豎 : 지위 낮은 벼슬아치 수 通 : 간통할 통 蒙 : 쓸 몽 介 : 갑옷 입을 개
豭 : 수퇘지 가 厠 : 한쪽 구석 측

季子將入에 遇子羔將出하니 曰 門已閉矣라 季子曰 吾姑至焉호리라 子羔曰 弗及이니 不踐其難하라 季子曰 食焉이면 不辟(피)其難이니라 子羔遂出하고 子路入하다 及門하니 公孫敢門焉이라가 曰 無入爲也하라 季子曰 是公孫也로다 求利焉이라가 而逃其難을 由不然이로라 利其祿인댄 必救其患이라 有使者出이어늘 乃入曰 大(태)子焉用孔悝오 雖殺之라도 必或繼之리라 且曰 大子無勇하니 若燔臺半이면 必舍孔叔하리라 大子聞之하고 懼하야 下石乞盂黶(암)敵子路하니 以戈擊之하야 斷纓한대 子路曰 君子死라도 冠不免이라하고 結纓而死하다 孔子聞衛亂하시고 曰 柴也其來요 由也死矣리라

季子가 들어가려 할 때 出奔하려는 子羔(衛나라 大夫)를 만나니, 자고가 말하였다.

"성문이 이미 닫혔을 것이오."

계자가 말하였다.

"나는 일단 들어가보겠소."

자고가 말하였다.

"들어가도 미칠 수 없으니 그 患難에 뛰어들지 마시오."

계자가 말하였다.

"그 사람의 祿을 먹었으면 그 사람의 환난을 피하지 않는 것이오."

자고는 드디어 출분하고 子路는 들어갔다. 孔氏의 문에 이르니 公孫 敢이 문을 지키고 있다가 "들어오지 마시오." 하자, 계자가 말하였다.

"목소리를 들어보니 바로 공손 감이구려. 이익을 구하다가 환난을 피하는 일을 나는 할 수 없소. 내가 공씨의 녹을 받았다면 반드시 공씨를 환난에서 구제해야겠소."

이때 마침 나오는 使者가 있어서 자로는 들어가서 말하였다.

"태자는 무엇 때문에 孔悝를 겁박하십니까? 비록 그를 죽이더라도 반드시 누군가가 그 뒤를 이어 공격할 것입니다."

또 말하였다.

“태자는 용기가 없으니 만약 臺에 불을 놓아 臺를 반쯤 태우면 반드시 孔叔(孔悝)을 놓아줄 것이오.”

태자는 그 말을 듣고 겁이 나서 石乞과 盂黶을 내려보내 자로를 대적하게 하니, 이들이 창으로 자로를 쳐서 갓끈을 자르자, 자로는 “군자는 죽어도 갓을 벗지 않는다.” 하고 갓끈을 매면서 죽었다. 孔子는 衛나라에 변란이 일어났다는 말을 듣고 말씀하셨다.

“柴(子羔)는 아마도 살아서 올 것이고, 由(子路)는 죽을 것이다.”

孔悝立莊公하니 莊公害故政[106]하야 欲盡去之하야 先謂司徒瞞成曰 寡人離病於外久矣니 子請亦嘗之하노라 歸告褚師比하야 欲與之伐公이나 不果하다

孔悝가 衛 莊公(蒯聵)을 임금으로 세우니, 장공은 輒의 대신들이 자기에게 해가 된다고 여겨 모두 제거하고자 하여 먼저 司徒 瞞成에게 말하였다.

“과인은 망명하여 외국에서 오랫동안 괴로움을 당하였으니, 그대 또한 그런 괴로움을 맛보기를 청하오.”

만성은 돌아가서 褚師比에게 고하여 그와 함께 장공을 공격하고자 하였으나, 끝내 결행하지 못하였다.

字義 離 : 만날 리 病 : 고통 겪을 병 嘗 : 맛볼 상

十六年이라 春에 瞞成褚師比出奔宋하다 衛侯使鄢武子告于周曰 蒯聵得罪于君父君母하야 逋竄于晉하니 晉以王室之故로 不棄兄弟하고 寘諸河上이러니 天誘其衷[107]하야 獲嗣守封焉하니 使下臣肸敢告執事하노라 王使單(선)平公對曰 肸以嘉命來告余一人이라 往謂叔父호대 余嘉乃成世하야 復爾祿次하노니 敬之哉어다 方天之休에 弗敬이면 弗休하리니 悔其可追아

16년이다. 봄에 瞞成과 褚師比가 宋나라로 出奔하였다. 衛侯가 鄢武子(衛나라 대부 肸)를 보내 周王에게 고하였다.

“蒯聵가 君父와 君母께 죄를 얻어 晉나라로 도망가니 晉나라는 왕실의 〈同姓이란〉 이유로 형제의 〈나라를〉 버리지 않고 괴외를 河上에 안치하였습니다. 하늘이 보우하사 왕위를 계승

---

106 故政 : 輒의 신하이다.(杜注)

107 天誘其衷 : 하늘의 뜻이 우리에게 있다는 뜻으로, 하늘의 도움을 말한다.

하여 봉지를 지키게 되었으니, 下臣 힐을 보내 감히 집사에게 고하나이다."

天王이 單平公을 보내 대답하였다.

"힐은 좋은 소식〔嘉命〕을 가지고 와서 나에게 고하였다. 돌아가서 叔父(衛侯)에게 '나는 네가 선세를 계승한 것을 아름답게 여겨 너의 君祿과 君位를 회복시키노니, 공경할지어다. 하늘의 복록을 보유함에 공경하지 않으면 하늘은 복록을 주지 않을 것이니, 후회한들 어찌 미칠 수 있겠는가?'라고 이르라."

字義 次 : 지위 차 方 : 소유할 방 休 : 복록 휴

【經】 夏四月己丑에 孔丘卒하다

여름 4월 己丑日에 孔丘가 졸하였다.

【傳】 夏四月己丑에 孔丘卒하다 公誄之曰 旻天不弔하야 不慭遺一老하야 俾屛余一人以在位하니 煢煢余在疚로다 嗚呼哀哉라 尼父(보)여 無自律이로다

여름 4월 己丑日에 孔丘가 졸하였다. 哀公은 다음과 같은 誄文를 지었다.

"하늘이 나를 가엾게 여기지 않아, 한 노인을 잠시 세상에 남겨 君位에 있는 나 한 사람을 돕게 하지 않았으니, 나는 외로워서 병이 날 것 같도다. 아! 슬픕니다. 尼父여! 나는 스스로 법을 지킬 수 없게 되었소이다."

字義 慭 : 잠시 은 屛 : 가릴 병 煢 : 외로울 경 疚 : 병 구

孔子

子贛曰 君其不沒於魯乎인저 夫子之言曰 禮失則昏하고 名失則愆이라하니 失志爲昏이요 失所爲愆이라 生不能用하고 死而誄之는 非禮也요 稱一人은 非名也[108]니 君兩失之로다

子贛(子貢)이 말하였다.

"哀公은 아마도 魯나라에서 죽지 못할 것이다. 夫子께서 '禮를 잃으면 어둡게 되고, 명분을 잃으면 허물을 짓게 된다.' 하셨다. 뜻을 상실하면 어두워지고, 합당함을 잃으면 허물이 된

108 稱一人 非名也 : 천자만이 '一人'이라 칭하니, 제후의 신분에 맞는 명칭이 아니다.(杜注)

다. 생전에 등용하지 못하고 사후에 誄文을 지은 것은 예에 맞지 않고, ‘一人’이라 칭한 것은 명분에 맞지 않으니, 애공은 두 가지를 모두 잃었다.”

六月에 衛侯飮(임)孔悝酒於平陽할새 重酬之하고 大夫皆有納焉하다 醉而送之라가 夜半而遣之하니 載伯姬於平陽而行하야 及西門하야 使貳車反祏於西圃하다 子伯季子初爲孔氏臣이러니 新登于公하야 請追之하야 遇載祏者하야 殺而乘其車하다 許公爲反祏이라가 遇之曰 與不仁人爭이면 明無不勝하리니 必使先射호리라 射三發이나 皆遠許爲하고 許爲射之하니 殪하다 或以其車從이라가 得祏於橐中하니라 孔悝出奔宋하다

6월에 衛侯가 平陽에서 孔悝에게 술을 접대할 때 그에게 후하게 禮物을 주고, 대부들에게도 모두 예물을 주었다. 술에 취하자 그를 집으로 보냈다가 밤중에 그를 축출하니, 공회는 伯姬를 수레에 싣고 평양을 출발하여 西門(平陽門)에 미쳐 副車를 보내 西圃로 돌아가서 신주가 담긴 石函을 가지고 오게 하였다. 子伯季子는 당초에 孔氏의 가신이었는데, 새로 조정의 대부가 되어 공회를 추격하기를 청하여 석함을 싣고 가는 자를 만나 그를 죽이고 그 수레를 타고 〈뒤쫓았다.〉 許公爲가 석함을 가지고 오는 부거를 맞이하기 위해 돌아가다가 자백계자를 만나 말하였다.

“불인한 사람과 투쟁하면 승리할 것이 분명하니, 반드시 자백계자에게 먼저 활을 쏘게 하겠다.”

자백계자가 화살 세 대를 쏘았으나, 그 화살이 모두 許爲를 멀리 벗어나 떨어지고, 허위가 쏘니 〈자백계자가 화살을 맞고〉 죽었다. 어떤 자가 자백계자의 수레를 타고 따라오다가 자루 속에서 석함을 찾았다. 공회는 宋나라로 出奔하였다.

字義 祏 : 신주 모시는 돌감실 석 殪 : 죽을 에

楚大(태)子建之遇讒也에 自城父(보)奔宋하고 又辟(피)華氏之亂於鄭하니 鄭人甚善之하다 又適晉하야 與晉人謀襲鄭하고 乃求復焉하니 鄭人復之如初하다 晉人使諜於子木하야 請行而期焉하다 子木暴虐於其私邑하니 邑人訴之하다 鄭人省之하야 得晉諜焉하고 遂殺子木하다 其子曰勝在吳러니 子西欲召之한대 葉(섭)公曰 吾聞勝也는 詐而亂이라하니 無乃害乎아 子西曰 吾聞勝也는 信而勇이라하니 不爲不利하리라 舍諸邊竟하야 使衛藩焉호리라 葉公曰 周仁之謂信이요 率義之謂勇이라 吾聞勝也는 好復言而求死士라하니 殆有私乎인저 復言은 非信也요 期死는 非勇也니 子必悔之하리라 弗從하고 召之하야 使處吳竟하야 爲白公하다 請伐

鄭이어늘 子西曰 楚未節[109]也라 不然이면 吾不忘也리라 他日에 又請한대 許之하고 未起師에 晉人伐鄭이어늘 楚救之하야 與之盟하니 勝怒曰 鄭人在此하니 讐不遠矣로다

楚나라 태자 建이 참소를 당하였을 때 城父에서 宋나라로 出奔하였고, 또 華氏의 난을 피하여 鄭나라로 가니, 鄭人은 그를 매우 잘 대우하였다. 또 晉나라로 가서 晉人과 정나라 습격을 모의하고 이에 다시 정나라로 돌아가기를 요구하니, 정인은 그를 돌아오게 하여 전과 같이 잘 대우하였다. 晉人이 子木(建)에게 첩자를 보내 기약을 실행하기를 요청하였다. 자목이 그 私邑에서 폭정을 자행하니, 사읍 사람들이 자목을 고소하였다. 정인이 와서 조사하여 晉나라 첩자라는 것을 알고 드디어 자목을 죽였다. 자목의 아들 勝이 이때 吳나라에 있었는데, 子西가 그를 불러들이려 하자, 葉公이 말하였다.

"내가 듣건대 勝은 간사하고 화란을 일으키기를 좋아한다고 하니, 해롭지 않겠습니까?"

자서가 말하였다.

"내가 듣건대 勝은 신의가 있고 용감하다고 하니 나라에 불리한 일을 하지 않을 것이오. 그를 불러들여 변경에 안치하여 변경을 지키게 할 것이다."

그러자 섭공이 말하였다.

"仁을 가까이하는 것을 '信'이라 하고, 義를 따르는 것을 '勇'이라 합니다. 내가 듣기로 勝은 승낙한 말을 실천하기 좋아하고 죽음을 두려워하지 않는 용사를 구한다고 하니, 아마도 사심이 있는 듯합니다. 따지지 않고 승낙한 말을 실천하는 것은 信이 아니고, 죽기를 기약하는 것은 勇이 아니니, 당신께서는 반드시 후회하게 될 것입니다."

자서는 그 말을 따르지 않고 勝을 불러들여 吳나라와의 접경지에 거주하게 하고 그를 白公(白縣의 尹)으로 삼았다. 勝이 鄭나라 토벌을 청하자, 자서가 말하였다.

"楚나라는 아직 모든 제도가 정상으로 돌아오지 않아서 국가가 안정되지 못하였소. 그렇지 않다면 나도 〈정나라에 대한 토벌을〉 잊지 않았을 것이오."

얼마 뒤에 또 청하니 허락하였고, 군대를 일으키기 전에 晉人이 鄭나라를 토벌하자, 楚나라가 정나라를 구원하여 정나라와 맹약을 맺으니, 勝이 노하여 말하였다.

"鄭人이 이곳에 있으니 원수가 멀리 있지 않다."

字義 周 : 가까이할 주

勝自厲劍이어늘 子期之子平見之曰 王孫何自厲也오 曰 勝以直聞하니 不告女면 庸爲

109 節 : 모든 제도가 정상을 얻어 국가가 안정됨이다.(《左氏會箋》)

直乎리오 將以殺爾父하노라 平以告子西한대 子西曰 勝如卵이어늘 余翼而長之하니 楚國第어늘 我死면 令尹司馬非勝而誰리오 勝聞之曰 令尹之狂也로다 得死면 乃非我니라 子西不悛[110]이러니 勝謂石乞曰 王與二卿士는 皆五百人當之면 則可矣리라 乞曰 不可得也리라 曰 市南有熊宜僚者하니 若得之면 可以當五百人矣리라 乃從白公而見之하야 與之言하고 說(열)하야 告之故한대 辭하니 承之以劍호대 不動하다 勝曰 不爲利諂이요 不爲威惕하니 不洩人言以求媚者로다하고 去之하다

勝이 스스로 칼을 갈자, 子期(公子 結)의 아들 平이 그것을 보고 말하였다.

"王孫께서는 무엇 때문에 스스로 칼을 가십니까?"

勝이 말하였다.

"나는 솔직함으로 소문이 났으니, 너에게 솔직하게 말해주지 않는다면 어찌 솔직함이 되겠는가? 이 칼로 너의 아비를 죽이려는 것이다."

平이 이 말을 子西에게 고하자, 자서가 말하였다.

"勝은 새의 알과 같기에 내가 그를 보호해 기른 것이니, 楚나라는 〈사람을 등용하는〉 차례가 있는데 내가 죽으면 令尹이나 司馬가 될 사람은 勝이 아니고 누구이겠느냐?"

勝이 이 말을 듣고 말하였다.

"영윤이 미쳤구나. 그가 수명으로 죽도록 버려둔다면 내가 아니다."

그러나 자서는 그를 경계하지 않았다. 勝이 石乞에게 말하였다.

"楚王과 두 卿士(子西와 子期)를 5백 명이 함께 상대하면 이길 수 있을 것이다."

석걸이 말하였다.

"〈5백 명을〉 얻을 수 없습니다."

또 말하였다.

"시장 남쪽에 熊宜僚라는 자가 살고 있는데, 만약 그 사람을 얻는다면 5백 명을 당할 수 있을 것입니다."

석걸이 白公을 모시고 가서 웅의료를 만나 말을 해보고는 기뻐하여 그 일을 말하자, 웅의료가 거절하니, 석걸이 그의 목에 칼을 들이대었으나 그는 꼼짝도 하지 않았다. 그러자 勝은 "이익 때문에 아첨하지 않고 위협 때문에 겁을 먹지 않으니, 남의 말을 누설하여 남에게 잘 보이기를 구할 자가 아니다." 하고 돌아갔다.

字義 厲 : 갈 려　庸 : 어찌 용

---

110 不悛 : 不戒(경계하지 않음)이다. 下文의 '知伯不悛'도 같다.(《左氏會箋》)

吳人伐愼하니 白公敗之하고 請以戰備[111]獻하니 許之한대 遂作亂하야 秋七月에 殺子西子期于朝하고 而劫惠王하다 子西以袂掩面而死하고 子期曰 昔者吾以力事君하니 不可以弗終이라하고 抉豫章以殺人而後死하다 石乞曰 焚庫弑王하라 不然이면 不濟리라 白公曰 不可하다 弑王이면 不祥이요 焚庫면 無聚니 將何以守矣리오 乞曰 有楚國하야 而治其民하고 以敬事神이면 可以得祥이요 且有聚矣리니 何患弗從이리오

吳人이 愼邑을 침공하니 白公이 楚軍을 패배시키고 戰備를 조정에 바치기를 청하였다. 이를 허락하자 백공은 드디어 변란을 일으켜 가을 7월에 子西와 子期를 조정에서 죽이고 惠王을 겁박하였다. 자서는 소매로 얼굴을 가리고 죽었고, 자기는 "과거에 나는 勇力으로 임금을 섬겼으니, 용력으로 생을 마치지 않을 수 없다." 하고 큰 나무〔豫章〕을 뽑아 가지고 적을 죽인 뒤에 죽었다. 石乞이 말하였다.

"창고를 불태우고 왕을 시해하십시오. 그렇게 하지 않으면 성공할 수 없습니다."

백공이 말하였다.

"안 된다. 왕을 시해하면 상서롭지 못하고 창고를 불태우면 재물이 없어지니 장차 어떻게 나라를 지킬 수 있겠는가?"

석걸이 말하였다.

"楚나라를 소유하여 백성을 다스리고 공경으로 귀신을 섬기면 상서로움을 얻을 수 있고 또 재물도 있게 될 것이니, 무엇을 걱정하여 따르지 않는다는 말입니까?"

字義 抉 : 자를 결

葉(섭)公在蔡러니 方城之外皆曰 可以入矣라 子高曰 吾聞之호니 以險徼幸者는 其求無饜이요 偏重[112]必離라하니라 聞其殺齊管修也而後入하다 白公欲以子閭爲王이어늘 子閭不可라하니 遂劫以兵하다 子閭曰 王孫若安靖楚國하야 匡正王室하고 而後庇焉이면 啓之願也니 敢不聽從가마는 若將專利以傾王室하고 不顧楚國이면 有死不能이라하니 遂殺之하고 而以王如高府하다 石乞尹門하니 圉公陽穴宮하고 負王以如昭夫人之宮하다

이때 葉公이 蔡에 있었는데, 方城 밖의 사람들이 모두 "〈楚나라 國都로〉 進兵할 만하다." 하자, 子高가 말하였다.

"내가 듣건대 모험을 행하여 요행을 바라는 자는 그 욕구가 끝이 없고, 일 처리가 공평하지

111 戰備 : 전쟁에서 획득한 甲冑와 兵器를 뜻한다.

112 偏重 : 公平하지 못함이다.(楊注)

못하여 반드시 백성의 마음이 떠난다 하였다.”

〈섭공은 白公이〉 齊나라 管修(楚나라 賢大夫)를 죽였다는 말을 들은 뒤에 〈楚나라 郢으로〉 들어갔다. 백공이 子閭(楚 平王의 아들 啓)를 왕으로 세우려고 하자, 자려가 반대하니 드디어 무기로 협박하였다. 자려가 말하였다.

“王孫(白公)께서 만약 楚나라를 안정시켜 왕실을 바로잡고 난 뒤에 나를 비호한다면 이는 나(啓)의 바람이니 감히 명을 따르지 않겠습니까만, 만약 오로지 사적인 이익만 꾀하여 왕실을 전복시키고 초나라를 돌아보지 않는다면 나는 차라리 죽을지언정 따르지 않겠습니다.”

백공은 드디어 자려를 죽이고, 惠王을 데리고 高府로 갔다. 石乞이 고부의 문을 지키니, 圉公陽(楚나라 大夫)이 궁중에 굴을 파고 혜왕을 업고 昭夫人(惠王의 모친)의 궁으로 갔다.

葉公亦至하야 及北門하니 或遇之曰 君胡不冑오 國人望君如望慈父母焉하니 盜賊之矢若傷君이면 是絶民望也니 若之何不冑오하니 乃冑而進하다 又遇一人曰 君胡冑오 國人望君如望歲焉하야 日日以幾하니 若見君面이면 是得艾(예)也요 民知不死면 其亦夫有奮心하리라 猶將旌君하야 以徇於國이어늘 而又掩面하야 以絶民望하니 不亦甚乎아 乃免冑而進하다 遇箴尹固하니 帥(솔)其屬하고 將與白公이어늘 子高曰 微二子者면 楚不國矣리라 棄德從賊이면 其可保乎아한대 乃從葉公하다 使與國人以攻白公하니 白公奔山而縊이어늘 其徒微之하다 生拘石乞하야 而問白公之死焉한대 對曰 余知其死所어니와 而長者使余勿言하니라 曰 不言이면 將烹호리라 乞曰 此事也克則爲卿이요 不克則烹이 固其所也니 何害리오하야늘 乃烹石乞하다 王孫燕奔頯(규)黃氏하다 沈諸(저)梁兼二事하야 國寧이어늘 乃使寧爲令尹하고 使寬爲司馬하고 而老於葉하다

이때 葉公도 〈군대를 거느리고〉 와서 북문에 당도하니, 어떤 자가 섭공을 만나 말하였다.

“당신께서는 어째서 투구를 쓰지 않으셨습니까? 國人들이 당신께서 오기를 바라는 것이 자애로운 부모를 바라는 것과 같으니, 도적의 화살이 만약 당신을 상하게 한다면 이는 백성들의 바람을 끊는 것입니다. 그런데 어찌하여 투구를 쓰지 않으셨습니까?”

섭공은 이에 투구를 쓰고 전진하였다. 또 한 사람을 만나니, 말하였다.

“당신께서는 어째서 투구를 쓰셨습니까? 국인들이 당신께서 오기를 바라는 것이 年事에 풍년이 들기를 바라는 것과 같아서 날이면 날마다 바랐으니, 만약 당신의 얼굴을 본다면 바로 안심할 것이고, 백성들이 죽지 않게 된 것을 알면 그들 또한 사람마다 힘써 전쟁할 마음을 지닐 것입니다. 그래서 오히려 당신의 성명을 깃발에 써서 들고 돌아다니며 국인들에게 선전하려 할 것인데, 도리어 얼굴을 가리어 백성들의 바람을 끊으시니 너무 심하지 않습니까?”

섭공은 이에 투구를 벗고 전진하였다. 箴尹 固를 만나니 그의 군대를 거느리고 白公을 도우려 하자, 子高가 말하였다.

"子西와 子期 두 분이 없었다면 楚나라는 나라 꼴이 되지 못하였을 것이오. 덕 있는 사람을 버리고 역적을 따른다면 어찌 몸을 보존할 수 있겠소."

잠윤 고는 이에 섭공을 따랐다. 섭공이 고를 보내 국인과 함께 백공을 공격하게 하니, 백공은 산으로 도망가서 목을 매어 죽었는데 그 부하들이 시체를 숨겼다. 섭공이 석걸을 생포하여 백공의 시체가 있는 곳을 묻자, 석걸이 대답하였다.

"나는 그 시체가 있는 곳을 알지만 어른(白公)께서 나에게 말하지 말라고 하셨습니다."

섭공이 "말하지 않으면 장차 삶아 죽이겠다." 하자, 석걸이 대답하였다.

"이런 일은 성공하면 卿이 되고, 성공하지 못하면 烹刑을 당하는 것이 본래 당연한 바이니, 해로울 게 뭐 있습니까?"

이에 석걸을 삶아 죽였다. 王孫 燕(勝의 아우)은 頯黃氏(吳나라 땅)로 出奔하였다. 沈諸梁(葉公)이 令尹과 司馬를 겸임하여 국가가 안정되자, 이에 寧에게 영윤이 되게 하고 寬에게 사마가 되게 하고 葉縣에서 노년을 보냈다.

字義 歲 : 1년의 수확 세 艾 : 편안할 예 旌 : 드러낼 정 微 : 아닐, 숨길 미

衛侯占夢이러니 嬖人求酒於大(태)叔僖子하야 不得한대 與卜人比하야 而告公[113]曰 君有大臣在西南隅[114]하니 弗去면 懼害로라 乃逐大叔遺하니 遺奔晉하다 衛侯謂渾良夫曰 吾繼先君而不得其器[115]하니 若之何오 良夫代執火者而言[116]曰 疾與亡君이 皆君之子也니 召之而擇材焉可也요 若不材면 器라도 可得也니라 豎告大子한대 大子使五人輿豭從己하야 劫公而强盟之하고 且請殺良夫하니 公曰 其盟免三死로라 曰 請三之後에 有罪어든 殺之하소서 公曰 諾哉라하다

衛侯가 〈꿈을 꾸고 卜人을 불러〉 해몽하게 하려 하였는데, 嬖人이 太叔僖子(太叔 遺)에게 술을 요구하여 얻지 못하자, 복인과 결탁해 衛 莊公에게 고하였다.

"임금님의 大臣 중에 도성의 서남쪽 모퉁이에 거주하는 자가 있으니, 이 자를 제거하지 않으면 임금님을 위해할까 두렵습니다."

---

113 與卜人比 而告公 : 嬖人이 卜人과 결탁해 한통속이 되어 衛 莊公에게 고한 것이다.(林堯叟)

114 君有大臣在西南隅 : 太叔 遺가 사는 곳이 都城 서남쪽 모퉁이에 있었다.(林堯叟)

115 吾繼先君而不得其器 : 국가의 寶器를 輒이 모두 가지고 갔다.(杜注)

116 良夫代執火者而言 : 장차 은밀히 모의하려고 좌우를 물리친 것이다.(杜注)

장공이 이에 太叔 遺를 축출하니, 태숙 유가 晉나라로 出奔하였다. 위후가 渾良夫에게 말하였다.

"내가 先君을 계승하였으나 선군의 寶器를 얻지 못하였으니 어찌하면 좋겠는가?"

良夫가 〈은밀히 모의하고자〉 촛불을 들고 있는 자를 내보내고 대신 〈촛불을 들고〉 말하였다.

"太子 疾과 도망간 임금(輒)이 모두 임금님의 아들이니, 輒을 불러들여 두 사람 중에 태자의 재목이 될 만한 사람을 선택하여 〈태자로 삼는〉 것이 좋고, 만약 재목이 되지 못한다면 보기라도 얻을 수 있습니다."

僮僕〔豎〕이 이 말을 태자에게 고하자, 태자는 다섯 사람에게 수퇘지를 싣고 자기를 따르게 해 장공을 겁박하여 강제로 맹약하게 하고, 또 양부를 죽이라고 청하니 장공이 말하였다.

"그와 죽을죄를 짓더라도 세 번은 사면하겠다고 맹약하였다."

疾이 말하였다.

"세 번 사면한 뒤에 죄를 짓거든 반드시 죽이십시오."

장공은 "그러겠다."고 승낙하였다.

字義 歲 : 比 : 결탁할 비

〈17년, 癸亥(B.C. 478)〉

【傳】十七年이라 春에 衛侯爲虎幄於藉圃하다 成하니 求令名者而與之始食焉하다 大(태)子請使良夫하니 良夫乘衷甸兩牡하고 紫衣狐裘로 至袒裘[117]하고 不釋劒而食하니 大子使牽以退하야 數之以三罪[118]而殺之하다

17년이다. 봄에 衛侯는 藉圃에 虎幄(호랑이 문양으로 장식한 막사)을 만들었다. 이 막사가 완성되니, 아름다운 명성이 있는 사람들을 초빙하여 함께 처음으로 음식을 먹으려 하였다. 太子 疾이 사람을 보내 渾良夫를 초청하니, 良夫는 두 필의 牡馬(수말)가 끄는 卿의 수레〔衷甸〕를 타고 자주색 옷(임금의 복식)에 여우 갖옷을 입고 갔다. 도착한 뒤에 양부가 갖옷의 한쪽만 벗어 어깨를 드러내고 칼은 풀어놓지 않고 음식을 먹으니, 태자가 사람을 시켜 그를 끌어내게 하고, 세 가지 죄목을 들어 죽였다.

---

117 袒裘 : 음식을 먹다가 더웠기 때문에 갖옷의 한쪽을 벗어 어깨를 드러냈으니, 이 또한 不敬이다.(杜注)

118 三罪 : 세 가지 죄목은 자주색 옷을 입은 것과, 갖옷의 한쪽만을 벗어 어깨를 드러낸 것과, 칼을 찬 것이다.(杜注)

三月에 越子伐吳하니 吳子禦之笠澤하야 夾水而陳하다 越子爲左右句卒[119]하야 使夜或左或右하야 鼓譟而進하니 吳師分以御之하다 越子以三軍潛涉하야 當吳中軍而鼓之하니 吳師大亂이어늘 遂敗之하다

3월에 越子가 吳나라를 토벌하니 吳子가 笠澤에서 越軍을 방어하면서 강을 끼고 진을 쳤다. 월자가 좌우의 句卒를 편성하여 밤에 혹은 左句卒 혹은 右句卒을 보내 북을 울리고 고함을 치면서 진격하게 하니, 吳軍이 군대를 나누어 방어하였다. 월자가 三軍을 거느리고 몰래 강을 건너 吳나라 中軍에 당도하여 북을 치니, 오군이 크게 혼란하였다. 드디어 오군을 패배시켰다.

字義 譟 : 고함칠 조

晉趙鞅이 使告于衛曰 君之在晉也에 志父(보)爲主하니 請君若大(태)子來하야 以免志父하라 不然이면 寡君其曰 志父之爲也라하리라 衛侯辭以難하니 大子又使椓之하다 夏六月에 趙鞅圍衛하니 齊國觀陳瓘救衛하야 得晉人之致師者하야 子玉使服而見之曰 國子實執齊柄이어늘 而命瓘曰 無辟(피)晉師라하니 豈敢廢命이리오 子又何辱고 簡子曰 我卜伐衛요 未卜與齊戰이라하고 乃還하다

晉나라 趙鞅이 사람을 보내 衛나라에 고하였다.

"君(蒯聵)께서 晉나라에 계실 때 나 志父(趙鞅)가 주인이었으니, 임금님이나 혹은 태자께서 한번 오시어, 나를 죄에서 벗어나게 해주소서. 그러하지 않으시면 우리 임금께서는 아마도 내가 〈오지 못하게 한 것으로〉 여기실 것입니다."

衛侯가 곤란하다는 이유로 사절하니, 태자는 또 사람을 보내 〈晉나라 使者에게 위후를〉 참소하였다. 여름 6월에 조앙이 위나라를 포위하니, 齊나라 國觀(國書의 아들)과 陳瓘이 위나라를 구원하러 가서 도전하는〔致師〕 晉人을 포로로 잡아서 子玉(陳瓘)이 그 포로에게 원래의 옷을 입게 하고 그를 만나보고 말하였다.

"齊나라는 國子(國書)가 실로 정권을 잡았는데, 그분께서 나에게 명하기를 '晉軍을 피하지 말라.' 하셨으니, 내 어찌 감히 그 명을 어기겠습니까? 그런데 그대는 또 무엇 때문에 도전하는 수고를 아끼지 않으십니까?"

〈이 말을 전해들은〉 趙簡子(趙鞅)는 〈자옥이 두려워〉 "나는 위나라를 포위하는 것만 점쳤

---

119 句卒 : 병사와 병사 사이에 갈고리를 걸어 서로 떨어지지 않도록 밀착시켜 별도로 左屯과 右屯을 편성한 것이다.(杜注)

고, 제나라와 전쟁하는 것은 점치지 않았습니다." 하고 이에 환군하였다.

字義 柝 : 참소할 탁

楚白公之亂에 陳人恃其聚而侵楚하다 楚旣寧에 將取陳麥하야 楚子問帥於大(태)師子穀與葉公諸梁한대 子穀曰 右領差車與左史老[120]는 皆相令尹司馬以伐陳하니 其可使也니이다 子高曰 率(수)賤이면 民慢之하나니 懼不用命焉하노이다 子穀曰 觀丁父(보)는 鄀俘也어늘 武王以爲軍率하라 是以克州蓼하고 服隨唐하고 大啓群蠻하며 彭仲爽은 申俘也어늘 文王以爲令尹하사 實縣申息하고 朝陳蔡하고 封畛于汝하시니 唯其任也라 何賤之有리오 子高曰 天命不謟라 令尹有憾於陳하니 天若亡之면 其必令尹之子是與하리니 君盍舍焉고 臣懼右領與左史 有二俘之賤하고 而無其令德也하노이다 王卜之하니 武城尹吉이라 使帥(솔)師取陳麥하다 陳人御之라가 敗어늘 遂圍陳하다 秋七月己卯에 楚公孫朝帥師滅陳하다

楚나라 白公이 반란을 일으켰을 때 陳人이 자국에 축적한 재물을 믿고 楚나라를 침공하였다. 楚나라가 안정된 뒤에 陳나라의 보리를 탈취하고자 楚子가 太師 子穀과 葉公 諸梁(子高)에게 누구를 장수로 삼는 것이 좋겠느냐고 묻자, 자곡이 말하였다.

"右領 差車와 左史 老는 모두 令尹과 司馬를 도와 陳나라를 토벌한 적이 있으니, 그들을 보내는 것이 좋겠습니다."

子高가 말하였다.

"장수〔率〕의 지위가 비천하면 백성들이 업신여기니 그의 명을 따르지 않을까 두렵습니다."

자곡이 말하였다.

"觀丁父는 鄀나라의 포로였는데, 武王(楚 武王)께서 그를 軍帥로 삼으셨다. 이 때문에 州나라와 蓼나라를 쳐서 승리하고, 隨나라와 唐나라를 복종시키고, 여러 蠻族의 토지를 크게 개척하셨으며, 彭仲爽은 申나라의 포로였는데 文王(楚 文王)께서 그를 영윤으로 삼으셔서 申나라와 息나라를 楚나라의 군현으로 만들고, 陳나라와 蔡나라가 와서 조현하게 하고, 楚나라의 강역을 汝水까지 넓혔습니다. 이는 오직 그들이 직임을 담당할 수 있느냐만을 보았을 뿐이니, 비천함이 무슨 관계가 있겠습니까?"

자고가 말하였다.

"천명이 〈陳나라를 버린 것을〉 의심할 게 없습니다. 영윤이 陳나라에 원한이 있으니, 하늘

120 右領差車與左史老 : 右領과 左史는 모두 楚나라의 비천한 관직이다.

이 만약 陳나라를 망치려 한다면 하늘은 반드시 영윤의 아들을 도울 것이니, 임금님께서는 어찌하여 그들(右領과 左史)을 버리고 〈영윤의 아들을 쓰지〉 않으십니까? 신은 右領과 左史가 두 포로와 같은 비천함만 있고 그들과 같은 미덕이 없을까 두렵습니다."

이에 惠王이 점을 치니 武城尹(子西의 아들 公孫 朝)이 길한지라 그로 하여금 군대를 거느리고 가서 陳나라의 보리를 탈취해 오게 하였다. 陳人이 방어하다가 패전하였는데 楚軍이 드디어 陳나라를 포위하였다. 가을 7월 己卯日에 楚나라 公孫 朝가 군대를 거느리고 가서 陳나라를 멸망시켰다.

字義 率 : 장수 수(=帥) 眕 : 경계 진 謟 : 의심할 도

王與葉公枚卜[121]子良하야 以爲令尹이러니 沈尹朱曰 吉이나 過於其志로다 葉公曰 王子而相國하니 過將何爲리오 他日에 改卜子國하야 而使爲令尹하다

楚 惠王이 葉公과 함께 子良(楚 惠王의 아우)의 점을 쳐서 令尹으로 삼으려 하였는데, 沈尹朱가 말하였다.

"길합니다만 그의 바람은 이보다 초과합니다."

섭공이 말하였다.

"王子로서 相國이 되는 것이니 바람이 이보다 크다면 장차 무엇이 되겠습니까?"

얼마 뒤에 다시 子國이 어떤지 점쳐서 그를 영윤으로 삼았다.

字義 志 : 바랄 지(=望)

衛侯夢于北宮이러니 見人登昆吾之觀하야 被髮北面而譟曰 登此昆吾之虛하니 緜緜生之瓜로다 余爲渾良夫니 叫天無辜하노라 公親筮之한대 胥彌赦占之曰 不害라하다 與之邑한대 寘之而逃하야 奔宋[122]하다 衛侯貞[123]卜하니 其繇(주)曰 如魚竀尾하니 衡流而方羊이리라 裔焉大國이 滅之하니 將亡하리라 闔門塞竇하고 乃自後踰라하다

衛侯가 北宮에서 꿈을 꾸었는데, 꿈에 어떤 사람이 昆吾觀에 올라가서 머리를 풀어헤치고 북쪽을 향해 큰소리로 "이 昆吾의 옛터에 올라보니 오이 넝쿨 끊어지지 않고 이어져 있네〔緜緜〕. 나는 바로 渾良夫이니 하늘에 무고함을 부르짖겠노라." 하는 것을 보았다. 衛 莊公이 이 꿈에 대해 친히 蓍草占을 치자, 胥彌赦가 그 점을 풀이해 "해롭지 않습니다." 하였다. 장공이

---

121 枚卜 : 점치는 대상의 姓名을 지적하여 거북에게 고하지 않고 점을 치는 것이다.(杜注)

122 寘之而逃 奔宋 : 衛侯가 무도하므로 卜人이 감히 사실대로 대답하지 않고, 화란이 닥칠 것이 두려워 도망간 것이다.

123 貞 : 점을 쳐서 길흉을 묻는 것이다.(楊注)

그에게 邑을 주니 서미사는 그 읍을 받지 않고 도망해 宋나라로 달아났다. 위후가 거북점을 치니〔貞卜〕, 그 占辭는 다음과 같았다.

"물고기처럼 꼬리가 붉으니 흐르는 물살을 뚫고 정처 없이 헤매리라. 변방의 대국이 멸망시키려 하니 장차 망할 것이다. 문을 닫고 구멍을 막고나서 뒷담을 넘어 도망가리라."

字義 繇 : 점사 주 竀 : 붉을 정 裔 : 가 예

冬十月에 晉復伐衛하야 入其郛하야 將入城한대 簡子曰 止하라 叔向有言曰 怙亂滅國者는 無後라하니라 衛人出莊公하고 而與晉平이어늘 晉立襄公之孫般師而還하다

겨울 10월에 晉나라가 다시 衛나라를 토벌하여 그 외곽까지 들어가서 성안으로 들어가려 하자, 簡子가 말하였다.

"멈추어라. 叔向의 말에 '그 나라의 혼란을 틈타 그 나라를 멸망시키는 자는 후사가 끊길 것이다.' 하였다."

衛人이 莊公을 축출하고 晉나라와 화평하였는데, 진나라는 衛 襄公의 손자 般師를 위나라 임금으로 세우고 돌아갔다.

字義 怙 : 의지할 호

十一月에 衛侯自鄄入하니 般師出하다 初에 公登城以望이라가 見戎州하고 問之하니 以告어늘 公曰 我는 姬姓也니 何戎之有焉고 翦之하고 公使匠久하다 公欲逐石圃러니 未及而難作하다 辛巳에 石圃因匠氏攻公한대 公閉門而請호대 弗許하니 踰于北方而隊(추)하야 折股하니 戎州人攻之하다 大(태)子疾公子青이 踰從公이러니 戎州人殺之하다 公入于戎州己氏하다 初에 公自城上見己氏之妻髮美하고 使髡之하야 以爲呂姜髢하다 旣入焉에 而示之璧曰 活我하면 吾與女璧호리라 己氏曰 殺女면 璧其焉往이리오 遂殺之而取其璧하다 衛人復公孫般師而立之하다 十二月에 齊人伐衛어늘 衛人請平한대 立公子起하고 執般師以歸하야 舍諸潞하다

11월에 衛侯가 鄄으로부터 衛나라로 들어가니 般師가 出奔하였다. 당초에 衛 莊公이 성에 올라 바라보다가 戎州(戎人이 거주하는 邑)를 보고 〈저곳이 어디냐고〉 물으니, 〈從者가 융주라고〉 고하였는데, 장공은 "우리나라는 姬姓이니, 어찌 戎人이 있을 수 있느냐?" 하고, 융주의 취락을 파괴하였고, 장공은 장인들을 부리면서 오래도록 〈휴식하지 못하게〉 하였다.

장공은 石圃(衛나라 石惡의 조카)를 축출하려 하였는데, 축출하기 전에 변란이 일어났다. 辛巳日에 석포가 匠氏에게 의지하여 장공을 공격하자, 장공이 문을 닫고 살려달라고 청하였으나, 석포가 허락하지 않으니, 장공은 북쪽 담을 넘다가 떨어져서 다리가 부러지니, 戎州人이

장공을 공격하였다. 太子 疾과 公子 靑(疾의 아우)이 담을 넘어 장공을 따랐는데, 융주인이 그들을 죽였다. 장공은 융주의 己氏 집으로 들어갔다.

당초에 장공이 성 위에서 기씨 아내의 두발이 아름다운 것을 보고 사람을 보내 그 머리를 깎아 대머리로 만들고 〈그 자른 머리를 가지고 와서〉 呂姜(衛 莊公의 夫人)의 머리에 덧넣는 가발로 만들게 한 일이 있었다. 기씨의 집으로 들어간 뒤에 기씨에게 璧玉을 보여주며 말하였다.

"나를 살려주면 나는 이 벽옥을 너에게 주겠다."

기씨가 말하였다.

"너를 죽이면 그 벽옥이 어디로 가겠느냐?"

그리고는 드디어 장공을 죽이고 그 벽옥을 취하였다. 衛人이 公孫 般師를 돌아오게 하여 그를 임금으로 세웠다.

12월에 齊人이 衛나라를 토벌하였는데, 위인이 화평을 요청하자 제인은 公子 起(衛 靈公의 아들)를 위나라 임금으로 세우고 반사를 체포해 데리고 돌아가서 潞邑(齊나라 邑)에 안치하였다.

字義 隊 : 떨어질 추 髡 : 머리 깎을 곤 髢 : 머리에 덧대는 가발 체

公會齊侯盟于蒙할새 孟武伯相이러니 齊侯稽首어늘 公拜하니 齊人怒하다 武伯曰 非天子면 寡君無所稽首니라 武伯問於高柴曰 諸侯盟에 誰執牛耳오 季羔曰 鄫衍之役에 吳公子姑曹요 發陽之役에 衛石魋니라 武伯曰 然則彘也[124]로다

哀公이 齊侯와 회합하여 蒙에서 결맹할 때 孟武伯이 相이 되었는데, 제후는 애공에게 머리를 조아렸으나, 애공은 절만 하니 齊人이 노하였다. 그러자 武伯이 말하였다.

"천자가 아니면 우리 임금님께서 머리를 조아릴 대상이 없기 때문입니다."

무백이 高柴에게 물었다.

"제후의 회맹에 누가 牛耳를 잡습니까?"

季羔(高柴)가 말하였다.

"鄫衍의 회맹에 吳나라 公子 姑曹가 우이를 잡았고, 發陽의 회맹에 衛나라 石魋가 우이를 잡았습니다."

무백이 말하였다.

"그렇다면 이번 회맹에 우이를 잡을 사람은 저〔彘〕입니다."

---

124 季羔曰……然則彘也 : 鄫衍의 회맹에는 대국이 牛耳를 잡았고, 發陽의 회맹에는 소국이 우이를 잡았으니, 이때의 회맹에 의거하면 우이를 잡은 자가 일정하지 않았기 때문에 武伯이 스스로 우이를 잡을 수 있다고 여긴 것이다.(杜注)

宋皇瑗之子麇有友하니 曰田丙이라 而奪其兄酁(참)般邑以與之하니 酁般慍而行하야 告桓司馬之臣子儀克한대 子儀克適宋하야 告夫人曰 麇將納桓氏[125]라하니 公問諸子仲하다 初에 子仲將以杞姒之子非我爲子러니 麇曰 必立伯也하라 是良材니라 子仲怒하야 弗從이라 故對曰 右師則老矣어니와 不識麇也[126]라하니 公執之하다 皇瑗奔晉하니 召之하다

宋나라 皇瑗의 아들 麇에게 田丙이란 벗이 있었다. 麇이 전병의 兄 酁般의 邑을 빼앗아 진병에게 주니, 참반이 노여움를 품고 그곳을 떠나가서 桓司馬(桓魋)의 家臣 子儀克에게 고하자, 자의극이 宋나라 國都로 가서 夫人(宋 景公의 모친)에게 "麇이 桓氏를 받아들이려 합니다."라고 고하니, 宋 景公이 子仲에게 물었다.

당초에 자중이 杞姒(子仲의 처)의 아들 非我를 적자로 삼으려 하자, 麇이 "반드시 伯(非我의 형)을 세우소서. 伯은 재능이 있습니다." 하니, 자중은 노하여 그 말을 따르지 않은 적이 있었다. 그러므로 "右師(皇瑗)는 늙었지만 麇은 알 수 없습니다."라고 대답하니, 경공은 麇을 체포하였다. 황원이 晉나라로 出奔하니, 경공은 그를 불러 돌아오게 하였다.

〈18년, 甲子(B.C. 477)〉

【傳】十八年이라 春에 宋殺皇瑗하다 公聞其情[127]하고 復皇氏之族하야 使皇緩爲右師하다

18년이다. 봄에 宋나라가 皇瑗을 죽였다. 宋 景公은 그 정황을 듣고 皇氏의 종족을 회복시키고 皇緩(皇瑗의 조카)을 右師로 삼았다.

巴人伐楚圍鄾(우)하다 初에 右司馬子國之卜也에 觀瞻曰 如志라 故命之하다 及巴師至하야 將卜帥한대 王曰 寧如志하니 何卜焉이리오 使帥(솔)師而行하다 請承한대 王曰 寢尹工尹이 勤先君者也라 三月에 楚公孫寧吳由于薳固 敗巴師于鄾라 故封子國於析하니라 君子曰 惠王知志로다 夏書曰 官占은 唯能蔽志오사 昆命于元龜[128]라하니 其是之謂乎인저 志曰 聖

125 麇將納桓氏 : 桓氏는 桓魋를 이른다. 환퇴는 哀公 14년에 반란을 일으켰다가 실패하고 衛나라로 도망갔는데, '麇이 出奔한 환씨를 받아들이려 한다.'고 子儀克이 무고한 것이다.

126 右師則老矣 不識麇也 : 右師는 늙었으니 亂을 일으킬 수 없겠지만, 麇은 알 수 없다는 말이다.(杜注)

127 公聞其情 : 宋 景公이 얼마 뒤에 皇瑗 부자가 무죄였음을 들은 것이다.(《左氏會箋》)

128 夏書曰……昆命于元龜 : 官占은 卜筮를 맡은 官員이다. 蔽는 決斷함이고, 昆은 後이니, 먼저 意思를 결단한 뒤에 龜甲을 사용해 점을 친다는 말이다.(杜注) 이 내용은 《書經》〈虞書 大禹謨〉

人不煩卜筮라하니 惠王其有焉이로다

巴人이 楚나라를 침공하여 鄾(楚나라 邑)를 포위하였다. 당초에 楚王이 子國을 右司馬로 삼는 것이 어떤지에 대해 거북점을 칠 적에 觀瞻(楚나라 開卜大夫 觀從의 후손)이 "임금님의 뜻에 부합할 것입니다." 하였으므로 자국을 우사마에 임명하였다. 巴軍이 쳐들어올 때에 미쳐 점을 쳐서 장수를 뽑으려 하자, 왕이 말하였다.

"寧(子國)이 나의 뜻에 부합한다고 하였으니, 다시 점을 칠 게 뭐 있는가?"

그리고는 자국으로 하여금 군대를 거느리고 가게 하였다. 자국이 副帥〔承〕를 임명하기를 청하자, 왕이 말하였다.

"寢尹과 工尹이 선군 때 힘쓴 사람들이다."

3월에 초나라 公孫 寧과 吳由于 · 薳固(工尹)가 파군을 鄾에서 패배시켰다. 그러므로 析을 자국의 봉읍으로 준 것이다.

이에 대해 군자는 말하였다.

"惠王은 사람들의 뜻을 알았구나. 〈夏書〉에 '卜官이 점을 칠 때에는 먼저 뜻을 결정한 뒤에 元龜(大龜)에 명한다.'고 하였으니, 아마도 혜왕의 경우를 이른 듯하다. 옛 기록에 '성인은 빈번하게 거북점과 시초점을 치지 않았다.' 하였는데, 혜왕에게도 그런 점이 있다."

字義 承 : 보좌할 승 蔽 : 결정할 폐 昆 : 뒤 곤

夏에 衛石圃逐其君起하니 起奔齊하다 衛侯輒自齊復歸하야 逐石圃하고 而復石魋與大(태)叔遺하다

여름에 衛나라 石圃가 그 임금 起를 축출하니 起가 齊나라로 出奔하였다. 衛侯 輒이 제나라에서 돌아와 석포를 축출하고 石魋와 太叔 遺를 원래의 관작에 회복시켰다.

〈19년, 乙丑(B.C. 476)〉

【傳】 十九年이라 春에 越人侵楚하야 以誤吳[129]也하다

19년이다. 봄에 越人이 楚나라를 침공하여 吳나라를 미혹시켰다.

에 보인다.

129 誤吳 : 吳나라로 하여금 越나라에 대한 방비를 하지 않게 한 것이다.(杜注)

夏에 楚公子慶公孫寬이 追越師하야 至冥不及하야 乃還하다

여름에 楚나라 公子 慶과 公孫 寬이 越軍을 추격하여 冥(越나라 땅)까지 갔으나 따라잡지 못하여 이에 돌아갔다.

秋에 楚沈諸(저)梁이 伐東夷하니 三夷男女及楚師盟于敖하다

가을에 楚나라 沈諸梁이 東夷를 토벌하니, 三夷(3종의 夷狄)의 남녀가 楚軍과 敖(東夷의 땅)에서 결맹하였다.

冬에 叔靑如京師하니 敬王崩故也라

겨울에 叔靑이 京師에 갔으니, 周 敬王이 崩하였기 때문이다.

〈20년, 丙寅(B.C. 475)〉

【傳】二十年이라 春에 齊人來徵會하다 夏에 會于廩丘하니 爲鄭故로 謀伐晉하다 鄭人辭諸侯하니 秋에 師還하다

20년이다. 봄에 齊人이 와서 회합에 오라고 불렀다. 여름에 廩丘에서 회합하였으니, 鄭나라를 위한 일로 晉나라 토벌을 상의하기 위해서였다. 鄭人이 제후에게 사절하니, 가을에 군대가 돌아왔다.

吳公子慶忌驟諫吳子曰 不改면 必亡하리라 弗聽하니 出居于艾(애)라가 遂適楚하다 聞越將伐吳하고 冬에 請歸平越하고 遂歸하야 欲除不忠者하야 以說(열)于越하니 吳人殺之하다

吳나라 公子 慶忌가 吳子에게 "현재의 政令을 고치지 않으면 반드시 나라가 망할 것입니다."라고 자주 간하였으나 듣지 않으니, 경기는 國都를 나와 艾(吳나라 邑)에서 살다가 드디어 楚나라로 갔다. 越나라가 오나라를 치려 한다는 말을 듣고, 겨울에 오나라로 돌아가서 월나라와 화평시키기를 청하고, 드디어 돌아가서 불충한 자들을 제거하여 월나라를 기쁘게 하려 하니, 吳人이 경기를 죽였다.

字義 驟 : 자주 취

十一月에 越圍吳하다 趙孟降於喪食[130]하니 楚隆曰 三年之喪은 親暱之極也어늘 主又降之하니 無乃有故乎아 趙孟曰 黃池之役에 先主與吳王有質曰 好惡(오)同之라하니라 今越圍吳하니 嗣子不廢舊業而敵之호대 非晉之所能及也라 吾是以爲降이로라 楚隆曰 若使吳王知之면 若何오 趙孟曰 可乎인저 隆曰 請嘗之호리라 乃往하야 先造于越軍[131]하야 曰 吳犯間上國多矣라 聞君親討焉하고 諸夏之人莫不欣喜로대 唯恐君志之不從하니 請入視之호리라 許之하다 告于吳王曰 寡君之老無恤使陪臣隆하야 敢展謝其不共이로라 黃池之役에 君之先臣志父(보)得承齊盟하야 曰 好惡同之라하니라 今君在難하니 無恤不敢憚勞로대 非晉國之所能及也라 使陪臣敢展布之하노이다 王拜稽首曰 寡人不佞하야 不能事越하야 以爲大夫憂어늘 拜命之辱하노라 與之一簞珠하야 使問趙孟하고 曰 句踐將生憂寡人하니 寡人死之不得矣리라 王曰 溺人必笑하나니 吾將有問也로라 史黯은 何以得爲君子[132]오 對曰 黯也進不見惡(오)하고 退無謗言이니이다 王曰 宜哉로다

11월에 越軍이 吳나라를 포위하였다. 趙孟(襄子 無恤)이 喪中에 들던 음식보다 그 가짓수를 줄이니, 楚隆(襄子의 家臣)이 말하였다.

"부모의 喪中에 3년 동안 거친 음식을 드는 것은 친애하는 마음이 지극하기 때문인데, 主公께서는 상중에 드는 음식보다 가짓수를 더욱 줄이시니 까닭이 있는 것이 아닙니까?"

조맹이 말하였다.

"黃池의 회맹에 先主(趙鞅)와 吳王이 맹약하기를 '苦樂을 함께하리라.' 하셨다. 지금 越나라가 吳나라를 포위하였으니, 선주의 뒤를 이은 나는 선주께서 맺으신 맹약을 폐기하지 않고 달려가 越軍을 대적해야 하는 것이 마땅한데도 晉나라의 국력으로 미칠 수 있는 바가 아니다. 이 때문에 나는 음식의 가짓수를 줄여 〈스스로를 죄책하는 것이다.〉"

초륭이 말하였다.

"오왕으로 하여금 主公의 뜻을 알게 하면 어떻겠습니까?"

---

130 喪食 : 禮로 규정한 喪人의 疏食(소사)를 이른다. 이때 無恤은 父喪中이어서 소사를 들고 있었는데, 吳나라가 포위되었다는 소식을 듣고는 먹는 飮食의 가짓수를 더욱 줄인 것이다. 楊注에 "부상중에는 食品을 줄이는 것이 禮이다. 지금 吳나라가 포위되어 멸망할 형세가 있는데도 자기가 구원할 수 없기 때문에 부상중에 들던 음식보다 등급을 낮춘 것이다." 하였다.

131 先造于越軍 : 吳나라가 이미 포위되었으니, 吳城으로 들어가려면 반드시 越軍의 陣營을 지나야 한다. 그러므로 먼저 월군의 진영으로 간 것이다.(楊注)

132 史黯 何以得爲君子 : 晉나라 史黯이 "40년이 되기 전에 吳나라가 망할 것이다."라고 하였는데, 吳王은 이 말에 느낌이 있어 사암에 대해 물은 것이다.(杜注)

조맹이 "좋다." 하였다. 그러자 초륭이 "한번 시도해보겠습니다." 하고, 길을 떠나 먼저 越軍의 진영으로 가서 말하였다.

"오나라가 上國(越)을 침범한 일이 많았다. 그 때문에 越君께서 친히 토벌한다는 말을 듣고 諸夏의 사람들 중에 기뻐하지 않는 자가 없으나, 오직 임금님의 뜻이 이루어지지 않을까 두려워하니, 들어가서 살펴보기를 청합니다."

越王이 허락하였다. 초륭이 〈吳軍의 진영으로 가서〉 오왕에게 고하였다.

"우리 임금님의 老臣 無恤이 陪臣 隆을 보내 감히 자신의 불공을 사죄하게 하였습니다. 황지에서 회맹할 때 임금님의 先臣 志父(趙鞅)가 齊盟(同盟)에 참가하여 '고락을 함께하겠다.'고 하셨습니다. 지금 吳君께서 위난 중에 계시니, 나 무휼은 감히 수고를 두려워하지 않습니다만 晉나라의 국력으로 미칠 수 있는 바가 아니어서 배신을 보내 감히 사정을 진술하는 바입니다."

오왕이 절하고 머리를 조아리며 말하였다.

"과인이 변변치 않아 越나라를 잘 섬기지 못하여 大夫(無恤)에게 근심을 끼쳤는데 이렇게 관심을 보여주시니 감사합니다."

그리고는 진주 한 상자를 초륭에게 주어 조맹에게 전해주게 하며 말하였다.

"句踐이 과인에게 살아서 우환을 겪게 하려 하니, 과인은 수명으로 죽을 수 없을 것입니다."

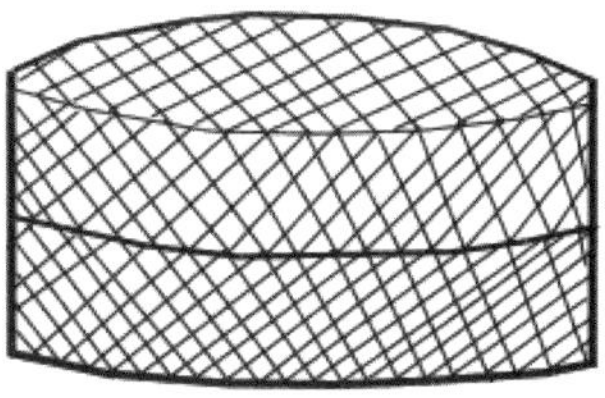

簞

오왕은 초륭에게 말하였다.

"물에 빠져 죽는 사람은 반드시 웃는다고 하니, 나도 그대에게 묻고자 하오. 史黯(史墨)은 어째서 군자가 된 것이오."

초륭이 대답하였다.

"사암은 벼슬에 나아가도 그를 미워하는 이가 없었고, 벼슬에서 물러나도 그를 비방하는 자가 없었습니다."

오왕은 "〈君子가 된 것이〉 당연하다." 하였다.

字義 質 : 맹약할 질 嘗 : 시험할 상 展 : 진술할 전 簞 : 작은 상자 단 問 : 줄 문

〈21년, 丁卯(B.C. 474)〉

【傳】 二十一年이라 夏五月에 越人始來하다

21년이다. 여름 5월에 越人이 처음으로 魯나라에 왔다.

秋八月에 公及齊侯邾子盟于顧하다 齊人責稽首[133]하고 因歌之曰 魯人之皐여 數年不覺이로다 使我高蹈는 唯其儒書니 以爲二國憂로다 是行也에 公先至于陽穀하니 齊閭丘息曰 君辱擧玉趾하사 以在寡君之軍하시니 群臣將傳遽[134]以告寡君호리라 比其復也에 君無乃勤가 爲僕人之未次하야 請除館於舟道하노라 辭曰 敢勤僕人가

가을 8월에 哀公이 齊侯·邾子와 顧(齊나라 땅)에서 결맹하였다. 齊人이 머리를 조아린 문제를 책망하고, 이어 노래하였다.

"魯人의 느림이여! 몇 해가 지나도록 깨닫지 못하도다. 우리로 하여금 멀리 오게 함은 노인이 오직 儒家의 禮書에만 얽매여서이니 양국의 우환을 만들었네."

이번 걸음에 애공이 먼저 陽穀에 가니, 齊나라 閭丘息이 말하였다.

"임금님께서 수고롭게도 발걸음을 옮기시어 우리 임금님의 군대를 위문해주시니, 우리 群臣들은 傳車를 보내 우리 임금님께 보고하려 합니다. 그 전거가 돌아올 때 임금님께 어찌 괴로움이 없겠습니까? 僕人이 아직 거처(次)를 마련하지 못하여 舟道(齊나라 땅)에 관사를 마련하여 깨끗이 청소하려 합니다."

애공은 "어찌 감히 齊나라의 복인들을 괴롭히겠소." 하고 사양하였다.

字義 皐 : 느린 소리 고　在 : 위문할 재　比 : 미칠 비

〈22년, 戊辰(B.C. 473)〉

【傳】二十二年이라 夏四月에 邾隱公自齊奔越曰 吳爲無道하야 執父立子니라 越人歸之하니 大(태)子革奔越하다

22년이다. 여름 4월에 邾 隱公이 齊나라에서 越나라로 도망가서 말하였다.

"吳나라가 무도하여 아비를 잡아 가두고 아들을 임금으로 세웠습니다."

그러자 越人이 은공을 邾나라로 돌려보내니, 태자 革이 월나라로 出奔하였다.

冬十一月丁卯에 越滅吳하고 請使吳王居甬東하니 辭曰 孤老矣니 焉能事君이리오하고 乃

---

133 齊人責稽首 : 魯 哀公 17년에 齊侯가 哀公을 위하여 머리를 조아렸을 때 애공이 답례로 머리를 조아리지 않은 일을 책망한 것이다.(杜注)

134 傳遽 : '遽'는 傳이니 同義詞를 連用한 것이다. 驛站의 車馬를 이른다.(楊注)

縊한대 越人以歸하다

겨울 11월 丁卯日에 越나라가 吳나라를 멸망시키고 吳王에게 甬東(越나라 땅)으로 가서 거주하기를 청하니, 오왕이 사절하며 말하였다.

"내 이미 늙었으니 어찌 越王을 섬길 수 있겠는가?"

그리고는 목매 죽자, 越人은 그 시신을 오나라로 돌려보냈다.

〈23년, 己巳(B.C. 472)〉

【傳】二十三年이라 春에 宋景曹卒하다 季康子使冉有弔하고 且送葬曰 敝邑有社稷之事하야 使肥與有職競焉이라 是以不得助執紼하야 使求從輿人[135]하고 曰 以肥之得備彌甥也라 有不腆先人之産馬하니 使求薦諸(저)夫人之宰하노라 其可以稱旌繁[136]乎아

23년이다. 봄에 宋나라 景曹(宋 元公의 夫人)가 졸하였다. 季康子가 冉有를 보내 弔喪하고 또 送葬하게 하니, 염유가 가서 말하였다.

"우리나라에 社稷의 제사가 있어서 肥(季康子)가 제사를 돕는 직책을 맡아 바쁩니다. 이 때문에 직접 와서 상여 줄을 끌어 도울 수 없어서 나 求(冉有)를 대신 보내 輿人의 뒤를 따르게 하고, '나 肥는 宋나라의 외손인지라 先人의 牧地에서 생산된 변변치 못한 馬匹이 있으니 求를 시켜 夫人의 家宰에게 바칩니다. 하지만 어찌 旌繁의 장식과 어울릴 수 있겠습니까?'라고 고하게 하였습니다."

字義 競 : 바쁠 경 紼 : 상여 줄 불 輿 : 무리 여 彌 : 멀 미 腆 : 좋을 전 稱 : 걸맞을 칭

夏六月에 晉荀瑤伐齊하니 高無丕帥(솔)師御之하다 知伯視齊師라가 馬駭어늘 遂驅之曰 齊人知余旗하니 其謂余畏而反也리라 及壘而還하다 將戰에 長武子請卜한대 知伯曰 君告于天子하야 而卜之以守龜[137]於宗祧하니 吉矣어늘 吾又何卜焉이리오 且齊人取我英丘일새 君命瑤하니 非敢耀武也라 治英丘也니라 以辭伐罪足矣니 何必卜이리오 壬辰에 戰于犂丘하니 齊師敗績이어늘 知伯親禽顔庚하다

---

135 輿人 : 雜役에 종사하는 사람들을 이르는데, 여기서는 상여를 끄는 사람들을 말한 것이다.

136 旌繁 : 수레에는 旌旄가 있으며 繁(腹帶)으로 말을 장식하니, 이는 모두 國君의 장식이다.(《左氏會箋》)

137 守龜 : 천자나 제후가 점칠 때 사용하는 龜甲인데, 龜人이 맡아 지키기 때문에 '守龜'라 한다.

여름 6월에 晉나라 荀瑤(荀躒의 손자 知伯襄子)가 齊나라를 토벌하니 高無丕가 군대를 거느리고 방어하였다. 知伯(荀瑤)이 齊軍의 동정을 시찰하다가 말이 놀라 달리자, 지백은 수레를 몰아 앞으로 가며 말하였다.

"齊人이 깃발을 보고 나인 줄을 알았을 것이니, 〈만약 물러간다면〉 저들은 내가 겁이 나서 돌아가는 것으로 여길 것이다."

그리고는 제군의 營壘까지 갔다가 돌아왔다. 교전하려 할 때 長武子(晉나라 大夫)가 점을 치자고 청하자, 지백이 말하였다.

"임금님께서 이미 천자께 고하여 宗廟에서 守龜로 점을 치니 길하였는데, 우리가 또 점을 칠게 뭐 있겠소. 그리고 또 齊人이 우리의 英丘를 탈취하였기 때문에 임금님께서 나(瑤)에게 명하신 것이니, 감히 무력을 과시하려는 것이 아니라 영구를 〈탈취한 齊나라를〉 징치하기 위함이오. 엄정한 말로 꾸짖고 죄가 있는 자를 토벌하는 것으로 충분하니 점을 칠 필요가 뭐 있소."

壬辰日에 犂丘에서 교전하니 齊軍이 대패하였는데, 지백이 친히 顔庚(齊나라 대부 顔涿聚)을 생포하였다.

字義 祧 : 사당 조 耀 : 과시할 요

秋八月에 叔青如越하니 始使越也라 越諸鞅來聘하니 報叔青也라

가을 8월에 叔青이 越나라에 갔으니, 처음으로 월나라에 使臣을 보낸 것이다. 월나라 諸鞅이 와서 빙문하였으니, 이는 숙청의 빙문에 대한 보답이었다.

〈24년, 庚午(B.C. 471)〉

【傳】二十四年이라 夏四月에 晉侯將伐齊하야 使來乞師曰 昔臧文仲以楚師伐齊取穀하고 宣叔以晉師伐齊取汶陽하니 寡君欲徼福於周公하야 願乞靈于臧氏[138]하노라 臧石帥(솔)師會之하야 取廩丘하다 軍吏令繕하야 將進이러니 萊章曰 君卑政暴로대 往歲克敵하고 今又勝都하니 天奉多矣라 又焉能進이리오 是躛言也라 役將班矣리라 晉師乃還하다 餼臧石牛하고 大(태)史謝之曰 以寡君之在行으로 牢禮不度라 敢展謝之하노라

24년이다. 여름 4월에 晉侯가 장차 齊나라를 토벌하기 위해 魯나라에 使者를 보내 원병을

---

138 願乞靈于臧氏 : '靈'도 福이다. 臧氏로 하여금 군대를 거느리게 하고자 한 것이다.(楊注)

요청하며 말하였다.

"전에 臧文仲은 楚軍을 거느리고 가서 제나라를 토벌하여 穀을 취하였고, 宣叔(臧孫許)은 晉軍을 거느리고 가서 제나라를 토벌하여 汶陽을 취하였으니, 우리 임금님께서는 周公께 복을 구하고자 하여 臧氏가 군대를 거느리고 와주기를 원하십니다."

그러자 臧石이 군대를 거느리고 가서 진군과 회합하여 廩丘를 점령하였다. 晉나라 軍吏가 병기를 정비하라고 명령을 내려 장차 진군하려고 하니, 제나라 대부 萊章이 이 말을 듣고 말하였다.

"晉나라 임금은 권위가 낮고 정사가 포학한데도 지난해에 병력이 대등한 우리를 이겼고, 금년에 또 都邑(廩丘를 이름)을 공격하여 승리하니 이는 하늘이 도움을 준 것이 많아서이다. 하지만 또 어찌 진군해 올 수 있겠는가? 이것은 거짓말이니, 진군이 머지않아 돌아갈 것이다."

과연 진군은 곧 돌아갔다. 晉人이 장석에게 한 마리의 소를 보내고, 晉나라 太史가 장석에게 사죄하며 말하였다.

"우리 임금님께서 軍中에 계시므로 牢禮가 규정한 법도에 맞지 않은지라 감히 사죄의 뜻을 표합니다."

字義 敵 : 대등할 적 奉 : 줄 봉 僞 : 거짓 위 班 : 돌아갈 반 餼 : 보낼 희

邾子又無道어늘 越人執之以歸하고 而立公子何하니 何亦無道하다

邾子가 또 무도한 짓을 하자 越人이 그를 체포해 데리고 돌아가고, 公子 何(太子 革의 아우)를 邾나라 임금으로 세우니, 何 또한 무도하였다.

公子荊之母嬖하야 將以爲夫人하야 使宗人釁夏獻其禮한대 對曰 無之니이다 公怒曰 女爲宗司라 立夫人은 國之大禮也어늘 何故無之리오 對曰 周公及武公娶於薛하고 孝惠娶於商하고 自桓以下娶於齊하니 此禮也則有어니와 若以妾爲夫人인댄 則固無其禮也니이다 公卒立之하고 而以荊爲大(태)子하니 國人始惡(오)之하다

哀公은 公子 荊(哀公의 庶子)의 모친을 총애하여 그녀를 부인으로 삼고자 하여 宗人(禮官) 釁夏에게 부인을 책립하는 禮를 올리라고 하자, 흔하가 "그런 예는 없습니다."라고 대답하였다. 애공이 노하여 말하였다.

"너는 公室의 예를 맡은 자이다. 부인을 세우는 것은 국가의 大禮인데, 어째서 그런 예가 없다고 하느냐?"

흔하가 대답하였다.

"周公과 武公은 薛나라에서 아내를 맞이하셨고, 孝公과 惠公은 商(宋)나라에서 아내를 맞이하셨고, 桓公으로부터 이하로는 齊나라에서 아내를 맞이하셨으니, 이에 관한 예라면 있지만 妾을 부인으로 삼는 것이라면 본래부터 그런 예가 없습니다."

애공은 끝내 그 여인을 부인으로 세우고 荊을 태자로 삼으니, 國人이 비로소 애공을 미워하기 시작하였다.

閏月에 公如越하야 得[139]大(태)子適郢하니 將妻公하야 而多與之地하다 公孫有山使告于季孫하니 季孫懼[140]하야 使因大(태)宰嚭而納賂焉한대 乃止하다

閏月에 哀公이 越나라에 가서 월나라 태자 適郢과 관계가 친밀해지니, 적영은 애공을 사위로 삼고자 하여 애공에게 많은 토지를 주었다. 公孫 有山이 魯나라로 사람을 보내 季孫에게 알리니, 계손은 두려워서 월나라로 사람을 보내 太宰 嚭를 통하여 방해하고 그에게 뇌물을 바치자, 이에 그 일이 중지되었다.

〈25년, 辛未(B.C. 470)〉

【傳】二十五年이라 夏五月庚辰에 衛侯出奔宋하다 衛侯爲靈臺于藉圃하고 與諸大夫飮酒焉에 褚師聲子韈而登席[141]한대 公怒하다 辭曰 臣有疾하야 異於人하니 若見之한대 君將㱿之리라 是以不敢하노이다 公愈怒하야 大夫辭之호대 不可리라 褚師出하니 公戟其手曰 必斷而足호리라 聞之하고 褚師與司寇亥乘曰 今日이러니 幸而後亡이로다

25년이다. 여름 5월 庚辰日에 衛侯가 宋나라로 出奔하였다. 위후가 藉圃에 靈臺를 만들고 여러 대부들과 술을 마실 때 褚師聲子(褚師比)가 버선을 신은 채 자리에 오르자, 衛 出公이 노하였다. 저사성자가 해명하며 말하였다.

"신은 병이 있어서 발이 다른 사람과 다르니, 만약 신의 발을 보시면 임금님께서 구역질을 하실 것입니다. 그러므로 감히 〈버선을 벗을 수〉 없습니다."

출공은 더욱 노하여 대부들이 모두 해명하였으나 화를 풀지 않았다. 저사성자가 나가자,

---

139 得 : 서로 친밀하면서 좋아함이다.(杜注)

140 季孫懼 : 季孫은 魯 哀公이 越나라를 이용하여 자기를 토벌할 것을 두려워하였다. 그러므로 두려워한 것이다.(杜注)

141 韈而登席 : 옛날에는 임금을 알현할 때 버선을 벗었다.(杜注)

출공은 그 손을 굽혀 삼지창 모양으로 만들면서 "반드시 너의 발을 자르겠다." 하였다. 이 말을 듣고 저사성자는 司寇 亥와 함께 수레를 타고 도망가며 말하였다.

"오늘 죽을 줄 알았는데 도망가게 되었으니 다행이다."

字義 轙 . 비선 말 㱿 : 구역질할 학

公之入也에 奪南氏邑하고 而奪司寇亥政하고 公使侍人納公文懿子之車于池하다 初에 衛人翦夏丁氏하고 以其帑(노)賜彭封彌子러니 彌子飮(임)公酒하고 納夏戊之女하니 嬖하야 以爲夫人하다 其弟期는 大(태)叔疾之從孫甥也라 少畜(휵)於公이러니 以爲司徒하다 夫人寵衰에 期得罪하다 公使三匠久하고 公使優狡盟拳彌하야 而甚近信之라 故褚師比公孫彌牟公文要司寇亥司徒期 因三匠與拳彌以作亂하야 皆執利兵하고 無者執斤하다 使拳彌入于公宮하고 而自大子疾之宮譟以攻公하니 鄄子士請禦之한대 彌援其手曰 子則勇矣어니와 將若君何오 不見先君乎아 君何所不逞欲이리오 且君嘗在外矣니 豈必不反이리오 當今不可니라 衆怒難犯이어니와 休而易(이)間也리라 乃出하다 將適蒲한대 彌曰 晉無信하니 不可니라 將適鄄한대 彌曰 齊晉爭我니 不可니라 將適泠한대 彌曰 魯不足與니 請適城鉏하야 以鉤越하노라 越有君이니라 乃適城鉏하다 彌曰 衛盜不可知也니 請速하라 自我始호리라 乃載寶以歸[142]하다

衛 出公이 처음 衛나라로 들어왔을 때 南氏(子南의 아들 公孫 彌牟)의 邑을 빼앗고, 司寇 亥의 정권을 빼앗았으며, 또 출공은 侍人을 시켜 公文懿子(公文要)의 수레를 못 속에 던져넣게 하였다.

당초에 衛人이 夏丁氏를 멸하고 가족을 彭封彌子(彌子瑕)에게 주었는데, 彌子가 출공을 초청해 술을 접대하고 夏戊의 딸을 바치니, 출공은 그 여인을 총애하여 부인으로 삼았다. 부인의 동생 期는 太叔 疾의 외종손이므로 어려서부터 公宮에서 자랐는데, 출공은 그를 司徒로 삼았다. 부인에 대한 총애가 쇠했을 때 期도 죄를 얻었다. 公은 세 직종의 장인을 사역하면서 오랫동안 〈쉬지도 못하게〉 하였고, 公은 광대 狡로 하여금 拳彌(衛나라 대부)와 맹약하게 하여 그를 매우 가까이하고 신임하였다. 그러므로 褚師比, 公孫 彌牟, 公文要, 司寇 亥, 司徒 期가 세 직종의 장인 및 권미에게 의지해 반란을 일으켜 모두 예리한 무기를 들고, 무기가 없는 자는 자귀를 들었

142 衛盜不可知也……乃載寶以歸 : 衛君을 속여 말하기를 "임금님께서 직접 보물을 싣고 가시면 衛나라의 도적을 부르게 될 것이니 속히 떠나소서. 제가 먼저 출발하겠습니다." 하고, 그 틈을 이용해 보물을 싣고 위나라로 돌아온 것이다.(杜注)

다. 권미로 하여금 공궁으로 들어가게 하고, 대자 질(蒯聵의 太子)의 궁에서 고함을 치며 가서 출공을 공격하니, 鄄子士가 반군을 막자고 청하자, 권미는 그의 손을 잡고 말하였다.

“그대가 비록 용감하지만 〈전사한다면〉 장차 임금님을 누가 모시겠소? 先君(蒯聵)을 보지 못하였습니까? 임금님께서야 어디에 간들 그 욕망을 만족해 채우지 못하겠습니까? 그리고 또 임금님께서는 외국으로 망명하신 적이 있으니, 이번에 出奔하더라도 어찌 반드시 돌아오지 못하겠습니까? 지금은 저들을 대적할 수 없습니다. 군중의 분노는 범하기 어렵지만 분노가 가라앉은 뒤에는 이간하기도 쉽습니다.”

이에 출공은 출분하였다. 蒲로 가려 하자 권미가 “晉나라는 신의가 없으니 그곳은 안 됩니다.” 하고, 鄄으로 가려 하자 권미가 “齊나라와 晉나라가 우리나라를 얻으려고 다툴 것이니 그곳도 안 됩니다.” 하고, 泠으로 가려 하자 권미가 “魯나라는 도움이 되기에 부족하니, 城鉏로 가셔서 越나라와 관계를 맺으소서. 월나라에는 훌륭한 임금이 있습니다.” 하니, 출공은 이에 성서로 갔다. 권미가 말하였다.

“위나라의 도적이 우리를 습격할지 모르니 빨리 가소서. 저부터 먼저 출발하겠습니다.”

그리고는 보물을 싣고 위나라로 돌아왔다.

字義 帑 : 처자 노(=孥) 優 : 광대 우 間 : 이간할 간

公爲支離[143]之卒하야 因祝史揮以侵衛하니 衛人病之하다 懿子知之하고 見(현)子之請逐揮하니 文子曰 無罪니라 懿子曰 彼好專利而妄하니 夫見君之入也면 將先道焉이요 若逐之면 必出於南門하야 而適君所하리라 夫越新得諸侯하니 將必請師焉하리라 揮在朝러니 使吏遣諸(저)其室하다 揮出信이어늘 弗內(납)하고 五日에 乃館諸(저)外里한대 遂有寵하야 使如越請師하다

衛 出公이 軍卒를 분산해 祝史 揮를 통해 衛나라를 침공하려 하니, 衛人이 이를 걱정하였다. 公文懿子는 揮가 출공의 첩자인 것을 알고 子之(公孫 彌牟)를 뵙고 揮를 축출하자고 요청하니, 文子(子之)가 “揮는 죄가 없다.” 하였다. 그러자 懿子가 말하였다.

“저 사람은 이익을 독점하고 불법을 저지르기를 좋아하니, 저자는 임금이 들어오는 것을 보면 장차 앞장서서 인도할 것이고, 만약 축출한다면 반드시 남문으로 나가서 임금이 있는 곳으로 갈 것입니다. 越나라가 새로 제후를 얻었으니, 揮는 장차 반드시 출공을 위해 월나라로 가서 원군을 요청할 것입니다.”

---

143 支離 : 分散이니, 군대를 여러 부대로 나누어 敵을 혼란시키는 것이다.(《左氏會箋》)

이때 揮가 조정에 나와 있었는데, 公孫 彌牟는 관리를 시켜 그를 집으로 돌려보냈다. 揮는 성 밖으로 나가서 이틀 밤을 묵으면서 요청하였으나 받아들여지지 않았고, 5일이 지난 뒤에 外里(출공이 있는 곳)로 가서 머물자, 출공은 드디어 그를 총애하여 월나라로 보내 원군을 청하게 하였다.

字義 道 : 인도할 도(=導) 信 : 이틀 묵을 신

六月에 公至自越하니 季康子孟武伯逆於五梧하다 郭重僕이러니 見二子하고 曰 惡言多矣니 君請盡之하라 公宴於五梧에 武伯爲祝이러니 惡郭重曰 何肥也오 季孫曰 請飮彘也하노라 以魯國之密邇仇讎라 臣是以不獲從君하야 克免於大行이어늘 又謂重也肥로다 公曰 是食言多矣니 能無肥乎[144]아 飮酒不樂하다 公與大夫始有惡(오)하다

6월에 哀公이 越나라에서 돌아오니 季康子와 孟武伯이 五梧에서 맞이하였다. 이때 郭重이 애공의 수레를 몰았는데, 두 사람을 먼저 만나보고 애공에게 말하였다. "〈저 두 사람이 임금님을〉 중상하는 말을 많이 하였으니, 임금님께서는 빠짐없이 다 힐책하소서."

애공이 오오에서 연회를 열었을 때 武伯은 애공을 위하여 祝壽하였는데 곽중을 헐뜯으며 말하였다.

"어째서 그리 살이 쪘는가?"

季孫이 말하였다.

"武伯〔彘〕에게 벌주를 마시게 하소서. 우리 魯나라가 원수의 나라와 매우 가까이 있는지라 신 등은 이 때문에 임금님을 시종하지 못하여 먼 길을 오가는 수고를 면하였는데, 무백은 도리어 곽중에게 살이 쪘다고 하였습니다."

애공이 말하였다.

"곽중은 뱉은 말을 도로 삼킨 것이 많으니 어찌 살이 찌지 않을 수 있겠는가?"

술을 마셨지만 즐겁지 않았다. 이로 인해 애공과 大夫들이 비로소 미워하기 시작하였다.

〈26년, 壬申(B.C. 469)〉

【傳】二十六年이라 夏五月에 叔孫舒帥(솔)師會越皐如后庸宋樂茷(페)納衛侯하니 文子欲納之하다 懿子曰 君愎而虐하니 少待之하라 必毒於民하리니 乃睦於子矣리라 師侵外

144 是食言多矣 能無肥乎 : 이 말로써 三桓이 자주 食言한 것을 풍자한 것이다.(杜注)

州하야 大獲하니 出禦之라가 大敗하다 掘褚師定子之墓하야 焚之于平莊之上하다

26년이다. 여름 5월에 叔孫舒(武叔의 아들 文子)가 군대를 거느리고 가서 越나라 皐如와 后庸, 宋나라 樂茷와 회합하여 衛侯를 들여보내려 하니, 文子가 받아들이고자 하였다. 그러나 公文懿子가 말하였다.

"임금은 강퍅하고 사나우니 잠시 기다려보십시오. 반드시 백성에게 해독을 끼칠 것이니, 이렇게 되면 백성들은 당신에게 친목할 것입니다."

越軍이 外州를 침공하여 많은 사람을 포로로 잡아가니, 衛軍이 출동하여 저지하다가 대패하였다. 出公은 褚師定子(褚師比의 부친)의 무덤을 파서 〈그 관을 꺼내〉 平莊의 陵 위에서 불태웠다.

字義 愎 : 강퍅할 퍅

文子使王孫齊私於皐如曰 子將大滅衛乎아 抑納君而已乎아 皐如曰 寡君之命은 無他라 納衛君而已니라 文子致衆而問焉曰 君以蠻夷伐國하야 國幾亡矣니 請納之하노라 衆曰 勿納하라 曰 彌牟亡而有益이면 請自北門出호리라 衆曰 勿出하라 重賂越人하고 申開守陴而納公[145]하니 公不敢入하다 師還이어늘 立悼公하야 南氏相之하고 以城鉏與越人하다 公曰 期則爲此니 令苟有怨於夫人者報之[146]하라 司徒期聘於越이러니 公攻而奪之幣하다 期告王하니 王命取之하다 期以衆取之하니 公怒하야 殺期之甥之爲大(태)子者하고 遂卒于越하다

文子가 王孫齊를 皐如에게 은밀히 보내 말하였다.

"그대는 衛나라를 멸망시키려는 것입니까? 아니면 임금님을 들여보내려는 것일 뿐입니까?"

고여가 말하였다.

"우리 임금님의 명은 다른 뜻이 없다. 오직 衛君을 위나라로 들여보내는 것뿐이오."

문자가 대중을 불러놓고 "임금이 蠻夷의 군대를 거느리고 와서 나라를 공격하여 나라가 거의 망하게 되었으니 임금을 받아들이기를 청한다." 하고 물으니, 대중은 "받아들이지 말라."

145 申開守陴而納公 : 國都의 城門은 여러 겹의 문이 있다. 郭門이 있고 內城門이 있는데, 內城에도 문이 하나만 아니다. '申開'는 곽문과 성문을 모두 활짝 열어놓은 것이다. 그러나 성 위의 女牆(성가퀴)은 엄히 수비한 것이다. 出公을 받아들일 형세를 갖추었으나, 사실은 이미 越人에게 많은 뇌물을 주어 출공에게 군대를 딸려 보내지 못하게 하였기 때문에 출공이 감히 들어가지 못한 것이다.(楊注)

146 令苟有怨於夫人者報之 : 夫人은 期의 누이이다. 期에게 분노하였으나 그를 죽일 수 없기 때문에 宮女에게 명하여 期의 누이에게 고통을 주게 한 것이다.(杜注)

하고, 문자가 "만약 내가 도망가는 것이 여러분에게 이익이 된다면 나는 北門으로 나가겠다." 하니, 대중은 "도망가지 말라." 하였다. 그러자 문자는 越人에게 많은 뇌물을 주고 여러 겹의 성문을 열어놓고 성가퀴를 수비하면서 衛 出公을 들어오게 하니, 출공은 감히 들어가지 못하였다. 越軍이 돌아가자, 衛人은 悼公을 임금으로 세워 南氏(公孫 彌牟)가 도공을 보좌하였고 城鉏를 越人에게 주었다. 출공이 말하였다.

"期가 일을 이렇게 만든 것이니 진실로 夫人에게 원한이 있는 자는 보복하라."

司徒 期가 빙문하기 위해 越나라에 가는데, 출공이 그를 공격하여 그 폐백을 탈취하였다. 期가 越王에게 보고하니, 월왕은 그 폐백을 되찾아오라고 명하였다. 期가 많은 무리를 거느리고 가서 그 폐백을 되찾아오니, 출공은 노하여 期의 생질로 태자가 된 제 아들을 죽이고, 출공은 마침내 월나라에서 죽었다.

字義 申 : 겹 신 陴 : 성가퀴 비

宋景公無子하야 取公孫周之子得與啓하야 畜諸(휵저)公宮호대 未有立焉하다 於是皇緩爲右師하고 皇非我爲大司馬하고 皇懷爲司徒하고 靈不緩爲左師하고 樂茷爲司城하고 樂朱鉏爲大司寇하야 六卿三族降(항)聽政하야 因大尹以達하다 大尹常不告하고 而以其欲稱君命以令하니 國人惡(오)之하다 司城欲去大尹한대 左師曰 縱之하야 使盈其罪하라 重而無基면 能無敝乎아

宋 景公이 아들이 없어서 公孫 周(元公의 손자 子高)의 아들 得(昭公)과 啓(得의 아우)를 데려다가 公宮에서 길렀으나, 그들을 후계자로 세우지는 않았다. 이때 皇緩이 右師가 되고 皇非我가 大司馬가 되고 皇懷가 司徒가 되고 靈不緩이 左師가 되고 樂茷가 司城이 되고 樂朱鉏가 大司寇가 되어 三族의 六卿이 공동으로 정사를 처리하면서 大尹을 통하여 경공에게 전달하게 하였다. 대윤은 항상 보고하지 않고 자기가 원하는 것을 임금의 명이라고 가탁하여 명령을 내리니, 國人이 그를 미워하였다. 사성이 대윤을 제거하려 하자, 좌사가 말하였다.

"그 죄가 가득 차도록 그냥 놓아두시오. 권세가 중하나 덕의 기반이 없으면 어찌 패망하지 않겠습니까?"

字義 降 : 함께 항

冬十月에 公游于空澤이러니 辛巳에 卒于連中하다 大尹興空澤之士千甲하야 奉公自空桐入如沃宮하야 使召六子曰 聞下有師하고 君請六子畫(획)하노라 六子至어늘 以甲劫之曰 君有疾病하니 請二三子盟하노라 乃盟于少寢之庭曰 無爲公室不利하라 大尹立啓하고 奉喪

殯于大宮하니 三日而後에 國人知之하다 司城茷使宣言于國曰 大尹惑蠱其君하야 而專其利러니 今君無疾而死하고 死又匿之하니 是無他矣라 大尹之罪也니라

겨울 10월에 宋 景公이 空澤에서 유람하더니 辛巳日에 連中에서 졸하였다. 大尹이 공택의 甲士 1천 명을 일으켜 경공의 시신을 모시고 空桐으로부터 들어가 沃宮으로 가서, 사람을 보내 六卿을 부르며 말하였다.

"下邑에 전쟁의 낌새가 있다는 말을 들으시고 임금님께서 여섯 분을 청하여 계획을 세우려 하십니다."

여섯 사람이 당도하자, 대윤은 갑사를 거느리고 겁박하며 말하였다.

"임금님께 중병이 있으시니 여러분들과 맹약하기를 청합니다."

그리고는 少寢의 뜰에서 맹약하여 "公室에 불리한 일을 하지 말라." 하였다. 대윤이 啓를 임금으로 세우고 喪柩를 모시고 가서 종묘에 殯하니, 3일이 지난 뒤에야 國人은 경공의 죽음을 알았다. 司城 茷가 사람을 시켜 國中을 돌아다니며 다음과 같이 선포하게 하였다.

"대윤이 임금을 미혹시키고 해를 끼쳐 이익을 독점하더니, 지금 임금님께서 병도 없이 사망하셨고, 또 사망을 숨겼으니, 이는 다름이 아니라 대윤의 죄이기 때문이다."

得夢啓北首而寢於盧門之外[147]어늘 己爲烏而集於其上하니 咮加於南門하고 尾加於桐門이라 曰 余夢美하니 必立하리라

得(昭公)이 꿈을 꾸었으니, 啓가 북으로 머리를 두고 盧門 밖에서 잠을 자는데, 자기는 까마귀가 되어 啓의 몸 위에 앉으니, 부리는 남문에 걸치고 꼬리는 桐門(北門)에 걸치고 있었다. 그가 말하였다.

"내 꿈이 좋으니 반드시 임금이 될 것이다."

字義 咮 : 새부리 주

大尹謀曰 我不在盟하니 無乃逐我아 復盟之乎인저 使祝爲載書하다 六子在唐盂하야 將盟之러니 祝襄以載書告皇非我한대 皇非我因子潞門尹得左師謀曰 民與我하니 逐之乎인저 皆歸授甲하고 使徇于國曰 大尹惑蠱其君하야 以陵虐公室하니 與我者는 救君者也니라 衆曰 與之호리라 大尹徇曰 戴氏皇氏 將不利公室하니 與我者는 無憂不富리라 衆

---

147 得夢啓北首而寢於盧門之外 : 盧門은 宋나라 東門이다. 北首는 죽음의 상징이고, 門外에 있는 것은 失國을 뜻한다.(杜注)

曰 無別[148]이로다 戴氏皇氏欲伐公한대 樂得曰 不可하다 彼以陵公有罪하니 我伐公則甚焉이라하고 使國人施于大尹하니 大尹奉啓以奔楚어늘 乃立得하고 司城爲上卿하야 盟曰 三族共政하야 無相害也하라

大尹이 모의하기를 "나는 맹약에 참여하지 않았으니 혹시 나를 축출하지 않겠는가? 다시 그들과 맹약할 것이다." 하고, 祝官을 시켜 載書(맹약의 글)를 만들게 하였다. 여섯 사람이 唐盂에 있으면서 대윤과 맹약하려 하였는데, 祝官 襄이 재서의 내용을 皇非我에게 고하자, 황비아가 子潞(樂茷), 門尹得(樂得), 左師(靈不緩)와 상의하였다.

"백성이 우리를 도우니 대윤을 축출합시다."

그리고는 모두 집으로 돌아가서 사병들에게 갑옷을 내어주고, 그들을 시켜 국중을 돌아다니며 다음과 같이 선포하게 하였다.

"대윤이 임금을 미혹시키고 해를 끼쳐 公室을 능멸하였으니, 우리를 돕는 사람은 바로 임금님을 구원하는 사람이다."

그러자 대중이 "당신들을 돕겠소." 하였다. 대윤도 사람을 시켜 돌아다니며 다음과 같이 선포하게 하였다.

"戴氏(樂氏)와 皇氏가 공실을 불리하게 하려 하니 나를 돕는 자는 부자가 되지 못하는 걱정이 없을 것이다."

그러자 대중이 "〈호령하는 것이 마치 임금과〉 다를 것이 없다." 하였다. 대씨와 황씨가 公(啓)을 공격하려 하자, 樂得이 말하였다.

"안 됩니다. 저 대윤은 임금을 속이고 능멸한 죄가 있을 뿐이니, 우리가 임금을 친다면 죄가 그보다 심하게 됩니다."

그리고는 國人들로 하여금 대윤에게 형벌을 시행하게 하니, 대윤이 啓를 모시고 楚나라로 出奔하자, 이에 得을 임금으로 세우고 司城(樂茷)이 上卿이 되어 六卿과 이렇게 맹약하였다.

"三族이 공동으로 정권을 담당하여 서로 해치지 말라."

衛出公自城鉏使以弓問子贛하고 且曰 吾其入乎아 子贛稽首受弓하고 對曰 臣不識也로라하고 私於使者曰 昔成公孫於陳에 甯武子孫莊子爲宛濮之盟而君入하고 獻公孫於齊에 子鮮子展爲夷儀之盟而君入하니라 今君再在孫矣로대 內不聞獻之親하고 外不聞成之卿하니 則賜不識所由入也로라 詩曰 無競惟人을 四方其順之[149]라하니 若得

148 無別 : 大尹이 호령하는 것이 임금과 다름없는 것을 미워한 것이다.(杜注)

149 無競惟人 四方其順之 : 《詩經》 〈周頌 烈文〉에 보인다. 强盛해지는 데는 人材를 얻는 것만 한 게

其人이면 四方以爲主하리니 而國於何有리오

衛 出公이 城鉏에서 사람을 보내 子贛(子貢)에게 활을 주어 문후하고, 또 물었다.

"내가 衛나라로 들어갈 수 있겠습니까?"

자공이 머리를 조아리며 활을 받고 대답하였다.

"신은 모르겠습니다."

그리고 使者에게 사사로이 말하였다.

"옛날에 衛 成公이 陳나라로 出奔하였을 때 甯武子와 孫莊子가 宛濮에서 맹약한 뒤에 성공이 위나라로 들어왔고, 衛 獻公이 齊나라로 출분하였을 때 子鮮과 子展이 夷儀에서 맹약한 뒤에 헌공이 위나라로 들어왔습니다. 지금 임금님께서는 재차 출분하셨지만 국내에 헌공 때처럼 친근한 신하가 있다는 말을 듣지 못하였고, 국외에 성공 때처럼 충성스러운 卿이 있다는 말을 듣지 못하였으니, 나(賜)는 들어오실 수 있는 방법을 모르겠습니다. 《詩經》에 '국가가 강성해지는 것은 오직 인재에 달려 있음을 사방이 순종한다.' 하였으니, 만약 인재를 얻는다면 사방이 임금님을 주인으로 삼을 것이니, 국가를 얻는 데 무슨 어려움이 있겠습니까?"

字義 問 : 줄 문　孫 : 도망칠 손　競 : 강할 경

〈27년, 癸酉(B.C. 468)〉

【傳】二十七年이라 春에 越子使后庸來聘[150]하고 且言邾田하야 封于駘上하다 二月에 盟于平陽할새 三子皆從이러니 康子病之하야 言及子贛曰 若在此면 吾不及此夫인저 武伯曰 然하다 何不召오 曰 固將召之니라 文子曰 他日請念하라

27년이다. 봄에 越子가 后庸을 보내와서 빙문하고, 또 〈魯나라가 침탈한〉 邾나라 토지를 반환하여 양국의 국경을 駘上으로 정할 것을 말하였다.

2월에 平陽에서 결맹할 때 세 사람(季康子, 叔孫文子, 孟武伯)이 모두 哀公을 수행하였는데, 季康子가 〈蠻夷國과 결맹하는 것을〉 수치로 여겨 子贛(子貢)을 언급하며 말하였다.

"만약 자공이 이곳에 있었다면 우리가 이런 맹약을 맺는 데는 미치지 않았을 것이오."

武伯이 말하였다.

없다는 말이다.(杜注)

150 越子使后庸來聘 : 句踐이 그 대부 后庸을 魯나라에 보내 聘問한 것이다.(杜注)

"그렇습니다. 어찌하여 그를 부르지 않았습니까?"

康子가 말하였다.

"본래 그를 부르려 하였습니다."

文子가 말하였다.

"앞으로는 그를 생각하십시오."

夏四月己亥에 季康子卒한대 公弔焉에 降禮하다

여름 4월 己亥日에 季康子가 졸하자, 哀公이 弔喪할 때 예를 낮추어 시행하였다.

晉荀瑤帥(솔)師伐鄭하야 次于桐丘하니 鄭駟弘請救于齊하다 齊師將興할새 陳成子屬孤子하야 三日朝하다 設乘車兩馬하고 繫五邑焉하야 召顔琢聚之子晉曰 隰之役에 而父死焉호대 以國之多難으로 未女恤也러니 今君命女以是邑也하시니 服車而朝하야 毋廢前勞하라 乃救鄭하야 及留舒하다 違穀七里로대 穀人不知하다 及濮하야 雨不涉하니 子思曰 大國在敝邑之宇下라 是以告急이어늘 今師不行하니 恐無及也하노라 成子衣製杖戈하고 立於阪上하야 馬不出者를 助之鞭之하다 知伯聞之하고 乃還曰 我卜伐鄭이요 不卜敵齊호라 使謂成子曰 大夫陳子는 陳之自出이니 陳之不祀는 鄭之罪也라 故寡君使瑤察陳衷焉[151]하야 謂大夫其恤陳乎아하니라 若利本之顚이면 瑤何有焉이리오 成子怒曰 多陵人者皆不在하니 知伯其能久乎아

晉나라 荀瑤가 군대를 거느리고 鄭나라를 토벌하기 위해 가서 桐丘에 주둔하니, 정나라 駟弘이 齊나라에 구원을 요청하였다. 제나라가 원군을 출동시키려 할 때 陳成子가 전사자의 아들들을 불러모아 3일 동안 조정에서 예우하였다. 두 마리의 말을 메운 수레(대부의 수레)를 설치하고 다섯 개 읍의 이름을 써서 그 수레에 매달아놓고, 顔涿聚의 아들 晉을 불러 말하였다.

"隰의 전쟁 때 너의 부친이 전사하였으나, 국가에 환란이 많음으로 인해 너에게 아직 은전을 내리지 못하였는데, 이제 임금님께서 너에게 이 읍을 하사하셨으니, 이 수레를 타고 가 조현하고 출전하여 네 선인의 공로를 폐기하지 말라."

이에 鄭나라를 구원하기 위해 출발하여 留舒에 당도하였다. 이곳은 穀에서 7里 거리인데도 穀人은 齊軍이 온 것을 알지 못하였다. 濮水에 당도하여 큰비를 만나 제군이 물을 건너려

151 察陳衷焉 : '衷'은 情實(실제의 정황)이니, 陳나라가 멸망한 실제의 정황을 살피게 하였다는 말이다.(《左氏會箋》, 杜注)

하지 않으니, 子思(國參)가 말하였다.

"大國(晉)이 우리나라 처마 밑에 와 있는지라, 이 때문에 제나라에 위급함을 고한 것인데, 지금 제군이 행군하려 하지 않으니 미칠 수 없을까 두렵습니다."

成子가 우의를 입고 창을 짚고 濮水의 둑 위에 서서 앞으로 나가지 않는 말을 군인을 도와 대신 채찍질을 하였다. 知伯은 이 소식을 듣고 곧 환군하며 말하였다.

"나는 정나라 토벌만을 점쳤고, 제군과 대적하는 것은 점치지 않았다."

그리고는 사람을 보내 성자에게 말하였다.

"대부 陳子는 근본이 陳나라에서 나왔으니, 진나라가 멸망한 것은 정나라의 죄입니다. 그러므로 우리 임금께서 나를 보내 진나라가 멸망한 사정을 살피게 하시면서 '대부는 어찌하여 진나라를 걱정하느냐고 이르라.' 하셨습니다. 만약 대부께서 근본이 전복된 것을 이롭게 여기신다면 내가 무엇을 상관하겠습니까?"

성자가 노하여 말하였다.

"남을 많이 업신여긴 자는 모두 그 자리에 있지 못하였으니, 지백이 어찌 장구할 수 있겠는가?"

字義 製 : 비옷 제

中行(항)文子告成子曰 有自晉師告寅者하니 將爲輕車千乘하야 以厭(압)齊師之門이면 則可盡也라하니라 成子曰 寡君命恒曰 無及寡하고 無畏衆하라 雖過千乘이나 敢辟(피)之乎아 將以子之命告寡君호리라 文子曰 吾乃今知所以亡이로라 君子之謀也에 始衷終皆擧之라야 而後入焉하나니 今我三不知而入之하니 不亦難乎아

中行文子(荀寅)가 陳成子(陳恒)에게 고하였다.

"어떤 자가 晉나라 軍中에서 나에게 통고하기를 '晉軍이 輕車 千乘을 출동하여 齊軍의 軍門을 제압하면 제군을 다 섬멸할 수 있다.' 하였습니다."

成子가 말하였다.

"우리 임금께서 나(恒)에게 명하기를 '적군이 적다 하여 추격하지 말고, 많다 하여 두려워하지 말라.' 하셨으니, 晉軍의 병거가 비록 천승이 넘지만 어찌 감히 피하겠습니까? 내 장차 그대의 말을 우리 임금님께 보고하겠습니다."

文子가 말하였다.

"나는 이제야 내가 망명하게 된 까닭을 알았다. 군자가 일을 계획함에 있어 시작과 중간과 끝을 생각하여 모두 거행할 만한 뒤에야 들어가서 〈윗사람에게 고하는〉 것이니, 지금 나는 세 번 생각해야 함을 알지 못하고 들어가 고하였으니, 어찌 어렵지 않겠는가?"

字義 製 : 비옷 제 厭 : 제압할 압 衷 : 가운데 충

公患三桓之侈也하야 欲以諸侯去之하고 三桓亦患公之妄也라 故君臣多間하다 公游于陵阪이라가 遇孟武伯于孟氏之衢하야 曰 請有問於子하노니 余及死乎아 對曰 臣無由知之로소이다 三問호대 卒辭不對하다 公欲以越伐魯하야 而去三桓이러니 秋八月甲戌에 公如公孫有陘氏라가 因孫于邾하야 乃遂如越하니 國人施公孫有山氏하다

哀公이 三桓의 위협을 걱정하여 제후를 이용하여 삼환을 제거하고자 하고, 삼환도 애공의 망령됨을 걱정하였다. 그러므로 군신 사이에 많은 틈이 생겼다. 애공이 陵阪에서 노닐다가 孟武伯을 孟氏의 갈림길에서 만나 그에게 말하였다.

"그대에게 묻노니 내가 수명으로 죽을 수 있겠는가?"

맹무백은 "신은 알 수 없나이다."라고 대답하였다. 세 차례 물었으나, 끝내 사양하고 대답하지 않았다.

애공은 越나라를 이용해 魯나라를 쳐서 삼환을 제거하려 하였는데, 가을 8월 甲戌日에 애공이 公孫 有陘氏(有山氏)의 집으로 갔다가 그대로 邾나라로 도망가서 마침내 월나라로 가니, 國人이 公孫 有山氏에게 형벌을 시행하였다.

字義 間 : 틈 간 孫 : 도망갈 손

悼之四年에 晉荀瑤帥(솔)師圍鄭하다 未至에 鄭駟弘曰 知伯愎而好勝하니 早下之면 則可行也리라 乃先保南里以待之러니 知伯入南里하야 門于桔柣(힐질)之門하다 鄭人俘酅(휴)魁壘하야 賂之以知政하니 閉其口而死하다 將門할새 知伯謂趙孟入之하라하니 對曰 主在此[152]니라 知伯曰 惡而無勇이어늘 何以爲子[153]오 對曰 以能忍恥일새 庶無害趙宗乎인저 知伯不悛하니 趙襄子由是惎知伯하야 遂喪之하다 知伯貪而愎이라 故韓魏反而喪之[154]하니라

魯 悼公(哀公의 아들 寧) 4년에 晉나라 荀瑤가 군대를 거느리고 가서 鄭나라를 포위하였다. 晉軍이 정나라에 이르기 전에 정나라 駟弘이 말하였다.

"知伯은 강퍅하여 〈남의 말을 듣지 않고〉 이기기를 좋아하니, 우리가 조기에 항복하면 진

152 主在此 : 趙孟은 知伯이 鄭人의 손을 빌려 자기를 죽이고자 하는 것을 알고, '나는 진퇴를 오직 지백을 따랐는데, 지금 지백이 이곳에 있으니, 감히 먼저 들어갈 수 없다.'고 겸손하게 말한 것이다.(《左氏會箋》)

153 惡而無勇 何以爲子 : 惡은 얼굴이 못생긴 것이다. 趙簡子가 嫡子 伯魯를 폐하고 趙襄子를 세웠기 때문에 知伯이 "襄子는 못생기고 勇氣도 없는데, 무슨 이유로 그를 세워 嗣子로 삼았느냐."고 말한 것이다.(杜注)

154 韓魏反而喪之 : 晉 懿公 4년(魯 悼公 14년)의 일이다.

군을 돌아가게 할 수 있다.”

이에 먼저 南里로 가서 지키면서 진군을 기다리고 있었는데, 지백이 남리로 들어와서 桔柣의 성문을 공격하였다. 鄭人이 酅魁壘(晉나라의 士)를 생포하여 知政(卿)을 뇌물로 삼아 유인하니, 휴괴루는 입을 닫고 죽었다. 진군이 성문을 공격하려 할 때 지백이 趙孟에게 쳐들어가라고 하니, 조맹이 “主將(知伯)이 이곳에 계십니다.”라고 대답하였다. 그러자 지백이 말하였다.

“못생긴 데다가 용맹마저 없는데 어떻게 趙氏家의 후사가 되었는가?”

조맹이 대답하였다.

“나는 치욕을 잘 참기 때문에 거의 趙氏 종족에 해를 끼치는 일이 없을 것입니다.”

지백은 끝내 뉘우치며 고치지 않으니, 趙襄子(趙孟)가 이 일로 인해 지백을 해독으로 여겨 드디어 멸망시키려 하였다. 지백은 탐욕스럽고 강퍅하였다. 그러므로 韓氏와 魏氏가 도리어 〈조맹과 공모하여〉 지백을 멸망시켰다.

字義 愎 : 강퍅할 퍅　惎 : 해칠 기

附錄

《春秋左氏傳 下》도판 목록

參考文獻

◆ 底本 및 주요 참고도서

- 《春秋左氏傳》, 左丘明(周) 傳, 杜預(晉) 注, 純祖年間 刊, 규장각 소장본(奎中424).
- 《春秋經傳集解》, 左丘明(周) 傳, 杜預(晉) 注, 국립중앙도서관 소장본(世宗朝 刊行本, 古1235-8).
- 《春秋集傳大全》, 左丘明(周) 傳, 杜預(晉) 注, 국립중앙도서관 소장본(成宗朝 刊行本, 한古朝07-16).
- 《韓國經學資料集成：春秋類》, 大東文化硏究院 編, 성균관대학교 출판부, 1998.

◆ 春秋類

- 《春秋左氏傳》, 左丘明(周) 傳, 杜預(晉) 注, 국립중앙도서관 소장본(正祖朝 刊行本 승계古1235-60).
- 《春秋左傳正義》, 左丘明(周) 傳, 杜預(晉) 注, 孔穎達(唐) 疏, 北京大學出版社, 2000.
- 《春秋公羊傳注疏》, 公羊高(周) 傳, 何休(後漢) 解詁, 徐彦(唐) 疏, 北京大學出版社, 2000.
- 《春秋穀梁傳注疏》, 穀梁赤(周) 傳, 范甯(東晉) 集解, 楊士勛(唐) 疏, 北京大學出版社, 2000.
- 《春秋胡氏傳》, 胡安國(南宋) 著, 錢偉疆 點校, 浙江古籍出版社, 2010.
- 《春秋左傳正義》, 阮元(淸) 校刻, 十三經注疏(淸 嘉慶刊本), 中華書局, 2009.
- 《春秋考徵》, 丁若鏞(朝鮮) 撰, 《韓國文集叢刊》 283, 民族文化推進會, 2002.
- 《通志堂經解：春秋部》, 納蘭性德(淸) 輯, 江蘇廣陵古籍刻印出版社, 1996.
- 《皇淸經解：春秋部》, 阮元(淸) 編, 王進祥 重編, 三貴文化社, 1984.

◆ 經部

- 《經典釋文》, 陸德明(唐) 撰, 文淵閣四庫全書 182, 臺灣商務印書館, 1982.
- 《經傳釋詞》, 王引之(淸) 撰, 江蘇古籍出版社, 2000.
- 《三經諺解》, 朝鮮 校正廳 諺解, 影印本, 保景文化社.

- 《五經大全》, 胡廣(明) 等 撰, 明 內府刊本, 影印本, 日本國立國會圖書館 所藏本.
- 《說文解字注》, 許愼(漢) 撰, 段玉裁(淸) 注編, 上海古籍出版社, 2011.
- 《說文解字詁林》, 丁福保(淸) 編纂, 雲南人民出版社, 2006.

◆ 史部

- 《考信錄》, 崔述(淸) 著, 世界書局, 2009.
- 《舊唐書》, 劉昫(五代 後晉) 撰, 中華書局, 1975.
- 《國語》, 左丘明(周) 撰, 文淵閣四庫全書 406, 臺灣商務印書館, 1982.
- 《史記》, 司馬遷(漢) 撰, 中華書局, 1974.
- 《資治通鑑》, 司馬光(南宋) 撰, 胡三省(元) 音註, 中華書局, 1956.
- 《戰國策》, 劉向(漢) 撰, 高誘(漢) 註, 文淵閣四庫全書 406~407, 臺灣商務印書館, 1982.
- 《漢書》, 班固(後漢) 撰, 中華書局, 2002.
- 《後漢書》, 范曄(南朝 宋) 撰, 中華書局, 1997.

◆ 子部

- 《老子道德經》, 王弼(晉) 注, 影印本, 中華書局, 1985.
- 《白虎通義》, 班固(後漢) 撰, 文淵閣四庫全書 850, 臺灣商務印書館, 1982.
- 《世說新語》, 劉義慶(宋) 撰, 文淵閣四庫全書 1035, 臺灣商務印書館, 1982.
- 《莊子注》, 莊周(周) 撰, 郭象(西晉) 編, 文淵閣四庫全書 1056, 臺灣商務印書館, 1982.

◆ 集部

- 《朱子大全》, 朱熹(南宋) 著, 中華書局, 1970.
- 《朱子語類》, 黎靖德(南宋) 編, 標點校勘本, 中文出版社, 1970.
- 《朱子全書》, 朱熹(南宋) 著, 上海古籍出版社 · 安徽教育出版社, 2002.
- 《二程集》, 程顥 · 程頤(北宋) 著, 王進祥(臺) 編, 漢京文化事業有限公司, 1983.

◆ 字典 및 目錄類

- 《經籍纂詁》, 阮元(淸) 撰, 阮氏琅嬛仙館原刻本, 影印本, 中華書局, 1982.
- 《四庫全書總目提要》, 紀昀(淸) 總纂, 孟蓬生(中) 外 點校, 河北人民出版社, 2000.

- 《經學歷史》, 皮錫瑞(淸) 著, 河洛圖書出版社, 1974.
- 《郡經平議》, 兪樾(淸) 撰, 春在堂全書, 世界書局, 1963.
- 《中國歷史地圖集》, 程光裕 · 徐聖謨 編, 中華文化出版事業委員會, 1957.

◆ 單行本類

〔韓國〕

- 《譯註 春秋左氏傳》(전8책), 정태현 譯, 전통문화연구회, 2001~2009.
- 《譯註 國語》(전2책), 허호구 外 共譯, 전통문화연구회, 2005~2006.
- 《譯註 東萊博議》(전5책), 정태현 · 김병애 譯, 전통문화연구회, 2010~2020.
- 《春秋左傳》(전3책), 장세후 譯, 을유문화사, 2012~2013.
- 《춘추공양전》, 박성진 譯, 지식을만드는지식, 2018.
- 《춘추곡량전》, 박성진 譯, 지식을만드는지식, 2018.

〔中國〕

- 《十三經譯註》(전15책), 上海古籍出版社, 2004.
- 《十三經注疏整理本》(전26책), 北京大學出版社, 2000.
- 《十三經注疏校勘記》(전11책), 阮元(淸) 校勘, 劉玉才 整理, 北京大學出版社, 2014.
- 《左傳紀事本末》(전3책), 高士奇(淸) 著, 中華書局, 1979.
- 《春秋左傳詞典》, 楊伯峻 · 徐題 編, 中華書局, 1985.
- 《春秋左傳詁》(전2책), 洪亮吉(淸) 著, 中華書局, 1987.
- 《春秋左傳注》(전4책), 楊伯峻 注, 中華書局, 1981.

〔日本〕

- 《左氏會箋》(전2책), 竹添鴻光 譯, 《漢文大系》 11~12, 學古房, 1984.
- 《春秋左氏傳》(전4책), 鎌田正 譯, 《新釋漢文大系》 30~33, 明治書院, 1971~1977.
- 《春秋左氏傳》(전3책), 竹內照夫 譯, 《新釋漢文大系》 4~6, 集英社, 1983.
- 《春秋左氏傳杜預集解》, 岩本憲司 譯, 汲古書院, 2006.
- 《春秋左傳正義譯注》(전6책), 野間文史 譯, 明德出版社, 2018~2020.

〔臺灣〕

- 《新譯左傳讀本》(전2책), 傅武光 注譯, 三民書局, 2009.
- 《新譯公羊傳》, 雪克 注譯, 三民書局, 1998.
- 《新譯穀梁傳》, 顧寶田 注譯, 三民書局, 1998.
- 《春秋左傳今註今譯》(전3책), 李宗侗 譯註, 臺灣商務印書館, 1982.

〔英美〕

- 《The Chinese classics : The Chun Tsew With the Tso Chuen》(전4책), James legge, Hong Kong University Press, 1960.
- 《On the Authenticity and Nature of the Tso Chuan》, Bernhard Karlgren, Cheng Wen Publising Co. Taipei, 1968.
- 《The Tso Chuan : Selections from China's Oldest Narrative History》, Burton Watson, Columbia University Press, 1992.
- 〈Narratives in Tso Chuan〉, Ronald C. Egan, 《Harvard Journal of Asiatic Studies》 Vol.37, 323~352p, 1977.

◆ 電子文獻 및 Web DB

- 한국고전종합DB(http://db.itkc.or.kr)
- 동양고전종합DB(http://db.cyberseodang.or.kr)
- 電子版 文淵閣四庫全書, 上海古籍出版社.

春秋地圖 左

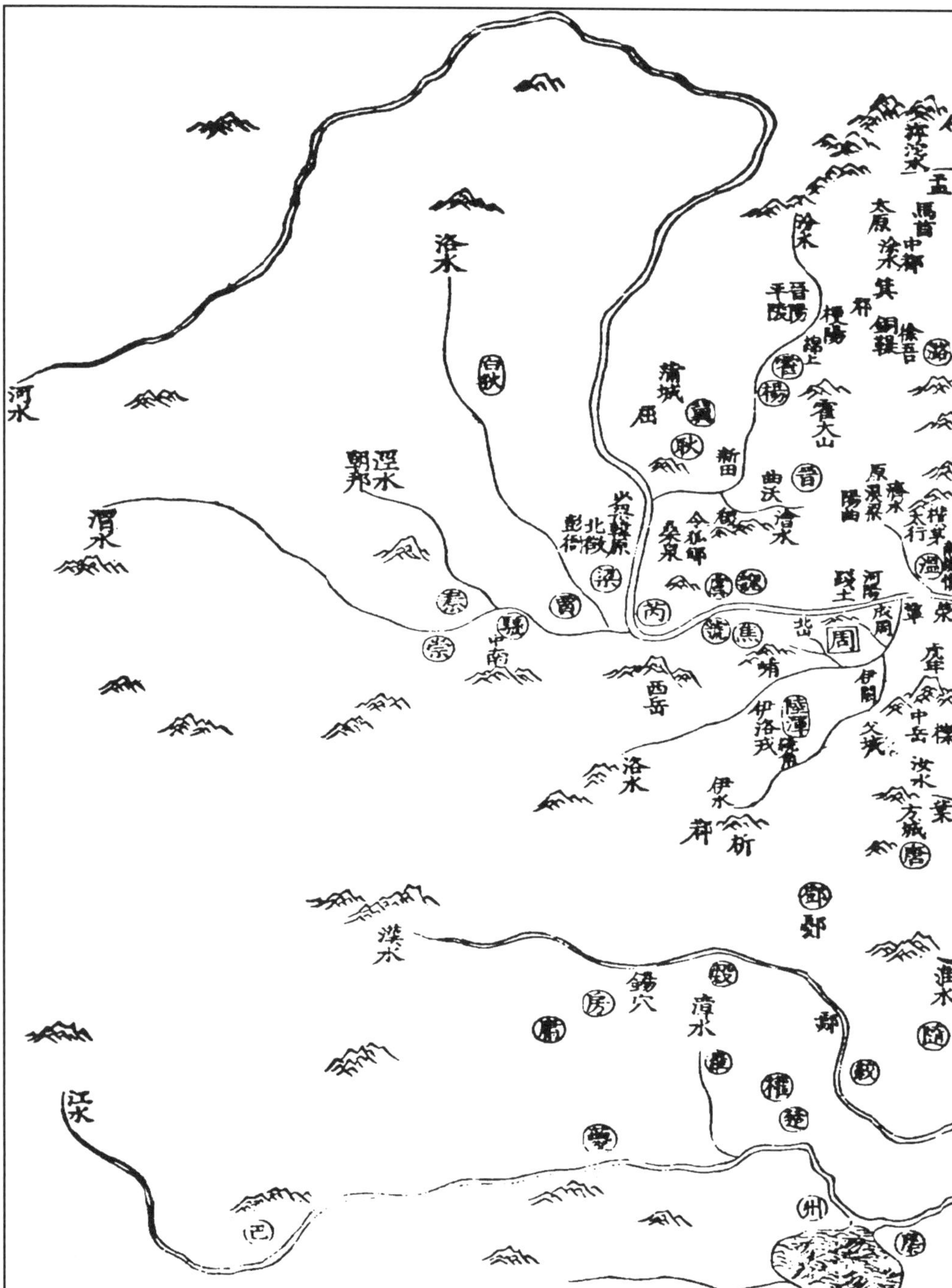
河水
洛水
白狄
涇水
朝那
渭水
汾水
太原
晉陽
平陵
馬首
中都
涂水
箕
邢
梗陽
綿上
銅鞮
潞
蒲城
冀
屈
霍大山
耿
新田
曲沃
晉
原
濟水
太行
令狐
桑泉
澮水
彭衙
北徵
梁
芮
河陽
踐土
北山
周
成周
溫
虎牢
伊闕
中岳
西岳
伊洛戎
陸渾
洛水
伊水
汝水
葉
方城
漢水
錫穴
房
漳水
淮水
隨
江水
巴
州

春秋地圖 右

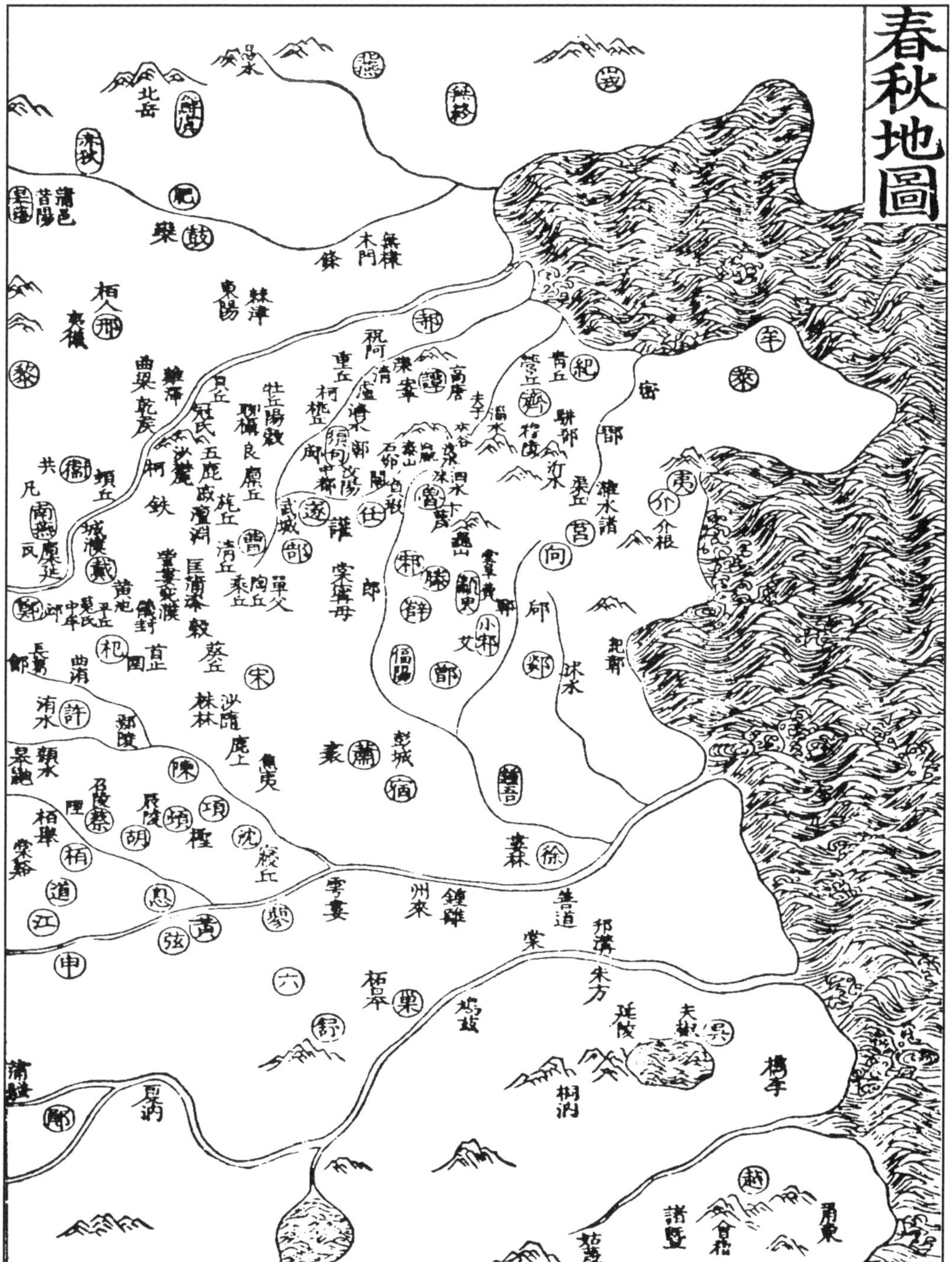

春秋列國圖(≪唐土歷代州郡沿革地圖≫, 1789)

* 지면상의 한계로 싣지 못한 원본 크기 고화질 컬러 도판은 QR코드를 스캔하면 보실 수 있습니다.

|책임번역자 소개|

許鎬九

父親 晦山公과 秋淵 權龍鉉 先生 師事
檀國大學校 東洋學硏究院 招聘敎授(現)
韓國古典飜譯院 附設 古典飜譯敎育院 講師(現)
傳統文化硏究會 理事(現)

譯書　《說苑》, 《菊潭先生文集》, 《拓齋文集》 등
共譯　《朱註論語》, 《朱註孟子》, 《國語》, 《退溪先生文集》 등 다수

|공동번역자 소개|

鄭東和

高麗大學校 國語國文學科 博士課程 修了
檀國大學校 東洋學硏究院 漢韓大辭典編纂室 編纂팀장
韓國古典飜譯院 責任硏究員(現)

論文　〈退溪 山水詩의 形象化에 대하여〉 〈도학적 시 세계의 한 국면〉
共譯　《春秋繁露義證》 등 다수

金廣泰

高麗大學校 古典飜譯協同課程 博士課程 修了
民族文化推進會 附設 國譯研修部, 常任研究部 卒業
韓國古典飜譯院 研究員(前)
高麗大學校 漢字漢文研究所 研究教授(前)
韓國古典飜譯院 飜譯委員(現)

論文 〈三淵漫錄 역주〉
譯書 《渼湖集》, 《渼湖集》, 《芝峯集》, 《芝峯集》, 《靜觀齋集》 등
共譯 《明義錄》, 《承政院日記》, 《日省錄》 등 다수

權津鈺

高麗大學校 國語國文學科 博士課程 卒業
檀國大學校 東洋學研究院 古典飜譯研究室 先任研究員
檀國大學校 國語國文學科 助教授(現)

論文 〈澤堂 李植의 駢文 · 古文 연찬과 산문 창작의 실제〉
〈橘山 李裕元의 學問 性向과 類書 · 筆記 編纂에 관한 研究〉
共譯 《樂全堂集》, 《於于集》 등 다수

郭成龍

成均館大學校 漢文學科 博士課程 修了
韓國古典飜譯院 附設 古典飜譯教育院 研修課程 卒業
傳統文化國譯研究員 溫知堂 長期課程 修了
傳統文化研究會 研究員(現)

論文 〈광해군代 春秋논쟁과 李恒福의 《魯史零言》〉
共譯 《조선의 양명학》

오서오경독본
懸吐完譯 春秋左氏傳 下

2021년 8월 30일 초판 인쇄
2021년 9월 10일 초판 발행

책임번역 허호구
공동번역 정동화 김광태 권진옥 곽성용
기획편집 동양고전번역편집위원회
번역연구관리 남현희
윤문교정 남현희 곽성용
출 판 백준철

홍보관리 이화춘
보 급 서원영

발 행 인 박홍식
발 행 처 (사)전통문화연구회
서울시 종로구 삼일대로 428 낙원빌딩 411호
전화 : (02)762-8401 전송 : (02)747-0083
홈페이지 : juntong.or.kr
등 록 1989. 7. 3. 제1-936호

인 쇄 처 한국법령정보주식회사(02-462-3860)
총 판 한국출판협동조합(070-7119-1750)

ISBN 979-11-5794-485-9 (04140)
979-11-5794-202-2 (세트)

정 가 38,000원

전통문화연구회 도서목록

新編 基礎漢文敎材

新編 四字小學·推句 고전교육연구실 編譯 11,000원
新編 啓蒙篇·童蒙先習 고전교육연구실 編譯 11,000원
新編 明心寶鑑 李祉坤·元周用 譯註 15,000원
新編 擊蒙要訣 咸賢贊 譯註 12,000원
新編 註解千字文 李忠九 譯註 13,000원
新編 原文으로 읽는 故事成語 元周用 編譯 15,000원
新編 唐音註解選 權卿相 譯註 22,000원

漢文讀解捷徑시리즈

漢文독해 기본패턴 고전교육연구실 著 15,000원
四書독해첩경 고전교육연구실 著 20,000원
한문독해첩경 文學篇 朴相水 李和春 李祉坤 元周用 著 15,000원
한문독해첩경 史學篇 朴相水 李和春 李祉坤 元周用 著 15,000원
한문독해첩경 哲學篇 朴相水 李和春 李祉坤 元周用 著 15,000원

東洋古典國譯叢書

大學·中庸集註 - 개정증보판 成百曉 譯註 10,000원
論語集註 - 개정증보판 成百曉 譯註 27,000원
孟子集註 - 개정증보판 成百曉 譯註 30,000원
詩經集傳 上·下 成百曉 譯註 各 35,000원
書經集傳 上·下 成百曉 譯註 各 35,000원
周易傳義 上·下 成百曉 譯註 各 40,000원
小學集註 成百曉 譯註 30,000원
古文眞寶 後集 成百曉 譯註 32,000원

〈五書五經讀本〉

論語集註 上·下 鄭太鉉 譯註 各 25,000원
孟子集註 上 田炳秀 譯註 30,000원
大學·中庸集註 李光虎·田炳秀 譯註 15,000원
小學集註 上·下 李忠九 外 譯註 各 25,000원
詩經集傳 上·中·下 朴小東 譯註 各 30,000원
書經集傳 上·中·下 金東柱 譯註 各 30,000원
周易傳義 元·亨·利·貞 崔英辰 外 譯註 各 30,000원
詳說古文眞寶大全後集 上·下 李相夏 外 譯註 各 32,000원
春秋左氏傳 上·中·下 許鎬九 外 譯註 各 36,000원~38,000원
禮記 上·中·下 成百曉 外 譯註 各 30,000원

東洋古典譯註叢書

〈經部〉

十三經注疏
周易正義 1~4 成百曉·申相厚 譯註 各 30,000원~40,000원
尙書正義 1~7 金東柱 譯註 各 25,000원~36,000원
毛詩正義 1~3 朴小東 譯註 各 32,000원/37,000원
禮記正義 中庸·大學 李光虎·田炳秀 譯註 20,000원
論語注疏 1~3 鄭太鉉·李聖敏 譯註 各 25,000원~40,000원
孟子注疏 1 崔彩基·梁基正 譯註 30,000원
孝經注疏 鄭太鉉·姜珉廷 譯註 35,000원
周禮注疏 1 金容天·朴禮慶 譯註 30,000원
春秋左氏傳 1~8 鄭太鉉 譯註 各 18,000원~35,000원
禮記集說大全 1 辛承云 譯註 25,000원
東萊博議 1~5 鄭太鉉·金炳愛 譯註 各 25,000원~35,000원
韓詩外傳 1~2 許敬震 外 譯註 各 29,000원~33,000원

〈史部〉

思政殿訓義 資治通鑑綱目 1~15, 17~20 辛承云 外 譯註 各 18,000원~35,000원
通鑑節要 1~9 成百曉 譯註 各 18,000원~40,000원
唐陸宣公奏議 1~2 沈慶昊·金愚政 譯註 各 35,000원~45,000원
貞觀政要集論 1~4 李忠九 外 譯註 各 25,000원~32,000원
列女傳補注 1~2 崔秉準·孔勤植 譯註 各 30,000원~38,000원
歷代君鑑 1~3 洪起殷·全百燦 譯註 各 32,000원~35,000원

〈子部〉

近思錄集解 1~3 成百曉 譯註 各 25,000원/35,000원
孔子家語 1~2 許敬震 外 譯註 各 35,000원/36,000원
老子道德經注 金是天 譯註 30,000원
大學衍義 1~5 辛承云 外 譯註 各 26,000원~30,000원
墨子閒詁 1~4 李相夏 外 譯註 各 32,000원~38,000원
說苑 1~2 許鎬九 譯註 各 25,000원
世說新語補 1~3 金鎭玉 外 譯註 各 29,000원~38,000원
荀子集解 1~7 宋基采 譯註 各 25,000원~38,000원
心經附註 成百曉 譯註 35,000원
顔氏家訓 1~2 鄭在書·盧晛熙 譯註 各 22,000원/25,000원
揚子法言 1 朴勝珠 譯註 24,000원
二程全書 1~3 崔錫起·姜導顯 譯註 各 36,000원~38,000원
莊子 1~4 安炳周·田好根 共譯 各 25,000원~30,000원
政經·牧民心鑑 洪起殷·全百燦 譯註 27,000원
韓非子集解 1~5 許鎬九 外 譯註 各 32,000원~38,000원
武經七書直解
孫武子直解·吳子直解 成百曉·李蘭洙 譯註 35,000원
六韜直解·三略直解 成百曉·李鍾德 譯註 26,000원
尉繚子直解·李衛公問對直解 成百曉·李蘭洙 譯註 26,000원
司馬法直解 成百曉·李蘭洙 譯註 26,000원

〈集部〉

古文眞寶 前集 成百曉 譯註 30,000원
唐詩三百首 1~3 宋載卲 外 譯註 各 25,000원~36,000원
唐宋八大家文抄 韓愈 1~3 鄭太鉉 譯註 各 22,000원/28,000원
〃 歐陽脩 1~7 李相夏 譯註 各 25,000원~35,000원
〃 王安石 1~2 申用浩·許鎬九 共譯 各 20,000원/25,000원
〃 蘇洵 李章佑 外 譯註 25,000원
〃 蘇軾 1~5 成百曉 譯註 各 22,000원
〃 蘇轍 1~3 金東柱 譯註 各 20,000원~22,000원
〃 曾鞏 宋基采 譯註 25,000원
〃 柳宗元 1~2 宋基采 譯註 各 22,000원
明淸八大家文鈔 1 歸有光·方苞 李相夏 外 譯註 35,000원

東洋古典新譯

당시선 송재소·최경렬·김영죽 편역 22,000원
손자병법 성백효 역주 14,000원
장자 안병주·전호근·김형석 역주 13,000원
고문진보 후집 신용호 번역 28,000원
노자도덕경 김시천 역주 15,000원

동양문화총서

동양사상 해설과 원전 정규훈 外 저 22,000원
화합의 길 《중용》 읽기 금장태 저 20,000원
호설과 시장 신용호 저 20,000원

문화문고

경전으로 본 세계종교 그리스도교 이정배 편저 10,000원
〃 도교 이강수 편역 10,000원
〃 천도교 윤석산·홍성엽 편저 10,000원
〃 힌두교 길희성 편역 10,000원
〃 유교 이기동 편저 10,000원
〃 불교 김용표 편저 10,000원
〃 이슬람 김영경 편역 10,000원
논어·대학·중용 / 맹자 조수익·박승주 공역 각 10,000원
소학 박승주·조수익 공역 10,000원
십구사략 1~2 정광호 저 각 12,000원
무경칠서 손자병법·오자병법 성백효 역 10,000원
〃 육도·삼략 성백효 역 10,000원
〃 사마법·울료자·이위공문대 성백효 역 10,000원
당시선 송재소·최경렬·김영죽 편역 10,000원
한문문법 이상진 저 10,000원
한자한문전통교재 조수익·이성민 공역 10,000원
士小節 선비 집안의 작은 예절 이동희 편역 12,000원
儒學이란 무엇인가 이동희 저 10,000원
동아시아의 유교와 전통문화 이동희 저 13,000원
현대인, 동양고전에서 길을 찾다 이동희 저 10,000원
100자에 담긴 한자문화 이야기 김경수 저 12,000원
우리 설화 1~2 김동주 편역 각 10,000원
대한민국 국무총리 이재원 저 10,000원
백운거사 이규보의 문학인생 신용호 저 14,000원